史記會注考證校補

(日)水澤利忠 著
楊海峥 整理

陸

上海古籍出版社

《史記》文獻學研究

（日）水澤利忠　著
（日）原田信　譯
林子徵　校

朝夕　この研究をはげまし給い　完成の日を待ちわび給う
きさらぎの　或る雪の降る朝　ただ一言の　別れの言葉もなしに
突如　身まかり給うた　今は亡き父上のみ霊に捧ぐ

みとせの後の　その日の朝　利忠しるす

朝夕勉勵於此研究 盼望完成的那一日
二月的一個下雪的早上 一句告別之詞也無
父親溘然長往 今謹獻給亡父的在天之靈

三年後的同一日早上 利忠書

目録

序論

（一）研究目的和方法

凡是有志於解讀和研究古代典籍的人，無論是誰，首先都应不惜餘力地搜求有關該書的最善文本，探求其所以然，力求網羅前人的注釋。这是理所當然的事情。筆者既立志研究《史記》，則首要之務便是爲探求《史記》善本、網羅其注釋而竭盡綿薄之力。

就這樣，我開始搜尋符合這兩個目的的《史記》文本，但並不容易發現。幾經曲折之後，我終於確信瀧川龜太郎博士所著《史記會注考證》全十卷正是目前最好的文本。事實上，正是與《史記會注考證》的相遇，決定了我的研究方法。這本書之所以符合我上述的兩個目的，在於它有以下兩大優點。其一，它收録了僅存於日本的《史記》古鈔本與校記，以及與這些古鈔本大致爲同一系統的文本——如「楓山本」、「三條本」等——的校記。其二，它輯録了歷來被認爲多有删節的《史記》三家注之一——張守節《史記正義》的佚文一千餘條。

這正符合我在前文提到的兩個目的。然而，試著探求這兩大特點的由來，我發現前者主要依據日本留存的《史記》古鈔本、及被認爲是加賀藩儒大島贄川所撰的《博士家本史記異字》，後者主要依據東北大學所藏狩野亨吉舊藏的慶長古活字本《史記》的批注、以及與留存於日本的《史記》古板本的批注有着一定關係的幻雲《史記抄》(「抄」意爲「講義筆記」——譯者注)。而且,詳檢《博士家本史記異字》也便發現,如同瀧川博士的《史記正義》輯佚方法一樣,此書主要是從日本留存的一系列《史記》古板本的批注中鈔出了異文異字的相關内容。

於是,筆者翻然領悟到了達成上述兩個目的的研究方法。即以瀧川博士的《史記會注考證》所示的兩大特點爲研究的橋頭堡,充分利用留存於日本的《史記》古鈔本,徹底地調查同樣留存於日本的《史記》古板本,由此嘗試打破以往利用《史記》通行本及其周邊材料,難以考求更好的《史記》文本、網羅更多注釋這一界限。

此後,筆者涉獵了所能目睹的所有《史記》古鈔本,徹底地調查了散在日本各地的《史記》古板本的批注。另外,爲了客觀地證明這些文本遠遠超越了歷來通行本資料的範圍,筆者在進行上述工作的同時,校勘了親眼得見——不論其當下的文本形態如何——的《史記》文本,編成《史記會注考證校補》。或許有人會形容這番工作「如掃落葉」,可事實上,筆者堅信,本研究的任何一部分都可以説是以這份一百三十卷《史記》校勘記爲基礎的。

現在,我將這篇考察文章命名爲「《史記》文獻學研究」。或許有人認爲將之命名爲「《史記》書誌學研究」更爲妥當,然而筆者之所以敢稱之爲「文獻學研究」,是爲了表明,筆者力圖比歷來以研究文本形態爲主的「書誌學研究」更進一步、迫近本研究的最終對象《史記》之本質。换言之,「文獻學研究」的名稱,既表明筆者意在不脱離《史記》研究作爲古典學的視角,也透露了筆者對這一研究成果的殷殷期望。

（二）研究概要和問題

鑒於使得追求《史記》善本成爲可能的重要性，本研究首先在第一章探討《史記》古鈔本。第一節論述現今得以寓目的《史記》古鈔本的共通特性。第二節一一介紹這些古鈔本，並論述其可用以是正今本《史記》之訛脱的地方，闡明與今本《史記》的文本相比，古鈔本《史記》呈現出種種不同的面貌。

第二章，以「史記古板本校記」爲題，轉而調查日本留存的《史記》古板本中的批注。因爲這些批注乃是達成追求更佳《史記》文本和網羅更多注釋這兩個研究目的的一大資料寶庫。首先，第一節介紹作爲古板本校記的資料，收録類似校記性質之批注的各種《史記》古板本。接著，從其中選取有關異字、異文的四千餘條批注，假定其爲某一種比較完整的《史記》文本的校記，并假設這一文本爲《史記》古本，參照前一章第一節，判斷其大致與《史記》古鈔本爲同一系統的文本。這可以説是盡力擴充一百三十卷《史記》中存世極少的《史記》古鈔本殘卷。且以《史記》古本，可大量訂正幾乎貫穿今本《史記》的訛脱。第三節將細究《史記》古板本的批注中，在注釋層面最爲人關注的、被認爲是張守節《史記正義》佚文的「正義曰」部分，尤其是近年來常被中國學界批評的瀧川博士所采《史記正義》佚文。並在此基礎上，説明新獲三百餘條《史記正義》佚文始末，論證這些標有「正義曰」的對注釋的批注乃源於張守節《史記正義》的單注本。此外，這些批注中，鄒誕生《史記音》的五十餘條佚文和劉伯莊《史記音義》的二百條佚文也值得重視。第四節將闡述其輯録始末，論證這些佚文在《史記》注釋史上早於司馬貞《史記索隱》和張守節《史記正義》。在批注中，筆者發現了以往未見諸正史經籍志和其他書目的、唐代碩學陸善經所著《史記注》（決疑）的百餘條佚文。能够闡述論證的根據以及輯佚的始末，誠爲快事。

第三章，探討爲達成本研究目的起到很大輔助作用的《史記抄》。第一節爲總論。第二節至第四節，依次探討藤原英房《史記抄》、桃源《史記抄》和幻雲《史記抄》。毋庸贅言，這三種《史記抄》對日本的《史記》解釋史研究極爲重要，但三者卻未必有同樣的特質。就本研究的目的而言，英房《史記抄》以漢字鈔寫，成書年代早，其重要性在於所鈔《史記》正文具有古鈔本的性質、以及比較多地繼承了博士家的各種解釋。桃源《史記抄》混用漢字和仮名書寫，可以説是日本最早的《史記》國字解（「國字解」意爲用日語解釋漢籍的書籍——譯者注），是十分重要的日語語言學資料。值得關注的是，它所鈔出的《史記》正文、以及標有「古本」「一本」的有關異字和異文的批注，往往具有《史記》古鈔本或古本的性質。最後，幻雲《史記抄》的形成，可能與上述兩種《史記抄》相反，是基於《史記》古鈔本的批注形成的。其顯著特徵在於，不太采用異字和異文的批注，反而鈔寫了許多《史記正義》的佚文，其中還可以發現鄒誕生、劉伯莊和陸善經的佚文。總之，幻雲《史記抄》的重要性在於網羅盡可能多的注釋。

以上所述本研究各章節間的關係，可用如下圖示來表述。

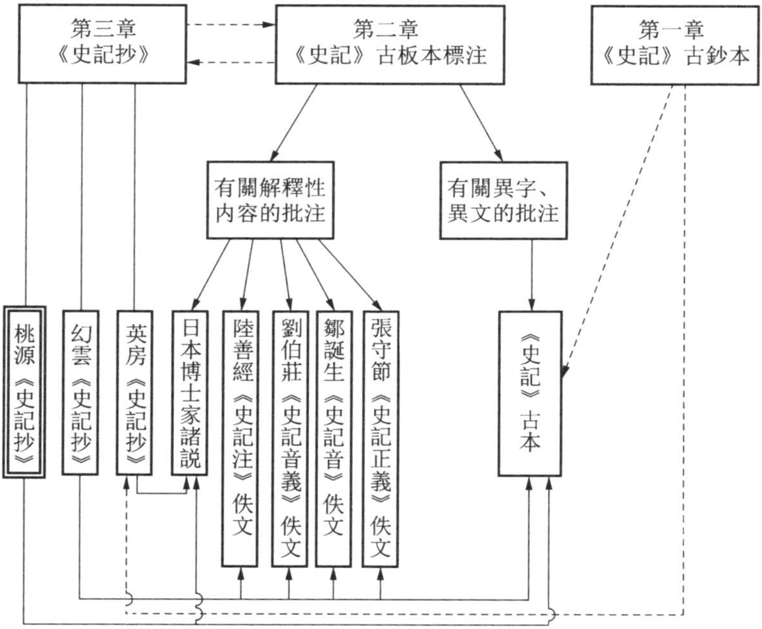
第三章
《史記抄》
第二章
《史記》古板本標注
第一章
《史記》古鈔本
有關解釋性內容的批注
有關異字、異文的批注
桃源《史記抄》
幻雲《史記抄》
英房《史記抄》
日本博士家諸説
陸善經《史記注》佚文
劉伯莊《史記音義》佚文
鄒誕生《史記音》佚文
張守節《史記正義》佚文
《史記》古本

第一章 《史記》古鈔本

第一節 總論

(一) 緒論

「古鈔本」一詞，常用於書誌學和校勘學。其中「古」字，容易引起以下兩種誤解。其一，過度重視鈔寫年代的久遠，斷定所有古鈔本都爲唐代或唐以前的鈔本。其二，認爲與現今通行的板本相比，所有的古鈔本都傳承了「更早的形態」。

因此，在進行本章的考論之前，有一點需要事先聲明：至少在本章内，下面將要分析的「《史記》古鈔本」，是指「傳承了刻本形態以前的《史記》部分文本特徵的鈔本」，並非全部是唐代或唐以前的鈔本，而是説其中大部分是一定程度上忠實的傳鈔本(注 1)。而且，如果與現今通行的《史記》諸刻本相對校，也並非所有鈔本都傳承了「更早的形態」(注 2)。

當然，就古鈔本而言，其鈔寫年代越早越珍貴。但是，以薄弱的根據一味地推前鈔寫年代，反而會顯著降低古鈔本在書誌學和校勘學上的重要性或價值。在没有明確的證據能確定古鈔本的鈔寫年代時，與其談論鈔寫年代的久遠，不如從書誌學和校勘學的各種觀點出發，確定其爲某種程度上忠實於唐代或唐以前鈔本的傳鈔本，並充分考慮傳鈔時不可避免的錯誤，這樣纔能正確對古鈔本進行定位。

以上，乃論述《史記》古鈔本時，鑒於其重要性，筆者認爲所應注意之處，僅表微見，敢爲贅言。

注1　賀次君在《史記書録》中，將日本留存的《史記》古鈔本斷定爲六朝鈔本或唐鈔本。然正如後文所詳述，此説甚爲謬誤。神田喜一郎博士在他的書評中早已指出這一點（見《中國文學報》第十册）。

注2　關於這一點，後文將另有詳述。例如，「古鈔本」中的「懸」、「蝕」等字，在現今的通行本中反而作「縣」、「食」。

（二）現存《史記》古鈔本

目前，能確認其收藏地的《史記》古鈔本，約有十一卷。現依《史記》的卷次分列如下。

1　《夏本紀第二》　東洋文庫藏（高山寺舊藏）

2　《殷本紀第三》　高山寺藏　寄存於京都博物館（光緒二十年［一八九四年］，由羅振玉影印出版，收入《吉石庵叢書》第四集，附有羅氏解説）

3　（殘卷）《周本紀第四》　高山寺藏　寄存於京都博物館（缺卷首第一紙，因此推斷缺少卷首的大題、小題和約一百八十一字的正文，以及相應的《史記集解》）

4　《秦本紀第五》　東洋文庫藏（高山寺舊藏）

5　《高祖本紀第八》　宮内廳書陵部藏

6　《呂后本紀第九》　毛利家藏（昭和十年［一九三五年］，由東京古典保存會影印出版，附有山田孝

雄博士的解説）

7 《孝文本紀第十》　東北大學圖書館藏（昭和二十九年「一九五四年」，由東京貴重書籍刊行會影印出版，附有武内義雄博士的解説）

8 《孝景本紀第十一》　大東急記念文庫藏（昭和十年「一九三五年」，爲紀念京都大學文學部創立三十週年，由京都大學文學部影印出版，附有那波利貞博士的解説）

9 《孝景本紀第十一》　山岸德平氏藏

10 （殘卷）《河渠書第七》　神田文庫藏（缺前半部分，存自「山東兩歲百餘萬石」至卷末的大題和小題。宣統十年「一九一八年」，與下記《張丞相列傳第三十六》及《酈生陸賈列傳第三十七》一同由羅振玉影印出版，附有羅氏解説。又，大正八年「一九一八年」，由神田喜左衛門氏影印出版，附有神田氏的解説，收入《容安軒舊書四種》）

11 （殘卷）《燕召公世家第四》　法國國立巴黎博物館藏（僅存自「作甘棠之詩」至「武公十九」的正文三百四十一字和《史記集解》注文七十字。中華民國四十年「一九四七年」，與下記《管蔡世家第五》和《伯夷列傳第一》一同，由臺灣大學圖書館影印出版，收入《燉煌秘籍留真新編》）

12 （殘卷）《管蔡世家第五》　法國國立巴黎博物館藏（存「蔡侯怒嫁其弟」至「叔鐸之祀忽諸」。又重複鈔寫「伯邑考其後不知封」至「故附之世家言」的正文一百五十四字。卷末有大題和小題）

13 （殘卷）《伯夷列傳第一》　法國國立巴黎博物館藏（存「夫學者載籍極博」至「有卞隨務光者此何稱焉」正文一百一十字及相應的《史記集解》注）

14《范睢蔡澤傳第十九》　宮内廳書陵部藏（全本收入《史記會注考證校補》）

15（殘卷）《張丞相列傳第三十六》　石山寺藏（前半部分推定缺約二千一百一十六字的正文和相應的《史記集解注》，故卷首的大題和小題亦缺。如前所記，宣統十年［一九一八年］，與《河渠書》及下記《酈生陸賈列傳》一同，由羅振玉影印出版。又，昭和十三年［一九三八年］，僅此兩篇列傳由東京古典保存會影印出版，附有山田孝雄博士的解説）

16（殘卷）《酈生陸賈列傳第三十七》　石山寺藏（此卷與前記《張丞相列傳》原本是一連串的鈔本。從其殘存部分來看，該鈔本脱第十八紙，約缺正文三百十五字）

追記1　除上列《史記》古鈔本外，尚有宮内廳書陵部所藏清原家點本《五帝本紀第一》鈔本。依私見，該鈔本乃依刻本轉寫（參照《史記會注考證校補・卷一下》），此處從略不論。

追記2　見於《經籍訪古志》卷第三《史部正史類》記載，而至今尚不明其所在的鈔本共有五卷：

《史記》零本　舊鈔卷子本　求古樓藏

（漢）司馬遷撰、（宋）裴駰集解。現存《夏本紀》一卷。末題「夏本紀第二、史記二、界長七寸七分餘、幅八分、每行十三四字、注十八九字」。卷末有：「寶治二年五月三日書寫了、同五月移點了、太史大丞安倍時貞記。建長八年七月卅日受菅家之説了、匠作少書安倍爲貞記。文和三年應鐘廿七日讀合畢、大監物惟宗守俊記。又有本云桑門良曉論此書三字三點改直了、以索隱史記加裏書了、菅家淳讀了、菅在時奮跋。及承久第二歲無射初六日受嚴訓了、菅原龜丸。喜禄年中以菅説讀了、在御判。仁治三年四月十三受嚴訓了、菅原在匡。弘安十一年蕤賓八日受家訓了、陰陽大屬安倍有雄。正安二年無射廿五日受庭訓了、主殿權助安倍重章各記（木村正辭鈔寫的《經籍訪古志》中，上欄有

「此本爲鈴木氏藏」的批注)。又,正和五年惟宗康俊鈔卷子本　崇蘭館藏。」

　　現存五帝、周、秦、孝武本紀四卷,未見。

據此記載,森立之似曾親睹求古樓藏的《夏本紀》,並在他的舊藏,即今大東急記念文庫藏慶長古活字《史記》中,以朱筆寫入文字異同並過録題跋。由此幸可得知求古樓藏本之大概,後文將與高山寺舊藏的古鈔本《夏本紀》放在一起論述。

另外,在此之前,筆者在《史記會注考證校補》中一直將高山寺舊藏《夏本紀》和求古樓舊藏《夏本紀》誤視作同一文本,現在既已明白古鈔本《夏本紀》存在不同的兩卷,於此訂正前説。

追記3　據高似孫的《史略·卷一》和其他一些記載,可知存在被稱作「江南本」的《史記》文本。從「江南《史記》爲唐舊本……右江南本同異凡四千三百五十條」(旁點爲筆者所加)的記述來推斷,這很有可能是鈔本。可惜的是,作者僅舉六條異同之例,難以把握原本全貌。

追記4　斯坦因發掘的漢簡中有《史記·滑稽列傳》的部分内容,但僅存三十一字,此處不予論述。

(三) 現存《史記》古鈔本的共通特點

(1) 體裁及鈔寫樣式

(a) 皆爲卷子本。將數枚大小一定的紙張連綴,用薄墨在上下行間畫有界欄,以進行鈔寫。

(b) 提行較多。采用《本紀》每帝一跳行或每年次一提行,世家每公一跳行的形制。

(c) 散見唐鈔本中常見的異體字。例如:

疰(莊)　煞(殺)　惌(怨)　𡗝(夷)　𡖋(亦)　砋(砥)　㬥(暴)　摻(操)

帥(師)　率(率)　草(革)　烋(休)　穤(穤)　偹(備)　剻(剛)　躶(裸)

(d) 使用重文符號。可能爲了使鈔寫更簡便，以此節省不只一字，甚至四字。例如：

而自立是爲悼ㄹ侯ㄹ父曰隱ㄹ太ㄹ子ㄹ有ㄹ靈侯之太子。(《管蔡世家》)

則權ㄹ不ㄹ分ㄹ爲社稷計。(《酈生陸賈列傳》)

獨淮南王與大ㄹ王ㄹ又長。(《孝文本紀》)

生蜚ㄹ生廉ㄹ生惡ㄹ來ㄹ有力。(《秦本紀》)

(2) 注文及避諱缺筆

(a) 注文原則上只有裴駰的《史記集解》是以雙行鈔寫(注 1)。關於裴駰，僅《宋書》和《南史》中其父裴松之傳記之末附有他的略傳。其記載如下：

(裴松之)卒，時年八十(四五一年)。子駰，南中郎參軍。松之所著《文論》及《晉紀》，駰注司馬遷《史記》，並行於世。

(據《宋書・列傳第六十四》。《南史》的記載與之相同)

《宋書》成書於四八八年左右，可知當時裴駰的注已行於世。

(b) 全無避諱。唯通行本作「人」的部分，古鈔本多作「民」。由此可以推斷，古鈔本至少是以唐太宗李世民即位之前，即六二七年以前鈔寫的《史記集解》作爲祖本的。

(c) 缺筆僅見敦煌出土《伯夷列傳》中的「淵」字。由此大致推測，敦煌出土文書群是在唐高祖李淵在位時期(六一八年至六二六年)，或其影響所及的相近的某個時期鈔寫的。

(3) 古鈔本與現行《史記》刻本的出入異同

（a）可訂正現行《史記》的訛脱。

（b）與現行《史記》相比，是更接近《史記》所用資料的今本文本，或者説是更接近以《史記》作爲資料而編成的書籍的今本文本。（注文也更近似原資料。）

（c）與現行《史記》相比，更接近古書的注疏或唐宋類書中所引的《史記》文本。

（d）與現行《史記》相比，更接近《史記索隱》單注本和《史記正義》單注本中出現的《史記》正文（注2）。

（[a]～[d]的例證將在第二節各論中詳述。）

（e）古鈔本中使用重文符號的部分，或現行《史記》的重複部分，古鈔本與現行《史記》之間的出入較多。例如：

「後復事騶〻布〻欲反時。」（《酈生陸賈列傳》）今本《史記》無第二個「騶」字。

「則士務附也天下雖有變。」（同上）今本《史記》重複「士務附」三字，亦無「也」字。

「中三年冬罷諸侯御〻史〻中丞。」（《孝景本紀》）今本《史記》不重複「御史」二字。

「女華生大〻費〻與平水土。」（《秦本紀》）今本《史記》不重複「大費」二字。

「乃求見説沛公方踞牀。」（《高祖本紀》）今本《史記》重複「沛公」二字。

（f）同音同義，或今日被認爲同音異義，當時能相互通用的文字，異文較多。例如：

古鈔本		今本	古鈔本		今本	古鈔本		今本
以	←	已	常	←	嘗	懸	←	縣

腰⟷要　毋→無　反→返
蝕⟷食　畔→叛　牖→羑
予→與　倍→背　向→嚮
成→城　乃→迺

(g) 古鈔本中同時記載人物的姓和名，而今本《史記》中不記姓的傾向比較明顯。例如：

「田常相之。」(《秦本紀》) 今本《史記》脫「田」字。

「王齕攻邯鄲。」(《秦本紀》) 今本《史記》脫「王」字。

「太尉周勃爲右丞相。」(《呂后本紀》) 今本《史記》脫「周」字。

「范雎辭謝不敢受。」(《范雎蔡澤列傳》) 今本《史記》脫「范」字。

(h) 與今本《史記》對校可知，「而」、「之」、「其」、「也」、「者」等充當助詞功能的文字非常不穩定。

而子帶立爲王。(《周本紀》)

而夫人是憂。(《秦本紀》)

而王稽謂范雎曰。(《范雎蔡澤列傳》)

今本《史記》皆脫「而」字。

弑其王。(《高祖本紀》)

令頭已斷矣。(《酈生陸賈列傳》)

今本《史記》句首皆有「而」字。

維共行天之罰。（《周本紀》）
不借之畏於秦。（《秦本紀》）
非王之子孫也。（《范雎蔡澤列傳》）
今本《史記》皆脱「之」字。
又東爲蒼浪*水。（《夏本紀》）
睢水爲*不流。（《高祖本紀》）
子常受*。（《管蔡世家》）
*部分，今本《史記》皆有「之」字。
故以其黨開翟人。（《周本紀》）
今本《史記》脱「其」字。
赦*代吏民。（《高祖本紀》）
大夫恐*復遷。（《管蔡世家》）
自*奪便。（《酈生陸賈列傳》）
*部分，今本《史記》皆有「其」字。
是爲帝外丙也。（《殷本紀》）
而身死也。（《范雎蔡澤列傳》）
是以得具論之也。（《酈生陸賈列傳》）

今本《史記》皆脱「也」字。

至周封於杞。(《夏本紀》)

周必敗。(《周本紀》)

病死國除。(《酈生陸賈列傳》)

今本《史記》句末皆有「也」字。

後子孫飲馬*河。(《秦本紀》)

迎趙王歇*代。(《高祖本紀》)

乃獻其裘*子常。(《管蔡世家》)

*部分，今本《史記》皆有「於」字。

且昔者齊湣王南攻楚。(《范睢蔡澤列傳》)

所爲説者少力。(同上)

今本《史記》皆脱「者」字。

諸侯子在關中。(《高祖本紀》)

而所任不善。(《范睢蔡澤列傳》)

今本《史記》句末皆有「者」字。

(2)與今本《史記》對校，隸書和草書字體上易混淆的文字，異文較多。例如：

「七月宣太后薨。」(《秦本紀》)「七」，今本《史記》作「十」。

「十月辛亥日蝕。」(《孝景本紀》)　「十」，今本《史記》作「七」。
「布命陳辭。」(《周本紀》)　「命」，今本《史記》作「令」。
「帝令謁者。」(《呂后本紀》)「敬受令。」(《范睢蔡澤列傳》)「令」，今本《史記》作「命」。
「虞芮二人。」(《周本紀》)　「二」，今本《史記》作「之」。
「梁楚之王皆薨。」(《孝景本紀》)　「之」，今本《史記》作「二」。

另外，單從文字而言，尚有如下異同之例。

古鈔本	今本	古鈔本	今本	古鈔本	今本
循 ↔	脩	卒 ↔	平	其 ↔	甚
便 ↔	使	主 ↔	王		

注1　高山寺藏《殷本紀》中，鈔有司馬貞《史記索隱》兩條。筆者認爲，這是傳鈔時偶然鈔入。後文對此有詳述。
注2　當然，今無《史記正義》單注本留存。此處指的是根據後文提到的南化本批注和《正義》注文，可以作此推斷。

第二節　分論

試觀留存至今的《史記》古鈔本，今藏地點雖然各不相同，但根據其舊藏之處、鈔寫人、鈔寫年代，可以很容易將這些古鈔本分組。

以下，對這些古鈔本進行分類，並按照鈔寫年代的順序，加以簡單的解説。

（一）敦煌出土鈔本組

敦煌出土鈔本，包括從敦煌石窟發現的《燕召公世家》、《管蔡世家》和《伯夷列傳》的殘卷。這些殘卷是在一九〇九年，與其他許多珍貴寫本一起，由法國著名敦煌探險家伯希和（P. Pelliot）發現的。鈔本被帶回法國，現藏於國立巴黎博物館。

詳檢《敦煌秘籍留真新編》所收的珂羅版影印本可知，殘卷接裱的順序並没有依照《史記》的卷次。先是《管蔡世家》，由「蔡侯怒嫁其弟」開始，至「曹遂絶其祀」結束，且「伯夷考其後不知封」至「故附之世家言」的文字被重複鈔寫，有大題和小題。其次是《伯夷列傳》，由「太史公曰余登箕山」至卷末。最後是《燕召公世家》，從「作甘棠之詩」開始，至「武公十九」結束。

以這樣的順序接裱，可能是因爲這些鈔本已殘缺不全，後人便隨意接合了。嚴格來説，各個鈔本的字畫略有差異，其中《伯夷列傳》的字跡最爲工整，但各本間的差異並不明顯（注1）。且從字體的特徵可以推測，這些鈔本基本是同一個時代所鈔寫的。

可推定這一組鈔本的鈔寫年代的根據是，《伯夷列傳》的鈔本中有兩處「淵」字缺末筆（注2）。這一缺筆表明，這些鈔本鈔寫於唐高祖李淵在位期間（年號武德，六一八年至六二六年）。

這些古鈔本，雖然正文只殘存不足二千字，卻比其他現存《史記》古鈔本的鈔寫時代更早，因而極其珍貴。不僅如此，這些殘卷也是現存《史記》古鈔本中唯一可以確證爲唐鈔的鈔本，而且將其與其他殘存於日本的《史記》古鈔本相聯繫，可以爲究明其他鈔本的性質提供參考，重要性不言而喻。

注1　賀次君在《史記書録》中說：「此卷（《燕召公世家》）字畫不如《伯夷列傳》工整，與《管蔡世家》亦不同，蓋非出於同一人所寫。」但字畫的差異並不是特別明顯。另外，即便不完全出於同一人的手筆，從二《世家》都不避「世」字這一點來看，也可認爲這一組古鈔本大致是同一個時代的鈔寫本。

注2　前文提到的《史記書録》說：「《敦煌秘籍留真》及《敦煌殘卷敘録》均題爲唐武德初寫本，未知何據？」可能是没注意到「淵」字的缺筆。但王重民《敦煌古籍敘録》已經提及這一缺筆。如果賀氏不是故意無視這一事實，則只能爲賀氏參閲的書籍尚不够廣泛而感到遺憾。

(1)《史記集解・燕召公世家》殘卷

此卷缺首尾，僅存「作甘棠之詩」至「武公十九」。卷高二十一釐米，絹質，四周單邊，行間有界，每行十六、七字不等，注爲雙行、無整行（注1）。文中有「𨤲」（釐）、「𢽿」（殺）、「疰」（莊）、「𠞊」（割）等特殊字體，及「廿」、「卅」等數詞。

「頃侯」、「鄭侯」、「繆侯」、「宣侯」、「襄公」、「桓公」、「宣公」、「昭公」皆提行書寫，與今本《史記》都與前文連接書寫不同（注2）。（參照第一節[三][1]）

作爲《史記》文本來説，此殘卷的正文優於今本之處頗多。例如：

「周幽王亂，爲犬戎所𢽿」之「𢽿」，今本作「弑」。其他古鈔本中，此例亦極多見。大概是後人根據《春秋經傳》等妄改原文，太史公的原著並未用「弑」字。

「秦封，始列爲諸侯。」今本《史記》無「封」字。（參考第一節[三][3][a]）

又有暫時難以斷定孰優孰劣的差異，舉例如下：

「子傾侯立，傾侯廿年。」兩處「傾」字，今本《史記》皆作「頃」。「桓侯立」、「莊公立」、「襄公立」，除了毛晉刻《史記集解》單注本外，今本《史記》句首皆有「子」字。

另一方面，這個古鈔本中也有不少錯誤。例如：

「燕君送桓公出境桓公出境。」今本《史記》第一個「桓」字之上還有「齊」字，且未重複「桓公出境」一句。暫且不論「齊」字的有無，「桓公出境」一句的重複顯然是古鈔本有誤（注3）。

注1　《史記書録》説：「注雙行，行二十一二字不等。」然而，這個殘卷的注文並無整行。不知賀次君是依據什麽數得的。

注2　《史記書録》説：「鄭侯、繆侯、宣桓、桓侯、莊公均提行。」然而，詳檢這一殘卷，「哀侯」、「桓侯」、「莊公」並未提行。蓋古鈔本對國君的提行，只是一種原則上的標準。

注3　古鈔本中，重複字句必用重文符號「〻」。此句並未用重文符號，而是直接重複，據此可推斷是古鈔本誤重。

(2)《史記集解·管蔡世家》殘卷

此殘卷，缺卷之首尾，存「蔡侯怒嫁其弟」至「曹遂絶其祀」，且重複鈔寫「伯邑考其後不知封」至「故附之世家言」（注1）。有大題和小題。與前一殘卷同樣，卷高二十一釐米，絹質，每行十五字至十七字不等，注爲雙行、無整行，四周單邊，行間有界（注2）。文中有「戓」（武）、「班」（斑）、「煞」（殺）、「曺」（曹）、「亽」（亦）、「莝」（葬）、「𨤲」（釐）、「彊」（彊）等較特殊的字體，及「廿」、「卅」、「卌」等數詞。「莊侯」、「文侯」、「景侯」、「悼侯」、「昭侯」、「成侯」、「聲侯」等提行，在「有世家言」一句處也多提行，與今本《史記》連接書寫不

同。（參考第一節[三][1]）

此殘卷的正文文本有不少地方優於今本。舉其中顯著之例如下：

楚太子商臣煞其父成王代立。

太子斑煞景侯而自立。（注3）

靈侯煞其父。

「煞」，今本《史記》皆作「弑」。如前所述，應爲後人妄改。其例多見於這一殘卷。

而隱太子之子東國攻平侯子而代立。

今本《史記》「立」字下有「是爲悼侯」四字。按上文已述「靈侯斑之孫東國攻平侯子而自立是爲悼侯」，故此處不必再言「是爲悼侯」。正如中井積德所述「是爲悼侯是複文，當削」（《史記雕題》），乃今本之衍文。

子平公須立。

今本《史記》「須」作「頃」。正如梁玉繩所述「平公名須，此訛頃，案《表》作須不誤」（《史記志疑》），今本乃因字體相近而誤。

十七年晉文公重耳立廿一年晉文公重耳代曹虜共公。

今本《史記》無「十七年晉文公重耳立」九字。爲引出下文「廿一年晉文公重耳」，這一句無論如何都應存。蓋今本以「晉文公」三字重出，誤脱了這九個字。（參考第一節[三][3][a]）

又難以斷定孰優孰劣之處、及可視作古今字體差異之處頗多。例如，有下面這樣的差異：

昭王持善裘二。

今本《史記》「善」作「美」。在寫本中，「美」和「善」字形相近容易混淆，難以斷定其優劣。

衛使史魚言康叔之功德。

今本《史記》「魚」作「鰌」。《左傳・定公四年》載「乃衛侯使祝佗言康叔之功德」，杜注謂「祝佗太祝子魚」，《論語・衛靈公》亦云「子曰直哉史魚邦有道如矢」。然而《戰國策・燕策》則云「廉如鮑焦史鰌」，《荀子・不苟篇》亦有「盜名不如盜貨，田仲史鰌不如盜也」。

其弟武攻之代立。

今本《史記》「攻」作「殺」。唐鈔本中，「殺」又寫作「敎」或「煞」，與「攻」字形相近。按前後文又有「攻平侯子而代立」、「平公弟通煞聲公代立」等文例，暫不能斷定其優劣。

乃獻其裘子常。

今本《史記》「子」字上有「於」字。

子常受。

今本《史記》「受」字下有「之」字。

大夫恐復遷。

今本《史記》「復」字上有「其」字。

十三年與衛靈公會召陵。

與《左傳・定公四年》的記載合。今本《史記》「召」作「邵」。（參考第一節[三][3][b]）

子碩甫立。

與《毛詩正義・曹風譜疏》引《史記》合。今本《史記》「碩」作「石」。（參考第一節[三][3][c]）

　　楚復釋之。

今本《史記》「釋」作「醳」。

　　與吴王闔廬逐破楚入郢。

今本《史記》「廬」作「閭」。

　　郕叔武其後世無所見。

今本《史記》「郕」作「成」。（以上三例僅是字的差異）

另一方面，這個古鈔本中也有不少錯誤。舉其顯著之例如下：

　　平侯九年平。

今本《史記》第二個「平」字作「卒」。草書中「平」與「卒」字體相近，應爲古鈔本誤寫。

　　卆公第通煞聲公代立。

今本《史記》作「平公弟通弑聲公代立」。「第」與「弟」，字音相通。「煞」與「弑」，前文已述。古鈔本中的「卆」明顯是「平」的誤寫。（以上二例參考第一節[三][3][i]）

　　滅曹執曹伯陽。

今本《史記》此句上有「言霸説於曹伯十四年曹伯從之乃背晉于宋宋景公伐之晉人不救十五年宋」三十一字，應爲古鈔本誤脱。

注1　《史記書録》説：「自『蔡侯怒嫁其弟』起至篇末『叔鐸之祀忽諸』存。」但根據《敦煌秘籍留真新編》，僅存至「曹遂絶其祀」。

注2　正如前一殘卷注1所言，此殘卷中《集解》注文亦無整行，無法計算一行的字數。而《史記書録》卻説：「注雙行，行二十一字不等。」

注3　今本《史記》無「斑」字。對此，《史記書録》只説：「『太子殺景侯而自立』，今本『殺』作『弒』。」賀氏可能爲了避開繁瑣的查證，只留意於表面的文字問題，而不顧其他。僅就此殘卷而論，就有數例可見，如「『悼侯父曰隱太子友，隱太子友者，靈侯之太子』，今除毛晉本外，他皆脱『隱太子友』四字」（事實上，古鈔本中，兩個「友」字皆作「有」，且脱「者」字。另外，重複「隱太子友」的刊本也不只是毛晉刻本——參考《史記會注考證校補》卷三十五）。嚴格説來，這些論述都不正確。爲省冗繁，此後不再一一指出。

另外，雖與此處的論述没有直接關係，但不得不指出《史記書録》的校勘有很多不正確的地方。例如，就此殘卷而論，賀氏説：「『子惠伯兕立』，《集解》徐廣曰『曹惠伯或名雉，或名弟，或復名櫃雉，或弟兕』，今本脱『或復名兕雉』句。」今考《敦煌秘籍留真新編》作「孫僉曰徐姊反曹惠伯或名雉或名弟或複名兕雉或弟兕」，今本作「孫檢曰兕音徐子反曹惠伯或名雉或複名弟櫃也」。依照他的校勘，則有如另一個文本。

他又説：「『駢脅』，《集解》孫檢曰『駢，合幹』，《左・僖二十三年》杜注：『駢脅合幹。』是也，今本作『駢者，并幹也』。」今考敦煌本此處的《集解》作「韋昭曰駢并幹」，不知他是如何産生這樣錯誤的。筆者並無故意指責他的錯誤之意，只因其錯誤太過嚴重，故附上贅言。

（3）《史記集解・伯夷列傳》殘卷

此卷缺卷首，存自「太史公曰余登箕山」起至卷末。與前面的殘卷一樣，此卷高二十一釐米，絹質，四周單邊，行間有界，每行十五字至十九字不等。注爲雙行、無整行（注1）。卷中有「辝」（辭）、「舊」（舊）、「㬥」（暴）、「冣」（最）、「㨾」（操）、「禍」（禍）、「𠅃」（亦）、『砥』（砥）等略爲特殊的字體。

此殘卷的正文和注文文本優於今本《史記》之處頗多，現舉其顯著之例如下：

余悲夷齊之意。

今本《史記》「夷齊」二字作「伯夷」。以司馬遷悲伯夷、叔齊二人之意，古鈔本較優。（參考第一節[三][3][a]）

孤竹君之子也。

今本《史記》「子」字上有「二」字，然無「二」字的文意更加穩妥。「之」與「二」字形相近（參考第一節[三][3][a]），今本可能混入了後人的旁註。

叔齊亦不肯立而追之。

今本《史記》「追」作「逃」。按前文有「伯夷曰父命也遂逃去」，伯夷既已出逃，古鈔本作叔齊追伯夷在文意上更優。（參考第一節[三][3][a]）

另外，難以斷定孰優孰劣之處、及可視作古今字體差異之處也有很多。例如：

求仁而得仁。

與《論語・述而篇》合。今本《史記》無「而」字。

富貴而可求。

與《論語・述而篇》合。今本《史記》「而」作「如」。

「富貴而可求雖執鞭之士吾爲之。」《集解》注：「鄭玄曰富貴不可求而得者也當修德以得之若於道可求者雖執鞭賤職我亦爲之。」

與《論語・述而篇》鄭玄注合。今本《史記》「者也」二字作「之」字，「若於道可求」下衍「而得之」三字（注2）。

「歲寒然後知松栢之後彫。」《集解》注：「何晏曰大寒之歲衆木皆死然後松栢小彫傷。」

與《論語・子罕篇》何晏注合。今本《史記》「小彫」作「少凋」（注3）。（以上四例，參考第一節[三][3][b]）

而身逸樂富厚。

除《索隱》單注本外，今本《史記》「身」字上有「終」字。

此其尤大彰較者也。

除《索隱》單注本外，今本《史記》作「此其尤大彰明較著者也」。

附驥之尾。

除《索隱》單注本外，今本《史記》無「之」字。（以上三例，參考第一節[三][3][a]）

扣馬而諫曰。

今本《史記》「扣」作「叩」。

糟糠不饜。

今本《史記》「饜」作「厭」。

貪夫殉財。

今本《史記》「殉」作「徇」。（以上三例僅是字的差異）

另一方面，這個古鈔本中也有不少明顯的錯誤。例如：

儻所謂天道邪非是邪。

《索隱》單注本作「豈所謂天道非邪是邪」，其他的今本《史記》作「儻所謂天道是邪非邪」。古鈔本中不是顛倒了「邪非」二字，就是誤脱了「道」下的「是」字。

注1　與前面殘卷一樣，《史記書録》説「每行十六字，注雙行，行二十一字」，不合事實。

注2　《史記書録》説：「又『富貴而可求，雖執鞭之士，吾亦爲之』，《集解》鄭玄曰：『富貴不可求而得，當修德以得之。若於道可求者，雖執鞭賤職，我亦爲之。』《論語・述而篇》鄭玄注同此，今本『富貴不可求而得』下衍『之』字，『若於道可求』下衍『而得之』三字。」（旁點爲筆者所加）然而古鈔本「富貴不可求而得」下有「者也」二字，與阮元《論語注疏校勘記》所引皇本鄭玄注完全一致。另外，與賀氏的記載相反，《論語・述而篇》鄭玄注「富貴不可求而得」下存「之」字，顯然不能説今本「下衍『之』字」。

注3　《史記書録》説：「又『歲寒然後知松栢之後彫』，《集解》何晏曰：『大寒之歲，衆木皆死，然後松栢小彫傷，卒歲衆木亦有不死者』，與《論語・子罕篇》何晏注同，今本『少彫』作『小凋』、『卒歲』作『平歲』不同。」（旁點爲筆者所加）今考《論語・子罕篇》何晏注，不作「卒歲」，而作「平歲」。此一部分明顯是古鈔本的誤寫，賀氏斷言與何晏注相同是錯誤的。

（二）石山寺所藏鈔本組

石山寺所藏古鈔本《張丞相列傳》和《酈生陸賈列傳》（注1），與神田氏所藏《河渠書》在鈔寫年代、書體和没有添加任何形式的訓點等方面相似，故於此一並討論。

首先，兩個《列傳》是前後相連的卷子本，從文中不避「民」諱來看（注2），可以認爲至少是以唐太宗即位以前（六二七年以前）鈔寫的《史記》文本爲祖本的鈔本（注3）。推定鈔寫年代的根據是，紙背有石山寺中興名僧淳祐内供所撰自書的《金剛界次第》（首尾一卷）。這個鈔本實際上是依托作爲密教作法書的《金剛界次第》而傳至今日的殘本，則（《金剛界次第》的）撰者兼書寫者淳祐圓寂的天曆七年（九五三年），便可視作這一鈔本鈔寫年代的下限。近藤正齋《正齋書籍考》第三卷《史部》中有如下記載：

皇朝傳ルトコロ石山古鈔卷子史記殘篇ハ天平年間鈔字ノモノニシテ即李唐傳謄ノ真本ナリ。最古ノ奇本、海内ノ至寶トスベシ。惜カナ殘缺僅ニ佛經ニ賴テ存スルノミ。予嘗テ石山ニ遊ビ其ノ真本ヲ親睹スルコトヲ得タリ。字躰奇古、紙墨新ナルガ如シ。亦好書ノ幸甚トスベシ。

譯文：皇朝所傳石山寺古鈔卷子本《史記》殘篇乃天平年間鈔字，即李唐傳鈔之真本，當爲最古之奇本，海内之至寶。惜此本殘缺，僅賴佛經得存。予嘗遊石山，親睹真本。字體奇古，紙墨如新。亦好書家之幸。

據此，這個鈔本鈔寫於天平年間，即七二九年至七六八年之間，可以認爲是唐代鈔本。然而，近藤正齋没有明示其推定的根據。

另外，神田氏藏《河渠書》（注4）接縫的背面和卷末，有「藤」字（四方形，陽文）朱印（卷末花押也是「藤」字）。據松平定信編《集古十種・印章類》卷二，可以判定這是藤原忠平所用印章（注5）。另外，據澀江全善、森立之編《經籍訪古志》「延喜十年（九一〇年）公家牒亦用此印」的記載，也可以斷定此鈔本是藤原忠平的手澤。因此，可斷言此鈔本至少是他在世期間（八八〇年至九四九年）以前鈔寫的。

如上所述，這一組鈔本中的兩《列傳》和一《書》，其來源雖不相同，但可推定其鈔寫年代大體一致。筆跡雖不出自同一人之手，卻極其相似。羅振玉在《古寫本史記殘卷跋》中已經提到：

> 二卷（指此處的《河渠書》和兩《列傳》）書迹皆清勁，後卷（指兩《列傳》）尤快厲，均千年前寫本也。（括號内注釋爲筆者所加）

神田氏在《容安軒舊書四種》的解説中也提到：

> 顧見存太史公書，從推石山本（指兩《列傳》）爲最古。以此卷（指《河渠書》）互照，書法清勁，皆唐人手迹，至其鈔寫年代，未易遽定孰爲前後也。（括號内注釋爲筆者所加）

即便無法斷定《河渠書》和兩《列傳》都是唐鈔本，但從推定的鈔寫年代的下限來推測，也極有可能是直接模寫自唐鈔本。

另外，《河渠書》和兩《列傳》的正文都分别由同一個鈔寫者用墨鈔寫，而無他人加筆。這一點，與後文所述其他日本殘存的《史記》古鈔本完全不同，而與前述敦煌出土的鈔本組相近。

注1　《史記會注考證校補》（補刊本）第一、二、四、五册中，不慎沿襲《史記會注考證》，誤以此鈔本爲高山寺所藏，累及《史記書録》。從一九五九年三月刊行的《史記會注考證校補》第三册開始，謹訂正此誤。此一訂正，承蒙神田喜一郎博士惠教，謹表謝意。

注2　例如，《酈生陸賈列傳》中的「齊南近楚民多變詐」，今本「民」作「人」。

注3　《史記書録》説：「此卷（指《張丞相列傳》）字畫清勁快厲，與後《酈生陸賈列傳》同出一手，《酈陸傳》信爲六朝人所寫，兹並從羅説，亦定爲六朝鈔本。」（旁點爲筆者所加，下同）但正如神田喜一郎博士已指出的，這是對羅氏《古寫本史

記殘卷跋》中「此卷出於六朝以前可知矣」一文的誤解。神田博士所謂「從書體來看不認爲能追溯到六朝」的説法應該是正確的。

此外，《史記書録》在《酈生陸賈列傳》一項中又説：「字畫略與敦煌唐鈔卷子本同」。但如前已述，賀氏認爲敦煌唐鈔本《燕召公世家》、《管蔡世家》和《伯夷列傳》非一人之筆，不知爲何會作出上面的判斷。

注4 《經籍訪古志》關於此殘卷的記載如下：

史記零本 一卷 舊鈔卷子本 京師

漢司馬遷撰，宋裴駰集解。現存河渠書一卷，末題河渠書第七史記廿九。界長六寸五分，幅八分，每行十六七字，注雙行二十四五字。考紙質字樣，當是八百年前鈔本，卷尾有藤字朱印及押字，係右大臣藤原忠平公手印，

延喜二十年公家牒亦用此印。

注5 藤原忠平是藤原基經的第四子，與其兄藤原時平、藤原仲平並稱「三平」，任攝政十二年，任關白八年，謚貞信公。

(二)《史記集解·張丞相列傳》殘卷

此卷缺卷首，存自「錯客有語錯」起至卷末的小題和大題。卷高三十五點八釐米，黄麻紙，每行十四字至十六字不等。注爲雙行、無整行。文中有穿(穿)、壖(堧)、薛(薛)、罰(剛)、鈒(劔)、敍(殺)等特殊字體，和「卅」等數詞。各丞相處提行，與今本《史記》連接書寫不同。

與今本《史記》對校，此殘卷文本優於今本之處頗多。現舉其顯著之例如下：

而遵明用秦之顓頊曆何哉。(注1)

今本《史記》「遵」上有「不」字。然正如梁玉繩「句不可解，《漢書》作專尊用秦之顓頊曆」（《史記志疑》）所言，今考《漢書·張周趙任申屠傳贊》作「而專遵用秦之顓頊曆何哉」，「不」恐爲今本的衍字。（參考第一節[三][3][a]和[b]）

誣以夫人賊殺傅婢。

今本《史記》無「傅」字。因前文有「以夫賊殺傅婢事」（注2），應是今本誤脱。

匡丞相衡者。

今本《史記》作「丞相匡衡者」。按前文多有「張丞相蒼者」、「韋丞相賢者」、「魏丞相相者」、「邴丞相吉者」，則應是今本之誤。（以上二例，參考第一節[三][3][a]）

又難以斷定孰優孰劣，或可視作古今字體差異之處，也有很多。例如：

使相之。

今本《史記》「使」字下有「相工」二字。

此子貴當封侯。

今本《史記》無「侯」字。

而竟以丞相病死。

今本《史記》「而」字下有「魏丞相」三字。

困戹不得者甚衆也。

今本《史記》「甚衆」二字互倒。

功名有著於當世者也。

今本《史記》無「也」字。

身及子男有姦臧。

今本《史記》「臧」作「贓」。

材下。

今本《史記》「材」作「才」。後文「多有賢聖之材」的「材」亦同。

數射筴不中。

今本《史記》「筴」作「策」。（以上三例僅是字的差異）

另外，此古鈔本中也有不少明顯的錯誤。例如：

丞相奉請誅内史錯。

今本《史記》「奉」作「奏」。當是古鈔本因字體相近而誤寫。

娖娖廉謡。

今本《史記》「謡」作「謹」。同爲古鈔本誤寫。

以讀書術爲史。

今本《史記》「史」作「吏」。同爲古鈔本誤寫。

注1　鈔本將「秦」誤寫成「奏」。

注2　今本《史記》「傳」作「侍」。

(2)《史記集解・酈生陸賈列傳》殘卷

卷首和卷末都存小題、大題，但靠近卷末處脱落一紙，脱自「雪足杖矛曰」至「陳留令曰」的正文約三百十五字。與前一殘卷一樣，卷高三十五點八釐米，黄麻紙，每行十四字至十七字，注爲雙行，無整行。文中有㦟(慢)、儒(儒)、䢴(率)、𢻫(殺)、𣏂(殺)、桀(桀)、烋(休)、釼(劍)、對(剛)、孺(孺)等較爲特殊的字體，也用「卅」等數詞。

現與今本《史記》對校，鈔本正文文本優於今本之處頗多。舉其顯著之例如下：

爲里監門，然吏縣中賢豪不敢役。

與《漢書・酈食其傳》合。今本《史記》「吏」字在「門」字下，考後文文意，恐爲今本之誤乙(注1)。(參考第一節[三][3][a])

王者以民爲天而民以食爲天。

與《漢書・酈食其傳》合。今本《史記》作「王者以民人爲天而民人以食爲天」。在唐代，避「民」諱而作「人」，後人可能將兩者都保留了下來，故今本「民」字下衍入「人」字。另外，避「世」和「民」字諱的《索隱》單注本中，上半句作「王者以人爲天」，亦可爲佐證。(參考第一節[三][2][b]及[3][a])

畏大臣及有口者。

與《漢書・陸賈傳》合。今本《史記》脱「及」字。按上文中有「陸賈者楚人也，以客從高祖定天下，名爲有口辯士」，「大臣」與「有口者」各有其意，不可無「及」字。恐爲今本《史記》誤脱。

辟陽侯急困，使人欲見平原君。

《漢書・朱建傳》有「辟陽侯困急，使人欲見建」。今本《史記》「困」作「因」，則「因」字應屬下半句。但若只作「辟陽侯急」，文意就不完整。可能是今本《史記》由於「困」和「因」字體相似而誤。（以上二例參考第一節[三][3][a]及[b]）

繼五帝三王之業。

與《漢書》、《漢紀》、《説苑》及《太平御覽・奉使部》引《史記》合。除張文虎校刊金陵書局本外，今本《史記》皆將「王」誤作「皇」。關於這一錯誤，王念孫早已指出：「三皇當從《漢書》、《漢紀》、《説苑・奉使篇》作三王，漢承周秦之後，故云繼五帝三王之業，若作三皇，則非其指矣。《太平御覽・奉使部》引《史記》亦作三王。」（《讀書雜志》）張文虎沿襲王氏的説法，在金陵書局本中改爲「王」字（注2）。另外，從《秦始皇本紀》中已有「古之五帝三王」（注3）的記載來看，明顯是今本有誤。（參考第一節[三][3][a]及[c]）

又難以斷定孰優孰劣，或僅是文字不同意義卻相同之處，也有很多。例如：

延酈生坐上坐謝之。

今本《史記》無第一個「坐」字，與《漢書・酈食其傳》合。然後文所述宮内廳書陵部藏古鈔本《高祖本紀》中有「見高祖狀貌，因重敬之，引入坐上坐」，今本《高祖本紀》同樣無第一個「坐」字。

尉他大嘆曰，吾不起中國，故王此。使我居中國，何遽不若漢。

《漢書・陸賈傳》中有「佗大笑曰，吾不起中國，故王此。使我居中國，何遽不若漢」，今本《史記》中「嘆」同作「笑」（但「遽」作「渠」）。鈔本中「笑」字有時會寫作「咲」，與「嘆」字形相近。然而，從下文的文意來看，很難斷定孰是孰非（注4）。

生自謂我非狂。

與《漢書·酈食其傳》合。今本《史記》「狂」字下有「生」字（注5）。

於是沛公輟洗起衣。

與《漢書·酈食其傳》合。今本《史記》「起」字上有「攝」字（注6）。

夷種宗族。

與《漢書·陸賈傳》合。今本《史記》「種」作「滅」。（以上三例，參考第一節[三][3][b]）

足下起瓦合之衆。

與《史記正義》本合（注7），《漢書·酈食其傳》中有「足下起瓦合之卒」。而今本《史記》「瓦」作「糾」，下面以《集解》注的形式附有「一作烏合，一作瓦合」，但古鈔本中無此注，這明顯是混入後人的旁注。

而漢反郤自奪便。

與《漢書·酈食其傳》合。除《索隱》單注本外，今本《史記》「便」字上皆有「其」字。（以上二例，參考第一節[三][3][d]）

何得而葆也。

今本《史記》「葆」作「保」。

向使秦已并天下。

今本《史記》「向」作「鄉」。

從歌儛鼓琴瑟侍者十日。

今本《史記》「儛」作「舞」。

　　無久圂公爲也。

今本《史記》「圂」作「慁」。

　　嘗燕居深念。

與《漢書・陸賈傳》合。今本《史記》「嘗」作「常」（注8）。（以上五例僅是字體不同）

另外，明顯爲古鈔本之誤的地方也很多，例如：

　　夫敖食。

今本《史記》「食」作「倉」。這是因字體相近造成的古鈔本的誤寫。

　　我孰與蕭何曾參韓信賢。

今本《史記》「曾」作「曹」。古鈔本中「曹」多寫作「曺」，容易誤寫成「曾」。

　　高帝未當不稱善。

除《漢書・陸賈傳》及毛晉刻《史記集解》本外，今本《史記》「當」作「嘗」，毛本作「常」。因「常」與「嘗」可以通用，不是古鈔本將「常」誤寫成了「當」，就是鈔本中將「嘗」寫成「甞」所導致的誤寫。

注1　倪思《班馬異同》說：「監門吏，《漢書》以爲吏縣中賢豪，最是。縣吏不敢役，何足道，吏縣中之賢豪者不敢役，一監門意象，可想轉一字大別。」在考量這個古鈔本的時候，也需要重新思考一直以來的《史記》和《漢書》之間的關係。

注2　《史記書録》說：「又『繼五帝、三王之業』，《漢傳》同，今本作『繼五帝、三皇之業』。三王指夏、商、周，故後五帝言之，《太平御覽》引《史》及荀悦《漢紀》、劉向《説苑》並作『三王』，足證今本『皇』字訛，而明、清學者反以論史公行文之非，

擬依《漢書》改，殆未見古本，不知史文本作『三王』也。」所謂「明、清學者」，雖不知其確切指誰，但至少王念孫和張文虎並没有指責「史公行文之非」。

注3　這一部分，南北監本均作「古之五帝三皇」，可旁證後人將太史公原著所書「五帝三王」妄改爲「五帝三皇」的推斷。

注4　《史記書録》説：「……疑『笑』爲『嘆』之爛文，嘆者，尉佗以不起中國，而崎嶇山海之間，故不若漢之廣大，頗有自惜之意，史公乃以『嘆』字狀之，今本則從《漢傳》改作『笑』矣。」如此簡單地下論斷未免有些牽强。

注5　《史記書録》説：「……宋倪思《班馬異同》、清劉青芝《史漢是非》俱謂班固删一『生』字，不及原文，而未知《史記》古本『狂』下實無『生』字也。」至少《班馬異同》中没有「班因删一『生』字」等文字。正如賀氏所指出的，這個古鈔本的存在，使得我們有必要重新檢討《史記》和《漢書》之間的關係。

注6　《班馬異同》中作「起衣好」。

注7　在後文將要詳述的南化本標注中，有「《正義》本糾作瓦」的記載，乃是依據「《正義》曰：　如瓦合聚而蓋屋，無僇力之心也」一句。當然，除《史記會注考證校補》之外的今本《史記》，均脱此句《正義》。

注8　《史記書録》説：「『嘗燕居，深念陸生』，《漢傳》作『嘗燕居，深念賈』，今本『嘗』訛『常』。」然而「嘗」和「常」古時可以通用，直接斷言「今本『嘗』訛『常』」，未免有失妥當。

另外，僅就此卷而言，《史記書録》的論述錯誤非常多。例如：

「又『沛公輒解其冠，復溺其中』，《漢傳》無『復』字，今本作『沛公輒解其冠溲溺其中』，『溲』、『溺』二字義複，今本『溲』字乃『復』字之訛。」今按古鈔本作「溲」，不作「復」。

「又『陸生卒拜尉他爲南越王』，《漢傳》同，今本脱『南』字。」但並非所有今本都脱「南」字。

「又『極飲十日而更』，《漢傳》同，今本作『極欲十日而更』。」《漢書・陸賈傳》作「極欲十日而更」，不能説「《漢傳》同」。

「又『辟陽侯以爲背己』，《漢傳》作『辟陽侯之囚，欲見平原君，平原君不見，辟陽侯以爲背之』，『辟陽侯』下多『之囚欲見平原君』十八字，今本亦有，疑後人依《漢傳》增，有此十八字與否，無關文義，或傳本有異，非此卷脱。」今考古鈔本，未脱這十八個字，且《漢書・朱建傳》中，兩處「平原君」均作「建」。錯誤之甚，深感遺憾。

「『即齊國未可得保也』，『保』今本作『葆』，遂訛爲『苛』。」此「今本」應是「古鈔本」之誤。「『下井陘誅安成君』，脱『君』字……。」「安成」應是「成安」。

以上，雖略有繁瑣，但《史記書録》關於此卷的論述錯誤實在太多，謹慎起見，注記於此。

(3)《史記集解・河渠書》殘卷

此卷缺卷首，存自「山東西歲百餘石」起至卷末的小題和大題。卷高二十五點五釐米，每行十六七字不等，注雙行，行二十字至二十五字不等。文中有穿（穿）、漕（漕）、疰（莊）、騁（騁）、庢（底）等較特殊的字體，用「卌」等數詞。

與今本《史記》對校，此鈔本的正文文本優於今本之處很多。舉其顯著之例如下：

道果便近，而水多湍石。

與《漢書・溝洫志》合。今本《史記》脱「多」字。《史記會注考證》依據此鈔本和《漢志》補上了「多」字。據其文意，顯然是今本《史記》誤脱。（參考第一節[三][3][a]）

自徵引洛水，至商顔下。

與《漢書・溝洫志》合。除《索隱》單注本和凌稚隆《史記評林》本外，今本《史記》「商顔」下都有「山」字。據此，《史記會注考證》删去「山」字。考正文下的《集解》和《索隱》，可確定「山」字爲衍字。（參考第一節

[三][3][a][b]及[d])

又難以斷定孰優孰劣、或僅是文字不同而意義相同之處也很多。例如：

田者不能償種。

與《漢書·溝洫志》合。今本《史記》「田者」上有「則」字。

故惡地。

與《漢書·溝洫志》合。今本《史記》的慶元本、彭寅翁本和凌本作「攻鹵地」(注1)，其他本子作「故鹵地」。

其明年乾封少雨。

與《漢書·溝洫志》合。今本《史記》「乾封」上有「旱」字。(以上三例，參考第一節[三][3][b])

氾濫不止兮愁吾人。

《漢書·溝洫志》及今本《史記》「氾」作「泛」，僅是文字不同。

另一方面，此古鈔本中錯誤也不少，例如：

度可得穀穀二百万石以上。

今本《史記》不重複「穀」字。因古鈔本此處沒有使用重文符號，可判斷是古鈔本的錯誤。

可無復渭。

今本《史記》「渭」作「漕」。應是因字形相近而造成古鈔本的錯誤。

注1　凌稚隆《評林》本，旁注「攻一作故」。

追記　關於此卷，賀次君《史記書録》又有錯誤。例如：「『延道弛兮離常流』，《集解》晉灼云：『言河道皆弛壞。』《漢志》注亦云『皆壞壞』，今本『㢮』作『弛』。」加旁點的「弛」應作「㢮」。

右邊的例子應是誤植，又有下面這樣的錯誤。「『而關中輔梁，靈軹引堵水』，『堵』字下有《集解》徐廣云『一作諸也』，今本徐廣注在『水』字下，作『一作諸川』。按《漢志》則作『諸川』，是今本從《漢志》改。但徐廣止記『堵』、『諸』異字，與『川』、『水』無關，後人竄改之跡於此可見一般。」現考古鈔本，這裏所説的徐廣注與今本一樣在「堵水」之下。且不論他的結論是否正確，問題在於其立論的出發點是對文本的誤讀。

（三）大江家國鈔本組

此節主要探討延久五年（一〇七三年）正月至三月由大江家國鈔寫的《吕后》、《孝文》、《孝景》諸《本紀》，同時附論與此《孝景本紀》大致爲同一系統的、大治二年（一一二七年）鈔寫的山岸氏所藏《孝景本紀》（注1）。

首先，各卷卷末的識語如下：

吕后本紀第九

同年同月廿九日點合了

延五　正　廿四辰書了

延五　四　一受訓了

學生　大江家國

康和三年正月廿七日以祕本見合了　家行之本也

同年同月廿九日讀了

建久年十二月十八日黃昏讀移了／ 拾遺〔花押〕

孝文本紀第十　史記十

延久五年四月四日受訓了

延五　二　七夜於燈下書了

同年同月九巳剋點合了

學生 大江家國

康和三年二月三日巳時許以祕本見合了 家行

同年同月十二日未剋許訓了

建久七年十二月十九日黃昏讀移／了 時通

建仁二年十月六日於燈下／ 一見矣〔花押〕

孝景本紀第十一　同年四月受訓了

同月同日於燈下合了

延久暮春十二晡時執筆同剋書了

學生 大江家國

康和三年二月廿日晡時見合了 家行之本也

同年同月同日子時許受了

建久七年十二月十九日於燈下讀移了〔花押〕

〔山岸氏藏本〕

孝景本紀第十一　　史記十一

此本依有訛謬他本所移也

大治二年九月二日申時書寫了

文保元年四月二日請渡了／散位　惟宗康俊

暫不論山岸氏所藏《孝景本紀》，考前三卷識語，《吕后本紀》於延久五年（一〇七三年）正月廿四日鈔寫畢，同月廿九日完成「點合」，四月一日「受訓」。《孝文本紀》於延久五年二月七日鈔寫畢，同月九日完成「點合」，四月四日「受訓」。《孝景本紀》於延久五年三月十二日完成鈔寫和「點合」，四月（未記具體日期）「受訓」。如上，可以考證從《吕后本紀》開始依次鈔寫、點合和受訓日期，筆跡也完全一致，這三卷顯然都是學生大江家國（注2）鈔寫的。

另外，這三卷在康和三年（一一〇〇年）由名爲「家行」的人（注3）「見合」，又在建久七年（一一九六年）由名爲「時通」的人（注4）「讀移」（注5），可以認爲，至少在這個時期，這三卷都歸同一個收藏者所有。然而，只有《孝文本紀》在末尾有建仁二年（一二〇二年）的識語，冒然揣測，至這一年《孝文本紀》已歸不同的收藏者所有。

另外，考山岸氏所藏《孝景本紀》，其鈔寫年代明記爲大治二年（一一二七年），比前三種殘卷晚五十三年。雖沒有關於鈔寫者的記述，但記載了文保元年（一三一七年）傳於「散位惟宗康俊」之手一事（注6）。鈔寫的筆跡遠不如大江家國鈔寫的三卷，且字畫更近於後述高山寺所藏鈔本。正如前文所言，因這個鈔本與大江鈔寫的《孝景本紀》大致是同一個系統的文本，故附論與此。爲與大江鈔本相區別，現稱之爲「山岸本」。

以上所述這一組的古鈔本，鈔寫年代都在平安時代末期，現試著推論它們所依據的祖本。

首先，從避諱闕筆來看：

「毋發民男女哭臨宮殿中。」（《孝文本紀》）今本《史記》的大部分「民」都作「人」（且無「中」字）。

「四月乙巳，赦天下賜民爵一級。」（《孝景本紀》，大江鈔本及山岸本同）今本《史記》脱「民」字。

如以上例子，其他地方也完全不見「民」、「世」字的避諱闕筆。又與敦煌出土鈔本組相同，文本中散見較爲特殊的字體和「廿」、「卅」等數詞，使用重文符號，提行較多。從這些特點來看，其祖本至少可以認爲是唐太宗即位之前，即六二七年以前的《史記集解》本。

不僅如此，大江家國鈔寫的三卷中，有親筆所鈔的司馬貞《史記索隱》和今已散佚的鄒誕生《史記音》、劉伯莊《史記音義》、顧胤《漢書古今集義》等文本的批注（這些可參考第二章第四節），且用「乎古止點」和「假名」加以訓點。如此，大江鈔本不僅可作爲探討大江家《史記》學説的重要資料，也可視作保留了上述散佚書籍的部分原文的珍貴資料。另外，山岸本中也用「乎古止點」和「假名」作了訓點。

注1　《史記書録》完全没有提及這一組古鈔本。且不論山岸本，其他三種殘卷都刊行有影印本，賀氏没能參考實是一種遺憾。

注2　大江朝綱的玄孫，除主計助。

注3　一説是藤原俊成的叔父藤原家行，一説是曾任藤原南家的勸學院學頭的藤原家行。没有可以斷定究竟指誰的根據。

注4　一説指藤原俊成女兒之子、曾任左中將的高倉時通。

注5　一般認爲「讀移」一詞指加以墨書的「乎古止點」。

注6　《經籍訪古志》記載：「正和五年，惟宗康俊鈔卷子本，崇蘭館藏，現存《五帝》、《周》、《秦》、《孝武本紀》四卷。未見。」雖不知其今所藏之處，但正和五年是一三一六年，翌年即文保元年（一三一七年），從這一點來看，《經籍訪古志》記載的「惟宗康俊」和山岸本的「惟宗康俊」應爲同一人。且可以看出，除山岸本《孝景本紀》外，此人還藏有《本紀》四卷的古鈔本。

又據森立之舊藏、大東急記念文庫現藏慶長古活字本《史記》舊藏者的批注和《經籍訪古志》的記載，其今日所藏之處雖不明瞭，但求古樓藏古鈔本《夏本紀》一卷的跋文第一行，有「文和三年應鐘廿七日，讀合畢／監物惟宗守俊」的文字。文和三年是一三五二年，距文保元年三十五年。似乎惟宗守俊與惟宗康俊有血緣關係。無論如何，惟宗家應是鎌倉時代熱衷於《史記》研究的家族。

注7　如後文將要詳述的，大江家國鈔本中有「貞云」、「索云」等批注，依據的應是與今存《索隱》單注本相近系統的文本。《日本國見在書目録》中有「《史記索隱》卅卷，唐朝散大夫司馬貞撰」的記載。

注8　《日本國見在書目録・正史家》中有「《史記音》三卷，梁輕車録事參軍鄒誕生撰」的記載。又見載於新舊兩《唐志》。

注9　《日本國見在書目録》中同樣有「《史記音義》廿卷，唐大中大夫劉伯莊撰」的記載，亦見載於新舊兩《唐志》及《宋志》。

注10　《日本國見在書目録》中同樣有「《漢書古今集義》廿卷，顧胤撰」的記載，亦見載於新舊兩《唐志》。

(1)《史記集解・呂后本紀》一卷

此卷無缺頁，是一個完整的鈔本，只是卷末無大題。卷高三十一釐米，界高二十四釐米。紙質是有簾紋的楮紙，四周單邊，行間有界，每行十七、八字，注雙行，行二十四字至二十六字不等。與前文所述各組鈔本一樣，文中有𢏚(弱)、筴(策)、對(剛)、怨(怨)、𢽘(殺)、亽(亦)、疰(莊)等較特殊的字體。基本每年次提行，與今本《史記》連接書寫不同。

現與今本《史記》對校，此鈔本的正文和注文優於今本之處很多。舉其顯著者如下：

> 呂后爲人剛毅，佐高祖定天下，所誅大臣多。呂后兄二人，皆爲將。

今本《史記》「多」字下有「呂后力」三字，意義重複。可能是涉下「呂后」二字而衍，後人爲使意義通暢而妄加「力」字。

> 太后欲廢王陵，乃拜爲帝太傅，奪之相權。王陵遂稱病免歸。

今本《史記》脱「稱」字。按《陳丞相世家》有「呂太后怒，乃佯遷陵爲帝太傅，實不用陵，陵怒謝疾免」的記述，又《漢書・王陵傳》有「於是呂太后欲廢陵，迺陽遷陵爲帝太傅，實奪之相權，陵怒謝病免，杜門意不朝請」的記載。顯然是今本誤脱。（以上二例，參考第一節[三][3][a]）

> 以待呂氏之變而共誅之。

今本《史記》脱「之」、「而」二字。先不論「之」字有無，若無「而」字，則文章無轉折，文意便不完整。從《漢書・高后紀》也有「而」字來看，恐是今本誤脱。

殿門弗入。

與《漢書・高后紀》合。今本《史記》「入」字上有「得」字，其意難解。桃源鈔本所引《史記》古本中亦無「得」字。應是今本衍入。（以上二例，參考第一節[三][3][a]及[b]）

呂氏所立三王。

與《漢書・高后紀》合。除《索隱》單注本外，今本《史記》皆脱「所」字。據前文有「劉氏所立九王」推斷，應是今本《史記》誤脱。（參考第一節[三][3][a][b]及[d]）

又難以判定孰優孰劣之處，或僅是文字不同之處也很多。例如：

入未央宮掖門。

與《漢書・高后紀》合。今本《史記》無「掖」字。

朱虛侯欲奪節。

《漢書・高后紀》作「章欲奪節」。今本《史記》「節」下有「信」字。

迺顧麾左右執戟者，皆掊兵罷去。

《漢書・周勃傳》作「迺顧麾左右執戟，皆仆兵罷」。今本《史記》「迺」作「乃」，脱「皆」字。（以上三例，參考第一節[三][3][b]）

王必毋憂。

今本《史記》「毋」作「無」。

迺先封高祖之功臣郎中令無擇爲博成侯。

今本《史記》「成」作「城」。（以上二例僅是文字不同）

此外，這個古鈔本中也有誤寫。例如：

足下高枕而主千里。

今本《史記》和《漢書·高后紀》，「主」作「王」。蓋因字形相近而誤寫。

悉捕諸吕女男。

今本《史記》和《漢書·高后紀》，「女男」二字互倒。應是古鈔本誤乙。

然後后聽。

今本《史記》無「后」字。應是古鈔本衍文。

(2)《史記集解·孝文本紀》一卷

此卷首尾無殘缺。卷高三十一釐米，界高二十四釐米。紙質是有簾紋的楮紙，四周單邊，行間有界。每行十六七字，注雙行，行二十四字至二十六字不等。與前文所述各組鈔本一樣，文中有桀（桀）、庿（廟）、䢦（率）、㬥（暴）、宍（肉）、俻（備）、㥫（慢）、𢻶（殺）、塟（葬）等較特殊的字體，且用「卅」、「卌」等數詞。原則上每年次提行鈔寫，與今本《史記》連接書寫不同。

與今本《史記》對校，此鈔本的正文及注文文本優於今本《史記》處頗多。舉其顯著之例如下：

乘六乘傳詣長安。

與桃源鈔本正文合。今本《史記》脱「六乘」二字。按《吕后本紀》作「代王使人辭謝，再反，然後乘六乘傳」，又《漢書·文帝紀》作「張武等六人乘六乘傳，詣長安」，恐爲今本誤脱。

古之有天下者，莫長焉。

除《索隱》單注本和張文虎校刊金陵書局本外，今本《史記》「長」上有「不」字。《漢書・文帝紀》作「有天下者，莫長焉」。《四庫全書考證》說：「刊本莫下衍不字，據《索隱》刪。」梁玉繩也說：「不字當衍，《索隱》本無不字，與《漢書》同。」（《史記志疑》）張文虎承襲這些說法刪去「不」字，《史記會注考證》也因襲而刪去「不」字（注1）。這樣看來，今本《史記》「不」字明顯是衍文。

乃脩從代來功臣。

今本《史記》「脩」作「循」，僅《史記會注考證》依據此鈔本作「脩」（注2）。《漢書・文帝紀》作「乃脩代來功」。關於這一點，何焯已經指出過：「循，《漢書》作脩，是也。功下無臣字。」（《義門讀書記》）並且，張照也指出：「余有丁曰，循謂次及之也，《漢書》作修字。」（《館本考證》）梁玉繩也說：「余有丁曰，循謂次及之也。《義門讀書記》曰：循，《漢書》作脩，是也，功下無臣字。二說以《義門》爲長，古脩字或作㣑、而循字或作㣑、偱。故訛……」（《史記志疑》）張文虎在《史記札記》中引用此說。則此處應是今本《史記》之誤。

匄以告朕。

除金陵書局本外，今本《史記》「匄」作「白」。《漢書・文帝紀》作「匄以啓告朕」。徐孚遠說：「白宜作丐，疑字訛也。」（注3）（《史記測義》）張文虎也說：「匄各本作白字，形相近而訛，《考證》據《漢書》改。」（注4）（《札記》）《史記會注考證》據此鈔本和張文虎的說法改爲「匄」。此處恐爲今本之誤。（參考第一節[三][3][a]）

又難以斷定孰優孰劣、或僅是文字不同之處也很多。例如：

亦皆爲其國祖。

與《漢書·文帝紀》合。今本《史記》「亦皆」二字互倒。

賴天之靈。

與《漢書·文帝紀》合。今本《史記》「天」下有「地」字。（以上二例，參考第一節[三][3][b]）

卜人曰，所謂天王者，乃天子也。

與《漢書·文帝紀》和《太平御覽》引《史記》合。今本《史記》無「也」字。（參考第一節[三][3][b]及[c]）

及年八十以上。

《漢書·文帝紀》及今本《史記》「以」作「已」。

十二月望日又蝕。

《漢書·文帝紀》及今本《史記》「蝕」作「食」。

以給宗廟粢盛。

《漢書·文帝紀》及今本《史記》「粢」作「粢」。（以上三例僅是文字不同）

另外，此鈔本中也有少量誤寫。例如：

方今内有未虚東牟之親。

今本《史記》「未」作「朱」。明顯是古鈔本誤寫。

大横康康。

今本《史記》「康康」二字作「庚庚」。明顯是古鈔本誤寫。

注1　瀧川氏在《史記會注考證》中說：「張文虎曰，各本『莫』下衍『不』字，《索隱》本無，與《漢書》合，《館本考證》據删，《志疑》說同。」然而張文虎的《札記》中無「館本」二字。張氏《札記》所引「考證」指的是《四庫全書考證》，瀧川氏不知，妄加「館本」二字。

注2　瀧川氏在《史記會注考證》中說：「『脩』各本作『循』，今從延久本、楓、三本。」所謂延久本，指的就是本鈔本。

注3　「丐」與「匄」通用。例如，今本《秦本紀》中的「虜其將屈匄」，後述高山寺舊藏古鈔本和鄭樵《通志》均作「虜其將屈丐」。

注4　《四庫全書考證》說：「匄訛白，據《漢書》及《古文淵鑒》改。」

(3)《史記集解·孝景本紀》一卷　附山岸本《孝景本紀》一卷

此卷無缺葉，惟卷末無大題。卷高三十一釐米，界高二十四釐米。紙質是有簾紋的楮紙，四周單邊，行間有界，每行十七、八字。注雙行，無整行。山岸本亦無缺葉，卷末大題也存。卷高二十六釐米，界高二十三釐米，用的是俗所謂「鳥子紙」（雁皮紙）。四周單邊，行間有界，每行十四、五字，注雙行，行二十一字至二十三字不等。這兩卷鈔本有和前述各組鈔本一樣的特殊字體。

與今本《史記》對校，此鈔本的正文和注文文本優於今本之處很多。舉其顯著者如下：

孝文在代。（如下文無特别説明，大江鈔本和山岸本同）

今本《史記》「代」下有「時」字。《太平御覽》引《史記》作「初在代」。「時」字恐爲混入後人旁注。（參考第一節[三][3][a]及[c]）

立膠東王爲太子。

今本《史記》「太子」下有「名徹」二字。梁玉繩已經指出：「名徹二字，《史詮》以爲當省。余謂此乃後人之注，訛寫作大字，非本文也。《本紀》無此書法。」(《史記志疑》)張文虎也因襲此說：「二字疑後人旁注誤入。」(《札記》)明顯應是今本《史記》衍入。

封故相國蕭何孫蕭係爲武陵侯。(注1)

今本《史記》此句下有《集解注》：「徐廣曰，《漢書》亦作係，鄒誕生本(注2)作傒，音奚。又按《漢書·功臣表》及《蕭何傳》皆云，孫嘉。疑其人有二名。」正如張文虎所言：「案鄒誕生南齊人，裴氏無由引，且其文全同《索隱》，此俗本兼采二注而誤入者，北宋本『誕生』二字作『説』亦非。」(《札記》)今本《史記》的這個《集解注》乃是衍入(注3)。（以上二例，參考第一節[三][3][a]）

又難以斷定孰優孰劣、或僅是文字差異之處也有很多。例如：

梁楚之王皆薨。

今本《史記》「之」作「二」(注4)。二者文意皆通，難以斷定孰是孰非。

立皇子乘爲清河王。

與《漢書·景帝紀》合。今本《史記》「乘」上有「方」字。（參考第一節[三][3][b]）

膠東王雄渠反發兵西向。

今本《史記》「向」作「鄉」。

及楚元王子藝等。

今本《史記》「藝」作「蓺」。（以上二例僅是文字不同）

此外，這兩卷古鈔本中也有誤寫。例如：

廢粟粟太子爲臨江王。（大江鈔本）

山岸本及今本《史記》無「粟」字。可能是大江鈔本忘記抹掉「粟」字。

注1　今本《史記》無第二個「蕭」字。

注2　景祐監本、井井本、蜀大字本和紹興庚申刊本，「誕生」二字作「説」。

注3　本無開頭的「徐廣曰」三字，「《漢書》亦作」本是《索隱注》旁添入的文字，後人妄加「徐廣曰」三字，以至於最後整句話都被誤認爲《集解注》。

注4　「之」與「二」字的異同屢屢可見。前文所述敦煌本《伯夷列傳》中的「孤竹君之子」，今本「之」作「二」。高山寺藏《周本紀》中的「虞芮二人」，今本「二」作「之」。

（四）高山寺所藏鈔本組

此節主要探討高山寺所藏及舊藏的《夏》、《殷》、《周》、《秦》諸《本紀》，同時附論鈔寫年代稍遲、但與高山寺《夏本紀》大致屬同一系統鈔本的求古樓舊藏《夏本紀》。

首先，考高山寺藏本的印記，《夏本紀》卷首的小題和大題之間有「高山寺」（長方陽文，一點五釐米×四點八釐米，下同）墨印一枚。《殷本紀》卷首小題旁有「日出先照／高山之寺」（長方陽文，二點六釐米×五點七釐米，下同）墨印一，小題和大題之間以及第二紙的右邊各有一枚「高山寺」墨印，據説曾爲湖南内藤虎次郎氏所藏。《周本紀》卷末小題旁有「日出先照／高山之寺」墨印一枚，第一紙（缺）和第二紙的接縫處以及卷末大題下各有一枚「高山寺」墨印。《秦本紀》在卷首大題下有一枚「高山寺」墨印。

四《本紀》中，惟《秦本紀》卷末有識語，現揭示如下：

秦本紀第五

永萬元年二月廿六日　傳記之畢

以吉本可比校之也

嘉應二年應鐘十二日　日南於崇仁坊殿以家説被授

天養二年八月八日　書寫就之　八月十二日移點了〔花押〕

然而，這一識語看上去有些不自然。末行的「天養二年八月八日」字體極小，查年表，天養二年從七月廿一日起即改元爲「久安」。而且，識語的通例是越往左邊（即按順序書寫添入）年代越新。這一識語中永萬元年（一一六五）、嘉應二年（一一七〇年）皆依次書寫，但緊接其後的天養二年（一一四五年）就讓人感到可疑。或許是根據天養二年的鈔本在永萬元年進行鈔寫的人，將原本的識語當作自己的識語，加寫在了最後也未可知。因問題極多，姑且將其判斷爲永萬元年的鈔本。

剩下的《夏》、《殷》、《周》諸《本紀》都没有識語，因此很難確定它們的鈔寫年代。若以《秦本紀》永萬元年的記録爲參照來推斷，四《本紀》雖明顯不出於同一人之手，但其筆跡卻有某種相似性。最重要的是，四《本紀》都有「高山寺」的印記，應都屬於高山寺藏《史記》全帙的一部分，可以認爲大致鈔寫於同一時期。關於《夏本紀》，東洋文庫《和漢書目録》有如下記載：

夏本紀ハ奥書ナケレドモ、書寫年代ハ略前者（《秦本紀》のこと）ト同時代ノモノト推定セラル。（圓括號内是筆者注）

譯文：《夏本紀》雖無尾跋，但可推定其書寫年代大概與前者（指《秦本紀》）相同。

至於《殷本紀》，羅振玉認爲鈔寫於南宋時代（一一二七年至一二七九年）（注 1），這也從側面佐證了上述推斷。惟有《周本紀》行格和接縫都雜亂無章，襯紙也不完整，鈔寫年代可能稍遲。總體而言，這四卷鈔本可認爲鈔寫於平安時代末期（注 2）。

以上，是對這四卷鈔本的實際鈔寫年代所作的推斷。至於這些鈔本的祖本，則無法像前文所述的各組鈔本那樣，找到類似「民」字避諱的推斷材料。然而，文中使用了常見於唐鈔本的特殊字體的文字、如「廿」「卅」「卌」等數詞和重文符號；「弑」作「煞」，每帝提行鈔寫，且有可訂正今本《史記》的訛脱之處，又與唐宋類書和注疏所引《史記》正文多有一致等等。從以上諸點來推斷，其祖本至遲也是《史記》以刻本的形式刊行之前的某種《史記集解》本。

另外，與大江家國鈔本組相同，這四卷鈔本中也添加了許多使用乎古止點和假名的訓點，但幾乎没有對古書内容的批注，只有極少處記有與鄒誕生《史記音》所記《史記》正文對校的結果。同時，在上文已提到，唯《殷本紀》中有像《集解》那樣以雙行小注的形式寫在正文之間、以「貞云」記載的兩條司馬貞的《史記索隱》。這可能是在轉鈔上欄或行間的批注時，有意無意地鈔成了《史記集解》那樣的雙行小注（注 3）。

此外，據説曾爲求古樓舊藏的《夏本紀》一卷，今雖不明其所在，但如上文所言，森立之舊藏、大東急記念文庫藏慶長古活字本的卷末，記有森氏親筆謄寫的求古樓本識語。其文如下：

文和三年應鐘廿七日 讀合畢

大監物 惟宗守俊

寶治二年五月三日 書寫了

同五月移點了

一交了 太史大丞 あへ時貞

又校貳證本了

建長八年七月卅日受菅家之説了

匠作少書 あへ爲貞

本云

桑門良曉給此書三字三點改直了

以索隱史記加裏書了 菅家淳高

讀了 菅在時

承久第二歲無射初六日受嚴訓了 菅原龜丸

嘉禄年中以菅説讀了 在御判

仁治三年四月十三日受嚴訓了 菅原在匡

弘安十一年蕤賓八日受家訓了

陰陽大屬　あへ有雄

正安二年無射廿五日受庭訓了

主殿權助　安倍重章

據此，這卷古鈔本在寶治二年（一二四八年）由大史大丞安倍時貞書寫、施以訓點，並再校。八年之後，建長八年（一二五六年）七月，匠作少書安倍爲貞受菅家之説對之加以補充，並將當時所用菅家一本的識語鈔寫入内，即自「本云」至「仁治三年」的七行文字。其後，經三十二年，弘安十一年（一二八八年）五月，陰陽大屬安倍有雄受家訓；又經十二年，正安二年（一三〇〇年）九月，主殿權助安倍重章受庭訓。其後，經五十二年，文和三年（一三五二年）十月，此本歸惟宗守俊所藏（注4）。森氏的這一説法應該是可信的。

若如此，則這卷古鈔本《夏本紀》，似於寶治二年（一二四八年）由安倍時貞鈔寫。其鈔寫年代雖稍晚於前面提到的高山寺舊藏《夏本紀》，但據森氏的校勘，二者可大致視作同一系統的鈔本（注5）。因此，本文稱之爲安倍鈔本《夏本紀》，以與高山寺舊藏本相區別，並附論於此。

注1　《吉石庵叢書四集》的目録有：「日本古寫本《史記・殷本紀》殘卷，高山寺藏，當南宋時。」

注2　賀次君在《史記書録・夏本紀》條中説：「《殷本紀》出於唐人手鈔，此卷幅式字畫，悉與相同，故羅氏謂是一帙而紛失者。又此卷字體頗類敦煌唐鈔《燕召公世家》、《伯夷列傳》諸殘卷，凡『弑』字皆作『煞』，『二十』作『廿』，『三十』作『卅』，是爲唐鈔無疑，而水澤利忠《考證校補》謂爲『天養鈔本』，天養爲日本近衛天皇年號，當南宋高宗紹興十四年（一一四

四)，且以爲日本手筆，恐未然也。」《殷本紀》條説：「鈔寫字體與敦煌唐寫卷子本同。」《周本紀》條説：「字體清勁，與敦煌唐寫本《燕召公世家》、《酈生陸賈列傳》正同，確爲唐人手鈔。」

這裏所謂「字體」，恐怕是指「有特色的文字之形」，正如神田博士所批評的，直接將之理解爲「書體」，未免有些操之過急(《中國文學報》第十册所收書評，下同)。不管怎樣，很難將這四《本紀》斷定爲唐人的手鈔本，賀氏未見其原本，才會犯下這種嚴重的錯誤。

另外，雖有辯解之嫌，但筆者早先在《史記會注考證校補》中將《夏本紀》視作「天養鈔本」，承蒙神田博士賜教，指出「將筆跡完全不同的《夏本紀》和《秦本紀》斷定爲同一時期鈔寫，《校補》的説法有欠慎重」。當時筆者只是權且依從所收藏的解題，取了這樣一個稱謂而已。今依神田博士的高見，訂正爲「平安末期的鈔本」。

注3　賀次君極其重視這卷《殷本紀》中鈔寫的兩條「索隱」，並在《史記書録》中説：「……今《索隱》皆有此文，是『貞』即司馬貞也，可知此卷之鈔寫在唐開元以後，時司馬貞《索隱》世已多有，讀者取其説以與裴駰《集解》相互發明之。此卷於裴駰《集解》不如宋監本之冠『駰案』二字於首，司馬貞之《索隱》則題『貞曰』、『貞云』以别之，是乃《集解》、《索隱》合鈔最先之形式，亦可推知司馬貞《索隱》早在晚唐時已有合《集解》並行者矣。」賀氏在《夏本紀》條中説「《殷本紀》出於唐人手鈔」，輕率地將這一鈔本斷定爲唐鈔本，頗爲謬誤。

注4　森立之舊藏、大東急記念文庫藏慶長古活字本卷二之末，在所鈔識語的上欄中有如下記述：「立之案，古抄卷本蓋寶治二年大史大丞安倍時貞所書寫、訓點、再校者，而其後八年而至建長八年七月，安倍爲貞受管(此處依照引文，實爲「菅」之誤)家之説，又加筆也。其本云以下至仁治三年六行，以管(菅)家一本之跋文抄寫于此也。所云承久第二歲在建長八年前卅七年，嘉禄則三十年、仁治三年則十四年前也。弘安十一年則在建長八年後三十餘年，正安四(此處依照引文)年則在四十餘年之後，即是安倍之後人二子有雄、重章之受家訓之跋文也。文和三年惟宗守俊讀合畢云者，蓋此卷出于安倍家而歸于惟宗家藏，可知也。其去建長已百年，則字體墨痕歷歷可考耳。明治丁丑第十二月廿六日，十菊翁森

立書於玉池之恐泥廬中。」

注5　森立之的校勘，不僅言及文字的出入異同，並且旁注了異體文字，其中大部分與高山寺舊藏《夏本紀》一致。

(1)《史記集解·夏本紀》一卷　附安倍鈔本《夏本紀》殘卷

此卷首尾無殘缺，卷高二十七點八釐米，界高二十三點五釐米。紙質爲俗稱的鳥子紙。四周單邊，行間有界。每行十五六字，注雙行，行二十三字至二十六字不等。另外，安倍鈔本缺卷首的小題、大題和約三百九十二字的正文及相應的大部分《集解》，唯存自「泥行乘橇」下的《集解注》「作橇，駰案孟康曰」至卷末的小題、大題(注1)。界高二十五點四釐米，四周單邊，行間有界，每行十三四字，注雙行，行十八九字(注2)。兩卷鈔本在文中都使用了鮌(鯀)、極(殛)、煞(殺)、荘(莊)、螽(蠡)、㫌(旅)、砥(砥)、嵡(弱)、盟(盟)、對(剛)、簭(率)、桀(桀)、俻(備)、莖(葬)、鐵(鐵)等較爲特殊的字體。又高山寺舊藏《夏本紀》每帝提行，與今本《史記》連接書寫不同。

與今本《史記》對校，這兩卷鈔本的正文和注文文本優於今本《史記》之處很多。舉其顯著之例如下：

泥行乘橇。

此文下的《集解注》「以板置泥上」(高山寺舊藏本·安倍鈔本同，以下未注明者皆同)，與《漢書·溝洫志注》及《太平御覽》卷八十二所引文合。今本《史記》「泥」下有「其」字。正如張文虎所述「其字疑衍」(《札記》)，應是今本衍入。

大野既都。(注3)

此文下的《集解注》「水所停曰猪」，與《尚書・禹貢》的《孔傳》（以下僅言《書傳》）合。今本《史記》「猪」作「都」。恐後人爲與正文一致而妄改。

其土惟壤。（僅高山寺舊藏本）

與《尚書・禹貢》合。今本《史記》無「惟」字。《尚書》大致以四字爲一句，按上下文有「其草惟美，其木惟喬」（注4）等語。恐爲今本之誤脱。

璆琳琅玕。

此文下的《集解注》「石而似珠者」，與《書傳》合。除金陵書局本外，今本《史記》「石」下有「名」字。正如張文虎所述「『石』下衍『名』字，吴删，與《書傳》合」，應是今本衍入。

至于敷淺源。（注5）

此文下的《集解注》「駰案孔安國曰」，除金陵書局本外，今本《史記》「孔安國」作「國語」。但《書傳》中有此注。張文虎據《四庫全書考證》中「刊本『孔安國』訛作『國語』，據《尚書孔傳》」的記載而改訂。明顯應是今本之誤。

東出陶丘北。

此文下的《集解注》「在濟陰定陶西南」，與《漢書・地理志》的顔師古注合。今本《史記》「南」作「北」。正如張文虎所述「《漢志》師古注作西南，《水經・濟水注》、《禹貢・山水澤地注》、《曹譜疏》引《地理志》並同，此作『北』疑傳寫誤」所指出的，應是今本《史記》之誤。（以上六例，參考第一節[三][3][a]）

入于河。

此文下的《集解注》「漆沮一水名」。今本《史記》及《書傳》「一」均作「二」。張文虎已經指出：「『二』當作『一』，見阮刻《尚書校勘記》。」（《札記》）（注6）《史記會注考證》據此改作「一」。顯爲今本之誤。

天下於是大平治。（高山寺舊藏本）

與《羣書治要》合。今本《史記》「大」作「太」。正如王念孫已經指出的：「『太』當爲『大』。『大』、『太』字相近，後人又習聞天下太平之語，故大誤爲太耳。《羣書治要》引此正作『大平治』。」（《讀書雜志》）應是今本之誤。

弟扃立，是爲帝扃。（高山寺舊藏本）（注7）

今本《史記》「弟」下有「帝」字，無「是爲帝扃」四字。按上文有「弟中庚立，是爲帝中庚」，下文有「立帝不降之子孔甲，是爲帝孔甲」，可能因爲「弟」與「帝」音相近，今本妄增「帝」字，且脱「是爲帝扃」四字。

子帝履癸立，是爲帝桀。

今本《史記》脱第二個「帝」字。按上文有「是爲帝中康」、「是爲帝扃」等文例，下文有「帝桀之時」等例，以此推之，應是今本誤脱。（以上四例，參考第一節[三][3][a]）

斟戈氏。

除武英殿本外（注8），今本《史記》「斟」下有「氏」字，且上文的《索隱注》中有「又下云斟戈氏」（注9）。正如錢大昕已經指出的：「《索隱》本，斟氏戈氏作斟伐氏，即斟灌也，『戈』、『灌』相近，上『氏』字衍。」（《廿二史考異》）應是今本衍入。（參考第一節[三][3][a]及[c]）

又難以斷定孰優孰劣、或僅是文字異同之處也很多。例如：

厥(注10)草惟繇，厥(注11)木惟條。

《尚書・禹貢》作「厥草惟繇，厥木惟條」，今本《史記》僅作「草繇木條」(注12)。

厥(注13)賦，貞作十有三年乃同。

與《尚書・禹貢》合。今本《史記》脱「厥」字。

陽鳥所居。

此文下的《集解注》「彭蠡澤名，在豫章彭澤西」，與《書傳》合。今本《史記》脱「名」字。

織貝。

此文下的《集解注》「織之則成矣」，與《書傳》合。今本《史記》「則」作「即」。

禹曰何皋陶曰寬而栗。

與《尚書・皋陶謨》合。今本《史記》無「禹曰何皋陶曰」六字。

剛而塞。

與《尚書・禹陶謨》合。今本《史記》「塞」作「實」。(以上六例，參考第一節[三][3][b])

堣夷既略。

《尚書・禹貢》及井井本、紹興初杭州刻本、金陵書局本同。他本《史記》「堣」作「嵎」(注14)。

西傾朱圉鳥鼠。

與《索隱》引一本合。《尚書・禹貢》及今本《史記》「圉」作「圄」。(參考第一節[三][3])

左淮繩。

今本《史記》「淮」作「準」。

潭懷致功。

今本《史記》及《尚書·禹貢》「潭」作「覃」。

其維織文。

今本《史記》及《尚書·禹貢》「維」作「篚」。

檿絲。

今本《史記》「檿」作「酓」(注15)。

草木漸苞。

今本《史記》及《尚書·禹貢》「苞」作「包」(注16)。

包軌菁茅。

今本《史記》及《尚書·禹貢》「軌」作「匭」。

九江納錫大龜。

今本《史記》「納」作「入」,「錫」作「賜」。

道荷澤被盟都。(注17)

今本《史記》「盟」作「明」。

九川滌源。

今本《史記》及《尚書·禹貢》「源」作「原」。(以上九例雖僅爲文字的差異,但就此卷而言,與司馬遷所依

據的《尚書》是今文還是古文也多少有些關係）

此外，這個古鈔本中的誤寫也不少。舉一例如下：

其田上下，賦中中。（高山寺舊藏本）

《尚書·禹貢》及今本《史記》「下」作「中」，從下面注中的「田第二」來看，明顯是古鈔本誤寫。

注1　前文所記森立之舊藏、大東急記念文庫藏慶長古活字本《夏本紀》第三葉的左上欄有「作䋞已下，古抄本存至卷末，丁丑十二月廿六日午後，朱筆以一校□，七十一翁枳園」的記述。此處據此。

注2　據《經籍訪古志》中「末題『夏本紀第二』、『史記二』，界長七寸七分餘，幅八分，每行十三四字，注十八九字」的記載。又從「末題『夏本紀』」來看，應如立之批注所言，缺卷首。

注3　《史記書録》説：「『大野既猪』，與《尚書》同，《索隱》云『《古文尚書》作「猪」』，刊本『猪』作『都』，蓋依今文改。」然而，古鈔本決不作「猪」。

注4　今本《史記》「美」作「夭」。

注5　今本《史記》「源」作「原」。

注6　阮元曰：「按『二』當作『一』，洛水一名漆沮，可證也。孫志祖云：《詩·緜疏》引孔安國云：漆沮一名洛水。漆沮爲一，今作二水名，誤也。」

注7　《史記書録》説：「『弟帝扃立，是爲帝扃』，與下文『立帝不降之子孔甲，是爲帝孔甲』一例，刊本作『弟帝扃立』四字。」然而，古鈔本中「弟」下無「帝」字。

注8　關於這一處的訂正，《館本考證》一句也没有提及。

注9　《史記書録》説：「『斟戈氏』，《索隱》本亦出『斟戈氏』三字，蓋斟戈即斟灌也，戈、灌聲近可通，今刊本皆爲『斟

氏、戈氏』，衍一『氏』字遂誤一姓爲二。」但《索隱》單注本並無「斟戈氏」三字，只在下文「斟尋」的注中引用。不知道賀氏究竟有没有親自查檢過《索隱》單注本原文。可能他只是簡單地依據錢大昕「《索隱》本，斟氏戈氏作斟伐氏」的記述，而産生了誤解。且賀氏謂「今刊本皆」，然而其實只有武英殿本與古鈔本一致。

注10、11、13　關於「厥」字，錢大昕以《史記》引《禹貢》，厥皆作其，此獨作厥」(《史記拾遺》)來證明「厥田斥鹵」一句爲後人所妄增。王念孫也指出「厥田斥鹵」、「厥貢鹽絺」兩句有誤，認爲：「凡《禹貢》厥字，史公皆以其字代之。」(《讀書雜志》)瀧川氏也在「厥貢鹽絺，海物維錯」一句的後面考證説：「依文例『厥』當作『其』。」然而，僅就古鈔本來看，「厥」、「其」二字混用，也並非一定作「其」字不可。

注12　《古文尚書撰異》説：「《夏本紀》，草繇木條二句，皆無『其』、『維』字，而揚州有之。《地理志》，則二州皆無『厥』、『惟』字。疑今文《尚書》本皆無『厥』、『維』字，《史記》揚州有之者，後人增之。」

注14　《史記書録》説：「『堣夷既略』，與《索隱》本、北宋本同，它本作『嵎』，蓋依今文《尚書》改。」然而，《索隱》單注本此處與古鈔本並不一致，而是與他本同作「嵎」。

注15　《古文尚書撰異》説：「《夏本紀》，『檿』作『酓』。『檿』者古文《尚書》，『酓』者今文《尚書》也。」

注16　《古文尚書撰異》説：「……於『苞』字，《説文》引《禹貢》正從『艸』。大徐本不誤。……徐楚金《説文解字繫傳》『苞』字下曰：『《尚書》「草木漸苞」、《詩》「如竹苞矣」，皆當作「包」，不從「艸」。』徐説甚誤，亦正可以證南唐《尚書》作從『艸』之『苞』，合於《説文解字》。《史記》、《漢書》作包，皆非善本。」

注17　《史記書録》説：「『道荷澤被盟猪』，與《漢書·地理志》同，刊本作『明都』。」然而，古鈔本並不作「猪」。

(2)《史記集解·殷本紀》一卷

此卷首尾無殘缺。卷高二十九點五釐米，界高二十二點九釐米。紙張是俗稱的鳥子紙(雁皮紙)。

四周單邊，行間有界。每行十五六字，注雙行，行二十一字至二十三字不等。與前文所述各組鈔本一樣，文中散見曺（曹）、桀（桀）、𢖍（率）、剖（割）、㮚（殛）（注1）、惌（怨）（注2）、塟（葬）、亽（亦）等較爲特殊的字體。又原則上每帝提行鈔寫，與今本《史記》連接書寫不同。

與今本《史記》對校，此鈔本的正文和注文文本優於今本之處很多，舉其顯著之例如下：

帝沃丁崩。

今本《史記》脱「帝」字。按下文有「帝太庚崩」、「帝小甲崩」、「帝雍己崩」等文例，恐爲今本誤脱。

子帝祖辛立，帝祖辛崩，弟沃甲立，是爲帝沃甲，帝沃甲崩，立沃甲兄祖辛之祖丁，是爲帝祖丁，帝祖丁崩，立帝沃甲之南庚，是爲帝南庚。

今本《史記》中加旁點的「帝」作「弟」。中井積德已經指出：「『弟』字當衍。」（《史記雕題》）按上文，顯然「弟」字有誤，可能是因爲「弟」和「帝」音相近。

帝祖庚崩，弟祖甲立，是爲帝祖甲。帝祖甲淫亂，殷道（注3）復衰，帝祖甲崩。

今本《史記》中三處「帝祖甲」均作「帝甲」。按上文，古鈔本更優。

周武王遂斬紂頭，懸之大白旗。

與《周書・克殷解》合。今本《史記》「懸」作「縣」，且脱「大」字。按《周本紀》有「……斬紂頭，懸太白之旗」（注4）。張文虎也已指出：「《洪範序疏》引作『太白旗』，《周紀》云『縣大白之旗』。此脱『大』字。」（《札記》）「懸」和「縣」僅是字的差異，而「大」字應是今本誤脱。

又難以斷定孰優孰劣，或僅是文字差異之處也有不少。例如：

　　有娀氏之女也。

與《商頌疏》引《史記》合。今本《史記》脱「也」字。（參考第一節[三][3][c]）

　　而敬敷五教在寬。

與《尚書・堯典》合。今本《史記》重出「五教」二字。（參考第一節[三][3][b]）

　　阿衡欲奸湯而無由。

與婁機《班馬字類》引《史記》合。除據此改訂了的金陵書局本和《史記會注考證》外，今本《史記》「奸」皆作「干」。（參考第一節[三][3][c]）

　　湯歸至于泰卷。

此文下的《集解注》「徐廣曰，一無此字」。今本《史記》中此注在下文的「陶」字下，且作「徐廣曰，一無此陶字」。據《索隱》「……則卷當爲坰，與《尚書》同，非衍字也……」司馬貞看到的文本，應如同此古鈔本（注5）。（參考第一節[三][3][d]）

　　作原命，殷道復興……帝祖（注6）甲淫亂，殷道復衰。

今本《史記》兩處皆脱「道」字。檢古鈔本《殷本紀》，還有「殷道復興」二例，「殷道衰」一例；相對地，各有「殷復興」、「思復興殷」、「殷益衰」一例，「殷復衰」二例。

　　鎊是非之端。

《羣書治要》引《史記》作「飾是非之端」。今本《史記》作「言足以飾非」。（參考第一節[三][3][c]）

　　紂囚西伯牖里。

從此文下的《正義》「牖一作羑」（注7）來看，此鈔本應與張守節所見文本合。今本《史記》「牖」作「羑」。按後述高山寺藏《周本紀》中，有「帝紂乃囚西伯於牖里」、「其囚牖里」等文，今本《史記》這兩處也都作「羑」。（參考第一節[三][3][d]）

爲帝佶次妃。

今本《史記》「佶」作「嚳」。

還薄作湯誥。

今本《史記》「薄」作「亳」。（以上三例僅是文字差異）

另外，此古鈔本中也有誤寫和誤脱。例如：

弟大康立，是爲帝大康，帝大康崩。

今本《史記》三個「康」都作「庚」。應是古鈔本誤寫。

唯天監下典厥德儀。

今本《史記》作「惟天監下典厥義」。「唯」和「惟」、「儀」和「義」僅是文字的差異，但古鈔本的「德」字，應是因下文「命正厥德」而衍。

匪台小子。

今本《史記》下有《集解注》「馬融曰，台我也」。古鈔本脱此《集解注》。

中䴖作誥。

今本《史記》下有《集解注》「孔安國曰，仲虺，湯左相，奚仲之後」。可能是古鈔本誤脱此注（注8）。

注1　《史記書録》説：「然此卷亦多錯衍，如『予大罰殛之』、『予乃大罰殛汝』，『殛』訛『極』。」然而，古鈔本中「殛」作「極」乃是通例，僅是古今字體不同，不能説是訛誤。

注2　《史記書録》同樣説：「『汝毋予怨』，『怨』訛『㤪』」。古鈔本中「怨」作「㤪」乃是通例，僅是字體不同，不能説是訛誤。

注3　今本《史記》無此「道」字。

注4　這一部分，今本《史記》作「斬紂頭，縣大白之旗」。

注5　張文虎在《札記》中説：「案一無此字四字，蓋本注陶下，而小司馬所見本偶誤在卷下，故辨之。」所謂「偶誤」本是否指此鈔本，應存疑。

注6　今本《史記》無「祖」字。

注7　錢泰吉曰：「《正義》云『牖』一作『羑』，據此則《正義》本正文作『牖』。」

注8　《史記書録》舉此古鈔本《史記集解》有删節的例子：「如『是爲成湯』下無《集解》『張晏曰禹湯皆字也』三十九字條」及「『迺五遷無定處』下無《集解》『孔安國曰自成湯至盤庚』十三字一條」等。然而，這兩條《集解注》接在偶然混入的《索隱注》後，並未被删節。前文已述，此古鈔本中有兩條《索隱》注的鈔寫，而賀氏對此相當重視，不知爲何竟如此疏忽，實在費解。

附記：《吉石庵叢書四集》所收羅氏的跋文説「又卷中所載太丁、太甲、太庚、大戊，字皆作大，與殷虚卜辭合」，賀氏據此在《史記書録》中説：「且有勝於後刻，如『大丁』、『大甲』、『大戊』等『大』，與殷虚卜辭同，今本皆作『太』字。」然而，細檢此古鈔本，並非全都作「大」。僅記一言，以爲駁正。

又，羅氏的影印本削除了所有的乎古止點和假名，然而將假名「爪」（ス）誤認作批注的異文，没有删去。

(3)《史記集解·周本紀》殘卷

此卷缺卷首第一紙。因此,缺卷首的小題、大題以及約一百八十一字的正文及相應的《集解注》,存自「封弇於部」下的注和「在扶風」至卷末的小題、大題。卷高二十八點一釐米,界高二十三點六釐米,紙質是俗稱的鳥子紙(雁皮紙)。四周單邊,行間有界,每行十三四字,注雙行,行二十一字至二十三字不等。文中散見敍·敓(殺)、𢏚(弱)、㨤(旅)、㬥(暴)、烋(休)、筴(策)、斑(班)、蓟(薊)、𢆯(率)、俻(備)、躶(裸)等較爲特殊的字體,也用「廿」、「卅」、「卌」等數詞。原則上每帝提行鈔寫,與今本《史記》連接書寫不同。

與今本《史記》對校,此鈔本的正文和注文文本優於今本之處很多,舉其顯著之例如下:

詩人道西伯益受命之年稱王,而斷虞芮之訟,後七年而崩。

除武英殿本外,今本《史記》「七」作「十」(注1)。《殿本考證》引《毛詩·文王疏》、《尚書·武成疏》等論述說:「監本『七』字皆訛作『十』字,今俱改正。」又,梁玉繩也說:「……因考此云後十年,乃後七年之訛,文王賜專征之年數,元不能確定,史從《大傳》作『七年』,《詩·文王》與《書·泰誓》、《武成疏》,言馬遷以爲七年,可據,傳寫訛爲『十』字……」(注2)(《史記志疑》),應是今本之誤。

是時諸侯不期而會孟津者八百,諸侯皆曰帝紂可伐矣。

今本《史記》作「是時諸侯不期而會盟津者八百諸侯,諸侯皆曰紂可伐矣」。「孟」和「盟」僅爲字的差異,「帝」字的有無也可置而不論,但「諸侯」二字應是今本誤而重出。《殷本紀》、《藝文類聚》所引《史記》不重此二字。

「虎賁三千人。」《集解注》：「若虎賁獸言猛。」

《書序傳》作「若虎賁獸言其猛也」。除金陵書局本和《史記會注考證》外，今本《史記》脱「獸」字。張文虎説：「『獸』字吴增，與《書序傳》合。」（《札記》）恐是今本誤脱。

散鹿臺之錢。

與《羣書治要》及《武成疏》引《史記》合。今本《史記》「錢」改作「財」。關於這一點，王念孫説：「案散鹿臺之財，本作散鹿臺之錢，今作財者，後人依晚出古文《尚書》改之也，請以十證明之。」（《讀書雜志》）並列舉《尚書·武成篇疏》、《羣書治要》、《齊世家》、《留侯世家》、《逸周書·克殷篇》、《管子·版法解篇》、《淮南子·主術篇》和《道應篇》、《殷本紀》、《吕氏春秋·慎大篇》、《説苑·指武篇》等文例進行了論證。

「封尚父於營丘，曰齊。」《集解注》：「淄水過其南及東也矣。」

《爾雅》郭璞注作「淄水過其南及東」。除金陵書局本和《史記會注考證》外，今本《史記》「及」誤作「乃」，且無「也矣」二字（注3）。「也矣」先置而不論，張文虎沿襲吴春照之説論述道：「『及』訛『乃』，吴改，與《爾雅注》合。」

伐誅武庚，殺管叔，放蔡叔。

與《藝文類聚》和《太平御覽》所引《史記》合。今本《史記》脱「殺」字，可能是後人以爲與「誅」字意義重複而删去。關於這一點，王念孫已經指出：「史公原文本作『伐誅武庚、殺管叔、放蔡叔』，今本無『殺』字者，後人以『殺』與『誅』意義相複而删之也。不知『誅武庚，殺管叔，放蔡叔』，相對爲文，古人之文，不嫌於複也。《藝文類聚·帝王部》、《太平御覽·皇王部》引此並作『誅武庚，殺管叔，放蔡叔』。又《魯世家》曰『遂誅管叔，殺武庚，放蔡叔』。《管蔡世家》、《宋世家》並曰『誅武庚，殺管叔，放蔡叔』。皆其明證矣。」

（《讀書雜志》）

作康王誥。

《書序》作「作康王之誥」。今本《史記》脱「王」字。《殿本考證》引王若虛《弁惑》説：「此篇乃《康王之誥》耳，若《康誥》，則成王所以命康叔者也，其謬語如此。且《本紀》既先序周公作《康誥》、《酒誥》等篇，而於此復云，《書》豈有兩康邪。」梁玉繩沿襲此説。張文虎也説：「案當作康王之誥。」（《札記》）

無簡不聽。

今本《史記》「聽」作「疑」。段玉裁説：「『疑』，《經》作『聽』，作『疑』乃今文。」（《尚書撰異》）梁玉繩説：「『疑』字乃湖本（注4）訛刻，它本是『不聽』（注5）。」（《史記志疑》）張文虎也説：「案《集解》但引《書傳》，《索隱》、《正義》無辨，是所見本皆作『聽』，今本傳寫誤。」（《札記》）如上，應是今本之誤。

公行下衆。

與《國語·周語》合。除金陵書局本和《史記會注考證》外，今本《史記》「行」下衍「不」字。梁玉繩説：「案《國語》，當衍『不』字。」（《史記志疑》）張文虎也説：「案據韋昭注、劉向《頌》及《正義》引曹大家，則『不』字衍，今删。」（《札記》）

未既齔而遭之。

與《國語·周語》合。今本《史記》誤脱「未」字。梁玉繩已經指出：「案《國語》，『既』上有『未』字，此似缺，『未既齔』者，齒未盡毁也。」（《史記志疑》）（以上十例，參考第一節[二][3][a]及[b]）

另外，難以斷定孰優孰劣、或僅是文字差異之處也較多。例如：

國於郊。

與《太平御覽》引《史記》合。今本《史記》「郊」作「豳」。

明年伐犬夷。

與《文王詩譜疏》引《史記》合。今本《史記》「夷」作「戎」。

殷有重（注6）罰，不可不畢伐。

《後漢書·袁術傳》引《史記》作「殷有重罰，不可不伐」。今本《史記》「罰」作「罪」，「可」下有「以」字。

召公奭賁兵。

與《漢書·禮樂志》引《史記》合。今本《史記》「賁兵」作「贊采」。

王其以我爲對怒乎。

與《國語·周語》合。今本《史記》作「王其以我爲讎而對怒乎」。

乃與繒西夷犬戎共攻幽王。

與《羣書治要》及《王風譜疏》引《史記》合（注7）。今本《史記》無「乃」、「共」二字。

東遷于雒邑。

與《黍離疏》及《太平御覽》引《史記》合。今本《史記》「遷」作「徙」。

太子泄父蚤死。

與《王風譜疏》及《太平御覽》引《史記》合。今本《史記》「泄」作「洩」。

子莊王他立。

與《王風譜疏》及《太平御覽》引《史記》合。今本《史記》「他」作「佗」。（以上九例，參考第一節[三][3][b]及[c]）

此外，此古鈔本中也有不少明顯的錯誤。例如：

魯天子之命。

今本《史記》「命之」二字互倒。據下面的《集解注》，明顯應是古鈔本有誤。

注1　羅振玉曰：「漢人十字作十，古金文多作十。七字作十，以横畫之長短別之。」（《增訂殷虛書契考釋》）郭沫若曰：「漢器刻欵，則七作十，十作十，以横畫之長短爲分……宋人之繹金文，均誤七爲十，今人獨有沿用者決非。」（《卜辭通纂》）

注2　梁玉繩注意到張守節《史記正義》「十當爲九」一句，説：「而張守節《正義》，從《文傳》作『九年』，《竹書》及《漢書・律曆志》載《三統曆》亦作『九年』。故欲改史文『十』字爲『九』，而未考史本文是『七』字誤。」然而《正義》在合刻之時有相當的改動，未必可以僅據張守節所見到的本子作「十」就做出斷言。「當爲九」一句也可能是針對「七」而論。又武英殿本《正義》「十」亦改作了「七」。

注3　與今本對校時會發現，古鈔本中，尤其在注文中，「之」、「也」的出入很明顯，這是古鈔本的一般傾向。《漢書》的舊鈔本也有類似的情況。

注4　梁玉繩曰：「《史記》刻本甚衆，頗有異同，世盛行吴興凌稚隆《評林》所謂湖本也。」（《史記志疑》）

注5　今本《史記》中無作「不聽」者。或爲梁氏之誤。

注6　《史記書録》在引用時誤脱「重」字。

注7　《小大雅疏》及《太平御覽》所引《史記》中有「共」字。

（4）《史記集解・秦本紀》一卷

此卷首尾無殘缺，僅缺卷末的大題。卷高二十八點五釐米，界高二十四點五釐米。紙質是俗稱的鳥子紙（雁皮紙）。四周單邊，行間有界。每行十六七字，注雙行，行二十四字至二十七字不等。與前文所述各組鈔本一樣，文中散見桀（桀）、敎（殺）、塟（葬）、亽（亦）、荘（莊）、漕（漕）、宮（害）、怨（怨）、俻（備）、極（殛）、繂（率）、孺（孺）、秊（年）等較爲特殊的字體，且用「廿」、「卅」、「卌」等數詞。

與今本《史記》對校，此鈔本的正文和注文文本優於今本之處很多，舉其顯著之例如下：

女華生大費，大費與禹平水土。

與《秦風疏》引《史記》合，僅「大」作「太」。今本《史記》不重複「大費」二字。按上文有「生子大業，大業娶（注1）少典之子曰女華」，應是今本誤脱。

大廉玄孫曰孟戲、中衍，衍鳥身人首。

今本《史記》脱「衍」字，「首」作「言」。梁玉繩以《索隱》的説法爲是，並指出：「但『鳥身』上似脱『中衍』二字。」（《史記志疑》）此鈔本只有「衍」字，而今本則全部誤脱。關於「首」和「言」，就注文而言，司馬貞、張守節二人所看到的文本似乎都作「言」，從《趙世家》中有「中衍人面鳥噣」的記述來看，此鈔本似乎要優於今本。

有子曰女妨。

與《秦風譜疏》引《史記》及《漢書・人表》合。今本《史記》「妨」作「防」。正如梁玉繩已經指出的：「疑此訛寫。」（《史記志疑》）可能是今本之誤。

庶長政迎靈公子之獻公于西而立之。

今本《史記》「政」作「改」，「西」上有「河」字。「政」與「改」姑且置之不論。從下面的《正義注》「西者，秦州西縣」來看，正如王念孫所指出的「如《正義》，則正文『西』上本無『河』字，蓋涉下文『奪秦河西地』而衍」（《讀書雜志》），應是今本之誤。

合十七歲而霸王出。

今本《史記》誤作「合七十七歲而霸王出」。梁玉繩說：「案『七十七歲』似誤。」（《史記志疑》）吴春照也說：「『上』『七』字衍。」此一文例在《史記》中共出現四次。其中，《周本紀》、《封禪書》作「十七歲」，只有《老子傳》作「七十歲」。然而，能反映《史記》古本面貌的上杉家藏南化本《老子傳》的批注作「十七歲」，據此，則與四例一致。

與晉戰少梁。

今本《史記》「晉」上衍「魏」字。關於這一點，王念孫已指出：「案『魏』字後人所加也。『與晉戰少梁』者，『晉』即『魏』也……上文云晉城少梁，秦擊之，此云『與晉戰少梁，虜其將公孫痤』，《魏世家》云『虜我將公孫痤』，此尤其明證也。後人不達，又於『晉』上加『魏』字，其失甚矣。」（《讀書雜志》）

七月宣太后薨。

今本《史記》「七」誤作「十」（注2）。正如梁玉繩已指出的「案『十月』乃『七月』之誤，下文書『九月』，可見」（《史記志疑》）。

始皇帝立十一年而崩。

今本《史記》「立」誤作「五」。如錢大昕已言「『五』當作『立』，始皇爲帝十一年耳」（《廿二史考異》）。（以上

八例，參考第一節[三][3][a][b]及[c]）

又難以斷定孰優孰劣，或僅是文字差異之處也有很多。例如：

帝賜玄珪。

與《册府元龜》卷百八十五引《史記》合。今本作「帝錫玄圭」。

遂妻之姚姓之玉女。

與《秦風譜疏》引《史記》合。今本「遂」作「乃」。

賜汝石棺以華氏。

與《太平御覽》引《史記》合。今本「汝」作「爾」。（以上三例，參考第一節[三][3][c]）

晉滅霍、耿。

今本《史記》「耿」上有「魏」字。考其下《索隱注》：「春秋魯閔公元年《左傳》云『晉滅耿、滅魏、滅霍』，此不言魏，史闕文耳。」據此，司馬貞所見到的文本與此鈔本一致。

簡公厲公子，而懷公弟也。

今本《史記》作「簡公昭子之弟，而懷公子也」。考其下《正義注》：「劉伯莊云，簡公是昭子之弟，懷公之子，厲公之孫，今《史記》謂簡公是厲公子者，抄寫之誤。」（注3）劉伯莊和張守節所見到的文本與此鈔本一致。（參考第一節[三][3][d]）

此外，此古鈔本中也有不少明顯的誤字。例如：

亦在死之中。

今本《史記》「死」上有「從」字。明顯是此古鈔本誤寫。

　　追至經而遷。

今本《史記》「經」作「涇」。明顯是此古鈔本誤寫。

注1　今本《史記》「娶」作「取」。

注2　參照第二節[四][4]的注1。

注3　對此，《史記書録》力圖做出適當的解説，可惜的是，在引用《史記正義》時出現誤脱，其意義也就變得難解。即「『簡公，厲公子而懷公弟也』，刊本作『簡公，昭子之弟而懷公子也』，按《正義》引劉伯莊云：『簡公是昭子之弟、懷公之子、厲公之孫，今《史記》謂簡公（*）之者，傳寫之誤。』此正作『簡公，厲公子』，與劉伯莊本同」。*部分，因「公」字而脱「是厲公」三字。又「傳寫之誤」，今所見《正義》文本皆作「抄寫」。

注4　這部分正文與《正義注》的矛盾，似乎很早就引起了學者的注意。錢泰吉説：「據此，則《正義》本文『懷』作『厲』。」（《甘泉鄉人稿》）而張文虎則强行牽强附會，竟至於説：「惟《秦記》謂簡公是靈公子，《索隱》已辨其誤，蓋此注『史記字』當作『秦記』，『厲公』當作『靈公』。」（《札記》）

（五）宮内廳書陵部所藏鈔本組（注1）

（1）《史記集解·范雎蔡澤列傳》一卷

此卷首尾無殘缺，卷高三十點一釐米，界高二十四點一釐米。紙質是俗稱的鳥子紙（雁皮紙）。四周單邊，行間有界。每行十四五字，注雙行，行十八九字。卷末不見識語，但其筆畫與高山寺所藏諸鈔本類似。《圖書寮漢籍善本書目·史部》第一葉說：「審其書體，殆鎌倉初期所寫。」從紙墨的狀態推測，這一說法可信。又，此鈔本的第二十四紙與第二十五紙的接縫處、以及第二十九紙與第三十紙的接縫處，各有一枚「水光/卯青」(長方陽文，一點八釐米×三釐米)的墨印，可作輔證。後文將要詳述的幻雲、月舟壽桂。南化玄興、直江兼續等人舊藏的上杉氏藏南宋慶元(一一九五至一二〇〇)黄善夫刊本《史記》的各處，也可見到同種印記。這說明此鈔本與上杉氏所藏南宋刊本在某一時期歸同一人所藏(注2)。而這一印記被認爲屬於該刊本幻雲(一四六〇至一五三三)之前的舊藏者(注3)，因此，此鈔本的鈔寫年代，其下限可推定在該刊本傳到日本的時期與幻雲的卒年之間。又，鈔本不僅有用乎古止點和假名標注的訓點，而且在行間和欄外，有與正文幾乎出自同一手筆的盧注《春秋後語》(注4)、劉伯莊《史記音義》(注5)、鄒誕生《史記音》(注6)、陸善經《史記注》(《史記決疑》)(注7)等文本的批注(注8)。這些古書的大部分或全部文本已散佚。

與前文所述各組鈔本一樣，文中散見瀰(溺)、砙(砥)、宮(害)、㩻(旅)、宍(肉)、庿(廟)、厺(亦)、殺(殺)、摻(操)、俻(備)、惌(怨)、𥁕(率)、开(其)、𥢆(孺)、鐵(鐵)等較爲特殊的字體，且使用重文符號和「卅」、「卌」等數詞。從這些特點來追溯此古鈔本的祖本，可以認爲其與《史記》以刻本的形式刊行之前的文本屬同一源流。

與今本《史記》對校，此鈔本的正文和注文文本優於今本之處很多。也表現爲這些異文多與司馬遷用作參考資料的文本——此處指《戰國策》——相一致，也多與唐宋類書所引《史記》一致。如以下例子：

辯有口。

與《太平御覽・人事部》引《史記》合。《居處部》所引作「辯有口才」。今本《史記》脱「有」字。正如王念孫已經指出的：「『辯口』本作『辯有口』，謂辯給有口才也。《太平御覽・居處部》，引此作『辯有口才』，『才』字後人所加。《人事部・辯類》作『辯有口』。《陸賈傳》曰『名爲有口辯士』，《朱建傳》曰『爲人辯有口』，《武安傳》曰『蚡辯有口』，皆其證。」（《讀書雜志》）恐是今本誤脱。

聞齊之有田單。

與《戰國策・秦策》合。今本《史記》「單」作「文」。梁玉繩已引鮑注的「史之田文非也」和吴注的「姚氏引《後語》亦作文」（注9）（《史記志疑》）進行了駁正。王念孫亦承襲此説：「『田文』當依《秦策》作『田單』。後語作『文』者，校書者依誤本《史記》改之……張載注《魏都賦》引《史記》正作『田單』。」（《讀書雜志》）如上，當是今本之誤。

臣竊爲王恐，恐萬世之後，有秦國者，非王之子孫也。

與《戰國策・秦策》基本一致，只是「竊」作「將」。今本《史記》不重複「恐」字，且脱「之」字。「之」字的有無且置而不論。正如王念孫所説：「《秦策》作『臣竊（注10）爲王恐，恐萬世之後，有（注11）國者，非王（注12）子孫也』。此脱一『恐』字，則與下文義不相屬。」（《讀書雜志》）「恐」字應是今本誤脱。

貴而爲交者爲賤也。

金陵書局本及《史記會注考證》同，他本「交」作「友」，《索隱》單注本爲「貴而爲交」。王念孫已指出：「『友』字當作『交』，隷書『交』字或作『文』，形與『友』相似，又因下文『勝之友』而誤。」（《讀書雜志》）張文虎因襲此説而改。應是今本之誤。

吾持粱齧肥。

與《太平御覽》卷三百八十三及卷七百二十九引《史記》合。今本《史記》「齧」作「刺齒」，《集解》下有「『刺齒』二字當作『齧』，又作『齕』也」十一字的注。《索隱》也説：「按『刺齒』二字，字誤，當爲『齧』字也。」(注13)「刺齒」有誤。這十一字注，或是混入後人旁注。但至少可以説，司馬貞所見到的文本已經有誤。

豈非道之符。

與《戰國策·秦策》合。今本《史記》脱「非」字。梁玉繩已經指出：「《策》作『豈非』，此脱『非』字。」(《史記志疑》)瀧川氏也説「當依補」(《史記會注考證》)。如上，應是今本誤脱。

進退贏縮。

今本《史記》「贏」作「盈」。正如梁玉繩所言：「『盈』字當諱。」以避孝惠帝的名諱作「贏」爲宜。(以上七例，參考第一節[三][3][a]至[c])

另外，難以斷定孰優孰劣、或僅是文字差異之處也有很多。例如：

此四寶者，良工之所失也。

與《戰國策·秦策》大體一致，僅脱「良」字。今本《史記》「良」字上尚有「工之所生」四字(注14)。

事無大小，上及太后，下至大臣。

與《戰國策·秦策》合。今本《史記》「大小」互倒。

戰敗，則怨結於百姓。

與《戰國策·秦策》合。今本《史記》「怨結」二字互倒。

燕客蔡澤，天下駿雄弘辯智士也。

與《戰國策·秦策》合。今本《史記》「駿雄」作「雄俊」。

長爲陶朱。

與《戰國策·秦策》合。今本《史記》「朱」下有「公」字。（以上五例，參考第一節[三][3][b]）

嚮者疑車中有人。

今本「嚮」作「鄉」。下文「嚮者與我載而入者」的「嚮」亦同。

而胥不足以待斧胥。

今本「胥」作「要」。

秦相張君，翁知之乎。

今本「翁」作「公」。

非大車四馬。

今本「四」作「駟」。下文「願爲君借大車四馬」的「四」亦同。

功章萬里之外。

今本「章」作「彰」。下文「功已章而信矣」的「章」亦同（注15）。

長袖善儛。

今本「儛」作「舞」(注16)。(以上六例，僅是文字差異)

此外，此鈔本中也有不少明顯的誤寫。例如：

其枝披者傷其心。

《秦策》及今本《史記》「披」字移在「其」字上。按上文，明顯是鈔本有誤。

捐不急之官。

《秦策》及今本《史記》「捐」作「損」。從文意來看，明顯是鈔本有誤。

太子公曰，韓子稱。

今本《史記》「子」作「史」。鈔本因涉上文「三年而燕使太子丹入質於秦」的「太子」而誤。

注1　此處所稱「組」，與前文所述四「組」鈔本，趣旨稍有不同。這兩卷鈔本，並不是因爲有必然的聯繫而列爲一組。只是論述古鈔本至此，剩下的兩卷恰巧都爲宮内廳書陵部所藏，故方便起見使用了這一名稱。

注2　或許是由於這一緣故，此鈔本中文字的旁邊，用朱筆以「扌」的符號(即印本之意)仔細記載了與黄善夫刊本校勘的結果。另外，紙背上轉寫有許多《索隱》和《正義》的文字。

注3　該刊本收藏者的推移，即幻雲→南化→直江這一順序極其明瞭，故這一印記不屬於這些舊藏者中的任何一人。

注4　十卷，晉孔衍撰，盧藏用注。亦見於《日本國見在書目録》。又稱《春秋後國語》，《説郛》收有其部分内容。另外，敦煌發現了没有盧注的《秦語》、《趙語》、《魏語》及節略本，收於《鳴沙石室佚書》影印本。

注5—7　此鈔本中，劉伯莊《史記音義》和陸善經《史記注》(《史記決疑》)的批注尤其多見。(第二章第四節詳述)

注8　可以認爲這些批注表示，此鈔本與前文所述大江家國鈔本組有著相似的性質。另外，從這些批注的狀態來推

斷，應是從前述書籍中直接鈔寫來的。即便在日本，這些古書也幾乎沒有留存至後世。（關於這一點，後文將詳述）

注 9　此鈔本中，屢屢旁注有與《春秋後語》校勘的結果。卻未批注其異同。

注 10—12　雖不明王氏所依據的《戰國策》爲何本，但今日所見《秦策》中，「竊」作「將」，「國」上有「秦」字，「王」下有「之」字。

注 13　梁玉繩也説：「《集解》、《索隱》並言『刺齒』當作『齧』，以爲一字誤二字也。」（《史記志疑》）

注 14　瀧川氏説：「《策》無『工之所生良』五字，蓋史公所補。」（《史記會注考證》）瀧川氏在《史記會注考證》的其他部分，以「秘閣本」爲名，使用了該鈔本的異文材料。但此處似因校勘不精，瀧川氏不知此鈔本中無「工之所生」四字，而説「蓋史公所補」。

注 15　如敦煌本《伯夷列傳》「得夫子而益章」的「章」字，今本作「彰」。

注 16　如石山寺本《陸賈傳》「從歌儛鼓琴瑟侍者」的「儛」字，今本作「舞」。

(2)《史記集解・高祖本紀》一卷

此卷首尾亦無殘缺。卷高二十七點一釐米，界高二十三點三釐米。上下單邊，行間無界。每行十五六字，注雙行，行二十五字至二十七字不等。卷末無識語，紙墨甚新。雖字畫與高山寺所藏鈔本組較爲相似，但包首有「傳來寫」三字，連蟲蠹的痕跡也仔細地鈔寫下來，因此其鈔寫年代恐怕不能追溯到江户時代以前（注 1）。

然而，關於此鈔本的祖本，若細檢全文會發現，很明顯沒有避「民」字諱（注 2）。例如：

吏民自以爲降必死。
諸吏民皆案堵如故。
秦民大喜。
不欲費民，民又益喜。
秦民大失望。
民皆自寧。
皆令民得田之。
使民不倦，得天統矣。

今本《史記》「民」皆作「人」。

正如在論述敦煌、石山寺、大江家國鈔本組時所言，這一事實説明此鈔本的祖本，至少是唐太宗李世民即位（六二七年）以前鈔寫的《史記集解》本。又如在論述敦煌出土組時所言，「弑」作「煞」這一事實也可作爲上面推斷的佐證。同樣，與前述各組鈔本類似，文中散見疰（莊）、煞（殺）、怨（怨）、曺（曹）、塟（葬）、舊（舊）、亦（亦）、底（底）、㬥（暴）、摻（操）、帥（帥）、率（率）、烋（休）、孺（孺）、俻（備）、秊（年）等較爲特殊的字體，且使用「廿」、「卅」、「卌」等數詞和重文符號。原則上每年次提行鈔寫，與今本《史記》多連接書寫不同。

與今本《史記》對校，此鈔本的正文和注文文本優於今本之處很多，舉其顯著之例如下：

爲泗上亭長。

與《漢書·高帝紀》、《藝文類聚》及《太平御覽》引《史記》、《通志》合。今本《史記》「上」作「水」。王念孫已經指出：「『泗水』當依《漢書》作『泗上』，此涉《正義》『泗水』而誤也。案正文作『泗上』，故《正義》釋之曰『高祖爲泗水亭長也』，若本作『泗水』，則無庸更釋矣。」應是今本之誤。

飲醉卧。

與《藝文類聚》引合。《漢書·高帝紀》和《太平御覽》卷八十七引《史記》「飲」上有「時」字。今本《史記》脱「飲」字（注3），按文意可能是誤脱。

見其上常有龍怪之屬。

今本脱「屬」字。《漢書·高帝紀》作「見其上常有怪」，與「龍怪之屬」意思相合。且若無「屬」字，則文意全異。恐是今本誤脱。

因重敬之，引入坐上坐。

與《漢書·高帝紀》合。今本《史記》脱「上坐」二字。按下文有「遂坐上坐」句，恐是今本誤脱（注4）。

今者赤帝子斬之。

與《漢書·高帝紀》合。今本《史記》「者」作「爲」。「今者」、「昔者」的文例極多，恐爲今本之誤。

攻下邑拔之，還軍攻豊。

今本脱「攻」字。《漢書·高帝紀》作「攻下邑拔之，還擊豐，不下」。按上文有「沛公引兵攻豐，不能取」，何以能「還軍豐」？《漢書》的文意也與鈔本一樣，則恐是今本誤脱。可知一字的脱落，就有可能影響到文意。

從盱台都彰城。

今本「從」作「徙」，《漢書・高帝紀》作「自」。正如瀧川氏所言「當依訂」（《史記會注考證》），可能是今本因「從」和「徙」字形相近而誤。

遇番君别將梅鋗，與偕降析酈。

與《漢書・高帝紀》合。今本《史記》「偕」作「皆」。梁玉繩似乎抱有些許懷疑，引《史詮》云：「湖本『偕』作『皆』誤」（注5）（《史記志疑》）。然則，程氏也以「偕」爲確，應是今本之誤。

漢王之出關，至陜撫關外父老還，張耳來見，漢王厚遇之。正月，虜雍王弟章平，大赦罪人。

今本「漢王之出關」至「漢王厚遇之」二十二字移至「罪人」下。正如梁玉繩所説：「至陜在十月，還在十一月，張耳來亦在十月，此紀皆書正月，非。」（《史記志疑》）應是今本之誤。

南鄉軍小脩武南。

與凌稚隆引一本及《漢書・高帝紀》合。今本《史記》「鄉」作「嚮」。正如梁玉繩所説：「『嚮』字一本作『鄉』，是也，《漢書》作『鄉』。」（《史記志疑》）應是今本之誤。

項羽使人陰𢿌義帝江南。

今本《史記》「𢿌」作「弑」。如前所述，應是後人依《春秋》義例而改。下文的「夫爲人臣（注6）𢿌其王」和「謀𢿌高祖」亦同。

「高祖崩長樂宫。」《集解注》：「年六十二。」

《太平御覽》所引《史記》、金陵書局本和《史記會注考證》同，他本「二」作「三」。張文虎已經指出：「高祖生年乙巳，至是年丙午，當是六十二。」（《札記》）（注7）應是今本之誤。

次代王。

今本「王」下有「恒」字。正如梁玉繩所説：「『恒』字當『避』，《史詮》曰當省。」（《史記志疑》）今本的「恒」字應是後人妄加。（以上十三例，參照第一節[三][3][a]至[c]）

另外，難以斷定孰優孰劣，或僅是文字差異之處也有很多。例如：

人問嫗何哭。

與《漢書・高帝紀》合。今本《史記》脱「嫗」字。

欲告之。

《索隱》單注本及依此而改的金陵書局本、《史記會注考證》同。他本「告」作「答」。

於是因東遊以厭當之。

與《太平御覽》卷八十七引《史記》合。《漢書・高帝紀》作「於是東遊以猒當之」。今本《史記》脱「當」之。

擇子弟可立立之。

與《漢書・高帝紀》大體一致，但無「子弟」二字。今本《史記》二「立」字中間有「者」字。

於是沛公乃夜引軍，從他道還。

與《漢書・高帝紀》合。今本《史記》「軍」作「兵」。

問狶將皆故賈人也。

與《漢書・高帝紀》合。今本《史記》「問」作「聞」。

吕后問曰。

與《漢書・高帝紀》合。今本《史記》「吕后」下有「已而」二字（注8），而無「曰」字（注9）。

誰令代之。

與《漢書・高帝紀》合。今本《史記》「誰令」二字互倒。

諸將外反。

與《漢書・高帝紀》合。今本《史記》「將」作「侯」。（以上九例，參照第一節[三][3][b]）

高祖嘗繇咸陽。

《漢書・高帝紀》及今本《史記》「嘗」作「常」。

今欲背之。

《漢書・高帝紀》及今本《史記》「背」作「倍」。

沛公怨雍齒與豊子弟畔之。

與《漢書・高帝紀》大體一致。今本《史記》「畔」作「叛」。

都朝謌。

《漢書・高帝紀》及今本《史記》「謌」作「歌」。

此其所以爲我禽也。

與《漢書・高帝紀》合。今本《史記》「禽」作「擒」。（以上五例，僅是文字差異）

此外，此鈔本中也有不少明顯的錯誤。例如：

今足下下盡日止攻。

《漢書·高帝紀》及今本《史記》不重複「下」字。明顯是鈔本之誤。

楚因西面擊之。

《漢書·高帝紀》及今本《史記》「西」作「四」。按上文，應是鈔本因「西」、「四」字形相近而誤寫。

大逆無道，罪也。

《漢書·高帝紀》及今本《史記》「罪」下有「十」字。明顯是鈔本誤脱。

注1　神田博士也説：「這個本子（指此古鈔本）乃是後人依據古鈔本所書，這一點可以很明顯地從其書體和所加訓點的字體看出來。」（賀次君《史記書録》的書評，《中國文學報》第十册所收。以下同）

注2　《史記書録》説：「此卷『民』字缺筆，是出唐人手筆無疑……字體疏秀整潔，爲所見唐鈔之冠。」對此，神田博士批評説：「本書《史記書録》。三十六頁，著録我國宫内廳所藏《高祖本紀》一卷，因此此書被誤斷爲唐鈔本。賀氏以『民』字缺筆爲根據，並稱讚『字體疏秀整潔，爲所見唐鈔之冠』，誠爲謬見。」只是「民」字缺筆全不見於此鈔本，可能賀氏想寫「不避『民』字諱」，卻不小心寫錯了。

注3　瀧川氏説：「《御覽》引作『時醉卧』，與《漢書》合。」（《史記會注考證》）但「醉」字上應有「飲」字。

注4　《史記會注考證校補》卷八著録説，此鈔本中「上坐」二字在「入」字下，賀氏也承襲此説。根據後來的調查，辨明應在「坐」字下，謹於此訂正。

注5　至少據這條記載，應該還有其他作「偕」的文本。但現在所見到的只有此鈔本。

注6　今本《史記》「臣」下有「而」字。

注7　梁玉繩也説：「《御覽》八十七引《史》云『四月甲辰崩于長樂宫，時年六十二，在位十二年，葬長陵』，今《史記》無之。」（《史記志疑》）

注8 《班馬異同》説：「無『已而』字，則問太蘧。」

注9 然而，蜀大字本、南北監本、武英殿本及《班馬異同》本有「曰」字。

注10 《班馬異同》説：「『誰令』字勝。」

附記 關於此鈔本與今本《史記》的對校，《史記書録》妄增了以下兩條，謹記於此。

其一：《史記書録》説：「『沛公左司馬得泗水守壯殺之』，刊本『泗水』作『泗川』。按《漢書·地理志》『沛郡，故秦泗水郡，高帝更名』，則『泗川』乃『泗水』之誤，知《史》文本作『泗水』，刊本『泗川』，蓋後人依《漢紀》誤字妄改。」然而，此鈔本並不作「泗水」。懷疑是賀氏依據《札記》「《志》疑云『川』乃『水』誤」的記載，捏造了這一異字。

其二：《史記書録》説：「『隨劉賈齊梁諸侯皆大會垓下』，與《項羽本紀》及《漢紀》同，刊本『隨』下衍『何』字。」然而，此鈔本中也有「何」字。懷疑是賀氏依據《札記》「《志》疑云『何』字衍，《漢書》無，案《項羽紀》亦作『隨劉賈』」的記載，捏造了這一異同。

以上所述，姑且不論其對今本《史記》誤衍的判斷是否正確，但這是作爲從事校勘者應做之事嗎？對此深表遺憾。

第二章　《史記》古板本標注

第一節　《史記》古板本標注資料

前一章主要闡明了留存於日本的《史記》古鈔本的特性，並論及這些鈔本在《史記》校勘學上的價值。本章則首先探討與這些古鈔本大致屬同一系統的《史記》文本校勘異文、及張守節《史記正義》佚文，并論述標注有已亡佚的劉伯莊、鄒誕生和陸善經等人古注的《史記》古板本資料。

這些資料的一部分，大島贄川已在《博士家本史記異字》中引用過，並分別稱之爲「南化本」、「楓山本」和「三條本」，在《史記考異》中也以「《史記》古本」的稱謂引用。瀧川龜太郎博士參考《博士家本史記異字》，在《史記會注考證》中援引了「南化」、「楓山」、「三條」各本的異字。同時，瀧川博士發現了《幻雲抄》中殘存的《史記正義》佚文，并在東北大學圖書館所藏慶長古活字本的標注中也找到了同樣的佚文，由此在《史記會注考證》中增入數百上千條新出的《正義》佚文。這一《正義》佚文的輯佚乃是《史記》注釋史上劃時代的功績。另外，筆者在天理大學圖書館調查高木家舊藏慶長古活字本時，偶然發現此書的標注不僅與東北大學所藏本的標注屬於同一種，且可以補足後者。如此，筆者便開始著手調查《史記》古板本的標注，發現了許多瀧川博士未能見到的《史記》古板本的標注資料。例如，《史記會注考證》屢屢引用的「南化本」異字，乃轉引自《博士家本史記異字》。然而，後來的研究表明，這些異字與上杉氏藏南宋黄善夫本的標注一致。黄本的標注，數量很多，價值極高，意義不凡。元板《史記》的標注也發現了不少。彭寅翁本《史記》中的大量標注，除了「楓山本」外，也見於慶應大學圖書館所藏伊佐早謙舊藏本和天理大學圖書館所藏崇蘭館舊藏本。而彭寅翁本的寫本，除了三條西實隆寫本、即所謂「三條本」外，還見於建仁寺兩足院所藏的梅仙和尚手寫本等。此外，還發現了十多種慶長古活字本的標注。筆者有幸對這些標注作了詳細調查。

這些標注的内容，大致可分爲兩類：一類是與異字有關的校勘學資料；另一類是解釋或評論語句的注釋資料。如後文所述，這兩者都對《史記》研究有極其重要的意義。另外，爲避免誤解，筆者於此預先做一些説明。如所謂「南化本」，實際上指的是上杉氏所藏南宋黄善夫本，「南化本」不過是其别名。以往大島贄川、瀧川博士將欄外與行間的標注所反映的本子，稱爲「某某本」，本文不予沿用。因爲這樣容易使人誤解現實中的確存在這樣一個本子。這種誤解，雖然一定程度上是由於瀧川博士的説明不够充分，但確實廣泛流行於學界（注1）。因此於此特附一言。下面將從宋板開始，逐次論述這些有批注的資料。

注1　大島利一氏説：「將瀧川博士《史記會注考證》中引用的「楓山本」即彭寅翁本的文字和桃源《史記抄》的文字進行比較……」（《讀桃源瑞仙的史記抄》，《東方學報》京都第十册第一分，昭和十四年［一九三九］五月）。所引楓山本指彭寅翁本欄外的關於異字異文的批注，而非彭寅翁本原本。

賀次君在《史記書録》的彭寅翁崇道精舍刊本一條（一一四頁九行）中説：「其楓山、三條本與銅活字本三種，俱據彭本鈔印。」據其意，楓山本、三條本和銅活字本三種（既有三種，應是指慶長古活字本，但慶長古活字本並非銅活字）都是依據彭寅翁本印行或鈔寫的。則三條本自是轉鈔彭本，賀氏卻誤將楓山本視作彭本之外的一本。

（二）上杉氏藏南宋慶元黄善夫本標注（南化本）

本書將上杉隆憲氏所藏南宋慶元黄善夫刊本簡稱爲「南化本」。「南化本」這一名稱，始見於加賀藩儒大島維直（號贄川）所撰的《博士家本史記異字》（《天朝傳本史記説》）。如後文所述，該書應該是因爲曾爲南化玄興所藏才被稱作「南化本」。關於南化本流傳，從每卷卷首都有「興讓館藏書」的朱印來看，應是舊米澤藩校的藏本無誤。自古以來，米澤藩的人士之間就有傳聞説，南化本是所謂「文禄之役」出兵朝鮮時的戰利品之一。其傳聞如下：

公（直江山城守兼續）於文禄元年朝鮮征伐之際，帶回書籍甚多，至今日因種種緣故而散逸，故難知其數。舉其要者，有宋版《史記》、《東漢書》、《西漢書》、《春秋左氏傳》（以上上杉家藏）、宋版《大般若經》中五百五十一卷（上杉神社寶物），以及《蘇東坡全集》（米澤圖書館）等數部朝鮮古活字版，至今仍保存於米澤圖書館。其書目如下……其他坊間亦有不少。上述書籍中，《東漢書》（六十册）、《西漢書》（六十册）、《史記》（九十册）、《左傳》（廿九册）皆爲宋版珍本，乃公之手澤本中最著名者。此四種，至明治十三年猶存於興讓館的後身私立米澤中學校，時校長古藤傳之丞將之歸還上杉家。右記東西兩《漢書》，被安井息軒呼作「垂涎萬丈宇宙之珍書」，每卷卷首有「興讓館藏書」的朱印，刻印鮮明，無手垢。《左傳》亦同上，每卷有藏書印。至於《史記》九十册，每卷欄外有公及前田慶次利貞以墨筆所書的漢文的注，而且每葉正文旁以朱筆加以句讀及劃線，只是由於翻閲太勤，一些地方已難以看清。以此可知公如何精讀《史記》。（今井清見《直江城州公小傳》，昭和十三、十四年［一九三八、三九］，米澤市役所刊行）

據右文所記，這些書籍是直江山城守出兵朝鮮（一五九二，文禄之役）時的戰利品。然而，至少關於《史記》，這一記載是錯誤的。

其理由在於，書中存有「月舟」（壽桂幻雲，一四六〇至一五三三）的藏書印。此藏書印見於《伯夷列傳第一》、《司馬穰苴列傳第四》、《仲尼弟子列傳第七》、《蘇秦列傳第九》、《孟嘗君列傳第十五》、《范睢蔡澤列傳第十九》、《魯仲連鄒陽列傳第二十三》共七卷的卷首。

據此可知，此書在文禄之役數十年之前的十六世紀初，已歸五山的學僧所有。

而且，有證據顯示，南化本在室町時代之前，至少在鎌倉時期已經傳到了日本。書中屢屢出現的「水光卯青」（朱印及墨印），在宫内廳書陵部所藏《史記集解》舊鈔卷子本（《范睢蔡澤列傳第十九》）中也可見到兩處，且墨印皆捺在該卷子本紙張的粘合處。上杉氏所藏慶元本同卷（《列傳第十九》）的卷首也有同樣的墨印。由此可以推斷，兩書曾歸同一藏書人所有，且捺印的時期正是該卷子本被鈔寫的前後（從紙張的接縫處都捺有印來看，應該是最初裝幀之時就有的）。這一事實也説明，南化本與古鈔本關係不淺。關於該卷子本，據「審其書體，殆鎌倉初期所寫」（《圖書寮善本書目解説》），則慶元本也應該在鎌倉初期就已經傳入日本。

而且，南化本的批注中可以看到遠早於幻雲批注的盧藏用《春秋後語》批注。而盧注也屢見於卷子本。這一點也可以作爲上述推論的旁證。

後來，十八、十九世紀之交，大島贄川等人在加賀藩校勘廿一史時，從米澤藩借來南化本，稱之爲慶元本，用於校對，另一方面又令市河米庵及其弟子進行了模寫（注1）。

當時，在米澤藩，南化本的價值並未被充分認識，似乎還曾作爲藩校興讓館的教科書任學生使用。從以下湯淺進良（注2）《又新齋日録》（注3）的記載中可以窺見當時的情況：

御借受置之米澤侯御藏宋慶元板《史記》、元來相國寺住僧南和之藏本二而、即標題之上朱印有之。其外傳來之人之印と見え候而有之候。右南和ハ甲州惠林寺開基之人ニ御座候。學才有之候而上杉謙信、前田慶次郎殿、直江山城守皆一時の弟子に御座候所、右《史記》并前後《漢書》共南和より兼續え授與有之侯を、其後上杉侯え收候得共、後には由來も不知侯哉、學校の讀本に被成置則ち卷每首に興讓館藏書朱字印。之印御座候。右南和迄の傳は知れ不申侯得共，每卷夥數書入有之は是南和とも直江の書入共申候得共、其事は知れ不申候。乍併本朝は勿論漢土にも傳はらざる本を以書入有之剩へ卓説も多き躰御座候。於上杉侯も今度初て樣子相知、御重寶に被思召、御文庫入に相成候御樣子に御座候。尤三部共に今御座候而同板に御座候。

一、慶次郎殿手輯之韻礎有之、今上杉侯御物と成候。彼御家中松木何某名失念。と申人來春申上持參、大島江可入披見申聞候由咄御座候。且慶次郎殿之詩集若干無之樣子也（無は有の寫誤か）。米澤ニ有之候。中〻學才有之御方と見え候由噂に御座候。是は未た大島も見不申致一覽度と申居候。彼慶次郎殿武邊之咄、只今も口碑に存候得共學力有之事は初て承り申候。於御國は承及ひも不申事御座候。右彌左衛門より來狀。

（《又新齋日録》卷七）

譯文：　向米澤侯借來的所藏宋慶元板《史記》，原來是相國寺住僧南和的藏本。標題上有朱印。除此以外，還有似乎傳承此書之人的印。南和是甲州（甲斐國）惠林寺的奠基者，富有學才，上杉謙信、前田慶次郎、直江山城守兼續都曾當過他的門生。上述《史記》和前後《漢書》，先由南和傳授給直江山城守兼續，然後由上杉侯收藏，後來者不知其由來，將南化本當做學校的教科書，每卷首有「興讓館藏書」朱字印。今不知南化本在南和以前的傳承經過。書中有許多批注，有人説是南和的，也有人説是直江的，如今難以確知。南化本不僅在日本，在中國也是稀見的，其中有許多出色的批注。到上杉侯纔認識到南化本的價值，視爲重寶，收入文庫。如今《史記》和前後《漢書》這三部書都在文庫中，皆爲同板。

一、前田慶次郎親手編輯的《韻礎》，現今被上杉侯收藏。上杉家家臣松本某亡其名。説，明年春帶《韻礎》來給大島贄川閲覽。前田慶次郎的詩集詩集，似已佚（可能是似仍存的誤寫）。現存於米澤。傳聞前田慶次郎是極有才學的人物。這部詩集也是大島贄川没有看過的，大島説很想一見。前田慶次郎英勇無畏的故事流傳至今，衆所周知，但關於他的才學，我卻是初次聽説。可能在米澤傳承的故事没有向外宣揚。以上是彌左衛門（注4）寄來的書信。

（《又新齋日録》卷七）

據此段記載可知：

一、上杉藩所藏的「興讓館藏書」慶元版《史記》曾借給加賀藩，並用作廿一史校勘之一《史記考異》的校對資料。

二、該慶元版《史記》原爲相國寺（妙心寺鄰花院之誤）住持南和（此處依照引文，實爲「化」之誤）玄興的藏書，傳與直江山城守兼續，後爲上杉侯收藏。

關於此中經緯，岡本況齋記道：

狩谷棭齋云フ。宋本ニテ《史記》、《漢書》、《後漢書》ノ三種アリ。今ハ唐土ニ無シ。上杉家ナルハ、初メ南禪寺南化和尚（名玄興）ノ藏ナリシヲ上杉家ノ家臣直江山城守ニ贈ル（跋ニテ知ラル）。山城守刑セラレテ上杉氏ノ藏トナル。

譯文：狩谷棭齋云，宋本有《史記》、《漢書》、《後漢書》三種，今唐土所無。上杉家者，初爲南禪寺南化和尚（名玄興）所藏，後贈與上杉氏家臣直江山城守（據跋可知）。山城守被刑，故歸上杉氏所有。

（《史記傳本考》）

據此，山城守曾受到刑罰，然具體所指並不清楚。關原之役後，上杉氏從一百二十萬石減封至三十萬石，被遷往原爲直江領地的米澤。直江曾得豐臣秀吉賞識，以陪臣的身份領三十萬石，此時減封至五萬石。又，元和元年，年僅十八歲的嗣子平八（景明）早世，之後直江家未能立嗣，一代而絶。因此，狩谷棭齋所説的山城守受刑之後、這些書籍歸上杉氏所有的情況不可能出現。而且，也不存在記述南化和尚將書籍贈與直江山城守的跋文。南化和直江是師生關係，狩谷棭齋可能搞混了南化贈給直江的其他書籍的序跋，原本應該不存在他所説的跋文。如果真的存在，應該有關於此跋文的其他記録。而且，從原書的浮簽一條也没丢失、完整保存下來的情況來看，跋文的有無也應存疑。另外，南禪寺的説法也有誤。

要言之，這些書籍由直江山城守轉歸上杉家的經過雖不明瞭，但直江公的藏書在其歿後歸藩主所有，也不足爲奇。

三、南化本當時曾作爲藩校學生的教科書供自由閱覽。今日在此書中可以看到大量閱讀的痕跡，不難想象當時其曾爲許多人所翻閱。

四、書中大量的批注，一般認爲是南和或直江公所書，但《又新齋日録》説「實際情況並不明瞭」。同時，由於批注中引用了日本乃至中國均不傳的書籍，解説亦頗爲出色，纔爲藩所重視，作爲珍貴書籍加以保管。

此書的批注，其數量和内容皆多彩至極。關於其書寫者，歷來雖有直江兼續或前田慶次郎的説法，但難以舉出確鑿的證據。詳檢其筆跡，至少有五種以上，其中貫穿全書、數量最多者，乃出於幻雲之手。例如：

《困學紀聞》十二：《武帝紀》元朔三年詔曰：「夫刑罰所以防姦也，内長文所以見愛也。」或云：「古寫本無注，《漢書》作：而肆數所以見愛也。」幻按《史記》不載歟。

幻按以下七字，以細字書寫，像是後來幻雲親筆添加上去的。如此之類甚多。

《列傳第一》以下數册的卷首有「月舟」藏書印，這更佐證了上述推斷。換言之，幻雲所藏的書籍中有他的批注也不足爲奇。筆者曾偶然得睹京都建仁寺兩足院所藏幻雲自贊的頂相（注5）等幻雲本人的筆跡。幻雲的筆跡極有特色，很容易一眼判斷出來，因此筆者可以從此書大量的批注中明確指出幻雲自筆的部分。

而且，此書曾改裝過兩次，因此從批注的位置也可區别出幻雲以前的數位書寫者。師説等其他博士家《史記》説批注，可認爲至少寫在幻雲之前，且全卷以同種筆跡批注。屢屢出現的補鈔者也應是同一人，也比幻雲早得多。而接續幻雲的親筆批注、斜向右下書寫的不同筆跡，應該是幻雲命弟子接著書寫的。有説法認爲是直江公所書，不可信。又有與上村觀光氏在《禪林文藝史譚》(一一三〇頁)中所舉桃源瑞仙和尚的筆法相似的筆跡。若此筆跡真出自桃源親筆，則此書當由桃源傳至幻雲。然而這一推測失之穿鑿，未舉實證，遽難定斷。

這些批注在内容上可以分爲，提供與《史記》正文和注文相關的校勘學資料的部分，和爲《史記》解釋學問題提供解決思路的部分。校勘學資料性的問題，將放在後文詳述。就《史記》解釋學上的價值而言，首先應指出《史記正義》佚文補遺的相關問題。此問題在後文另有詳論，此處先考慮南化本標注與其他古板本標注的關係。南化本的《本紀》中，除《秦始皇本紀》有一例之外，直至《項羽本紀》皆無《正義》佚文的標注，這一部分可用梅仙本、榎齋本、楓山本、三條本、狩野本和天理本補充。從《高祖本紀第八》開始，除伊佐早謙本和《幻雲抄》外，其他諸本幾乎没有批注，反而可用南化本來補充。至《孝武本紀第十二》，南化本、伊佐早謙本和《幻雲抄》中都存有數量極多的《正義》佚文。《正義》佚文的數量，某些卷可能比其他諸本少，但總數卻是最多的。如上所述，各本的標注並不是平均地分佈於全書，而是諸本都有某些卷極疏極密、甚或有斷續的情況。這些標注在各卷的分佈狀況，固然反映了各本的若干差異，但大體能看出有兩種類型。從標注的位置和内容來看，與南化本較相似的有：慶應大學所藏伊佐早謙舊藏本、建仁寺兩足院藏梅仙和尚自筆本等。而展現其他相似性的一組，包括楓山本、三條本和簡稱爲「狩本」的東北大學所藏狩野亨吉舊藏本等。然而，如果仔細斟酌，以上的類型也有不少例外之處，並不能截然分成兩類。這是因爲，既然至今爲止尚不清楚各個文本的祖本，僅據各本之間的相互關係也無法探究。在没有發現新的祖本（南化本的）之前，無法再作更深一步的論究。

上述《正義》佚文的問題之外，還有一個《史記》解釋學上的問題，即文本中存有大量今已不見其全貌的劉伯莊、鄒誕生、陸善經等人的古注。這些佚注的集輯和對其在注釋史上意義的探究是極其重要的問題，故後節專論。此處先簡單討論屢見於標注的博士家《史記》説。

南化本的批注中，博士家説常被引用，有時也受到批判。以「江家」、「橘家」、「良家」、「巨家」、「賀家」、「日野家」、「菅家」、「紀家」和「師説曰」爲開頭的批注非常多。現將這些説法依照内容分爲：（1）關於文字異同的論述，（2）關於字音的論述，（3）關於訓點的論述，（4）關於解釋的論述等四部分進行考察，并列舉若干例子。

注1　現藏於尊經閣文庫。

注2　湯淺進良（一七五九至一八二四），字子簡，號弇山，又號又新齋，加賀藩的書寫役。其著作除《又新齋日録》，還有《又新齋隨筆》、《前田藩略譜》、《海津藩邸記》等。

注3　《又新齋日録》是湯淺進良親筆所寫的雜録。第一卷至十一卷爲正篇，加上附録一、二卷，共計十三卷。其書應是進良的子孫魁之進在編纂加賀藩資料時整理，標明卷數，編纂而後獻於前田家的。卷的排列并不依照筆記的年代順序。其内容有先人詩文的摘録，有藩内外大事件的摘鈔，應是關於文學、刀劍、烹飪、火災等各方面事物的筆記。雖不記日期，但管見所及，此書應是文化二年至十五年，即進良四十七歲至六十歲間的雜録。

注4　彌左衛門（一七八五至一八六〇）爲通稱，指進良的嫡子祇庸。初爲書寫役，晚年爲書物奉行，兼書寫方奉行、兼南土藏奉行。著作有《北藩秘鑑》、《藩國官職通考》等。

注5　幻雲真蹟，建仁寺兩足院藏，妙心寺鄰花院中多藏真跡。

(1) 關於文字異同的博士家説和異本

「命汝爲納言。」（《五帝本紀第一》）上欄有「師曰『爲』字上有『作』字，爲異本耳」，下欄有其他人所寫「『作』或本『爲』字上本無。」的批注。這説明師説所據的文本，「爲」字上有「作」字。類似的師説有：

「自天下四方皆入吾綱。」（《殷本紀第三》）「師説，或本作『天地』，又作『上下』，此皆異本也。」

「古禹皋陶久勞于外。」（《殷本紀第三》）「『古』作『故』，本。師説『故』猶『古』也。或本作『古』」等例。

博士家論述異本之時，除稱爲「異本」「或本」等外，有時候也稱「小板」、「俗本」。

「籍其門視此。」（《秦始皇本紀第六》）「師説，俗本無『籍』字，誤也。」

「無輔拂。」（《秦始皇本紀第六》）「『拂』，江本『弼』。」江本應該是指江家所用的文本。

「天下疫。」（《秦始皇本紀第六》）「一本，天下之下有『大』之字。家本無『大』字。」彭寅翁本中有「大」字。一本可能指的是彭本。不知家本指何本。

引用家本的有：

「鳥身人言。」（《秦本紀第五》）「『言』作『首』家本。」與此校記相合的有東洋文庫藏天養古鈔本、《英房抄》和《桃源抄》引古本。從這些事實來推斷，家本應該是指極古的鈔本系統的文本。

(2) 關於字音的博士家説

「湯湯洪水滔天。」（《五帝本紀第一》）「師説：　江大夫説，蕩々音如字。陸説，又此集注點書既引《釋文》曰，蕩々音傷，又點蕩字爲平聲之輕，如此説專可音傷耳。而湯々，流皃也，其字不從草：　蕩々，慶大之皃，其字從草。今此本皆從草，明不可音傷。而良大夫、安學士殊讀爲傷音，據《尚書》爲湯之音歟。而安、良兩家，《史記》家之所重，不可偏難，又江尚書説不可失，故合爲儒通耳。先説如字，次音傷。」這條批注是師説論及博士家的字音的例子。所謂「今此本皆從草」，可能是指師説所據之本「湯湯」作「蕩蕩」。欄外校記中也有「湯々作蕩々」。

「攝行天子政。」（《夏本紀第二》）「行劉鄒並雖不音，師説爲去聲。」這是師説言及字音的例子，但總體而言，關於字音的批注比較少。

(3) 博士家的訓點

南化本的批注中，關於訓點的有許多。舉若干例子如下：

有能使治者。（《五帝本紀第一》）

江——ヨクヲサメツヘキモノアリヤ（有無善於治理者？）

橘——ヨクシツヘキモノアラハ（若有善於執掌者）

ヨクスルモノアラハヲサメシメム（若有善爲者，使其治理）

以上所示是江家、橘家的訓點。

（以下訓點據南化本）

「天也(ナリ)夫」（《五帝本紀第一》），「江家點，『夫』字不讀」。

「即求嘗在側」（《五帝本紀第一》），「即(モシ／スナハチ)，江家點」。

「乃流二四凶(ノ)族(ヲ)一」（《五帝本紀第一》），「四(ヨツノ)凶族，江家」。

以上所示皆是江家的訓點。

又,「先堂安師説」的訓點如下:

何擇非其人。(《周本紀第四》)

擇　エラハントナラハ(若欲選擇)先堂安師説

エラフコトカアラントナラハ(若有想選擇的事)

エラフトシテ(若選擇)

引用菅家訓點的例子如下:

去柳葉百步而射之。(《周本紀第四》)

去　江家　サケル(離開)

菅家　サレル(離去)

家本點可舉如下例子:

「秦之先帝顓頊之苗裔孫曰女脩」(《秦本紀第五》),「苗裔孫ナリ　家本點」。一般認爲在「苗裔」處斷句,而家本點則在「苗裔孫」處斷句。類似斷句的例子還有:

「予乃大罰殛女母予怨。」(《秦本紀第五》)「《集注》説『女』字絶句,賀師説『殛』字絶句。」

「皆至ラシムレ關ー中ニ。」(《秦始皇本紀第六》)「良家、巨家『至關』字絶句。」

「周書曰欲起無先故故器南則……」(《楚世家第十》)「師説、江家説云,傳ニ器絶句(《傳》在「器」字絶句)。此説意存耳。」

除博士家説之外,有些地方還列舉應劭、晉灼、孟康等人的説法,并作了訓讀。

「儀レ船待。」（《項羽本紀第七》）「儀船江　儀船古　儀船應劭　儀晉灼　儀孟康。」「古」應指古本的訓讀。今本所見《史記集解》中只有「騶案應劭曰，『儀』正也。孟康曰，『儀』音『蟻』，附也。附船著岸也。如淳曰，南方人謂整船向岸曰儀」的記載，而不見批注所引晉灼的説法，但所引晉灼的説法與《集解》中如淳的説法一致。

又舉有關於舊點和新點的例子。

「作宮阿房。」（《秦始皇本紀第六》）「作宮阿房　新堂説舊説。」

右邊所附訓點是新堂説，左邊所附訓點是舊説。

「爲下所二是案一レ法新上。」（《扁鵲倉公列傳第四十五》）「舊點爲下是所中案法新上　此點難讀。」（「是所」依照引文）

此條是幻雲親筆所書的對舊點的批判。相對於舊點而提出新點的例子有：

「乃賜二嬰縣北第第一一。」（《樊酈滕灌列傳第三十五》）「縣北第第一　幻新點用《文選》點之義。」

「又惡レ負レ約恐二諸侯叛一レ之。」（《項羽本紀第七》）「蕉新點惡下負レ約恐　諸侯叛上レ之。」

「蕉」指蕉了翁，即桃源。這是相對於舊點，另立一種新點的例子。又有雖另立一説批判舊點，卻仍從舊點的例子。

「夫逆レ人之使レ絶二人之謀一。」（《龜策列傳第六十八》）「逆二人之使一絶二人之謀一　如レ此可讀歟，雖レ然且從二舊點一也。」

有些地方寫入了善入寺本、寳性院《史記》本等文本中所見的極古的訓點，應是反映了某一《史記》古鈔本的面貌。

「行以驚二動南越一。」（《南越列傳第五十三》）「行三以驚二動南越一善入寺之本點如此雖然徐本之點不如此漢書家點行……也，寳性院史記本 行之義也又行之字欲之訓未詳也。」

這條朱筆批注，亦見諸東北大學所藏狩野亨吉舊藏慶長古活字本，并有「幻雲曰非歟」。此「幻雲曰非歟」五字，南化本無。不知狩野本據何寫入。博士家的批注不局限於《史記》說，也有多處援引《漢書》家說。

「雍二輕車騎於雍南一破レ之。」（《樊酈滕灌列傳第三十五》）「雍二輕車騎於雍南一破レ之。 此點是也，漢書家點又如此，或點如此雖然正義之意可レ讀レ訓。」

據此條批注，則第一個「雍」字應作音讀，但據《史記正義》則應讀作動詞（注，漢字右邊的畫線是表明此字應音讀的符號）。

（4） 博士家《史記》解釋諸例

與《史記索隱》的説法相對，師説另立一説的有如下例子：

「此一物足以釋西伯。」「《索隱》曰，一物謂莘氏之美女也。」（《周本紀第四》）「師説曰，司馬説非也，所獻之物中一物也。」

此書的標注中，數量最多的是幻雲的批注，可以毫不誇張地説，幻雲的《史記》學論述盡在此中。因而，在此理所應當對幻雲這一人物及其《史記》説、乃至其與《幻雲抄》的關係加以討論。由於後文將專辟「幻雲抄」一節對此統一探討，此處僅列舉幻雲關於醫書的標注。因爲這些標注並不見諸《幻雲抄》，所以不宜在《幻雲抄》一節加以論述。

(5) 幻雲關於醫書的校記

如前文所述，幻雲的批注貫穿全書，十分詳備。而《扁鵲倉公列傳第四十五》一卷尤爲精密，乃是在正文各葉之間綴入數紙，以細字仔細寫入。主要的引用書目包括《黄帝内經》(《素問》、《靈樞》)、《難經》、《脈經》。此外，還多引用陳言的《三因方》，楊介的《存真環中圖》等書。其中，楊書今已散佚，僅可從這些批注一窺其舊貌。幻雲引用醫書多達三十種，其中，僅有竹田昭慶的《延壽類要》一卷(康正二年刊)是日本人的著作。又，據這些批注可知，幻雲與竹田定裕是摯友。定裕是《月海雜録》的作者，本身也是有名的醫生。其父昭慶著有《延壽類要》。祖父昌慶是曾遠渡明朝的名醫，永和四年(一三七八)得醫家秘籍、銅人形等物而歸國。

以下分類列舉幻雲引用的醫書，從中可見其知識之浩博。書名中用括號附注的文字乃筆者補入。

漢籍

醫經

《新刊補註釋文黄帝内經素問》，二十四卷。唐王冰注，宋林億等奉敕校正，宋孫兆重改誤。

《靈樞》，二十四卷。宋史崧校。

《黄帝八十一難經》，五卷。吴吕廣注，唐楊玄操演，宋王惟一集注。

《素問入式運氣論(奥)》，三卷。宋劉温舒撰。

《難經俗解》，六卷。明王綸撰。

本草

《證類本草》，三十卷。宋唐慎微撰。

《湯液本草》，二卷。元王好古撰。

診法

《脈經》，十卷。晉王叔和撰，宋林億等奉敕校正。

《新刊通真子補註王叔和脈訣》，三卷。晉王叔和撰，宋劉元賓注。

《脈要秘括》，二卷。晉王叔和撰，宋劉元賓注。

《脈訣集解》，十二卷。宋李駉撰。

《察病指南》，三卷。宋施發撰。

明堂

《鍼灸資生經》，七卷。宋王執中撰。

《歐希範五藏圖》，一卷。宋靈簡撰。

《存真環中圖》，一卷。宋楊介撰。

方論

《太平聖惠方》，一百卷。宋王懷隱等奉敕撰。

《聖濟總録》，二百卷。宋政和中奉敕撰。

《三因（極一病證）方（論）》，十八卷。宋陳言撰。

《濟生方》，十卷。宋嚴用和撰。
《癰疽辨疑論》，二卷。宋李世英撰。
《類證增註傷寒百問歌》，四卷。宋錢聞禮撰。
《傷寒解惑論》，一卷。宋湯伊才撰。
《泰定養生主論》，十六卷。元王珪撰。
《東垣先生此事難知集》，二卷。元李杲撰。
《醫經溯洄集》，一卷。元王履撰。
《格致餘論》，一卷。元朱震亨撰。
《明醫雜著》，六卷。明王綸撰。
《醫書大全》（引《醫學源流》），十卷。明熊宗立撰。
《奇效良方》，六十九卷。明方賢撰等。
日本人著作
《延壽類要》，一卷。竹田昭慶撰。

（二）元板彭寅翁本及其寫本標注

（1）三條西實隆手寫彭寅翁本（三條本）

江户幕府御書物奉行近藤正齋所撰《御本日記附注》卷上有如下記載：

史記　三條殿の手　四十三册　全篇西三條内府實隆公の親筆手寫ニシテ，元版ヲ摹シタルナリ。此本モト萬里小路秀房公ノ筆ト云傳ヘシヲ，享保八年八月八日御鑒定實隆公筆ト極メラレ，御書目ヘモ記スヘキ旨，土岐左兵衛佐ヨリ是ヲ達ス。

譯文：《史記》，三條殿之筆，四十三册，全書爲西三條内府實隆公親筆手寫，摹元版也。此本原傳爲萬里小路秀房公之筆，享保八年八月八日被鑑定爲實隆公筆跡，當記入書目，由土岐左兵衛佐傳達。

所言即本書所謂的「三條本」。其名稱始見於大島贄川的《博士家本史記異字》。如其所記，全書百三十卷皆爲三條西實隆的親筆，實則如後文所述，一部分是出自其子公條之手。

三條西實隆（一四五五至一五三七），初名公世，後改名爲公延，後又改名爲實隆。永正三年（一五〇六）任内大臣，爲正二位。從文明至明應年間，朝野中歌道的盛行，多歸功於實隆。永正十二年（六十一歲），後柏原天皇欲晉升爲大臣上位，實隆固辭不受，翌年四月剃髮。大永六年（一五二六）後奈良天皇即位後，成自由之身，參拜佛寺，遍訪古跡，以此度過餘生。近藤正齋的《御本日記附注》中又引江村北海的《日本詩史》説：

實隆公致仕後有詩曰：「三十年來朝市塵，扁舟歸去五湖春。平生慚愧無功業，合對白鷗終此身。」每誡子弟曰，吾少年不努力，老來悲傷無及，汝曹宜勿宜尤尤。因課子弟謄寫六經及《史記》、《漢書》等，世知公爲和歌巨擘而不知有文學，故揭而出之。

據此，實隆不僅鈔寫過《史記》和《漢書》，還曾鈔寫過六經。世人皆知公爲和歌巨擘，卻鮮知公亦秀於文學。實隆實乃篤學之士，關於此點後將詳述。

以下探討三條本的鈔寫形式和校點識語。

首册的順序如下。先爲《史記目録》（彭寅翁本中，目録末葉的「列傳七十卷」和「史記目録終」之間有「安成郡彭寅翁/琹于崇道精舍」的雙郭刊記，三條本省去）。緊接著是《史記集解序》、《補史記序》、《史記索隱序》、《史記正義序》、《史記正義論例謚法解》，最後是《三皇本紀》（《補史記》）。第一册末葉的右下角，用細字寫有「永正七年十一月晦於燈下終功了。四十九丁」，第一册確實共有四十九葉。

第二册。《五帝本紀》，題簽作「史記第一（五帝）」。鈔寫年代似早於第一册，末葉寫有「永正七、十月二日立筆，同十七日終功。卅二丁」（注1）。此卷的批注與後文所述「楓山本」完全一樣。

第三册。《夏本紀》（含《殷本紀》）的末尾寫有「史計參阡貳百玖拾玖字　註壹萬壹阡參百玖拾肆字廿六丁」，這些字彭寅翁本無而黄善夫本有。《實隆公記》説：「永正八年正月一日，《夏本紀》書之。」就是指此册。

第五册。《秦本紀》的末葉，寫有「《周本紀》上已立筆，同十三日終功。秦紀三、十四、立筆，同廿一日終功。永正八。廿八丁」。

第六册。《秦始皇本紀》（四十四丁）不附日期。依《實隆公記》，始於三月廿一日，迄於四月十日。四月十日條中所説「自去六日以來忩々沈醉等抛筆疏懶也」，就是指此册。

第七册。《項羽本紀第七》的末葉，寫有「永正八、五、六終功。卅三丁」。

第八册。題簽作「漢高祖・吕后」。末尾寫有「永正辛未（辛未是八年）六月十五日終功了。十四丁」。從

《實隆公記》「六、十二日《呂后紀》立筆」來看，《呂后本紀》十四葉是在四天内寫完的。第九册。寫有「《史記》第十之十二文帝、景帝、武帝」、「永正八年七月五日終書功矣廾五丁。」。《本紀》全九册三三四葉，自永正七年十月二日開始鈔寫，迄同八年七月五日，花了約十個月（注2）。

《孝武本紀第十二》的末尾有如下記載：

這《史記本紀》加《補史記》九册。去冬以來，凌老眼，染惡筆使／諫議羽林郎公條卿模點了。所謂舊本者，紀傳朱點也。／而今爲令易讀，倣江湖之新樣，用朱墨之點，蓋非不存固實，於其點者無毫釐之差，後昆可知之而已。永正辛未孟秋上澣槐陰逃虚子（花押）。

據此可知，實隆自去冬以來，不堪老眼，遂令其子公條把紀傳家朱點用當世的新樣式，分作朱、墨之點來進行鈔寫，此間亦可見公之用心。又，永正辛未是永正八年，正與《實隆公記》「永正八年九月十七日列傳第一相公羽林立筆」相合。正齋不禁讚歎道：

公ノ位望人材ヲ以テ是等大部ノ書ヲ手寫セラレシコト古人ノ篤學ナルコト感ズルニ堪ヘタリ。

譯文：以公之位望人材，能手鈔是等大部之書，真令人感歎古人之篤學也。

正是極恰當的評價（注3）。

關於《世家》書寫年月的批注，僅有如下兩條。即，第五册《楚世家第十》末尾的「閏四、八。四十五丁」（實際是三十五丁），和第七册《趙世家第十三》末尾的「永正十年八月書了」。但據《實隆公記》：

永正八年九月十七日，《世家》立筆。

九月廿二日，《世家第一》終功（吳大伯）。
十一月廿八日，《魯世家》立筆（第三）。
十二月九日，《魯世家》終功（第三）。
《燕世家》立筆（第四）。
永正九年正月一日，《世家第六》立筆。
二月十二日，《世家第八》終功。
二月十七日，《世家第九》立筆。
四月四日，《世家第九》終功。
閏四月八日，《世家第十》終書功。
四月廿二日，《世家第十二》終書功。

永正八年，正當實隆五十七歲之時。如此看來，疑《趙世家第十三》的批注「永正十年八月」爲「九年」之誤。不管怎樣，此後隔了約五年的空白期，纔轉而鈔寫八《書》。

關於八《書》的鈔寫月日的批注，如下：

《樂書第二》的末尾：　永正十五、四、五了（永正十五年，正當實隆六十四歲之時）。
《律書第三》的末尾：　永正十五、五、十九了。
《曆書第四》的末尾：　永正十五、六、二了。
《天官書第五》的末尾：　永正十五、八、朔了。

《封禪書第六》的末尾：　本云戊子結夏點了。英房。永正十五、十月五日了。

《河渠書第七》的末尾：　本云戊子孟夏十五日雨中點了。英房印。永正十五、小春初七終書了。

《平準書第八》的末尾：　本云戊子孟夏十六日點之，十《表》、八《書》一閲之次加點，未及再三須有抵捂耳。英房印、樞翁印。永正十五、十、十六了。

十表（封面作「史記第十三之廿二」），總爲一册，僅有序，表全省略，不附鈔寫日期。

爲瞭解實隆的篤學及其與當時所謂縉紳家間的友好關係，現摘録《實隆公記》如下：

文明六年正月廿七日　天隱來臨（實隆二十歲）。

八月十八日　《古今集》校合終功了。（「校合」意爲「校對」——譯者注）

九月廿三日　大昌院來話。

十二月廿二日　《續後拾遺》校合之。

七年正月九日　天隱來臨，又有一盞。

十月十八日　早旦天隱和尚來臨。

八年八月十九日　《源氏物語·夢浮橋》卷可令書寫之，由先日被懇望，自昨夕立筆，今日終功直遣之了。

廿三日　天隱和尚來話，勸一盞了。

九年三月十日　《阿彌陀經》終寫功，《北院御室集》等終日書寫之外，無事。

長享二年五月廿二日　抑「以日易月」之本文，《漢書》第四《文帝紀》説明白也。今日《漢書》本自小補被送之，別寫之了（三十四歲）。

六月四日　《漢書》第四「以日易月」本文，予今日借請横川長老寫之，令見彼亞相者也。

八月十四日　播州家領事，建仁寺大昌院岷藏主今日可下向彼國，天隱涯分可申試之。由昨日被示送之間，調書狀以使者遣之。

八月廿日　自美豆御牧野芋到來，頒遣滋野井、中御門、大昌院等了，自大昌院青苔一裹被惠之。

十一月十八日　及晚龍岷藏主入來，一昨日自播州上洛云々。知行分事，先日下向時分以天隱和尚許有申試，子細大略事達之趣也。所喜悦也。勸一盞閑談。

十二月六日　龍岷侍者來，天隱陞座佛事，准后御逆修。禁裏可有叡覽之由，御所望之間，一昨日申遣之所持來也。

十三日　今日吉曜良辰也。仍五才小男西室僧上附弟（阿護吾丸）。著袴，二歲小男大夫公條。髮置。

三年二月五日　中院所望之《伊勢物語》等各立筆，今月吉曜之謂也。

五月十一日　今日《毛詩》講談。

六月四日　自建仁寺大昌院傳達，當時自愛祝著了。

五日　今日遣使者於大昌院，遣書札并蘇合香圓卅粒於岷藏主許，條々謝遣之了。

六月十日　午後向德大寺亭雜談移刻，及一盞之興，師富朝臣來，改元間事自他奏慶事等相談，《史記》、《漢書》等本感得可被見之由，被命美麗至極之本也。

六月十八日　自親王御方《論語》全部十卷爲三册。被下之。秘藏自愛々々。

廿一日　《毛詩》第八講尺也。

九月廿二日　午後梳髮、今日新典侍御産所忌開御祝、可罷向之由兼日約束，雖然故障事出來，示其旨不罷向無念々々。

師富朝臣來，節會間事等有相談旨，天隱和尚入來，觀音新像出現希異之子細言談，真實催感淚了，末代不可思議之事也。

委旨難勒筆端，可注別記矣，師富朝臣歸去之間，扇一本可傳給小生之由，命之遣了。

延德二年二月廿六日　《花嚴經》第三十三立筆。料紙不出來之間，數月懈怠也(三十六歲)。

廿七日　宗祇法師來、寫經之外無事。

三月八日庚申　天晴，今夜一身挑燈守庚申，《嘉元百首》書寫之。其外寫經、看經及天明了。

三月十一日　入夜梳髮、《嘉元百首》今日終書寫功，進上了。

十三日　《源氏物語・槿》卷按察卿誂也。立筆。

廿四日　《源氏物語・槿》卷按察誂也。終書功。

五月五日　今日《新古今集》上卷校合，宗祇法師以下來。

七日　《新古今集》下卷校合，今日終功。

八月二日　《東坡詩》第廿五卷講尺也。周興藏主講之，言語美麗，才覺博覽，諸人驚其聽者也。

廿九日　《伊勢物語》中院禪府所望。昨日終書寫功。

卅日　《孟子》講尺第三卷也，仍聽聞。

閏八月廿二日　《後撰集》伏見殿御本。自去月廿八日立筆，其內數日懈怠。終書寫功。

廿三日　《後撰集》校合。

九月二日　《萬葉集注釋》第一帖終寫功，第二卷立筆。

延德三年正月十一日　自大昌院有使者，不動尊賛被書送之。兼又愚作詩德大寺和韻也。加添削被送之(三十七歲)。

正月廿八日　播州大田莊公用去年分。千疋，自建仁寺到來有使者，祝著無極。仍則命駕向大昌院。一緡攜之。天隱喜悅無比類，被勸一盞。

二月六日　天隱和尚入來，勸一盞。昨日杉原一束扇子、播州鍋等被持來之處，予他行之間不相謁，遺恨之間，遣人於鹿苑院所招引也。清談移刻，宗砥法師來，勸一盞。

二月廿二日　自今日有《中庸》講尺於小御所有此事。一勤講之。

廿六日　《源氏物語・宿木》卷讀申之。

七月廿六日　《竹取物語》終日書寫。

九月一日　今夕《新古今集》大内左京大夫所望本。書寫終功者也。
九月廿日　《萬葉注釋》一帖，今日立筆。
廿四日　《萬葉注釋》終書寫之功了。
明應元年十二月八日　自大昌院有書狀，自播州到來之用脚五拾在之，先可召仕之哉，然者以大田公用可立用之由也。懇切之條自愛々々，明日可遣取之由報之（三十八歲）。
二年九月一日　《古文孝經》小生今朝終功。去七月廿日始而讀之，昨日己讀終，雖然今日吉曜間，一行殘之令教授了。去月十三日序終其功，如法早速神妙也。《三十頌》令讀習之。
明應三年正月廿九日　小生《論語・學而篇》今日終功（四十歲）。
卅日　小生《論語・里仁篇》令授之。
二月五日　《論語》第一終功。《八佾篇》初令授之。
十日　《八佾篇》終功。《里仁篇》始授之。
十二日　《論語》第二小生等終功。
十四日　《論語》第三、第四，予受師富朝臣說。
十九日　《古今集》終書寫功。
廿五日　大田莊年貢千疋。自大昌院到來，去年分也。且自愛者也。
永正五年正月一日　今日《漢書》第二《惠帝紀》立筆（五十四歲）。

二日　今日《惠帝紀》終功。
四日　《漢書》第三終功。
五日　《漢書》第四立筆。
正月十八日　月舟來臨，勸一盞。
二月七日　宣賢來。當年初度。
十二日　相公讀《左傳》。第六，當年初度。
三月五日　今日《文選》講尺再興。
十一日　《文選》講尺云々。
十五日　宣賢來，相公羽林讀書。《左傳》第七終。
十六日　相公羽林《文選·賦》讀了。
廿二日　宣賢來，相公讀書如例。
四月四日　《漢書·武帝紀》終書寫功。
十一日　《後漢書·光武紀》立筆了。
十八日　《後漢書·武帝紀上》終書功。
廿三日　良椿法眼來。
廿六日　《後漢·光武紀》一册，今日終書功。
八月七日　《文選》講尺。

十八日　《漢書·帝紀》點首書等，昨日相公終功。
廿日　《漢書·帝紀》終功，表紙今日出現自愛々々。
廿五日　《周易》第一終書寫功。
廿六日　《周易》第二立筆。第一返遣德大寺。
九月四日　《周易》第二終書功。
五日　第二《周易》返之。
九月十九日　《周易》第三終功。第四立筆。
十月廿八日　《漢書·成帝紀》終功。
十一月八日　月舟和尚來臨，詩文事雜談有感。
廿七日　今日，播州大田莊事，申遣建仁寺大昌院了。
十二月廿三日　月舟和尚來，年中詩題今日書賜之。
永正六年正月十六日　《周易》第六立筆（五十五歲）。
二月十九日　《周易》第六終功。
二月廿二日　月舟和尚來臨，詩話等尤有其感。
三十日　《易》第八終功。
三月四日　《周易》第十終書功。無爲成就，誠先聖先師冥助隨喜無極者也。
五日　宣賢來，相公讀書，《左傳》第一終功。勸一盞。

永正九年六月十三日　招東福寺經師，《史記》十八册。遺之，表紙事申付之。
十七年二月廿四日　《源氏》今日立筆（五十八歲）。
七月廿三夜　遣書狀於月舟之處。
八月十九日　今日《左傳》講尺。
十月十二日　《左傳》講尺。
十八日　一華《史記》講，帥向之。
十二月九日　建仁寺《史紀（記）》講尺，帥罷向。
大永元年（永正十八年）　建仁寺《史記》今日滿散。
十五日　十月十一日　今日《源氏》表紙事申付，百疋遣之（六十七歲）。
十二月十六日　《伊勢物語》校合，《後撰》自一至第十校合。
月舟和尚來臨。

依據上述記載，當時的碩儒、名僧之間往來極其頻繁，三條西家似與建仁寺大昌院和天隱和尚等有特殊關係，往來不斷。月舟（幻雲）也屢屢前來拜訪，以詩話和雜談度過閑暇，時則互勸一盞。清原宣賢似乎是公條的讀書伙伴，從「宣賢來，相公讀書如例」的記載來看，應接受了清原家學。頗爲有趣的是，宗祇也屢屢拜訪當時馳名歌壇的實隆。實隆在繁忙之餘鈔寫、校勘、讀畢、講談的漢籍，除《史記》外，還包括《周易》、《毛詩》、《左傳》、《論語》、《孟子》、《古文孝經》、《文選》、《東坡詩》、《漢書》和《後漢書》等。日本書籍，則鈔寫、校勘、讀畢了《竹取物語》、《源氏物語》、《伊勢物語》、《萬葉集》、《古今集》、《新古今集》、《後撰集》、《嘉元百首》、《北院御室集》等。佛經，則鈔寫了《華嚴經》、《阿彌陀經》等，此外還屢屢可見「寫經之外無事」、「看經及天明了」等記述。如此則很容易理解，實隆是如何博學而又刻苦勉勵。

實隆最晚的批注，是「天文元年八月十八日校了」（《匈奴列傳第五十》末尾），此時實隆已七十八歲。又《太史公自序第七十》的末尾記到：「本云，着雍困敦之曆仲秋月夕天，臨鶴髮五旬有六載之頹齡，終馬《史》一百三十篇之就寫，細書歎老眼，苦學樂貧身而已。英房。」據此可知，實隆在鈔寫之時，手邊有一個寫有英房批注的本子以作校勘。且此英房也恰巧與實隆一樣，是在五十六歲的高齡開始鈔寫《史記》的。

另外，楓山本曾與南宋慶元本（黄善夫本）對校，校勘了正文及注文。三條本同樣如此。尤其彭寅翁本中的《正義》注有相當多的語句被刪削，而這些被刪削的部分都被補寫在了楓山本和三條本中。

注1　據《實隆公記》，《史記・五帝本紀》開始鈔寫之前，有如下記事：

永正六年（五十五才）三月五日，招東福寺經師，《史記》十八册。遣之，表紙事申付之。

永正七年（五十六才）六月九日，自東福寺《史記・列傳第一》、《史記源流》被持送，先日所借用也。

同六月十二日，《史記源流》書寫事，申付中澤又六了。

同月十五日，《史記・周本紀》不審之間，申出禁裏御本一覽擊蒙了。

同月廿二日，晴，暑氣甚。《史記》同《源流》返遣東福寺。

十月二日，《史記・五帝本紀》今日立筆。

注2　這段時間的事情，考《實隆公記》，記之如下：

永正八年正月一日，《夏本紀》書之。

三月三日，《殷本紀》終功。《周本紀》立筆。十二日，《周本紀》七丁書之。十四日，《秦本紀》立筆。十六日，終日書《史記》。二十一日，《秦本紀》終功。《始皇本紀》一枚立筆。

四月四日，終日《始皇本紀》書之。十日，《史記・始皇本紀》今日聊書之。自去六日以來忩々，沈醉等抛筆，疏懶也。

五月六日，今日《項羽本紀》終書功，則《漢紀》立筆。七日，月舟和尚來談，《史記》新寫令見之，頗被感嘆。數刻言談，有興。二十九日，鹿苑院光臨。《史記》本依御所望奉見，頗感給。

六月十二日，今日《史記・高祖紀》終書功。《呂后紀》立筆。二十三日，《史記・文帝紀》今日終書功。

七月五日，《史記》十二，《本紀》《漢武帝紀》。今日終書寫功。自愛々々。二十四日，召良椿，《史記》表紙事申付之。二十五日，《史記》本返遣東福寺了。二十九日，《史記・本紀》九册全。良椿調進之。美麗喜悦，則裏紙細工沙汰之了。自愛々々。

八月一日，抑《史記・本紀》銘事誂大府卿，再三固辭，適染筆，晚頭被送之。自愛，以相公謝遣了。

注3　重野安繹在脩道館本《史記評林》(明治十四年刊)的序中，謂得見三條本，感激三條西實隆精力旺盛，及其子孫能善存此書，稱爲後世典範。其記述如下：

永正年間，三條内府逍遥公手寫《史記》全部，其書今猶藏于御府。卷尾公自書，謂貽後昆之意。而其子稱名公、三孫三光公，善繼箕裘，才誹絶倫，稱曰三條三公。以臺鼎之貴，執寒儒之業，又能世世不絶，與前人勞而後生怠者異其撰，真後世之典型也。抑逍遥公寫《史記》時，年五十有六。余亦明年五十六歲，常時自製文字，纔書二三葉，輒氣倦手疲，困頓欲廢，視之公書五十餘萬言，而綽乎有裕。其彊弱勤惰，不啻天淵焉。嗚呼，吾豈獨警誡後生乎哉！

(2) 狩谷棭齋舊藏彭寅翁本(棭齋本)

近藤正齋在《右文故事》卷一中寫到：

予カ知ルトコロ狩谷望之好テ古本ヲ收儲ス。ソノ家求古樓ニ亦コノ彭本ヲ藏セリ。其第一卷ノ末ニ僧寅闇ノ識語アリ。

譯文：予所知，狩谷望之好收儲古本。其家亦藏此彭本於求古樓，其第一卷末有僧寅闇之識語。

所言即爲此書。這也是此本被稱作「棭齋本」的緣由。此元版彭寅翁本，《項籍本紀》、《高祖本紀》、《吕后本紀》和《孝文本紀》乃補寫，缺卷六十四至卷六十七。卷首雖然有元中統二年（一二六一）校理者董浦的序，但應是元版中統本《史記》序誤入。目次後面有如下識語：

右本蓋聽松村庵老師藏書室中至寶也，/然明月夜光不獨耀于隨掌郢握，天下寶/當爲天下用之，是今斯本之所以歸於/栂嶽雅伯掌握也，深韜匱寶諸之可矣。寅闇翁謹識。

關於聽松村葊和寅闇，正齋有如下記述：

按ニ聽松村葊，名ハ靈元，字は希世，細川滿元の猶子也。學内外ヲ該ネ南禪寺聽松院大鑑禪師第四世。長享一年六月示寂，惠鑑明照禪師ト敕謚ス。コノ人ヨリ天神ヲ畫キ，守重モ貯藏ス。《村葊詩稿》有り。

寅闇ハ建仁靈泉院僧。常葊，名ハ龍崇，又寅闇ト号ス，又角虎東里ト号ス，東野州常緣ノ子ナリ。闇疏稿アリ。

（《右文故事》卷一）

譯文：按，聽松村葊，名靈元，字希世，細川滿元之猶子也。學兼内外，乃南禪寺聽松院大鑑禪師第四世。長享一年六月示寂，敕謚惠鑑明照禪師。其人始畫天神像，守重（近藤正齋）亦有藏。有《村莽詩稿》。

寅闇，建仁靈泉院僧。常莽，名龍崇，又號寅闇，又號角虎東里，東野州常緣之子。有《闇疏稿》。

又《龜策列傳第六十八》的結尾：

《龜策傳》，雖如舊本加點，未通義理，待精史學之人，以可究其深奥者也。栲室本自書如此。

而各册首葉的下方，均見「定房」之名的鼎形印。

吉田定房（一二七四至一三三八），乃後醍醐天皇的股肱重臣之一，與萬里小路宣房、北畠親房並稱「三房」。以下據《尊卑分脈》列其系譜，並從《公卿補任》《國史大系》五十四卷。中摘録其主要事跡（注1）。

揭示原文 115 頁的系譜：

建仁二年正月五日　從五位下（三歲）。

六年四月五日　讚岐守（十歲）。

八年八月十九日　任皇后宫權大進（十二歲）。

正應四年十月十日　任中宫權大進，同月補藏人（十八歲）。

永仁三年六月廿三日　兼右少辨（廿二歲）。

四年四月十三日　還兼春宫大進（廿三歲）。

正安元年六月六日　右中辨（廿六歲）。

二年四月七日　左中辨（廿七歲）。

三年四月五日　補藏人頭（廿八歲）。
乾元元年七月廿一日　兼右兵衛督。同十二月十四日，爲使別當（廿九歲）。
嘉元四年（德治元）　從三位。使別當、右衛門督。六月二十一日被仰執權（卅三歲）。
延慶三年四月七日　敘從二位（卅七歲）。
文保三年十月廿七日　任權大納言（四十五歲）。
元德二年正月十三日　從一位（五十七歲）。
建武二年　民部卿（六十二歲）。
四年　民部卿。七月二十止卿，月日逐電，出奔吉野宮（六十四歲）。
延元三年正月二十三日　薨於吉野。

以上據《南朝公卿補任》（據宮内廳書陵部藏本補）。

又，《花山院宸記》（《史料大成》）的「元亨三、一二、朔日己未」條中有「權大納言藤原定房今年所學目録」。其中雖無《史記》，但有《春秋後語》十卷。由於古鈔本《史記》中屢屢引用《春秋後語》，不難推斷，此書在當時是與《史記》同讀的。

前幾年，琳琅閣書店出現了二册宋版書，有人來問是何書（參照昭和三十二年［一九五七］二月，《琳琅閣書目》二二頁）。即刻造訪書店後發現，從版的大小和封面的裝幀來看，直覺是元版彭寅翁本，但據首葉下方「定房」的鼎形印，可斷定爲宮内廳書陵部藏狩谷棭齋舊藏本的殘册。一册是《史記》二十八《封禪書第六》，一册是《史記》八十九《張耳陳餘列傳第二十九》和《史記》九十二《淮陰侯列傳第三十二》。兩册都無批注，但第一册最後一葉記載有：「此《史記》は南宋寧宗の皇帝の慶元版也。本朝後鳥羽天皇建久未末當る。（譯文：此《史記》爲南宋寧宗皇帝慶元版也。當本朝後鳥羽天皇建久未末。）」。書店判斷其爲宋版的理由亦在於此。現在，這兩册已一並收入楓齋本中（書號七三〇三、五八册 四五二八）。

如前所述，加賀藩儒生大島贄川在《博士家本史記異字》中搜輯了古板本《史記》標注中的異字和異文，其中名爲「中彭本」的本子似可推定爲楓齋本。

楓齋本與《博士家本史記異字》所引中彭本的一致之處，其例列舉如下：

「名曰軒轅。」瀧四、五。鄒曰：作軒冕之服，故曰軒轅。

「幼而徇齊。」瀧四、一〇。正義。幼謂七歲已下時也。

「神農氏弗能征。」瀧五、一〇。征作正。

「諸侯咸來賓從。」瀧六、二。咸作或。

「炎帝欲侵陵諸侯。」瀧六、八。陵作凌。

「三戰然後得其志。」瀧七、八。得下有行字。

「官名皆以雲命爲雲師。」集解。因以名師與官。與作爲。

以下省略。楓齋本的批注，所據祖本亦與三條本不同，其中多有三條本所無的標注，所以楓齋本與三條本相互補充，都可謂是十分重要的資料。

注1　關於吉田定房，最早的記載見於瑞溪周鳳《卧雲日件録》。《大日本史》的記録最爲詳細，是後來研究的基礎。可以作爲參考資料的，除《尊卑分脈》、《公卿補任》之外，還有《增鏡》、《歷代皇紀》、《吉續記》、《神皇正統記》、《太平記》、《梅

松論》、《新葉集》。

明治以後的歷史學者都對定房有所論述，如久米邦武博士的《大日本時代史・南北朝篇》、同書三浦周行博士的《鎌倉篇》、黑板勝美博士的《後醍醐天皇御事蹟》、魚澄惣五郎氏的《綜合日本史大系・南北朝篇》、星野恒博士的《兩統の迭立》等。中村直勝博士在《南朝の研究》及《北畠親房并に顯家兩卿の研究》（改題作《北畠親房》）中也詳細地論述了定房的生涯事跡。平田俊春氏著有《吉田定房について》（昭和十三年［一九三八］五月《史學雜誌》第四十九編第五號）。然而，最詳細且批判性地總結了歷來研究的，是松本周二和村田正志二人合著的《吉田定房事蹟》（昭和十五年［一九四〇］七月）。

（3）楓山書庫舊藏宮内廳書陵部藏彭寅翁本（楓山本）

《右文故事》卷一記載：

御庫ニマタ元版《史記》一本アリ。即チ彭寅翁ノ刻本ニシテ三條殿手書ノ原本也。乾隆ノ《天禄琳瑯書目》ニ元版《史記》五部ヲ載セテ彭寅翁ノ本に及バズ。コノ本西土ニマレナルカ。又予ガ知ルトコロ狩谷望之好ミテ古本ヲ收儲ス。ソノ家求古樓ニ亦コノ彭本ヲ藏セリ。

譯文：　御庫又有元版《史記》一本，即彭寅翁刻本，三條西實隆手鈔之原本也。乾隆《天録琳琅書目》所載元版《史記》五部，未及彭寅翁本。此本西土罕有哉？又予所知，狩谷望之好收儲古本。其家求古樓亦藏此彭本也。

御庫即楓山書庫，故將其舊藏彭寅翁本《史記》批注稱爲「楓山本」。楓山本這一名稱，與南化本、三條本一樣，首見於大島贄川的《博士家本史記異字》。前文中提及的求古樓舊藏本，即所謂的棭齋本。

全四十册，各册首葉有御府的圖書印。楓山本的標注與三條本大致相同，不知何爲祖本，又或者是出於同一祖本的「兄弟」關係？三條本在鈔寫之際，不少地方將原本（彭寅翁本）改寫爲標注的異字。由此看來，似可認爲三條本是以楓山本爲祖本的。例如：

播時百穀。（《五帝本紀》）

楓山本標注説「無時字」（南化本同），三條本則在鈔寫時删去了「時」字。這樣的例子在三條本中屢見不鮮。然而，楓山本中没有的標注有時候卻見諸三條本。

(4) 伊佐早謙舊藏慶應大學圖書館藏彭寅翁本（伊佐早本）

一百三十卷中殘存七十一卷，二十八册，非原裝，有明顯的改裝、襯底、修補痕跡。缺卷詳目爲：序，目録，卷二至四，十三至十七，二十二至二十四，二十八，三十三至四十三，四十八，六十一至七十四，九十二至一〇七，一一七，一一八，一二九。有「林泉文庫」、「伊佐早謙古書之寳」的藏書印，又屢見「立岩藏書」的墨書。箱蓋記曰：舊藏者於大正九年得自立岩氏，並修補了紙葉斷爛、不可抄讀之處，爲庫中珍寳。除年表外，全卷附有朱筆的乎古止點，和墨筆的訓點及注音假名，而且上欄及行間，有大量的朱、墨兩筆所寫的批注。批注多是與他本的校勘，其中可見「大本」、「菅家本」、「秘本」、「江本」等名，校勘應依據了博士家古鈔本和其他古刊本的批注。關於訓點及注音假名，該本注記了博士家的異同，有「家點如此」等批注，校勘者應是博士家中的一人，但不明其所據祖本。另外，《史記正義》佚文的批注也很多。

(5) 建仁寺兩足院藏梅仙和尚手寫彭寅翁本（梅仙本）

梅仙東逋（一五二九至一六〇八）。梅仙和尚的傳記資料，見諸《東山建仁禪寺歷代住持位次簿》、《東山歷代》、《東山塔頭略傳》、《國水集・卷中》、《羽弓集》等。

東逋，字梅仙，建仁寺兩足院僧人，享禄二年（一五二九）生於奈良。其父林宗二，乃是隨侍兩足院的開山祖師龍山德見來日的中國人林净因的後裔，即所謂的林氏一族。梅仙和尚法名稱作南華或南城，乃由來於其出生地奈良。別號滴翠。永禄九年（一五六六）六月五日，受聖福寺帖，天正五年（一五七七）十一月十一日，就任建仁寺二九一世住持，時年五十九。爾後直至慶長十三年（一六〇八），長住於此寺，其間，於文禄三年（一五九四）七月二日受南禪寺帖。慶長十三年十月廿七日，於建仁寺山内護國院圓寂。享年八十。爲和仲東靖的法嗣。著有《語録》、《詩偈集》各一卷。

梅仙和尚是林宗二之子這一説法，乃是依據《梅仙東逋和尚草稿》中的詩序（《黄龍遺韻》所引）。此詩序是天正辛巳九年（一五八一），於宗二忌日七月十一日所作，時梅仙五十三歲。其母元室妙祐大妹在其夫宗二去世的四年前，天正五年（一五七七）的七月廿一日逝世，享年七十七歲。母親一週年忌時，梅仙作了一篇悼偈：

閻浄七十七年消，一歲又過如一朝。
濕〻劫破袈裟〻了看，蕭〻秋雨落芭蕉。

梅仙的父親林宗二，是活躍於室町末期至桃山初期的篤學之士，後文將會談到出自林宗二之筆的《幻雲抄》。現將兩足院中遺存的林宗二所寫「抄物」，列於下面的表格中（據兩足院住持伊藤東慎氏調查並著述的《黄龍遺韻》）。

這些手鈔本經過林宗二之子梅仙、以及繼承梅仙當兩足院住持的秋鋒東鋭之手傳至今日，並保存完整，真令人感歎。

梅仙本的標注中也詳細記載了《史記》舊本和諸博士家的注釋，以及《史記正義》佚文。又梅仙本的標注與南化本的標注有許多相似點。與其他古板本《史記》資料相比較，有不少地方是僅有南化本與梅仙本相一致的。又某些標注，南化本中有，而在梅仙本中此標注則有一字空格，可能是因蠹害不可讀，故空出一字。據此可知，南化本與梅仙本祖本相同，祖本在鈔寫南化本時尚可讀的某些地方，在鈔寫梅仙本時已無法判讀。

除上述諸本外，天理大學圖書館存有崇蘭館舊藏彭寅翁本。此書保存良好，無蟲害，板本亦無殘缺，乃寶貴的絶品。另外該本標注甚多，與其他古本資料一樣，有珍貴的標注資料。

瀧川博士在編纂《史記會注考證》時，上述諸本中，只有楓山本和三條本兩本，曾委托久保天隨博士至宫内廳，確認了如《博士家本史記異字》所記，其本確實存在。同時在《史記會注考證》中，據《博士家本史記異字》以楓山本、三條本爲名加以引用。而雖然引用了南化本，但瀧川氏並没注意到其實體就是上杉氏所藏南宋黄善夫本的標注。

書名	册數	講述者名	筆寫年代	講述之地	備考
山谷幻雲抄	廿二(廿卷)	月舟壽桂	1561—1567	一乘院殿	又名《山谷詩私抄》、《黄氏口義》、《山谷私抄》
山谷幻雲抄	廿一	同			無識語，各卷封面上有「方生」這一別號之印

續表

書名	册數	講述者名	筆寫年代	講述之地	備考
毛詩抄	十三(廿卷)	清原宣賢(環翠)	1534—1539	法隆寺	
史記幻雲抄	八	月舟壽桂	1574		一名《史紬列傳》
春秋左傳抄	三	清原宣賢			僅前半部分
左傳抄	四	清原宣賢	1564		卌卷中，缺一、二、四、五、廿八至卌卷
春秋左傳抄	七				存卷十一至卌。缺卷一至十
杜續翠抄	十(册一缺)	江西龍派	1540	泉南	
杜抄	廿五	江西龍派・雪嶺永瑾	1571—1581	一乘院殿	
東坡詩抄	卅	江西龍派・万里集九 正宗龍統・天隱龍澤	1540—1574	法隆寺瓦房 南都花林院卿 不休庵(京都)	
江湖風月集抄	二	東海・以天兩和尚	1557		
柳文抄	六		1565	不休庵(京都)	

（三）日本慶長古活字本《史記》標注

如《史記會注考證校補》所采録的資料所示，日本慶長古活字本中有標注的本子並不少。現分八行有界本、八行無界本和九行無界本三類，加以解説。

一、八行有界本的《史記》古活字本標注資料，可舉出如下六本：

1　狩野亨吉舊藏東北大學藏本（狩本）

2　成簣堂文庫舊藏主婦之友御茶水圖書館藏本（成本）

3　尾陽文庫舊藏天理大學圖書館藏本（尾本）

4　森立之舊藏大東急記念文庫藏本（森本）

5　東洋文庫藏本（岩本）

6　淺草文庫舊藏内閣文庫藏本（閣本）

1　狩野亨吉舊藏東北大學藏本（狩本）

《東北帝國大學附屬圖書館・和漢書別置本目録（未定稿）》（昭和十一年［一九三六］十月十日發行）第十一頁，日本古刊慶長年間條，有如下記載：「《史記》一三〇卷序目一卷，漢司馬遷撰，宋裴駰集解，唐司馬貞補史並索隱，唐張守節正義，五〇册，别置，阿，六，一二七。」此書的首葉有「東北帝國大學圖書印」，和「荒井泰治氏の寄附金ヲ／以テ購入セル文學博士／狩野亨吉氏舊藏書（譯文：以荒井泰治氏的捐款購入，文學博士狩野亨吉氏舊藏書）」的三行朱印，明爲狩野亨吉舊藏書。又貼有墨筆書寫以下札記的紙片：「慶長、《史記》、直江山城守兼續嵯峨において刊行。（譯文：慶長年間的《史記》，直江山城守兼續，刊於嵯峨）。」然而，其言顯然有誤，或許是將該本與直江版《文選》混淆了。

狩野亨吉舊藏慶長古活字本，有八行有界本（簡稱「狩本」）和九行無界本（簡稱「野本」）兩種。狩本和野本的行間和欄外，都有大量的批注。狩本筆跡極佳，如前文所述，瀧川龜太郎博士從這些批注中輯出了《史記正義》的佚文。

《正義》佚文的校記，狩本和野本中有校記的地方並不相同。例如，就《本紀》而言，狩本幾乎皆有校記，而野本幾乎没有。這正與椵齋本的《本紀》有校記，而楓山、三條兩本中没有《正義》佚文校記的情況相似。從《周本紀》開始則相反，狩本中幾乎没有校記，而野本則有。這樣看來，狩本和椵齋本大致可視爲同一個系統的文本。另外，正文和注的異字異文校記也很多，且狩本與《博士家本史記異字》中的中韓本相似。例如，《項籍本紀第七》，屢見如「大板乍《項羽本紀》」這樣稱爲「大板」的異本校記。這應是與南宋黄善夫本相校的校記。然而，雖説這是與上杉氏藏南宋黄善夫本（所謂南化本）相校的校記，但《正義》佚文、正文和注文的校記卻與南化本並不完全一致，屢屢可見南化本所無的文字。據此看來，南化本應不是其祖本。狩本祖本應該是與南化本系統有異，且帶有標注的黄善夫本。

2 成簣堂文庫舊藏主婦之友御茶水圖書館藏本

共四册。第一册爲《秦始皇本紀第六》，有「德富所有」、「蘇峯」、「蘇峯清賞」的朱印。

第二册爲《吴太伯世家第一》至《齊太公世家第二》，末尾有如下批注：「慶長十一丁未秋八月，以東福善惠軒之本，新加朱墨倭點者也。」這條批注，有助於推定古活字本刊行年月的下限。末尾有「天下之公寶須愛護」、「蘇峯清賞」、「蘇峯學人德富氏愛藏圖書記」等朱印。除此册之外其餘均是殘本，但佚文《史記正義》、《困學紀聞》、菅説、江説、賀家説、師説、良家説、決云等諸家注釋和異本的校記很多。

第三册爲《孔子世家第十七》至《陳涉世家第十八》。

第四册爲《曹參世家》至《絳侯周勃世家廿七》。

各册皆有諸種大量的標注。

據《成簣堂善本書目》（昭和七年［一九三二］五月廿六日），尚有同種印本的《史記》，存卷八十二至九十二，零本三册，有朱、墨筆的訓點和批注。且卷八十五末有「慶長十四易草木己酉春三月二十又四日點之經」，卷八十八末有「慶長十四己酉秋菊月上旬以朱墨點之」，卷九十二末有「慶長十四己酉十一月朔點之畢」等菅原玄東所寫的識語。然今已不見諸主婦之友御茶水圖書館。

3　尾陽文庫舊藏天理大學圖書館藏本

五〇册，黄色封面，有界，八行十七字，有「尾陽文庫」墨印。有大量與前述狩本同一種的標注，二者作爲古板本《史記》的標注資料，都有珍貴的價值。十年前的昭和二十六年（一九五一）六月，承蒙該圖書館今井司書的厚意，筆者得以閲覽此書，偶然發現此書的標注與東北大學所藏狩野亨吉舊藏古活字本《史記》的標注屬於同一種。於是一連數日從河原町大教會的招待所前往圖書館，盡數鈔録了這些標注。此後，筆者便一直致力於古板本《史記》標注資料的蒐集，因緣開端，正是此書。

4 森立之古梓堂文庫舊藏大東急記念文庫藏本

大東急記念文庫藏有兩種森立之舊藏的古活字本《史記》。其一（書號一一三），五〇册，爲八行無界本，没有批注，此處置而不論。其二（書號一一四），五〇册，與其一同爲古梓堂文庫的舊藏。第一册爲殘本，以其他八行無界本的殘葉進行了補足，加有朱（斷句、朱引）、墨（返點、送假名、竪點）點，且與《史記評林》作過校勘。第二册以降爲八行有界本。從《世家》開始有《史記正義》佚文的標注，又如「幻雲謂，此傳文法與《伯夷傳》可並案焉」（《孟子列傳》）等，引用了《幻雲抄》、《桃源抄》、師説等豐富的諸種古本《史記》資料。

第二卷第三葉背面第五行的注「作亨」以下直至卷末，有森立之的校勘。其校勘所用底本乃《經籍訪古志》所載的舊鈔卷子本（求古樓藏），現此舊鈔卷子本所在不明。如前章所述，據此處森立之的批注，可考舊鈔卷子本的全貌。《夏本紀第二》的第十三葉正面有浮簽，云：「南河。孔安國曰，逾越也。河在冀州南東流，故曰踰，洛而至南河也。」據同文庫《貴重書解題》，此浮簽是用鎌倉時代的書寫風格、在鎌倉時代的紙上寫下的，因而可能是森立之從舊鈔卷子本上剥下來貼在此書上的。

隨便一提，此浮簽上的《史記集解注》，乃是今本《史記》所無的特殊内容，僅可見諸高山寺所藏舊鈔本。雖然只是見到這短短一句，也讓人不禁欣求此舊鈔本原本的出現。但是，即便原本没有出現，得以通過書中所記批注以推測其全貌，也是值得慶幸的事。

5　東洋文庫所藏本(書號：三BC1)

此書的標注也包含了許多《正義》佚文、朱墨點和諸博士家《史記》説。此外，東洋文庫中還藏有九行無界本，兩種藏本都能給我們提供豐富的古板本標注資料。

6　淺草文庫舊藏内閣文庫藏本

五〇册(五〇〇九號五架二七九函)，朱色封面，有「淺草文庫」朱印。標注雖少，但有與楓山本相同者。

二、八行無界本的《史記》古活字本標注資料，有如下諸本：

1　和學講談所舊藏内閣文庫藏本(閣本)

2　成簣堂文庫舊藏主婦之友社御茶水圖書館藏本(簣本)

3　高木家舊藏天理大學圖書館藏本(高本)

1　和學講談所舊藏内閣文庫藏本

二册(一〇八號、五架、二七九函)。第一册封面的背面有「淺草文庫」朱印與「和學講談所」墨印。

關於兩册的内容，第一册爲《三皇本紀》、《五帝本紀》、《夏本紀》、《殷本紀》。第二册爲《老子伯夷列傳第一》至《蘇秦列傳第九》。

關於無界本的標注，首先，第一册封面背面有「蕉了翁《史記源流》曰」的《桃源抄》批注，又有關於正文及注文的異同以及《史記正義》佚文和大量博士家《史記》説的批注。

第二册《老子伯夷列傳第一》的欄外，有批注云：「至天隱筠溪《牧潛集·書宣和史記後》云：『余居臨安，有特大板《史記》，而《列傳》老子爲首，心甚恠之，莫知其本所出，則問諸博書者亦莫知也。因閲《國朝會要》，見宣和某年有旨，升老子於《列傳》首，乃悟可見蓋宣和本，今不行矣。夫以一人之善惡而欲誣萬世之傳載，推是道以行政於天下，其凶身禍國也，宜哉？』筠溪只知宣和，不知開元，蓋升老子冠《列傳》者本開元也。」

這一段批注也見於《幻雲抄》。由於幻雲的《史記》説在各古板本《史記》標注中也屢見引用，可知幻雲《史記》説對後來的讀《史記》家有莫大影響。

2　成簣堂文庫舊藏主婦之友社御茶水圖書館

二十九册。首册有「德富氏圖書記」的朱印，有朱筆所寫的「蘇峯老人」，第一葉又有墨筆云：「蘇峯自誌/大正三年一月念二全部二十九册/繕修全成矣。予之於此書，其/苦心用力蓋不鮮少也，後人珍重護持，希莫毁損云爾。」

第一卷末尾如下墨書：

大正二年五月赴于東金東漸寺偶然發現此/書。七月廿八日再訪，需此，寺僧不容。大正三年/一月十二日，遠山生齋來焉，予報以此刊書若干/蘇峯自誌。/

此書狼籍于弊簏中不曝凉，蓋幾十年矣。蠹魚紛々出從頁中，令更加繕修云爾。/

是書於東漸寺逆遇極矣。今繕修告成，安置于成簣堂中可謂得其所也。大正三、一月念四/猪誌。

欄外有不少批注，在《五帝本紀第一》中有瀧川博士《史記會注考證》未收的三條《正義》佚文，以及對博士家本《史記》的異字的校記。例如：

便在伏物。（《五帝本紀第一》）　便，點本使。

據《博士家本史記異字》，中彭、中韓和南化本，此處都是「便作使」。實際上除了這三個本子外，《英房抄》、伊佐早本、棭齋本、梅仙本和東北大學藏狩野亨吉舊藏二種，皆爲「便作使」。

3　高木家舊藏天理大學圖書館藏本

書號二一五九，五十册，封面爲款冬色行成紙，無界八行十七字，僅年表爲有界九行十七字。有「高木家藏」和「敬事館藏書記章」的墨印。卷廿五、廿六、卅八、四十三、六十一和六十二共六卷，乃據八尾《史記評林》本補鈔。幾乎全書都有以朱、墨所寫的句讀、訓點，以及《正義》佚文等博士家《史記》説的標注。

三、九行無界本的《史記》古活字本標注資料，可舉如下四本：

1　狩野亨吉舊藏東北大學圖書館藏本（野本）

2　青洲文庫舊藏東京大學圖書館藏本（青本）

3　榊原文庫舊藏東京大學圖書館藏本（榊本）

4　東洋文庫藏本（崎本）

1　狩野亨吉舊藏東北大學藏本

此書中的標注，與狩本相比，數量雖少，但多有狩本所無者。由此可知，狩本與野本的祖本並不相同。以下所引幻雲的《史記》説亦爲狩本所無：

〔公良儒字子正〕　瀧四九、九。正義　今在四十二人數。○四，慶　彭　凌　殿　三。

各本「四」皆作「三」，但張文虎《史記札記》説：「四誤三，依史文改。」并將金陵本改作「三」。野本的上欄里有「注三十二人數，幻雲案，《正義》亦作三十二人，雖然，三恐四歟」的標注，則幻雲認爲「三」應改作「四」。包括此條在内，野本中引用了不少幻雲的《史記》説。野本《魏公子列傳第十七》「平原君負韊矢爲公子先引」的欄外，有如下標注：「幻雲謂注胡簏，《正義》作胡鹿，按《勻會》胡簶箭室或作簶韊，然則簏鹿共韊也，音訛也。」瀧川在《史記會注考證》説：「《桃源抄》引幻雲云，《正義》胡簏作胡鹿，當皆胡簶之誤。」表面看來《桃源抄》曾引《幻雲抄》，然而根據野本標注中的幻雲説來判斷，則此處顯然不是《桃源抄》之説。

瀧川《史記會注考證》卷十《史記總論》曰：「上欄標記《正義》一千二三百條，皆三注本所無，但欠十《表》。」所謂「欠十《表》」，不知爲何意。古活字本並不缺十《表》。而野本的十《表》，既無朱點也無批注。狩本十《表》，雖無批注，但有朱墨點。如果其意是指野本的十《表》中既無朱點也無批注，則野本中的《秦始皇本紀》第六，《世家》第三、四、九、十，《列傳》第四十五、四十九、五十、五十一、五十七、五十八、五十九、六十、六十一、六十五、六十六、六十七、六十八，也是全批注和朱點。如上所述，由於有不少卷都是没有批注，因而瀧川之意，並不是説只有十《表》缺少批注，而是説《史記正義》的批注只有十《表》有缺。

野本中標注雖少，但有狩本和南化本所無者。尤其是其中有幻雲、桃源《史記抄》的標注，以及師説、劉説、菅説、賀説、良説、江説、藤氏説、《困學紀聞》和《黄氏日抄》等的標注，因此是非常重要的資料。以下舉師説和御讀時不讀的標注爲例：

〔以萬户都三封太守〕(《世家第十三》)「師説太字，不讀之。」

〔使者夜持棺往葬之封識其處〕(《世家第十五》)「使者已下至其處，禁忌御讀不讀。」

〔吾聞賈生之稱曰秦孝公據殽函之固〕(《世家第十八》)「秦孝公以下，師説不讀之。」

〔及太后崩琅邪王澤乃曰〕(《世家第二十一》)「崩，御讀時讀後。」

〔以惠帝六年卒〕(《世家第二十二》)「卒，御讀不讀，以下同。」

〔哀王之年孝惠帝崩〕(《世家第二十二》)「崩，御讀不讀，以下同。」

2　東京大學圖書館所藏九行無界《史記》古活字本

東京大學圖書館有兩部九行無界本。一部爲一三〇卷五〇册，其中《史記》卷八三(魯仲連)至卷八五(吕不韋)一册，是依《史記評林》補寫的(書號：B' 12907－A00－5898－G30)。卷一一二至一一五(公孫弘至 李延年)一册，有「青洲文庫」印。

另外，第五卷《秦本紀》一册，有「榊原家藏」和「青洲文庫」的朱印(書號：B' 7874－A00－5879－G30)。關於「青洲文庫」，《青洲文庫古板書目》(明治三十八年[一九〇五]六月十四日刊)記載了：「明治三十九年冬日八十五叟富岡敬明」書、「甲州市川大門，青洲渡邊信」、「蘇峯」序、「大槻如電」序。著録了如下兩個本子：

《史記》一册，慶長活版嵯峨本。

《史記》一册，慶長活版榊原家藏本。

這兩册現皆藏於東京大學圖書館。

此外，東洋文庫也保存有同類的古活字本，書中同樣有詳密的批注。

（四）《博士家本史記異字》和《史記考異》

已經蒐集了一部分以上所舉的《史記》古板本標注資料，或者説附以「史記古本」的名稱、對這些資料進行編纂的，有《博士家本史記異字》和《史記考異》。這些《史記》校勘記的特點在於，其材料是以與刻本屬不同系統的、所謂博士家所用的《史記》文本作的校勘記。兩書的編纂者是加賀藩儒大島贄川和大島桃年父子。

1　尊經閣文庫藏《博士家本史記異字》（《天朝傳本史記説》）

2　金澤市立圖書館《史記考異》

這兩本書的編者大島贄川及桃年的生平大致如下。

大島贄川，諱維直，字無害，贄川乃其號。寶曆十二年（一七六二）生於越中新川郡魚津，其父名爲休甫。贄川生而穎悟，跟從近旁祠官學習句讀，進步顯著。其叔父檢校貞一住在金澤，以贄川爲養子。贄川廿三歲時（一七八四）赴江户，入學昌平黌，治經學，專攻朱子傳注。如此專研數年，自有所感悟發明，然後取《文集》、《語類》閲之，往往暗合己意。又數年，學問大進。加賀侯聞之，召還，拔擢爲府學助教。尋爲新番，受俸禄。時爲寛政四年（三十一歲）。文化七年（一八一〇），新賜禄九十石，爲儒者。贄川性剛直嚴毅，以師道自任。每臨講座，必齋宿改服，掃室焚香，静坐至夜分，以爲常。屢説經於侯前，闡善閉邪，匡獎甚至。侯有所問，輒據經義條陳，每寓規諷之意，或密上疏，侯常嘉納。文政三年（一八二〇）加禄五十石，十二年（一八二九）爲府學都講。初府學創立，贄川多所建白，至是益奮厲，將大興學政，改革積弊。建議不行，因辭職，侯不聽，遂告病。天保五年（一八三四）七月致仕，賜俸十五口。贄川天資清廉，平常自守儉素，藏書萬卷，無他長物，齒德愈昭，人益敬愛。天保九年（一八三八）閏四月二十九日殁，享年七十七。葬於城南大乘寺後丘，而不用浮屠之儀。對於殉身儒學的贄川而言，没有比這更合適的下葬方式了。

贄川學貫經史，於歷代制度沿革，尤加考覈，嘗取南北史諸志和鄭樵《通志》，校讎異同，編爲數卷，以獻侯。侯嘉之，謂：「宜沿是例以及廿一史。」於是，開史局於江户加賀藩邸，贄川任總裁，鋭意從事，自楓山文庫之秘籍、至名山古刹之藏，莫不涉獵。然校讎業半，惜忤要人密訴於侯，遽有命罷局召還。其講經，深切詳明，歷陳古今，以裨補世用爲旨。恒言曰：「以未見信之身，説於未信者，烏能得使悦服哉。惟至誠以對人也已矣。」又曰：「吾平生無異於人者，獨不苟去就而已。」故當其進退取捨之際，辨明義利，奮然勇往，無所顧慮，真可謂篤行君子。

夫人平野氏，生三男而殁。長子桃年襲禄，爲儒者，克纘家學。次子皆夭。後再娶中村氏，生安生，亦早亡。以下略述大島桃年的生平。

大島桃年爲維直之子，生於寬政甲寅六年（一七九四）。諱桃年，字景實，通稱清太，初號藍涯，後改號柴垣。其書齋名爲催詩樓。桃年東遊學於昌平黌，交四方之士不下十百人，其間遊必連袂，飲必對酌，文必相評，詩必相和，與大槻盤溪交遊最爲親密。文政五年（一八二二）歸鄉，爲明倫堂助教。次爲藩侯侍講，承父後從事教學。文化年中，藩中校刻廿一史，開史局於本鄉上第，贇川任總裁。然功未了而不得已閉局，其始末已如贇川傳所述。後藩又校刻《四書匯纂》、《欽定四經》等書，桃年與其事。所謂「父失之於史，子得之於經」，桃年受前田齊泰之命，繼承父親遺業，校勘幕府列侯所藏二十餘種《史記》之異同，而成《史記考異》十四册。嘉永六年（一八五三）八月十六日，病歿。享年六十，葬於金澤大乘寺先塋。

文政十年，大槻盤溪西遊至京師，始見賴山陽，示以桃年之文。山陽大稱其材，謂「前程可期」。當時令山陽驚歎的文章，就是《催詩樓記》。桃年與盤溪之間的往復書牘，收於《金蘭遺臭》。

現將略述贇川生平時所依據的石碑原文，列於下，以供參考（注1）：

明倫堂都講大島贇川先生碑　　前掛川教授松崎復撰文

先生大島氏，諱維直，字無害，贇川其號，越中新川郡人。父曰休甫，母某氏。其先事松倉城主椎名氏，及上杉輝虎滅椎名泰種，有助七郎者抱主幼兒，竄民間以圖興復。比長天下大定，無以成其志，兒亦晦跡浮屠而助七郎遂去，往越後矣，是爲七世祖。子孫還居本郡魚津里，或業醫，或服賈，以至其父。先生生穎異，童丱助父行鬻，間從旁近祠官受句讀，經目輒不忘。檢校諱貞一者，其叔父也，居加賀金澤，養以爲子。年廿三，來江户，執贄簡順林先生，入昌平學，治經專攻朱子傳注。研鑽數歲，然後取文集語類閲之，往往與己意暗合云。先生素乏遊資，囊橐屢空，會柴栗山掌昌平學務，憫其窮，舉爲仰高門日講，食其俸，先生意不屑之，辭弗就。於是林先生以其族人百助新喪父家政無所統紀，又有須賢師友屈先生往相其室因以自支給。先生訓誨修飭不遺餘力，居數年學大進。藩侯聞之，召還擢爲府學助教，尋爲新番，賜俸若干，時寬政四年也。文化七年新賜禄九十石，爲儒者。先生剛直嚴毅，以師道自任，將臨講座，必齋宿改服，掃室焚香，静坐至夜分，以爲常。屢説經侯前，開善閉邪，匡獎甚至。侯有所問，輒據經義條陳，每寓規諷之意，或密上疏，侯常嘉納。文政三年，加禄五十石。十二年，爲府學都講，班列大小將，給職禄五十石。初府畢創立，先生多所建白，至是益奮厲，將大振學政革積病，以有所再造。建議不行，因上書，辭職，不聽，遂告病。天保五年七月許致仕，賜俸十五口。先生天資清廉，自奉儉素而藏書萬卷，無他長物，齒德愈邵，人益敬愛焉。九年閏四月廿九日歿，享年七十七，葬於城南大乘寺後丘，而不用浮屠儀。先生學貫經史，於歷代制度沿革，尤加考覈。嘗取南北史諸志與鄭樵《通志》，校讐其異同，編爲數卷以獻。侯覽，而嘉之謂曰，宜沿是例以及廿一史。於是命開局江户邸，以先生任總裁。先生鋭意從事，自楓山秘籍，至名山古刹之藏，莫不涉獵。校讐半終，遽有命罷局並召還，蓋有忤要人也。其講經深切詳明，歷陳古今，以裨世用爲旨。恒言曰，以未見信之身，説於未信者，烏能得使悦服哉？惟至誠以對人也已矣。又曰，吾平生無異於人者，獨不苟去就而已。故當其進退取捨之際，辨明義利，奮然勇往，無所顧慮，可謂篤行君子矣哉。配平野氏，生三男而没。長子桃年襲禄，爲儒者，克纘家學。次皆夭。再娶中村氏，生安生，忠安生亦早亡。養淺江總檢校女，嫁藩士安田益新。桃年既除喪，以予與先生交舊也，千里簡其行述，請予文以表墓。顧予年十九，始識先生。先生長予十歲，相得甚顧。後五十年，交遊零落殆盡，而先生獨巋然爲北陸碩宿，而今又逝矣。嗚呼如先生者，固予之所願書也，況有其子之請乎。但恨年齒衰頽，神耗筆澀，不能揚其嘉言懿行之萬一也。

昭和十一年歲在丙子夏四月　男爵前田直行篆額　稼堂黑本植書

一　《博士家本史記異字》，尊經閣文庫藏《天朝傳本史記説》五卷

瀧川博士在《史記會注考證》卷十《總論》的《史記考證所引書目舉要》中説：「編者未詳，《博士家本史記異字》。（以下脚注）又題曰：《天朝傳本史記説》、《天朝傳本史記異字》。引楓山本、三條本、中彭本、南化本、中韓本，以校今本。其曰楓山本者，文章生京房所手校；三條本，永正中三條西實隆手寫；南化本僧南化所藏；中彭本，蓋彭寅翁；中韓本蓋朝鮮刊。天保十三年，松崎明復《贈林大學頭書》云：去今二十七年前，加賀藩有校刊二十一史之議，使藩儒大嶋忠藏當其事，徧校各本。遂請及楓山文庫本（注2）。此書蓋忠藏手録。」

此段引文雖説「編者未詳」，但正如瀧川所推定的「此書蓋忠藏手録」，編者無疑就是大島贄川。其理由在於，《博士家本史記異字》卷一《殷本紀》在「立弟沃甲之子南庚，沃上本有帝，南化本」（注3）之次，有如下記述：

直按：南化本，遇異字朱圈于本字傍，若脱落，朱圈本字下於格之上下標其文。若作沃丁，圈作沃丁間，以爲帝字脱然。竊謂，祖丁，沃甲兄祖帝之子，而今以沃甲爲祖丁之弟，恐誤。定此弟字傍圈誤，在下爾。

「直按」的「直」是贄川的名諱維直。上文是贄川自己所注的南化本校記（異字、脱字）的標記方法。

贄川在編纂《史記考異》時，從米澤上杉家借閲南宋慶元本《史記》的經過，前文論述南化本時已提及。瀧川博士亦曾關注《博士家本史記異字》，在其《史記會注考證》中屢屢以「南化本某某」加以引用，卻未能究明南化本的真容。上文所引「直按某某」的贄川自注，不僅指明了《博士家本史記異字》的編者，也無意間透露出這些内容來自南化本。

上述贄川的自注，概括來説就是：「據此校勘記，南化本『沃』字上有『帝』字。但若如此，則於史實有不合理之處。恐怕是因爲南化本『弟』作『帝』字，本應在『弟』字右邊畫朱圈，校勘者卻誤將朱圈畫在『弟』字下方，因而才説『沃上有帝』。」筆者曾在米澤上杉神社寶物殿親眼確認這一條，於此附言以表感激。此後，筆者又作爲「米澤善本研究」（注4）編纂者的一員，參與了米澤市立圖書館、上杉神社藏書全卷的調查和善本目録的編纂，得以知悉米澤藩和直江山城守兼續（注5）、以及直江公和南化玄興的深厚關係。昔日大島贄川以「南化本」命名上杉家藏南宋慶元本中大量標注，不得不由衷贊歎其人的見識（注6）。

《博士家本史記異字》所采用的資料，除了上述南化本和現在藏於宫内廳書陵部的楓山本、三條本外，其他本子下落不明。不過，如前文已經提到的，中彭本與同藏於書陵部的椒齋本極其相近。儘管如此，正如本章所提到的，由於博士家本《史記》異字的校勘材料，除前述五本之外還有許多材料，而正是據這些材料，《博士家本史記異字》纔得以較爲完整地編纂。從這個意義來説，《史記會注考證校補》所舉的古本校記可視作今日所見最完美的古本《史記》資料的輯集。

現將五卷本《博士家本史記異字》各卷中的資料列舉如下：

第一卷，《黄帝紀》、《帝顓頊紀》、《帝嚳(譽)紀》、《帝堯紀》、《虞舜紀》、《夏本紀》、《殷本紀》、《周本紀》、《秦本紀》、《秦始皇本紀》、《項羽本紀》。以上以楓山本、三條本、南化本、中彭本和中韓本等五本校勘。然而，校勘不精，漏誤明顯，特別是《周本紀》漏誤尤多。對此，前文已有所述，可能是因爲校勘並非出於一人之手。不可忽略的是，其書有些理應采用的部分卻脱漏，各卷校勘的質量也參差不齊。

第二卷，《高祖本紀》(從此卷開始無中彭本校勘)、《吕后本紀》(至《吕后紀》爲止，有很多中韓本的校勘，此後則無)、《孝文本紀》、《孝景本紀》、《孝武本紀》(至此爲止，記有很多楓山本、三條本和南化本的異文、異字，此後則無南化本的校勘)。

第三卷，首行云「天朝傳本史記異文列傳」，次行云「老子伯夷列傳」。據此可知，此書的底本屬於將老子改作列傳首篇的唐代改訂本系統，亦即與南宋黄善夫本、元彭寅翁本、朝鮮本、日本慶長古活字本同屬一類。如前文所述，南化本是黄善夫本，楓山、三條諸本是元彭寅翁本(中彭本恐怕也是元彭寅翁本的標注。前文筆者已推斷中彭本可能是棭齋本)，中韓本是朝鮮本。此外，包括前文提到的《博士家本史記異字》所未采用的、日本慶長古活字本的許多標注資料，這些文本都屬於唐代改訂本系統。如此不難想見，當時此系統的《史記》文本如何地盛行於日本。

《博士家本史記異字》五卷中附有《史官抄》一卷。缺序跋，故不明其編纂的旨趣。然而，由於卷中可見與正文「直按某某」等筆法一樣的按語，因此可以認爲此卷也是由大島贄川親筆編纂。其内容是《漢書》語句的用例和相應的顔師古注(也有如淳等注)，總之是關於語句的出典及其解釋的札記之類。雖與

《史記》無直接關聯，但此書是閱讀《史記》時以備參考所作的記録。至於「史官抄」這一名字，「史官」可能是「史漢」之誤。又或是因爲，其內容引用自《漢書・百官志》，故以「史官抄」爲名，但從出自《百官志》的引語只有兩條來看，這一可能性較小。此書除尊經閣文庫保存的大島贄川自筆本之外，尚有金澤大學文學部保存的舊四高教授赤井氏依據前田家藏本手鈔的一部和瀧川龜太郎氏手鈔的一部。瀧川的手鈔本現爲長澤規矩也氏所藏。

注1　關於此碑文，數年前筆者曾借閱金澤市立圖書館長小竹武夫氏對碑文的直接摹寫。小竹氏允許我轉鈔於此書，特表謝意。

注2　「立弟沃甲之子南庚」的「弟」字，古鈔本（《史記集解・殷本紀》一卷、《史記》古鈔本的各論的[2]）作「帝」字。

注3　近藤正齋在《書籍考》中說：「近來一大諸侯廿一史翻刊ノ盛舉アリ，吾友大島維直ソノコトヲ總督ス，則チコノ本ヲ以テ監本トナスベシ。（譯文：近來一大諸侯有廿一史翻刊之盛舉，吾友大島維直統轄其事，則可以此本爲監本。）」所言即爲此書。

注4　《米澤善本の研究と解題》（昭和三十三年[1958]八月刊，哈佛燕京・同志社大學刊）

注5　南化和尚與直江兼續有親交一事，有如下證據。南化曾親自爲直江公手寫的《古文真寶》作序，而且直江公自筆的《古文真寶後集》中有南化親署的題簽並蓋有「玄興」方印。這些文獻，現藏於米澤市立圖書館。

注6　與其稱南化本，不如稱幻雲本來得妥當。內閣文庫所藏李光縉增補《史記評林》本（廿四冊別廿三函一號）末葉的餘白有如下墨筆、朱筆批注：

此書百三十卷，首書并句點，以幻雲師之秘本鈔之記之。予比年或守粟棘之祖塔，或領惠日之住持，或爲粟赴登州之行，繇此因循，經年閱月而已，莫訝ゝゝ。

于時天文十年丑六月十四茸(此字依照引文)，瓢閣山人五十二齡。

天文十七戊申小春初旬，以一輯師之本重而加倭點，太半塗朱而已。

仙也五十九。

《夏本紀》卷末又有如下記述：

本云，此《史記》者，所謂《索隱》、《正義》也。去歲，秋之季有一丁俗漢賣卻之。披而覽，則朱點也，倭點也，先輩加焉。雖然有餘不足，以爲恨而已。日之昨就東山繼天西堂，假其師幻雲老翁所秘之本朱句倭點訂正之。蓋老翁者，予遊其門者閲三十霜。豈無所由也哉。鴻恩於存亦如是，於没亦如是吁。

天文八載己亥暮春二十五日。

善惠山人仙也五十齡判

雖不知上文中的瓢閣山人爲何人，但應該與善惠山人仙也爲同一人。據此記載，幻雲的秘本似爲南化本。《評林》本的標注中，幻雲的《史記》説極其多，足可想見幻雲對江户時代《史記》研究的影響之大。不管怎樣，此書從幻雲傳至南化和尚，其間曾經此人之手，此事頗有意思。

2 金澤市立圖書館所藏《史記考異》

十四册。《史記考異》是大島贄川、桃年父子的力作，已有大島利一氏(《東洋史研究》第四卷第三號)和森鹿三氏(同前，第五卷)的研究。筆者也曾編纂《新編史記考異》，并發表了其中《太史公自序》卷一百三十的部分(東京教育大學《漢文學會會報》第十四號，昭和二十八年[一九五三]六月發行)，又在編輯《史記會注考證校補》時收入了相關内容。

本章主要論述《史記考異》作爲《史記》古板本標注資料的價值，至於其最值得討論的地方、即校勘學上的功績和價值，將在後文予以論述。

正如在略述大島桃年的生平時所提到的，此書是桃年受前田齊泰之命，詳檢幕府列侯所藏二十餘種《史記》，校勘其異同所得。實際上，其書的編撰始自贊川，而完成於桃年去世后的安政二年六月。

以下列舉《史記考異》校勘所用諸本：

一、永正本，幕府楓山書庫藏，永正年間逍遥院三條西實隆親寫。

二、古本，楓山書庫藏。

前二本通稱古本，現藏於宮内省圖書寮。

三、宋紹興本，飛鳥井家藏（現藏於武田長兵衛）。

四、宋慶元本，米澤藩侯藏（現藏於米澤上杉氏）。

前二本未録清代張文虎《史記札記》。

五、宋版，零本，狩谷棭齋舊藏本（現藏於東京大學東洋文化研究所）。

六、宋版，索隱本，佐伯侯藏本（現藏者不明）。

七、元版，彭寅翁本，楓山書庫本，元至元二十五年（一二八八）安成郡彭寅翁刊（宮内廳圖書寮、大谷大學、慶應大學、天理大學，各圖書館藏）。

八、元版，中統本，佐伯侯藏本（現藏者不明，静嘉堂文庫藏有同類版本）。

九、朝鮮本（現藏者不明，静嘉堂文庫、東京教育大學藏有同類版本）。

十、北雍版廿一史本（尊經閣文庫、静嘉堂文庫、東京教育大學圖書館藏）。

十一、南雍本，昌平黌書庫本（静嘉堂文庫、京都大學人文科學研究所圖書館、大谷大學、大倉山文化科學圖書館、東京教育大學圖書館藏)。
十二、王震澤本,明王鏊刻翻宋本(静嘉堂文庫、京都大學人文科學研究所藏)。
十三、游大昇校本(現藏者不明,内閣文庫藏有同類版本)。
十四、余有丁校本,東叡山書庫(現藏者不明,内閣文庫藏有同類版本)。
十五、嵯峨本,昌平黌書庫本(内閣文庫、東京大學、東北大學、天理大學圖書館、東洋文庫、大東急記念文庫藏)。
十六、汲古閣本(毛晉刻《十七史》本)。
十七、毛晉刻《索隱》單行本。
十八、康熙本,昌平黌書庫本,以北雍本重脩。
十九、乾隆本,薩摩侯藏本《廿四史》本。
廿、《十七史詳節》(尊経閣藏本,宫内廳書陵部藏有同類版本)。
其他,如《羣書治要》、元版《通志》、東萊《大事記》的乾隆本《考證》、趙翼《廿二史劄記》、錢大昕《廿二史考異》、王鳴盛《十七史商榷》等也用作了校勘的輔助資料。底本用寬永十三年八尾助左衛門刊《史記評林》,葉數和行數一般標注在上欄。
上述諸本中,被用作古本資料的有永正本和楓山本兩本。至於其他諸版後文將一一論述。古板本標注材料的蒐集,應是先編纂了《博士家本史記異字》,然後在編纂《史記考異》時,再一條一條地插入這些材料。因此,《博士家本史記異字》的錯誤屢爲《史記考異》所沿襲。

近藤正齋説：

皇朝の古本は，その源隋唐より傳ふ。故に字句の精善なること宋本の上に出るもの少なからず。予が固陋なる猶目撃するところ李唐真寫の《史記》、《漢書》巻子本あり。轉寫の《左傳》、《羣書治要》巻子本あり。實に希覯の寶帙と云べし。學者宜しく善本の最善なるものに就いて字句を研覈し，以て古人精意の在る所を求むべし。

譯文：皇朝之古本，其源傳自隋唐。故字句精善，出於與宋本之上者不少。予雖固陋，然猶嘗目睹李唐真寫之《史記》、《漢書》巻子本，轉寫之《左傳》、《羣書治要》巻子本，實可謂稀世之寶帙。學者宜就善本之最善者研讀字句，以求古人精意之所在。

（《正齋書籍考・凡例》）

如其所說，日本在研究資料上有極大的便利，使得研究中國古典的我們處於十分有利的地位。

第二節 《史記》古本

前一節概述的「《史記》古板本標注」中與《史記》正文和注文的出入異同相關的資料，被稱爲「《史記》古本校記」（注 1）。這些校記間接保存了某種《史記》古版本的面貌，因而從江户時代末期以來一直受到學者的關注（注 2）。然而，實際調查發現，這些被稱作「《史記》古本校記」的資料，即「古板本中記有出入異同的批注」，就其批注的性質而言，構成並不單純。這不單是說，把這些記有出入異同的批注，全部稱作

「《史記》古本校記」並不合適； 而且是説，這些批注中，包含不少在書寫過程中夾雜進來的各類其他文字。現詳檢這些記有出入異同的批注，大致可分爲如下四類。

（1）「本」、「或本」、「家本」和「一作」的批注；

（2）「鄒本」、「劉本」、「索隱本」和「正義本」的批注；

（3）「小板」、「大板」和「大正義」的批注；

（4）「正義曰」的批注。

其中，（2）是「鄒本」，即出自鄒誕生《史記音》的正文，「劉本」，即出自劉伯莊《史記音義》的正文，「索隱本」，即出自司馬貞《史記索隱》單注本的正文及注文，「正義本」，即出自張守節《史記正義》單注本的正文及注文，對校後的批注（鄒本、劉本將在第二章第四節詳述，《索隱》本、《正義》本將在第二篇詳述）。（3）的「小板」、「大板」和「大正義」雖然留存極少，源出不明，然而從名稱來推斷，應是與某種板本（注3）對校的結果。（4）名爲「正義曰」的注文批注，懷疑是與單注「正義本」對校的結果（將在第二章第三節詳述）。此處，暫不考慮（2）（3）（4）類，僅論述（1）中所見的《史記》古本校記。

（1）類批注，主要是找出與正文相關的部分（注4）。然後，爲了在這些記有出入異同的批注中，盡量排除與刻本對校的内容，即使該批注只是部分與今日所見的《史記》刻本相同，原則上也要將之去除，才能得到真正意義上的「《史記》古本校記」。一百三十卷《史記》，除掉十《表》、八《書》和《扁鵲倉公》、《龜策》兩列傳（注5），餘下的一百一十卷中這樣的「校記」可以找到約四千條之多。如果認爲這些「校記」來源於某個完整且古老的文本，那麼可以將這一文本假想爲「《史記》古本」。

那麽，這一假想的「《史記》古本」，作爲一個《史記》文本，究竟有怎樣的特性呢？關於這一點，首先作一個假説：

> 這些被當作「《史記》古本」的内容，或許來源於第一章論及的古鈔本或與這些古鈔本同一系統的文本。

然後，嘗試將兩者進行比較對照，由此找出理解《史記》古本的文本特性的關鍵點。這一比較對照的過程，應有如下兩個階段。其一，是與《史記》古鈔本殘存部分的所謂機械性比較。其二，是嘗試將第一章第三節(三)中所總結的《史記》古鈔本的文本特性，與《史記》古本所指向的文本特性進行比較對照，也就是所謂的歸納性比較。現在，依次論述其實例。

注1　在「基於《史記》古老文本的校記」的意義上使用這個詞。

注2　尊經閣文庫藏《博士家本史記異字》(《天朝傳本史記説》)，本質上是對「南化」、「楓山」、「三條」各《史記》古本的集録。而金澤市圖書館藏大島贄川(一七六二至一八三八)、桃年父子編著的《史記考異》，則綜合各本，以「古本」爲名加以收録。

注3　特别是「小板」僅見於上杉氏藏慶元本，大概是指彭寅翁本，但並無法作決定性的結論。而與此相反，「大板」僅見於彭寅翁本及其鈔本中，可能指的是慶元本。至於「大正義」，尚待後續研究。

注4　也有許多與《史記集解注》相關的出入異同，但仍不足以推導出論斷，故於此不論。

注5　以上杉氏藏慶元本爲首，幾乎所有留存於日本的古刻本中，十《表》、八《書》都没有任何批注。而彭寅翁本的鈔本、即建仁寺兩足院藏梅仙和尚(一五二九至一六〇八)自筆本中，亦未鈔十《表》、八《書》。由此可見，當時十《表》、八《書》

已被排除在《史記》講讀時的對象之外，即所謂的「未師（施）行」。

同時，《扁鵲倉公》、《龜策》兩列傳也可能屬於「未師行」的範疇。因爲，許多古板本中，《扁鵲倉公列傳》的末尾都有「師説曰，《扁鵲倉公》、《龜策傳》，先儒雖不加點，爲備忘切句，或本端書云，此卷有忌諱不傳云云」的批注，而《龜策列傳》的末尾也有「《龜策傳》，雖如舊本加點，未通義理，待精史學之人，以可究其深奥者也」的批注。

附記：關於《河渠書》，如注5所述，全不見《史記》古本的批注。並且在《燕召公世家》的殘存部分中，也未找到《史記》古本的批注。因此，完全没有發現相一致的例子。

（一）《史記》古本和《史記》古鈔本——與《史記》古鈔本殘存部分的比較

關於《史記》古鈔本的殘存部分，將《史記》古本與《史記》古鈔本對比後會發現：首先，兩者一致的概率相當高。一檢《史記會注考證校補》的相關部分，很容易找到一致的例子（注1）。雖有重複之嫌，但爲了本節論證的展開，在此舉各古鈔本的二三例，並加以確認。

知人則哲。

與高山寺本、安倍鈔本合。今本「哲」作「智」。

禹曰何皋陶曰寬而栗。

與高山寺本、安倍鈔本合。今本無「禹曰何皋陶曰」六字。（以上《夏本紀》。此外，一致的例子尚有三十二條，不一致的例子[注2]有九條）

使得專征伐。

與高山寺本合。今本無「專」字。

吾聞聖人心有九竅。

與高山寺本合。今本「九」作「七」。（以上《殷本紀》。此外，一致的例子尚有三十三條，不一致的例子有十三條）

何居非與。

與高山寺本合。今本「非」下有「其宣」二字。

辟戎寇，當此時，秦襄公以兵送平王，平王封襄公以爲諸侯，賜之岐以西地，從武王盡幽王凡十二世。

與高山寺本合。今本無自「當此時」至「凡十二世」的三十六字。（以上《周本紀》。此外，一致的例子尚有一百條，不一致的例子有二十九條）

景公母弟厚子箴有寵。

與高山寺本合。今本「厚子箴」作「后子鍼」。

合十七歲而霸王出，十八年雨金櫟陽。

與高山寺本合。今本「十七」上有「七」，「十八年」上有「十六年桃冬花」六字。（以上《秦本紀》。此外，一致的例子尚有一百一十條，不一致的例子有三十三條）

酈食其曰，諸將過此者多。

與秘閣本合。今本「曰」上有「謂監門」三字。

漢王之出關，至陝撫關外父老還，張耳來見，漢王厚遇之，正月，虜雍王弟章平，大赦罪人。

與秘閣本合。今本自「漢王之出開」至「漢王厚遇之」的二十二字移在「正月」下方。（以上《高祖本紀》。此外，一致的例子尚有三十三條，不一致的例子有八條）

孝惠以爲齊王爲兄。

與大江鈔本合。今本無下方的「爲」字。

羣臣皆頓首奉詔。

與大江鈔本合。今本無「皆」字。（以上《呂后本紀》。此外，一致的例子尚有十三條，不一致的例字有四條）

乃使太僕夏侯嬰與東牟侯興居清宫。

與大江鈔本合。今本無「夏侯」二字。

是法反害於民爲暴者也。

與大江鈔本合。今本無「法」字。（以上《孝文本紀》。此外，一致的例子尚有十六條，不一致的例子有六條）

及竇太后行。

與大江鈔本及山岸本合。今本「行」作「得幸」二字。

立皇子乘爲清河王。

與大江鈔本及山岸本合。今本「乘」上有「方」字。（以上《孝景本紀》。此外，一致的例子尚有十條，不一致的例子有四條）

亡過曹。

與敦煌本合。今本「亡」上有「其」字。

負羈私善於重耳。

與敦煌本合。今本無「負羈」二字。（以上《管蔡世家》。此外，一致的例子尚有四條，無不一致的例子）

亦各從其資也。

與敦煌本合。今本「資」作「志」。

雖執鞭之士吾爲之。

與敦煌本合。今本「爲」上有「亦」字。（以上《伯夷列傳》。此外，一致的例子尚有八條，不一致的例子有一條）

再辟地二千里。

與秘閣本合。今本無「二」字。

今范雎亦寡人之叔父也。

與秘閣本合。今本「雎」作「君」。（以上《范雎蔡澤列傳》。此外，一致的例子尚有四十六條，不一致的例子有十四條）

而竟以丞相病死。

與石山寺本合。今本「而」上有「魏丞相」三字。

困戹不得者甚衆也。

與石山寺本合。今本「甚衆」二字互倒。（以上《張丞相列傳》。此外，一致的例子尚有五條，不一致的例子有三條）

去黄屋稱制。

與石山寺本合。今本「去」上有「令尉佗」三字。

遂大破秦。

與石山寺本合。今本「大」作「入」。（以上《酈生陸賈列傳》。此外，一致的例子尚有十二條，不一致的例子有十二條）

如上所述，《史記》古鈔本殘存部分可見《史記》古本出入異同者五百八十五條，其中一致的例子有四百四十九條，約占其中八成。從這一事實，至少可以得出以下結論：「所謂《史記》古本，源出於與《史記》古鈔本大致同一系統的文本。」

然而，是否可以將這一結論推及其餘殘存的《史記》古本呢？這一問題的解答，有待於第二階段的比較，即《史記》古本整體所指向的文本特性與《史記》古鈔本的文本特性之間的比較。

注1　由於《史記會注考證校補》對古鈔本、古本的調查、校勘並不充分，請同時參考昭和三十六年（一九二六）出版的《史記會注考證校補》第九册《補遺》。

注2　此處所言「不一致的例子」，僅是從《史記》古本的角度來説。與《史記》古本相比，古鈔本自身有出入異同之數壓倒性地多。如前一節所述，所謂《史記》古本，乃是依據「記有出入異同的批注」假想出來的文本，其中自然難免有校者當時的選擇。

(二)《史記》古本和《史記》古鈔本——兩者文本特性的比較

《史記》古鈔本的文本特性已在第一章第一節逐條論析，那麽《史記》古本是否具有與之相似的文本特性呢？現依次舉證加以論述。

(1) 體裁和鈔寫樣式（參照第一章第一節[三][1]）

(a) 如上所述，《史記》古本是一個由批注而假想出的文本，因此關於其體裁和鈔寫樣式，沒有絲毫的線索，因此連是否爲卷子本都不可得知。

(b) 因爲與(a)同樣的原因，不知文本是否有提行。

(c) 常見於唐鈔本的較特殊的字體，由於批注可能選擇性地加以摘録，因此幾乎找不出這樣的例子。

儘管如此，仍有如下數例：

諸侯多中首虜[illegible]。（《李將軍列傳》）

今本「[illegible]」作「率」。

甌駱躶國。（《南越尉佗列傳》）

今本「躶」作「裸」。（以上二例，參前）

樗里子甘戊列傳。（《樗里子甘茂列傳》）

今本「戊」作「茂」，傳中「甘戊」一詞中的「戊」字全部如此。這與高山寺本《秦本紀》中的「甘戊」，今本作「甘茂」相一致。

又，假想的《史記》古本，從今天來看，有一些痕跡可以反映其書散見不少異體文字，其例如下：

魯射帥敗。（《齊太公世家》）

今本「帥」作「師」。

冄有爲季氏將帥。（《孔子世家》）

今本「帥」作「師」。

將帥數十萬。（《李斯列傳》）

今本「帥」作「師」。（以上三例，可能是因古鈔本中「師」作「帥」而產生的異同。參前）

爲草囊盛血。（《殷本紀》）

古鈔本及今本「草」作「革」。

革土德之曆。（《張丞相列傳》）

石山寺本及今本「革」作「草」。（以上二例，可能是因古鈔本中「革」作「草」而產生的異同。參前）

此外，古鈔本中使用的「廾」、「卅」、「卌」等數詞，批注中可以説當然完全沒有。然而，雖説可能未必合適（注1），但仍有如下例子：

宣公廿一年。（《田敬仲完世家》）

今本「廿」作「十」。

(d) 重文符號的使用，沒有留下具體的例子，但由於重複部分的出入異同特別明顯，間接暗示了重文符號在《史記》古本中的使用。（參前）

(2) 注和避諱闕筆（參照第一章第一節[三][2]）

(a) 如前所述，《史記》古板本標注主要集中於《史記》正文，關於「三注」出入異同的批注並不多。而

「三注」中，與《索隱》相關的依據《索隱》單注本，與《正義》相關的依據《正義》單注本（注2），而與《集解》相關的，就古鈔本殘存部分而言，雖然很少，但仍能找出與古鈔本的《集解》一致的例子。因此，可以勉强推論説，《史記》古本原則上只記有《集解注》。

（b）全無避諱。反而今本《史記》作「人」處，古本中有作「民」者。因此，《史記》古本至少是以唐太宗李世民即位以前，即六二七年以前鈔寫的《史記集解》本爲其祖本的。例如：

下知民情。（《李斯列傳》）

無一民渡淮者。（《黥布列傳》）

平原民殺榮。（《田儋列傳》）

今本「民」皆作「人」。

雖不如上述例子明顯，還有如下之例：

民心咸服。（《秦始皇本紀》）

今本「民」作「庶」。

六月丁巳，赦天下，賜民爵一級。（《孝景本紀》）

大江本、山岸本及今本無「民」字。

人民雖少。（《吴王濞列傳》）

今本無「民」字。

（c）因爲與（1）的（a）及（b）同樣的原因，没有任何關於闕筆的線索。

(3) 與現行《史記》板本之出入異同的相關事項（參照第一章第一節[三][3]）

(a) 可訂正現行《史記》的訛脱。關於這一點，可舉出如下之例：

而娶於西陵氏之女。（《五帝本紀》）

《史記會注考證》同。與《太平御覽》引《史記》及《大戴禮・帝繫篇》合。今本《史記》脱「氏」字，正如王念孫已經指出的：「案，西陵下脱『氏』字。下文『昌意娶蜀山氏女』，『嚳娶陣鋒氏女』，皆有『氏』字。《太平御覽・皇王部》、《皇親部》，引此並作『西陵氏』。」（《讀書雜志》，下同）應是今本誤脱。

西濟于流沙。（《五帝本紀》）

與《羣書治要》引《史記》及《大戴禮・五帝德篇》合。今本《史記》「濟」作「至」。從下方的《正義》中有「濟，渡也」來看，張守節所看到的文本應也作「濟」。正如王念孫已經指出的：「案，『西至』本作『西濟』，此涉上下三『至』字而誤也。《正義》曰，濟，渡也，則本作『濟』明矣。」應是今本之誤。

而倔起仟佰之中。（《秦始皇本紀》）

今本「仟佰」作「什佰」。梁玉繩早已指出：「《世家》、《漢書》、《文選》並作『仟陌』，此作『什』誤。」（《史記志疑》，下同）張文虎也大致承襲此説，應是今本之誤。

毋徒俱死也。（《項羽本紀》）

今本「徒」作「從」。正如王念孫已經指出的：「案，『從』當爲『徒』，項伯以張良不去，則徒與沛公俱死，故曰『毋徒俱死也』。《漢書・高祖紀》作『毋特俱死』。蘇林曰，『特，但也。』師古曰，『但，空也。空死而無成名也。』特、但、徒一聲之轉，其義一也。隸書『從』字作『從』，形與『徒』相似，故『徒』誤爲『從』。」應是今本之誤。

大行不顧細謹，大禮不辭讓。(《項羽本紀》)

今本「讓」上有「小」字。《李斯列傳》謂「大行不小謹，盛德不辭讓」，《酈生陸賈列傳》謂「舉大事不細謹，盛德不辭讓」，由此看來，今本可能是因「大」字而妄增「小」字。西源院本及神田本《太平記》引《史記》(注3)也無「小」字。

力拔山兮氣蓋世，時不利兮威勢廢，又有兮字。威勢廢兮騅不逝，騅不逝兮可奈何，虞兮奈若何。

(《項羽本紀》)

與後文將要詳述的《英房抄》及《桃源抄》所引古本合(參照第三章第二節及第三節)。與西源院本及神田本《太平記》引《史記》也合(注4)。今本《史記》無「威勢廢威勢廢兮」七字。關於這一點，吉川幸次郎博士在引用《桃源抄》引古本時，曾論述道：「桃源所謂《史記》古本，其有何種特性，尚不明晰。然而，從日本漢籍傳承的通常情況來看，可以明確的是，這個本子並非出於日本人的妄改，而是對唐土某種本子的傳承。……當然，我並不是認爲這個文本更爲優秀。只是，根據這個文本，詩並非四句而是五句，與競爭者的大風歌是三句一樣，都是奇數句的韻文。這是我對此文本産生興趣的又一原因。」(《項羽に垓下歌について》[《論項羽的垓下歌》]，《中國文學報》第一册所收)已故斯波六郎博士也説：「然而，據昭和三十二年三月刊行的水澤利忠著《史記會注考證校補》可知，『時不利兮騅不逝』一句，有古本作『時不利兮威勢廢兮，威勢廢兮騅不逝兮』二句。無論從意義上還是形式上，古本的文本都令人聯想到更古老的面貌，而且就眼下的問題而言，古本的文本也更合適。」(《中国文學における孤独感》[《中國文學中的孤獨感》」，岩波書店刊）如此，似應以古本爲善。

六月丙子。（《吴太伯世家》）

與《左傳》合。今本《史記》「丙子」作「戊子」，張文虎已指出「《左傳》作『丙子』，是若『戊子』，則不當在乙酉前」。如此，則應是今本之誤。

殺武庚禄父、殺又作誅。管叔。（《衛康叔世家》）

與《太平御覽》引《史記》合。今本《史記》脱「殺」字。高山寺本《周本紀》作「誅武庚，殺管叔」，《魯世家》作「遂誅管叔，殺武庚」，《管蔡》、《宋世家》作「誅武庚，殺管叔」。王念孫已經指出的「《衛世家》，殺武庚禄父管叔、放蔡叔。管叔上亦本有殺字」（《讀書雜志》周本紀條），如此，應是今本誤脱。

惠公立四年出亡。（《衛康叔世家》）

今本「四」作「三」。《殿本考證》説：「按上文云『四年』，此云『三年』。又按《左傳·魯桓公十六年》冬，惠公奔齊，則四年是矣。」梁玉繩也説：「案『三年』乃『四年』之誤。」如此，應是今本之誤。

宣公卄一年，殺其太子禦寇。（《田敬仲完世家》）

與《春秋》合。今本《史記》「卄」作「十」。梁玉繩已經指出：「案春秋，事在陳宣公二十一年，此缺二字（注5）。」如此，應是今本之誤。

王淮東五十三城。（《荆燕世家》）

《漢書·高紀》云「東陽郡、鄣郡、吴郡五十三縣」，同樣《吴王濞傳》亦云「王三郡五十三城，即賈舊封也」。梁玉繩提示説：「《漢書·高紀》作『五十三縣』。」瀧川博士也説：「《史記》，『二』字當作『三』。」（《史記會注考證》，下同）如此，應是今本之誤。

迺又作便。馳見齊王。（《齊悼惠王世家》）

與《漢書・高五王傳》合。今本《史記》「迺」作「西」。如陳仁錫所言「西當作迺」（《史記考證》），應是今本之誤。

子次昌立。（《齊悼惠王世家》）

與《年表》及《漢書》合。今本《史記》「昌」作「景」。杭世駿提示説：「《年表》作『次昌』。」（《史記會注考證》）瀧川氏也説：「此誤。」如此，應是今本之誤。

於是乃令蕭何第一賜帶劍履上殿。（《蕭相國世家》）

與《太平御覽》引《史記》及《漢書・蕭何傳》合。今本《史記》無「第一」二字。正如王念孫已經指出的：「案，『蕭何』下脱去『第一』二字，當依《漢書》、《漢紀》補。」應是今本誤脱。

劉敬説高帝都關中。（《留侯世家》）

與《漢書・張良傳》合。今本《史記》「都」上有「曰」字。正如張文虎已經指出的：「『曰』字疑衍，《漢書》無。」（《札記》，下同）應是今本衍入。

西溱月氏。（《三王世家》）

今本「溱」作「湊」。正如王念孫已經指出的：「『湊』當爲『溱』，故《正義》臻而訓爲至……作『湊』者，字之誤耳。」應是今本之誤。

又非吾辯之能明吾意之難也。（《老子韓非列傳》）

與《韓子》合。《史記會注考證》同。今本《史記》，前一個「之」字下有「難」字。梁玉繩説：「案，『難』字衍。」瀧川博士也指出：「『能』上各本有『難』字，楓山、三條本（注6）及《韓子》皆無，蓋衍字，今删。」應是今本衍入。

此三者子皆出吾下。（《孫子吴起列傳》）

與《後漢書·朱浮傳》引《史記》合。金陵書局本及《史記會注考證》同。他本皆作「此子三者皆出吾下」。王念孫已言：「案，『子』字本在『三者』下，今誤在『三者』之上，則文不成義。《後漢書·朱浮傳》注，引此作『此三者子皆出吾下』，《通鑑·周紀一》同。《吕氏春秋·執一》篇作『三者子皆不吾若也』。」張文虎承襲此説：「各本『子』字並錯在此（注7）『三者』上，依《後漢書》注引改，説詳《雜志》。」瀧川博士也認爲：「『此』『三者』，各本作『此子三者』，今從楓山本。王念孫曰，『此子三者』，《漢書·朱浮傳》（注8）。」應是今本之誤。

字子淵，少孔子三十七又作二。歲。（《仲尼弟子列傳》）

今本無「七」或「二」字。閻若璩已經指出：「回少孔子三十歲，『三十』下脱『七』字，蓋生于魯昭公二十八年丁亥，卒于哀公十二年戊午，方合三十二歲之數……時孔子六十九歲。」（《四書釋地》）可能是今本誤脱。古本作「二」，應是記載的顔回卒年。

排藜藿入窮閻。（《仲尼弟子列傳》）

與《通志》合。今本《史記》「藿」作「藿」。王念孫説：「案，『藜藿』當爲『藜藿』，字之誤也。」並舉出許多例證，總結道：「則『藿』字明是『藿』字之誤，而校者皆莫之或正，蓋世人多聞藜藿，寡聞藜藿，所以沿誤而不知也。」如此，應是今本之誤。

商君者，衛之諸庶孽子也。（《商君列傳》）

與《文選・西征賦》、《長笛賦》注引《史記》合。《史記會注考證》同。他本「子」字上皆有「公」字。王念孫說：「案，『公』字後人所加。《玉藻》『公子曰臣孽』，是公子即爲孽子。既言諸庶孽子，則無庸更言公子。《呂不韋傳》曰，『子楚，秦諸庶孽孫』，亦不言諸庶孽公孫也。」張文虎承襲此說。瀧川博士也說：「各本『孽』下有『公』字，今從楓山、三條本。」應是今本衍入。

雖然奉陽君妬賢，君不任事。（《蘇秦列傳》）

除金陵書局本（注9）外，今本無「賢」字，且「不」字上有「而」字。王念孫說：「案，『君而』當『而君』，言奉陽君既妬賢，而君又不任事也。《越策》作『奉陽君妬，大王不得任事』，是其證。」張文虎也說：「『而君』誤倒，《考證》據《趙策》改，《雜志》說同。」瀧川氏也說：「楓、三本，『妬』下『君』字作『賢』（注10），無『而』字，義長。」今本作「君而」有誤。

在大王之詔之。（《蘇秦列傳》）

與《戰國策》合。今本《史記》重出「詔」字。正如瀧川博士指出的：「楓、三本不重『詔』字，與《策》合，此涉下文衍。」應是今本涉下文「今主君以趙王之詔詔之」而衍。

抱梁柱而死。（《蘇秦列傳》）

與《戰國策・燕策》、《莊子・盜跖篇》、《文選・獄中上梁王書》注和《太平御覽》引《史記》合。《史記會注考證》同。今本《史記》脫「梁」字。王念孫說：「案，『柱』上本有『梁』字。」張文虎沿襲此說。瀧川博士也說：「各本『抱』下無『梁』字，今從楓、三本。」應是今本誤脫。

則若向壽者可。（《樗里子甘茂列傳》）

「若」與《戰國策》一致。今本《史記》「若」上有「英」字。正如瀧川氏所指出的：「楓山、三條本無『英』字，與《策》合，義長。」或是今本衍入。

而士不得裋褐。（《孟嘗君列傳》）

除《史記會注考證》外，今本《史記》「裋」皆作「短」。陳仁錫已經指出：「今本『裋』作『短』。」（《史記考》）張文虎也因下方《史記索隱》「音豎」而說道：「據此，疑『短』本作『裋』，故音豎。」瀧川博士也說：「『裋』各本作『短』，今從楓山、三條本。」明顯是今本之誤。

湣王意孟嘗君。（《孟嘗君列傳》）

與《太平御覽》引《史記》合。今本《史記》「意」下有「疑」字。正如王念孫已經指出的：「案，『意』下本無『疑』字，意孟嘗君者，意即疑也……後人不知『意』之訓爲『疑』，故又加疑字耳。」應是今本衍入。

天下將因秦之彊而乘趙之弊。（《平原君虞卿列傳》）

今本《史記》「而」作「怒」，《趙策》及《新序》無「彊」字。王念孫說：「案，此『怒』字非喜怒之怒。《廣雅》曰，怒，健也，健亦彊也，彊怒連文，又與下句弊字對文，是怒即彊也。上文曰『吾且因彊而乘弱』，是其證。」雖稍有牽强附會之嫌，但張文虎說：「疑『怒』字一作『彊』，旁注誤并。」中井積德也說：「『怒』字疑衍。」（《史記雕題》）應是今本衍入。只有依從古本，才能像王氏所說那樣，「下句弊字對文」，同時也與上文的「吾且因彊而乘弱」相呼應。王氏因存「怒」字而立此說，稍顯失當。

請益具車騎壯士。（《刺客列傳》）

與《韓策》合。今本《史記》「具」作「其」。正如王念孫所指出的：「《韓策》『益其』作『益具』，於義爲長。」應是今本因「其」、「具」二字字形相近而誤。

因自皮面抉眼。（《刺客列傳》）

「抉」字，與《文選注》引《史記》和《十七史詳節》合。今本《史記》作「決」。從《伍子胥傳》「抉吾眼」來看，似以「抉」字爲宜。或「抉」、「決」古時可以通用。

而歌呼嗚嗚快耳者。（《李斯列傳》）

與《藝文類聚》、《太平御覽》引《史記》合。今本《史記》「耳」下有「目」字。正如王念孫所指出的：「案，聲能快耳，不能快目，目字後人所加，《文選》無目字，舊本、《北堂書鈔・樂部六》，出『彈箏快耳』四字，引《史記》『彈箏搏髀而歌嗚嗚快耳者』，亦無目字。陳禹謨依俗本增目字。」應是今本衍入。

漢四年秋，項王之南走陽夏。（《魏豹彭越列傳》）

今本「四」作「五」，從下文「五年，項籍已死」來看，可能是今本之誤。梁玉繩考論「五年，項籍已死」一句時，説「五年，上已書」，若依古本作「四年」，則無疑問。

六年朝陳。（《黥布列傳》）

與《漢書・英布傳》及《魏豹彭越列傳》合。今本《史記》「六」作「七」，明顯有誤。

特劫於威彊服耳。（《淮陰侯列傳》）

與《漢書・韓王信傳》及《新序・善謀篇》合。今本《史記》無「服」字。正如王念孫所言：「案，『彊』讀勉彊之彊，彊下當有服字，『劫於威』三字連讀，『彊服』二字連讀。言百姓非心服項王，特劫於威而彊服耳……今本脱去『服』字，則當以『威彊』連讀，而讀爲彊弱之彊，非其指矣。」應是今本誤脱。

其材未足也。（《季布欒布列傳》）

今本無「材」字。按上文有「彼必自負其材」。或爲今本誤脱。

盜鑄錢。（《吴王濞列傳》）

與《漢書·吴王濞傳》合。今本《史記》「盜」作「益」。從下面的《史記正義》有「按既盜鑄錢」來看，張守節所見的文本與古本一致。正如王念孫所言：「當依《正義》作『盜鑄錢』，字之誤也。《文選·吴都賦》、《蕪城賦注》，引此並作『盜』。」可能是今本之誤。

徙右北平，死。（《李將軍列傳》）

與《漢書·李廣傳》合。除《史記會注考證》外，今本《史記》皆脱「死」字。從下文有「於是天子乃召拜廣爲右北平太守」來看，應是今本誤脱。瀧川博士也已指出：「『平』下『死』字各本脱，今依楓、三本、《漢書》。」

士力能貫弓。（《匈奴列傳》）

《索隱》單注本、金陵書局本和《史記會注考證》「貫」作「毌」，他本作「彎」。《陳涉世家》云「士不敢貫弓而報怨」，《伍子胥列傳》中有「貫弓執矢」，王念孫認爲今本作「彎」乃「後人據《漢書》改之也」，或應以爲是。另外，「毌」是「貫」的古字。

其西方盡白馬，東方盡青駹，北方盡烏驪，南方盡騂馬。（《匈奴列傳》）

與《藝文類聚》、《太平御覽》引《史記》合。今本《史記》「駹」和「驪」下各有一「馬」字。正如王念孫所言：「案『青駹』、『烏驪』下，本無『馬』字，後人依上下文加之也……皆五字爲句，其馬色之一字者，則加馬字以成文；兩字者，則省馬字以協句……後人不知古人屬文之體，而於『青駹』、『烏驪』下，各加一『馬』字，則累於詞矣。」應以古本爲善。

事雨立。（《滑稽列傳》）

今本《史記》「事」作「幸」。如瀧川氏所述：「『幸雨立』，不成義，楓山、三條本『幸』作『事』，可從。」應是今本涉下文的「幸休居」而衍。「事」字在鈔寫時書作「叓」，與「幸」字形相近，可能因此而誤。

（b）與現行《史記》相比，《史記》古本更接近《史記》曾取用資料的今本文本，也更接近曾以《史記》爲資料所編書籍的今本文本。關於這一點，縱觀《史記》全卷，例子極微繁雜。因而，暫且以《戰國策》爲前者的代表、《漢書》爲後者的代表（注11），略舉數例如下。

與《戰國策》合者：

使使效愚計奉明約。（《蘇秦列傳》）

與《魏策》合。今本《史記》不重「使」字。

而又有禁暴正亂之名。（同上）

與《秦策》合。今本《史記》「正」作「止」。

大抵豆飯菽藿羹。（《張儀列傳》）

與《韓策》合。今本《史記》無「豆」字。

而得以少割爲和必欲之。（《穰侯列傳》）

與《秦策》合。今本《史記》「和」作「利」。

臣竊觀先王之舉錯也。（《樂毅列傳》）

與《燕策》合。今本《史記》無「錯」字。

入宫塗廁，欲以刺襄子。（《刺客列傳》）

與《趙策》合。今本《史記》「廁」字下有「中挾匕首」四字。

因遂自剄而死。（同上）

與《燕策》合。今本《史記》「剄」作「刎」。

與《漢書》合者：

擊益己軍破之。（《絳侯周勃世家》）

與《周勃傳》合。今本《史記》「益己」作「盗巴」。

十三年卒，子齊立爲王。（《五宗世家》）

與《高五王傳》合。今本《史記》「三」作「二」。

以明倍漢而與楚也。（《黥布列傳》）

與《英布傳》合。今本《史記》「明」下有「王」字。

則不過大夫種之於句踐。（《淮陰侯列傳》）

與《蒯通傳》合。今本《史記》「種」字上有「范蠡」二字。

御史大夫韓安國爲護軍將軍。(《匈奴列傳》)

此文與《匈奴傳》一致。今本《史記》無「將軍」二字。

家無遺書。(《司馬相如列傳》)

與《司馬相如傳》合。今本《史記》無「遺」字。

(c)與現行《史記》相比,《史記》古本更接近古書注疏與唐宋類書所引的《史記》。關於這一點,可舉如下之例。

無輔弼。(《秦始皇本紀》)

與《羣書治要》引《史記》合。今本《史記》「弼」作「拂」。

或爲妖言以亂黔首。(同上)

與《通志》合。今本《史記》「妖」作「訞」。

然誠得賢士與共國。(《燕召公世家》)

與《太平御覽》四百二卷引《史記》合。今本《史記》「與」作「以」。

沛公與項羽引兵而東。(《曹相國世家》)

與《通志》合。今本《史記》無「兵」字。

吴公今又吮此(注12)子。(《孫子吴起列傳》)

與《羣書治要》引《史記》合。今本《史記》「此」作「其」。

船中之人。(同上)

與《羣書治要》引《史記》合。今本《史記》「船」作「舟」。

而抉吾眼著吴東門之上。（《伍子胥列傳》）

與《藝文類聚》、《初學記》、《太平御覽》引《史記》合。今本《史記》「著」作「縣」。王念孫説：「『縣』本作『著』，此後人依《吴語》改之也。」

爲人排患釋難解紛。（《魯仲連鄒陽列傳》）

與《藝文類聚》、《太平御覽》、《文選・詠史詩》注、《北山移文》注、《後漢書・桓榮傳》論注、《荀彧傳》注引《史記》合。《越策》及今本《史記》，「紛」下有「亂」字。

(d) 與現行《史記》相比，《史記》古本更接近《索隱》單注本和《正義》單注本中的《史記》正文。關於這一點，可舉如下之例。

與《索隱》單注本所出《史記》正文相合的例子：

魏雖得阿衡之徒。（《魏世家》）

與《索隱》單注本中所出正文合。今本《史記》「徒」作「佐」。

大抵率偶言也。（《老子韓非列傳》）

據下方《索隱注》「故云偶言，又音寓」，則此文與司馬貞所見的文本合。今本《史記》「偶」作「寓」。《索隱》單注本所出正文也作「寓」，可能是後人所改。

而其大歸本於黄老。（《老子韓非列傳》）

與《索隱》單注本所出正文合。今本《史記》及劉伯莊《史記音義》（注13）所出正文，皆無「大」字。

子路爲衛大夫。（《仲尼弟子列傳》）

今本《史記》「大夫」下有「孔悝之邑宰」五字。《索隱》單注本舉出「爲衛大夫」四字，並在下面的注説「按服虔云，爲孔悝之邑宰」，據此則司馬貞所見到的文本似乎無「孔悝之邑宰」五字。

石作蜀字明。（《仲尼弟子列傳》）

與《索隱》單注本所出正文合。今本《史記》「明」上有「子」字。

何者魏居領阨之西。（《商君列傳》）

與《索隱》單注本所出正文合。今本《史記》「領」作「嶺」。

大項橐生七歲爲孔子師。（《樗里子甘茂列傳》）

與《索隱》單注本所出正文合。今本《史記》「大」作「夫」。

不能無生得。（《刺客列傳》）

與《索隱》單注本所出正文合。今本《史記》「得」字下有「失」字。張文虎説：「《索隱》本出『無生得』三字，《史記會注考證》云唐本無『失』字，後人誤增，《雜志》説同。」

上減五下登三。（《司馬相如列傳》）

與《索隱》單注本所出正文合。今本《史記》「減」作「咸」。

與《正義》單注本所出《史記》正文相合的例子（注14）：

張丑爲謂楚王曰。（《楚世家》）

其下《正義注》作「爲音僞」，則此文應與張守節所見文本合。今本《史記》「爲」作「僞」。

　　而厚往古之勳。(《趙世家》)

其下《正義注》作「厚，重也」(注 15)，則此文應與張守節所見文本合。今本《史記》「厚」作「序」。

　　孟嘗君侍客坐語。(《孟嘗君列傳》)

其下《正義注》作「侍，猶當也」，則此文應與張守節所見文本合。今本《史記》「侍」作「待」。

　　如此野無校兵縣無守城。(《張耳陳餘列傳》)

其下《正義注》作「校，報也」，則此文應與張守節所見文本合。今本《史記》「校」作「交」。

　　廣家世世愛射。(《李將軍列傳》)

其下《正義注》作「愛，好也，習也」，則此文應與張守節所見文本合。今本《史記》「愛」作「受」。

(e) 重文的部分，《史記》古本與現行《史記》間的出入異同較多。現將《史記》古本重文而現行《史記》不重文的例子稱作重複 PLUS 型，將《史記》古本不重文而現行《史記》重文的例子稱作重複 MINUS 型，分別舉例如下。

重複 PLUS 型(參前)：

　　其二曰昌意，昌意降居若水。(《五帝本紀》)

今本不重「昌意」二字。

　　生始皇，始皇以秦昭王四十八年正月生於邯鄲。(《秦始皇本紀》)

今本不重「始皇」二字。

　　華元殺羊食士不與其御，其御羊斟。(《鄭世家》)

今本不重「其御」二字。

景帝曰，請得與丞相議之，與丞相議之。（《絳侯周勃世家》）

今本無第二個「與」字。

是爲代共王，共王立二十九年。（《梁孝王世家》）

今本不重「共王」二字。

而東，東出衛郭門。（《孫子吴起列傳》）

今本不重「東」字。

使使臣效愚計奉明約。（《蘇秦列傳》）

今本不重「使」字。

欲誅吕禮，吕禮出奔齊。（《穰侯列傳》）

今本無第二個「吕」字。（參照姓 PLUS 型）

於是李園乃進其女弟，女弟郎幸於春申君。（《春申君列傳》）

今本不重「女弟」二字。

請奏瑟趙王，趙王鼓瑟。（《廉頗藺相如列傳》）

今本不重「趙王」二字。

皆畔燕而歸田單，田單兵日益多乘勝。（《田單列傳》）

今本不重「田單」二字。

使王齮圍邯鄲，邯鄲急，趙欲殺子楚。（《吕不韋列傳》）

今本不重「邯鄲」二字。

自以爲行弗及田仲，田仲已死。（《遊俠列傳》）

今本不重「田仲」二字。

數召至前談語，談語人主未嘗不説也。（《滑稽列傳》）

今本不重「談語」二字。

重複 MINUS 型（參前）：

臣爲韓王送沛公，今事有急。（《項羽本紀》）

今本重「沛公」二字。

皇帝謹使太中大夫明。（《三王世家》）

今本重「使」字。

老子之子名宗，爲魏將封於段干。（《老子韓非列傳》）

今本重「宗」字。

楚王貴李園，用事。（《春申君列傳》）

今本重「園」字。

乃遣嬰爲大將軍。（《樊酈滕灌列傳》）

今本重「將」字。

與蕭曹等俱封周昌爲汾陰侯。（《張丞相列傳》）

今本重「封」字。

（f）同音同義，或今日雖被視作同音異義的文字，但有通用的傾向。關於這一點，例子極多，僅舉其代表性的如下：

已←以型（雖然「已」、「以」應可通用，但在古本中，「以」訓讀作「すでに[已經]」的地方，大體多作「已」[注16]。參前）

天下已定。（《秦始皇本紀》）

今本「已」作「以」。

越已服爲臣。（《越王句踐世家》）

今本「已」作「以」。

鮑叔既進管仲已身下之。（《管晏列傳》）

今本「已」作「以」。

時已變易。（《袁盎鼂錯列傳》）

今本「已」作「以」。

嘗⇅常型（雖然「嘗」、「常」應可通用，但在古本中，「常」應訓讀作「かつて[曾經]」的地方，大體作「嘗」[注17]。參前）

嘗與田氏有郤。（《田敬仲完世家》）

今本「嘗」作「常」。

數常窘辱。（《留侯世家》）

今本「常」作「嘗」。

嘗相魯衛。（《仲尼弟子列傳》）

今本「嘗」作「常」。

皆嘗爲漢禮官大夫。（《儒林列傳》）

今本「嘗」作「常」。

懸←縣型（雖然「懸」、「縣」應可通用，但在古本中，「縣」訓讀作「かける［懸掛］」的地方，大體作「懸」［注18］。參前）

而抉吾眼懸吴門之上。（《秦始皇本紀》）

今本「懸」作「縣」。

於是韓購懸之。（《刺客列傳》）

今本「懸」作「縣」。

懸於足下。（《張耳陳餘列傳》）

今本「懸」作「縣」。

懸令首於長竿。（《酈生陸賈列傳》）

今本「懸」作「縣」。

腰←要型（雖然「腰」、「要」應可通用，但在古本中，「要」訓讀作「こし［腰］」的地方，大體作「腰」［注 19］。參前）

腰中當有金玉寶器。（《陳丞相世家》）

今本「腰」作「要」。

皆腰斬。（《吳王濞列傳》）

今本「腰」作「要」。

鎮←塡型（這一型式雖不見諸古鈔本，但卻反映出古本可能是根據某一完整文本而來，故在此舉例）

毋以鎮之。（《秦始皇本紀》）

今本「鎮」作「塡」。

以鎮萬民之心。（《齊悼惠王世家》）

今本「鎮」作「塡」。

不王無以鎮之。（《張耳陳餘列傳》）

今本「鎮」作「塡」。

（g）現行《史記》中只記名不記姓的地方，古本《史記》有很明顯的加上姓的傾向。關於這一點，可舉如下之例（參前）。

王翦將十八日。（《秦始皇本紀》）

今本無「王」字。

人有短惡樊噲者。（《陳丞相世家》）

今本無「樊」字。

至常曾孫田和。（《司馬穰苴列傳》）

今本無「田」字。

於是田忌進孫子於威王。（《孫子吴起列傳》）

今本無「田」字。

蘇代謂孟嘗君名曰。（《孟嘗君列傳》）

今本無「蘇」字。

李牧曰，王必用臣。（《廉頗藺相如列傳》）

今本無「李」字。

樊於期仰天太息流涕。（《刺客列傳》）

今本無「樊」字。

來皆壁陳餘旁。（《張耳陳餘列傳》）

今本無「陳」字。

蒯通曰，相君之面。（《淮陰侯列傳》）

今本無「蒯」字。

故令張蒼以列侯居相府。(《張丞相列傳》)

今本無「張」字。

鼂錯爲御史大夫。(《吴王濞列傳》)

今本無「鼂」字。

單于乃貴李陵。(《匈奴列傳》)

今本無「李」字。

(h) 與現行《史記》對校，古本《史記》中「而」、「之」、「其」、「也」、「者」等助詞的用法有非常不穩定的傾向(參前)。可舉如下之例:

而盡罷諸儒弗用。(《孝武本紀》)

而號仲父。(《吕不韋列傳》)

而再分散。(《貨殖列傳》)

今本皆無「而」字。

代王王后生四男。(《外戚世家》)

善著書。(《老子韓非列傳》)

立陽生。(《伍子胥列傳》)

今本句首皆有「而」字。

雷澤之上人皆讓居。(《五帝本紀》)

項王軍在鴻門之下。（《項羽本紀》）
馬之彊力。（《匈奴列傳》）
今本皆無「之」字。
舍＊上林中。（《孝武本紀》）
周以卒迎＊。（《樗里子甘茂列傳》）
有凌雲＊氣。（《司馬相如列傳》）
今本＊處皆有「之」字。
其赦天下。（《孝武本紀》）
以明其不與齊也。（《孫子吴起列傳》）
其實少人。（《劉敬叔孫通列傳》）
今本皆無「其」字。
而徇＊私。（《項羽本紀》）
＊家多持金錢。（《越王句踐世家》）
吴王猶恐＊不與。（《吴王濞列傳》）
今本＊處皆有「其」字。
弃市國除也。（《陳丞相世家》）
而得百里之地也。（《春申君列傳》）

儉而難遵也。(《太史公自序》)

今本皆無「也」字。

誠信於士大夫。(《李將軍列傳》)

今本句末有「也」字。

四人者從太子。(《留侯世家》)

以田横之客皆賢者。(《田儋列傳》)

陛楯者得以半更。(《滑稽列傳》)

今本皆無「者」字。

其奉薄太后諸魏有力*。(《外戚世家》)

今*王問可以爲相者。(《商君列傳》)

人多厭之*。(《淮陰侯列傳》)

今本*處皆有「者」字。

(二)與今本《史記》對校,寫作隸書或草書時容易出錯的文字,異同頗多。可舉如下之例:

十←七型(參前)

桓公十年卒。(《陳杞世家》)

今本「十」作「七」。

及高祖十年七月。(《韓信盧綰列傳》)

《史記會注考證》同（注20）。其他今本《史記》「十」作「七」。

別破軍十。（《樊酈滕灌列傳》）

今本「十」作「七」。

命↓↑令型（參前）

謹受命。（《田敬仲完世家》）

臣受命於王。（《張儀列傳》）

今本「命」皆作「令」字。

令十二牧。（《五帝本紀》）

楚令蕭公角將兵擊楚。（《魏豹彭越列傳》）

宜令人毋持兵。（《朝鮮列傳》）

今本「令」皆作「命」字。

脩（修）↓↑循型（參前）

後嗣脩業。（《秦始皇本紀》）

孔子脩道彌久。（《孔子世家》）

今本「脩」皆作「循」字

敢循下吏。（《仲尼弟子列傳》）

而下循近世之失。（《平津侯主父列傳》）

後世循序。（《太史公自序》）

而下循近世之失。（同上）

今本「循」皆作「脩」或「修」。

平⇄卒型（參前）

平而立子蘭爲太子。（《鄭世家》）

平定天下。（《蒙恬列傳》）

卒爲本謀。（《太史公自序》）

今本「平」皆作「卒」。

今本「卒」作「平」。

其⇄甚型（參前）

朕其慕焉。（《三王世家》）

諸侯各發使送之其衆。（《蘇秦列傳》）

今本「其」皆作「甚」。

成康甚隆也。（《平津侯主父列傳》）

今本「甚」作「其」。

使←便型（參前）

使章百姓。（《五帝本紀》）

使程西成。（同上）

而得一斯使焉。（《樗里子甘茂列傳》）

今本「使」皆作「便」。

主⇄王型（參前）

天下之賢主也。（《蘇秦列傳》）

主必罪公。（《樗里子甘茂列傳》）

今本「主」皆作「王」。

尊王爲皇帝。（《李斯列傳》）

以見王之得意。（同上）

今本「王」皆作「主」。

反←及←乃型

反二世所使案三川之守。（《李斯列傳》）

今本「反」作「及」。

反寇攻馬邑。（《韓信盧綰列傳》）

反别擊破趙軍。（《傅靳蒯成列傳》）

今本「反」皆作「乃」字。

乃衛皇后所謂姊衛少兒。（《外戚世家》）

今本「乃」作「及」。

如上所述，將《史記》古本和《史記》古鈔本的文本特性進行歸納性的比較後，可以發現二者相似點極多。基於這一事實，以及（一）中所詳細論述的，二者在機械性的比較中亦高度一致，因而可以證明本節開頭所提出的假説，即「這些被當作『《史記》古本』的内容，或許來源於第一章論及的古鈔本或與這些古鈔本同一系統的文本」。不過，由於在機械性比較中，二者並非百分百的一致，因而只能得到如下結論：「《史記》古本來源於與現存《史記》古鈔本大致屬同一系統的文本。因此，其文本能夠反映《史記》在刻本形態之前的文本面貌，非常珍貴。」

注1　可能是批注的書寫者偶然間鈔寫成了「廾」。

注2　「《索隱》單注本」是與現存的毛晉刻本大致屬同一系統的文本，但「《正義》單注本」散佚不傳，乃是據前文所述古板本標注而假想出來的文本。

注3　所謂西源院本和神田本《太平記》，與通行本不同，保存了所有《太平記》文本中最古老的面貌。其卷二十八「一　漢楚戰之事付吉野殿被成綸旨事」條説：「樊噲大行不レ顧二細謹一，大禮不二必辭讓一、如今人方爲二刀俎一、我爲二魚肉一、何辭事セムヤトテ……」（鷲尾順氏校訂、刀江書院刊《西源院本太平記》八〇二頁）。然而，這個本子原作「大禮不三必辭二讓一」，現依文意改如上記。「我爲二魚肉一」的「肉」字，本以草書寫作「宍」，校勘者誤作「完」，現改如上記）。

注4　《太平記・卷九》「五月七日合戰事　同六波羅落事」條説：「項羽則帳ノ中ニ入リ、其夫人虞氏ニ向テ別レヲ

シタヒ、悲ヲ含テ、自ラ詩ヲ作テ曰ク、力拔レ山兮、氣蓋レ世、時不レ利兮、威勢廢兮、騅不レ逝、々々々可ニ奈一何、虞兮々々奈若何、ト悲シキ歌忼慨シテ、項羽涙ヲ流シ給シカハ……」(同上《西源院本太平記》二二三頁至二二四頁。想來這些《太平記》的鈔本可能誤脱了「威勢廢兮」下的重文符號「々々々々」)

注5　與其説是缺了「二」字,不如説是因爲鈔本中「二十」作「廿」,所以「廿」易誤爲「十」。

注6　瀧川博士《史記會注考證》所引「楓山、三條本」一語,因未充分説明,一直以來多被誤解。如前節所述,前者是指宮内廳書陵部藏、楓山文庫舊藏彭寅翁本中所見的記有出入異同的批注,後者是指書陵部藏三條西實隆自筆寫本的彭寅翁本中所見的記有出入異同的批注。

另外,《史記會注考證》中所引古本資料主要是「楓山本」和「三條本」。然而,正如《史記會注考證校補》已經指出的,在此二本之外,尚有其他記有出入異同的批注(這一部分的批注也見諸南化本)。以下不再一一加注。

注7　考各本「子」字皆在「三者」之上,因此《札記》的「此」字應衍。

注8　瀧川博士的《史記會注考證》可能在「漢書」二字上誤脱「後」字。

注9　如後文所述,張文虎承襲王念孫的説法,改作了「而君不任事」。

注10　此乃瀧川博士誤認。南化、楓山、棭齋、三條各本,「姤」下皆有「賢」字,並無「而」字。瀧川氏時有此類誤認,《史記會注考證校補》都已一一指摘。

注11　究竟是《史記》取材於《戰國策》,還是《戰國策》以取材於《史記》,仍有許多疑問,這裏暫且先這樣説。

注12　正如《史記會注考證校補》中業已指出的那樣,《史記會注考證》誤脱「此」字。

注13　南化本和狩野本引師説云「劉本無大字」。

注14　當然,《正義》單注本今已散佚。因此,此處多據後文將要詳述的《史記》古板本所見佚文中的「正義」。

注15　此「厚」字,武英殿本爲使注與正文一致而改作了「序」字。而且,《景印百衲本廿四史》所收的慶元本,也據武

英殿本改作了「序」。正如後文將要詳述的，景印本的慶元本，涉及正文和注文的改動極多。

注 16—19　這一傾向，正如在論述《史記》古鈔本時所説的一樣，並不是説其作爲文本一定更爲古老，而是説在這裏今本《史記》傳承了古老的文本形態。

注 20　正如瀧川博士所説：「愚按各本，十年訛七年，今從楓、三本。」乃是據古本所改。

第三節　《史記正義》佚文

在《史記》古板本標注資料中，上節討論了假想爲《史記》古本的「異字、異文批注」。其次，批注數量多且内容亦值得矚目的，是被視作張守節《史記正義》佚文的注文批注。

最初全面留意到這一類批注（注 1）的是瀧川龜太郎博士（注 2）。瀧川博士在其畢世偉業之《史記會注考證》中，收録了一千餘條未見諸黄善夫刊本的「正義」（即所謂的《正義》佚文）（注 3），而黄善夫刊本一直被認作通行刊本中有關「正義」的最善本。

然而，近年來，特別在中國學界，對瀧川博士所輯佚的《正義》佚文有所質疑（注 4）。這些質疑之中，不少仍有待今後的探討，但也有不少則是由誤解引起的。這些誤解，一方面在於，就今日來看，瀧川博士輯佚所用資料有限（注 5），對其説明也不够充分；另一方面則在於，其輯佚工作的某些做法稍乏嚴密性。

因此，在本節中，筆者將沿著瀧川博士的思路，盡可能避免博士不幸犯下的錯誤，網羅和擴充可用於《正義》佚文輯佚的資料（注 6），從而消解中國學者們所抱有的疑問，哪怕僅僅是一小部分也好，使他們瞭解瀧川博士的真意。

不僅如此，筆者將試圖闡明「《正義》佚文的來源」——這一中國學界一致且最根本的質疑，而對《正義》佚文的客觀評價則有待於後世。

注1　瀧川博士輯佚《正義》佚文所用的資料，不僅包括「批注」，還包括《幻雲抄》等文獻。不過，《幻雲抄》與這類批注在性質上相類似。這一點，後文會有詳述（參照第三章第四節）。

注2　前述《博士家本史記異字》、《天朝傳本史記説》、《史記考異》等中，也收録部分《正義》佚文（參照第二章第一節）。

注3　輯録《正義》佚文，是瀧川博士著述《史記會注考證》的重要動機之一。博士在《史記總論》中説：「……余於是知大學本標記之所由，欣喜不能措……」又在卷末識語中説：「大正二年，予得《史記正義》遺佚於東北大學，始有纂述之志。」（旁點筆者所加）明確指出了這一點。

注4　見魯實先《寧鄉魯實先致〈史記會注考證〉作者日本瀧川龜太郎書》的「校勘未善也」條（推定寫於一九三六年左右）。這一批判，例外地比其他對《正義》佚文的批判要早）。此外，還見臺灣開明書店編著的《史記考索》（一九五七年，同書店刊）的一五四至一五七頁、程金造《〈史記會注考證〉新增正義的來源和真僞》（《新建設》一九六〇年二月號）的四六至五三頁。後文對此將有詳述。

注5、6　瀧川博士輯佚所用資料，只有以狩野本（參照第二章第一節）爲首的數種。然而，如前所述，筆者還發現了以南化本（同參照第二章第一節。筆者認爲其有關《正義》佚文的批注最爲豐富）爲首的十數種新資料。

（二）張守節及其《史記正義》

張守節，與大致同時代且爲《史記》作注的司馬貞一樣，不見諸《新唐書》和《舊唐書》的記載。但

《史記正義序》中説：「……守節涉學，三十餘年，六籍九流，地理蒼雅，鋭心觀采，評史漢，詮衆訓釋而作正義。郡國城邑，委曲申明，古典幽微，窮探其美，索理允愜，次舊書之旨，兼音解注，引致旁通，凡成三十卷，名曰《史記正義》。發揮膏肓之辭，思濟滄溟之海，未敢侔諸秘府，冀訓詁而齊流，庶貽厥子孫，世疇茲史。于時歲次丙子開元二十四年八月，殺青斯竟。」據此大概可知，張氏鑽研三十餘年（注1），博涉羣書，猶詳於地理，兼作音注，於開元二十四年（七三六年）完成《史記正義》三十卷。《正義注》中又有如下記述：

「郎中尹霸等士通辭」下的《正義注》：張先生舊本有士字，先生疑是衍文，又不敢除，故以朱大點其字中心……（《梁孝王世家》）

「匈奴列傳第五十」下的《正義注》：今第五十者，先生舊本如此（注2），劉伯莊音亦然。（《匈奴列傳》）

據此可以推斷，其師乃是一個同姓的、被稱作「張先生」（注3）的人。

另一方面，其著作《史記正義》，《新唐書》和《宋史・藝文志》都記作三十卷。但《四庫全書提要》云：「唐張守節撰，守節始末未詳，據此書所題，則其官爲諸王侍讀率府長史也。是書據自序三十卷，晁公武、陳振孫二家所録，則作二十卷。蓋其標字列注，亦必如《索隱》，後人散入句下，已非其舊。至明代監本，采附《集解》、《索隱》之後，更多所删節，失其本旨……」據此，《史記正義》三十卷，應與今日所見毛晉刻《史記索隱》三十卷（即所謂的《索隱》單注本）相同，本是單注本。像現在被視作最善本的黄善夫刊本那樣的三注合刻本《正義》顯然不能反映其原貌（注4）。而正如《提要》所言，明代監本《正義》的删節甚多。

與《正義》刪節緊密相關的，則是同爲《史記》三家注之一的司馬貞的《史記索隱》，其與《正義》的完成時期先後的問題，具有非常重要的意義（注5）。關於這一問題，錢大昕已做過詳細的考證。《索隱》的完成時期，其序文中雖未明確記載，但應早於張守節的《正義》（注6）。從書誌學的角度來看，這一考證結果應該是正確的。如前文所述，《索隱》單注本乃是覆刻本，其北宋版傳諸於世；而《正義》單注本則早已亡佚，連是否曾付諸刻板都已成疑。就合刻本而言，《集解》、《索隱》二注的合刻本，現存最早的是南宋乾道七年（一一七一）蔡夢弼刊本；而《集解》、《索隱》和《正義》的合刻本，最早的不過是南宋慶元年間（一一九五至一二〇〇）黃善夫刊本（注7）。

如上所述，張守節的《史記正義》，由於單注本較早亡佚，並且是三家注中最後被合刻的，可以推測其有相當多的刪節（注8）。像明代監本的刪節，對校黃善夫本或其覆刻本，則顯而易見。但對於《提要》所言「後人散入句下，已非其舊」，則必須舉出具體證據。對此種問題，另辟章節，予以探析。

注1　邵晉涵在《南江文鈔・史記正義提要》中也説：「《史記》三十多年，積一生精力爲之……」。

注2　《索隱》單注本與《正義》所謂「或本」一致，《匈奴列傳》爲第五十二，在《平津侯主父列傳》之下。關於《匈奴列傳》的位置，顯然唐代有兩個對立的文本在流傳。

注3　司馬貞的《索隱後序》説：「崇文館學士張嘉會讀善此書，而無注義，貞少從張學，晚更研尋。」（旁點筆者所加）瀧川博士據此認爲，張守節和司馬貞二人的老師是同一人，但這僅僅只是一個推論。

注4　對照《索隱》單注本與二注合刻本可知，合刻本刪節了許多與《集解》重複的《索隱》文字。從這一事實來推斷，三注合刻本的《正義》也難免有諸多刪節。錢泰吉在《校史記雜識》中已經作過相似的推斷：「中統本二注合刻本。《索

隱》，大都與各本同，與單刻本《索隱》單行本。異，可見合并、删節，自宋元已然，《索隱》尚有單刻可校，《正義》則訂正更難。」

（小字注爲筆者所加）

注5　《索隱》和《正義》完成時期的先後，與兩注的相關議論和《正義》删節多寡，有極大關係。

注6　《十駕齋養新録》卷六「司馬貞」條里有如下記述：

……守節《正義序》，稱開元二十四年八月殺青斯竟，而貞前後序不見年月。按《唐書·劉知幾傳》，開元初，嘗議《孝經》鄭氏學非康成注，當以古文爲正，《易》無子夏傳，《老子》書無河上公注，請存王弼學。宰相宋璟等不然其論，奏與諸儒質辨。博士司馬貞等，阿意共黜其言，請二家兼行，唯子夏易傳請罷，詔可。今補《史記》序自題國子博士宏文館學士，唐制宏文館皆以它官兼領，五品以上爲學士，六品以下曰直學士，國子博士係正五品上，故得學士之稱。神龍以後，避孝敬皇帝諱，或稱昭文，或稱修文，開元七年，仍爲宏文。以題銜驗之，貞除學士，當在開元七年以後也。《高祖本紀》，母劉媪，《索隱》云，近有人云母温氏，貞時打得班固泗水亭長古碑，其字分明作温字，云母温氏。貞與賈膺復、徐彦伯、魏奉古等，執對反覆沈歎，膺復當是膺福之訛。先天二年，爲右散騎常侍，昭文館學士，以預太平公主逆謀逆誅。見《唐書·公主傳》。今河内縣有大雲寺碑，即膺福書也。徐彦伯卒於開元二年。見《唐書》本傳，貞與賈、徐諸人談議，當在中、睿之世，計其年輩，蓋在張守節之前矣。（旁點爲筆者所加）

注7　可以推定爲《史記》三注合刻本的、比黄善夫刊本更早刊行的本子，僅見於書目。例如，《天禄琳瑯書目》云：「《史記》一百三十卷，北宋元祐（一〇八六至一〇九三）間刊本，《集解》、《索隱》並補《正義》，目録後有『校對宣德郎秘書省正字張耒』八分書條記。」（旁點爲筆者所加）此處雖云「《集解》、《索隱》並補《正義》」，但仍使人懷疑其意是否真的是指三注合刻本。與此相反，《書林清話》卷十「天禄琳瑯宋元刻本之僞」條有：「《史記集解》、《索隱》、《正義》一百三十卷，目録後印『校對宣德郎秘書省正字張耒』八分書條記，因定爲元祐時槧。此書不見於各家書目，宋時官刻書又無此體式，其用八分而不用真書，正以掩其詐耳。」

又，同卷「坊估宋元刻之作僞」一條中也記載説：「……按秘書省正字，雖宋代官名，而張耒亦無可考，其爲書估欲僞充宋槧，别刊目録，末葉增入木記彰然矣。」

據此，則是書估僞造，毋庸贅言。

另外，《甘泉鄉人稿・卷五》「校史記雜識」記載：「書估持柯本來，《索隱序》後，有『紹興三年（一一三三）四月十二日右修職郎充提舉茶鹽司幹辦公事石公憲發刊至四年十月二十日畢工』三十八字，凡三行，始知柯本從紹興本翻刻也。」今可知錢氏所謂「柯本」即「金臺汪諒本」，然遍尋其書，並不見他所提到的刊記。而且，葉德輝在《郋園讀書志・卷三》「《史記正義》一百三十卷明嘉靖四年王延喆刻本」項中，承襲此一説法：「此明王延喆重刊宋紹興三年兩浙東路茶鹽司本也，同時金臺汪諒爲柯維熊校刻此書，版式行字相同。《索隱序》後，有『紹興三年四月十二日右修職郎充提舉茶鹽司幹辦公事石公憲發刊至四年十月二十日畢工』三十八字，凡三行，故知王亦翻雕此本也。」

但從與黄善夫刊本的板式一致以及校勘的結果來看（參照《史記會注考證校補》），錢泰吉所見到的「刊記」可能是書估所僞造的（葉氏可能並未親眼看到這一「刊記」）。因此，應以黄善夫刊本爲現存三注合刻本之嚆矢。

注8　例如，錢泰吉説：「《年表》十卷不及數十條，且自《惠景間侯者年表》以後，竟無一字，不應疏略若是。《正義》單行本失傳已久，無從考補矣。惜哉。」（《甘泉鄉人稿》卷五）

（二）清朝考證學者關於《史記正義》佚文的研究

（1）錢大昕（注1）

其關於《正義》佚文的研究，見《十駕齋養新録》卷六「甪理先生」條，其文如下：

A《吴郡志・人物門》（注2）云，前漢甪理先生，吴人。《史記正義》引周樹《洞歷》云，姓周，名術，字元道，太伯之後，漢高帝時，與東園公、綺里季、夏黄公俱出，定太子，號四皓。《史記正義》，甪理先生，一號霸上先生，又云，今太湖中洞庭山西南中有禄里村是。《史記正義》。今《史記》南北雍刻，於《留侯世家》，但載《索隱》説，以周術爲河内軹人，初不載《正義》之文，蓋《正義》之散落多矣。圈稱《陳留耆舊傳·自序》，圈公爲秦博士，避地南山，惠太子以爲司徒，至稱十一世。洪氏《隸釋》，有《圈公神坐》、《圈公神祚机》，此即四皓之東園公也。……稱漢人，自述其先代，仲翔生於漢末，追溯鄉哲所言，皆當不妄，而《索隱》止載東園公姓庾，夏黄公姓崔，於圈氏、虞氏説，置而不取。愚謂四皓之姓名、里居，太史公既無明文，安知庾、崔之必是，而圈、黄之必非乎。安知周術之必居河内，而不居吴乎。《史記正義》失傳，宋人合《索隱》、《正義》兩書，散入正文之下，妄加删削，使後人不得見守節真面目，良可嘆也。

錢大昕根據《吴郡志》的記載，認爲《留侯世家》的「四皓」下面佚失了「周樹《洞歷》云，姓周，名術……今太湖中洞庭山西南中有禄里村是」的一條「正義」。（簡稱爲錢大昕佚正—A）

(2) 錢泰吉（注3）

其關於《正義》佚文的研究，見《甘泉鄉人稿》卷五《校史記雜識》，其文如下：

A《楚世家》悼王二年，三晉來伐楚至乘邱而還。《正義》曰，《年表》云，三晉公子伐我，至乘邱。《四庫考證》云，公子二字、乘字俱誤。誤也，已解在《年表》中，今《年表》無《正義》，可見《正義》之殘闕。（《年表》）

B·C《伍子胥列傳正義》，於姑蘇謂當作檇李。夫湫，皆云，解在《吴世家》。今本《吴世家》，檇李但有《集解》，姑蘇有《集解》、有《索隱》，夫椒有《集解》、有《索隱》，皆無《正義》。

（以上二條，《吴太伯世家》）

D《太史公自序》，太史公下《正義》云，以桓潭之説，釋在《武本紀》。今《武本紀》亦未見，皆缺失也。（《孝武本紀》）

據此，錢泰吉通過精讀合刻本的《正義》，指出《年表》中一條（簡稱爲錢泰吉佚正指摘—A）、《吴太伯世家》中二條（分别簡稱爲錢泰吉佚正指摘—B及C）、以及《孝武本紀》中一條（簡稱爲錢泰吉佚正指摘—D）《正義》佚文的存在。

(3) 張文虎（注4）

其關於《正義》佚文的研究，見《史記集解索隱正義札記》卷三及卷四，其文如下：

A 教者民之寒暑也（《集説》[注5]引《正義》，有「樂以氣和民心，如天地寒暑以氣生化，故謂樂爲民之寒暑也」二十四字，當在此文下，今本失[注6]）。

B 故樂也者動於内者也，禮也者動於外者也（《集説》引《正義》云，「動謂觸也，用禮樂以感動之，樂治心，故云，動内禮檢跡，故云動外」二十五字，今本失）。

C 故禮主其謙八句（《集説》引《正義》云，「威儀繁廣，易生厭倦，故禮之失在乎損，洋洋盈耳，不欲休止，故樂之失在乎盈，失在於損，當自勉强失在於盈，當自抑止」四十六字，今本失）。

D 是故樂在宗廟之中九句（《集説》引《正義》云，「正樂流行，故隨所在，而各盡其善，宗廟有君臣所主，在和敬鄉里，有長幼所主，在和順閨門，有父子所主，在和親前章，使親疏貴賤長幼男女之理，皆形見於樂，是也」六十九字，今本失）。

E 執其干戚（《集説》引《正義》云，「雅頌，是發於聲音，執其干戚，是形於動静」十六字，蓋是删節，其文前七字已見上節，後九字今本失）。（以上五條，《樂書》）

F 自號句吳，《集解》宋忠（……案《吴郡志・考證門》引《史記正義》，有「宋忠《世本注》云，句吴，太伯始所居地名也」十六字，今本無《正義》，蓋合刻者，以與《集解》複而删之）。

G 太伯卒，《集解》（……案《吴郡志・塚墓門》引《史記正義》云，「《括地志》，太伯冢，在吴縣北五十里無錫縣界西梅里村鴻山上，去太伯所居城十里」三十二字，當在此下）。

H 是爲虞仲（《吴郡志・考證門》引《史記正義》云，「《周本紀》云，古公有長子曰太伯，次曰虞仲。《左傳》云，太伯、虞仲，太王之昭。按周章弟亦稱虞仲，當是周章弟仲，初封於虞，號曰虞仲。然大伯弟仲雍，亦稱虞仲者，當是周章弟封於虞，仲雍是其始祖。後代人以國配仲，故又號始祖爲虞仲」，以上八十五字，蓋當在此，合刻者，嫌與《索隱》複而文又冗亂，故删之）。

I 子壽夢立，《正義》夢莫公反（案《吴郡志・考證門》引《史記正義》，此四字下有「當周簡王元年，《左傳》云，吴子乘卒，杜預云，壽夢也。《左傳》及《世本》又云，吴孰姑，壽夢也。世謂執夢諸也，《春秋傳》，壽作執，音相近，姑之言諸也。《毛詩傳》云，舊讀月諸爲姑，是以姑爲諸也，則知執姑、壽夢一人耳，又名乘」，以上八十字，當在此。蓋亦合刻者，嫌與後文《索隱》意複，而删之，然所引似有脱誤）。

J 敗之姑蘇（案《吴郡志・考證門》引《史記正義》謂「姑蘇檇李，相去二百里」，今本此文失）。

K 敗之夫椒（案《吴郡志・考證門》引《史記正義》「吴敗越於夫椒，引杜預曰，太湖中也，又引賀循《會稽記》云，句踐逆吴，戰於五湖中，大敗而退，今夫椒山在太湖中洞庭山西北」，今本此文失）。

L 吴東門，《正義》吴俗傳云（《吴郡志・考證門》引，吴俗上有「闔閭城無東門」六字）。

M 使伐敗吴於笠澤（……案《吴郡志・考證門》引《史記正義》云「《吴地記》云，笠澤江，松江之別名。又云，笠澤即太湖」，今本此文失）。（以上八條，《吴太伯世家》）

N 姑蘇之山（案《吴郡志・塚墓門》引《史記正義》云「夫差棲於姑蘇山，轉戰西北，敗於干遂，在蘇州西北四十里，萬安山有遂山」，當在此下，今本失）。

O 范蠡，《正義》（《困學紀聞》二十（注7）引太史公《素王妙論》下注，《史記正義》，《七略》云「司馬遷撰，此蓋因《集解》引《素王妙論》而釋之也」，今本缺）。（以上二條，《越王句踐世家》）

據此，張文虎從《禮記集説》、《吴郡志》、《困學紀聞》所引《史記正義》中，輯録了十五條佚文（依記載的順序，分別簡稱爲張文虎佚正—A～O）。其中，K即錢泰吉佚正指摘—C所指。

以上所述，除錢泰吉僅指出今本有闕、當有佚文外，錢大昕、張文虎二家拾集《正義》佚文的方法，簡言之即完全依據「他書所轉引」，正是中國學人所謂「佚文拾集」的典型。與之相對，瀧川博士拾集《正義》佚文的方法則如前文所述，乃是依據《史記》古板本欄外的「批注」。雖同爲「佚文拾集」，但其性質卻不盡相同。因此，以下專辟一小節討論瀧川博士的「佚文拾集」。

注1　錢大昕（一七二八至一八〇四年），字曉徵，號辛楣，又號竹汀。江蘇嘉定人，乾隆十九年（一七五四年）進士，累官至侍讀學士。博覽羣書，精通諸般學問。著書極多，有《廿二史考異》、《十駕齋養新録》等。

注2　《吴郡志》五十卷，宋范成大撰。分三十九門，原著所記事跡止於紹興三年（一一三三年）。

注3　錢泰吉（一七九一至一八六三年），字輔宜，號警石。嘉興人。性好古書，借人之善本，以爲校勘。著書有《曝書雜記》、《甘泉鄉人稿》等。

注4　張文虎（一八〇八至一八八五年），字孟彪，南匯人。精研諸學，最長校勘。著書有《校刊史記集解索隱正義札記》等。

注5　《禮記集説》一百六十卷，宋衛湜撰。自寧宗開禧年間（一二〇五至一二〇七）始，成於理宗寶慶年間（一二二五至一二二七）。

注6　括弧内原文爲雙注，以下同。

注7　《困學紀聞》二十卷，宋王應麟撰。王應麟爲淳祐年間（一二四一至一二五二）的進士。

（三）瀧川博士的《史記正義》佚文輯佚

瀧川博士輯録《正義》佚文的經過，見《史記會注考證》所收《史記總論》中的「史記正義佚存」一條，其文如下：

吾讀三家書（錢大昕、錢泰吉、張文虎三人），益知三注本所録《正義》多削落甚多也。偶翻東北大學所藏慶長、寬永活字本《史記》，（狩野亨吉舊藏，蓋依元彭寅翁本。）上欄標記（注1）《正義》一千二三百條，皆三注本所無，但缺十《表》（注2），其後又得《桃源史記抄》（注3）、（僧桃源名瑞仙……）《幻雲抄》、（注4）（幻雲，名壽桂，亦五山僧徒，後於桃源。）《博士家史記異字》（注5）、（或題《天朝傳本史記説》，前田侯爵藏，説詳後章。）所載《正義》略與此合。幻雲標注《桃源抄》云（注6），幻謂，小司馬、張守節，皆唐明皇時人也，而《索隱》不知《正義》，《正義》不知《索隱》，各出己意而注正之，今合《索隱》、《正義》爲一本者，出于何人乎哉。蕉了翁

（注 7）亦未詳焉，蕉了即蕉雨，桃源别號。況其餘哉。吾邦有《索隱》本（注 8），有《正義》本（注 9），《索隱》與此注所載大同，《正義》者此注所不載者夥，故諸本之上書之（注 10）。識語，依米澤文庫藏《桃源抄》。予於是知大學本標記之所由，欣喜不能措，手録以爲二卷，題曰《史記正義佚存》。（括弧内爲筆者注）

據此，瀧川博士輯録《正義》佚文時，最初也最主要的資料，乃是東北大學藏狩野亨吉舊藏慶長古活字八行有界本（注 11）（簡稱狩野本）的欄外和行間所見「正義曰」的批注（注 12）。而《桃源抄》、《幻雲抄》和《博士家本史記異字》則被用作輔助資料。其中，《桃源抄》事實上只記載了極少量的《正義》佚文（注 13），認爲瀧川博士將其用作輯録佚文的資料，完全是一個誤解。之所以引起這樣的誤解，是因爲瀧川博士所用的米澤市圖書館藏《桃源抄》，各册題箋雖都作「桃源抄」，但其内容的大部分是依據《幻雲抄》（注 14）。另外，《幻雲抄》和《博士家本史記異字》，可以推測是依據某種《史記》古板本的「批注」而形成的本子（注 15）。因此，總的來説，瀧川博士輯録《正義》佚文所用的資料，實際上是「《史記》古板中見有『正義曰』的批注」（注 16）。

另一方面，從上面所引瀧川博士的文章，很難推測博士將這些批注判斷爲張守節《正義》佚文的理由。但不管怎樣，從「偶翻東北大學所藏慶長、寬永活字本《史記》上欄標記《正義》一千二三百條，皆三注本所無」的記述來看，很可能是因爲這一千二三百條注文的「批注」之上皆冠有「正義曰」三字，且這些注文不見諸三注合刻本的「正義」注。然而，僅憑「正義曰」三字就將其斷定爲張守節的《正義》，就真的妥當嗎？博士在《史記正義佚存》中兩處論及了此問題。其一，即與前面引文略有重複的的部分：

幻雲標記《桃源抄》云，「幻謂，小司馬、張守節，皆唐明皇時人也……吾邦有《索隱》本、有《正義》本，《索隱》與此注所載大同，《正義》者此注所不載者夥，故諸本之上書之」，余於是知大學本標記之所由。

如上，博士依據《幻雲抄》（原文作「幻雲標記《桃源抄》」，有誤）中記載的幻雲的説法，認爲這些「正義曰」的批注，來源於自古便流傳於日本的張守節《史記正義》單注本。其二，在《史記正義佚存》的最後，博士揭示了分别對應於（二）中提到的「錢大昕佚正—A」、「錢泰吉佚正指摘—C」、「張文虎佚正—M」及「錢泰吉佚正指摘—D」（注17）的《正義》佚文（當然都是從「批注」中拾集的），并説：「此《鄉人稿》、《札記》所謂佚者也。我邦幸存之，豈不亦愉快乎。」以此論證新輯録的《正義》佚文正是張守節《史記正義》的佚文。

如此，瀧川博士在文章的最後説：「……其餘一千餘條，不可悉舉。今録之《會注》正義各條，略復張氏之舊云。」如其言，博士將多達一千二三百條「『正義曰』的批注」與其他見於三注合刻本中的「正義」一視同仁，悉數收録在《史記會注考證》中。因此，即使略有問題，但博士的佚文輯録，無論在數量上，還是在方法上，都可説是劃時代的。然而《史記會注考證》問世已近三十年，有一些對博士《正義》佚文輯録的批判也再自然不過。以下參以筆者愚見，對這些批判進行論述。

注1　這裏的「標記」，即「批注」的意思。

注2　如第二章第二節所述，《史記》古板本的諸種批注不見於《表》和《書》（與《孝武本紀》重複的《封禪書》部分是例外）。

注3　將在第三章第三節詳述。

注4　將在第三章第四節詳述。

注5　已於第二章第一節詳述。

注6　由於瀧川博士依據的是米澤市圖書館藏（即博士所言米澤文庫）《桃源抄》，因此有將《桃源抄》和《幻雲抄》混同的傾向。這裏所謂「幻雲標記《桃源抄》」，很明顯是「幻雲抄」之誤。

注7　參照第三章第三節。

注8　依幻雲當時的表述，難以判斷此處的「索隱本」究竟是指《集解》之外的某個《索隱》本、即二注合刻本，還是指《索隱》單注本。從下文來看，可能是指《索隱》單注本。

注9　與注8同樣，難以明確判斷此處的「正義本」究竟是指《集解》、《索隱》之外的某個《正義》本、即三注合刻本，還是指《正義》單注本。從下文來看，可能是指《正義》單注本。

注10　據此，至遲在幻雲生活的時代以前，「正義」的批注就已經完成。

注11　已於第二章第一節詳述。

注12　雖然從瀧川博士「上欄標記正義一千二三百條」的表述，有點難以推導出這樣的解釋，但從事實來推斷，這番解釋應該是合適的。

注13　參照第三章第三節。

注14　《桃源抄》十六册中，至第十二册爲止，其内容都是《幻雲抄》。

注15　要言之，前者是以注釋爲中心鈔出的，而後者則是以異字、異文爲中心鈔出的。

注16　嚴格來説，瀧川博士輯録的《正義》佚文，也有極少部分依據的是張文虎的《札記》。例如，「張文虎佚正——G、H、J、K」等，均是過録原文。

注17　「錢泰吉佚正指摘—D」指出,《太史公自序》的「正義」説「釋在《武本紀》」。而今本《孝武本紀》中卻没有。此處對應的「正義」,不知瀧川博士依據何本輯佚的,《封禪書》的「太史公」條下注明了「《太史公自序》正義,云《武本紀》者,偶失之」。但是,《正義》佚文輯録資料,如可信賴的「南化本」、「謙本」(均見第二章第一節),都如《太史公自序》的「正義」所言,能在《孝武本紀》找到對應的「正義」(佚文)(參照《史記會注考證校補》卷十二)。但是《史記會注考證》則收於《孝武本紀》)。

(四) 對瀧川博士所輯《正義》佚文的諸種批評

(1) 魯實先

對瀧川博士輯録的《正義》佚文的批評中,最早的是魯實先的批評。《史記會注考證》刊行後不久(注1),魯氏便寫了《寧鄉魯實先致〈史記會注考證〉作者日本瀧川龜太郎書》(注2),對此書作了全面的批評。在「二曰校勘未善」一條中,有如下記述:

> 又如《正義》之輯佚,掛漏不少。蓋《史記》三家注,唯《正義》無單刻本,後世合刻本多所删節。瀧川據日本僧幻雲鈔本(注3),補入《正義》千餘條,殊不知《正義》佚文中土自有古籍可求,無庸取之三島。如涵芬樓及日本米澤上杉格所藏、上海博古齋所印宋黄善夫本所存《正義》,較之幻雲鈔本爲多(注4)。王氏《玉海》(注5)及松江韓氏所藏宋本《吕東萊增入正義音注史記詳節》(注6)、清談吉《史記正義輯本》(注7)徵引亦富,俗以震澤王氏本爲翻刻黄善夫本(注8),其説創自王士禎《池北偶談》(注9),葉德輝《書林清話》,駁之允矣(注10)。瀧川惑於俗説,以爲既見震澤王氏本《正義》無多,遂以幻雲鈔本補之,黄善夫本彼未之見也。

據此，他的批評可歸納爲如下兩條：

(a) 瀧川博士並沒有看到被認爲「正義」最善本的黃善夫刊本，而只看到了通常被當作黃本覆刻本的震澤王氏本，并從《幻雲抄》中找出了不見於王氏本的千餘條，作爲《正義》佚文補入。而事實上，王氏本並非黃善夫本的覆刻，黃善夫本中存有的《正義》不僅比王氏本多，也比《幻雲抄》多，因此沒有依據《幻雲抄》等而需要新補入的「正義」。

(b) 即使不參考瀧川博士所説的《幻雲抄》、《玉海》、《史記詳節》、《史記正義輯本》等書也徵引有豐富的「正義」。

針對這兩條批評，筆者謹代瀧川博士試作反駁如下：

關於(a)所謂王氏本是黃善夫本的覆刻，並非只是慣説，今日看來也是不可動摇的事實(注11)。因此，黃善夫本中絕不可能有比瀧川博士新補入的「正義」更多的「正義」。魯實先可能並沒有親眼看過黃善夫本。

關於(b)魯氏所説的《史記正義輯本》，因未親見，故略過不談。不過，《玉海》中雖徵引了不少《史記》「正義」，但其中很少是黃善夫本所沒有的。至於《史記詳節》，雖言「吕東萊增入正義音注」，但卻極少引用「正義」原文。

如此看來，魯實先對瀧川博士《正義》佚文輯録的批評無法成立。尤其像「殊不知《正義》佚文中土自有古籍可求，無庸取之三島」的表述，稍有感情過激之嫌。然而，這與一九三〇年以來中日關係的可悲狀況也並非是沒有關係的(注12)。

(2)《史記考索》

接下來對瀧川博士輯録的《正義》佚文的批評，是較久之後的一九五七年三月，臺灣開明書店刊行的「開明文史叢刊」之一的《史記考索》。此書在「張守節史記正義説例」條中有如下記述(注13)(此書僅注「開明書店編著」，未言明著者姓名)：

且即就資言(瀧川龜太郎——譯者注)所補諸條言之。

《魏世家》：「魏獻子生魏侈。」《正義》(佚文)：「侈音他，侈尺氏反。」

「侈」字下得兩音，此中顯有訛誤，一也。

《趙世家》：「春平君言行信於王，王必厚割趙而贖平都。文信侯曰善，因遣之。」《正義》：「按太子即春平君也。」

此言春平君與太子爲一人。然上文秦召春平君，因而留之句，資言補録《正義》云：「春平未詳。」其言甚可怪。果此兩條同出於張守節，不得反復若此，顯有訛誤，二也。

《穰侯列傳》：「而昭王同母弟曰高陵君，涇陽君。」《索隱》：「高陵君名顯，涇陽君名悝。」《正義》(佚文)：「悝，客迴反。」今按《秦本紀索隱》云「涇陽君名市」，又言「高陵君名悝」，其言不盡售。《索隱》既誤，《正義》不得隨之同誤，語已可怪。且司馬貞張守節，時代雖略有先後，然書成時，《索隱》固不知有《正義》，《正義》亦不知有《索隱》，不得謂《正義》爲《索隱》下解，此中顯有訛誤，三也。

綜兹三者，則資言所稱上欄標記之《正義》，似亦未可盡信。豈標記之時，又有隨手標題不盡出於《正義》者乎？然就大體以論，資言之有功於《正義》，不待言也(「佚文」字樣爲筆者所加)。

據此，「張守節史記正義説例」的作者，對瀧川博士輯録的「正義」（以下簡稱爲「《正義》佚文」），並沒有持根本性的否定態度，而是認爲《正義》佚文輯録所用的資料依據的是批注性質的文本，所以其中本就有一些問題，並舉出了三個例子。現對這三個例子進行一番檢討。

關於「一」，誠如作者的指摘，這一條《正義》佚文確實有誤。至「侈音他」爲止是「正義」注文，但下面的「侈尺氏反」應是混入相鄰的其他批注。關於這一錯誤，已記於《史記會注考證校補》卷四十四。

關於「二」，僅作「××未詳」類型的注，在《正義》佚文中可見到數例（注14）。然是否可將之視爲《正義》注，尚有討論的餘地（注15）。但是，作者所説的「春平君言行信於王……」下方「按太子即春平君也」的《正義》，只是説前文「徐廣曰，《年表》云，太子從質秦歸」的《集解》中的「太子」是指「春平君」，與上文「秦召春平君」所附的《正義》佚文「春平未詳」並不抵觸。

關於「三」，如此例所示，乍看上去像是在爲《索隱》作注的《正義》佚文，尚可見到數例（注16）。這種例子牽涉到對《索隱》和《正義》之關聯的繁瑣討論，後文將另有詳述。然而，僅就此例而言，原本的《正義》注文實際上要比這裏的更長，批注的鈔寫者只是將原注中含有「悝」字的一部分鈔出了，因此纔乍看上去似在爲《索隱》作注（注17）。

以上，關於「張守節史記正義説例」作者的批評，雖然這裏僅舉三個具體的例子，但其最早從內容上批評瀧川博士輯録的《正義》佚文，探討也有的放矢。從這一點來説，其批評也是值得傾聽的。

（3）賀次君

對瀧川博士輯録的《正義》佚文的正式批評，見諸一九五八年十月，上海商務印書館刊行的賀次君

《史記書録》中的「史記會注考證一百三卷」條。現將其批評分爲「對《正義》佚文來源的質疑」和「對博士輯録的《正義》佚文的内容的質疑」兩部分予以介紹，并試作探討。

(a) 對《正義》佚文來源的質疑

瀧川於本書卷末識云：「大正二年，予得《史記正義》遺佚於東北大學，始有纂述之志。」又「史記總論史記正義佚存」條云：

偶翻東北大學所藏慶長寬永活字本《史記》，上欄標記《正義》一千二三百條，皆三注本所無，但缺十《表》，後又得《桃源史記抄》、《幻雲抄》、《博士家史記異字》，所載《正義》略與此合(注18)……余於是知大學本標記所由，欣喜不能措，手録以爲二卷，題曰「史記正義佚存」。

此瀧川編著此本之動機，乃以其所輯佚存之《正義》一千餘條，散出於舊注中，是即此本之特異之處，故讀者咸推重之，稱爲《正義》善本。考日本所傳《史記桃源抄》、《幻雲抄》二種，皆轉録至尊經閣《博士家本史記異字》，該書爲鈔本，乃摘句標注，不知出於何人手筆……其中所著異文有元至元二十五年安成郡彭寅翁本，原東北大學所藏慶長寬永活字本《史記》，即瀧川采以輯《正義》佚存者，亦是彭寅翁本之翻板(注19)，可知其時代並不甚早。

按張守節《史記正義》三十卷，初爲單行，宋代以之附入《集解》、《索隱》下，原書遂不傳。合刻時去繁就簡，汰其重複，於張氏原著頗有删佚，如……(這一部分文字，與本節[二][2]所述錢泰吉在《校史記雜識》中指摘《正義》有殘缺的文字相同，故於此略去)……合刻者既删前注，不察其中矛盾，致注文與實際不合，吾人乃於此以見《正義》殘闕之情況。《吴郡志・人物門》、《考證門》並引有《史記正義》數條（注20），王應麟《通鑑地理通釋》及《詩地理考》所引《括地志》皆由《史記正義》轉録，但較今本《正義》爲多，亦可證今存《正義》之缺失。今瀧川所輯與上所舉不相吻合，余頗疑之……（原文這段文字並無提行，乃筆者提行）

如此，賀氏對博士輯録《正義》佚文的來源的質疑可歸納爲如下兩條。

（A）瀧川博士依據東北大學所藏慶長古活字本中的上欄標注（賀氏似乎誤解了「標注」的意思）輯録《正義》佚文，但此慶長古活字本依據的是元至元二十五年（一二九八）刊的彭寅翁本，因此其上欄標記中居然存有三注合刻本中所無的《正義》，就時代而言似乎頗爲可疑。

（B）三注合刻本的《正義》中作「……解、在……」之處，博士輯録的《正義》佚文中相應的地方並無其「解」。又，博士輯録的《正義》佚文，與其他書籍（《吴郡志》、《玉海》等）轉引的不見諸三注合刻本的《正義》佚文並不一致。因此，博士所輯録的究竟是否果爲《正義》佚文便顯得可疑。

現對這些佚文試作探討。

關於（A）的確如賀氏所言，瀧川博士輯録《正義》佚文的主要資料是東北大學所藏慶長古活字本《史記》的上欄標注，而這些標注寫於此刊本刊行之後（慶長古活字本的刊行時期推測在慶長十一年［一六〇六］之前）（注21），不用説自然也晚於其祖本彭寅翁本的刊行日期。然而，這些標注的由來卻可以上溯到更早的時期。尤其是上杉家藏的南宋慶元（一一九五至一二〇〇）黄善夫刊本的標注，雖稍有異同，但與此慶長古活字本的標注大體一致，保留著更爲原始的形態。且其中還保留了某些痕跡，可以據以推測這些標注是據《正義》單注本而來（本節［五］［1］將有詳述）。因此，賀氏以這些標注的實際形成時期來質疑博士輯録的《正義》佚文，未免有失妥當。而且，這些標注由來之久遠，瀧川博士在「史記正義佚存」條中已說：「幻雲標記《桃源抄》云……」（參見本節[三]），不知是出於故意還是偶然，賀氏的引文中完全省略了這一部分。

關於(B)這一質疑的產生，明顯是由於賀氏自身的疏忽。這一類的問題，後文將有詳述。瀧川博士在「史記正義佚存」條中也已有所述。針對《伍子胥列傳》的「敗吴於姑蘇」下之《正義》「姑蘇，當作檇，乃文誤也，解在《吴世家》」，然而無論搜檢三注合刻本《吴世家》的哪一部分，都不見其「解」的指摘（前記，錢泰吉佚正指摘—B）。博士在他輯録的《正義》佚文中，於《吴太伯世家》的「報姑蘇也」之下指出：「《越世家》云，吴師敗於檇李，言報姑蘇，誤也。姑蘇乃是夫差敗處，太史公甚疏。」兩者恰好相合。除此之外，博士還指出了符合「錢泰吉佚正指摘—D」的例子（本節[五][2]將有詳述）。

又，《吴郡志・考證門》所引《吴太伯世家》「使伐敗吴於笠澤」下《正義》（不見於三注合刻本）謂「《吴地記》云，笠澤江，松江之別名。又云，笠澤即太湖」（前記，張文虎佚正—M）。與此相符，博士舉出了「笠澤江，松江之別名，在蘇州南三十五里」（注22）的《正義》佚文。此外，博士還舉出了符合「錢大昕佚正—A」的《正義》佚文（注23）。賀氏「今瀧川所輯與上所舉不相吻合」的判斷，失之武斷。

除此之外，一些例子雖未被學者指出，但見於他書轉引而不見於三注合刻本的《史記正義》，也與瀧川博士輯録的《正義》佚文相合（注24）（本節[五][2]將有詳述）。例如：

紂都朝歌，在衛州東北七十三里，朝歌故城，是也，本妹邑……（《玉海》、《通鑑地理通釋》）

故康城在許州陽翟縣西北三十五里。（《玉海》、《詩地理考》）

與此一致的《正義》佚文見《衛康叔世家》「衛康叔名封」下：「《括地志》曰，朝歌故城在衛州衛縣西二十里，本妹邑殷都也……故康城在洛州陽翟縣西北三十五里，《洛陽記》云，是少康之故邑。」至此，不得不令人懷疑，賀氏的判斷是否是基於實際校對的結果。

如上所述，賀氏對《正義》佚文來源的質疑，源於其對瀧川博士《史記正義佚存》的理解不充分，并不能成爲真正的質疑。

(b) 對《正義》佚文内容的質疑

接下來看一下賀氏對《正義》佚文内容的質疑。首先，在(a)所引的文章後，賀氏緊接著寫道：「今瀧川所輯與上所舉不相吻合，余頗疑之，曾爲仔細查對，乃知其所補《正義》一千二三百條，非盡屬删佚之《正義》也。其一千餘條中，大別之可分爲三類。」賀氏分三類對《正義》佚文的内容提出了質疑。現依次加以介紹，並予以探討。

「其一爲由合刻《正義》輾轉鈔録者。」

(A)《吴世家》「歌以邶、鄘、衛」，補《正義》「《漢(此字依照引文)地理志》云： 河内殷之舊都，周既滅殷云云」一條，已見《周本紀正義》。

(B) 又「爲堂谿氏」，補《正義》「《括地志》豫州吴房縣在西北云云」一條，已見《項羽本紀正義》。

(C)《陳杞世家》「居于潙汭」，補《正義》「《括地志》云潙汭水，源出蒲州河東縣南山云云」一條，已見《五帝本紀正義》。

(D) 又「封之於陳」，補《正義》「《詩譜》云： 帝舜後有遏父者，爲周武王陶正云云」一條，已見《田完世家正義》。

(E) 又「八世之後，莫之與京」，補《正義》「按陳敬仲八代孫田常之子襄子盤也云云」一條，亦已見《田完世家》。

(F) 又「或封英六」，補《正義》「《括地志》云光州固始縣云云」一條，已見《夏本紀》。

第一類，賀氏舉出了以上六例，並總結説同樣的例子「約二百餘條」。（[A]至[F]的符號是筆者爲方便而加，提行也是筆者所爲）

現試對這些例子稍作探討。在此之前，概括性地回答這一類質疑的話，則不得不提到三注合刻本中的《正義》（以下簡稱「舊《正義》」），本來就有許多重複。如其最甚者：

《括地志》曰，安平城在青州臨淄縣東十九里，古紀國之酅邑。（《田敬仲完世家》「而割齊自安平以東」下的《正義》）

安平城在青州臨淄縣東十九里，古紀之酅邑也。（同《世家》「齊封田單爲安平君」下的《正義》）

這兩條《正義》注文未隔數葉便已重出，且相同的《正義》已見於《秦始皇本紀》「紀季以酅春秋不名」之下：「……《括地志》云，安平城在青州臨淄縣東十九里，古紀之酅邑……」如上，舊《正義》中本身就有不少重複之處（同樣的例子還有很多，音注的重出尤其多）（注25）。因此，僅依據瀧川博士輯録的《正義》佚文與舊《正義》有一致之處，便斷定這些重複是從舊《正義》移録過來的，不免言之過早。當然，與舊《正義》重複的佚文，其價值確實會降低，且其中也有不少的確像是從舊《正義》移録過來的。

現在，回過頭去探討賀氏所舉出的六個例子。

關於(A)，下面不辭繁瑣，並舉舊《正義》和《正義》佚文：

舊《正義》：——地理志云河内舊之舊都周既滅殷分其畿内爲三國詩邶鄘衛是邶以封紂子武庚鄘管叔尹之衛蔡叔尹之以監殷民謂之三監——（注 26）帝王世紀云自殷都以東爲衛管叔監之殷都以西爲鄘蔡叔監之殷都以北爲邶霍叔監之是爲三監按二説各異未詳孰是（注 27）。（《周本紀》）

《正義》佚文：　漢書地理志云河内舊之舊都周既滅殷分其畿内爲三國——邶以封紂子武庚鄘管叔尹之衛蔡叔尹之以監殷人謂之三監又周本紀云帝王世紀云自殷都以東爲衛管叔監之殷都以南爲鄘蔡叔監之殷都以北爲邶霍叔監之是爲三監——二説各異未詳——。（《吴太伯世家》）

乍一看，首先讓人感覺《正義》佚文的「又周本紀云」以下，像是移録的舊《正義》。也許是因此，南化本中這條《正義》佚文的批注，纔在此處有意識地提行而寫。「又周本紀云」前面的部分似也可視作從舊《正義》移録來的，只是《正義》佚文中無「詩邶鄘衛是」五字。從這條《正義》佚文附在《吴太伯世家》的「歌邶鄘衛」之下這一點來看，或許《正義》本的原貌就是在這四個字之下附有和《周本紀》同樣的《正義》注文。但是，如此就無法解釋，爲什麼前面作注説「二説各異，未詳孰是」，而後面卻只注了一説。

關於(B)，這一重複的例子，明顯是賀氏誤認。《吴太伯世家》中的「『爲堂谿氏』，補《正義》『《括地志》豫州吴房縣……已見《項羽本紀》』」的《正義》，事實上也見於三注合刻本（注 28），賀氏無意間舉出了舊《正義》中也存在重出情況的例子。又，「堂谿」所附《正義》注的重出，不僅見於《吴太伯世家》和《項羽本紀》，還見於以下三處：

Ⅰ　封楊武爲吴防侯。《索隱》曰，《地理志》縣名，屬汝南，故房子國。《正義》曰，吴防，豫州縣。《括地志》云，吴房縣，本

漢舊縣。孟康云，吴王闔盧弟夫概奔楚，楚封於此，爲堂谿氏，本房子國，以封吴，故曰吴房。（《項羽本紀》）

Ⅱ　而封夫概於堂谿爲堂谿氏。《集解》曰，司馬彪曰，汝南吴房有堂谿亭。《索隱》曰，彪（注29）案《地理志》而知。《正義》曰，《括地志》云，豫州吴房縣在州西北九十里。應劭云，吴王闔閭弟夫概奔楚，封之於堂谿氏，本房子國，以封吴，故曰吴房。

（《吴太伯世家》）

Ⅲ　封夫概於堂谿爲堂谿氏。《集解》曰，徐廣曰，在慎縣。駟按，《地理志》汝南有吴房縣。應劭曰，夫概奔楚，封於堂谿，本房子國，以封吴，故曰吴房。然則不得在慎縣也。《正義》曰，案今豫州吴房縣，在州西北九十里。（《伍子胥列傳》）

從這個例子來看，注釋的重出不單見於《正義》之間，也見於《集解》和《索隱》、《索隱》和《正義》之間。

關於(C)，這個例子，很有可能是移録過來的（且有節略），儘管如此，還是有一些疑問。現不辭繁瑣，將舊《正義》和《正義》佚文並舉如下：

舊《正義》：　括地志（注30）云嬀汭水源出蒲州河東——南——山許慎云水涯曰汭案地記云河東郡青山東山中有二泉下南流者嬀水北流者汭水二水異原合流出谷西注河嬀水北曰汭也又云河東縣二里故蒲坂城舜所都也——城中有舜廟城外有舜宅及二妃壇——。（《五帝本紀》）

《正義》佚文：　括地志（注30）云嬀汭水源出蒲州河東縣南首山——地記云河東郡首山北——中有二泉下南流者汭水——者汭水——蒲坂城中有舜廟城外有舜宅及二妃壇按河東縣本漢蒲坂縣。（《陳杞世家》）

如此，若是移録過來的，則字句之間的差異似乎有些太大了。現提出三種可能性，以待後論（當然，如前所述，Ⅰ的可能性最大）。

Ⅰ　移録而來，字句的差異是移録者誤寫或有意節略。

Ⅱ 移録而來，但字句的差異乃是由於其根據的是今日不可得見的另一種《正義》文本。

Ⅲ 在今日不可得見的《正義》單注本中，存在著此條《正義》注。

關於(D)，賀氏所言「《陳杞世家》補《正義》『《詩譜》云：帝舜後有遏父者……』」並不見於《田完世家》的《正義》，可能與(B)一樣，爲賀氏誤認。

關於(E)，這條例子，賀氏將舊《正義》和補《正義》弄反了。也就是説，賀氏所説《陳杞世家》的「補《正義》『按陳敬仲八代孫……』」見於三注合刻本的《正義》，而下面賀氏所説的「亦已見《田完世家》」纔是補《正義》(《正義》佚文)。當然，這也是一條重複的例子。現不辭繁瑣，將舊《正義》和《正義》佚文並舉如下：

舊《正義》(含《集解》)：賈逵曰京大也(集解)按——陳敬仲(注31)八代孫——田常之襄子盤也而杜以常爲八代者以恒子無宇生武子開與釐子乞皆相繼事齊故以常爲八代。(《陳杞世家》)

《正義》佚文：賈逵曰京大也(集解)杜預曰——敬仲八代孫陳常也田完世家云八代孫田常之——子盤也而杜以常爲八代者以恒子無宇生武士開與釐子乞皆相繼事齊故以常爲八代。(《田敬仲完世家》)

顯然「賈逵曰京大也」是移録的《陳杞世家》的《集解》。《田完世家》的注説「田完世家云」就顯得很奇怪。(或是「陳杞世家云」的誤寫？)大體可視爲是移録過來的。但是，《田完世家》的《正義》佚文多「杜預曰敬仲八代孫陳常也」一句，與下面的「而杜以常爲八代者」相呼應。由此來看，也有可能是屬於(C)例中所提出三種可能性中的Ⅱ。

關於(F)這一例子，下面不辭繁瑣，先並舉二者如下：

舊《正義》：　英蓋蓼也括地志云光州固始縣——本春秋時蓼國——偃姓皋陶之後也——左傳云子燮滅蓼大康地志云蓼國先在南陽故縣今豫州郾縣界故胡城是後徙於此括地志云故六城在壽州安豐縣南一百三十二里春秋文五年秋楚成大心滅之——。(《夏本紀》)

《正義》佚文：　——括地志曰光州固始縣古蓼國南蓼城也——春秋時蓼國——偃姓皋陶之後——又有北蓼城在固始縣北六十里蓼國有南北二城——故六城在壽州安豐縣南——百三十二里——帝王世紀云皋陶生於曲阜之偃地故帝因之賜姓曰偃也英見春秋僖十七年經檢無英國蓋英爲蓼耳。(《陳杞世家》)

這個例子，怎麼看也不像是單純的移録。因爲不僅字句的差異十分明顯，而且《正義》佚文也不像是節略。無論《夏本紀》的舊《正義》怎樣節略，都不太可能變成《陳杞世家》的《正義》佚文。因此可以説，這個例子或許屬於(C)例中所提出三種可能性中的Ⅱ或Ⅲ。

以上試著探討了賀氏舉出的重複的具體例子。但是，賀氏説同樣的例子還有「約二百餘條」，就筆者現階段的調查來看，並没有那麼多。不過，數量也不少。例如，僅與《括地志》有關的例子就能找到約五十條。然而，關於這個例子，最後想要説的是，如前所述，將其全部都視作移録而來的，似乎有些失之過急。接下來探討賀氏的第二個質疑。

「其二爲就《漢書》注轉録，以補《史記》注之不足者。」

(A)此類《高祖》、《孝文》、《孝武本紀》及《張耳陳餘列傳》以至《太史公自序》爲最多，約數百條。《正義》引《漢書》顔師古注皆稱「小顔云」或「顔云」，此所補《正義》多録其文而不稱其姓名，則不免有攘竊之嫌，後人不省，將以此誣張氏矣。

（B）其轉録《漢書》注最顯著者，如《西南夷傳》「皆同姓相扶」，補《正義》云：「扙，直亮反。扙，猶倚也，相倚爲援，不聽滇王入朝。」《史記》各本皆作「相扶」，《漢》傳則作「相扙」，其注與顔師古注全同，是爲轉録之證，而下文「大夏扙邛竹」句下補《正義》一條，與此全同，張守節當不致如此乖妄，其爲後人輒轉鈔録無疑矣。

以上賀氏所言（[A]、[B]符號及提行乃筆者所爲），現逐次探討這些疑問。

關於（A），《正義》佚文中確實有多處轉録了《漢書》顔師古注，《高祖》、《孝文》、《孝武》各《本紀》和《張耳陳餘列傳》、《太史公自序》中此類例子尤其多。 然而，認爲舊《正義》引用顔師古注時必題「小顔云」或「顔云」以示自己並非剽竊，從而判定《正義》佚文所引皆是後人從《漢書》轉録，賀氏的這一推論有待商榷。 也就是説，難道舊《正義》中就没有直接引用顔師古注的地方嗎？現試著將賀氏所言《正義》佚文中轉録顔師古注較多的《高祖本紀》、《張耳陳餘列傳》、《太史公自序》的舊《正義》，和相應的《漢書》顔師古注進行比較，很容易就能找到如下例子。

Ⅰ（舊）《正義》：　——許北人——呼爲黶子吴楚——謂之誌誌——記也。（《高祖本紀》）

顔師古注：　今中國——通呼爲黶子吴楚俗謂之誌誌者記也。（《漢書·高紀上》）

皆爲「左股有七十二黑子」的注。

Ⅱ（舊）《正義》（注32）：　秦法十里一亭十亭一鄉亭長——主亭之吏也。（《高祖本紀》）

顏師古注：秦法十里一亭——亭長者主亭之吏——。（《漢書・高祖本紀》）

皆爲「爲泗水《漢書》作上。亭長」的注。

Ⅲ（舊）《正義》：十中——冀——一兩勝秦。（《張耳陳餘列傳》）

顏師古注：十中尚冀得一二勝秦。（《漢書》同傳）

皆爲「且有十《漢書》作什。一二相全」的注。

Ⅳ（舊）《正義》：言因百姓之心以——教唯執其綱而已。（《太史公自序》）

顏師古注：言因百姓之心以爲教但執其綱而已。（《漢書・司馬遷傳》）

皆爲「因者君之綱也」的注。

Ⅴ（舊）《正義》：鄒縣名——嶧山名——嶧山在鄒縣北二十二里地近曲阜——於此行鄉射之禮。（《太史公自序》）

顏師古注：鄒縣名也嶧山名也——近曲阜地也於此行鄉射之禮。（《漢書・司馬遷傳》）

皆爲「鄉射鄒嶧」的注。

這些例子都是三注合刻本中所見《正義》，均未題「小顏云」或「顏云」，卻與顏師古注一致。類似的例子不暇枚舉（《太史公自序》中猶多）。因此，像賀氏那樣，認爲《正義》佚文中不題作「顏師古注」、卻與顏師古注一致的注文，並非張守節的《正義》，而是後人轉録，便顯得有些武斷。不須説，「後人不省，將以此誣張氏矣」的論述，更是有欠妥當。因此，不能僅憑不題「小顏云」或「顏云」這一點，就斷定《正義》佚文中與顏師古注一致的注文不是張守節的《正義》。相反，這些例子恰恰可以佐證這些《正義》佚文並非妄作。

另外，雖稍有偏題之嫌，《正義》佚文中直接襲用顏師古注之處較多的情況，或許像合刻者删削《正義》與《集解》、《索隱》重複的文字一樣，更因顏師古注《漢書》爲常見之書，也一並删去。

關於(B)，對賀氏提出的第二個質疑，於(A)已作了全面研究。但不得不説，最令人對《正義》佚文生疑的，賀氏所舉的(B)例，事實上犯了一個很大的錯誤。賀氏將這個例子視作《正義》佚文直接襲用顏師古注的典型，但事實上，這條補《正義》「扙，猶倚也」上方正有「顏師古曰」四字（注 33）。可能是賀氏有意無意間脱落了這四個字，這顯然不能作爲其質疑的具體例證。另外，他從《史記》各本皆作「相扶」，而補《正義》卻注「扙，直亮反」，與《漢書》正文「相扙」恰巧一致這一點，得出了補《正義》全爲後人轉録自《漢書》顏師古注的結論。但這也可能是因爲張守節所用的文本——所謂的《正義》單注本——恰好作「相扙」（注 34）。最後，《史記會注考證》中此條補《正義》又見下文「大夏扙邛竹」一句之下，關於這一點，筆者已於《史記會注考證校補》卷百十六有所論述，此文乃是竄入。接下來討論賀氏提出的第三個質疑。

「其三爲後人於三家舊注之考辨，即所謂『天朝史記説』者，誤以爲《正義》遺文。」

(A) 如《周本紀》「蜚鴻遍野」，《索隱》云：「高誘曰：蜚鴻，蠛蠓也。」補《正義》云：「按飛鴻拾蛩，則鳥獸各別，亦雖隨文解之，不得引高誘解此也。」

(B) 又《孝武本紀》「有司與太史公，祠官寬舒等議」，《索隱》云：「韋昭云：談，司馬遷之父也，説者以談爲太史公，失之矣。《史記》多稱太史公，遷外孫楊惲稱之也。」姚察按《遷傳》亦以談爲太史公非惲所加。又按虞喜《志林》云：「古者主天官皆上公，自周至漢，其職轉卑，然朝會坐位猶居公上，尊天之道，其官屬仍以舊名尊而稱公，公名當起於此。」補《正義》云「按二家之説皆非也，云云」，引如淳説以辨之。

賀氏舉出以上二例，認爲這些補《正義》不是《正義》佚文，理由在於：

考司馬貞與張守節俱唐明皇時人，各爲《史記》作注，彼此不相謀，故《正義》於《集解》辨證特多，無一語及於《索隱》；今此二條乃辨《索隱》之非，是皆後人所爲，其非《正義》佚文可知。

這裏涉及到《索隱》和《正義》之間的關係，前述幻雲（注35）和錢大昕（注36）已有所論述，都認爲二者之間沒有任何關係。此處所舉賀氏之説，也主要依據了錢大昕的論述。不過，與此相對，如後述的程金造，則認爲《索隱》和《正義》之間有明確的關聯。這一問題，愈仔細檢討《索隱》和《正義》，則愈難得出正確的結論，因此，將另辟章節予以詳述。但就結論而言，筆者與幻雲、錢大昕和賀次君一樣，認爲《索隱》與《正義》之間沒有任何關聯。因此，若某《正義》佚文確有爲《索隱》作注之嫌，則如賀次君所言，此《正義》佚文應該有很大疑問。但是，賀氏所舉的具體例子是否恰當呢？以下稍作探討。

關於（A），首先，應該説明，此處所引《周本紀》補《正義》一條，已如《史記會注考證校補》卷四所述，是否可將全文視作《正義》佚文，尚存疑。因此，且不論其理由正確與否，賀氏質疑這條補《正義》都其道理。但是，舉出這一條作爲補《正義》爲《索隱》作注的例子卻不太合適。當然，無論是誰看到賀氏所引的例子，應該都會認爲這條補《正義》是在爲《索隱》作注。其實，這裏有一個巧妙的陷阱，即賀氏並沒有引用這條補《正義》的全文。事實上，這條補《正義》的原文更長，在賀氏所引注文前面還有「《淮南子》云，飛蛩滿野。高誘注云，蛩，蟬，蠛蠓之屬也」的朱文。很明顯，這條補《正義》中的「不得引高誘解此也」一句並不是在爲《索隱》作注。

關於(B)，論述的分歧在於補《正義》「按二家之説皆非也」中的「二家」究竟指誰，但賀氏並没有明言「二家」指誰。從他論述的方法來看，可能是指《索隱》所引述的某人。然而這一想法是否妥當，尚需討論。

首先，被認爲與《孝武本紀》的這條補《正義》有密切關係的《太史公自序》「談爲太史公」下的《正義》，注文的最後表述如下：

然瓚及韋昭、桓譚之説皆非也，以桓譚之説，釋在《武本紀》也。

據此，可以認爲張守節想要否定的是「瓚」、「韋昭」、「桓譚」三人的説法。然而，《孝武本紀》相應部分的《集解》、《索隱》和補《正義》的注文中，《集解》只引用了「韋昭」的説法、《索隱》只引用了「桓譚」的説法，「瓚」的説法卻不見引用。如此，姑且認爲補《正義》所言「二家之説」指的是「韋昭」、「桓譚」的説法。那麽，這條補《正義》至少否定了《索隱》引述的「桓譚」的説法，乍一看似乎即爲《索隱》作注。然而，考上所引《太史公自序》的《正義》中有「以桓譚之説，釋在《武本紀》也」一句，基本可以確認《孝武本紀》相應部分的《正義》，原本包含了「桓譚」的説法。如此看來，不得不認爲這條補《正義》本身並不完整(注37)，而且可以知道這條補《正義》原本並不是爲《索隱》作注。因此，不應該從《索隱》和《正義》有無關連性的角度出發，質疑這條補《正義》。

除上述依次討論的三個質疑外，賀氏還順帶説到：

亦有後人旁注誤以爲《正義》者，如《孝武本紀》「受此書申功」，補《正義》云：「《漢書·郊祀志》及《封禪書》作申公，疑功錯誤。」又「皇帝敬拜泰況之饗」，補《正義》云：「《漢書·郊祀志》況字作祝，下云贊饗曰，則祝辭也，況字誤，當音祝。」此皆不類《正義》文，爲後人校注無疑。

筆者也抱有類似的疑問，但對這類問題的客觀判斷，須待今後對三注合刻本中所見《正義》的系統性研究。賀次君最後説：「如上舉例，則瀧川所補一千二百餘條，實難信其果爲《正義》佚文也。三家舊注於史文疑難處闕解甚多，此所補雖非全屬張守節原注，而音義、詮釋亦頗精當，於讀史尚屬有裨。」總結了對瀧川博士輯録《正義》佚文的批評。

綜上，賀氏的批評，雖然所舉的例子有略不適當甚至隨意之處，結論也有偏頗之處，但他第一次提出了系統性的質疑，爲試圖借助瀧川博士輯録的《正義》佚文來進行《史記》研究的學者敲響了警鐘，有許多值得參考之處。

(4) 程金造

他對瀧川博士輯録的《正義》佚文的批評，以《〈史記會注考證〉新增正義的來源和真僞》（以下簡稱爲《新增正義的來源和真僞》）爲題發表於一九六〇年《新建設》二月號。如題名所示，這篇文章專論《正義》佚文，其内容包含徹底的批評（注 38）。然而，程氏對瀧川博士輯録的《正義》佚文的看法，在進入徹底的批評之前，似乎經過了幾次變遷，其看法散見於更早發表的文章《從〈史記〉三家注商榷司馬遷的生年》（一九五七年九月《文史哲》）和《論瀧川資言的〈史記會注考證〉》（一九五八年一月《文史哲》）中。因此，在介紹程氏徹底的批評之前，知其早期看法的大略也並非全無意義，以下略述。

《從〈史記〉三家注商榷司馬遷的生年》中，程氏在論述《史記》三家注之間的關聯性時，首先舉出了爲《集解》作注的《正義》的例子。十個例子中，有六個是瀧川博士輯録的《正義》佚文。其次舉出了爲《索隱》作注的《正義》的例子，十四個例子中，實際上有十一個同樣是博士輯録的《正義》佚文（前面已經提到，程氏認爲《索隱》和《正義》之間存在關聯）。這一事實説明，至少在這篇論文發表的時候，程氏認爲博士輯録的《正義》佚文是可信的。

《論瀧川資言的〈史記會注考證〉》中，程氏在論述《史記會注考證》的第一個優點時，有如下表述：

《史記》一書，從北宋合三家注于正文之下，刊刻以來，多妄加删削，三家注文，已非完本。《索隱》還有單本流傳；《集解》别有單注本流布。只有張守節的《正義》，散落較多，又無單傳之本。王本（注 39）《史記》所載《正義》，比别本雖多；但以比《史記會注考證》正義之文，還相差很多。瀧川考證之書，所載《正義》，雖然也不是全書，但它多于我國各本《正義》，千有餘件。這是它優點之一」（旁點筆者所加）。

據此，毋庸置疑，程氏認爲博士輯録的《正義》佚文是可信的。然而這篇論文中，程氏在論述《會注考證》的缺點時又説：「《考證》的缺點，是存在于其優點之中的。無論是在本文，無論是在注文。」（旁點筆者所加）在列有具體例證的第五類「三家注文，糾紛訛誤，宜加疏通是正，考證有的徒事抄録，不能校勘，使文義不能明暢者」條的七個例子中，有兩例是博士輯録的《正義》佚文（注 40）。從中可以感受到程氏對《正義》佚文的批評態度已經萌芽。

在一九六〇年二月發表的《新增正義的來源和真僞》中，這一萌芽轉變成了徹底的批評。不可否認，這一轉變受到了賀次君在一九五八年十月發表的《史記書録》的影響。現在，回到正題，介紹並探討程氏的《新增正義的來源和真僞》。

首先，介紹一下這篇論文的構成。全文分成四部分，「一」是導入；「二」是對《正義》佚文來源的質疑；「三」是對《正義》佚文内容本身的質疑，分第一類至第四類，共舉了三十多個具體的例子；「四」是結論。這裏主要介紹「二」和「三」，并稍作探討。

(a) 對《正義》佚文來源的質疑

程氏首先節引了《史記會注考證》總論一四八、一四九頁的「史記正義佚存」條（參看本書前論）（注41），分析這一段文章，歸納爲以下三點。

（甲）寬永活字本、桃源本、幻雲本、博士家本，上欄都有標注的《正義》，文字大略相同。

（乙）標注的文字，日本流傳的《正義》多所不載。

（丙）瀧川曾讀錢大昕等書，知道《史記正義》殘脱不完，因此認爲上欄標注的就是張氏《正義》佚文，遂把它混入舊有的《正義》裏去。

然而，也許是因爲瀧川博士的文章表述不够完美，這一分析有一些誤解。關於（甲），像「桃源本、幻雲本、博士家本」這樣將抄物或批注當作《史記》的某一文本，完全是一個錯誤。關於（乙），不僅是「日本流傳」的《正義》，中國的也包括在内。關於（丙），程氏分析瀧川博士僅僅根據錢大昕説《史記正義》脱漏較多，就推測那些標注是《正義》的佚文，這完全是誤解。如前文所述，在這些上欄標注中，瀧川博士原則上只輯録出冠有「正義曰」的標注，將之視作《正義》佚文（但是，筆者決没有盲信這一點）。

緊接著，程氏繼續説到：

> 然而瀧川認上欄的標記是原來《正義》全部，根據是什麽？他卻未曾説明。細審其意，瀧川不過

是「想當然」的主觀看法。而且，這千三百條始於何時，録出誰手，也未有説明，他只説寬永本是依元代彭寅翁本；而博士家本是《天朝史記説》。考彭寅翁本，是元代至元二十五年安福郡彭寅翁刻本。寬永活字《史記》既依彭本，那末，上欄標記的人，當在至元二十五年以後了。論時代，它還不及黄善夫早。可是標記的文字，日本流傳《正義》既多不載，就是黄善夫本也絶大部分不録。從此可以斷定，瀧川的佚存，本不是從載録《正義》多的本子全部録出的。其真僞成分。自不能全從《史記》各種版本去印證。至於《天朝史記説》，標名的也不是《史記正義》，所以在事實上不能不令人懷疑。

（旁點原著者）

程氏對瀧川博士輯録的《正義》佚文來源的質疑，可概括爲如下幾點：

（A）瀧川博士並没有説明將上欄標注全部當作《正義》的根據，恐怕僅僅是出於博士的主觀臆斷。

（B）上欄標注的一千三百條《正義》佚文，是何時、經何人之手録出的，也没有任何説明。但從博士的記述來推測的話，博士輯録《正義》佚文的基礎資料是寬永活字本的上欄標注。既然寬永活字本依據的是彭寅翁本，那麽上欄標注自然也出於彭本刊行的至元二十五年（一二九八）以後的人之手，從時代上來説，不及黄善夫本（一一九五至一二〇〇）。但是這些標注注文，既不見於日本流傳的《正義》，自然也不見於黄善夫本。因此，博士輯録的《正義》佚文本就不是從某個存有很多《正義》的《史記》文本中録出的，其真僞也很難用《史記》的各種文本來印證（與前文所記賀氏的質疑[a][A]相似）。

（C）至於博士用作輯録資料之一的《天朝史記説》，從題名來看，似乎與《史記正義》毫無關聯，不得不令人懷疑。

現對這些質疑試做探討。

關於(A),如前文所述,博士將上欄標注中冠有「正義曰」的標注視作《正義》佚文,而且舉出其中與前人轉引到他書的、輯録自《史記正義》的《正義》佚文相一致的具體例子(參照《總論》一五〇至一五二頁),作爲旁證。然而,程氏非但没有注意到這一點,反而以這些一致的例子,斷定博士是移録的他書中轉引的《正義》,實是不辨原委的武斷之論(具體例子,參前)。

關於(B),賀氏也提出過同樣的質疑。的確,瀧川博士在論文中並没有明確説明,不免招來這樣的質疑。但是如前所述,這一問題將在後面詳述,故此處只談結論。

的確,瀧川博士輯録《正義》佚文的基礎資料是寬永活字本(通稱慶長活字本)的標注,其時代並不久遠(注42)。然而,這些標注的源頭卻可以上溯到相當早的時代。尤其是筆者新發現的上杉家藏黄善夫刊本(通稱南化本)的標注,比上述這些標注要早很多,且其中保留了這些標注來自原本的《史記》的《正義》單注本的痕跡。因此,不能因爲博士使用的寬永活字本的上欄標注時代較晚,就懷疑這些標注本身。

關於(C),這一點前文也有所述。所謂《天朝傳本史記説》或《博士家本史記異字》,乃是鈔出和收録南化本、楓山本和三條本(參照第一章第二節)等的上欄標注和關於異字、異文的批注。雖然其中也收録了一些《正義》佚文,但數量不多,瀧川博士也僅用作輔助資料。

如上所述,程氏對博士輯録的《正義》佚文的來源的質疑,主要源於博士對使用資料的説明不充分所引起的誤解。

（b）對《正義》佚文内容的質疑

接下來討論程氏對《正義》佚文内容本身的質疑。程氏提出了四類質疑，現依照他的分類，逐次介紹，並稍作探討。

程氏質疑的「第一類」是「解釋離奇，疑非中國學人所爲者」，共舉有八例。這個質疑，與前所述賀氏的「此皆不類《正義》文，爲後人校注無疑」屬同一類型。這個判斷，從性質上來説易偏於主觀。程氏所舉的「第一類」質疑的具體例子，不少是值得首肯的，但也有較爲缺乏客觀性的例子。

例如，下面這個例子。

（三）《絳侯周勃世家》：「勃不好文學，每召諸生、説士，東鄉坐而責之，趣爲我語！其椎少文如此。」《正義》（佚文）曰：「責諸生説書，急爲語。椎，若椎木無餘響，直其事。少文辭。」

案此把「説士」解爲「説書」，「趣爲我語」解成「急爲語」，「椎少文」解成「椎木無餘響，少文辭」，在意義上都很離奇，這不能是張氏的訓解。

此例，不知程氏爲什麽認爲這些《正義》佚文的解釋「在意義上都很離奇」，其考據不明。試考《漢書・周勃傳》，「趣爲我語」的顔師古注作「趣讀曰促，謂令速言也」，「椎」的顔師古注作「椎謂樸鈍如椎也」，與《正義》佚文的解釋相差並不遠。

同樣的例子還有：

（八）《司馬相如列傳》：「拘文牽俗。」《正義》（佚文）曰：「言武帝常拘繫修法之文，牽引隨化之俗。」

案「拘文牽俗」，意思是被文俗所拘制牽累； 而此處卻如此增字解釋，誰能理解是什麼意思呢？它不能是《正義》原文！

關於此例，試考《漢書・司馬相如傳》「豈特委瑣握躪拘文牽俗」，顏師古注作「握躪，局陿也，不拘微細之文，不牽流俗之議也」。程氏認爲中國學人完全不用此條《正義》佚文風格的注釋方法，這一想法未免太過跳躍。（《正義》注與顏師古注的關係如前所述）

因此，如前所述，筆者認爲，這類問題必須通過更加徹底地系統研究三注合刻本所見《正義》，確立更加客觀的判斷標準，纔能真正解決。

程氏質疑的「第二類」是「引證屬常見書，又多可疑者」。首先，關於「引證屬常見書」，《正義》在合刻之時，對於與《集解》、《索隱》重複的部分以及引證「屬常見書」的部分，已經多所删略，此乃常識。因此，博士輯録的《正義》佚文中，「引證屬常見書」也是理所當然的。另一方面，關於「引證多可疑者」，程氏舉了五個具體例子，大多值得首肯，但是也有論述稍顯偏頗的。例如：

（二）《刺客列傳》： 「天雨粟，長生角也。」《正義》（佚文）曰： 「太子丹質于秦，秦王遇之無禮，不得意，欲歸。秦王不聽，謬曰，烏頭白，馬生角乃可。丹仰天歎焉，乃爲之烏頭白，馬生角。王不得已遣之，爲機發橋欲陷，丹過之，橋爲不發。」

案此條引自《燕丹子》卷上開首數語，和本篇前「燕太子丹質秦亡歸燕」句下《正義》所引《燕丹子》文，完全相同。一篇之内，數句之隔，竟這樣重複，張氏《正義》絶不如此！在引《燕丹子》後，又引《風俗通》文。這恐怕是見《索隱》有「《燕丹子》、《風俗通》、《論衡》皆有此説」一語（在「太史公曰」、

「天雨粟，馬生角」句下），因而就把《燕丹子》與《風俗通》中語録來。這不是張守節的注釋，這是後世讀者的移録。考《燕丹子》一書，《隋志》始著録，《宋志》列於小説類之首，元、明世未必亡佚。如果這條説它不能直接從《燕丹子》録來，那末《藝文類聚》卷九和卷九十二，《太平御覽》皇親部及人事部，都曾引到，也可以移録的（旁點原著者）。

對程氏的這一質疑試作反駁，有如下幾點。

(A) 張守節的《正義》，多有重複作注之例，也有一篇之内重複的例子（參前）。

(B) 這兩條《正義》佚文中，在《燕丹子》後面引用《風俗通》的，是「燕太子丹質秦亡歸燕」一句下面的注，而《索隱》「《燕丹子》、《風俗通》、《論衡》皆有此説」則注在「天雨粟、馬生角」一句下。因此，認爲據後面《索隱》所注内容而在前面的注中引用《風俗通》，這一想法極不自然。

(C) 當然，並非不可能直接引自《燕丹子》。但若如此，又爲什麽要在上方冠「正義曰」三字？

(D) 對校此注文所引《燕丹子》與類書所引《燕丹子》，發現兩者字句之間有極大差異，因此不能推斷這條注文是從類書移録過來的。

又，考南化本中這兩條《正義》佚文批注的書寫狀態，前一條明顯是幻雲的手筆，後一條的筆跡則不同，可能是幻雲以前的人寫入並傳下來的。這樣看來，《正義》本也有兩個不同的傳承，幻雲所見的《正義》本注在「亡歸燕」之下，而幻雲之前的《正義》本則注在「天雨粟，馬生角」之下。像這樣同樣的注釋注在不同地方的出入，偶爾也見於《索隱》單注本等文本中，因此可能性也很大。

程氏質疑的「第三類」是「襲取顔師古《漢書》注者」。程氏説：

張氏《正義》，對六朝以前《漢書》注家的説法，如：　服虔、孟康、晉灼、如淳、李奇、姚察、文穎、韋昭、臣瓚、張晏、應劭諸人，雖多是引自《漢書》顔注，但都是摘取，自然和顔注不能全一樣。……可是瀧川認爲是《正義》佚文的，卻不如此。它有許許多多條與顔注《漢書》的文字，完全相同，只是没去「顔師古云」四字。可是所引用的諸説先後次序，則完全和顔注相同，這顯然是讀史者的移録，而不可能是《正義》佚文（旁點原著者）。

程氏還舉出了七個具體例子。這一質疑，與前面程氏的第二個質疑幾乎一樣。如前所述，現存於三注合刻本的《正義》中，直接襲用顔師古注之處也決不少。因此，斷定《正義》佚文中與顔師古注一致之處全部不是《正義》，不免失之武斷。

但是，瀧川博士輯録的《正義》佚文中，由於輯録工作缺乏嚴密性——具體而言，將未冠有「正義曰」的批注也當作《正義》佚文收録——也並非没有將批注中僅僅是移録《漢書》顔師古注之處誤作了《正義》的地方。例如，程氏最初舉出的：

如《婁敬叔孫通列傳》「月初游高廟」句下《正義》（佚文）曰：「服虔云，持高廟中衣……謂以月出之初夜行衣冠，失之遠矣。」

案此條從《漢書·叔孫通傳》「月初游高廟」句下顔注移來。

等例，如《史記會注考證校補》卷九十九所記，在筆者目前所能見到的批注之中，並未冠「正義曰」三字（注43）。從這個意義來説，程氏將這條《正義》佚文看作顔注的移録是正確的。

程氏質疑的「第四類」是「移録張氏舊《正義》之文者」，並舉出了《正義》佚文中，與三注合刻本中已存

《正義》相重複的五個具體例子。這一質疑，與前述賀氏的第一個質疑完全是同一類型。而且，程氏所舉的五個例子中，有三個與賀氏所舉的例子重複。只是，程氏説：

> 在現行《史記》裏，《正義》原是有重複的，但是各本都是一樣的(注44)。至於瀧川《正義》存佚的重複，卻是別本所没有的情況。

他認爲舊《正義》之中也有重複，但博士輯録的《正義》佚文與舊《正義》的重複，與其性質不太一樣。不過，程氏並没有具體説明這種性質的差異。總之，並没有確切證據可以斷定這些重複全都是移録舊《正義》而造成的。

此外，程氏還附帶提到：

> 另一種是録自它書轉引的《史記正義》，是各本所没有的(旁點原著者)。

並舉出了如下三個具體例子：

Ⅰ《吴世家正義》(佚文)曰：「《括地志》，太伯冢在吴縣北五十里，無錫(注45)西梅里(注46)鴻山上，去太伯所居城十里。」案此條見《吴郡志》卷三十九引。

Ⅱ《魯世家正義》(佚文)曰「《括地志》云，周公食菜地也」云云，案此條見《玉海》卷百七十三引。

Ⅲ《越世家正義》(佚文)曰：「《七略》云，《素王妙論》二卷，司馬(注47)撰也。([a]至[c]的符號是筆者所加。)

這類問題，是賀氏未提出的，因此依次予以探討。

關於Ⅰ，這條《正義》佚文，正是「張文虎佚正—G」，並非瀧川博士從批注中輯録來的，而是從《札記》

的引文中轉引過來的（參照本節［三］的注16），因此不作爲此問題的探討對象。

關於Ⅱ，首先，不避繁瑣，將博士輯録的《正義》佚文和《玉海》引《史記正義》並舉如下：

《正義》佚文：　括地志云周公——城在岐——縣北九里——此地周之畿内周公食菜之地也。

《玉海》引《正義》：　括地志云周公故城在岐山縣北九里召公故城在岐山縣西南十里此——周召之采邑——也。

一看便知，博士輯録的《正義》佚文絶不是從《玉海》引《史記正義》轉引過來的。而且，二者的差異並不像程氏所言，僅是由「移録時的脱誤」造成的。

關於Ⅲ，關於此例，也先將二者並舉如下：

《正義》佚文：　七略云素王妙論二卷司馬遷撰也。

《困學紀聞》引《正義》：　七略云素王妙論——司馬遷撰——。

此例，由於注文本身較短，因此很難作出明確的判斷。但是，博士輯録的《正義》佚文中至少多出了「二卷」二字，因此不像是從《困學紀聞》引《史記正義》轉引的。只是，如程氏所言，若將此視作移録者所加的按語，也無可辯駁。

如上，程氏由「對《正義》佚文來源的質疑」及分成四類的「對《正義》佚文内容的質疑」，得出了以下結論：

總而言之：　瀧川這千三百條佚存，只有十分之一二是可靠的，絶大部分是讀者的雜抄和注解。它不出于一人之手，也不是一代之物，它是《天朝史記説》，有精確的文字訓釋，自然有中國人的手筆

（注 48）；　它有離奇的訓釋，也當有異邦人士的手筆。絶大部分非張氏《正義》佚文。

這是比賀氏更徹底的對瀧川博士輯録的《正義》佚文的批評。如以上分類探討時已經指出的，他的論説有偏頗之處，也有因瀧川博士對資料解説不充分而造成的誤解。但是，與賀氏的批評相比，程氏的批評更讓我們切實感到，有必要重新探討博士輯録的《正義》佚文，並重新加以介紹。從這個層面來説，程氏的批評顯得格外珍貴。

（5）筆者的批評

（1）至（4）專門介紹了中國學者對瀧川博士輯録的《正義》佚文的批評，並試著做了一些探討。正如其中也稍有提及的，筆者本身也絶非對博士輯録的《正義》佚文不抱任何疑問。事實上，筆者也不得不從各種層面對博士輯録的《正義》佚文作出批評。其中，有些已盡量寫在《史記會注考證校補》之中，此處包括《校補》中未能提及的部分在内，做一番總述。

（A）輯録工作欠缺嚴密性——博士輯録《正義》佚文的基本資料，是所謂的「批注」。其中，是否冠有「正義曰」三字應該是判斷的首要標準，但博士有時會將未冠有「正義曰」的「批注」也視作《正義》佚文加以輯録（注 49）。又，既然博士所用資料在性質上是「批注」，那麽即便同樣冠有「正義曰」，若不謹慎辨讀，也還是有可能不清楚應該包含該「批注」的哪些部分。博士有時辨讀不够謹慎，誤將不屬於「正義曰」部分的「批注」當作《正義》佚文加以輯録（注 50）。這些夾雜的内容，確實成爲前述賀氏和程氏批評和質疑的起因，甚至造成了質疑博士輯録的《正義》佚文全體的傾向。此外，資料的「手寫」性質，也造成了若干文字本身的辨讀錯誤。

（B）對輯録的《正義》佚文的校訂不够充分——主要因爲，博士輯録《正義》佚文所用的資料乃是存有《正義》佚文「批注」的《史記》古板本，而非更原始的文本，而且這些資料僅局限於兩三種。此外，博士輯録的《正義》佚文中與《漢書》注重複的地方、與舊《正義》重複的地方，應分别與《漢書》注和舊《正義》原文進行校勘和校訂。

（C）對《正義》佚文來源的説明不足——這一問題，也如（B）中所言，是由博士所用的資料不够充足而造成的。而且，對資料來源的説明僅引用了幻雲的説法，似乎也使中國學者感到非常困惑。如前文所述，賀氏和程氏共同的質疑之處就在於此。

（D）《正義》佚文的各條並没有明確記載輯録所用的相應資料——儘管其中大部分都没受到質疑，但《史記會注考證》的《吴太伯世家》中的數條《正義》佚文，直接襲用了張文虎據《吴郡志》而收録於《札記》的《正義》佚文。不可否認，這正是程氏提出「博士輯録的《正義》佚文中，有些不過是移録了他書轉引的《史記正義》」這一批評的起因。

（E）博士「今録之《會注》正義各條，略復張氏之舊」的結論是錯誤的——賀氏和程氏都對博士「略復張氏之舊」的説法抱有懷疑（注51）。筆者自身也因收輯到博士未輯録的《正義》佚文約三百條，而不得不對博士的這一説法持有懷疑。而且，筆者雖説新輯三百條，也決不認爲能因此復張氏之舊。又，《史記會注考證》没有對《正義》佚文和舊《正義》作出任何區分，也反映了博士「略復張氏之舊」的自負心理。他本應用某種方式將《正義》佚文區别開來。

注1　《史記會注考證》刊行於昭和七年（一九三二），魯實先致瀧川博士書至遲在民國二十五年（一九三六）年已經送

到博士手中。此據後來送到東洋文化研究所的魯實先書信所附的其友人連和仲的序文上的日期可知。

注2　注1中也稍有提及，事實上這封書信有兩種。一封是魯實先直接送給瀧川博士的，另一封附有魯氏友人的序，送到了發行《史記會注考證》的東洋文化研究所，後者的内容更爲詳細。然而，前者已是超過一萬字的長文，二者皆被排印。又如後文所述，此信又題作「史記會注考證駁議」，附有楊樹達的序文。

注3　作「幻雲抄本」有誤。參照第三章第四節。

注4　實際比較後會發現，《幻雲抄》所存《正義》多有黄善夫本所不存的。

注5　《玉海》的《通鑑地理通釋》、《詩地理考》中，確實引有今日三注合刻本所無的《正義》，但數量並不多。

注6　《史記詳節》，日本宮内廳書陵部藏有宋板和元板兩種，但所謂「增入正義音注」，乃是門面話，實際所引《正義》的數量屈指可數。

注7　此書未見。

注8　不知魯氏據何將此斷定爲通説。

注9　《池北偶談》卷二十二中只記載説：

明尚寶少卿王延喆，文恪少子也。其母張氏，壽寧侯鶴齡之妹，昭聖皇后同産。延喆少以椒房入宫中。性豪侈。一日，有持宋槧《史記》求鬻者，索價三百金。延喆紿其人曰，姑留此，一月後可來取直。乃鳩集善工，就宋版本摹刻。甫一月而畢工。其人如期至索直。故紿之曰，以原書還汝。其人不辨真贗，持去。既而復來曰，此亦宋槧，而紙差不加吾書，豈誤耶。延喆大笑，告以故。因取新雕本數十部散置堂上示之曰，君意在獲三百金耳。今如數予君，且爲君書幻千萬億化身矣。其人大喜過望。今所傳有震澤王氏摹刻印，即此本也。

震澤王氏本乃黄善夫本之覆刻的説法，并不見於任何記載。

注10　《書林清話》卷十「明王刻《史記》之逸聞」條引前注9的《池北偶談》説：「按此説最不可信。以如許巨帙之

書，斷非一月所能翻刻完竣。且既欲仿刻以欺鬻書者，則其事當甚秘密，如其廣召刻工，一月藏事，鬻書人豈有不向其索還之理。此可斷其必無之事。今王本《史記》，藏書家尚有流傳，雕鏤誠精，校勘亦善。有延喆跋云，工始嘉靖乙酉臘月迄丁亥之三月。明有年月可稽，並非一月之事。文簡亦藏書家，其時距王刻《史記》時未及百年，豈其書文簡意未見歟。王本《史記》與柯維熊刻本，同出宋紹興本。」這段記載只是在説覆刻不可能在一個月内完成。只有最後「王本《史記》與柯維熊刻本，同出宋紹興本」的記載，稍有關聯。但如本節（一）注7中所言，這是葉德輝承襲錢泰吉的錯誤。

注11　實際比較王氏本和黄善夫本，便一目了然（參照《史記會注考證校補》）。

注12　楊樹達《積微居小學述林》卷七所收《史記會注考證駁議序》中記載説：「一九三五年春，余旅居北京，寧鄉魯君實先以其所撰《史記會注考證駁議》一文貽余。余讀之，歎其精博，乃大喜……未幾，余以父病南歸，歸不二月而蘆溝橋之難作。兵氛漫天，胡塵匝地，余流離轉徙，不遑寧居。既久不復君息耗，不知君飄泊何所，著書之進復何如，心未嘗不時時念之也。頃者得君寧鄉道林山中書，道國難後歸里，嘗再訪余於長沙，而《駁議》一文，則已擴充爲書一巨帙，以印本郵之余。」據此亦可察其間原委。

注13　除以下所揭示的質疑外，《史記考索》的作者還論述到瀧川博士「略復張氏之舊」説法的錯誤。

注14　例如，同樣是《趙世家》「城韓皋」的注，收録有「韓皋未詳」的《正義》佚文。

注15　三注合刻本所存《正義》中，種種論述之後，接「……未詳」形式的注有不少，但「XX未詳」形式的注卻幾乎没有。可能是批注的書寫者，節略地采用了這種形式。

注16　例如，《留侯世家》「余以爲其人計魁梧奇偉」的注：

《索隱》曰，蘇林云，梧音忤……小顔云，言其可驚悟。

《正義》（佚文）曰，蘇、顔之説，蓋非也。

之類的即爲此。這也可能是批注的書寫者節略《正義》大意而記。

注 17　舊《正義》中也存在由於合刻者的删削，使得《正義》看上去像是《索隱》注的例子，例如：

《索隱》曰……爲十二姓，姬、酉……僖、姞、嬛、依，是也。

《正義》曰，僖音刀其反，姞其吉反，嬛音在宣反。（《五帝本紀》「其得姓者十二人」的注）

注 18　這段引文，在此處無故省略了「幻雲標記《桃源抄》云」一句（參前）。

注 19　據瀧川博士《史記正義佚存》中的自注「蓋依元彭寅翁本」。

注 20　據張文虎《札記》。

注 21　據成簣堂文庫舊藏慶長古活字本中，有「慶長十一年」的批注而推定。

注 22　對比張文虎從《吴郡志》輯録的《正義》與博士輯録的《正義》，很明顯後者並非轉録自前者。

注 23　參前。

注 24　這些《正義》佚文並非從他書所轉引的《史記正義》移録而來。這一點，只要對比下文並舉的兩句《正義》，便一目了然。

注 25　例如，「爲，于僞反」等《正義》注，竟有十數條以上重出。

注 26　《史記會注考證》中無「周本紀云」四字。筆者據南化本等其他本子補。

注 27　黄善夫本和彭寅翁本，「孰是」僅作「也」字。

注 28　參照黄善夫本《吴太伯世家》第十四葉裏面第七行。

注 29　此「彪」字，僅見於《索隱》單注本。

注 30　事實上，前面還有注文，爲行文方便略去。

注 31　「按陳敬仲」四字，在黄善夫、彭寅翁和《評林》各本中作「杜預云敬」。

注 32　同注 30。

注33　參照《史記會注考證》卷百十六。

注34　張守節所據《史記》文本，與今日通行的板本，似乎相當不同。僅僅調查三注合刻本中所存《正義》，也能輕易辨明這一點。

注35　瀧川博士的《史記正義佚存》所引（參前）。

注36　《廿二史考異》卷五説：「是兩人生於同時，二書不相稱引，司馬貞長於駁辨，張守節長於地理。」

注37　很可能因爲「批注」的特性，難免造成誤寫、誤脱，以及鈔録者的改動和省略。

注38　這篇論文的編輯，在論文開頭寫到：「日本瀧川資言氏曾撰《史記會注考證》一書，給原來殘脱不完的《史記正義》增補了一千多條（此書在我國也曾由文學古籍刊行社影印出版）。今程金造先生撰文考證，認爲瀧川增補《正義》，絶大部分是僞的，且把舊有的《史記正義》混亂壞了。現特刊出程先生的文章，以供研究《史記》者參考。」據此不難想象其幹勁。

注39　或是「黄本」之誤。

注40　參照《文史哲》（一九五八年一月號）四十二、四十三頁。

注41　引用了瀧川博士《史記正義佚存》中自「吾讀三家書」至「略復張氏之舊云」的文字，但中間無故省略了自「幻雲標記《桃源抄》云」至「況其餘哉」的文字。

注42　寬永活字本，又稱慶長古活字本，西曆一六〇六年左右出版（參照注21）。

注43　此類錯誤，多是承襲了博士輯録《正義》佚文時用作輔助資料的《天朝傳本史記説》（《博士家本史記異字》）的錯誤。

注44　有原注。猜想應是從孫星衍輯録《括地志》中引的例子。

注45　《史記會注考證》「錫」字下有「縣」字。或是程氏誤脱。

注46　《札記》所引《吳郡志》,「里」字下有「村」字。瀧川博士誤脱。

注47　《史記會注考證》,「馬」字下有「遷」字。應是程氏誤脱。

注48　如注18所述,賀氏也持同樣的説法,皆有誤。

注49　如注43所記,此類錯誤多襲《天朝傳本史記説》(《博士家本史記異字》)。

注50　前文所記《史記考索》的作者所指摘的第一例是個很好的例子(參前)。

注51　如注13所述,《史記考索》的作者也不例外。

(五) 詳檢瀧川博士輯録的《正義》佚文

(1) 探求其來源

如前文所述,瀧川博士輯録《正義》佚文的主要資料,是東北大學藏慶長古活字本《史記》(通稱狩野本)中作「正義曰」的批注。這些批注成立的時期絶不可能早於該版本刊行的十七世紀初葉。然而,筆者經過長年的調查發現,這些「批注」有著相當古老的來源。有著同樣「批注」的各種慶長古活字本和彭寅翁本的發現,啓發了這一假想。而對上杉家藏黄善夫刊本(通稱南化本)中的「批注」的調查,則使這一假想變成了不可動摇的事實。根據調查,筆者判斷,在與博士用來輯録的資料屬同系統的《正義》佚文資料中,南化本爲最佳(注1)。有以下幾點依據。

Ⅰ　有批注的《史記》板本中,南宋慶元年間(一一九五至一二〇〇)的黄善夫本是關於《正義》的最善本,且刊行年代比其他有批注的《史記》板本資料要早,因而「批注」的年代也可能較早。

Ⅱ　此本是幻雲(一四六〇至一五三三)自藏本,幻雲自筆的「批注」清晰可辨。

Ⅲ　與其他資料相比，「正義曰」的批注更加精確，且數量更多。

以下將通過精檢南化本的「批注」，探尋這些「正義曰」的「批注」（《正義》佚文）的流傳，并嘗試著探求其來源。

（A）《正義》佚文有兩系統

首先，應該説明，「正義曰」批注有兩個不同系統的流傳。一個是「至遲寫於幻雲之前的批注」，另一個是「幻雲所寫的批注」。南化本中如下「批注」的存在證明了這一點。

正義云，梁成幻所見正義異之**粟又成梁。**

○正義，梁肉梁粟。（《孟嘗君列傳》「僕妾餘粱肉」的注）

這條「批注」，除粗體部分外，其餘部分明顯是幻雲的筆跡。幻雲以前的批注有「正義云，梁成粟又成梁」（當然，這是三注合刻本中没有的《正義》），幻雲用自己持有的關於《正義》的某個優於黄善夫本的善本或文本與之相對校，記下「幻所見《正義》異之」，並在右側記下自己所持文本中的異文「梁肉梁粟」。這條批注中，「梁肉」應是幻雲所持文本的正文，「梁粟」則是《正義》注文。

又有如下「批注」，可爲這一推論——「正義曰」的批注有兩個不同的流傳——作輔證。

正義曰○注亂謞音化○疾言也（《孟子荀卿列傳》「炙轂過髡」的《集解》注「一作亂謞」的注）

正義曰○重直龍反襲亦重也（《屈原賈生列傳》「重仁襲義兮」的注）

這條批注，只有旁邊細書的文字是幻雲的筆跡，應是幻雲根據自己所持的文本，添補上了以前批注中《正義》（佚文）的缺失部分。

由此看來,「正義曰」批注確實有兩個不同流傳。因此,爲了區分這兩個流傳,下文將「幻雲所寫的批注」稱作「幻雲《正義》佚文」。不過,「幻雲《正義》佚文」基本上僅存於《列傳第七》至《列傳第二十六》。

（B）兩個系統《正義》佚文的由來

首先,應如何探求幻雲以前批注中的《正義》佚文的來源呢?除了從這些「批注」本身入手外別無方法。現詳檢這些「批注」,可發現如下例子。

北園レ曲ー沃ヲ徐廣曰……○正義曰括地志……故楚圍之於中ヨリシテ以至二無徐廣曰無一作西假之關一者……

正義,北圍曲沃於中。於中屬上。今此點屬下句,恐非歟。(《越王句踐世家》)

嬰證之後獄覆索隱曰……是獄辭翻覆也嬰坐高祖……

正義作獄覆嬰。至嬰字絕句。注,獄辭覆嬰。(《樊酈滕灌列傳》)

前一個例子表明,在批注書寫者所見文本中,「括地志……」的《正義注》附在「於中」之下。後一個例子表明,《索隱》在「獄覆」處斷句並作注,而批注書寫者所見文本則「獄覆嬰」斷句,並有「獄辭覆嬰」的《正義注》。此外,處處可見「正義(本)某字作某」之類的批注(注2)。

另一方面,在幻雲手寫的批注中,找尋與上述例子類似的「批注」,可發現如下例子。

用兵如刺蜚。

正義曰,刺七賜反……若刺舉有罪之人,言易之也。幻謂,正義所帖本文,用兵如刺而已,無蜚字。(《蘇秦列傳》)

乃夜爲狗以入秦宮藏中。正義藏在浪反。

幻按，正義帖宮藏二字，其下有在浪反三字，然則宮藏二字連續可乎。（《孟嘗君列傳》）

前一個例子，自「正義曰」至「無蜚字」出自幻雲手筆。據此例，幻雲所持的文本中，正文僅有「用兵如刺」四字，且存「刺七賜反」以下的《正義注》。後一個例子，顯然「幻按」以下都是幻雲的筆跡。據此例，幻雲所持的文本中，正文出「宮藏」二字，其下附「在浪反」的《正義》。此外，從《列傳七》至《列傳二十六》，還屢屢可見幻雲所寫的「正義（本）某字作某」的批注。

從以上諸例來推測，至少兩個系統的「《正義》佚文」均勝過今日被視作《正義》最善本的黄善夫刊本，是關於《正義》更好的善本。且其出注方式也與黄善夫刊本不同，來自標記有「正義」或「正義本」的文本。尤其，後者的「幻雲《正義》佚文」，顯然是幻雲親手將所持的標有「正義」或「正義本」的文本鈔録到南化本中的。

接下來的問題是，這些《正義》佚文的來源，即標有「正義」或「正義本」字樣的文本，究竟是《史記》的哪種文本呢？關於這一問題，有如下兩種可能性。

Ⅰ 在《集解》、《索隱》上附有「正義」的本子，即標記有「正義」或「正義本」字樣的三注合刻本（事實上，在日本，彭寅翁本等有時也附有「史記正義」的標題）。

Ⅱ「正義」注的本子，即標記有「正義」或「正義本」等字樣，且屬《唐志》中記載的「張守節史記正義」三十卷系列的《正義》單注本。

這兩種可能性中，筆者更傾向於後者Ⅱ。大致有如下理由：

Ⅰ 與黄善夫本不屬同一系統，且保存有「正義」的《史記》板本，不僅今日不見，而且在黄善夫本刊行之前乃至之後，都没有不同系統的三注合刻本的刊行記録。

Ⅱ 若是三注合刻本，則受《正義》注文的影響未免太深。即，如前文所述，受到正文斷句方式和《正義》異文的影響（一般來説，三家注中，《正義》是最晚合刻進來的，三注合刻本不應受《正義》的影響如此深[注3]）。

Ⅲ 在三注合刻本中，與《集解》或《索隱》重複的《正義》注文一般會被删削掉。但是，這個記有「正義」或「正義注」字樣的文本中的《正義》，卻與《集解》和《索隱》多有重複（注4）。

如上所述，雖有重複之嫌，此處再次申明筆者的結論：詳檢瀧川博士輯録《正義》佚文中的「批注」，可發現其出自兩個不同的系統，且都由《正義》單注本而來。

但是，上述結論僅僅是從「批注」得來的，對於傾向輕視「批注」的中國學界，僅據此不能有充分的説服力。因此接下來將探討瀧川博士輯録的《正義》佚文的内容本身。

(2) 探討其内容

關於瀧川博士輯録的《正義》佚文的内容究竟可否視作張守節《史記正義》的佚文，判斷方法雖然有很多，但往往容易流於主觀臆斷。因此筆者將盡量采取可排除主觀臆斷的方法予以探討。

(A) 與他書轉引的《史記正義》之比較

如前所述，錢大昕和張文虎已經指出，在他書（《吴郡志》、《玉海》等）引用的《史記正義》中，偶爾也會發現不見諸今日三注合刻本的「正義」。如果能從瀧川博士輯録的《正義》佚文中找出與之一致的内容，並證明其並非從錢氏和張氏所説的他書移録，那麽就可以佐證博士輯録的《正義》佚文之不妄。

從以上觀點出發，對二者試作比較。

例1

《正義》佚文：——（注5）笠澤江松江之別名在蘇州南三十五里——（注6）。（《吴太伯世家》）

《吴郡志》引《正義》：吴地記云笠澤江松江之別名——又云笠澤即太湖。（《考證門》，張文虎佚正——M）

例2

《正義》佚文：括地志云周公——城在岐——縣北九里——此地周之畿內周公食菜之地也。（《魯周公世家》）

《玉海》引《正義》：括地志云周公故城在岐山縣北九里召公故城在岐山縣西南十里此——周召之菜邑——也。（《詩地理考》）

例3

《正義》佚文：括地志曰周公——朝歌故城（注7）在衛州衛縣西——二十——里——本妹邑（注8）殷都也……（《衛康叔世家》）

《玉海》引《正義》：括地志曰周公紂都朝歌——在衛州——東北七十三里朝歌故城是也本妹邑——……（《通鑒地理通釋》）

例4

《正義》佚文：括地志云（注9）故康城在洛州陽翟縣西北三十五（注10）里洛陽記云是少康之故

邑。(《衛康叔世家》)

《玉海》引《正義》: 括地志云故康城在許州陽翟縣西北三十五里——。(《詩地理考》)

例5

《正義》佚文: 七略云素王妙論二卷司馬遷撰也。(《越王勾踐世家》)

《困學紀聞》引《正義》: 七略云素王妙論——司馬遷撰——。(《越王勾踐世家》)

例6

《正義》佚文: 皇甫謐高士傳四皓……周樹洞曆云甪里先生——名術字元道太伯之後——京師號霸上先生……而甪里先生是吴人今太湖中洞庭山西南——號禄里村是漢書外傳云……(《留侯世家》)

《吴郡志》引《正義》: ——……周樹洞歷云——姓周名術字元道太伯之後甪里先生一——號霸上先生……——今太湖中洞庭山西南中有禄里村是——……(《人物門》,錢大昕佚正—A)

試觀以上任何一例,都能明瞭《正義》佚文並非移録他書轉引的《史記正義》。如例1中《正義》佚文的「在蘇州南三十五里」部分的注文,絶不可能移録自《吴郡志》; 又如例6雖未舉出全文,但《正義》佚文對「四皓」分別作注,而《吴郡志》只引用了與「吴人」甪里先生相關的部分。由此怎能移録出《正義》佚文這樣的注文?

(B) 與舊《正義》(三注合刻本所存《正義》)之比較

(a) 與舊《正義》的直接關聯

可用兩種方法來考察。其一，舊《正義注》作「……解，在……」，卻無法在相應部分找到的情況，試著在《正義》佚文中尋求。其二，《正義》佚文注作「……解，在……」的情況，試著在相應部分的舊《正義》中尋求相關注文。

例1　「姑蘇當作檇李，乃文誤也……解在《吴世家》。」（《伍子胥列傳》，「吴敗於姑蘇」的《正義注》）今在《吴太伯世家》的舊《正義》中，找不到所説的「解」（錢泰吉佚正指摘—B）。然而，《吴太伯世家》的「報姑蘇」的《正義》佚文中卻有如下文字：

《越世家》云，吴師敗於檇李，言報姑蘇誤也。姑蘇乃是夫差敗處。太史公甚疏。

例2　「冄駹一國在蜀西，解在《西南夷傳》也。」（《司馬相如列傳》，「邛筰冄駹者」的《正義》佚文）考《西南夷列傳》，其「解」如下：

《正義》曰，《括地志》云，蜀西徼外羌茂州冄州，本冄駹國地也。《後漢書》云，冄駹其山有六夷七羌九氏，各有部落也。

例3　「策七，《漢書》作十字，《越絶書》云，其術有九，解在《越世家》。」（《貨殖列傳》，「計然之策七」的《正義》佚文）考《越王勾踐世家》，其「解」如下：

《正義》曰，《越絶》云，九術，一曰，尊天事鬼。二曰，重財幣以遺其君。三曰，貴糴粟蒿，以空其邦。四曰，遺之好美，以熒其志。五曰，遺之巧匠，使起宫室高臺，以盡其財以疲其力。六曰，貴其諛臣，使之易伐。七曰，彊其諫臣，使之自殺。八曰，邦家富而備器利，九曰堅甲利兵，以承其幣。

以上，例1屬第一類，例2和例3屬第二類。這些例子的存在佐證了博士輯録的《正義》佚文並非與舊《正義》没有關聯，可被認定爲張守節《正義》佚文。

（b）引用書目之比較

舊《正義》所引用的書目，範圍極廣，約有四百種，而《正義》佚文的引用書目僅有約一百五十種。其中，不見諸舊《正義》的書目約二十種，而且其中有十五種可見諸《索隱》的引用書目（注 11）。因此，《正義》佚文的引用書目並無矛盾之處（注 12）。

（c）與《漢書》顔師古注之比較

如前所述，舊《正義》直接襲用顔師古注之處不少。《正義》佚文中此類例子也不少，例如：

例 1　「謂申兩脚，而倨其膝，若箕之形倨傲也。」（《張耳陳餘列傳》，「箕踞」的《正義》佚文注）「箕踞者，謂申兩脚，其形如箕。」（《漢書·張耳陳餘傳》相應的顔師古注）

例 2　「郊謂交道衝要之處也。」（《汲鄭列傳》，「楚地之郊」的《正義》佚文注）「郊謂交道衝要之處也。」（《漢書·汲黯傳》相應的顔師古注）

這些與顔師古注一致的《正義注》，可以認爲是合刻者因其重複而删。以注釋而言，這些《正義》佚文既已見諸顔師古注，即使輯録出來，也没有太大的意義。但從《正義注》的形成，甚或從《史記》注釋史的層面來説，我相信這些佚文卻有非常重要的意義。

（d）與舊《正義》的重複

如前文所述，博士輯録的《正義》佚文，與舊《正義》多有重複之處。這些也可能並非《正義》佚文，而是從舊《正義》移録的（注 13）。然而，即便將移録時的誤寫和脱落考慮在内，這些重複的例子仍與舊《正義》有細節上的不同。雖然在判斷上仍有許多問題有待商榷，但一直以來筆者都認爲，張守節的《正義》、包括《正義》佚文，本來就是有較多重複的、詳密的注釋。因爲，一方面，可能正因重複較多纔會被合刻者删削；另一方面，舊《正義》中也可以發現相當數量的重複。因此，《正義》佚文與舊《正義》相重複的部分，其作爲佚文的價值固然有所減損，但我還是堅信，這本就是張守節《正義》的原貌，這一點毋需多疑。另外，重複之例在細節上的差異，究竟應以舊《正義》爲是，還是應以《正義》佚文爲是，尚需要謹慎判斷，且留待以後探究。

（C）與《集解》、《索隱》的關聯

試對校《索隱》單注本與二注合刻本或三注合刻本，無論是誰都會注意到，與《集解》重複的《索隱》在合刻本中幾乎被删去。仔細想來，這確實是理所當然的現象。然而，假如毛晉没有發現《索隱》單注本，並覆刻而使之傳至今日的話，我們就只能按常識來對這一現象做出想象了。反觀《正義》，其出現之前就已經存在《集解》和《索隱》二家注本，因此不難想象，《正義》受到比《索隱》更大程度的删削。因此，博士輯録的《正義》佚文與《集解》、《索隱》重複的例子極多的現象，其作爲佚文的價值暫且不論，反而可以證明這些《正義》佚文並非不確。

現將《正義》佚文中與《集解》、《索隱》重複的一部分例子揭示如下：

例1「……又考父佐戴武宣，則在襄公前且百許歲，安得述而美之，斯謬説耳。」（《宋微子世家》，「其大夫正考父美之」的《索隱注》）「正考父佐戴武宣公，見著於《孔子世家》。按《年表》等，在襄公前百年間，豈得正考父追道述而美之。斯太史公疏誤矣。」（同上，相應的《正義》佚文注，筆者新收）

例 2「桓寬、王充以衍之所言迂怪虚妄，熒惑六國之君，因納其異説，所謂匹夫而熒惑諸侯者是也。」（《孟子荀卿列傳》，「於天下乃八十一分居其一分耳」的《索隱注》）「《鹽鐵論》及《論衡》並以衍之所言迂怪虚妄。以下與《索隱》同。」（同上，相應的《正義》佚文注，現依南化本。包括細字皆是幻雲的筆跡）

例 3「新垣，姓。衍，名也。爲梁將，故漢有新垣平。」（《魯仲連鄒陽列傳》，「新垣衍」的《索隱注》）「新垣，姓。衍，名。漢有新垣平。」（同上，相應的《正義》佚文注。據南化本，此注的右上角有幻雲手書「見《索隱》，可削」五字）

例 4「禮緯曰，祖以吞薏苡生。」（《夏本紀》，「姓姒氏」的《集解注》）「禮緯曰，禹母脩己，吞薏苡而生禹，因姓姒氏……」（同上，相應的《正義》佚文注）

「服虔曰，車子，微者也。鉏商，名也。」（《孔子世家》，「叔孫氏車子鉏商」的《集解注》）「鉏音鋤。服虔云，車，車子，微者也。子，姓。鋤商，名……」（同上，相應的《正義》佚文注）

（D）結論

以上，從各方面考察了瀧川博士輯録的《正義》佚文，雖然仍留有不少疑問，但大致可認爲，這些佚文源自張守節的《正義》單注本。

注 1　參照第二章第一節。
注 2　參照《史記會注考證校補》。
注 3　可以認爲，越晚合刻的注，對正文的影響越小。
注 4　參前。

注5　這一部分，瀧川博士據《札記》引《吴地志》補了「吴地記云」四字。

注6　與注5相同，這一部分，瀧川博士據《札記》引《吴郡志》補了「又云笠澤即太湖」七字。

注7　「括地志曰朝歌故城」八字，瀧川博士輯録的《正義》佚文作「衛城」二字。現據南化本改。

注8　「妹」字，博士輯録的《正義》佚文作「朝歌」二字。現據南化本改。

注9　「括地志云」四字，博士輯録的《正義》佚文中無。現據南化本補。

注10　同注9，據南化本補「五」字。

注11　《索隱》完成的時期與《正義》幾乎同時或稍早。

注12　其他五種，也成書於《正義》完成的唐開元二十年以前。

注13　如前所述，程氏和賀氏就持此觀點。

（六）今後《正義》佚文輯録和《正義》研究的問題

在以往的三注合刻本所存《正義》的基礎上，加上瀧川博士和筆者輯録的《正義》佚文，可以爲張守節《史記正義》的研究帶來嶄新的視野。現逐條列出新研究的可能性，以俟後究。

（A）可以找出《正義》的真面目。例如，可以復原因與《索隱》重複而被删削的内容。其中，對原著者司馬遷的錯誤，試作批評與指責的部分，表現出了與以往的注家——《史記》的話，指裴駰——不同的全新的注釋態度，這一點尤其值得矚目。

（B）《索隱》及舊《正義》中，都有爲《集解》作注的類似「疏」的要素。如果算上《正義》佚文，《正義》中「疏」的要素會更多。

（C）舊《正義》中已有不少直接襲用顔師古注的例子，若加上《正義》佚文，則這種例子就更多，由此更鮮明地反映出《漢書注》對《史記注》的强烈影響。

（D）爲解決一直以來的「《索隱》與《正義》之關連」的問題提供線索——重要的是，無論與《索隱》重複而被删去的《正義》有多少，都能予以復原。

第四節　鄒誕生、劉伯莊、陸善經的《史記》注釋佚文

（一）鄒誕生《史記音》佚文

（1）鄒誕生《史記音》

鄒誕生《史記音》三卷雖見於《隋志》、兩《唐志》、《索隱序》、《正義序》等的記載，但這些記載在時代、官爵、姓名和書名上卻有差異。關於他的生活時代，《隋志》作「梁」，而《索隱序》作「南齊」。關於官爵，《隋志》作「輕車録事參軍」，而《索隱序》僅作「輕車録事」。關於姓名，應以「鄒誕生」爲正，而《舊唐志》卻作「邵鄒生」。關於書名而言，《舊唐志》、《索隱》前後序作「史記音義三卷」，而《隋志》、《新唐志》和《一切經音義》等卻作「史記音三卷」。只是其書早亡，上述差異便不可考。但是關於書名，檢《索隱》、《正義》引用的佚文，幾乎都與音相關，因此其主要内容無疑是解釋字音的。從這個意義上，書名應以「史記音」爲正。故而，在以下考論中，以「鄒誕生《史記音》三卷」稱之。

鄒誕生《史記音》雖然在時代和書名等方面尚有若干疑義，但在《史記》注釋史上仍占有非常重要的

地位。《索隱》序在提到鄒誕生《史記音》時説：

仍云亦有《音義》，前代久已散亡，南齊輕車録事鄒誕生亦撰《音義》三卷，音則尚奇，義則罕説。

蓋時代的推移造成使用文字的變化，音也隨之發生很大變化。魏晉以後，由聲調決定的字義區別漸趨嚴密，音和與之關聯的義也就理所當然地成爲了重要的問題。「仍云有《音義》」以下數語表明，裴駰以後，有關音義的著作陸續出現，而鄒誕生的著作爲其中較爲完備者留存到唐代。現考《索隱》所引鄒書，以及下面將要提到的日本留存的古鈔本、古板本的批注中的佚文，正如前文所言，幾乎全是關於字音的，這證明鄒誕生《史記音》的内容以字音爲基調，也表明當時的問題意識集中在字音上。因此，可以説鄒誕生《史記音》在《史記》注釋史上的地位在於，反映了自裴駰《集解》出現之後，至注釋層出的唐之前（注一）的時代問題意識，同時嘗試專對音作注解，給後世的劉伯莊、司馬貞等人帶來巨大影響。

《史記》注釋史上占有如此重要地位的鄒誕生《史記音》，在見載於《新唐志》之後，就不再有任何書籍提到其所在。不過，朱子在《通鑒綱目》的《集覽》中引用其説若干，可知其在宋朝尚有流傳。只是，繼鄒誕生之後，劉伯莊、司馬貞取舊注而著新釋，鄒書也就自然而然地亡佚了。故而，關於鄒誕生的《史記音》，現在僅能從《索隱》、《正義》或《集覽》的引用中求其隻鱗片羽了。

此書很早就傳至日本，《日本國見在書目》中存其書名，古鈔本、古板本的批注中亦散見其佚文。且這些佚文中有不少未見諸《索隱》、《正義》引用者，是研究鄒誕生《史記音》的極重要的資料。因此以下輯録這些佚文，并試作若干解説。

（2）鄒誕生《史記音》佚文的所在

《索隱》引用的鄒誕生《史記音》，有百數十條，其中釋音的有八十餘條，比較與鄒誕生本的異同、或標作「鄒誕生引一本」等的有四十多條，而與訓詁有關的僅有數條。《索隱》所引《史記音》的佚文比重較高，相比之下，《正義》引用的《史記音》僅有數條。這可能説明了，鄒誕生的《史記音》對司馬貞而言是較重要的資料，對張守節而言則不太重要（注2）。需要注意的是，司馬貞也好，張守節也好，可能也有相當多地方參考了鄒誕生的「音」，卻没有明確指出。

上述《索隱》、《正義》引用的百數十條鄒誕生《史記音》佚文，或反映了唐以前的《史記》文本，或反映了韻書出現之前的音，是校勘學和音韻學方面的珍貴資料。此外，作爲補充性資料，尚有佚文殘存於日本《史記》古鈔本、古板本的批注中。

詳檢古鈔本和古板本中的批注，其中散見標注爲「鄒云」、「鄒本」、「鄒音」的批注。從内容來判斷，這些明顯是鄒誕生《史記音》的史記説、或與鄒誕生本文字之異同的批注。毛利家藏古鈔本《吕后本紀》的「封其子吕台爲酈侯」的批注中有「台，鄒音怡」，該處《索隱》作「《索隱》曰，鄭氏、鄒誕生並音怡」。又，宫内廳書陵部藏古鈔本《范雎蔡澤列傳》的「竊閔然不敏」的批注中有「《索》云，鄒本閔作惽」，考今本此處的《索隱》作「《索隱》曰，鄒誕本作惽然，音昬」。從這些例子來看，古鈔本、古板本所言「鄒」顯然就是指鄒誕生。今考古鈔本、古板本的批注中標記作「鄒——」的鄒誕生音、或與鄒誕生本之異同，共有五十七條。這些佚文的存在狀態的一大特點是，在古鈔本中殘存的非常多。其中，毛利家藏《吕后本紀》有五條（其中兩條與《索隱》所引一致），東北大學藏《孝文本紀》有七條（其中兩條遭蠹魚所害，不明），大東急記念文庫藏《孝景本紀》有兩條，山岸德平氏藏《孝景本紀》有一條，宮内廳書陵部藏《范雎蔡澤列傳》有十五條。此外，南化、楓山、棭齋、三條本等古板本的批注中也殘存有佚文，但比率遠遠低於前述古鈔本。如上，與古板本相比，古鈔本中之所以能發現數量更多的佚文，可能是因爲殘存於日本的古鈔本都是博士家傳承的文本，而博士家讀《史記》時一直都只依據《集解》本，因此十分看重可算作新注的鄒誕生《史記音》，將其内容鈔寫在了欄外。不過，如下文所述，傳承了博士家《史記》説的所謂「師説」中，發現了許多劉伯莊《史記音義》佚文（注3），但相對地，鄒誕生《史記音》卻完全不見引於師説。這一情況表明，博士家雖然看重鄒誕生《史記音》，卻並没有積極將其作爲立説的根據（注4）。這一方面是因爲鄒誕生《史記音》以音爲主，關於義的内容極少，另一方面更因爲繼《史記音》之後傳來的劉伯莊《史記音義》和司馬貞《索隱》等在内容上更爲充實，自然更多地吸引了博士家的注意。

(3) 鄒誕生《史記音》佚文的特性

如前所述，從古鈔本、古板本的批注中新輯録的鄒誕生《史記音》佚文共有五十七條。其中，附字音者凡四十六字，記與鄒誕生本的文字異同者凡十五字，而與訓詁有關的僅有三條。這與《索隱》所引鄒誕生《史記音》佚文内容以音和異文爲主的特點一致。上述四十六字的鄒誕生音，和《索隱》所引八十餘字的音一樣，不僅是研究鄒誕生《史記》説的珍貴資料，也是音韻學史上極其珍貴的資料。這些資料尚有待以後的研究。此處，僅從與鄒誕生本的文字異同相關的資料中摘録二三，試論鄒誕生本的價值。

〔湯歸至于泰卷陶〕（《殷本紀第三》）瀧一二、五。

據《索隱》，鄒誕生本中「卷」字作「坰」。與《尚書》合。司馬貞也以「坰」字爲是。又，從《正義》注「坰，古銘反」來看，《正義》本也作「坰」。

（夸者死權衆庶馮生）（《伯夷列傳第一》）瀧一六、一。

據《索隱》，鄒誕生本中「馮」字作「每」。諸本皆作「馮」。又，《屈原賈生列傳》「夸者死權兮品庶馮生」一處，據《索隱》，鄒誕生本中「馮」字同樣作「每」。按《漢書·賈誼列傳》亦作「每生」，錢大昕也説「每、冒，聲相近，貪生之義，較馮爲長」，可知鄒誕生本勝於諸本。

（先生曷鼻巨肩）（《范雎蔡澤列傳第十九》）瀧三五、二。

據南化本標注，鄒誕生本中「曷鼻巨肩」四字作「歇鼻鳶肩」。此處諸本頗有異同。南化本校對出的異同如下：

曷鼻巨肩決疑　　曷鼻拒肩劉貞　　偈鼻巨肩徐一作　　仰鼻巨肩同上

高仰鳶肩鄒引一本　　曷鼻巨脣盧藏用引史記本　　偈鼻戾肩集今案後語作

上述諸本，「決疑」指後文將要提到的陸善經本（注5），「劉」指劉伯莊的《史記音義》本，「貞」指司馬貞的《索隱》本（注6），「徐」指《集解》所引徐廣本（注7），「盧藏用引史記本」指爲《春秋後語》作注的盧藏用（注8）所見《史記》本，「後語」指《春秋後語》。另外，從「《正義注》，脣或作肩，言肩高」來推斷，《正義》本中「肩」作「脣」，與盧藏用引《史記》本合。諸本究竟孰是孰非，一時之間難以決斷，而鄒誕生《史記音》本與諸説都不一致。尤其「巨肩」作「鳶肩」，可見其是非常有特色的《史記》文本。

（《孝文本紀》第十《史記》十）

東北大學藏古鈔本在這個末題的左右有如下批注：

鄒弋綈翼音。如淳云，弋，皁也，綈，厚繒也，言至儉也。賈誼云，文帝白衣皁綈也。

私勘此紀「弋綈」之文，又大史公之末至無此文，如鄒音本可有大史公曰之末，今所疑鄒誕生見如何本乎。

據此，鄒誕生《史記》本似在「大史公曰」之後標出「弋綈」二字加以音釋。然而，今本《史記》「大史公曰」後皆無；而在「文帝後元六年」之末、「後元七年」之前，有「上常衣綈衣」五字。現檢《漢書》，這段前後二百數十字的文字載於論贊中，而這五字也作「身衣弋綈」；據此推斷，鄒誕生標出的「弋綈」應是「綈衣」的異文。與《漢書》一樣，鄒誕生本的這段文字在論贊中，故而上述標注寫在卷末。梁玉繩曾在《史記志疑》中說：「此段總敘文帝諸善政，當在後七年之末襲號曰皇帝句下，錯簡于後六年也。」質疑這段包含「上常衣綈衣」的二百數十字的文字應在「文帝後六年」的後面。然而，上引鄒誕生《史記音》一條，不僅能消除這一質疑，而且能糾正今本之錯簡。

以上，筆者試對鄒誕生《史記音》三卷在史記注釋史上的地位、佚文的所在及其特性作了若干考察，而搜尋古鈔本、古板本的批注所得五十七條佚文則列舉在《史記會注考證校補》的補遺中。

注1 《隋志》、兩《唐志》和《宋志》中記載的《史記》注釋，除《集解》、《索隱》、《正義》三家注外，尚有如下諸本：

《史記音義》十二卷，徐廣撰。（按《隋志》，徐廣作徐野民，《舊唐志》十二卷作十三家，《索隱》作十三卷）

《史記音》三卷，鄒誕生撰。（按《舊唐志》，鄒誕生作邵鄒生，又《史記音》作《史記音義》）

《史記音義》二十卷，劉伯莊撰。（按《舊唐志》，二十卷作三十卷）

《史記地名》二十卷，劉伯莊撰。

《史記》一百三十卷，許子儒注。

《史記音》三卷，許子儒撰。

《史記》一百三十卷，王元感注。

《史記》一百三十卷，徐堅注。

《史記》一百三十卷，李鎮注。

《史記義林》二十卷，李鎮注。

《史記》一百三十卷，陳伯宣注。

《公史記》一百三十卷，韓琬撰。

注2　《正義論字例》中說：「又字體乖日久，其黼黻之字法從黹，今之《史》本則有從耑。《秦本紀》云，天子賜孝公黼黻，鄒誕生音甫弗，鄒而氏之前，《史》本已從耑矣。」據此，張守節肯定也大量參考了鄒誕生《史記音》。

注3　《史記》古鈔本和古板本的批注中殘存大量唐劉伯莊撰《史記音義》的佚文。參考下一小節。

注4　古鈔本的批注中，除了鄒誕生、劉伯莊、司馬貞等人的音釋外，還有許多不記姓名的音注。這些音注一般被認爲是所謂博士家的音。然而，博士家音注的形成，受到了比劉伯莊、司馬貞等更早傳到日本的鄒誕生《史記音》的很大影響。因此，僅僅因爲師説中完全没有引用，就斷言鄒誕生《史記音》對博士家的影響較少，有些操之過急。

注5　檢古鈔本、古板本中的批注，有標記作「陸」、「決」、「決疑」的批注。今日雖已不能考證這些《史記》注釋的原出處，但筆者認爲這些批注來自李唐碩學陸善經的《史記》説（或是名爲《史記決疑》的書）。請參考後面小節的論證。

注6　今本合刻本的《索隱》和毛晉刻《索隱》單注本都作「曷鼻巨肩」，與南化本的校記相牴牾。這可能是由於當時已存在數種《索隱》本，現在的《索隱》與南化本校記者所見到的《索隱》是不同的版本。

注7　没有關於徐廣《史記音義》傳到日本的記載，古鈔本、古板本等的批注中也没有類似的痕跡，這可能是依據《集

解》的引用所作的校記。

注8　古鈔本和古板本的批注中，有一並引用《春秋後語》和盧藏用注的情況。盧藏用的《春秋後語注》，見載於《日本國見在書目》，可知確曾傳至日本，但今已亡佚。因此，古鈔本和古板本的批注中見到的這些佚文也是極其珍貴的資料。

（二）劉伯莊《史記音義》佚文

古鈔本、《史記抄》和古板本的批注中殘存的《史記》注釋，可與鄒誕生《史記音》的佚文並列者，還有劉伯莊的《史記音義》的佚文。關於劉伯莊的《史記音義》，司馬貞在《索隱》序中記載道：

爾後（指鄒誕生《史記音》出現之後——筆者注。）其學中廢，貞觀中諫議大夫崇賢館學士劉伯莊達學宏才，鈎深探賾，又作《音義》二十卷（注1），比於徐、鄒音則具矣。殘文錯節，異音微義，雖知獨善，不見旁通。」（前序）

隋秘書監柳顧言尤善此史，劉伯莊云，其先人曾從彼公受業，或音解隨而記録，凡三十卷。隋季喪亂，遂失此書，劉伯莊以貞觀之初，奉敕於弘文館講授，遂采鄒徐二說，兼記憶柳公音，遂作《音義》二十卷，音乃周備，義則更略，惜哉。（後序）

劉伯莊《史記音義》，先於《索隱》和《正義》二家注出現，一直以來都被視作劉宋裴駰的《集解》、與唐代的《索隱》、《正義》這《史記》三家注之間的紐帶。然而，諷刺的是，由於被采入《索隱》和《正義》中，其書早佚不傳，如今僅能從《索隱》和《正義》的引用中窺其一斑。然而，筆者在調查殘存於日本的古鈔本、《史記抄》和古板本的批注時，偶然發現了其佚文的存在。以下，筆者將從（1）劉伯莊及其所著《史記音義》，（2）《史記音義》佚文的所在，（3）《史記音義》的特性，（4）《史記音義》對《索隱》的影響這四個方面，試對劉伯莊《史記音義》佚文作一番考察。

（1）劉伯莊及其所著《史記音義》

劉伯莊，新舊兩《唐書》有傳。據本傳，劉伯莊爲彭城（江蘇省銅山縣）人，於貞觀年間（六二七至六四九），歷任國子監助教授、弘文館學士，官至國子監大學博士。與許敬宗等人，奉太宗命，編纂《文思博要》、《文館詞林》。龍朔年間（六六〇至六六二），任崇賢館學士。精通《漢書》，與房玄齡、景通、劉訥言等人並稱，著《漢書音義》二十卷行世。論述甚多，著作多達百餘篇，正史《經籍志》和《藝文志》所載者，有以下五書。

《史記音義》二十卷（《舊唐書·經籍志》、《新唐書·藝文志》、《宋史·藝文志》）

《史記地名》二十卷（《新唐書·藝文志》）

《漢書音義》二十卷（《新唐書·藝文志》）

《續爾雅》一卷（《新唐書·藝文志》）

《羣書治要音》一卷（《新唐書·藝文志》）

以上五書中，只有《史記音義》二十卷見載於《舊唐書》、《新唐書》和《宋史》三史中，可能是因爲在劉伯莊龐大的著作羣中，該書最爲優秀，對當時和後世的學者大有裨益。然而，《宋史·藝文志·小學類》之後，《史記音義》就不見諸任何書籍的記載，與其他的《史記注》一樣亡佚了。蓋劉伯莊之後，司馬貞和張守節相繼出現，各著《索隱》和《正義》，集以往注釋之大成，學者皆依此二書讀《史記》。到宋代，《索隱》與《集解》本合刻，之後《正義》亦被合刻，所謂三注合刻本盛行（注 2），這種傾向就更加明顯，作爲《索隱》和

《正義》先驅的劉伯莊《史記音義》反而終被埋没（注3）。

劉伯莊的《史記音義》，雖不明其傳到日本的確切時期，但藤原佐世的《日本國見在書目録》中，劉伯莊《史記音義》二十卷與鄒誕生《史記音》三卷、裴駰《集解》八十卷、司馬貞《索隱》三十卷一同被著録，可知至少在十世紀中葉，該書已傳至日本。該書的内容見於舊鈔本和古板本的批注，可能是因爲在當時，對於只依據《集解》讀《史記》的博士家而言，劉伯莊的《史記音義》可以説是勝過《集解》的新注，因而受到珍重。

（2）劉伯莊《史記音義》佚文的所在

在考察古鈔本、《史記抄》和古板本的批注中的佚文之前，先看一下《索隱》和《正義》中的引用。前文引用的《索隱》前後序明確表達了對劉伯莊《史記音義》的贊賞，由此不難想象劉注在《索隱》中占有的重要地位。現搜尋《索隱》三十卷，輯得劉伯莊的佚文，凡一百九十二條。《正義》中引用的數量要比《索隱》少很多，凡四十八條。其中，十二條見於《正義》佚文，從這個意義上來説，《正義》佚文的價值也很大。

《索隱》和《正義》總共引用二百四十條佚文（注4），從成爲司馬貞和張守節評價之對象的意義上來説，這些注釋是劉伯莊《史記音義》中最具特色的。但劉伯莊的學説振興了唐朝初期中絶的《史記》學，並對後來學者産生巨大影響，僅據這些引文加以討論，不免數量太少，尤其在考慮到《史記》之一百三十卷時，更不堪寂寥之感。現在，能够大幅擴大劉伯莊《史記音義》研究界限的，正是對殘存於日本的古鈔本、《史記抄》和古板本的批注的輯佚。

對古鈔本、《史記抄》和古板本的解説可以參考相應的章節，這些文本中有很多標記作「劉云」、「莊云」等的批注。《蘇秦列傳》「爲其愈充腹」處的南化本標注中有「劉音庾，猶暫也」，該處《索隱》作「劉氏以愈爲猶暫，非也」（《索隱》所言「劉氏」明顯是指劉伯莊）；《范雎蔡澤列傳》「因城河上廣武」處的宫内廳書陵部藏古鈔本的批注中有「莊此河上，蓋近河北之地，本屬韓，今秦得而城之也」，該處《索隱》作「劉氏云，此河上，蓋近河之地，本屬韓，今秦得而城」。從這些例子來看，「劉云」、「莊云」等的批注明顯是劉伯莊《史記音義》的佚文（注5）。這些佚文雖不知是何時書寫下來的，但今日所見恐怕已經數度轉寫。又，這些佚文與《索隱》和《正義》中引用的文字差異較大（注6），可能是由於轉寫時的改竄，或者當時已經存在數種劉伯莊《史記音義》，傳到日本的文本與《索隱》、《正義》所依據的文本並非同一種。

殘存於日本的《史記》古鈔本凡十五種十六卷，其中，與劉伯莊《史記音義》的佚文輯録有關係的是毛利家藏延久鈔本《吕后本紀第九》、東北大學圖書館藏延久鈔本《孝文本紀第十》和宫内廳書陵部藏《范雎蔡澤列傳第十九》三卷。現詳檢這些鈔本的批注，所得佚文凡四十九條，具體情況如下（包含與劉伯莊本的校記）。

《吕后本紀第九》　二條

《孝文本紀第十》　七條

《范雎蔡澤列傳第十九》　四十條（注7）

存有劉伯莊佚文的《史記抄》是《英房抄》和《幻雲抄》，《桃源抄》中未見。《英房抄》中共有七條佚文，其中三條與《索隱》和《正義》所引一致。又有兩條與南化本所引一致，獨屬《英房抄》的僅有兩條。關於

《幻雲抄》的内容，正如前文論述其形成時所言，與南化本有密切的關係。劉伯莊的佚文也同樣，《幻雲抄》中所見百條佚文中，九十五條與南化本所引重複，剩餘的五條獨屬《幻雲抄》。

如前文所言，古板本、古活字本的批注的特性，尤其是其傳承關係，尚有不明瞭之處。在輯録劉伯莊《史記音義》佚文的立場上，大多最終還原到南化本，楓山本和三條本等不過僅能據以補充。現以南化本爲中心，以其他古板本的批注爲補充，輯録到劉伯莊《史記音義》佚文凡百四十五條。這些佚文，幾乎疏密不等地散落於除十《表》、八《書》和若干列傳之外的全書之中，總數也是各種資料中最多的。就此意義而言，古板本的批注極其重要。

以上，檢古鈔本、《史記抄》和古板本的批注，輯得劉伯莊《史記音義》佚文，除去重複之後，共有百八十餘條，大概是以往資料（《索隱》和《正義》中的引用）的七成。這些佚文是研究劉伯莊《史記》學説及進一步考量劉伯莊《史記音義》在《史記》注釋史上之地位的極其重要的資料。詳情可以參考《史記會注考證校補》的補遺中所舉的資料，此處僅將一百八十條佚文分成幾組，大致介紹如下。

（3）劉伯莊《史記音義》佚文的特性

（a）與劉伯莊本有所異同的校記

瑶琨竹箭。（《夏本紀第二》）

劉伯莊竹箭作篠簜。（按，南化、楓山、棭齋、三條、梅仙、狩、高山寺諸本亦竹箭二字作篠簜，與《尚書》合。）

齊王舅父駟鈞爲清郭侯。（《孝文本紀第十》）

劉伯莊本作清。（按，《索隱》本「清」作「請」，故有此校記。）

譬若馳韓盧而博蹇兔。（《范雎蔡澤列傳第十九》）

劉伯莊曰，施猶放。（按照此注，劉伯莊本馳作施，與宮内廳書陵部藏舊鈔本合。）

如上例所示，記述與劉伯莊《史記音義》本之異同者，或據注文可以推斷文字異同者約有三十條。這些佚文都反映了唐初文本的部分面貌，從文本考訂的角度來説，也是極其重要的資料。

（b）關於音釋

始與高帝啑血盟。（《吕后本紀第九》）

劉伯莊，啑音所洽反。

批患折難。（《范雎蔡澤列傳第十九》）

劉伯莊，批音白結反。

故夫馴道不絶。（《孝文本紀第十》）

劉伯莊曰，馴音訓，道音導。

如上例所示，以反切法或「某音某」的直音法來注釋的，共有五十個字音。司馬貞在序中稱贊劉伯莊的音釋説「比於徐、鄒，音則具矣」、「音乃周備」。劉伯莊自己，在《史記音義》之外，還著有《漢書音義》、《羣書治要音》等，可想見其精通音韻。這些佚文也是音韻學上的珍貴資料。

（c）關於訓詁乃至簡單的語句置换

大氏盡畔秦吏應諸侯。（《秦始皇本紀第六》）

劉伯莊曰，氐，略也。

批亢擣虛。（《孫子吴起列傳第五》）

劉伯莊曰，批猶擊也，亢猶敵也。

今王奉仇讎以伐援國。（《蘇秦列傳第九》）

劉伯莊曰，奉猶助也。

如上例，以「某某也」、「某猶某也」的形式來爲字句作訓，或以簡單的語句置换來解釋原文。這種注釋形式很早就已見於《説文》、《爾雅》和韻書等，乃是最簡單的附注方式。新輯録的佚文中有四十六條屬此類。

（d）關於語句解釋

孝文皇帝高祖中子也。（《孝文本紀第十》）

劉伯莊曰，凡言中子非大非小，其中間者耳，非必三人居中。

吱芮。（《蘇秦列傳第九》）

劉伯莊曰，謂繫盾之綬。

曷鼻巨肩。（《范睢蔡澤列傳第十九》）

劉伯莊曰，拒肩謂項低肩堅也。（按，劉伯莊本巨作拒。）

如上例所示，關於語句釋義的佚文中，有相當一部分是劉伯莊特有的説法。新輯録的佚文中有三十二條屬此類。

（e）文章的解釋

今君又左建外易非所以爲教也。（《商君列傳第八》）

劉伯莊曰，左道、建擁、外易，君命也，豈是教人之道也。

薊丘之植植於汶皇。（《樂毅列傳第二十》）

劉伯莊曰，從齊汶上之竹植於薊都。

亡意亦捐燕弃世東游於齊乎。（《魯仲連鄒陽列傳第二十三》）

劉伯莊曰，言若無還燕，意須向齊也。

如上例所示，留心文章脈絡，用簡單的語句解釋文章。與忠實於文章脈絡相比，把握其大意、换句話表述出來的例子較多。新輯録的佚文中有三十九條屬於此類。

（f）解説性的佚文

東有東海北過大夏人迹所至無不臣者功蓋五帝澤及牛馬莫不受德各安其宇。（《秦始皇本紀第六》）

劉伯莊曰，夏、者、馬三字，皆本音，即與宇字相叶。

文鏤毋款識。（《孝武本紀第十二》）

劉伯莊曰，自古諸昦皆有銘，記識其事，此昦獨無款識也。

説難曰。（《老子韓非列傳第三》）

劉伯莊曰，説難者，人之才命有令其合也。語默必住其音，動静皆獨。若語默，座機動静合趣，是爲難。

如上例，並不是單純地解釋語句或文章的意思，而是對該處文句特有的内情加以解説。此類佚文有二十四條。

（8）關於地理的佚文

君尚將貪商於之富。（《商君列傳第八》）

劉伯莊曰，商、於二縣之富也。

燒夷陵。（《白起王翦列傳第十三》）

劉伯莊曰，夷陵在楚西界，楚先君墳墓所在也。

秦封范雎以應號爲應侯。（《范雎蔡澤列傳第十九》）

劉伯莊曰，河東臨晉縣有應亭。

如上所示，是關於地理的佚文。此類新輯録的佚文有十三條。與《漢書·地理志》或《括地志》等的記述不同，並非純粹關於地理的解説。然而，據《新唐書·藝文志》，劉伯莊著有《史記地名》二十卷，可見其對地理有相當深的造詣。

以上，將從古鈔本、《史記抄》和古板本的批注中新輯録的一百七十八條佚文分成若干組進行了介紹。就結果而言，這些佚文的内容與《索隱》和《正義》中引用的二百四十八條佚文的内容同出一轍，在此基礎上推測劉伯莊《史記音義》原本的構成大概不會差得太遠。而且，與以往的《史記》注家徐廣、裴駰和鄒誕生的注釋態度相比，這些佚文的注釋態度更接近司馬貞的《索隱》和張守節的《正義》，因而可以幫助我們正確把握劉伯莊《史記音義》在《史記》注釋史上的地位。

(4) 劉伯莊《史記音義》輯佚在注釋史上的意義

如上所述，筆者詳檢殘存於日本的古鈔本、《史記抄》和古板本，新輯録出劉伯莊《史記音義》佚文一百七十八條，相當於《索隱》和《正義》中引用的《史記音義》總數的七成左右。從中可以考察唐初注家劉伯莊的學說。在這個意義上，這些佚文非常珍貴。不僅如此，這些佚文對校勘學和音韻學研究也多有裨益。以下，筆者將從《史記》注釋史的角度，以劉伯莊《史記音義》對司馬貞《史記索隱》的影響爲中心，試論劉伯莊《史記音義》之得失。

今考司馬貞《史記索隱》，其問題意識、注釋態度及訓詁的嚴密性，皆與徐廣的《史記音義》、裴駰的《集解》等大不相同（注8）。想來，這些差異反映了六朝末至唐朝的普遍的學風，而且並非在司馬貞那裏突然出現。在此之前，劉伯莊《史記音義》的出現，很大意義上推動了這種學風的形成，從司馬貞的序文中也很容易想象到這一點（注9）。以往，研究者只能通過《索隱》引用的一百九十餘條《史記音義》來推測學風轉變的情況，而此次佚文的發現則使之變得明晰。也就是說，《索隱》明確指出爲劉伯莊之說的一百九十條之外，在《索隱》未標明爲劉伯莊之說的其他部分，也能看到劉伯莊《史記》學說濃厚的投影。對於考察劉伯莊《史記音義》在《索隱》中的地位而言，乃至對於正確理解劉伯莊的《史記音義》在《史記》注釋史上的地位而言，這一事實都擁有極其重要的意義。以下舉例予以說明。

(a)《正義》佚文所引劉伯莊注與《索隱》的比較

「貫頤奮戟者。」(《張儀列傳第十》)劉注：「貫頤，以兩手捧面直入敵，言其勇也。奮戟，奮怒而趨戰。」《索隱》：「貫頤，謂兩手捧頤而直入敵，言其勇也。奮戟，謂又有執戟者奮怒而趨入陣。」

「其一軍塞午道。」(《張儀列傳第十》)劉注：「道蓋在齊趙之交。」《索隱》：「此午道當在趙之東、齊西也。」

以上兩例，《正義》所引劉伯莊的説法與《索隱》的説法極其相似，類似的例子尚有四個。這些例子之所以都出現在《正義》佚文中，可能是因爲合刻時爲避免與《索隱》重複，而被合刻者删去了。這些例子令人想象《索隱》存在襲用劉伯莊的説法卻未標明的情況，而若將新輯録的佚文與《索隱》進行對照，這一情況就會更爲明顯。

(b) 新輯佚文與《索隱》的比較

若將通過詳檢古鈔本、《史記抄》和古板本的批注所得劉伯莊《史記音義》佚文與《索隱》相對照，就會有很高的機率發現劉伯莊《史記》學説在《索隱》中的投影。即，新輯佚文一百五十餘條(除關於音釋的佚文之外)中，有三十五條都表明，在《索隱》未標明爲劉注的部分，兩注之間存在某種關聯。這一事實，對於把握先於《索隱》出現的劉伯莊《史記音義》的地位，乃至正確把握《史記音義》在《史記》注釋上的地位而言，都具有極其重要的意義。以下舉數例説明。

「今君又左建外易，非所以爲教也。」(《商君列傳第八》)劉注：「左道建擁，外易君命也，豈是教人之道也。」《索隱》：「左建謂左道建立威權也。外易謂在外革易君命也。」

「今王使盛橋守事於韓，盛橋以其地入秦。」(《春申君列傳第十八》)劉注：「秦使盛橋守事於韓，亦如楚使召滑於越也。並内行章義之難。」按，瀧川《史記會注考證》誤爲《正義》。《索隱》：「按，秦使盛橋守事於韓，亦如楚使召滑相越然也。並内行章義之難。」

「世以鮑焦爲無從頌而死者，皆非也。」(《魯仲連鄒陽列傳第二十三》)劉注：「言其不寬容，故自取死，如此言者非是也。」《索隱》：「世人見鮑焦之死，皆人爲不能寬容而取死，此言非也。」

「蒯通者善爲長短説。」(《田儋列傳第三十四》)劉注：「欲言此事則説長以誘之，欲言此短則説短以懼之。」《索隱》：「言欲令此事長則長説之，欲令此事短則短説之。」

「安知尺籍伍符。」(《張釋之馮唐列傳第四十二》)劉注：「書其斬首之功於一尺之板，伍符軍人五五相保，一人不容詐妄也。」索隱：「按，尺籍者，謂書其斬首之功於一尺之板；伍符者，命軍人伍伍相保，不容姦詐。」

以上，筆者對比劉伯莊《史記音義》佚文和《索隱》注文，指出在司馬貞標明爲劉伯莊説法的一百九十餘條注釋之外，《索隱》注釋中也能發現劉注的投影，討論了先於《索隱》出現的劉伯莊《史記音義》在《史記》注釋史上的地位。這一點，如果没有新佚文的發現和輯録，就會無法釐清而不了了之。因此，不得不承認日本殘存的古鈔本、《史記抄》和古板本中的批注是極爲重要的。另外，一百八十餘條佚文全部列舉在《史記會注考證校補》補遺中。

注1　《舊唐書・藝文志》中，二十卷作三十卷。

注2　宋代刊行的《史記》三注及三注合刻本有如下四種：南宋乾道(一一六五至一一七三)蔡夢弼刊《集解》、《索隱》合刻本、南宋淳熙三年(一一七六)張杅桐川郡齋刊《集解》、《索隱》合刻本、南宋淳熙八年(一一八一)耿秉刊重修張杅桐川郡齋本、南宋慶元(一一九五至一二〇〇)黄善夫刊《集解》、《索隱》、《正義》合刻本。

注3　就一般趨勢而言，當參考了既往注釋、且更爲完善的注釋出現，更早的注釋就會湮滅。東晉徐廣的《史記音義》

和劉宋裴駰的《集解》之關係，即爲佳證。裴駰在《集解》自序中明言：「聊以愚管增徐氏采經傳百家并先儒之説」、「以徐爲本號曰『集解』」。毫無疑問，《集解》正是以徐廣《史記音義》爲基礎的。然而，今日只有裴駰《集解》流傳下來，而其先驅徐廣《史記音義》卻早已亡佚。劉伯莊《史記音義》和《索隱》、《正義》的關係，也酷似徐廣的《史記音義》和《集解》的關係。筆者認爲此乃注釋史上的一般趨勢。

注4　用後文提到的新輯佚文分類法，爲《索隱》和《正義》中引用的劉伯莊《史記音義》佚文分類的話，可分如下幾類。

	《索隱》	《正義》
記載與劉伯莊本異同的佚文	若干	—
關於音釋的佚文	約七十字	六字
訓詁或語句置换	約三十條	五條
語句的解釋	約三十條	十二條
文章的解釋	約十五條	八條
解説性的佚文	約三十條	六條
關於地理的佚文	約二十條	十二條

以上分類結果，與後文中新輯佚文的分類結果基本一致，可以想見劉伯莊《史記音義》原始文本的構成與佚文的構成並無太大差别。

注5　補充兩個例子，以證明古鈔本和古板本的批注中標記「劉」、「莊」者，是劉伯莊《史記音義》的佚文。

其一，宮内廳書陵部藏舊鈔本《范雎蔡澤列傳》的批注中有「劉朴，披剥反，朴者珎玉之朴也」，相應的《正義》中也説「劉伯莊曰，珍，玉朴也」。

其二，宮内廳書陵部藏舊鈔本《范雎蔡澤列傳》的批注中有「劉，入猶充也，謂招攜離散充滿城邑也」，相應的《索隱》中也有「劉氏曰，入猶充也，謂招攜離散充滿城邑也」，記載幾乎完全一致。

注6　以下舉一例，證明傳到日本的劉伯莊《史記音義》與司馬貞所見《史記音義》屬不同種。

上杉家藏南宋慶元本（南化本）《蘇秦列傳第九》「東有夏州海陽」處，有如下批注：

師説，徐及裴並以爲「夏州」者是一地之名也。貞引劉云，夏侯、州侯之本國也，然則「夏州」爲二地之名也。今爲義通。但劉之《音義》無此語也。

這段批注中，「師説」指博士家的《史記》説，「徐」指徐廣，「裴」指裴駰，「貞」指司馬貞，「劉」指劉伯莊。司馬貞見到的劉伯莊《史記音義》本中有「夏侯、州侯之本國也」的注，而作批注者見到的傳至日本的劉伯莊《史記音義》本中卻無此注，二者所見到的《史記音義》應是不同的文本。

注7　宫内廳書陵部藏《范雎蔡澤列傳》舊鈔本，對劉伯莊《史記音義》輯佚也極其重要。其中有佚文四十條，也是《史記》全卷中佚文數量最多的一卷。又，對照該鈔本的批注中所見司馬貞《索隱》與今日所見《索隱》，從這些幾乎都是手寫的批注中，至少就此卷而言，上記四十條佚文大致可復原劉伯莊《史記音義》本的舊貌。

注8　裴駰《集解》的注釋態度極爲嚴謹，如他在《集解》自序中所説，「或義在可疑則數家兼列」，「未詳則闕，弗敢臆説」。這與司馬貞的注釋態度大不相同。如下《索隱》的一條記述清楚地説明了這一點。

《秦本紀第五》「是時蜚廉爲紂石北方」一條，《集解》引徐廣引皇甫謐語：

《集解》：「徐廣曰，皇甫謐云，作石槨於北方。」

而司馬貞卻非難徐廣和裴駰的態度：

《索隱》：「石下無字則不成文意，亦無所見，必是《史記》本脱。皇甫謐尚得其説，徐雖引之而不云，是脱何字，專質之甚也。」

注9　宋代的高似孫在其著作《史略》「徐廣史記音義」一項的解説中引用了劉伯莊的説法：

劉伯莊曰，徐中散音訓亦有汎説餘本異同，故稱一本。自是别記異文了，非解釋史義，而裴氏並引爲注，稍似繁雜。

這是探究劉伯莊注釋態度的絶佳資料。要言之，劉伯莊以徐廣、裴駰等的注解偏於音訓和異文爲憾，明確流露出要解釋史義的態度，而司馬貞的《索隱》則顯然繼承了劉伯莊這一注釋態度。

（三）陸善經《史記注》佚文

古鈔本、《史記抄》和古板本的批注中，除了上述鄒誕生、劉伯莊的佚文外，還存在標記爲「陸云」、「決云」的批注，多達百餘條。現存文獻中並没有與「陸」、「決」相應的書，因此難以正確判斷究竟是指誰的注釋。但佚文既已多達百餘條，從《史記》注釋史的角度來説，極有必要弄清其性質。以下略陳鄙見。

首先陳述結論，筆者認爲這些佚文傳承的是李唐碩學、集賢院直學士陸善經的《史記》説。但是，陸善經其人生平事跡不詳，其爲《史記》作注之事，不僅不見於中日兩國的各種書目，至今也未見有人提及。儘管如此，筆者仍斷定這些佚文是陸善經的遺説，在論述這一結論的根據之前，先對陸善經這個人物作一番考察。

陸善經，從其著作推斷，應是李唐罕有的學者。然而不僅新舊《唐書》中不見其傳記，也幾乎没有任何記載其生卒年月、爵里等信息的資料。但是新見寬氏很早就注意到陸善經，並在《支那學》第九卷發表題爲《陸善經の事蹟について》（《陸善經事跡》）一文，對陸善經的事跡作了綿密的考證。據該考證，陸善經初爲河南府倉曹參軍，學識宏博，夙有令名，開元十八、九年拔擢入集賢院，始任韋述的修史補佐，參與種種編纂事業，後爲直學士（注1）。今考陸善經的著作，見諸中國書目的有《新唐志》「陸善經《孟子注》七卷」，《崇文總目》中也記載説：「《孟子》七卷，陸善經注。善經唐人，以軻書初爲七篇，因删去趙岐章旨與其注之繁重者，復爲七篇云。」此外便再無著録。然而，日本的《日本國見在書目》中，尚收録有如下數種著作：

一易家　《周易》八卷，陸善經注。
二尚書家　《古文尚書》十卷，陸善經注。
三詩家　《周詩》十卷，陸善經注。
四禮家　《三禮》卅卷，陸善經注。
六春秋家　《春秋三傳》卅卷，陸善經注。
八論語家　《論語》六卷，陸善經注。
廿四儒家　《孟子》七，陸善經注。
廿五道家　《列子》八，陸善經注。

上述著作中，《孟子》注的佚文有朱彝尊、余蕭客、馬國翰等人的蒐輯，分别收録在《經義考》、《古經解鉤沈》和《玉函山房輯佚書目》中，據之可知其一端。其他著作則全部亡佚，不見隻言片語。因此，不僅無法瞭解這些書的内容，連他的學風和著作寫成的時期也不可知，實是一大憾事。從上述的著作涉及多個領域來看，陸善經學識淵博，是李唐罕見的學者。又，據新見氏的考證，陸善經除了著述了上述七種著作外，還編纂或注解了如下幾種書籍：

一、《唐國史》的編纂。（注2）
二、《開元禮》的編纂。（注3）
三、《大唐六典》的編纂。（注4）
四、《御刊定禮記月令注》。（注5）
五、《文選注》。（注6）
六、《古今同姓名録》續脩。（注7）
七、《字林》。（注8）

以上幾乎都是以集賢院爲中心的編纂事業，陸善經曾與韋述、張九齡等人一起致力於這些書籍的編纂。如上所述，以集賢院的編纂事業爲中心，陸善經留下了横跨多個領域的著述，由此可知作爲學者的陸善經的偉大。然而，陸善經爲《史記》作注一事，不僅中日的各種書目中都無記載，而且至今也没有學者提及。不過，筆者斷定日本殘存的古鈔本、《史記抄》和古板本的批注中標記爲「陸」、「決」的多達一百餘條的佚文正是陸善經的《史記》説，由此欲在陸善經的著述中加上《史記注》一書。下面試從三個方面予以論證。

(1) 古鈔本、《史記抄》和古板本標注「陸」、「決」的都是專門的《史記》注

日本殘存的古鈔本、《史記抄》和古板本中的批注，除引用了《索隱》、《正義》、鄒誕生《史記音》和劉伯莊《史記音義》等專門的《史記注》外，還援引了許多其他書籍的注釋。例如，顔師古《漢書注》、胡三省《通鑑》注和朱子的《集覽》等，此外還有現今已經亡佚的顧胤《漢書古今集義》（注9）、盧藏用《春秋後語注》等。

因此，似可懷疑標記爲「陸」、「決」的批注是援引他書的注釋。然而，這些批注幾乎貫穿《史記》一百三十卷，且其中有數條是對裴駰《集解》的注解，這説明，這些批注是專門的《史記》注。注解《集解》的例子如下：

「皆祭祀焉。」（《白起王翦列傳第十三》）集：不豫其論者，則秦衆多矣。陸言，以後君有軍戒之事，而不豫爲其設論，則不知秦衆之多也。

「漢無事矣。」（《黥布列傳第三十一》）集：趨作罫，以自生於小地。罫，決曰，今古名爲狠也。

(2)「陸」、「決」指同一人的注

古鈔本、《史記抄》和古板本標注中所見「陸」和「決」，乍一看像是不同種類的標注。然而，古鈔本中寫作「決云」者，有數條在古板本中卻寫作「陸云」，因此「陸」和「決」明顯是指同一人。以下二例就足以説明這一點。

其一，《范雎蔡澤列傳第十九》「人固未易知，知人亦未易也」處的批注，宮内廳書陵部藏古鈔本作「決云，人固未知，知人情難識也，知人亦不易，言識人亦難也」，而相應的南化本標注則作「陸云，言人情難識，識人亦難也」。古鈔本批注中的「人固未易知」、「知人亦不易」，雖不見諸南化本，但這兩句可看作照搬原文，因此可認爲兩個本子中的標注是相同的。

其二，《范雎蔡澤列傳第十九》「夫鐵劍利則士勇，倡優拙則思慮遠」處的批注，宮内廳書陵部藏古鈔本作「決，人君不好倡優則倡優拙，既不好倡優則專思慮，故思慮遠也」，而相應的南化本標注則作「陸曰，人君不好倡優則倡優拙，既不好倡優則專思慮，故思慮遠也」。二者的標注完全一致。毋庸贅言，此例中的「決」和「陸」指的是同一個人。

通過以上論證，筆者斷定古鈔本、《史記抄》和古板本的批注中所見「陸」、「決」指同一個人，且是專對《史記》的注。然而，如前所述，筆者並未見到關於「陸」、「決」的《史記》注釋的記載。因此，筆者認爲「陸」乃「陸善經」的略稱，標記爲「陸」、「決」的一百餘條佚文正是陸善經的《史記》說。

(3) 「陸」、「決」都是「陸善經」的《史記》説

雖然缺乏明確的證據證明標記爲「陸」的批注是「陸善經」的略稱，但是詳檢古鈔本、《史記抄》和古板本的批注，可以發現數處明確標作「陸善經曰」的引文（注 10）。這表明，其他部分也可能引用了陸善經之説，並且可以推測標記爲「陸」或「決」的批注表示的正是陸善經之説。下面的例子可以證明這一推測的正確性。

即，宮内廳書陵部藏古鈔本《范雎蔡澤列傳第十九》的「貴而屬交者爲賤也」處有如下兩條批注：

> 決，言貴而結交，所以爲賤，下准此。
>
> 善經曰，言貴而結交者，所以爲賤，下文准。

比較這兩條批注，可以立判二者的内容幾乎完全相同。很難想象兩個不同的人會作出如此相似的注釋，因此可以認爲標記爲「決」的批注也是陸善經的《史記》説。「決」和「陸」指同一個人，而「陸」又很可能是陸善經的略稱，由此可以認爲標記爲「陸」、「決」的批注都是陸善經的《史記》説。而且，「決」可能是陸善經著作書名的略稱，但著作的全名已不可考。詳檢批注，可發現數條標記爲「決疑」的批注（注 11），其書名稱或許就是「史記決疑」。

以上，筆者詳查並對比了古鈔本、《史記抄》和古板本中標記爲「陸」、「決」的批注，判斷這些都是唐代學者陸善經的《史記》説。最後，筆者發現這些佚文的注釋方法與陸氏的《孟子注》及《文選注》的注釋方法不相牴牾，可作旁證。

如前文所述，陸善經的著作雖然非常多，可惜幾乎都亡佚了，只有《孟子注》和《文選注》尚存若干内容可考。《孟子注》七卷的佚文有朱彝尊、余蕭客和馬國翰等人的輯録，《文選注》在僅傳於日本的《文選集注》中有多處引用（注12），可據以知其大要。現對比這些注解和《史記》的注解，發現兩者的注釋方法有極爲相似之處。即，其注釋方法並非音訓乃至明示異文之類，而是以「言——」「謂——」等形式爲代表，專門用簡易的語句來解釋正文。《文選集注》中引用的大量陸善經注一以貫之地采取了這種注釋方法，《孟子注》佚文和《史記注》佚文亦如此。這一點可以佐證古鈔本、《史記抄》和古板本批注中的所謂「陸」、「決」與爲《孟子》和《文選》作注的陸善經是同一個人。

筆者輯録的一百餘條佚文可參照「補遺」一項，而對陸善經《史記》説以及陸善經在《史記》注釋史上的地位的考察，尚有待未來研究。通過以上論證，能够爲李唐碩學陸善經的業績添上《史記》注釋一事，筆者深感欣喜。同時，以目録傳其多數著作，以略顯繁瑣的方式保留其《文選注》，又留存其《史記注》多達一百餘條——日本和陸善經間的因緣之深，也令筆者萬分感慨。

注1　李林甫在《御刊定禮記月令注》的進表中有如下記載：

乃命集賢院學士尚書左僕射兼右相吏部尚書李林甫、門下侍郎陳希烈、中書侍郎徐安貞、直學士起居舍人劉光謙、宣城大司馬齊光乂、河南府倉曹參軍陸善經、修撰官家令寺丞兼知太史監事史元晏、待制官安定郡別駕梁令瓚等爲之注解。

注2　《玉海》卷四十六《集賢注記》有如下記載：

史館舊有令狐德棻所撰《國史》及《唐書》，皆爲紀傳之體，令狐斷至貞觀。牛鳳及迄于永淳，及吴長垣在史識，又别撰《唐書》一百一十卷，下至開元之初。韋述綴緝二部，益以垂拱後事，别欲勒成紀傳之書，蕭令欲早就，奏賈登、李鋭、太常博士褚思光助之。又奏陸善經、梁令瓚入院，歲餘不就。張始興爲相，薦起居舍人李融，專司其事，諫議尹愔入館爲史官，未施功而罷。

注3　《新唐志・儀注類》有如下記載：

《開元禮》一百五十卷。開元中，通事舍人王嵒請改《禮記》，附唐制度，張説引嵒，就集賢書院詳議，説奏《禮記》漢代舊文，不可更，請脩貞觀永徽五禮，爲《開元禮》，命賈等（登）、張烜、施敬本、李鋭、王仲丘、陸善經、洪孝昌撰緝，蕭嵩總之。

注4　《新唐志・職官類》有如下記載：

《六典》三十卷　開元十年，起居舍人陸堅被詔集賢院脩六典，玄宗手寫六條，曰理典、教典、禮典、政典、刑典、事典。張説知院，委徐堅，經歲無規制。及命毋煚、余欽、咸廙業、孫季良、韋述參撰。始以令式象《周禮》六官爲制。蕭嵩知院，加劉鄭蘭、蕭晟、盧若虚。張九齡知院，加陸善經。李林甫代九齡，加苑咸。廿六年書成。

又《大唐新語》卷九有如下記載：

開元十年，玄宗詔書院，撰《六典》以進。時張説爲麗正學士，以其委徐堅，沉吟歲餘……然用功艱難，綿歷數歲，其後張九齡委陸善經，李林甫委苑咸。至廿六年，始奏上，百寮陳賀，迄今行之。

注5　《新唐志・禮類》有如下記載：

《御刊定禮記月令》一卷。集賢院學士李林甫、陳希烈、徐安貞，直學士劉光謙、齊光乂、陸善經，脩撰官史玄晏，待制官梁瓚等注解，自第五易第一。

注6　陸善經著述中有《文選注》一事，并不見於中國的書目和《日本國見在書目》的記載。然而，傳至日本的《文選集注》中大量引用了陸善經的説法。這一事實，證明陸善經確實有此著作。下引《玉海》卷五十六《集賢注記》的記載亦可作爲旁證：

開元十九年三月，蕭嵩奏王智明、李元成、陳居注《文選》。先是馮光震奉敕入院，校《文選》，上疏以李善舊注不精，請改注，從之。光震自注得數卷，嵩以先代舊業，欲就其功，奏智明等助之。明年五月，令智明、元成、陸善經，專注《文選》，事竟不就。

注7　《四庫提要》有如下記載：「《古今同姓名録》二卷。梁孝元帝撰。是書見於《梁書》本傳、及《隋書・經籍志》者，皆作一卷。唐陸善經續而廣之，故《讀書志》、《書録解題》皆作三卷。」

注8　據新見氏的考證，陸善經《字林》的佚文，在希麟的《一切經音義》、《廣韻》及《廣韻》系統的韻書中有若干處引用。

注9　顧胤的《漢書古今集義》，雖見於兩《唐志》和《日本國見在書目》的記載，但今已亡佚。東北大學圖書館藏《孝文本紀》舊鈔本中存有許多標記爲「漢集」、「漢集義」、「顧胤」等的批注，是十分珍貴的資料。

注10　明確標作「善經」、「陸善經」而引用其説法的批注，《幻雲抄・周本紀》中有三處，南化本《秦始皇本紀》中有一處（作「陸意經」，應是「陸善經」之誤），宮内廳書陵部藏舊鈔本中有一處。

注11　標記爲「決疑」的批注，見東北大學藏《孝文本紀》舊鈔本、《幻雲抄》和南化本等文本。

注12　《文選集注》原書似有一百二十卷，現在確知其所在者，僅有二十餘卷。其中大部分收於羅振玉的《唐寫本文選集注殘本》和《京都大學文學部景印舊鈔本》的第三集至第九集。

以上注釋參考新見氏《陸善經事跡》之處頗多。

第三章 《史記抄》

第一節 總論

日本平安朝前期處於隆盛狀態的漢文學，在平安朝後期開始逐漸衰退，至室町時代漢文學研究重新盛行於五山禪林爲止，一直都是漢文學沉滯的時期。《史記》研究也與這一漢文學整體的盛衰完全一致。

三史之首的《史記》，爲博士家所重視，自古以來就傳讀於朝廷貴族之間。然而平安中期以後，大學制度失去實質，博士家的學問趨於沉滯和固定化、毫無新意，《史記》研究也無顯著的成果、關心也漸漸低落。這種情況貫穿鎌倉、室町兩個時期，直到室町時代後期，由於講學的盛行，《史記》、《漢書》的講筵得以開設。

按照漢文學史的脈絡，鎌倉、室町時代大致可以分爲如下四個時期：

1 鎌倉時代（一一九二年，鎌倉幕府創立至一三三四年，北條氏滅亡、建武中興）

2 南北朝時代（至一三九二年，南北朝合一）

3 室町時代前期（至一四六七年，應仁之亂）

4 室町時代後期(至一六〇三年,江户幕府成立)

此章探討的《英房抄》成於南北朝時代,《桃源抄》、《幻雲抄》成於室町時代後期的初葉。

《英房抄》成書的南北朝時代,承續平安朝後期和鎌倉時代漢文學衰退的狀態,漢文學研究依然沉滯、没有新的發展。這一時期成書的《英房抄》,有三個重要意義。第一,《英房抄》中載有許多博士家的《史記》説。這説明,平安朝以來博士家的學問雖然處於沉滯狀態,但其學説一直傳承到這一時期,且其中一部分藉由英房固定下來。第二,《英房抄》所載博士家《史記》説有數家,這表明博士家嚴密的學説傳授譜系逐漸崩壞,在此鈔本中博士家諸家的學説已部分融合。這一現象可視作《史記》研究的嶄新一步。第三,《英房抄》中除《集解》之外還載有許多《索隱》和《正義》的内容,據此可知,在當時隨着三注合刻本的傳來,《索隱》和《正義》被廣泛地閲讀。

鎌倉時代,與公家社會的漢文學極其低落相對,禪僧社會中的漢文學研究則呈漸起之勢。隨著日宋的交往增多,僧徒之間的交流也逐年變得活躍,漢文學的主流開始由沉滯的公家社會,轉移到以來日的中國僧人和留學僧人爲中心的禪林。之後,禪林與武家社會結合,元明二朝時僧徒之間的交流更加助長了這一傾向,到了室町時代,漢文學的主流已完全轉至禪林。

如此,禪林社會對《史記》、《漢書》等史籍的興趣逐漸高漲。其契機與大陸史學思想的展開並非没有關係。在宋代,春秋學經歐陽修、司馬光等人而興起,至朱子統合爲道學,而且當時伴隨著民族主義思潮的開展,歷史精神也逐漸興起,這一風潮一直延續到元代。日本僧人入宋、入元,接受這一思潮的洗禮後歸國,而且也通過歸化僧人導入了這種思潮。此外,歐陽修的《五代史記》、司馬光的《資治通鑒》等書也流入日本，刺激了禪林社會對《史記》的研究。雖然禪林社會中的史籍研究興起的時間難以明確斷定，但大體可認爲其萌芽於鎌倉時代末期，至南北朝、室町時代遽然興盛。

《桃源抄》正是在這樣的禪林社會漢文學研究的趨勢下形成的、日本最早的「國字解」（意爲用日文解釋漢籍的書籍——譯者注），即「抄」。其成書於室町後期的初葉。在日本《史記》研究的源流中，《桃源抄》的成書有以下幾點重要意義。

第一，《桃源抄》是日本最早的國字解。室町後期的禪林社會，講學之風盛行，《易》、《史記》、《漢書》、杜詩、黄山谷詩等均被講讀。桃源的《史記抄》正是在這樣的講學盛行之風中誕生的。第二，桃源的《史記》解釋多承續禪林前人的學説，代表了當時《史記》研究的最高峰。第三，《桃源抄》吸收了許多博士家的《史記》説。第四，歷來《史記》和《漢書》研究區分爲「史記家」和「漢書家」，分别使用各自的訓點，至桃源則打破了這一傳統，不再拘泥於「史記點」和「漢書點」，在閲讀《史記》時也多有參考漢書點。最後，作爲當時的語言資料，此書極其重要。這些正是桃源《史記抄》的幾點重要意義。總之，桃源的《史記抄》在各個方面都體現了《史記》研究的飛躍性發展。

幻雲《史記抄》，是繼承桃源的學説而形成的。幻雲是桃源之後出現的《史記》和《漢書》研究領域的碩學。幻雲《史記抄》值得矚目的特點在於，收録了古本異字和《正義》佚文，並引用了博士家的《史記》説。

本章所述三種《史記抄》中，《英房抄》和《幻雲抄》是未發表的資料，《桃源抄》則除了作爲日語學的語言資料外，在其他方面幾乎未見研究。本章的研究也爲今後的研究者留下了許多關於這三個本子的課題。

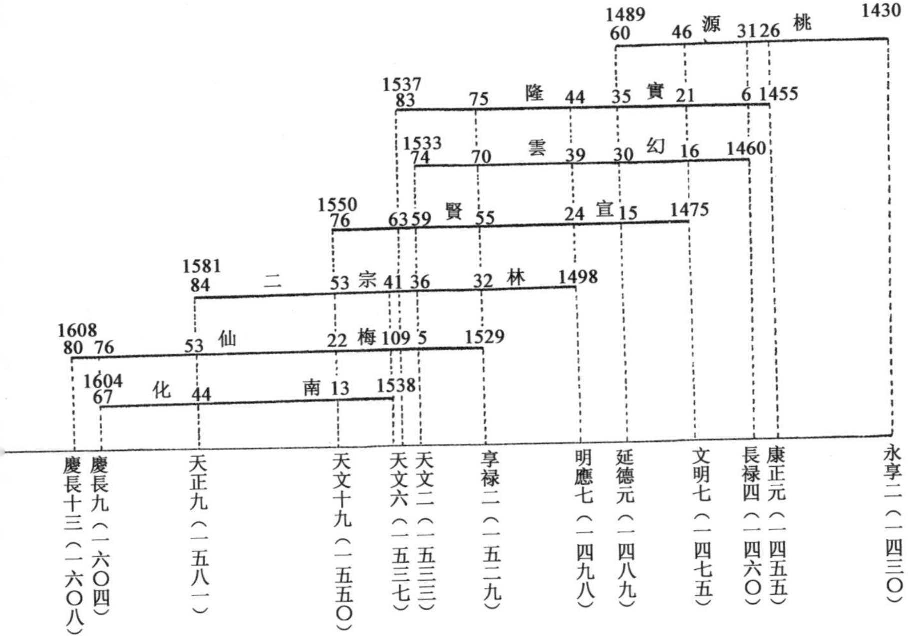

桃源、實隆、幻雲、宣賢、林宗二、梅仙南化生卒年代互相關係表

第二節　藤原英房《史記抄》

（一）關於藤原英房

本書之所以稱作《英房抄》，是因爲《夏本紀》和《項羽本紀》的卷末，以與正文同樣的筆跡，寫下了如下的識語。即，《夏本紀第二》末葉作「丁亥曆建午月望日抄寫訖 英房」，《項羽本紀》末葉作「龍集强圉秋仲望前抄寫了 英房」（注1）。

英房的履歷，尚無可靠的考證（注2）。然而，此書記載了後醍醐天皇讀書時的情形，據此可大致推斷其爲鎌倉時代末期至南北朝時期的人物。以此推斷爲基礎，在諸書中查找英房這一人物。首先，三條西實隆「自筆本」（意爲親筆本——譯者注）《史記》的跋文中有英房這一名字。這個本子的詳細情況已見「史記古本」一節的敘述，在這個文本的卷末，即《列傳第七十・太史公自序》的卷末有如下識語：

> 本云，着雍困敦之曆仲秋月夕天，臨鶴髮五旬有六載之頑齡，終馬史一百三十篇之就寫，細書欺老眼，苦學樂貧身而已。英房。

「本云」是指自己所參考的書籍中有這條識語。此外，《封禪書》、《河渠書》和《平準書》的卷末，同樣以「本云」移録了英房的識語（參照第二章第一節）。三條西實隆所參照的英房本，究竟指的是哪個文本，尚有探討的餘地，但文中所言「英房」當與鈔寫了《史記抄》的英房爲同一人無疑。因此，這條識語便成爲判斷英房生年的唯一資料，極爲重要。依據這條識語，英房在「着雍困敦」，即「戊子」年時，是五十六歲。如前所述，《史記抄》中記載了後醍醐天皇御讀時的情形，因此，將此「戊子」推定爲正平三年（一三四八年）最爲妥當。從這一年推算，英房的生年當在正應五年（一二九二年）。若以上推斷正確，則前引《英房抄》識語中的「丁亥」是指「戊子」的前一年，即正平二年（一三四七年），《英房抄》是在英房五十五歲時鈔寫的。

以上考述了作爲《史記》家的英房。又，在《遊仙窟》的跋文和《太平記》中也出現了「英房」這一人名，當是同一人。《遊仙窟》的寫本現不存，無法根據筆跡確認，但據近藤正齋的《右文故事》，其中有「文保三年四月十四日授申圓禪庵畢。文章生英房」的英房識語。文保三年當英房二十七歲，其時，英房作爲文章生的身份也十分合理。又，《太平記》十八卷「一宮御息所事」條記載了後醍醐天皇在與今出河右大臣公顯的女兒戀愛時英房前來「文讀」的情形，其文曰：

式部少輔英房ト云儒者、文讀ニ參リテ《貞觀政要》ヲ談シケルニ、昔唐太宗、鄭仁基カ女ヲ后妃ノ位ニソナヘテ……

譯文：名爲式部少輔英房的儒者，來講談《貞觀政要》，昔唐太宗以鄭仁基女列后妃之位……

這些記事記載的都是作爲學者的英房的事跡。在《建武年間記》、《相馬文書》、《白河文書》等書中，英房則以京家縉紳、南朝忠臣的形象登場。

首先，考《建武年間記》的「建武二年記」，有如下記載：

奥州式評定衆： 冷泉源少將家房、式部少輔英房、内藏權頭入道元覺、結城上野入道行珍、三河前司親脩、山城左衛門大夫顯行、伊達左近藏人行朝。

據此可知，建武二年（一三三五年），英房與冷泉家房一同以京家縉紳的身份，被任命爲奥州式評定衆。又，《相馬文書》在康永二年（興國四年，即一三四三年）四月十九日，足利尊氏寄給在奥州的賊將石塔宫内少輔義房的文書中，有如下記載：

結城大藏大輔、同彈正少弼、式部少輔、伊達一族等参御方可致軍忠之由、先日被成御教書訖就可存其旨之狀如件。

譯文： 結城大藏大輔、同彈正少弼、式部少輔、伊達一族等參加表忠心、立軍功之事，前日發完「御教書」（貴人的命令書），内容如此件。

據此，可窺見英房作爲南朝忠臣而活躍的事跡。

以上，介紹了各種資料中關於英房的記載，并對英房這一人物作了考證。 最後，揭示《尊卑分脈》中所見英房的系譜圖。

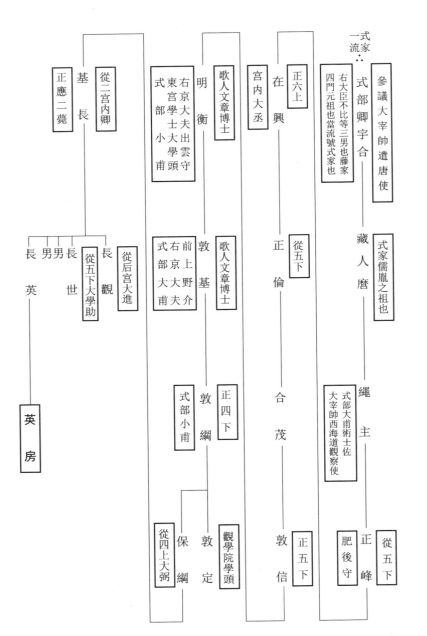

式家一流：

式部卿宇合（參議大宰帥遣唐使）（右大臣不比等三男也藤家四門元祖也當流號式家也）
藏人麿（式家儒胤之祖也）
繩主（式部大甫術士佐大宰帥西海道觀察使）
正峰（從五下）（肥後守）

在興（正六上）（宮内大丞）
正倫（從五下）
合茂
敦信（正五下）

明衡（歌人文章博士）（右京大夫出雲守東宮學士大學頭式部小甫）
敦基（歌人文章博士）（前上野介右京大夫式部大甫）
敦綱（正四下）（式部小甫）
敦定（觀學院學頭）
保綱（從四上大弼）

基長（從二宮内卿）（正應二薨）
長觀（從后宮大進）
長世（從五下大學助）
男
男
長英
英房

（二）書誌及其内容

如前文所述，此書出自南北朝時代的南朝忠臣藤原英房之手，現藏於龍谷大學圖書館。由卷末的捺印可知，該大學於大正十一年（一九二二年）購入此書，但具體經過完全不明。不過，書中數處可見「大槻/氏印」的朱印（方形，陽文）（注3）以及似爲大槻文彦博士（一八四七至一九二八）筆跡的批注，由此可確定此書是大槻文彦博士的舊藏。

如前所述，此書是南北朝時代的寫本，凡二卷三册。由於是從他書轉録，大概呈現了備忘録的形態，因此，該書體裁並不一致，大略如下：

線裝，每半葉十行。正文每行二十至二十二字不等。注文空兩字鈔録，其餘與正文同（但偶有節略作雙行者）。縱八寸二分，横五寸六分。褐色原表紙。用仙花紙。可以看出經過一次改裝，但年代不明。改裝時截斷了天頭地脚，因此有部分内容缺失。

第一册的卷首有「史記抄出」四字，緊接著簡單解説了閲讀《史記》的預備知識。現僅録其標題如下：

文字起事、文字事、六書、史、蒼倉字事、三代□史事、左右史、五史、四史、太史令、記、史記成文、史記據五經事、題史記□事、司馬遷、太史公、諸先生補欠、史記、音義事、井序事、國語、三史事、本朝講釋、五伯、史記所引用。

這些都是閲讀史記時的預備知識，同時也側面反映了當時《史記》學的情況。内容上猶有今日仍值得注意的記載，具體將在後面的章節進行討論。

上述各項解説之後，依次是張守節《史記論例》（只有《論史例》、《論字例》、《發字例》）、《三皇本紀補史記》、《史記集解序》、《五帝本紀第一》、《夏本紀第二》，此爲第一册。

第二册始自《殷本紀第三》，至《項羽本紀第七》而終。各《本紀》的開頭有詳細的系譜。

第三册從《禮書第一》至《平準書第八》，包含全部八《書》。

以上便是現存《英房抄》的全部内容。《本紀》的一部分以及十《表》（注 4）、三十《世家》和七十《列傳》，也許是本就没有鈔寫，也許是鈔寫後又散佚了，難以明確判斷。但是，可以確定的是，三條西實隆自筆本《史記》跋文所見「……終二馬史一百三十篇之就寫一」（譯文：司馬遷《史記》一百三十篇鈔寫完畢）的英房識語，指的並不是現存的這本《史記抄》。因爲其《封禪書》、《河渠書》、《平準書》等中同爲英房的識語，並不見於這本《英房抄》（注 5）。

接下來，對鈔録之際英房的態度及其内容試作若干考察。

首先，就鈔録方法而言，《本紀》的前半部幾乎鈔録了《史記》正文的全文，必要的地方附有《集解》、《索隱》和《正義》的摘要，且參用了他書的注釋。此外，以「師説」引用了許多博士家舊説，處處可見標注作「私案」、「私云」的英房自身的説法。《本紀》的後半部至《書》，正文多有節略，只鈔録了必要的内容，同樣附有相應的三家注的摘要。至於《書》，幾乎不見引用他書，也没有師説和英房的説法。這表明，在日本，自古以來《本紀》就被廣泛閲讀，而《書》則幾乎無人閲讀（注 6）。

要言之，《英房抄》與所謂舊鈔本的傳鈔有異，可以説是只提煉、模寫正文的核心部分和相應的必要注解，或參以舊説，或附上已説而形成的。

（三）英房所據《史記》文本

一般來説，「抄物」所依據的原文本對決定抄物的性質和價值非常重要，但另一方面，就抄物的性質而言，嚴密地確定其所依據的文本是極其困難的。《英房抄》也不例外，嚴密地確定其所依據的文本非常困難。這裏先説結論：

正文所依據的，是與今日殘存的《史記》古鈔本及《史記》古本大致爲同一系統的文本。與此不同，注文依據的則是元至元二十五年彭寅翁刊本（注7）。

接下來，通過逐次舉出實例，闡明論據。

（a）關於正文

英房鈔出的《史記》，雖以正文爲主，但如前一節提到的，也鈔出了《集解》、《索隱》和《正義》三家注。從這一點來看，英房依據的《史記》文本，自然是某個三注合刻本。然而，若將英房鈔出的《史記》正文與今本《史記》進行對校，則會發現許多與任何校本都不一致的文字上的出入異同。接下來，將《英房抄》與今日殘存的《史記》古鈔本以及第二章第一節提到的與古鈔本大致來源於同一系統文本的「史記古本」進行比較和對照，可以發現如下例子（其例子已收録於《史記會注考證校補》，此處每一《本紀》僅舉一例）。

三戰然後得行其志。（《五帝本紀》）

與《史記》古本及《羣書治要》引《史記》合。今本無「行」字。

厥草惟繇，厥木惟條。（《夏本紀》）

與高山寺本、安倍鈔本及《史記》古本合。今本此八字作「草繇木條」四字。

南復居成湯之故都。(《殷本紀》)

與高山寺本及《史記》古本合。今本「都」作「居」。

畢公居里。(《周本紀》)

與高山寺本及《史記》古本合。今本「居」上有「分」字。

晉文公夫人秦女。(《秦本紀》)

與高山寺本及《史記》古本合。今本無「晉」字。

盡取石傍舍人誅之。(《秦始皇本紀》)

與《史記》古本合。今本「舍」作「居」。

乃令騎皆去下馬步行。(《項羽本紀》)

與《史記》古本合。今本無「去」字。

從以上例子來看,英房鈔出的《史記》正文,明顯與《史記》古鈔本及《史記》古本(注7)依據了同一系統的文本(注8)。這一事實大大提高了《英房抄》的價值,尤其是「五帝」、「秦始皇」、「項羽」各《本紀》在《史記》古鈔本已不存,《英房抄》的存在對於確定《史記》古本的文本特性具有重大意義。可惜的是,《英房抄》殘缺部分較多(注9),「書」的部分與今本《史記》幾無差異,且由於「抄物」的性質,正文也節略甚多。

(b) 關於注文

英房鈔出的《史記》三家注,雖然數量不多,但將之與今日所見三注合刻本對校時,發現了下面這些例子,可據以推斷其所依據的應是元至元二十五年(一二九八年)刊的彭寅翁本。

《集解注》相關：

「其色赤其聲魄云」下的《集解注》「武王卒父業」（《周本紀》），與彭寅翁本合（注10）。他本「業」上有「大」字。

「二十人皆梟首」下的《集解注》「縣首於木上」（《秦始皇本紀》），與彭寅翁本合。他本「上」下有「曰梟」二字。

「略取陸梁地」下的《集解注》「使就其婦家故曰贅壻」（同上），與彭寅翁本合。他本「故曰」二字作「爲」。

《索隱注》相關：

「況其多乎」下的《索隱注》「一物謂有嫪氏之美女也」（《周本紀》），與彭寅翁本合。他本無「有」字。

「更名臘曰嘉平」下的《索隱注》「蓋改用臘而從殷之號」（《秦始皇本紀》），與彭寅翁本合。這九個字的注文在他本中作「秦更曰嘉平，蓋應歌謠之詞而改從殷號也」等十七字，且多「道書茅濛字初成」等四十七字。

《正義注》相關：

「黃帝崩」下的《正義注》「黃帝自擇七日」（《五帝本紀》），與彭寅翁本合。他本「黃帝」作「軒轅」。

「周后稷名弃」下的《正義注》「在雍州武功縣西北」（《周本紀》），與彭寅翁本合。他本「西北」下有「二十五里」四字。

從上述例子來看，英房鈔出的三家注，應該是依據的彭寅翁本（注11）。

又，如第二章第一節「三條西實隆自筆的彭寅翁本寫本」一條所述，英房可能持有彭寅翁本或其寫本，這也可以充分佐證《英房抄》所引三家注依據的是彭寅翁本。

以上，以《本紀》爲中心，考察《英房抄》的底本。總而言之，文章博士藤原敦基的六世孫英房，依據藤原式家傳承的古鈔本，同時又從中國新傳來的《集解》、《索隱》和《正義》的三注合刻本、即彭寅翁本中鈔録出了必要的注解，這一推斷應無大謬。這一現象如實反映了《英房抄》的特性，即它是《史記》研究的文本從鈔本轉向板本的過渡期的産物，值得關注。

（四）《英房抄》在解釋史上的價值——以英房《史記》説爲中心

如前文所述，《英房抄》並非單純地鈔録《史記》，乃是或參考前人學説、或引用他書注釋，乃至附上英房自己的説法而形成的。在這一節中，筆者將通過詳細考察上述各方面，試對英房的《史記》説作一概觀。英房生活在鎌倉末期至南北朝時代，當時是所謂學問的重心由博士家轉移到五山禪林的過渡時期。就《史記》學而言，博士家秘傳的學問流出，且隨著合刻本傳入，《索隱》、《正義》等新注終於普及，再加上宋學的傳入，多樣的、不拘泥於舊説的自由研究成爲時代主流。這種傾向，如實地表現在《英房抄》中，且爲後來的桃源和幻雲所繼承。

筆者將站在解釋史的立場，從如下三個方面考察上述傾向。

（A）表現爲「師説」的博士家《史記》説。

（B）引用書目所見英房《史記》説。

（C）標注作「私云」、「私案」等的英房《史記》説。

(A) 表現爲「師説」的博士家《史記》説

與諸版本批注中的「師説」一樣，《英房抄》中所引用的師説可以視爲菅原家、大江家、藤原家和日野家等博士家的學説，這一推斷應無大謬。雖然八《書》中全然不見，但「史記抄出」和《本紀》中一共可以看到三十多條博士家的説法。其中包含能够反映當時乃至此前日本《史記》學實態的上佳資料，此處僅舉兩三個例子如下。

《史記集解序》末葉記載道：「師説此序不讀也，但御讀時義也，於凡人者可讀之。」《五帝本紀》「黄帝者少典之子……成而聰明」的後面又有：「師説云，授《史記》時，自『五帝本紀』至于『成而聰明』讀之，後日《史記集解序》以下加始日所讀。次第讀之，裴駰不讀之，御讀時《序》不讀之，授《史記》初日，説者吉備公初授賀陽豐年之時如斯，是以先儒相授以爲佳例也。」《史記》最初由吉備真備引入日本，其學説爲賀陽豐年所繼承，原委又見「本朝講釋」一項的記載（注12）。又，「御讀時」是指在宮中天皇親臨的席上「講讀」。據上引文字，可知禁中與民間的差異，或者説師資傳授之一端。

「嫪毐」（《秦始皇帝本紀》），師説云，良家説云，戎狄一君公之舍人一也，管注同之。賀師説云，戎狄一君公一舍人一，日野同之。巨家説戎狄之君一舍人一。

《幻雲抄》中也引用與此幾乎相同的師説，且提到了菅、江、賀、良、藤家等各博士家的鼻祖。根據他的説法，菅家指菅原是善，江家指大江音人，賀家指賀茂保胤，良家指良岑安世，藤家指藤原佐世，日野家和巨勢家則未被提到。

考此「師說」，可見當時諸博士家的秘傳學說已經流出，正進入整理階段。以上二例之外，不僅從解釋史的立場，且從書誌學的立場來看也值得重視的「師說」尚有數例，篇幅所限，割愛不論。

(B) 關於引用書目

《英房抄》中引用了許多《集解》、《索隱》和《正義》之外的注釋。卷首關於《史記》諸事項的解說中引用的主要書目有：《漢書》、《隋書》、《尚書(正義)》、《春秋左傳》、《周禮》、《易》、《孝經》、《呂氏春秋》、《說文》、《帝王世紀》、《關尹子》、《初學記》、《管子》、《孫愐切韻》等。《本紀》中引用書目有所減少，但值得注意的是，《五帝本紀》和《夏本紀》等頻繁引用了「林子奇」、「蘇東坡」、「張九成」、「呂東萊」等宋儒的學說。這表明當時學問的普遍傾向，即宋學的關注度高漲，也反映在了《英房抄》中。

(C) 標注作「私云」、「私案」的英房《史記》說

《英房抄》三卷中，標注作「私云」、「私案」、「案」等的英房《史記》說的批注多達五十餘條。下面從中選出一些例子，來觀察英房解釋《史記》的態度。

(a) 與文字異同相關的例子

除了彭寅翁本之外，英房還持有數種鈔本，並將這些本子的異同標注作「才」、「本」等收錄在批注中，而且還與其他書(《尚書》、《漢書》等)作了校記。現舉例說明英房對這些文字異同的見解。

「立一十一年崩。」(《三皇本紀》)私云，《補史記》曰，伏犧立一十一年崩。《帝王世紀》云，在位一百一十年。云云。疑司馬貞脫「一百」字歟。

上例乃依據《帝王世紀》來討論《索隱》的錯誤。《索隱》單注本中有「一百」二字，想是合刻時有訛脫。

十年諸侯城周。(《周本紀》)十年字本并才無,後人勘加。案《左傳》,十年字尤可有之。

現案諸本,刻本中無「十年」二字,據高山寺舊鈔本、南化、楓山、棭齋、三條諸古本補「十年」二字。據《左傳·昭王三十二年》,「城周」是敬王十年事。因此,英房根據《左傳》斷定有「十年」二字更佳,是正確的。

(b) 關於解釋的例子

解釋方面,有批判司馬貞和張守節的,有英房針對諸注表明自身見解的,也有敘述英房自身説法的。要言之,英房解釋《史記》的態度,即不拘泥於特定注釋,而是站在相當自由的立場上作學問。下面舉出一些例子。

Ⅰ 對《索隱》和《正義》的批判

一直以來,博士家是以《集解》爲中心,參考鄒誕生《史記音》、劉伯莊《史記音義》和盧藏用《春秋後語注》等書來立説的。古本的批注中記爲「師説」的博士家《史記》説中,采用《索隱》之處頗多,但《正義》則完全不見引用。然而,在英房的時代,隨著慶元本、彭寅翁本等三注合刻本的傳入,《索隱》和《正義》終於普及,英房十分關注這些《史記》的新注釋,同時也没忘記對其進行批判。如下兩個例子就展現了這種態度之一端。

「予辛壬娶塗山,癸甲生啓,予不子。」(《夏本紀》)私云,《索隱》經二日生子,不經之甚。《尚書》并《孔注》、《正義》等,義一同也。《索隱》以太史公爲不稽,其本意又近誣也。生啓兩字屬下句有何難乎。

「教熊羆貔貅貙虎。」(《五帝本紀》)私云,《書·牧誓》曰,如虎如貔,如熊如羆,于商郊。使將士之武，如此四獸。然則使如此六獸也，《索隱》、《正義》乖《書》意歟。

二　表明英房對諸注見解的例子

某個解釋有數種説法的時候，究竟應采用何種説法，英房對這種問題常常會附上自己的見解。如下二例正好體現了這種情況之一端。

「鯀之父曰帝顓頊。」(《夏本紀》)《索隱》曰，皇甫謐鯀帝顓頊之子，字熙。又《連山易》云，鯀封於崇，故《國語》謂之崇伯鯀，系本亦以鯀爲顓頊子。《漢書·律曆志》則云，顓頊五代而生鯀。鯀既仕堯，與舜代系殊懸，舜即顓頊六代孫，則鯀非是顓頊之子，蓋班氏之言近得其實。私云，班固之説殆可觀。

「帝甲淫亂，殷復衰。」(《殷本紀》)《書·毋逸》曰，在祖甲，弗誼惟王，舊爲小人，作其即位，爰知小人之依，能保惠于庶民，弗敢侮鰥寡，肆祖甲之餐國，三十有三年。孔注曰，湯孫太甲也。按《書》言在殷王中宗及高宗及祖甲，世次甚明。又下曰，周公曰，自殷王中宗及高宗，下及祖甲。鄭康成曰，祖甲武丁子帝甲也。有先祖庚賢武丁，欲廢兄立弟祖甲，以此爲不義逃於人間，故云，文爲小人。馬融同此義。私云，康成説爲得其實。

三　敘述英房自身説法的例子

以上例子，論述的是英房對《索隱》、《正義》或其他注釋之見解。下面兩個例子則是比較《史記》的內容與他書，從而在史實之信疑的層面上論述其得失。這些例子表明，英房不僅僅是依據注釋閱讀《史記》，而且也積極地嘗試探析其內容，由此可以窺見英房《史記》解釋態度之一端。

「至於子嬰車裂趙高。」(《秦始皇本紀》)私云,《子嬰紀》云,子嬰遂刺殺高於齊□。《李斯傳》云,子嬰召入高,令官者韓談刺殺之。今云,車裂趙高,據何書乎。

「榮因自立爲齊王。」(《項羽本紀》)私云,案《漢書·高紀》臧荼事爲八月,田榮事爲六月,前後參差。又九江王布殺義帝事二年冬十月也,皆以脱誤也,但於前年□其事終始歟。

以上,試從日本《史記》解釋史的角度,概觀英房的《史記抄》。書中的《史記》説本身並没有特別值得重視之處。但如前文所述,此書乃是博士家秘傳的學説流出、《索隱》和《正義》隨著刻本的傳入而普及、且宋學盛行這樣的時代背景下的産物,因此具有很高的資料上的價值。遺憾的是,此書只有《本紀》和《書》,而無《世家》和《列傳》。

注1　《龍谷大學圖書館善本目録》中作「龍集經圍秋仲望前抄寫了英房」,有誤。

注2　《夏本紀》末葉的英房識語旁有大槻文彦博士的考證:

《建武年間記》,奥州式評定式部少輔英房此人歟。

丁亥八弘安十年ナルベシ,式家文章博士敦基六世孫。(丁亥當爲弘安十年,式家文章博士敦基六世孫。)

然而,如後文所言,將丁亥認作弘安十年(一二八七年)有誤。

注3　現在,宮城縣立圖書館存有捺同樣印章的大槻文彦的原稿。

注4　如第二章第二節所述,古板本及古活字本中的批注,僅限於《本紀》、《世家》和《列傳》,幾乎不見於《書》和《表》。這是因爲在古代,《書》和《表》不大被閲讀。

注5　如後文將要提到的,三條西實隆自筆本中關於出入異同的批注,也見於英房《史記抄》没有鈔出的正文或注文,

可以佐證這一推斷。但是，這個推斷是建立在三條西實隆自筆本的批注是單一構成的假設之上的。

注6　關於「八《書》」，正如論及内容時提到的，由於與《本紀》在内容上差别很大，幾乎不存於古鈔本和古本，因此不作爲考察的對象。

注7　如第二章第一節中所詳述，三條西實隆自筆本中所見關於出入異同的批注，是假想出「《史記》古本」重要資料來源，從其跋文可知，這些批注基本忠實地襲用了英房所持有的記載了文字出入異同的彭寅翁本或其寫本。因此所謂「《史記》古本」與《英房抄》引《史記》正文一致，乃是理所當然的事情。

注8　英房鈔出的《史記》正文旁，有與標作「扌」的「摺本」（意爲印本——譯者注）對照的校記，可佐證此推斷。又，對照標作「扌」的「摺本」，即「板本」而作校記的例子，見於宫内廳書陵部藏《范雎蔡澤列傳》（古鈔本），也見於森立之舊藏大東急記念文庫藏慶長古活字本的卷二中，森氏所作的、與求古樓藏古鈔本《夏本紀》的對校等處。

注9　正如（二）中已經指出的，現存《英房抄》中没有的部分，或是原來就没有鈔寫，或是鈔寫的部分散佚了，具體是哪種情況並不清楚。不過筆者推測原鈔應該不止現存的這些内容。

注10　較爲忠實的彭寅翁本覆刻本，有大島贄川《史記考異》所引朝鮮「韓本」、和忠實地覆刻了「韓本」的日本慶長活字本即「傳嵯峨本」。這兩個本子都與《英房抄》所引三家注一致，但二者都被認爲成書於英房卒後（一三四八年以後），因而不在考量範圍内。

注11　三注合刻本中，比彭寅翁本更善的南宋慶元本應該已經傳到了日本，不知爲何英房不依據慶元本，而使用了元板彭寅翁本。想來，鎌倉時代末期至南北朝時代，入元僧人極多，他們帶回的元板較容易獲得，與之相對，更善的宋板慶元本在當時已經極難獲得。後來，三條西實隆和梅仙和尚鈔寫的不是慶元本而是彭寅翁本，大概也是出於同樣的原因。

注12　「本朝講釋」一項中有如下記載：

貴(此字依照原文)備大臣傳此書,即自親講讀賀陽豐年面受其説耳。
天長二年,菅原清公卿講《史記》。
承和十四年,同是善卿講《史記》。

第三節　桃源《史記抄》

(一)關於桃源

桃源,諱瑞仙,號蕉了、蕉雨、春雨、亦庵、卍庵、竹處、梅岑等。瑞仙之號,出自桃源十分敬慕的老師瑞溪;蕉了和蕉雨之號,則由蕉堅(絶海中津)之號而來。亦庵,是亦庵和春雨庵之號,見於《易抄》(《百衲襖》)(注1)的跋文,是桃源避應仁之亂、閑居山上時的庵名。梅岑之號則出自桃源置於相國寺慈照院的軒名。俗姓不明。

其家在當時京極氏家臣小倉氏治下的江州愛知君市村。永享二年(一四三〇),桃源生於此。二歲喪母,四歲承母親遺志出家,出家的寺院名曰慈雲院。慈雲院的創建者齋岳禪師養育桃源,視若己出。不久,桃源上京,爲相國寺明遠俊哲的弟子,剃髮受具,遂嗣其法。桃源生來好書,涉獵儒釋典籍,叩碩學之扉,究其奥深,由是師事名衲碩儒亦多。所師事之人中,首先應該提到的是南禪寺僧人天岩牧中(注2)。桃源從牧中受《史記》講義是在文明八年(一四七六)的二十餘年前,即康正(一四五五至一四五七)至長禄(一四五七至一四六〇)年間(注3),其時桃源二十六七歲。《桃源抄》的一部分,就是以此時聽牧中的講義而作的筆記爲母胎的。當是時,桃源亦從牧中學《易》,《易抄》(《百衲襖》)受惠於牧中之處不少。

牧中之外，桃源親身受教的五山名僧還有竺雲等連（妙智）和瑞溪周鳳（北禪）。桃源對這兩位老師和牧中的教導都心存感謝。求學於竺雲和瑞溪是在文安年間（一四四四至一四四九），當時桃源不滿二十歲（注4）。又從竺雲學《漢書》。竺雲是《漢書》家大岳周崇的法嗣，桃源在《史記抄》的跋文中記載了聽竺雲講《漢書》之事（注5）。桃源的老師中，繼牧中、北禪和妙智之後，應該提到是玉渚（雲章一慶）。玉渚亦是當時一流的學僧，其講説的《百丈清規》聲名尤高。長禄三年（一四五九）至寬正二年（一四六一）的三年間，桃源列席玉渚《百丈清規》的講筵，並記録了此事（注6）。

五山僧之外，桃源十分傾倒於一條兼良和清原業忠的學問。桃源的《易抄》受到業忠講義的影響。業忠的講義在長禄至寬正年間（一四五七至一四六六）進行，與桃源受竺雲講義的時期相同。這一時期可以稱作桃源的修學時代（注7）。

桃源的友人包括柏舟、横川、萬里、景徐、龍澤、桂林、蔗庵等當時一流的名僧，尤其自幼就與横川結下了深交（注8）。

應仁元年（一四六七），及京師亂，桃源與横川、景徐二友同在鄉里近江避亂，在小倉實澄的保護下寓居山上永源寺内龍門庵。小倉氏是桃源父親的主公，是一位好學的武將，對學問十分感興趣，因此保護了桃源及其友人。其時桃源三十八歲。寓居山上永源寺期間，也是桃源忙於講學和鈔書的時期。從《易抄》的識語中可以窺知桃源山上生活之一端。

這一時期，桃源講説、鈔録《易經》，寫成《易抄》（《百衲襖》）。《易》的講義開設於文明甲午（六年）至丁酉（九年）年間（一四七四至一四七七），凡四年（四十五歲至四十八歲）（注 9）。

《史記》的講義，與《易抄》同時進行。從《史記抄》及《易抄》的跋文來看，文明八年以前《史記》的講義就已經開設，《史記抄》乃是爲每次的講義而作（注 10）。跋文中所附日期，最晚的是文明十二年（注 11）。

桃源於文明十三四年歸京，其時已經五十二三歲。歸京之後，住錫於等持、勝鬘二寺，開《漢書》講義（注 12）。

文明十八年（一四八六），繼承相國寺七十九世橫川景三的衣鉢，爲相國寺八十世。延德元年（一四八九）十月二十八日，圓寂於大德院，年六十（注 13）。

（二）桃源《史記抄》諸本

現在，《桃源抄》共存如下八個本子：

1　舟橋家舊藏京都大學圖書館藏本　寫本

2　米澤圖書館舊藏東洋文庫藏本　寫本

3　米澤市立圖書館藏本　寫本

4　足利學校遺蹟圖書館藏本　寫本

5　寬永古活字本（内閣文庫藏，京都府立圖書館藏等）

6　三ケ尻油印本

7　内閣文庫藏本　寫本

8　京都府立圖書館藏本　寫本

此外，東京大學還藏有自筆本，關東大地震時遭火焚，已不可見。

以上諸本可以分爲自筆本（1至6）和省略本（7、8）兩個系統。關於自筆本，湯澤幸吉郎著《室町時代言語の研究》（《室町時代言語的研究》）中收有《史記抄》的解題（注14），據之可知，古活字本與自筆本是同一系統的文本。因此，京都大學本、東洋文庫本、米澤市立圖書館本和足利學校本也屬同一系統。與自筆本系統的文本相比，内閣文庫本和京都府立圖書館本中省略的部分較多，且兩個本子删節的狀態完全相同，故統稱作省略本系統。又，《史學雜誌》三十四編第十一號（大正十二年〔一九二三〕十一月）中載有《燒失せる東大附屬圖書館所藏貴重書（一般史學關係）》（《已遭火焚的東京大學附屬圖書館所藏貴重圖書目録》），其中有「《史記抄》，文明八年至十二年僧桃源自筆，慈照院印」的記載。爲了方便對諸本進行比較，現從前揭書籍中轉録自筆本《史記抄》的目録如下（以下引《桃源抄》皆依據油印本，但爲使卷次更加明晰，在括弧内標明了古活字本——油印本的卷次。又，引用的《史記抄》有些附有訓點，依據的是京都大學本）。

第一册　《總目》（《史記源流》卷一）

第二册　《史記樞要》

第三册　《吴太伯世家》（卷八）

第四册　《集解序》—《周本紀》（卷二）

第五册　《秦本紀》（卷三）

第六册　《秦始皇本紀》（卷四）
第七册　《項羽本紀》（卷五）
第八册　《高祖本紀》、《吕后本紀》（卷六）
第九册　《孝文本紀》、《孝景本紀》（卷七）
第十册　《孝武本紀》（卷八）
第十一册　《老子伯夷列傳第一》—《張儀列傳第十》（卷九）
第十二册　《樗里子甘茂列傳第十一》—《魏豹彭越列傳第三十》（卷十）
第十三册　《黥布列傳第三十一》—《田叔列傳第四十四》（卷十一）
第十四册　《扁鵲倉公列傳第四十五》（卷十二）
第十五册　《吴王濞列傳第四十六》—《汲鄭列傳第六十》（卷十三）
第十六册　《儒林列傳六十一》—《酷吏列傳第六十二》（卷十四）
第十七册　《大宛列傳第六十三》—《滑稽列傳第六十六》（卷十五）
第十八册　《日者列傳第六十七》—《龜策列傳第六十八》（卷十六）
第十九册　《貨殖列傳第六十九》（卷十七）
第二十册　《太史公自序傳第七十》（卷十八）

一　京都大學圖書館藏本

二帙二十册（注15）。上下二十七釐米，左右二十一釐米，無自筆本中的《總目》。第一册爲《史記源流》（十葉），第二册爲《史記事實》（二十五葉），第三册爲《集解序》至《周本紀》，以下與自筆本同。《吴太伯世家》在《本紀》後面，收入第十册。《列傳》從第十一册開始，與自筆本的分册方式一樣。第一册的《史記源流》諸本都有，但第二册的《史記事實》僅見於京都大學本。東京大學的自筆本中，並不見「史記源流」和「史記事實」的名稱，而只有「總目」和「史記樞要」的名稱。自筆本所謂的《總目》，諸本皆無，又考慮到目録不太可能單成一册，因此《總目》應該不是指目録，而應是指《史記源流》。《史記源流》類似於史書的解題，討論了《總論》、《公羊》、《穀梁》、《胡氏傳》、《史記》、《漢書》、《後漢書》、《三國史》、《晉書》、《南北史》、《隋書》、《唐書》、《五代史》、《宋史》、《遼史》、《金史》、《元史》及《通鑑》、《高僧傳》等。從内容來看，將之命名爲「總目」也可以。如果自筆本的《總目》就是京都大學本等本子中的《史記源流》，那麼可以考慮《史記事實》就是自筆本中的《史記樞要》。《史記事實》的内容，有《史記》的《字義》、《春秋左氏傳序》、《史記集解序》、《史記索隱序》（注 16）、《源流至論後集》卷之九（注 17）、《源流至論》卷之二、《源流至論別集》卷之五、《源流至論》卷之七、《十八史略序》、《重刊史略題辭》、《哀衆刊行檄語》和《史記樞要》（注 18）。這裏的《史記樞要》僅有三葉，與自筆本中占了一册篇幅的《史記樞要》顯然不同。包含這篇《史記樞要》在内的《史記事實》應該就是自筆本中所謂的《史記樞要》。

京都大學本，一部分出自清原宣賢（天文十九年［一五五〇］没，七十七歲）的手鈔（注 19），應是桃源自筆本的轉寫本。這個本子是《桃源抄》最正確的傳本，與其他本子相比，誤字、脱字較少，訓點也最爲精確。另外，此書已被指定爲重要美術品。

2 東洋文庫藏本

三帙二十册，上下二十七點五釐米，左右二十一釐米。缺《史記源流》、《周本紀》和《項羽本紀》。第一册爲《序》至《殷本紀》。後面的分册方式與自筆本一樣。只是，《高祖本紀》和《吕后本紀》分别收録在第四册和第五册，且《列傳第十一》至《第三十》的一册被分爲《列傳第十一》至《第二十三》、《列傳第二十四》至《第三十》兩册。從第十一册卷首「此卷與前一帙，今分以爲二策也」的記載來看，這兩册原本應是一册。又，《列傳第四十六》至《第六十》的一册被分爲《列傳第四十六》至《第五十六》、《第五十七》至《第六十》兩册。《吴太伯世家》放在《本紀》和《列傳》之間，收入第八册。

列傳的各册（第九册至第二十册）有米澤藏書印。函套也題作「米澤文庫舊藏上、中、下」。原爲上杉家所有。第一册題簽的右側貼有和紙，墨書如下：「相國寺焦了道人《史記鈔》。永禄七年寫，貳拾本。爲舊米澤藩庫藏，以爲殘本，流落歸所有焉。抑古鈔本殘猶珍惜，況拾有數卷，千金何足云乎。庚戌十一月初六，謙。」（注 20）鈔寫的年代半隱在末葉的裝訂用紙中，用細字寫作「永禄七年（一五六四）八月廿四日書了」。誤字、脱字較少，鈔寫比較正確。與京都大學本一樣，訓點詳細，但部分脱落嚴重。又，第十册和第十一册末葉的紙面上均用大字寫著：「此卷大昌天隱翁借以備一覽，在余寔衮榮也。而童行手之爲爐火所燒焉。親手補書，是還千載之後有志出史學者，庶幾爲我家焦尾也。」（注 21）筆跡與剛剛提到的第十一册卷首的「此卷與前一帙……」數語相同。

3 米澤市立圖書館藏本

四册。上下二十七釐米，左右二十一釐米。米澤本作「史記桃源抄共十六」，即米澤藏有十六册，但其中十二册實際上是《幻雲抄》，只有四册是《桃源抄》（注22）。這四册分別是《周本紀第四》、《項羽本紀第七》、《孝文本紀第十》和《太史公自序傳第七十》。上面談到的東洋文庫本也是米澤的舊藏，若其中缺少的《周本紀》和《項羽本紀》用此米澤本來補，則東洋文庫本除了没有《史記源流》和《史記事實》外，在内容上就與京都大學本相同。但是，《孝文本紀》和《太史公自序》重複，其原因尚不明瞭。

與《桃源抄》收藏在一起的《幻雲抄》中，記有永正十三年（一五一六）或十四年，但恐難將其作爲米澤本《桃源抄》的鈔寫年代。倒不如將米澤本視作東洋文庫本的一部分，即永禄七年（一五六四）的寫本。《項羽本紀》從中間部分開始，筆跡發生變化。前半部分幾乎没有訓點，相比之下，後半部分則和京都大學本一樣，有詳細的訓點。《太史公自序》中誤字、脱字極多，劣於東洋文庫本。

4　足利學校遺蹟圖書館藏本

《足利學校貴重特別書目解題》中説：

江户初期寫本、十一行、二十一至三十字、卷七（項羽本紀）、八（高祖本紀）、九（吕后本紀）、十（孝文本紀）、十一（孝景本紀）ト列伝ノ十二カラ末マデトヲ存スル。ゾ式仮名講説、全巻ノ筆寫八一様デナイ。第十、十二巻末ニ文明丁酉ノ自跋ガアル。

譯文：江户初期寫本，十一行，二十一至三十字。存卷七（《項羽本紀》）、八（《高祖本紀》）、九（《吕后本紀》）、十（《孝文本紀》）、十一（《孝景本紀》），以及《列傳》的第十二至最後。以「ゾ式」（每句末用ゾ結束的形式）假名講説，全卷的書寫筆跡不一致。第十卷和第十二卷卷末有文明丁酉的自跋。

從第八卷封面上「共十六　不足」的記述來看，原本有十六册。又，第十二卷末尾有三要（慶長十七年［一六一二］没）自筆的《足利學校釋奠式》，從其中敘述來看，鈔寫的年代應不在慶長十年之後。缺卷多，有錯簡（注23），現在已經能夠看到完整的《史記抄》寫本，故此本價值較低。提行之處與米澤本完全相同，兩個鈔本都與《幻雲抄》一起，以「共十六」册來收藏，從這一點來看，兩者之間應該有密切的關係，但未能詳考。

5　寬永古活字本（内閣文庫藏本缺卷一《史記源流》和卷十九《太史公自序》兩卷）

十九卷，十九册，雙邊無界，匡郭内上下二十三點五釐米，左右十七點五釐米，半葉十二行，行二十六七字不等。無自筆本的《史記樞要》和京都大學本的《史記事實》，以《史記源流》爲卷首。《吳太伯世家》在《本紀》和《列傳》之間，屬第九册。其他與自筆本和京都大學本相同。卷末刊記作「寬永三丙寅年（一六二六）四月下旬，陰山玄佐板行」。

古活字本中，除下引第一、第二例外，完全不附訓點。除開這一缺點，古活字本以善本爲底本，與京都大學本和東洋文庫本幾無異同，且可據以訂正寫本之誤。然而，由於訓點全部脱落，不可讀之處甚多。例如下面的例子，訓點的脱落使得句子意思不通（訓點據京都大學本）。

令二諸大夫一曰、進不レ滿二千錢一坐二堂下一、漢書ニハ坐二——一トヨムソ。（卷六《高祖本紀》）

譯文：「令諸大夫曰，進不滿千錢坐堂下」，在《漢書》中讀作「應坐～」或者「使在坐～」。

到二豐——一止飲、夜乃解二縱所レ送徒一、古本ニ徒ト點シタハ、ワルイソ。（卷六《高祖本紀》）

譯文：「到豐——止飲，夜乃解縱所送徒」，古本中「徒」點作「トモカラ（同夥、同伴）」，不好。

歲餘——貸錢ハ貸字ハ貸ト云時ハ貸ノ音ソ。貸ト云時ハ貸ノ音ソ。貸ノ時ハ借、借ノ時ハ

借（シャク）ノ音ト同樣ナソ。與字ヲカヘストヨムソ。（卷十一《孝景本紀》）

譯文：「歲餘—貸錢」的「貸」字，作借出的意思時讀「タイ」，作借來的意思時讀「トク」。這和「借」字作借出的意思時讀「シヤ」，作借來的意思時讀「シヤク」一樣。「與」字應讀作「カヘス」。

在這種情況下，古活字本因没有訓點而無法閲讀，是其致命的缺點。

6　三ヶ尻油印本

一帙三册，第一册（卷一至六），第二册（卷七至十二），第三册（卷十三至十九），爲昭和十三年（一九三八），三ヶ尻浩氏覆刻的寬永古活字本。由於以古活字本爲底本，因此除了前引第一、第二個例子以外，全無訓點。轉寫之際顯有脱誤。然而，在《史記抄》不易入手的今天，油印本的出版也是相當有意義的。

以上論述的京都大學本、東洋文庫本、米澤市立圖書館本、足利學校本、寬永古活字本和三ヶ尻油印本，都屬於自筆本系統。

7　内閣文庫藏本

十四册，上下二十七釐米，左右二十一釐米。卷次如下。

第一册　《史記集解序》—《殷本紀》
第二册　《周本紀》
第三册　《秦本紀》、《秦始皇本紀》
第四册　《項羽本紀》、《高祖本紀》（缺《吕后本紀第六》及跋）
第五册　《孝文本紀》、《孝景本紀》

第六册　《孝武本紀》

第七册　《吴太伯世家第一》

第八册　《老子伯夷列傳第一》—《張儀列傳第十》

第九册　《樗里子甘茂列傳第十一》—《田叔列傳第四十四》

第十册　《扁鵲倉公列傳第四十五》—《西南夷列傳第五十六》

第十一册　《司馬相如列傳第五十七》—《遊俠列傳第六十四》

第十二册　《佞幸列傳第六十五》——《龜策列傳第六十八》

第十三册　《貨殖列傳第六十九》、《太史公自序第七十》

第十四册　《史記源流》

内閣文庫收有近藤正齋的《楓山文庫貴重書目》，在文庫的十種分類中，此《桃源抄》歸在慶長御寫本類，題作「史記集解」。雖然這個本子是慶長年間（一五九六至一六一五）的寫本，但其底本卻是永正年間（一五〇四至一五二一）的寫本。即，第四册《高祖本紀》末有「永正十三、十二、七日了」，第十一册《酷吏列傳》末記有「永正丙子孟春廿有四終書功畢」，第十二册《佞幸列傳》末有「永正十三年仲春万九終書功了」。

8　京都府立圖書館藏本

二帙十四册。上下三十點五釐米，左右二十二釐米。與内閣文庫本一樣，缺卷六《吕后本紀》及跋，但第四册封面上寫著「史記抄 本紀 七項羽 八高祖 九吕后」。又缺内閣文庫本第十四册的《史記源流》。

缺《史記源流》而仍與内閣文庫本一樣有十四册，是因爲將内閣文庫本的第十册分成了「列傳三ノ上（列傳三之上）」（列傳第四十五）和「三ノ下（三之下）」（列傳第四十六至第五十六）兩册。與内閣文庫本被稱作「史記集解」一樣，這個本子第一册的封面上題作「史記集解」，目録里也記作「史記集解」。

這個府立圖書館本應是永正寫本的轉寫本。即，第七册《吴太伯世家》末記有「永正十三年孟秋十九終書功了　抑此抄吴王十四年以來不足　尤有恨者乎」，第九册《魏豹彭越列傳》末也記有「永正十二年九月朔終書寫功太史公牛馬走」。内閣文庫本和京都府立圖書館本這兩個文本可能都是以永正寫本爲底本而形成的。

京都府立圖書館本中有與他本校勘過的痕跡。上欄和文旁所謂「イ本」的批注，應是與自筆本系統的諸本校勘後寫入的。

上述内閣文庫本和京都府立圖書館本中都明顯有省略。試舉二三例如下（自筆本系統）。

鳥身（ノミアリテノ）　人言（アリ）　其身ハ鳥ノ如ニ毛カアリテ，モノヲ云ハ，人ノ様ニ云タソ。古本ニハ，人首（ノカシラアリ）トアルホトニ，不審ナソ。トチカヨイヤラウソ。全體ハ鳥テモノヲ云ハ人ノ様ナハ，アマリハケラシイソ。身ニハ毛羽ナントカアリテ，首ハ人ノ面チヤト云タハ，ヨサウナソ。帝大戊聞（ホ）—御（タラ）シメウハ，ナントアラウソトトスルニ吉ナリ。古本ニハ，ト下之使（スルニ）御（ト）上左右（タラ）吉（ニ）トアルソ。此ニハ左右ノ字ヲ削タソ。ナウテモ，キコユル事ハナイカヨイソ。遂置（ヲチ）使（ムメテ）御（タラ）而妻（シテメアハス）之自大戊以下（シモツカタ）—（巻三《秦本紀》）

譯文：　鳥身人言　其身如鳥有毛，説話像人。古本作「人首」，因此此處不審。「人言」和「人首」那個好？説其整體是鳥，説話像人，太過離奇。説身上有羽毛等，首是人面，似乎更好。帝大戊聞—使之御，（大戊聽了以後覺得）怎麽回事，於是占卜算出「吉」。古本云「卜之使御左右吉」。此處删削「左右」字。雖無（這兩個字），也並非不能理解。「遂置使御而妻之」，自「大戊」以下—

（省略本系統）

鳥身人言　言作首　ヨキ歟、自大戊以下—

譯文：「鳥身人言」，「言」作「首」好？自「大戊」以下—

（自筆本系統）

十年伐二郢テケイ冀戎キ一初縣メテレ之ニスヲ，一本ニハ，郢ハ作珪ソ。又一本ニハ作邽カヨイソ。此注ニモ，隴西ニ有上邽縣トシタホトニ邽カヨイソ。郢字ハ誤タソ。十一年初縣二杜ニス鄭一滅ヲ二小ス虢ヲ一，西虢ノコトソ。（卷三《秦本紀》）

譯文：「十年，伐郢，冀戎，初縣之」，一本「郢」作「珪」。又一本作「邽」，似乎更好。此注云「隴西有上邽縣」，據此作「邽」好。「郢」字誤。「十一年，初縣杜鄭，滅小虢」，是指「西虢」。

（省略本系統）

上述文字，全部省略。

内閣文庫本和京都府立圖書館本的省略貫穿全卷，《通鑑》、《漢書》、《左傳》等書的引用幾乎全都省去，《史記》正文也較少，訓點也多被删削。

(三)《桃源抄》補遺

《史記抄》是桃源講《史記》時的講義録，因此，未見於《史記抄》的桃源講義時的説法也經聽講者之手保存了下來。這些説法以「講云」、「蕉講」的形式保留在以下諸本的批注中。

1　上杉家藏南宋慶元本（南化本）幻雲標注

2　狩野亨吉舊藏東北大學圖書館藏（狩野本）慶長古活字九行無界本標注

3　梅仙和尚自筆建仁寺兩足院藏本（梅仙本）標注

4　幻雲抄

5　森立之舊藏大東急記念文庫藏慶長古活字本標注

6　尾陽文庫舊藏天理大學圖書館藏本

7　楓山文庫舊藏宮内廳書陵部藏本（楓山本）

8　狩谷棭齋舊藏宮内廳書陵部藏本（棭齋本）

9　三條西實隆自筆宮内廳書陵部藏本（三條本）

10　高木家舊藏天理大學圖書館藏本（高本）

南化本中的桃源説是幻雲的筆跡，應該是幻雲直接聽了桃源講義後記載下來的，且記載的條數最多。其他諸本中的批注，不知是通過怎樣的方式寫入的，而且與南化本中幻雲的批注相比，數量少很多。南化本中所見桃源説，《項羽本紀》中有一條，《表》、《書》和《世家》中皆無，其他散見於《列傳》第一至第五十，合計一百六十六條。與之相對，狩野本批注中的桃源説縱觀全卷僅有十四條，且幾乎亦見於南化本，僅有兩條爲南化本所無。其他諸本批注的情況與狩野本相似。

内容有關於音訓或解釋的等等。現從南化本和狩野本中舉數例如下。

「名鞅，姓公孫氏。」（《商君列傳第八》）

蕉講，鞅トヨムトモ、史記ニハ鞅トヨム也。（南化本）

譯文：　蕉講，「鞅」字讀作「ワウ」，但《史記》中的「鞅」字讀作「ヤウ」也。

「王可謂能矣。」（《春申君列傳第十八》）

王可謂能矣 ノウアリト ヨクセリト タエタリト 蕉講用此三點。（南化本）

譯文：　王可謂能矣。「能」讀作「ノウアリト（有能力、有才能）」、「ヨクセリト（做得好）」、「タエタリト（有能耐）」。蕉講用此三種訓讀方法。

「綰愈恐閉匿。」（《韓信盧綰列傳第三十三》）

閉匿，講云，慮綰恐而藏跡，不封食其趙堯也。如胡三省注言匿左右知張勝事者。（南化本）

「扁鵲倉公列傳第四十五，卷首。」

蕉講云，扁鵲以下爲諸侯王族，以叛臣載列傳末，蓋馬遷筆誅也。衛青霍去病非有大功，唯以外戚與兵開邊，其禍不少。扁鵲施藥活人之命，豈同衛霍與兵殺人哉。故吴王濞亦在其下，不次于《日者》、《龜策》二傳者可知焉。（南化本）

以上桃源《史記》講義記録的第二和第三例，均不見於《桃源抄》，作爲補充《桃源抄》的資料值得重視。此外，作「講曰」、「蕉講云」等的批注之中，有不少與《桃源抄》的意思相同。例如：

「孔子曰惜哉，不齊所治者小，所治者大，則庶幾矣。」（《仲尼弟子列傳第七》）

蕉講，俾不齊治大國，則庶幾矣。　惜哉，單父小。（南化本、狩野本）

此「蕉講……」一句，《桃源抄》中記述如下，文意相同：

孔子ノホメラレタソ。ア、アツタラモノニ大ナ處カ治メサセタラハ庶幾テマシソ。

譯文：　孔子讚揚（宓不齊）了。　嗚呼，可惜，如果讓這個人統治大處的話，就差不多了。

「臣聞天下之患，在於土崩，不在於瓦解，古今一也。」（《平津侯主父列傳第五十二》）

講曰土崩ハ一時崩也。　瓦解ハ一トヲリ崩也。（南化本）

譯文：　講曰，土崩是一下子崩潰，瓦解是大體崩潰。

《桃源抄》作「臣聞——土崩ハ世界カスラリ崩ソ。　瓦解ハチツト破ソ」（臣聞——「土崩」是世界一下子崩潰。「瓦解」是稍微破碎），意思相同。　像這樣，作「講……」的批注之中，有不少與《桃源抄》的意思完全相同，因此不能説所有的批注都可以補充《桃源抄》中的桃源説。

前述諸本中還能見到對《桃源抄》的引用，一般作「蕉雨抄」、「抄云」、「蕉抄云」、「蕉云」、「蕉了翁自序傳抄云」等。　這些批注，有些直接引用《桃源抄》原文的假名書寫，但更多是像下面的例子那樣改寫成漢文。

抄，雁行張陣皃，秦爲先燕繼後。（南化本）

雁行ハ陣ヲ張ルナリソ。　秦ヲ先ニ立テ燕カアトニツヽクト云心ソ。（卷十《張儀列傳》）

譯文：　雁行是擺陣之貌。　以秦爲先鋒，燕接續其後的意思。

抄，秦勝韓暴子韓割八縣未畢，入其地之先，秦復出兵伐韓。（南化本）

戰勝——韓暴子ニ勝テ韓カ割チレ地マタ皆モ地ヲ不ルレ入先ニ，ハヤ兵ヲ出テ又伐タソ。（卷十一《穰侯列傳》）

譯文：戰勝——秦打敗韓暴子，割取韓的領土，但還未將其地全部編入，秦又出兵伐韓。

又有只記某一種訓讀者。例如：

抄、莝豆（キレルクサトマメト）（南化本）

譯文：《抄》云，「莝豆」訓讀爲「切碎的草和豆子」。

置莝豆（カレル（キレル）クサ）——毛詩ニ乘馬在厩莝之秣之、注ニ莝斬芻也トシタソ。イツモ馬ニ草ヲカウ時ハコマカニ斬テクワスルヲ莝（キレクサ）ト云ソ。馬ニ骨ヲ折ラセウトテハ秣（マクサカウ）トテ長イ草ヲクワスルソ。莝豆（キレルクサトマメト）ノ二種テアラウソ。（卷十一《范雎蔡澤列傳》）

譯文：置莝豆（切碎或者割掉的草）——《毛詩》有「乘馬在厩，莝之秣之」一句，其注云「莝，斬芻也」。一般養馬飼草時，將草切碎，稱之爲「莝」。如果驅使馬匹，叫「秣」，就是飼長草。「莝豆」即指切碎的草和豆子兩種。

抄、有惡（アクスルコト）惡不讀（ニクムトハ）（南化本）

譯文：《抄》云，有「醜惡行爲」，這裏不可讀作「憎惡」的「惡」。

人有レ惡（アクスルコト）惡（ニクム）トハヨマヌソ。（卷十二《樊酈滕灌列傳》）

譯文：　人有「醜惡行爲」，不可讀作「憎惡」的「惡」。

以上從南化本的幻雲標注中，舉出了引用《桃源抄》的數例。其他諸本中僅有少量對《幻雲抄》的引用，例如狩野本中有四十三條，但南化本的幻雲標注中卻多達五百七十條，由此可見幻雲受桃源《史記》説的影響之深。

(四) 牧中、桃源所據《史記》文本

將《桃源抄》用作《史記》的校勘資料時，《桃源抄》依據的是怎樣的文本就成爲一個重要問題。要想弄清這個問題，首先有必要區分出《桃源抄》中以牧中《史記》講義的聽講記録爲母體的部分和桃源自己「講抄」(意爲講義、聽講筆録——譯者注)的部分。

以牧中《史記》講義的聽講記録爲母體而形成的部分，《本紀》是到《周本紀》的「武王」條爲止。桃源在識語中説：

《史記·本紀》牧中之講，止周武而已矣。成王以下今抄之。首自序及補史之三皇焉，而黄帝而下五帝三王至文武，僅抄者三十紙，何略也。自成康至周之既六十餘紙，何其詳也。蓋聞講則書其所聞，而不聞則書其所不聞故也。(《史記抄》卷二《識語》)

桃源也在《周本紀》中明確指出了聽講記録的範圍：

此已上八牧中ノ講筵ニテノ聽書，此以左八余續抄，皆腹決ナリ。

譯文：　此以上爲牧中講筵之聽講筆録，此以左爲余續鈔，皆腹決也。

《列傳》部分，牧中講義的筆録止於《相如傳》的中間。卷十九的識語説：

余舊所聞止乎《相如傳》之半矣。今也季玉藏主就余講此書。且又請補所抄缺者，纔記所聽篇耳。余之抄者倍于昔焉。豈無小司馬譏褚少孫之言哉。

《相如傳》中間處也明記到：

已上八聽書ナリ。……以下は續抄，臆肯分ルナリ。（《史記抄》卷十四）

譯文：以上爲聽書也。……以下爲續抄，臆肯分也。

根據識語，《列傳四十五・扁鵲倉公》本有牧中的講義，但牧中對此卷的大部分都没能進行解釋，因而桃源並没有鈔録講義，而是在之後與弟子季玉一同重新作了鈔寫（注 24）。以上就是牧中《史記》講義的聽講記録部分，其中某些地方並非完全是筆録的原文（注 25），還含有後來桃源在講《史記》時補充的自己的見解。

桃源並没有明確指出，《吴太伯世家》是否是牧中講義的筆録。不過，毋庸置疑的是《吴太伯世家》是桃源個人的講抄。其理由有三。第一，若《吴太伯世家》是根據牧中的講抄形成的，那麽應該會像《本紀》和《列傳》那樣，明確標明其爲講義的筆録，但《吴太伯世家》中並不見類似的説明。第二，若《吴太伯世家》是牧中講義的聽講筆録，那麽正文應該會更簡略化。例如，聽講筆録的部分在引用《史記》正文時只引其中兩三字，後面的部分則全部省略，而《吴太伯世家》中正文的引用更完整。第三，若存在《世家》的筆録，就不應該有如下記述：

以上十一節ハ齊桓ノ事ナリ。世家テ可言ケレトモ卒ト云ニツイテ云ソ。（卷二《周本紀》）

譯文：以上十一節爲齊桓事也。本應於《世家》言之，但因涉及（桓公）卒一事而敘之於此。

各世家ニアラウスホトニ、今不載ソ。（卷二《周本紀》）

譯文：將於各《世家》中講述，今不載。

此二世家ニアルヘシ。春秋ヲモ其時可考ソ。（卷二《周本紀》）

譯文：此應在《世家》。以《春秋》也可考其時。

這些記述見於《周本紀》的後半，即繼牧中講義的聽講記録之後，桃源所鈔寫的部分。其他部分也有類似的表述。據之可知，桃源本有講抄《世家》的意圖，並已完成了《吴太伯世家》的一半。從以上三個理由來看，《吴太伯世家》應是桃源的講抄無誤。

因此，在考察作爲《桃源抄》底本的《史記》文本時，應該從牧中所用的《史記》文本和桃源所用的《史記》文本兩方面來考慮。

又，關於這一問題，大島利一氏已在發表於昭和十三年（一九三八）《東方學報》的《桃源瑞仙史記抄を讀む》（《讀桃源瑞仙〈史記抄〉》）一文中的「三、牧中、桃源の用いた《史記》」（三、牧中、桃源所用《史記》）一項中有所論述。但其論據有些部分基於根本性的誤解，因此結論難以令人信服（注26）。

(a) 牧中所用的《史記》文本（《序》至《周本紀》前半，及《伯夷列傳》至《司馬相如列傳》前半，《扁鵲倉公列傳》除外）

以牧中講義的鈔録爲基礎形成的部分，首先有《集解》、《索隱》和《正義》的序，且正文中也有用三家注之處。因此，推定所用《史記》文本的第一個條件是三注合刻本。第二，《列傳》開首的次序是《列傳第一・老子莊子伯夷》、《列傳第二・管仲晏平仲》、《列傳第三・申不害韓非子》。牧中所能見到的《史記》文本中，滿足這兩個條件的是宋板慶元黄善夫本和元板彭寅翁本兩個本子。這兩個文本皆爲三注合刻本且屬同一系統的板本，但兩者在正文上有不少文字差異，且與慶元本相比彭寅翁本的注删節較多。然而，《史記抄》中，牧中講義的聽講記録部分，《史記》正文的引用極少，即使引用也只引用兩字，其後則完全省略，而且注也不是引用的漢文原文，而是幾乎都改成了假名書寫，因此難以得到可靠的資料用以判斷兩個本子中的哪一個纔是所依據的原文本。例如，下面所引例子，慶元本和彭寅翁本有差異，但由於在《史記抄》中省略了，故而無法將其作爲推定原文本的資料。

「此可謂争乎。」（《李斯列傳》）「謂」字慶元本同，彭寅翁本作「爲」字。

此可——アレカ云ニマカセテトラセウカト云心ソ。（卷十一《李斯列傳》）

譯文：此可——任由那個人説的話的意思。

「夫士卒盡家人之子也。」（《張釋之馮唐列傳》）彭寅翁本無「卒」字，慶元本有。

夫士——此家人ハ庶人也。（卷十二《張釋之馮唐列傳》）

譯文：夫士——此家人，庶人也。

像這樣，雖然可以找出慶元本和彭寅翁本的異同，但能够據以推定牧中所用《史記》文本的資料極少，現有如下九條。

1 「金木輪環。」（《三皇本紀》）慶元本同，彭寅翁本「環」字作「還」。

一曰——宓犧と女媧トノ間ニ火土金水ト五運カ輪環シテ，周而復始ニ女媧ニナツタソ。（卷

二《三皇本紀》

譯文： 一曰——宓犧與女媧之間，火、土、金、水的五運輪環，周而復始成爲女媧。

此例，《史記抄》與彭寅翁本不合，與慶元本一致。

2 「姓子氏。」《索隱》： 「亦以其母吞乙子而生。」《五帝本紀》 「乙」字慶元本同，彭寅翁本作「鳦」。

乙ノ卵ヲ呑テ生タシ末チヤホトニソ。（卷二《五帝本紀》）

譯文： 是吞食乙的卵而出生的人的後裔。

《史記抄》據《索隱》注作解釋，與慶元本「乙」字同。

3 「采於書詩。」《殷本紀》 慶元本同，彭寅翁本「書詩」倒乙。

自成——湯ヨリ後ノ事ヲハ《毛詩》、《尚書》ニアルヲ取タソ。（卷二《殷本紀》）

譯文： 自成——湯以後的事，取自《毛詩》、《尚書》的記載。

《史記抄》與彭寅翁本一致。

4 「在縲紲中。」《正義》： 「《晏子春秋》云……負薪息於途側。」《管晏列傳》「途」字慶元本同，彭寅翁本作「塗」字。

《晏子春秋》ニハ只負薪塗ニイタヲ車ニ載テキタトアルソ。（卷十《管晏列傳》）

譯文： 《晏子春秋》只記載「負薪於塗，以車載來。」

此例，《史記抄》與彭寅翁本一致。

5　「君若不脩德。」(《孫子吴起列傳》)彭寅翁本同，慶元本「君若」互倒。

君若今テマリ不脩德ソ。(卷十《孫子吴起列傳》)

譯文：　君公像現在還不太修德。

此例，《史記抄》與彭寅翁本一致。

6　「論其行事所施設者。」(《孫子吴起列傳》)　「其」字慶元本同，彭寅翁本「具」。

アレトモ其行事ノ施設ケタル事ヲハ論スルソ。(卷十《孫子吴起列傳》)

譯文：　暫且討論其事跡中所施行的事情。

此例，《史記抄》與慶元本一致。

7　「爲堅白同異之辯。」(《孟子荀卿列傳》)慶元本「同異」，彭寅翁本「異同」。

堅白異同之辯ト云ソ。(卷十一《孟子荀卿列傳》)

譯文：　所謂堅白異同之辯。

《史記抄》與彭寅翁本一致。

8　「就變而從時……安得常法。」(《李斯列傳》)　「就」慶元本同，彭寅翁本「龍」。

龍變，安得——ナニカチヤウトハ定ラウソ。(卷十一《李斯列傳》)

譯文：　龍變，安得——獲勝的形勢一定會定下來。

此例，《史記抄》與彭寅翁本一致。

9　「朝廷見人。」(《萬石張叔列傳》)慶元本同，彭寅翁本「人」字作「之」字。

朝廷見之，見人卜漢書ニシタソ。（卷十二《萬石張叔列傳》）

譯文：「朝廷見之」《漢書》作「見人」。

此例，《史記抄》與彭寅翁本一致。

以上舉出了九條資料，可用來推定所使用的《史記》文本。其中三條（1、2、6）與慶元本一致，六條（3、4、5、7、8、9）與彭寅翁本一致。因此，很難判斷底本是慶元本還是彭寅翁本。不過，牧中可能是以彭寅翁本爲底本，并參校其他本子做的講義。原因在於，慶元本與《史記抄》相一致的例子1中，彭寅翁本的「輪還」若作「輪環」更優，可能是牧中在講義時參考其他本子改作了「環」。例2中的「鳦」也可能是在講義時改作了「乙」。例6則是牧中根據其他本子將彭寅翁本的誤字「具」改成了「其」。如此看來，例1、2、6中《史記抄》與慶元本的一致就不能作爲牧中用慶元本作底本的決定性證據。《桃源抄》與彭寅翁本相一致的例子，尤其是例9乃是牧中以彭寅翁本爲《史記》底本的最重要的證據。例9中，如果牧中參考了慶元本，就不會引用《漢書》「見人卜漢書ニシタソ」（《漢書》作「見人」）爲證，正是因爲彭寅翁本作「見之」，牧中纔引《漢書》爲證。

結論爲，雖然實例很少，但推定牧中所用的《史記》文本是彭寅翁本。

(b) 桃源所用的《史記》文本（《周本紀》後半至《孝武本紀》，《吴太伯世家》、《扁鵲倉公列傳》、《司馬相如列傳》後半至《太史公自序》）

在考證桃源所用《史記》文本時，筆者將把桃源鈔寫的部分分爲《吴太伯世家》和其餘部分來展開論述。原因在於，《吴太伯世家》中可見到《集解》、《索隱》和《正義》三家注，而其餘部分則只引用了《集解》

和《索隱》二家注。首先論述《本紀》和《列傳》部分依據的《史記》文本。

推定《本紀》和《列傳》部分所用《史記》文本的第一個條件是，爲《集解》和《索隱》的二注合刻本。桃源提到了《集解》和《索隱》，卻没有言及《正義》。例如，《秦本紀》中：

繆公曰——曲席而坐傳器而食。曲席卜云ハ、此ニモ注ハナイカ、語勢ヲ以テ見レハコチニ膝クミニ居テナントヽ云心ソ。

譯文：繆公曰——曲席而坐傳器而食。曲席，此處也雖無注釋，從其文意來看，應是在這裏盤腿而坐的意思。

桃源以爲「曲席」無注，故在其下加了詳細的注釋。但事實上《正義注》曰：「按牀在穆公左右相連而坐，謂之曲席也。」又如，《貨殖列傳》中説：

變レ名易レ姓適レ齊爲ニ鴟夷子皮一『十八史略注』ニ、『史略』云蓋以吴王殺子胥、而盛以鴟夷、今蠡自以有罪爲號也トシタカ此ニハ不見ソ。『正義』ニハシアル歟。（卷十八《貨殖列傳》）

譯文：變名易姓適齊爲鴟夷子皮。《十八史略注》中，《史略》云「蓋以吴王殺子胥，而盛以鴟夷，今蠡自以有罪爲號也」，不見於此。《正義》其有歟。

《正義》無注，桃源所據文本没有《正義》，故説「正義ニハシアル歟」（《正義》其有歟）。再如，《扁鵲倉公列傳》中説：

索隱正義本ニハナントアルヤラウソ。余カ舊所抄ハ索隱正義ナリ。此一卷ハ舊所抄スルホトニ今抄ソ。サルホトニ本カナサニ、索隱本テ抄スルソ。（卷十三《扁鵲倉公列傳》）

譯文：《索隱正義》本中如何記載？余舊所抄爲《索隱正義》也。此一卷爲舊所鈔，今又鈔。順便説，現無其書，據《索隱》本鈔寫。

所謂「余カ舊所抄ハ索隱正義ナリ」（余舊所鈔爲索隱正義也）説明桃源曾經看過帶有《正義》的本子，也證明桃源在鈔寫時使用的是《索隱》本（《桃源抄》中所謂「索隱正義本」是指三注合刻本，而《索隱》本可以認爲並非《索隱》單刻本而是《集解》和《索隱》的二注合刻本）。

如上所述，桃源所用的《史記》文本是《集解》和《索隱》的二注合刻本。桃源所能見到的二注合刻本有數種。正如注16所指出的，京都大學本「史記事實」一册所收《史記索隱序》實際上是二注合刻本元板中統本《史記序》。中統本的這篇序也見於游明本，因此桃源所用《史記》文本應是中統本或游明本。游明本是中統本的覆刻，但二者有不少文字的出入異同。筆者將通過比較二者之異同來推測桃源所用的《史記》文本。

1　「王赧徙都西周。」（《周本紀》——此處爲桃源講抄的部分）　「西」字中統本同，游明本「城」。

王赧徙都西周　ハヤ本の都ニモフマヘテハ、エ不居シテ、西周ニ徙テ都スルソ。（卷二《周本紀》）

譯文：　王赧徙都西周。統治早已及於原來的首都，不能居現在的都城，遷徙至西周，都之。

2　「皇帝作始。」（《秦始皇本紀》）游明本同，中統本「作始」互倒。

此本ニハ始作トアルソ。（卷三《秦始皇本紀》）

譯文：　此本作「始作」。

3 「齊王故爲陽虛侯，時病甚。」《集解》：「謚孝王。」《扁鵲倉公列傳》注「孝」字游明本同，中統本訛「平」。

齊悼慧王ノ子將廬ト云人ナリ。卒テ謚平王ソ。（卷十三《扁鵲倉公列傳》）

譯文：　齊悼慧王之子將廬也。卒謚平王。

4 「四時應陰陽，重未成，除爲齊王侍醫。」《扁鵲倉公列傳》　「王」字游本同，中統本作「國」字。

四時——重ハ上ヘハツキニクイソ。下ヘツカハ重（カサネテ）トヨマウカ。言ハヨウモ未成ニハヤ齊國ノ侍醫ニナツタソ。四時應陰陽ノ重トヨマウソ。（卷十三《扁鵲倉公列傳》）

譯文：　四時——「重」字屬上文很難理解，屬下文可能讀作「重複」的「重」，意爲（其醫術）竟然未成，即任齊國侍醫。　或讀作「四時應陰陽之重」。

5 「輣車。」《淮南衡山王列傳》游明本同，中統本「輣」誤「軿」。

軿車　扶崩反トシタホトニ輣字歟ソ。（卷十四《淮南衡山王列傳》）

譯文：　軿車。此爲「扶崩反」，因此可能要作「輣」字。

6 「百穀之筮吉。」《日者列傳》游明本同，中統本「筮」誤「無」。

百穀ノ之無吉故ニ周王タリ此カ不審ナソ。アリサウモナイソ。……サレトモ無吉ハ心得ラレヌソ。アワレ元吉テアルカ誤テ無ト成タヲ無トカイタ歟ソ。ソレナラハ……（卷十七《日者列傳》）

譯文：　百穀之無吉故周王　此句不審。不可能如此。……然而「無吉」不能理解。我料想，也許本作「元吉」，誤作「无」，然後寫成「無」。那麼……

7　「嘉參不伐功矜能。」(《太史公自序》)　「嘉」字游明本同，中統本訛「言」字。

言參——作曹相國世家第二四。(卷十九《太史公自序》)

像這樣，《史記抄》與中統本一致的例子還有很多。這裏舉出的七例中，3、5、6、7均承襲了中統本的錯誤，證明桃源所用的《史記》文本確爲中統本。

以上論述表明，桃源所用的《史記》文本是中統本，不過，《桃源抄》在使用作爲《集解》、《索隱》二注合刻本的中統本的同時，還引用了《正義》的説法。然而，引用《正義》説法之處，完全是例外，僅《秦本紀》、《扁鵲倉公列傳》和《貨殖列傳》中各有一例。又，南化本（黄善夫本）幻雲標注中關於桃源《史記》講義的批注也提到了《正義》。例如：

「老子者。」(《老子伯夷列傳》)《正義》：「外字聃。」

蕉講，注外字，人所稱之義乎。

「孔子以爲能通孝道。」(《仲尼弟子列傳》)《正義》：「躷轂百乘。」

蕉講，注躷字未審。

「北破林胡樓煩，築長城。」(《匈奴列傳》)《正義》：「公奚亘嶺。」

注公奚，講曰處名乎，未審云ゝ。

這些例子，屬於《史記抄》中以牧中的講義爲基礎的部分，乃《史記抄》所無。桃源所引用的《正義》，應該來源於以前閲讀三注合刻本時的筆記。不管怎樣，桃源在聽牧中的講義時，抑或自己開講義時，已經讀過《正義注》。不過，即便《史記抄》中存在數條《正義》，也不能否定桃源所用文本即中統本。

接下來試論鈔寫《吴太伯世家》時所用的文本。前已得出結論，桃源在鈔寫《本紀》和《列傳》時使用的是中統本，僅有《吴太伯世家》不是以中統本爲底本。與《本紀》和《列傳》中只有數條《正義》的情況全然不同，桃源在《吴太伯世家》各處都鈔引了《正義》的説法，因此毫無疑問桃源在鈔寫時使用了三注合刻本。如此，則問題只剩下是慶元本還是彭寅翁本了。然而，對校《史記抄》與慶元本和彭寅翁本後發現，《史記抄》既有與慶元本一致之處，也有與彭寅翁本一致之處，同時還有與二者都不一致之處，故而很難斷定桃源所使用的究竟是什麼文本。首先，舉《史記抄》與慶元本一致的例子如下。

「吴太伯世家第一。」《索隱》：「得以代爲家也。」慶元本和彭本重「代」字，慶元本「家」下有「者」字，彭寅翁本無。得以代代爲家者也。（卷九）

「吴太伯。」《索隱》：「又是爵但其名史籍先闕耳。」「又」字慶元本有，彭寅翁本無。

又是爵但其名史籍先闕爾。此十一字カトコヤラウシカトモ不落著様ナソ。（卷九）

譯文：又是爵但其名史籍先闕爾。大概是此十一字的意思。然而文意不順。

「公子光客之。」《索隱》：「而欲反其讎。」「讎」字慶元本同，彭寅翁本「仇」。

我カ父兄ノ讎ヲ復セウトテ申ス事チヤホトニ（後略）。（卷九）

譯文：欲報我父兄之仇，而説這個事情……。

以下爲與彭寅翁本一致的例子。

「敗之姑蘇。」《集解》：「三年聚材。」「材」字彭寅翁本同，慶元本「林」。

吴王闔廬カ三年聚材，五年乃成テ大義ヲ立テ造タル姑蘇臺ヲ敗タソ。（卷九）

譯文：　呉王闔廬三年聚材，五年乃成，（越王）樹立大義，在（呉王所）造姑蘇臺擊敗（呉軍）。

以下爲與慶元本和彭寅翁本都不一致的例子。

「教呉用兵乘車。」慶元本、彭寅翁本同。

楚之亡大夫晉申公巫臣——楚カラシテニケタル大夫ソ。晉ニ奔タカ晉カラ呉ヘ使ニキテ、呉人ニ車戰ヲ教ヘテ楚ヲ伐セウトテソ。（卷九）

譯文：　楚之亡大夫晉申公巫臣——對楚來説是逃亡的大夫。據説，奔晉後，由晉國出使呉國，教呉人車戰，使之伐楚。

「公子光竟代立爲王。」慶元本、彭寅翁本無「代」字。

公子光竟代立——此ニハ樣モナウ，ヤカテ代立ト書タカ，刺客傳ニハ……（卷九）

譯文：　公子光竟代立——這裏没寫具體情况，只寫立即代立，然而在《刺客傳》……

以上舉出了若干可以用來推定《呉太伯世家》所用底本的資料，但都不能算是決定性的資料。又，下面的例文值得注意：

人夾持鈹。注鈹兩刀小刃ト云ハ難解ソ。アワレ字ハシ寫本カ損シタ歟。兩刃小刀ナラハ意得タソ。（卷九）

譯文：　人夾持鈹。注云「鈹，兩刀小刃」，難解。想來，是否寫本中此字的邊緣毁損了？若作「兩刃小刀」則可以理解。

此并害——害字ハ寫本ナルホトニ字ハシ損シタカソ。書ノ字テハシアル歟。搨本可考。

（卷九）

譯文： 此并害——「害」字，是否由於寫本而此字的邊緣毀損了？書上的字有無邊緣？印本可考。

從這兩句例文中「アワレ字ハシ寫本カ損シタ歟」、「寫本ナルホトニ」、「榻本可考」等表述來看，鈔寫《吴太伯世家》時使用的應是寫本。又，從「搨本可考」的表述來看，桃源在鈔寫《吴太伯世家》時没有參考任何板本。若如此，則可以認爲，桃源在鈔寫《吴太伯世家》時所用的文本是三注合刻本（慶元本或彭寅翁本）的寫本，且其中頗有文字改動之處。又，如果下面例文中「寫本」就是桃源所用到的文本，則其可以作爲《史記抄》與彭寅翁本一致的例子。

「王壽夢二年。」《索隱》：「當成七年。」慶元本「成」下有「公」字，彭寅翁本「成」下有「功」字。

壽夢カ二年ハ魯成公七年ニ當ルソ。寫本ニ「當成功七年」ト書タハ誤タソ。（卷九）

譯文： 壽夢之二年當魯成公七年。寫本作「當成功七年」，誤。

（五）桃源《史記抄》所見《史記》異字

桃源《史記抄》中，有許多以所謂「古本」校勘底本文本之處，抑或將所謂「古本」中所附的訓點當作「古點」之處。除了所謂「古本」外，還有被稱作「一本」「或本」的、被用作校勘的文本。這些校記中包含不見於現存諸版本的異字，且多與古鈔本或《史記》古本（南化本、楓山本、三條本等）一致，保留著板本以前的古老《史記》的形貌。此外，校記中還有未見諸古鈔本和《史記》古本、而僅見諸《桃源抄》的異字，這些是《史記》校勘學上的珍貴資料。

《史記抄》中，桃源講抄的部分可以看到許多上述「古本」的校記。以牧中講義爲基礎的部分雖然含有「一本」、「或本」的校記，但卻没有一條稱作「古本」的校記，不過其中還有許多與他本的校勘記，例如：

「諸侯咸來賓從。」（《五帝本紀》）

諸侯——咸ハ或ト作ソ。（卷二）

譯文：諸侯——「咸」作「或」。

「齊襄王聞雎辯口。」（《范雎蔡澤列傳》）

聞雎——辯口　有字ノ入タモアルソ。辯テ有レロソ。（卷十一）

譯文：聞雎——辯口　也有本加入「有」字。即「辯有口」。

從這些校勘記來推斷，牧中參考了底本以外的數種文本。不過，從下面的例文來看，桃源也看過數個文本。

古本モ二本ナカラ知ニ秦不一レ能ト點シタソ。（卷三）

譯文：古本中有兩本訓點都作「知秦不能」

一ノ古本ニ此ラヲツヨクワルク點シタソ。（卷六）

譯文：某一種古本中，這些訓讀作「ツヨク（强）」、「ワルク（惡）」。

但是，《列傳》中完全没有與古本的校勘記。

桃源所見數本中，值得注意的是被桃源稱作「心華和尚善本」的文本，即卷十七末所記「心華和尚善本顛末記」：

余素聞有《史記》秘本曰，若被見借，何賜如焉。曰諾，自兹還一鴟借鴟，始于《列傳》，《本紀》次之，未畢，世故風雨不遂。命也夫。其本乃華自書其首焉。句而朱，點而墨，其分段又以緑者。蓋集我日邦名儒六家之本而大成者也。又書所謂師説者，大率江、菅、良三家議論答問如倭教之豎義者，寔天下佳本也。余壯年未讀《貨殖傳》，故屢空晏如，以故一貧徹骨，質所寫之本於惠山菩提廨典庫。丁亥亂，音耗疏絶，遂爲主庫者所賣卻，既已成好事者之有矣。惜哉。雖然欲賣未賣得者，腹藁而已矣耳。心華和尚善本顛末記于此云。

這個所謂的心華和尚善本，是平安朝博士家之説（師説）、乃至諸家之説的集大成者，誠爲「天下佳本」，且可以推測其與上杉家藏慶元本《史記》（南化本）的訓點及諸説的標注類似。桃源記載在《史記抄》中的古本異字、古本訓點等，雖然並非完全依據心華和尚善本的批注，但依據之處應該非常多。上面的引文中説「丁亥亂」時這個本子的寫本遺失了，這可能就是爲什麽桃源鈔的《本紀》中有許多古本、古點等的記載，而《列傳》中卻没有。

《桃源抄》中，除了底本與所謂「古本」間的異字外，也多有與「一本」、「或本」之間的異字的記載。與「古本」異字一樣，這些被稱作「一本」、「或本」的異字也多與今日所見板本不一致。又，前面提到的以牧中講義爲基礎的部分中，没有明記「古本」、「一本」、「或本」等，而是稱作與「他本」間的異字（以下稱作「無名校記」），但也與此相同。現將這些「一本」、「或本」及「無名校記」等，與「古本」異字一同進行考察。事實上，所謂「古本」、「一本」、「或本」等並不能嚴格地區分爲「古本」、「一本」或「或本」，且「無名校記」究竟全部是某一特定文本的異字，還是混合了數本的異字，也並不清楚。因此，筆者將把《桃源抄》中所見《史記》異字全都作爲考察對象，通過與現存古鈔本的實際對比，來探討這些《史記》異字在《史記》校勘學上的價值。

《五帝本紀》中有「或本」的校記一條，「無名校記」一條。兩條校記都與第二章第一節論述的古本組的校記一致。

《夏本紀中》有「無名校記」一條，與古本校記一致。

《殷本紀》中有「無名校記」一條，與高山寺藏古鈔本一致。

《周本紀》(桃源獨自講抄的部分)中有「古本」異字七條，與「一本」的校記三條，合計十條。十條中，僅有兩條與高山寺古鈔本不合，其餘八條均與高山寺本一致。不過，與高山寺本一致的八條中，有兩條是在訂正中統本的錯誤，與高山寺本外的其他板本也一致。

《秦本紀》中有二十條記載異字的校記，其中「古本」十六條。「古本」十六條中，只有一條與天養古鈔本不一致，其餘十五條均與天養古鈔本一致。「古本」以外的四條校記中，「一本」校記有一條，與天養古鈔本一致。

《高祖本紀》中載録了二十二條異字的校記，其中十九條是「古本」。「古本」十九條中有十六條與秘閣本一致。但是，這十六條中有兩條是在校正中統本的錯誤，與其他板本也一致。此外，「一本」校記和「無名校記」各有一條，與秘閣本一致。

《吕后本紀》中有校記八條，均爲「古本」異字，與毛利本一致。不過，其中兩條是在訂正中統本的錯誤。

《孝文本紀》中有十三條校記，其中十條是「古本」異字。這十條中有六條與延久本合。

《孝景本紀》中僅有一條「古本」異字的校記，且是訂正中統本錯誤，與其他板本也一致。

《列傳》中，底本與其他文本校勘之處極少，没有與「古本」的校記，僅有與「一本」、「或本」的異字校勘以及「無名校記」。現存古鈔本的有《伯夷列傳》、《范雎蔡澤列傳》、《張丞相列傳》和《酈生陸賈列傳》，其中《伯夷列傳》和《酈生陸賈列傳》在《史記抄》中並無校記。《范雎蔡澤列傳》中有兩條「無名校記」，與秘閣本一致。《張丞相列傳》有「或本」校記，與石山寺古鈔本不一致，而與古本校記（三條本）一致。

以上從古鈔本的現存部分出發，論述了《桃源抄》引「古本」與古鈔本間的關係。以《吕后本紀》中的《桃源抄》引「古本」和毛利本完全一致爲首，《桃源抄》引「古本」與古鈔本之間有極其親近的關係。又，「一本」、「或本」校記和「無名校記」，有些與古鈔本一致，有些則與古本校記（南化、楓山、三條本等）一致。如第二章第二節所述，古本校記是現存板本中所未見的異字，且可以認爲其記録了與古鈔本間的異字，因此，《桃源抄》所引「一本」、「或本」及「無名校記」也應是與古鈔本間的異字。

《桃源抄》中所見與古鈔本間的異字尚不止於此。對校《史記抄》底本與古鈔本，能得到如下異字。

「孝惠以爲齊王兄，置上坐如家人之禮。」（《吕后本紀》）

孝惠以爲齊王ハ爲タリ㆑兄、置ヲケルコト㆓上坐㆒ニ如家——上坐ト云ヘハトテ、孝惠ヨリ上ニハヨモヲカレシ。只對坐ニ置テ尋常ノ家人ノ禮ノ如ニアイシラワレタソ。君臣ノ禮テアラウスモノヲソ。此ハ齊王ノナント思トテハケカナリ。（卷六《吕后本紀》）

譯文：　孝惠以爲齊王爲兄，置上坐如家——這裏雖説「上坐」，但決不會讓齊王坐在孝惠之上。只讓齊王對坐，如尋常家人之禮，互相應答。本不是君臣之禮。可以認爲這是齊王受難的原因。

毛利本「兄」字上有「爲」字。此「爲」字不見於現存的任何板本，當然也不見於《桃源抄》的底本中統本。《桃源抄》中的「爲」字，應是據古鈔本增補。關於增補「爲」字，《史記抄》中没有任何記載，通過對校古鈔本與底本纔發現這一異字。下面再舉幾條類似的例子。

「及侯諸侯丞相五人。」（《呂后本紀》）諸本無上一個「侯」字，毛利本有。（瀧川《史記會注考證》云，及下「侯」字據古鈔、三條本補。）

呂ヲ忿——及侯二諸侯ノ丞相——一　呂氏ヲ王侯トスル次テニ、諸侯ノ丞相トモ五人ヲ侯ニ封セラル、ソ。（卷六《呂后本紀》）

譯文：　呂忿——及侯諸侯丞相——　趁封呂氏爲王侯的機會，封諸侯之丞相凡五人爲侯。

「乘傳詣長安。」（《孝文本紀》）諸本同，延久本「乘」下有「六乘」。

張武等六人乘二六乘ノ傳一詣イタル二長安ニ一　此テミレハ六人カ六乘ノ傳ニ乘ストアルホトニ車六兩トカヨサウナソ。（卷七《孝文本紀》）

譯文：　由此看來，六人乘坐六乘之傳，因此可能理解爲六輛車較好。

「太倉公將行會逮。」（《孝文本紀》）諸本同，延久本「公」下有「還」字。

太倉公還カエッテニ將ニ二行會テアワント一レ逮タイニノリテ罵ニ二其女ニ一曰。（卷七《孝文本紀》）

《桃源抄》中有許多像這樣改動底本之處，且改動的文字多不見於現存的板本，因此其資料價值很高。

（六）桃源《史記抄》中所見《正義》佚文

《桃源抄》中所引《正義》佚文共有九條。對照《史記會注考證》及《史記會注考證校補》中采録的《正義》佚文，可知這九條中有三條爲《正義》佚文。如：

「八月庚申旦，平陽侯窋行御史大夫事。」（《呂后本紀》）

八月庚申旦、平陽侯窋チキツ竹律反行フ二御史大夫事ヲ一　窋ハ曹参カ子ソ。（卷六《呂后本紀》）

譯文：　八月庚申旦，平陽侯窋竹律反。行御史大夫事。窋爲曹参子。

這條引文在南化本、《幻雲抄》和謙本中作：

《正義》曰，窋竹律反。《幻雲抄》作切。　曹参子也。

故能斷定其爲《正義》佚文。

「上常衣綈衣。」《集解》：「如淳曰：　賈誼云：　身衣皁綈。」（《孝文本紀》）

上常衣二綈衣一キタリテイイヲ　如淳カ賈誼云身衣皁綈トアルソ。綈ハ厚繒也トテ、アツイツムキ様ナモノソ。（卷七《孝文本紀》）

譯文：　上常衣綈衣。　如淳注有「賈誼云身衣皁綈」。注説「綈，厚繒也」，類似於厚綢。

這條引文在南化本、《幻雲抄》和謙本中作：

《正義》曰，綈，厚繒也。

故能斷定其爲《正義》佚文。《桃源抄》中引用作「正義」的文字，皆可見於其他資料，並無僅存在於《桃源抄》。總之，《桃源抄》引《正義》佚文數量較少，在已經輯佚到數百上千條《正義》佚文的今日，就《正義》佚文而言，其資料價值並不高。

又，《桃源抄》中所見的大部分《史記》異文，與其認爲是桃源校對古鈔本等文本所得，不如認爲某個文本中已經寫有校勘記，而桃源只是對之進行了引用而已。同樣地，《桃源抄》引《正義》異文，也是引用了某個寫有《正義》佚文的文本，桃源並没有直接看到《正義》本。

（七）桃源的《史記》説

桃源《史記抄》，不僅有作爲《史記》校勘資料的價值，而且其作爲當時《史記》學和《漢書》學集大成者的價值也值得注意。

桃源師從南禪寺慈氏院的牧中受《史記》講義，而牧中則是從義堂周信的法嗣大椿周亨和江心川首座那裏繼承了《史記》説。《史記抄》卷十三末的識語記述其《史記》學的傳承：

余嘗就慈氏牧中師學此書（《史記》），中（牧中）傳之師叔大椿翁及其兄江心川首座（注27），聽《漢書》於妙智。而上自六經諸史，下至子集，無學不講，況於經教語録哉。可謂博聞强記矣。唯著述少，雅名不聞叢林，惜矣哉。

桃源在師從牧中學《史記》的同時，又師從竺雲等連受《漢書》學。竺雲的《漢書》學出自大岳周崇。月舟壽桂（幻雲）在《漢水餘波序》中概觀《漢書》學的主流，有如下論述。首先，關於公家社會的學問：

吾邦以儒爲業者，其家有三矣。世謂之「紀傳」、「經傳」，經則中家、清家之外記掌焉，紀則菅家、江家、南家掌焉。南家者藤氏也。紀云經云，其家雖異，共承自右大臣正二位吉備朝臣真備也。凡明經者暗於紀，精紀者疏於經，咸是玉碎而不克全焉。金陵王文公，笑劉恕瑰史而不窮經，固非無故矣。竊以天下歷應仁之變，諸家藝籤，悉委秦燔，然後儒林凋喪，無面受伏生者，何況江家亡既久矣。南家雖在，不嘗傳業，菅家亦綴旒耳。

其次，應仁大亂以後，禪林的學問代替公家社會的學問而成爲新主流，並日益興盛，對於其中的《漢書》學，幻雲論述道：

嗟夫，一百年前惠林泰（太）岳和尚，齡未弱冠，遠闕（遊歟）左以學漢書，克篤其説。業成歸洛，至乎遊乎息乎之時，屢講此書，爲禦侮資，授諸的嗣妙智竺雲師。竺雲師相傳而常開講席。於是東西刹之僧，攘袂而趨。吾邦書肆，未鋟此書而上梓，以故筆而聞焉，句而點焉。壽星姪飈綿谷，親寫本文并劉宋新註而略舊註，然其點詳而功既全矣。妙智徒有甄叔陶者，全寫本文而談新舊註，然其點唯及半矣。其餘寫全部者，往々有焉。

禪林的《漢書》學始於大岳周崇，至竺雲等連而發展壯大。大岳周崇就學於關東的足利學校，批閲了金澤文庫的藏書。之後，講東坡詩和《漢書》。繼承其《漢書》學的正是竺雲等連。竺雲渡明學《漢書》，使用與古來之點不同的新點，其作爲《漢書》的專家，有「漢書璉」的美稱，其講筵吸引了許多禪林學僧。綿谷周瓞據劉宋新注講授竺雲的《漢書》學。桃源也在《史記抄》中言及綿谷。又，與綿谷並列，《漢水餘波序》還提到了甄叔陶的名字。

《漢水餘波序》還記述説，桃源的《漢書》學繼竺雲和綿谷之後，又傳之於文摠壽顯和彦龍周興，幻雲自己也從未缺席桃源的講筵。

萬年桃源老人，蚤歲有癖於遷固之書，就竺雲之與綿谷而學此書。旦遭喪亂東西奔波，所聞不及全部，然其所知過於所聞，蓋積學之所致也。文明中興之後，住京之等持，爲綿谷姪文摠講之。始《項籍傳》，未幾又從《鮮于雋傳》而講之。所講不多。後遷勝定先盧，爲亡友興彦龍講帝紀，龍嬰沈痾而逝矣。故帝紀亦不畢焉。老人有講，則予必侍席末。

據「然其所知過於所聞，蓋積學之所致也」等語，桃源的《漢書》講義不劣於《史記》講義，富有創見和卓見。桃源歿後，禪林《漢書》學的中心是景徐周麟，以及從桃源學《史記》、從桃源和景徐學《漢書》的幻雲自己。幻雲的《漢水餘波》，即《漢書抄》，依據桃源和景徐的史漢講義之處甚多。《漢水餘波序》的最後一段説：

桃戢化後，景徐翁爲門人祥雲屋開席。雲爲惠林仍孫，故有此求。予又侍焉。所惜其講唯止於帝紀，翁著《帝紀抄》，皆用桃老遷史之抄。予昔登二師之門，全聞帝紀，而粗迨列傳，所遺頗多。雖然聞桃之史講，吾肱三折，推彼及此，豈無小補。合史漢成一家之書，桃之遺意也。因紬胡天臺《通鑑註》義，聊加管窺，唐子西所謂八識田中一毫，《漢書》亦爲來生種者也。且徐翁之所抄，吾本之上所標，皆不載之，以予忽々不暇也。故名之曰《漢水餘波》，示非全潮也。異日二三子，疏而歸一源，則易辨淄澠也耶。抄中所舉，梅老乃桃源也，中年避亂住江之山上梅岑菴。竹翁乃景徐也，晚年居東京慈照院裏宜竹軒。

以上，通過《漢水餘波序》概觀了禪林《漢書》學，可以説桃源在《漢書》學領域也占有很高的地位，在《史記》和《漢書》兩方面都是當時禪林的最高學僧。禪林史漢學問的主流圖示如下：

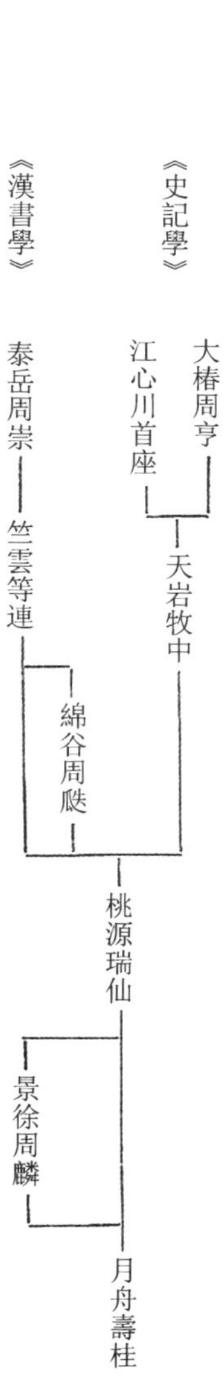

桃源《史記》説最突出的特點，在於將歷來的《史記》説和《漢書》説合爲一家之説。他打破了以往《漢書》家只讀《漢書》、《史記》家只讀《史記》，且各自使用「《漢書》點」和「《史記》點」的學術態度，在與《漢書》的比較中閱讀《史記》。桃源融合《史記》點和《漢書》點以成一家之言的用意，鮮明地反映在前文所引幻雲《漢水餘波序》中：「合史漢成一家之書，桃之遺志也。」桃源自己也在《史記抄》中説：「自今以後，合史漢成我一家之書，不亦宜也哉。取余説者，勿謂糅矣。」（卷六）在當時，融合《史記》點和《漢書》點的嘗試的確是一種嶄新的研究態度。

桃源使用了許多《漢書》點，不止於單純的字句解釋，還延伸到通過比較《史記》和《漢書》來理解司馬遷和班固各自的用意上。例如，《項羽本紀》中描述高祖會見項羽時，高祖責備項羽的一段：「於是項王乃即漢王，相與臨廣武間而語，漢王數之」，關於《史記》和《漢書》的差異，以及司馬遷和班固各自的用意，桃源有如下論述。

漢王數(セム)之 讓トモ責トモ不書シテ、「數」字ヲカイタカ面白ソ。漢王ノ羽カ十罪ヲ一々ニ數ヘ立テセメタソ。數ハ責也。所具反テトコテモ數トハヨメトモ、此テハトリワケテ簡要字チヤソ。『漢書』ニハ漢王數(セム)二羽(カ)十罪(ヲ)一語在二高紀(ニ)一トシタソ。『漢書』テハ語在(キョハ)——トヨムソ。『史記』テハ語在（コトハ）——トヨムソ。此十罪ハ羽ノ身ニカカリタル罪テアルホトニ、此紀ニ専可書コトナレトモ、沙汰モナイハ何事ソ。「項羽本紀」テアルニ十罪ヲ記スレハ羽カ威光ヲ滅スルホトニ、此ニハ不書シテ「高紀」ニ書ソ。高祖ノ得天下ハ此十罪ヲ以テ羽ヲ數（セメ）タニヨツタホトニ、高祖ノタメニハ簡要ナリ。故書于高紀而不書于此紀也。『漢書』本紀ニ數羽十罪ト書タハ、列傳ナルカ故ニ云タソ。遷固之設意也、可見矣哉（卷五）。

譯文：漢王數之。不書「讓」或「責」，而書「數」字，甚爲有趣。漢王一一歷數羽之十罪。數，責也，所具反，讀作數（セム），此乃關鍵字也。《漢書》云「漢王數（セム）羽十罪語在高紀」。《漢書》讀作語（キョハ）在——。《史記》讀作語（コトハ）在——。此十罪乃項羽之罪，雖可專書於此《紀》，然不書之，何故？若於《項羽本紀》記十罪則羽之威光滅，故不書於此而書於《高紀》。高祖得天下乃以此十罪數羽也，於高祖爲關鍵。故書於《高紀》而不書於此《紀》也。《漢書·本紀》中書「數羽十罪」，在列傳故也。遷、固之設意也，可見矣哉。

且不論其論述是否得當，桃源的這番解釋確實從文字的訓詁更往前邁了一步。

桃源在閱讀《史記》時，通過參照《漢書》點而深化了對《史記》的研究。另一方面，桃源不僅襲用舊有的訓點，還使用了許多新點。例如：

「及楚擊秦，諸將皆從壁上觀，楚戰士無不一以當十。」（《項羽本紀》）

及楚擊（ノ）レ秦——我々ノ壁ノ上カラ觀ルソ。觀（ミル）ニ楚戰士（ヲ）一無レ不（ストイフコト）ニ一（ヒトリ）以當（モテアタラ）一レ十（ニ）　愚カ心ナラハ、観ヲハ上句ニ屬セウソ。（卷五）

譯文：「及楚擊秦」——吾輩從壁上觀。「觀楚戰士無不一以當十」，愚意以爲，「觀」當屬上句。以「愚カ心ナラハ」（愚意以爲）表示新點。「觀」字屬下句讀是舊點。

「莊則入爲壽。壽畢曰，君王與沛公飲，軍中無以爲樂，請以劍舞。」（《項羽本紀》）

莊則——君王與二沛公一飲ス二軍中一——ヲレカ心ナラハ、與二沛公一飲ストヨミキツテ軍中ニハ無以爲レ樂請以レ劒舞トハ軍中ヲハ下ヘ屬シタラハヨカラウソ。古本ノ點カワルイソ。『漢書』高紀ニモ壽畢曰軍中無以爲樂——トテ上ノ語ハナイホトニ、下ヘツカイテハカナワヌソ。軍中ヲ上句ニ屬シタハノサケナソ。（卷五）

譯文：莊則——君王與二沛公一飲ス二軍中一——吾意，「與沛公飲」當斷句，以「軍中」屬下句，作「軍中無以爲樂請以劒舞」爲宜。古本之點劣。《漢書・高紀》亦作「壽畢曰軍中無以爲樂——」，此無上句，「軍中」不屬下則不合適。以「軍中」屬上句不知爲何。

依古本之點，「軍中」二字屬上句。桃源援引《漢書》認爲「軍中」二字應屬下句。

「又惡負約，恐諸侯叛之。」（《項羽本紀》）

又惡レ負レ約恐二諸侯叛一之　言ハ沛公ヲウチ殺シタケレトモ、サフスレハ負レ約カワルイソ。ナセニナレハ、信カナイトテ諸侯カ皆叛カセウスラウソ。『漢書』テハ又惡レ負レ約恐——其モ惡ト云字カサフハアリサウモナイソ。愚カ意ナラハ、又惡二負レ約恐——一ト讀タラハヨカラウソ。（卷五）

譯文：又厭惡負約，害怕諸侯背叛。言雖欲擊殺沛公，如此則負約，心惡之。何哉？無信則諸侯皆叛也。《漢書》點作「又厭惡負約，恐怕諸侯會背叛」——這裏對「惡」的訓讀也似是而非。愚意，宜讀作「又若負約，恐怕諸侯會背叛，對此感到厭惡」。

此例也是批判歷來的《史記》點和《漢書》點，而附上了新的訓點。順便一提，南化本幻雲標注也作「蕉新點　惡下負(カハ)レ約恐(ニラクハ)諸侯叛(ノカンコト)上レ之(ヲ)」。要言之，《桃源抄》的訓點是以古本點（博士家的訓點）爲基礎，同時對之進行批判，且參照《漢書》點並加以新點而形成的。

以上試論了桃源《史記》說特點之一二。桃源的《史記》說不局限於純粹的訓讀問題，而是包含了許多創意和創見，至今仍有值得借鑒之處，今後有必要對這些資料進行更爲徹底的研究。

注1　《周易抄》《百衲襖》　舟橋家舊藏京都大學圖書館藏。

注2　「余嘗就慈氏牧中師學此書，中傳之師叔大椿翁及其兄江心川首座，聽《漢書》於妙智，而上自六經諸史，下至子集，無學不講，況於經教（三ヶ尻油印本無「教」字，依京都大學本補）語録哉。可謂博聞强記矣，所恨者，唯著述少，雅名不聞叢林，惜矣哉」（《史記抄》卷十三《識語》）。「余曾慨叢社入場屋之人，例皆其學之不振，故以此書爲業。自學此以來，看書無難讀者，實牧中師之恩也」（《史記抄》卷十三《識語》）。

注3　「嗚嗟乎，學之之日，已餘二十年也。髮禿齒缺，無所成者，一箇閑道人，不得贏得耶。文明八年丙申中冬冬至之後二日書」（《史記抄》卷十三《識語》）。寫作這段記述的文明八年（一四七六）的二十餘年前，正當康正至長禄年間（一四五五至一四六〇）。

注4　「妙智北禪二老之在天下，猶三光五岳之於天地之間，誰不仰瞻哉。況余三十年親炙升其堂室，親受講磨，則隻字片言，皆無非其膏腴。展虛空爲紙，束須彌爲筆，而虛空雖有破焉，須彌雖有禿焉，不能書二老之德之與恩之萬一」(《易抄》卷十一《識語》)。這段識語記於文明七年（一四七五）九月十八日，從文中「三十年」之語來推算，桃源學於竺雲和瑞溪是在文安年間（一四四四至一四四九）。

注5　「余嘗親陪自彊（竺雲）老師之講筵，聽《漢書》」（《史記抄》卷六《識語》）。

注6　「余昔侍玉渚清規講席之日，略得聞説」（《易抄》卷十三《識語》）。玉渚的《清規》講義《百丈清規雲桃抄》現存。《桃源抄》中各處所引《清規》，是此時所學。

注7　「余之言，乃自彊、北禪、玉渚三大老及一條台閣、清家環翠翁之言也」（《史記抄》卷十九《識語》）。又，「日本ノ大外記環翠老人清三位法名常忠ハ得講書三昧第一の名儒ナリ。前關白一條殿下ニ次テハ古今無雙ノ名儒也。余皆陪其講筵親聽緒論矣」（譯文：日本之大外記環翠老人清三位，法名常忠，爲得講書三昧第一名儒。前關白一條殿下之後之古今無雙之名儒也。余皆陪其講筵親聽緒論矣）（《易抄》卷五）。

注8　據横川《東遊集》可知。

注9　據《易抄·識語》。

注10　據《易抄》卷十六《識語》，文明八年一月廿日鈔寫《史記》某卷，二十一日講之。

注11　《史記抄》卷一的識語爲「文明十二年季春廿又九日」。

注12　據月舟壽桂（幻雲）的《漢水餘波序》記載，桃源回到京都之後開《漢書》講義，幻雲曾聽過其《漢書》講義。

注13　桃源瑞仙的詳傳，已發表於昭和九年（一九三四）新村出著《史傳叢考》《桃源瑞仙の事蹟》（《桃源瑞仙的事蹟》）。

注14　湯澤幸吉郎著《室町時代言語の研究》（《室町時代語言研究》）第三章解題（C）史記抄中有如下敘述：「尚有

其他同名之書，此處采用了東京帝國大學國語研究室所藏『寛永三寅年閏四月下旬陰山玄佐板行』的《史記抄》（自總序至第十九卷）十八卷。但由於此抄本缺卷二，因此該卷使用了該大學圖書館所藏《史記抄》。圖書館本全二十册，首卷有二册，其中一册雖與他本内容完全相同，但多《史記樞要》。外題是慈照院第三代周麟景徐和尚的筆跡，正文據稱是其抄者慈照院第二代桃源和尚自筆，被視作貴重本保存。又，國語研究室中有一册題作『史記抄』的寫本，注作《扁鵲倉公列傳》，内容與圖書館本相同。這些本子應該均焚於震災。」

注15 《諸橋博士古稀祝賀記念論文集》所收《史記古本考》的《現存諸桃源抄寫本篇目表》中記有「京大本十九册」，但加上《史記事實》則爲二十册。

注16 雖題作「索隱序」，但事實上不是《索隱》的序，而是元板中統本《史記》的序。末尾記作「中統二年春望日校理董浦題」。《桃源抄》中《集解》和《索隱》的二注本中統本被稱作「索隱本」，因此「索隱序」是指索隱本的序，即中統本的序。

注17 《古今源流至論》（前集、後集、續集和别集各十卷），宋林駉編。

注18 《史記樞要》的内容如下：

問曰，《史記》者記何事書耶。答曰（略）。

問曰，今《史記》何史所記耶。答曰（略）。

問曰，一朝史官各可録其當代，何集上下數千歲事，録此書耶。答曰（略）。

問，一部卷數幾耶。答云（略）。

問，《本紀》云何故耶。答云（略）。

問曰，《表》十卷記何事耶。答云（略）。

問曰，《八書》者書何事耶。答曰（略）。

問曰，《世家》三十卷記何事耶。答云（略）。

問曰，《列傳》七十卷記何事耶。答云（略）。

五帝之事多有異説（略）。

太史公，此條最秘説也。（本朝先便各存異義，宜依本書之證歟。仍勘之。）一説（略）。（此亦見於南化本標注）

《孝武本紀》非司馬遷撰事（略）。

注19　第一册和第八册全文，以及各册的題簽是清原宣賢的自筆。

注20　「謙」指伊佐早謙氏。

注21　三ヶ尻油印本中有該葉的影印，其説明謂「卷十一之初」乃「卷十一之末」之誤。因相同的批注見於兩處，因而被混淆。

注22　《米澤市立圖書館藏珍書目録》中説：「古寫本，本文中有『自永正十二至十四年寫了』字樣。第二、三、十六之三卷，漢字、平假名混寫十一行，中及小字行書筆者數名，八百十六丁，大本，原製碧色表紙，每卷捺有『米澤藏書』的朱印。有目次及卷數，據《史記評林》考其目次，《評林》所無者有數項。」第二、三、五、十六册這四册爲《桃源抄》。記有鈔寫年代的都是《幻雲抄》，即永正十三、四年的寫本。又，與《史記評林》相較，目録中《評林》所無者，是其將《幻雲抄》中有而非目次的内容，誤認作了目次（《史記古本考》已經論述過這一點，又《米澤善本の研究と解題》［《米澤善本的研究和解題》］昭和三十三年［一九五八］八月有補充説明）。

注23　參照《史記古本考》。

注24　「余嘗就慈氏牧中學此書（中略）中至此卷辭曰，不嘗習而可傳之乎。余强而講之，不得已而講而已。大半不可曉。余所聽必抄，獨此卷不抄，以竢師受也。季玉藏主使余讀此史。適至四十五之卷缺焉。即取一兩部醫書脈書等，與季玉相議抄以補其缺，亦不得已之意也。余區々于此，以假名字而書餘四十紙。宜哉，余之著述之不上乎人眼也」（卷十三《識語》）。

注25　牧中講義的筆録部分中也有桃源的補充。例如卷二重複鈔寫了「太子誦立——此以上ハ武王ノ紀ノ中ナル補遺ナリ」(太子誦立——此以上爲《武王紀》中的補遺)。又,筆録部分隨處可見「余謂云〻」、「余按云〻」等語,乃桃源所補。此據南化本幻雲標注「余」字旁所注「蕉了子」或細字所注「桃源」可知。例如,《列傳四十七》的述贊中,「意ニ氣杯酒一牧中講如此余謂是也」的「余」字旁注「蕉了子」。又如《列傳五十》「抄皇帝即——近キタウモナクハ,ソチモチット遠舍セヨソ(不願接近,你也稍許遠舍)。余按文勢漢皇帝若不欲匈奴近漢塞,則且匈奴詔吾吏民遠舍。此義豈不是哉」的「余」字旁注「桃源」。

注26　大島氏在推測《桃源抄》的底本時,將楓山本誤解成彭寅翁本。又,在校勘黄善夫本和《桃源抄》時,使用了上海商務印書館的影印黄善夫本,其論證所使用的部分偶有影印時的改動。當然,這樣建立在誤解之上的論證是無法接受的。又,正如筆者在《史記古本考》中所提到的,大島氏還誤將以牧中講義爲基礎的部分和桃源自身講抄的部分相混淆,筆者於此再行論述。

注27　「中傳之師叔大椿翁及其兄江心川首座」一句,有牧中傳給大椿翁及江心川首座、和大椿翁及江心川首座傳給牧中的兩種解釋。足利衍述氏在其著作《鎌倉室町時代之儒教》中,解釋爲牧中傳給大椿和江心川首座。與之相對,芳賀幸四郎氏在其著作《中世禪林の學問文學に關する研究》(《關於中世禪林的學問文學的研究》)中,解釋爲大椿及江心川首座傳給牧中:「問題在於,究竟是大椿傳給了牧中,還是牧中傳給了大椿等人。足利氏解釋爲後者,但從『師叔大椿翁……』等句,以及年齡上的關係來看,筆者相信解釋爲前者是正確的。」此處遵循芳賀氏的説法。除了芳賀氏指出的兩個理由外,筆者還要加上一條理由,即《桃源抄》的以牧中講義的筆録爲基礎的部分屢屢引用大椿的説法,這些説法應該是大椿傳給牧中的。

第四節　幻雲《史記抄》

（一）關於幻雲

壽桂字月舟，幻雲，又稱中孚道人，長禄四年（一四六〇）生於京都。幼時曾避亂江州（今滋賀縣），可能是因爲如此，《本朝高僧傳》（卷四十四）、《延寶傳燈録》（卷三十三）等傳記都誤傳其生於江州。幻雲從學於其時避兵亂而寓居江州磯野楞嚴寺的正中。

文明五年（一四七三，十四歲）幻雲掛籍之時，恰逢正中爲避江州兵亂而入京都。此後，直到明應元年（一四九二）正中圓寂，幻雲一直隨侍左右，最後承其法嗣。

正中在京師之時，幻雲居住在韋藏，與天隱龍澤的城北寓所比鄰，親交而深受其感化。明應八年秋至翌九年春（注1），幻雲在丹波願勝寺渡過了躲避兵亂的苦難時日。永正六年（一五〇九），住持越前弘祥寺。翌七年五十一歲，住持建仁寺二百四十六世，直至大永五年（一五二五）。其間，幻雲於永正十五年赴越前善應寺，大永元年受南禪寺帖。天文二年（一五三三），七十四歲，圓寂於自己晚年創建的一華院。法嗣繼天戬壽。

幻雲遺稿極多，有《語録》三卷、《幻雲詩稿》三卷、《幻雲文集》三卷、《幻雲疏稿》一卷、《錦繡段口義》五卷、《續錦繡段》一卷、《山谷幻雲抄》二十二册、《史記幻雲抄》八册等。

據《漢水餘波序》，幻雲常常列席桃源的《漢書》講義（注2），應該也聽過桃源的《史記》講義。正如本章

第三節(三)《桃源抄》補遺中所述，這是因爲幻雲在南化本或《幻雲抄》中記載了桃源《史記》講義的筆録。不過，幻雲出席桃源《史記》講筵的時間和地點不明。

桃源在山上開設的《史記》講義始於文明八年(一四七六)，這一年桃源四十七歲，幻雲十七歲。桃源於延德元年(一四八九)六十歲圓寂時，幻雲三十歲。

《幻雲抄》的形成時期不明，根據下文所述兩足院本中記載的鈔寫年月，永正十一年(一五一四年，幻雲五十五歲)之前應該已經開始鈔寫。另外，從兩足院本被題作「史紬」來看，《幻雲抄》或許原有「史紬」之稱。

(二) 幻雲《史記抄》諸本

幻雲《史記抄》現存以下三個寫本。

1 建仁寺兩足院藏本
2 米澤市立圖書館藏本
3 足利學校遺蹟圖書館藏本

1 建仁寺兩足院藏本

八册，各册首題「史紬」二字。無《表》和《書》，《本紀》無《殷本紀》及其前面的《本紀》，《世家》亦缺《世家第一》和《第二》。《周本紀》和《蘇秦列傳》，在卷首「周本紀」和「蘇秦列傳」的標題外，卷中再次出現同樣的標題，分爲前後兩篇。這可能是因爲僅有《周本紀第四》和《蘇秦列傳第九》這兩篇各自附有標題相同而性質不同的一篇文本，這一文本匯集了以師説和博士家説爲主的注釋，然具體原因尚不明瞭。

第一册　《周本紀》—《孝武本紀》

第二册　《世家第三》—《第三十》第二册首葉標題下寫有「世家自第三至卅　第一、二卷無别本仍不抄之」。

第三册　《列傳第一》—《第十》

第四册　《列傳第十一》—《第二十》

第五册　《列傳第二十一》—《第二十四》

第六册　《列傳第二十五》—《第四十五》

第七册　《列傳第四十六》—《第五十七》

第八册　《列傳第五十八》—《第七十》

原本乃三條西公條受其父實隆之命，於永正十一年（一五一四）至永正十四年（一五一七）間鈔寫的。《列傳第七十》末尾記載：

> 永正十二年仲冬廿日，跪承聽雪之尊命，聊記幻雲之秘傳者也。
>
> 大宰都督判

聽雪是三條西實隆的號，大宰都督指公條（注3）。

兩足院本是林宗二（明應七年至天正九年〔一四九八至一五八一〕，梅仙東逋之父）於天正二年（一五七四）據此三條家本鈔寫的。第二册《世家第三十》末尾有如下記載：

永正十四年仲秋廿日，寫之并校一部點了。

暇日求白書可清書之。

都督判

天正弐年霜月廿五日，三條西殿御本申出令書寫了。

月舟和尚御抄也 宗二 花押

除此之外，關於原本鈔寫的年月還有以下記載：

第一册《秦本紀》末尾：

右愚本漏脱之處如形寫留，他日以暇日可出入之者也。

永正仲秋第七

同册《秦始皇本紀》末尾：

永正十三年孟冬廿五日了。

同册《項羽本紀》末尾：

永正十三年十一月廿二日了。

同册《高祖本紀》末尾：

永正第十三臘十一日雪中馳筆了。

同册《吕后本紀》末尾：

永正十四年正月廿三日於燈下終功了。

同册《孝文本紀》末尾：

永正十四年正月廿九日了。

同册《孝景本紀》末尾：

永正十四、二、二日了。

第四册《列傳第十九》末尾：

永正十一、十一、廿八了。

同册《列傳第二十》末尾：

永正十一、十二、五日了。

第五册《列傳第二十三》末尾：

永正十二、正、廿六了。

同册《列傳第二十四》末尾：

永正十二、二、二日終功了。

第七册《列傳第五十一》末尾：

十二、十、十四了。

同册《列傳第五十七》末尾：

永正十二、十、廿九日了。

第八册《列傳第六十三》末尾：

永正十二年十一月十日終功畢。

從以上鈔寫年月的記載來看，原本是依照《列傳》、《本紀》、《世家》的順序鈔寫的。

2　米澤市立圖書館藏本

十二册。原與《桃源抄》一同組成十六册收藏。

第一册　《周本紀》—《項羽本紀》

第二册　《高祖本紀》—《孝武本紀》

第三册　《世家第三》—《第三十》

第四册　《列傳第一》—《第七》

第五册　《列傳第八》—《第十》

第六册　《列傳第十一》—《第二十》

第七册　《列傳第二十一》—《第二十四》

第八册　《列傳第二十五》—《第三十二》

第九册　《列傳第三十三》—《第三十八》

第十册　《列傳第三十九》—《第四十五》

第十一册　《列傳第四十六》—《第五十七》

第十二册　《列傳第五十八》—《第七十》

鈔寫年月的記載，見於《秦本紀》、《秦始皇本紀》、《項羽本紀》、《高祖本紀》、《吕后本紀》、《孝文本紀》、《孝景本紀》和《列傳第六十三》的末尾，與兩足院本相應處的記載相同。此外，由於没有跋文等，其傳承不明。但是，《秦本紀》中有「右愚本漏脱之處……」，與兩足院本的記載相同，且也有少數鈔寫年代的記載與兩足院本相同，因此推測其爲三條家寫本的轉寫本。

與兩足院本相比，此本没有内容上的出入，鈔寫出於數人之手，且誤字脱字不少，因此劣於兩足院本。

由於米澤文庫的《桃源抄》和《幻雲抄》被標作「史記桃源抄共十六」收藏在一起，瀧川博士因而混淆了《桃源抄》和《幻雲抄》，把十六册全部當成了《桃源抄》，且在私藏本中寫道「以桃源抄校」。因此，《史記總論》中記爲「幻雲標記桃源抄」的其實是《幻雲抄》，而《史記會注考證》中引用的《桃源抄》也全部是《幻雲抄》之誤。

3　足利學校遺蹟圖書館藏本

四册。與米澤本一樣，原與《桃源抄》合爲十六册收藏。第一册爲《秦始皇本紀》至《孝景本紀》，第二册爲《列傳第二十一》至《第二十四》，第三册爲《列傳第二十四》至《第三十四》，第四册爲《第三十六》至《第四十五》。行數和字數與米澤本完全相同，鈔寫年代記載的地方和内容也與兩足院本一致。行數、字數以及提行之處均與米澤本完全相同，應該與米澤本鈔寫自同一個祖本。

（三）《幻雲抄》與南化本標注及英房《史記抄》的關係——《幻雲抄》的形成過程

第二章第一節已經提到，上杉家藏黄善夫本《史記》（南化本）中有非常多的批注，這些批注大致可分爲歸幻雲所藏之前已寫入的、和幻雲及其弟子寫入的（注4）兩類。南化本的標注不僅是幻雲鈔寫的，許多標注還與《幻雲抄》重複，與《幻雲抄》有著極爲密切的關係。下面考察南化本和《幻雲抄》的關係。

南化本標注中出自幻雲之筆的《左傳》、《漢書》、《通鑑》、《黄氏日抄》和《困學紀聞》等標注，有相當一部分不見於《幻雲抄》，或以「通鑑——」的方式省略。但是，師説等博士家諸説，或者標注爲「幻謂」、「私謂」等的幻雲《史記》説，幾乎皆見於《幻雲抄》。例如：

《呂后本紀》卷首。幻謂，《漢書》第二惠帝紀，第三高后紀也。《通鑑》十二之末有高帝紀三下五字旁注。有惠帝紀，十三有高后紀。蓋温公祖固而不祖遷矣。

「元年，將軍蒙驁擊定之。」（《秦始皇本紀》）幻謂，元年乃即位明年也。

「六日卒，謚曰孝王。」（《梁孝王世家第二十八》）幻謂，《史記》本紀并孝王列傳。《通鑑》記孝王死曰薨。

「人有獻善馬者……人有獻謳者。」（《孟荀列傳第十四》）人有下獻セルレ謳ヲ者上幻新點，幻謂，與人有獻善馬者之語作對讀之可乎。

除了像這樣南化本標注與《幻雲抄》完全一致的例子外，如前所述，部分南化本標注以省略的形式記載在《幻雲抄》中。下面試比較《伯夷列傳》卷首標注的内容與《幻雲抄》（米澤本）。（）中的内容在《幻雲抄》中以「——」的方式省略了，在南化本中則完整存在。

史記列傳第一

張守節《論史例》曰，古者帝王（右史記言，左史記事，言爲尚書，事爲春秋，太史公兼之，故名曰《史記》。并采六家雜説以成一史，備論君臣父子、夫妻長幼之序。天地山川、國邑名號，殊俗物類之品也。太史公作《史記》，起黄帝、高陽、高辛、唐堯、虞舜、夏殷周秦，訖于漢武帝天漢四年，合二千四百一十三年。作《本紀》十二，象歲十二月也。作《表》十，象天之剛柔十日，以記封建世代終始也。作《書》八，象一歲八節，南化本旁注云，二至二分，四爲八節。以記天地日月、山川禮樂也。作《世家》三十，象一月三十日，三十幅(ミソノヤ)共二一轂(ノコシキヲ)一，以記世禄之家、輔弼股肱之臣、忠孝得失也。作《列傳》七十，象一行七十二日。言七十者，舉全數也。餘二日，象閏餘也。以記王侯將相英賢，略立功名於天下可序列也。合百三十篇，象一歲十二月及閏餘也。而太史公作此五品，廢一不可，以統理天地，勸奬箴誡，爲後人之楷模也）。

小司馬《補史記序》：《本紀》十二，象歲星之一周云々。七十《列傳》（取懸車之暮齒，百三十篇象閏餘而）成歲。幻謂，五品所配之義，小（司）馬、張守節三品同而二品異矣。而守節《本紀》十二，象歲十二月之説，重複于未所謂百三十，象一歲十二月及閏餘也。然則用小司馬《本紀》十二象歲星之一周之義乎？裴駰《集解》序（注）云，又其是非頗謬於聖人其住。南化本云，「又」以下十二字無。《正義》曰，而固作《漢書》與《史記》同者，五十餘卷（謹寫《史記》少加異者，不弱即劣，何更非剥《史記》，及是後士妄非前賢。又《史記》五十二萬六千五百言，敘二千四百一十三年事，《漢書》八十一萬言，敘二百二十五年事。司馬遷引父致意，班固父脩而蔽之，優劣可知矣）。

幻謂，小司馬、張守節皆唐明皇時人也。而《索隱》不知《正義》，《正義》不知《索隱》，各出己意而住正之。南化本「住正之」三字作「注焉」二字。今合《索隱》、《正義》爲一本者，出于何人手哉？蕉了翁亦未辨焉，況其餘哉。吾邦有《索隱》本，有《正義》本，《索隱》與此注所載大同。《正義》者此注所不載者夥。

故諸本之上書之。唐《三體詩》天隱注于前，季昌注于後。季昌、天隱互不相知，而後人以二人注合爲一編，且以天隱爲本注，以季昌爲增注，則天隱詳而季昌略矣。即以絶句爲第一卷者也。以季昌爲本注，以天隱爲增注，則季昌多而天隱疏矣。即以五言八句爲第一卷者也。然世不識合兩本爲一本者姓名也。史云詩云，廣略淺深，雖有其意，其例可攀焉耳。

幻謂，蕉了翁所撰《史記源流》記《玉藻》云，天子言則左史書之(動則右史書之。又《源流》注云，張守節論例云，古者，帝王右史記言，左史記事，言爲《尚書》，事爲《春秋》云々。《易》有三名，變易也，不易也，簡易也。變易者也者，陽成陰，陰成陽也。不易也者，天在上，地在下也。簡易也者，無爲而爲也云々。《玉藻》以變易論之，守節以不易説之，兩俱得矣)。

正如這個例子所顯示的，南化本的標注内容非常詳細，而《幻雲抄》則較爲簡略。

除了南化本標注和《幻雲抄》中都有的内容、或《幻雲抄》略記的内容外，還有僅見於南化本標注而未見於《幻雲抄》的内容。如前所述，《左傳》、《漢書》、《通鑑》、《困學紀聞》、《黄氏日抄》等引文多見於南化本標注而不見於《幻雲抄》，而南化本中有而《幻雲抄》中無的幻雲説則非常少，如下例。

「其老親豈有レ不シ三自脱温ヨク厚肥美以齎二送飲ヲ行戍一ニ乎。」(《匈奴列傳第五十》) 自脱フ二温厚美ヲ一新點，幻謂《史記》家古點，以「脱」字爲「能」字訓，出處未審，《漢書》「脱」作「奪」，以「奪」字義推之，則「脱略」義也。言老親脱略吾所用温厚肥美食物，齎送予彼行戍者，令之飲食也。《韻會》曷末韻，兩虚出脱字，無「能善」等義。

「非已死矣。」(《集解》：「取世監門子梁大盗趙逐臣與同社稷之計。」(《申韓列傳第三》) 幻考小板家本削「取世」二字。

此外，還有極少與此相反，見於《幻雲抄》而不見於南化本的例子。如：

仁壽元年四月五日始講《文選》，齊衡二年三月廿一日了。

天安元年八月廾九日始講《漢書》，貞觀六年六月三日了。

江相公大枝朝臣音人，貞觀六年正月十三日任參議。同八年十月十五日改大枝爲大江朝臣。

賀家賀茂保胤，陰陽博士。忠行二男保憲大内從五上，出家，法名寂心。號内記聖人。儒學、天文、曆術、宿曜、大笇諸道才人。改姓慶微。良家——良峰安世，桓武天皇御子，延曆四年以巳生。少好鷹犬騎射，自餘伎藝皆稱多能。比及成立始讀《孝經》，捨書而嗟曰，名經書極其任茲乎？延曆廿一年十二月廿七日特賜姓良峯朝臣。母右京，天長年七月六日薨。四十六。七月紹贈正二位藏人，以六年參議，六年中經（此字依照原文）言，八年右大將，八年大納言。三年安世宗貞花山僧正。藤家——佐世宇合五世孫，大枝音人相承。右大弁文章博士，昌泰元年廿七卒，藤氏儒士始也。（《秦始皇本紀》）

如此，關於南化本標注和《幻雲抄》的關係，可以作出以下結論。《幻雲抄》是從幻雲的私藏本即南化本的大量標注（不限於幻雲標注，還包括南化本歸幻雲所藏之前已經存在的標注）中鈔出而形成的文本，且鈔録時進行了選擇整理和一部分的補足。

《幻雲抄》與南化本標注的關係即如上述。此外，《幻雲抄》還與英房《史記抄》有關聯。下面對《英房抄》在《幻雲抄》的形成過程中所起的作用稍作考察。《幻雲抄》只存《本紀》、《世家》和《列傳》，而《英房抄》只存《本紀》和《書》，因此考察的對象限定爲二者皆存的《本紀》。

《幻雲抄》和《英房抄》的關係，反映在所采録的《集解》、《索隱》和《正義》三家注中。也就是説，《英房抄》采録三家注時引用不加偏頗，而《幻雲抄》則幾乎只引用《索隱》和《正義》，且二者之中《正義》（尤其是《正義》佚文）壓倒性地多。在這樣的情況下，《幻雲抄》引三家注與《英房抄》引三家注，除了一兩個特例外，完全不相重複。更重要的是，存在這樣的情況：《英房抄》引用某條注的一部分時，《幻雲抄》則引用這部分外的其他部分：

「二年初伏」，《集解》孟康曰，六月伏日初也。周時無至此，乃有之。《正義》六月三伏之節起秦德公爲之。故云初伏。伏者隱伏避盛暑也。曆忌釋云，伏者何以金氣伏藏之日也，四時代謝皆以相生。立春，木代水，水生木。立夏，火代木，木生火。立冬，水代金，金生水。立秋，以金代火，故至庚日必伏。庚者金，故曰伏也。「以狗禦蠱」，《集解》徐廣曰，《年表》云初作伏，祠社磔狗邑四門也。《正義》蠱者熱毒惡氣爲傷害人。故磔狗以禦之。《年表》云初作伏，祠社磔狗邑四門。按，磔，禳也。狗，陽畜也。以狗張磔於郭四門，禳卻熱毒氣也。《左傳》云，皿蟲爲蠱。顧野王云，穀久積，變爲飛蟲也。（《秦本紀》）

《英房抄》二年初伏以狗禦蠱。孟康曰，六月伏曰初也。周時，無至此乃有之。徐曰，初作伏，祠社磔狗邑四門也。正曰，蠱者熱毒惡氣爲傷害人，故磔狗以禦之。（「狗」字下用小字寫著「陽畜也」。）

《幻雲抄》二年初伏，孟康云々。《正義》曰，六月三伏之節……故曰伏也。以狗禦蠱。徐廣云々。《正義》曰，蠱者云々。《年表》云……變爲飛蟲也。

比較上面的《英房抄》和《幻雲抄》，「初伏」的《集解》見於《英房抄》而在《幻雲抄》中被省略，《正義》不見於《英房抄》而見於《幻雲抄》。「以狗禦蠱」的《集解》見於《英房抄》而在《幻雲抄》中被省略，而《正義》見録於《英房抄》的文字則被《幻雲抄》所省略，在《英房抄》被省略的文字則見録於《幻雲抄》。

像這樣，《幻雲抄》爲了不與《英房抄》引用的三家注相重複，而有意識地對三家注作了删節。這説明，《幻雲抄》的鈔寫者是將《英房抄》放在座右參照著進行鈔寫的。究竟是在鈔録《幻雲抄》時，還是在轉寫《幻雲抄》時參考了《英房抄》，雖然尚不明瞭，但應該是在三條家鈔寫《幻雲抄》之際進行的。因爲三條西實隆鈔寫了英房收藏的彭寅翁本（三條本），這説明在三條家親睹《英房抄》是極有可能的。而且，幻雲在南化本標注中完全没有提及英房，這也證明幻雲未曾親睹《英房抄》。如此看來，《幻雲抄》的原本可能並没有以「索隱云々」、「正義云々」的方式省略三家注，而是相當詳細地引用了三家注，但鈔寫者在三條家轉寫《幻雲抄》時，參考著《英房抄》删去了《英房抄》中引用的三家注。不過，這一想法僅僅是推測，尚無確鑿的證據。

（四）幻雲《史記抄》所見《正義》佚文

《幻雲抄》資料價值極高的一個重要原因，在於《幻雲抄》中引用了《正義》佚文。

《幻雲抄》是瀧川博士輯録《正義》佚文的資料來源之一，《史記會注考證》也已經采録了《幻雲抄》中的大部分《正義》佚文。但是，《史記會注考證》所載佚文中有些並不是《正義》佚文，且《幻雲抄》中尚有若干《正義》佚文未被采録。《史記會注考證校補》今所采録的《幻雲抄》的《正義》佚文，總計九百四十五條，其中《本紀》一百二十條，《世家》十條，《列傳》八百三十三條。

《幻雲抄》中所見《正義》佚文，大體皆可見於南化本標注，不過還有少數見於《幻雲抄》而不見於南化本標注的佚文。如下面的例子：

「涉河取韓安邑，以東到乾河。」（《白起王翦列傳第十三》）

韓河源出絳州絳縣東南殺山，南流注河。其高、梅本「其」字作「是」。水冬乾夏流，故曰乾河。[幻][梅][狩][野][高][瀧]。

「作孟子七篇。」（《孟子荀卿列傳第十四》）

《孟子》有萬章、公明高等，孟軻撰，趙岐注。又一本七卷，劉熙撰。又一本九卷，綦母邃撰也。[幻][柀][梅][狩][瀧]。

「昭王擁彗先驅。」（《孟子荀卿列傳第十四》）

彗帚梅本有「箒」字。也。擁彗則執帚曲腰掃也。言昭王向曲腰若擁彗先驅之類。[幻][梅][狩][瀧]。

正如這些例子所顯示的，即便是見於《幻雲抄》而不見於南化本標注的《正義》佚文，也見於其他的古本標注中，並非《幻雲抄》所獨有。

《幻雲抄》中的《正義》佚文，大致都取自於南化本標注，但南化本標注中的《正義》佚文包含幻雲標注的佚文和南化本歸幻雲所藏之前就已經標注了的佚文。無論是哪種標注，應該都鈔自《正義》單注本。

南化本《伯夷列傳》的卷首有幻雲的如下標注：

幻謂，小司馬、張守節皆唐明皇時人也。而《索隱》不知《正義》，《正義》不知《索隱》，各出己意而作注焉。今合《索隱》、《正義》爲一本者，出于何人手哉。蕉了翁亦不辨焉，况其餘哉。吾邦有《索隱》本，有《正義》本，《索隱》與此注所載大同，《正義》者此注所不載者夥。故諸本之上書之。

據這條幻雲標注，《正義》本的注遠多於「此注」（指有這條標注的南化本，即黄善夫刊三注合刻本）中的《正義》，因此當時數個本子已經依據《正義》本標注出了三注合刻本中没有的《正義》。如前所述，南化本中有歸幻雲所藏之前就已經標注了的《正義》佚文，因此南化本也可以看作上面這條引文中所説的「諸本」之一。南化本標注中有相當數量的幻雲手自補足的《正義》佚文，這些幻雲標注可能也是幻雲自己從《正義》單注本采録的。下面這些南化本標注的例子可以證明幻雲實際看過《正義》本。

「貫頤奮戟者」（《張儀列傳第十》）的欄外標注：

《正義》「貫頤奮戟」，劉伯莊云「以兩手捧面直入敵，言其勇也。執戟奮怒而趨戰」。幻謂此注不引，是與《索隱》似兩義，故今引之。

「餘粱慶、彭、凌本「粱」作「梁」。肉」（《孟嘗君列傳第十五》）的欄外標注：

《正義》云「粱成粟，又成粱」。

且這條《正義》的「粱」字旁用小字寫著：「幻所見《正義》異之。」又改行寫著「《正義》『粱粟』」（注5）。根據以上例子推測，《幻雲抄》中所見《正義》佚文是從南化本標注中采録的，並有若干補足，且南化本標注中的《正義》佚文有不少是幻雲自己從《正義》本采録來的。但是，比較南化本標注中的《正義》佚文條數與《幻雲抄》中的條數，發現《幻雲抄》引《正義》佚文的數量明顯少得多，而《幻雲抄》在《世家》中引用的《正義》佚文僅有十條，也反映了這一點。

（五）幻雲《史記抄》所見《史記》異字

下面考察《幻雲抄》中記載的《史記》異字。《幻雲抄》的《史記》異字中，值得矚目的特點是同時記載了《正義》佚文和與《正義》本的校記。例如：

「趙涉河漳。」（《蘇秦列傳第九》）河漳——《正義》作「漳河」。趙涉漳河南，西南以相援。

「齊湣王不自得，以其遣孟嘗君。」（《孟嘗君列傳第十五》）齊湣王不自得——《正義》作「不自德」。注曰，言自嫌無德而遣孟嘗。

「廣家世世受射。」（《李將軍列傳第四十九》）受射——「受」，《正義》作「愛」。《正義》曰，愛，好也。

這些都是與《正義》本的校記，不見於現存的諸版本《史記》異字。

此外，《幻雲抄》還記載了「或本」、「本」、「一本」等的《史記》異字，但這些異字與南化本標注基本重複。這些異字的性質，與其他古本標注一樣，是屬於古鈔本系統的異字，基本上不見於現存諸版本。《幻雲抄》中，除了上述《史記》異字的記載外，《幻雲抄》所引用的《史記》正文也有不見於現存諸版本的異字。

如前所述，《幻雲抄》是以南化本（黄善夫本）標注爲基礎形成的文本，因而可以認爲《幻雲抄》所引用的《史記》正文和注文也依據的是黄善夫本。然而，《幻雲抄》所引用的正文和注文含有許多「《史記》古本」的要素，因此不能認爲全部的《幻雲抄》引正文和注文都由黄善夫本而來。以下舉二三例子進行解釋。

「諸侯各發送之甚衆，疑於王者。」(《蘇秦列傳第九》)其衆擬於正者——《正義》作「卒有疑於王者」。《正義》云「卒，倉忽反」。言車騎使送之甚多，疑是王者之行。

「甚」字，黄善夫本亦作「甚」，《幻雲抄》與黄善夫本不一致。南化本標注中有「『甚』本作『其』」，又有「《正義》作……王者之行」(幻雲筆)。由此看來，《幻雲抄》的史文應是從南化本標注中鈔出《幻雲抄》時，根據南化本「『甚』本作『其』」的標注改正了黄善夫本的正文後，再引入《幻雲抄》中。又，「甚」字作「其」字，不見於現存的任何版本，僅見於「古本標注」，即南化、楓山、棭齋、三條、梅仙、高本的標注。

「齊使人謂魏王曰，齊請以宋地封涇陽君。」(《蘇秦列傳第九》)齊使人謂魏王曰，齊請以宋封——師説，劉曰，此時宋未滅而齊欲使秦取也。

以黄善夫本爲首，現存諸板本「宋」字下均有「地」字。南化本「地」字旁用小字寫著「本無」(楓山、三條、梅仙本標注中也同樣删去)。《幻雲抄》中無「地」字，應是在鈔出時依據南化本的這條標注删去了。

「卒四十萬人降武安君。」(《白起王翦列傳第十三》)與卒四十萬人——師説曰，趙括軍敗已被殺也，不得與其卒共而降於武安君也。而此云「與」者，是獨繫於「卒」而爲言也，非關於趙括也。而今本或但云「其將軍趙括與卒四萬人降武安君」也。如本者括云被殺不見也。「與」字於爲義得通，無「與」字者爲異本。通——無「與」字(「通——」指《通鑑》)。

南化本中有「與本有」，又有與《幻雲抄》相同的「師説」以下至「《通鑑》無『與』字」的標注。現在所能見到的諸板本，「卒」字上均無「與」字，只有南化本和楓山、柀齋、三條、梅仙、高本的標注中記載了無「與」字本的存在。《幻雲抄》增「與」字，依據的應該是「與本有」三字或「師説」所謂的「異本」，而非「《通鑑》無『與』字」的標注（只有這幾個字是幻雲自筆）。

從這些例子來看，《幻雲抄》所引史文，在從南化本標注中鈔出《幻雲抄》時，依據南化本標注中的「古本」《史記》異字作了改動，因此不能認爲《幻雲抄》所引史文全部依據黄善夫本。而且，改動鈔出史文時所依據的南化本標注，雖然也有幻雲自己在南化本上所作的標注，但更多是依據了南化本歸幻雲所藏之前已經存在於標注中的《史記》異字。

（六）幻雲的《史記》説

如前一節所述，桃源瑞仙的《史記》説，在批判舊有的博士家諸説的同時添加了許多新點，且融合《史記》家和《漢書》家的説法而成一家之説。幻雲曾聽過桃源的《史記》和《漢書》講義，繼承了他的學問。南化本幻雲標注中引用《桃源抄》及桃源《史記》講義之處頗多，這説明桃源的《史記》説對幻雲有著深刻的影響（《幻雲抄》中所引《桃源抄》及「蕉講」，與南化本標注中的重複，且比南化本標注少得多）。

與桃源一樣，幻雲也在采用舊有《史記》點的同時加入了自己的新點，且使用了許多《漢書》家點。下面舉例説明。以下例子引自《幻雲抄》，也均見於南化本標注。首先，在下面這個例子中，幻雲針對「舊點」闡述了自己的新解。

「妄言末學蕪穢舊史。」（《集解序》）妄言末學。舊點謂，末學之義也。幻謂，四字連讀亦可歟。

妄言與末學也。（僅見於南化本。《幻雲抄》中無《集解序》）

下面這個例子，通過比較《漢書》與《史記》，批判了《史記》的舊點。

「破二雍將軍烏氏一周類軍二栒邑一蘇駔軍二於泥陽一賜食邑武成六千户。」（《樊酈滕灌列傳第三十五》，這裏的訓點據南化本所附的點，即幻雲標注所謂「《史記》舊點」）破テ下雍ノ將軍ヲ烏氏ニ周類カ軍ヲ栒邑ニ蘇駔カ軍ヲ於泥陽上賜二食邑ヲ武成六千户一ニ。《史記》舊點誤歟。以《漢書》傳考讀則如此可讀也。

又，下面這個例子是博士家説（據南化本標注，是南化本歸幻雲所藏之前就有的標注）和幻雲整理的博士家點。

「人曰貴其所以貴者貴。王之愛習公也，不如公孫奭。其智能公也，不如甘茂。」（《樗里子甘茂列博第十一》）師説：陸氏絶句於「愛習」之下也。良氏説曰，上文依陸氏之意，以「愛習」爲絶句也。下文以「公也」爲絶句，上文下文不相對也。言王之愛習者，公乃不如公孫奭也。其爲智能於公者，則不如於甘茂也。菅氏、江氏二家曰，此文上下相對而讀之。陸氏以愛習爲絶句，明知其意以「智能」爲絶句也。今以菅、江二家爲先，良氏之説雖非，而意可存之也。

王之愛習スルコト——公ハ也不レ如下公孫奭上ニ
其智ナリトスルコト二能　公一ヲ　也——不レ如二甘茂一ニ
——幻謂良家説乃此點乎。

王之愛習スルコト——公ハ也不レ如下公孫奭上
其智能　公ハ也不レ如二甘茂一
——菅、江二家乃此點乎。

舊有的博士家諸説（師説及其他），除了見於南化本標注和《幻雲抄》之外，還見於其他古本標注，但數量不多。此外再無可用來考察平安朝以來博士家《史記》説的資料，因此南化本標注和《幻雲抄》中保存的博士家《史記》説是非常珍貴的資料。

幻雲多用《漢書》點，如以下兩個例子。

「此少年推鋒之計可耳。」（《吴王濞列傳第四十六》）少年推ヲサンコトレ鋒ヲ可ナラク耳——漢點如此。

「王、王太后飭治行裝重齎，爲入朝具。」（《南越尉佗列傳第五十三》）飭治行裝重——飭ニ治行裝ヲ一重レ資。漢書家點如此。

比較《史記》家點和《漢書》家點，使得幻雲認識到《史記》和《漢書》的差異，也加深了他對《史記》的理解。因此，融合《史記》點與《漢書》點，並不是單純的訓點問題，而是可以説開拓了當時《史記》研究的新方法。南化本幻雲標注中還記載著許多與《漢書》的校記和《漢書》點，由此可知幻雲《漢書》學素養之深。而且，幻雲自己也著有《漢書抄》（《漢水餘波》。亡佚，僅存序）。

幻雲雖然繼承了桃源的《史記》説，但對桃源《史記》説的批評也不少。如下例：

「蹈綺縠。」（《孟嘗君列傳第十五》）

講云蹈綺縠者襪等也。幻謂蹈ハ衣裳華麗ニ　ケククムノ義乎。

譯文：講云蹈綺縠者襪等也。幻雲謂，「蹈」是衣裳華麗而包裹脚之義乎？

「則子無レ幾ケンネカウコトレ得下與二長子及諸子旦暮在前者一爲上レ爭二太子一矣。」（《呂不韋列傳第二十五》，訓點據南化本所附）

無幾——抄云幾（ホトンド）之點也，幻謂非歟。

譯文：無幾——抄云，幾（ネカウコト——欲）點作幾（ホトンド——幾乎）也，幻謂非歟？

下面舉幾個幻雲新點的例子。

「士無反外之心。」（《魯仲連鄒陽列傳第二十三》）

反（ソムキサカル）、外（シリソク）——幻新點。

（反，ソムキサカル——違背遠離；外，シリソク——退卻）

「嚴仲子固讓（ツル）聶政。」（《刺客列傳第二十六》，訓點據南化本所附）

讓（セム）——新點。（僅見於南化本幻雲標注，《幻雲抄》中無）

（讓，ツル——讓給，セム——責讓）

「皆令（シム）二廣大長（ニシテ）倨傲（ナラ）一。」（《匈奴列傳第五十》，訓點據南化本所附）

令二廣大（ニシテ）長（カラ）一倨傲（ナラ）——新點。（僅見於南化本幻雲標注。《幻雲抄》中無）

（上面即在「倨傲」後斷句，下面新點即在「長」後斷句）

最後，看一下《幻雲抄》中引用的書籍。《幻雲抄》引用最多的書籍是《正義》佚文。其次，《漢書》及顏師古注、《通鑑》及胡三省注較爲多見，《左傳》的引用也不少。此外，桃源的《史記抄》及其講義也多見引用。值得注意的是，南化本幻雲標注的《扁鵲倉公列傳》中引用了許多醫書，而《幻雲抄》的《扁鵲倉公列傳》中卻完全没有（注6）。

注1　根據建仁寺兩足院伊藤東慎著《黄龍遺韻》,《五山詩僧傳》所謂「居ること數年」(居數年)有誤。

注2　桃源的《漢書》講義開始於文明中興後,桃源回到京都、住持等持寺時。即《漢水餘波序》中所説:「文明中興之後,住京之等持,爲綿谷姪文揔講之。始《項籍傳》,未幾又從《鮮于雋傳》而講之,所講不多。後遷勝定先盧,爲亡友興彦龍講《帝紀》,龍嬰沈痾而逝矣。故《帝紀》亦不畢焉。老人有講,則予必侍席末。」

注3　「都督」是三條西實隆之子公條。《公卿補任》中説:「永正十二年,權中納言,正三位,三條西公條,廿九,太宰權帥。」

注4　之所以説有幻雲弟子鈔入的標注,是因爲前半的標注是幻雲筆跡,途中繼之以他人筆跡。

注5　這條「《正義》『粱粟』」的標注也許意味著《正義》本中「粱肉」作「粱粟」。這一部分標注的意義很難正確理解。又,從「幻所見《正義》異之」的記述來看,可能存在兩種《正義》本。

注6　關於南化本《扁鵲倉公列傳》中標注的醫書,已附論於第二章第一節南化本一項。

第四章　單注本

第一節　《集解》單注本

(一) 總論

(a) 緒論

這裏所説的「集解本」是指在《史記》正文基礎上只合刻劉宋裴駰《史記集解注》的本子，而不是像毛晉汲古閣刊《史記索隱》(所謂《索隱》單注本)那樣，只標注出必要的正文并在其下附上雙行小注。

如今，裴駰的《集解注》只能看到附在一百三十卷的正文下方的形制，但最初的形制與現在稍有不同。《隋書·經籍志》、《舊唐書·經籍志》、《新唐書·藝文志》均記載作「集解注八十卷」。

《隋書·經籍志》：　《史記》八十卷，宋南中郎外兵參軍裴駰注。

《舊唐書·經籍志》：　《史記》八十卷，裴駰集解。

《新唐書·藝文志》：　裴駰集解《史記》，八十卷。

同時，各《志》中都有「《史記》百三十卷，司馬遷撰」的記載(注1)，可知《集解注》的原本有八十卷，與現在的形制不同。而且，這裏的所謂八十卷，也可能是只標注出必要的正文並在下面附上雙行小注，即與《索隱》單注本形制一樣的文本。《宋史・藝文志》中只記載「《史記》一百三十卷裴駰等集注」，而未記載八十卷本。由此可知，在宋代，《集解注》的原本已經消失，只以像現在這樣、附注於一百三十卷正文下方的形制流傳。

另一方面，現存古鈔本多是正文與《集解注》的合鈔（注2），而這些古鈔本中鈔寫年代最久遠的可以推斷到唐高祖在位年間，可知在唐初《集解注》已經是以現在的形制——附注於一百三十卷的正文下方——行於世。又，現存古鈔本皆附有《集解注》，且始於宋代的板本中，北宋至南宋初的所有板本都只有「集解本」，這説明唐代中期以後，這種形制是最爲普遍的。

從上述事實可以得出如下結論：

（1）裴駰《集解注》的原本爲八十卷本，而且這個原本的形制可能如同《索隱》單注本。這一原本的形制一直流傳至唐代。

（2）《集解注》至遲在唐代已經以現在的形制行於世。

（3）隨著《集解注》附於正文的形制廣泛普及，八十卷的原本逐漸消失，至宋代已不可見。

注1 《隋書》、《舊唐書》和《新唐書》關於《史記》的記載如下：

《隋書》：《史記》百三十卷，《目録》一卷，漢中書令司馬遷撰。《史記》八十卷，宋南中郎外兵參軍裴駰注。《史記音義》十二卷，宋中散大夫徐野民撰。《史記音》三卷，梁輕車録事參軍鄒誕生撰。

《舊唐書》：《史記》百三十卷，司馬遷撰。《史記》八十卷，裴駰集解。《史記》百三十卷，許子儒注。《史記音義》，徐廣撰。《史記音義》，鄒誕生撰。《史記音義》三十卷，劉伯莊撰。

《新唐書》：司馬遷《史記》，一百三十卷。裴駰集解《史記》，八十卷。徐廣《史記音義》，十二卷。鄒誕生《史記音義》，三卷。

注2　古鈔本，參照第一章第一節總論（三）（2）。

(b) 現存《史記集解》本

現在已知的《集解》本凡九種，依刊刻時間的先後順序列舉如下：

1　北宋景祐年間（一〇三四至一〇三八）刊景祐監本。

此板本均爲殘卷，存三本。（參照本章第二節各論[1]）

2　南宋紹興初（一一三八至一一四八）杭州刊本。

此板本現存僅有二十五卷。其内容爲八《書》八卷及《張釋之》（注1）、《汲鄭》、《儒林》、《酷吏》、《龜策》、《貨殖列傳》、《太史公自序》七卷，計二十五卷。現藏北京圖書館。

3　南宋紹興初（一一三〇至一一六三）杭州刊本。

此板本均爲殘卷，存三本。（參照本章第二節各論[2]）

4　南宋紹興十年（一一四〇）邵武朱中奉刊本。

此板本僅存武田長兵衛氏所藏的一本。

5　南宋紹興十四年（一一四四）刊蜀大字本。

此板本僅有七卷存於一九一九年吳興劉承幹影印的「蜀大字本」的原本（北京圖書館藏）中。

6　南宋紹興年間(一一四〇至一一六〇)淮南路無爲州官刊本。此板本有一百二十三卷存於前述影印本「蜀大字本」的原本中。又據賀次君《史記書録》,南京圖書館存有全帙,某處亦存有一本。

7　南宋紹熙年間(一一九〇至一一九四)杭州刊本。

此板本僅存《秦楚之際月表》一卷。現藏北京圖書館。

8　明正德十年(一五一五)江西白鹿洞書院刊本。

此板本僅存一本,現藏美國國會圖書館(注2)。

9　明崇禎十四年(一六四一)常熟毛晉汲古閣刊本。

此板本爲汲古閣刊十七史之一。

以上九類爲現存的板本,在第二節各論中筆者將討論親眼目睹過的第1、3、4、5、6、9六類。

注1　《張釋之列傳》在《集解》、《索隱》二注合刻的蔡夢弼刊本中。

注2　本書未見。現依照賀次君《史記書録》記其板式如下: 卷首有江西按察司僉事田汝耔的《正德十年刻史記序》。其次爲南京國子監祭酒吳節《景泰四年南監本史記序》,其次爲《史記集解序》,再次爲司馬貞補《三皇本紀》,再次爲《目録》。每半葉十行,行十九字,雙行注,行十九字,白口,四周雙邊。版心魚尾下題有「史記一」,下記葉數。

(二)《史記集解》一百三十卷(補鈔)

北宋景祐年間(一〇三四至一〇三八)刊。景祐監本。傅增湘雙鑑樓舊藏,臺灣「中研院」歷史語言研究所所藏。現存一百十五卷。

此書是今日能够看到的最古的《史記》板本。卷首有「雙鑑樓」、「沅叔審定」、「藏園秘籍孤本」、「江安傅增湘叔珍藏」、「朱子儋印」等朱印，可知爲傅增湘舊藏。《雙鑑樓善本書目》卷二《史部》説：「《史記集解》北宋淳化刊一百三十卷。」即指此書。（關於淳化本見後述）

書中有沈曾植和曹元忠的跋文。據跋文，缺《本紀》五、六，《世家》十八至二十五，《列傳》四十一至四十五，計十五卷，所缺《本紀》及《世家》的十卷據饒路學（注1）每葉十行，行二十二字，小注雙行同，黑口，四周雙欄，版心上方一面記「饒學」或「堯學」或「饒路學」或「堯洋」或「錦江」或「番學補刊」等，一面記字數，下方記刻工姓名。所缺《列傳》五卷據南宋黄善夫本（注2）每半葉十行，行十八字，小注雙行，行二十三字，細黑口，左右雙欄，版心上方記字數，欄外記篇名。補足。

本書體裁爲，首卷第一行題「史記集解序」，第二行下半欄書「裴駰」，第三行開始爲《集解》序文，無結銜。序後提行題「五帝本紀第一」，次行題「史記一」，下注「凡徐氏義稱徐姓名以別之，餘者悉是駰注解并集衆家義」。下一行開始爲正文。其他卷，大題和小題不提行，小題均在大題上方（《夏本紀》脱大題「史記二」三字）。卷末記有小題。

列傳中，《老子列傳》爲第一，首行題有「老子列傳第一上」、「史記六十一」，正文後記有「老子列傳第一」的小題。其後，改葉題「伯夷列傳第一下」、「史記六十二」，正文後記有「伯夷列傳第一」的小題。列傳第三首行題有「莊子韓非列傳第三」、「史記六十三」。

每半葉十行，行十九字，注雙行，行二十五、六、七字不等。白口，左右雙邊。板心魚尾下題「史記本紀一」等，中間記本卷葉數，下方記刻工名。

曹元忠在跋文中推定，此書的刊行時間是北宋景祐年間刊、政和年間補刊。其理由如下：

（一）此書與涵芬樓所得士禮居舊藏景祐監本《漢書》殘卷相比，行款格式完全相同，且版心所記刻工姓名「張珪」、「胡恭」、「錢真」、「屠享」、「陳忠」、「屠式」、「陳吉」等也悉數一致。因而斷定其爲景祐監本，且《史記》和《漢書》是同時刊刻的。

（二）但此書有補版，補版處刀口較鋭，筆畫稍細。又對原版多有數行挖嵌（注3）。且「桓」字不闕筆，故知其爲政和年間的補刊。

（三）此本爲政和補刊本之證，又見《能改齋漫録·記事門》的「詔《史記》陞老子爲列傳首條」記載：「政和八年詔《史記·老子傳》陞爲列傳之首，自一帙，《前漢書·今古表》敘列於上聖，其舊本並行改正。」據此，此書在政和年間有補刊，「其舊本」指景祐監本。又，明震澤王氏刻本《史記·老子列傳第一》的注中説：「監本，老子與伯夷同第一，莊子與韓非同傳第三。」（注4）與此書完全一致。因此，確定其爲政和年間刊景祐補監本。

以上是曹元忠斷定此書爲北宋景祐年間刊政和補刊本的理由。就筆者的考察來看，現階段遵從此説爲妥。

如前所述，傅增湘在《雙鑑樓善本書目》卷二《史部》中説明此書爲「《史記集解》北宋淳化本」，在此有必要提及此書與淳化本的關係。現存《史記》板本中，這個景祐年間的本子是最早的刊本。但是，在此之前，宋太宗淳化年間也有板本刊行，據宋葉夢得《石林燕語》記載：「五代馮道始奏請官鏤六經板印行，國朝淳化中以《史記》、前後《漢書》付有司摹印。」及王應麟《玉海》記載「淳化五年七月詔選官分校《史記》、前後《漢書》」可知。又，根據陳鱣《簡莊隨筆》，元板《後漢書》卷末有「右奉淳化五年七月二十五日敕重刊正」的木記，佐證了王應麟的記載。因此，可以確定《史記》板本的刊行事在淳化年間。

關於景祐監本和淳化本的關係，傅增湘在《藏園羣書題記》續集卷二中說：「與淳化本同觀，乃知此是淳化之嫡子。」沈曾植也有同樣的推論。這一推論的根據爲：

（一）淳化年間有三史板本刊行之事；

（二）元版《後漢書》是淳化本的翻刻，此翻刻本與景祐刊本的體裁相同。

這一推斷雖有武斷之嫌，但考慮到淳化本刊行的淳化五年與景祐本刊行年之間相隔不超過四十三年，且淳化本是最早的《史記》板本，景祐刊本乃淳化本翻刻的推論應是妥當的。

現存與景祐監本同板的本子，有清內閣大庫舊藏現北京圖書館藏四十一卷（注5）。陶氏景印百衲本《史記》中有二十四卷（注6）。又，仁壽本二十五史中的《史記》是臺灣「中研院」歷史語言研究所藏本的景印本。

從校勘學角度看此書的特色。

此書的特徵，在總論《集解》本一節已有論述。考此書獨有的文字異同，有如下諸例：

「且曰不可不蚤自來謝項王。」（《項羽本紀》）無第二個「不」字，「可」字下斷句。

「然身被堅執鋭首事。」（《項羽本紀》）「首」誤作「白」。

「吾爲若德。」（《項羽本紀》）「吾」作「吕」。

「漢使兵距之鞏。」（《項羽本紀》）「距」誤作「單」。

「大司馬怒渡兵汜水。」(《項羽本紀》)注：「今成皋城東汜水是也。」「汜」誤作「池」。

「高祖爲人隆準而龍顔。」(《高祖本紀》)注：「服虔曰準音拙。」「準」作「隹」。井井本、蜀大字本中作「淮」。此本的正文中作「準」，其他注中則作「淮」。由此看來，應是翻刻或景印時有誤。

「引其甲卒與之西。」(《高祖本紀》)「與」作「後」。紹興本同。他本皆作「與」。「與」較妥當。

「世世無有所與。」(《高祖本紀》)注：「皆言其，其者楚言也。」無「言」字。

「吕太后時徙爲趙幽王。」(《高祖本紀》)脱「徙」字。紹興本同(注7)。

「金日從革。」(《宋微子世家》)重「日」字，應有誤。

「常雨若。」(《宋微子世家》)注：「則常雨順之。」「常」作「時」，且脱「之」字。

「晉悼公使魏絳和戎翟。」(《匈奴列傳》)「絳」作「降」。

「奈何與人鄰國。」(《匈奴列傳》)「人」誤作「父」。

「黄金胥紕一。」(《匈奴列傳》)注：「或作犀毗。」「毗」作「紕」。

「會驃騎將軍去病死。」(《匈奴列傳》)「去」作「老」。

「每漢使入匈奴匈奴輒報償。」(《匈奴列傳》)不重複「匈奴」二字。

以上就《項羽本紀》、《高祖本紀》、《宋微子世家》、《匈奴列傳》四卷中所見景祐監本獨有的文字異同舉了若干例子。據之可知，景祐監本的獨特之處大多難以令人認同，多爲字形相似造成的錯誤，或是付板時的錯誤造成的與其他板本的不同。遺憾的是，原刻不得見而只能依據景印本，或許所舉例子中還包含有景印時的錯誤也未可知。

此書是現存諸板本中最早的，其與二注合刻本、三注合刻本之間的文字異同相當多，與古本一致的例子也頗多。在這一意義上，此書有著非比尋常的價值。但是，正如在《集解》單注本總論和此書文字異同一條中所述，僅憑此書一本是無法訂正今本之失誤的。也就是說，在正文方面，此書並不占有獨特的地位。

注1　據景印本，每半葉十行，行十九至二十二字不等。注雙行，行二十三至二十六字不等。白口。四周雙欄。

注2　據景印本，每半葉十行，行十九字，注雙行，行二十七至二十九字不等。白口。四周雙欄。然不知爲何稱此書爲黃善夫刊本。

注3　關於這一點，比較明顯的例子是《孝武本紀》第七葉第一行中删去了四字，且「通將軍」三字大寫。因此，此行的字數爲十五字。

注4　南宋慶元（一一九五至一二〇〇）黃善夫刊本中已有此注。

注5　四十一卷的内容，是《本紀》七至十二卷、《表》一至五卷、《世家》一至八卷、《列傳》十七至二十九卷、六十三至七十卷。

注6　二十四卷的内容，是《表》四至六卷、十卷，《世家》四至八卷，《列傳》一卷、二十一至二十八卷。

注7　賀次君在《史記書録》中說：「此本景佑年間刊本。史文多與今本不同……凡此皆足以刊正今本之失誤。」並舉此條爲例。然如今所述，紹興本亦同，且此句之前還有「呂太后時徙爲趙共王」一句。這樣看來，將無「徙」字視爲景祐刊本獨有的長處似乎不太妥當。何況，賀氏所舉的此書優長之例，大部分並非此書所獨有。今舉一、二例如下：

不然籍何以生此。（《高祖本紀》）今本「生」作「至」。

就筆者所見，作「生」的文本有《英房抄》引古本、井井本、蜀大字本、紹興本、耿秉本、黄善夫本、中統本、彭寅翁本、毛晉刻《集解》單注本等，而作「至」的本子較少。

夜往見梁。（《高祖本紀》）今本脱「往」字。

脱「往」字的文本有井井本、紹興本和毛晉刻《集解》單注本，而二注合刻本和三注合刻本中均有「往」字。其他的例子也與此類似。

（三）《史記集解》殘卷

南宋紹興初（一一三〇至一一六三）杭州刊本。竹添井井、内藤湖南舊藏，武田長兵衛藏。現存七十六卷。

此書爲殘卷。存《世家》一至九、十四至三十卷，《列傳》二十一至七十卷，共七十六卷。缺《本紀》十二卷，《書》八卷，《表》十卷，《世家》十至十三的四卷，《列傳》一至二十的二十卷，計缺五十四卷。幸運的是除此書外，同種板本現存尚有兩本。其一是陶氏景印百衲本《史記》所收的所謂第一種北宋小字《集解》，據筆者調查，有八十四卷爲同板（注1）。其二是傳是樓、鐵琴銅劍樓舊藏，北京圖書館藏的一百八卷本（注2）。據此三種可知其全貌。

關於本書體裁，首卷第一行題「史記集解序」，第二行下半欄書「裴駰」，第三行開始爲《集解》序文，序末無結銜。序後提行題「五帝本紀第一」，次行題「史記一」，其下注曰「凡徐氏義稱徐姓名以别之，餘者悉是駰注解並集衆家義」。後一行開始爲正文。其他卷，大題和小題不提行，小題均在大題之上（此書與景祐刊本一樣，脱《夏本紀》的大題）。卷末記有小題。

在列傳中，一如自序的目録，《伯夷列傳》爲列傳第一，列傳第三爲《老子韓非列傳》。

每半葉十四行，行二十四至二十七字不等，注雙行，行三十二至三十四字不等。左右雙邊，白口。無魚尾，板心上方題「第一册本紀一」等字樣，下記本卷葉數，無刻工名。

未見關於此書刊行年月的記載，諸家記録亦無記載。但此書一直以來被看作北宋刊本。又關於陶氏景印百衲本中的同板文本，張文虎在《史記札記》中根據缺筆狀態斷定爲北宋刊本：「北宋本，諸城劉燕庭方伯喜海所藏集宋殘本之一，但有《集解》，桓字不避，知爲北宋刊本。」又，瞿鏞在《鐵琴銅劍樓書目》中根據避諱情況，將鐵琴銅劍樓舊藏、北京圖書館藏本斷定爲北宋刻本。如上所述，此板本的刊年爲北宋已成定説（注3）。然而，一九五五年北京文學古籍刊行社出版北京圖書館藏本的景印本，稱之爲南宋紹興初杭州刻本。一改歷來北宋本的説法，斷定其爲南宋紹興初杭州刻本的理由有如下三點。

（一）考卷一百十七《司馬相如列傳第七》第八葉（補刻）的刻工姓名，此本爲浙江本。

（二）北宋年間刊刻的浙江本，經歷靖康建炎的兵燹，幾乎不可能留存到南宋初期。

（三）雖然歷來從缺筆的角度將此書視爲「北宋刊本」，但是在戰後的混亂中南宋初期的刊本多依北宋刊本上板，不避高宗諱和北宋後期諱乃是普遍現象。因此不能依據此本中出現的缺筆斷定其爲「北宋本」。

根據以上三點理由，與其稱之爲「北宋刊本」，不如視其爲「南宋紹興初刻本」更爲妥當（據北京圖書館研究院兼善本部主任趙萬里氏的覆函）。

上説幾中正鵠，從之爲當。

下面考察此書特有的文字異同。

從校勘學角度看此書的特色。

(一) 井井本獨與他本不同之處

(a) 錯誤之處（注4）

「西傾朱圉鳥鼠。」（《夏本紀》）注：「地理志曰。」「理」作「里」。

「蚕夜翊明有家。」（《夏本紀》）注：「可以爲卿大夫。」無「卿」字。

「司馬錯伐蜀滅之。」（《秦本紀》）「錯」作「融」。

「時暘若。」（《宋微子世家》）「暘」作「陽」。

「感宮室毀壞生禾黍。」（《宋微子世家》）「感」作「城」。

「爲之求入魯。」（《宋微子世家》）「求」作「不」。

「三十年曹倍宋又倍晉。」（《宋微子世家》）「年」作「干」。

「鶩於鹽浦。」（《司馬相如列傳》）「鶩」作「鶩」。

「蟃蜒貙豻。」（《司馬相如列傳》）「貙」作「彄」。

「散渙夷陸。」（《司馬相如列傳》）「渙」作「浹」。

「靡不被築。」（《司馬相如列傳》）注：「言爲亭候於皋隰。」「皋」作「睾」。

「於是二子愀然改容。」（《司馬相如列傳》）「改」作「故」。

「氾濫衍溢。」（《司馬相如列傳》）「衍」作「愆」。

「而身親其勞。」(《司馬相如列傳》) 「親」作「貌」。

「家居茂陵。」(《司馬相如列傳》) 「家」作「蒙」。

「爰周郅隆。」(《司馬相如列傳》)注：「維王季宅郢。」「宅」作「從」。

「不必諄諄。」(《司馬相如列傳》)注：「諄正純反。」「純」作「繼」。

(b) 未必錯誤之處

「東原底平。」(《夏本紀》)注：「今東平郡即東原。」此七字作：「今東郡有東平。」然高山寺本作「今郡有東平者」。

「藏文仲善此言，此言乃公子子魚教湣公也。」(《宋微子世家》) 「此言」二字不重複。

「已而啓與交黨攻益奪之。」(《燕召公世家》) 無「而」字。

「齊田單以即墨擊敗燕軍。」(《燕召公世家》) 無「軍」字。

(2) 井井本獨與古鈔本、古本一致之處

「致費於溝減。」(《夏本紀》)注：「成間有減。」「成」作「城」，與高山寺本、古本(南化、楓山)合。

「陽鳥所居。」(《夏本紀》)注：「冬月居此澤也。」無「冬月」二字，與高山寺本合。

「其木惟喬。」(《夏本紀》) 「其」作「厥」，與高山寺本合。

「襄公元年以女弟繆嬴爲豐王妻。」(《秦本紀》) 無「元年以」三字，與高山寺本、古本(南化)、英房《史記抄》合。

「我其發出往。」(《宋微子世家》) 「往」作「室」，與古本(南化、楓山、椵齋、三條)合。

(3) 只與其他某一板本一致之處

「二十八年蘇秦始來見説文公。」(《燕召公世家》) 「年」字下衍「卒」字，與景祐監本合。

「而安而色。」(《宋微子世家》) 此四字作「人而安而色」，與景祐監本合。

「則有湧泉清池。」(《司馬相如列傳》) 「湧」作「涌」，與毛本合。

「穹隆雲撓。」(《司馬相如列傳》) 「撓」作「橈」，與《索隱》單注本合。

「華榱璧瑞輦道纚屬。」(《司馬相如列傳》) 「榱」作「欀」，與紹興本合。

「蜼玃飛鸓。」(《司馬相如列傳》) 「飛」作「蜚」，與蜀大字本合。注「似獼猴。」的「獼」作「彌」，與蜀大字本合。

「南馳使以誚勁越。」(《司馬相如列傳》) 「馳」作「騎」，與紹興本合。

「登陂阤之長阪兮。」(《司馬相如列傳》) 「阤」作「地」，與紹興本合。

「西望崑崙之軋沕洸忽兮。」(《司馬相如列傳》) 「洸」作「恍」，與紹興本合。

「廣符瑞之富。」(《司馬相如列傳》)注：「謂自我天覆雲之油油。」「油」字不重，與紹興本合。

「氾專濩之。」(《司馬相如列傳》) 「氾」作「我」，與景祐監本合。

以上，就《夏本紀》、《秦本紀》、《燕召公世家》、《宋微子世家》和《司馬相如列傳》五卷中的文字異同試作考察。據之可知，井井本獨有的文字異同，多是字形相似造成的錯誤或誤脱。但只有井井本與古鈔本、古本一致的例子比較多見。這可能是因爲此本的原本與景祐監本屬於不同的系統，或是在刊刻時據鈔本進行了改易。至於此書與其他板本的關係，五卷中只見於此本與其他某一本一致的例子，多爲《集解》本一類的文本，而二注合刻本和三注合刻本較少。尤其僅與紹興本一致的例子特別多。這也從側面證明此本刊刻於南宋紹興初期。

不過，需要注意的是，從整體上的異同來看，這些文字異同是極其微量的，因而不能輕率地將此本視作特殊的板本。

注1　八十四卷的内容爲《本紀》一至六卷，《表》八、九卷，《書》一至四卷，《世家》一至三卷、九至三十卷，《列傳》十一至二十卷、三十至五十六卷。

注2　一百八卷的内容爲《本紀》十二卷，《表》十卷，《書》八卷，《世家》三十卷，《列傳》一至十卷、二十一至三十三卷、三十八卷、四十至四十八卷、五十六至七十卷。又，北京古籍刊行社所刊的景印本用宋蜀刻本補了缺卷（據趙萬里氏的覆函）。

注3　此書被傳爲北宋刊本的理由主要是缺筆。今日所見，「玄」、「敬」、「弘」、「殷」、「恒」、「鏡」等字均有缺筆。北宋第七代欽宗諱「桓」字和南宋第八代孝宗諱「慎」字都不避。從這些情況來看，視其爲北宋刊本也是理所當然的。又，雖有畫蛇添足之嫌，此處尚有一贅言。《史記書録》中説：「此與北宋本『慎』字皆缺筆。《周本紀》『勉哉夫子尚桓桓』，又『是爲桓王，桓王平王孫也』，北宋本『桓』字不避諱，此本缺筆。『毛叔鄭叔』，《集解》『鑑，鏡屬也』，北宋本『鏡』字缺筆，此不避。『封神農之後於焦』，《集解》『弘農陝縣有焦城』，北宋本『弘』字缺筆，此亦不避。蓋翻刻時於北宋舊版亦有所改易也。」但查北京古籍刊行社刊刻的景印本及陶氏景印百衲本，「慎」字和「桓」字均不缺筆，而「鏡」字和「弘」字缺筆。不知賀氏據何作出這樣的判斷。

注4　現井井本所缺之處依據了北京古籍刊行社刊刻的景印本，或許其中包含了景印時的錯誤。

（四）《史記集解》一百三十卷

南宋紹興庚申（一一四〇）邵武朱中奉刊本。現存十四册一百三十卷。飛鳥井家（注1）、龜谷成軒、内藤湖南舊藏（注2），武田長兵衛藏。體裁爲，卷首是裴駰《集解》的序文，題作「裴駰大字史記集解序」。序文後有目録，首題「大字史記目録」，目録末尾也記有「大字史記目録」字樣。目録後有「邵武東鄉朱中奉/刊行校勘即無訛舛/紹興庚申八月朔記」三行木記，據之可知此書刊刻於紹興十年。

序之後另起一葉，首行題「五帝本紀第一」，次行降五字題「史記一」，下有「凡是徐氏義稱徐姓名以别之，餘者悉是駰注解并集衆家義」的注文。

體裁甚不統一，《本紀》十二卷及《伯夷列傳第一》爲每半葉十二行，行二十二至二十三字不等，注雙行，每行同；《表》十卷、《書》八卷及《列傳》二至七十的六十九卷爲每半葉十三行，行二十四至二十九字不等。白口，四周雙邊，板心魚尾下署「史記一」等字樣，下記葉數。

此書是唯一現存的紹興庚申朱中奉刊本，於中國已不可見。明清藏書家的記録中也没有提及這個板本，只有繆荃孫的《藝風堂文漫存》卷三中有解説。這表明此書很早就在中國亡佚了，而之所以如此早就亡佚，是因爲此書刊行後不久，就陸續刊行了二注合刻本和三注合刻本。且此書是私刻本，脱誤非常多，因此也不太受重視。現存的唯一一本在日本，且曾爲公卿飛鳥井家所藏，説明此書傳來得甚早，纔幸以傳至今日。

按此本中的避諱，「敬」、「殷」、「微」、「績」、「貌」字缺筆，而「讓」、「寧」、「慎」、「徵」字不缺筆。此書刊刻於紹興十年，而「慎」字卻不缺筆，也許是翻刻的北宋刊本也未可知。這也證明在紹興初，缺不缺筆多有不一致之處。

從校勘學角度看此書的特色。

此本中特有的文字異同，有如下例子。

（1）紹興本獨與他本不同之處

（a）可視爲紹興本的錯誤之處

「后稷卒。」（《周本紀》注：「黑水青水之間。」脱「水」字。

「欲得財物豫之。」（《周本紀》）「豫」誤作「子」。

「已而至紂之嬖妾二女。」（《周本紀》）「紂」誤作「附」。

「殷之末孫季紂。」（《周本紀》）「末」誤作「未」。

「武王追思先聖王。」（《周本紀》）「先」誤作「元」。

「子昭王瑕立。」（《周本紀》）「瑕」誤作「暇」。

「五月少弟嵬攻殺思王而自立。」（《周本紀》）脱「弟」字。

「非吾能教子支左詘右也。」（《周本紀》）「支」誤作「友」。

如上述例子所示，紹興本中因字形相似而誤的例子較多。「支」字誤作「友」的例子屢屢可見，在《秦始皇本紀》的「其君角率其支屬」條中也同樣誤作「友」。

「若死則犯必死矣。」（《周本紀》）「若」誤作「苦」。

「周既不祀。」（《周本紀》）注：「周凡三十七王。」「王」誤作「五」。

「秦地已并巴蜀漢中。」(《秦始皇本紀》)　「蜀」誤作「屬」。

「五月見西方。」(《秦始皇本紀》)脱此五字。

「戮其屍。」(《秦始皇本紀》)注：　「時士卒死者皆戮其屍。」「士」誤作「土」。

紹興本中「土」、「士」屢屢混用。例如「故后有立」(《殷本紀》)注「立一作土」中的「土」被誤作「士」。

「燕王東收遼東而王之。」(《秦始皇本紀》)脱「東收遼」三字。

「更名臘曰嘉平。」(《秦始皇本紀》)注：　「始皇聞謡歌而問其故。」「聞」誤作「開」。

「初一泰平。」(《秦始皇本紀》)　「泰」誤作「秦」。

「黥爲城旦。」(《秦始皇本紀》)　「黥」誤作「黔」。

「倚辨於上。」(《秦始皇本紀》)　「辨」作「辯」。

「暴虐恣行。」(《秦始皇本紀》)脱「恣」字。

「石旁著大臣從者名。」(《秦始皇本紀》)　「著」誤作「者」。

「囚於内宮。」(《秦始皇本紀》)　「囚」誤作「因」。

「臣不得與謀。」(《秦始皇本紀》)　「謀」誤作「誅」。

「丞相高殺二世望夷宮。」(《秦始皇本紀》)誤重「望」字。

「自繆公以來至於秦王二十餘君。」(《秦始皇本紀》)　「君」誤作「年」。

「成師封曲沃。」(《晉世家》)　「師」誤作「都」。

「蒲人之宦者勃鞮。」(《晉世家》)　「宦」誤作「官」。

「宦者遂斬其衣袪。」（《晉世家》）「宦」亦誤作「官」。
「晉亦罷兵。」（《晉世家》）「兵」作「其」。
「孔子聞之曰。」（《晉世家》）「聞」作「問」。
「願公試使人之周微考之。」（《晉世家》）「周」誤作「用」。
「以其黨襲捕厲公囚之。」（《晉世家》）「黨」誤作「賞」。
「度涇大敗秦軍。」（《晉世家》）「度」作「反」。通史作「及」。
「淮南王至長安丞相臣張倉。」（《淮南衡山列傳》）脱「王」字。
「使長安尉奇等往捕開章。」（《淮南衡山列傳》）「尉」誤作「將」。
「殺以閉口。」（《淮南衡山列傳》）「閉口」二字誤作「問知」。
「淮南民王織上書獻璧皇帝。」（《淮南衡山列傳》）「璧」作「辟」。
「妄致擊人。」（《淮南衡山列傳》）「擊」誤作「繫」。
此書屢屢混淆「繫」與「擊」。例如《淮南衡山列傳》「王怒繫伍被父母囚之三月」一條同樣將「繫」作「擊」。
「淮南相怒壽春丞留太子逮不遣。」（《淮南衡山列傳》）「遣」誤作「違」。
「不能成功者何誠逆天道而不知時也。」（《淮南衡山列傳》）脱「功者何誠」四字。
「列侯臣讓等四十三人議。」（《淮南衡山列傳》）「讓」作「有」。
（b）未必可視爲錯誤之處
「今殷王紂維婦人言是用。」（《周本紀》）無「維」字。

「申侯怒與繒西夷犬戎攻幽王幽王燧火徵兵。」（《周本紀》）不重「幽王」二字。

「又謂梁王曰。」（《秦始皇本紀》）「謂」作「諫」。

「以其地爲郡。」（《秦始皇本紀》）無「其地」二字。

「他時秦地不過千里。」（《秦始皇本紀》）「他」作「向」。

「今陛下創大業建萬世之功。」（《秦始皇本紀》）「建」作「是」。

「固不聞聲。」（《秦始皇本紀》）此四字作「固聲聞」三字。

今考《索隱》單注本，有「一作固聞聲」的注，可知「固聲聞」並非刊刻時的錯誤。

「王使人上書告内史内史治言王不直。」（《淮南衡山列傳》）不重「内史」二字。

《周本紀》、《秦始皇本紀》、《晉世家》和《淮南衡山列傳》四卷中無相應的例子。

(2) 紹興本獨與古鈔本和古本一致之處

(3) 只與其他一兩個本子一致之處

(a) 錯誤之處

「多徙而保歸焉。」（《周本紀》）「歸」作「印」，與宋板吕東萊《史記詳節》（以下稱《詳節》）合。

「周道之興自此始。」（《周本紀》）無「始」字，與宋鄭樵《通志》（以下稱《通志》）及《詳節》合。

「頗收殷餘民。」（《周本紀》）「收」作「牧」，與高山寺本、井井本合。

「耆艾脩之。」（《周本紀》）注：「師傅。」「傅」作「傳」，與游明本合。按，可能是因字形相似造成的刊刻時的錯誤偶然一致。

「立徐來爲王后。」（《淮南衡山列傳》）「后」誤作「忘」。
「得陳喜於衡山王子孝家。」（《淮南衡山列傳》）脱「得」字。
「諸與衡山王謀反者皆族。」（《淮南衡山列傳》）脱「與」字。
（b）未必可視爲錯誤之處
「齊人茅焦説秦王。」（《秦始皇本紀》）「焦」作「蕉」，與《詳節》合。
「以秦之彊諸侯譬如郡縣之君。」（《秦始皇本紀》）「秦」作「梁」，與井井本合。
「遂破之。」（《秦始皇本紀》）「遂」作「逐」，與《通志》合。
「立名爲皇帝。」（《秦始皇本紀》）「名」作「馬」，與《通志》合。
「既已齊人徐市等上書。」（《秦始皇本紀》）「市」作「氏」，與游明本合。
「僊人居之。」（《秦始皇本紀》）「僊」作「仙」，與「毛本」合。
今按，可見「秦始皇帝使徐福童男女入海求仙人」的《正義》注，或者可能張守節所見文本便作「仙」。
「追誦本始。」（《秦始皇本紀》）「始」作「紀」，與《通志》合。
「普施明法。」（《秦始皇本紀》）「普」作「並」，與《通志》合。
「後嗣循業。」（《秦始皇本紀》）「嗣」作「似」，與《通志》合。
「更名臘曰嘉平。」（《秦始皇本紀》）注：「時下玄洲戲赤城。」「洲戲」二字作「州王」，與《通志》合。
「共賜死。」（《秦始皇本紀》）無「共」字，與《通志》合。他本（除《史記會注考證》外）「共」作「其」。
「亂賊滅亡。」（《秦始皇本紀》）「賊」作「踐」，與井井本合。

「脛毋毛。」(《秦始皇本紀》)　「毋」作「無」，與蜀大字本合。

「誅殺無道。」(《秦始皇本紀》)　此四字作「誅殊無地」，與《通志》合。

「遂至霸上。」(《秦始皇本紀》)注：　「在長安東三十里。」「十」作「四」，與《通志》合。

「秦之先伯翳。」(《秦始皇本紀》)　「伯」作「栢」，與《詳節》合。　景祐監本、井井本、蜀大字本、毛晉刻本都作「柏」。

「豪俊相立。」(《秦始皇本紀》)　「俊」作「傑」，與蜀大字本、《詳節》合。

「而遷甕之徒。」(《秦始皇本紀》)注：　「氓民也。」「氓」作「垊」，與蜀大字本合。

「初盾常田首山。」(《晉世家》)　「常」作「嘗」，與井井本、耿秉本合。

「梁山崩。」(《晉世家》)注：　「在馮翊夏陽縣北也。」無「縣」字，與毛本合。

「殺者趙穿。」(《晉世家》)　紹興本、景祐監本同。　他本「殺」作「弒」。

「繫之河内厲王母亦繫。」(《淮南衡山列傳》)　兩個「繫」字皆作「擊」，與井井本合。

「王有孽子不害。」(《淮南衡山列傳》)　無「子」字，與井井本合。

以上，就《周本紀》、《秦始皇本紀》、《晉世家》和《淮南衡山列傳》，分三種情況，列出了文字異同的例子。從上述例子可知，此書中的異字和脱字非常多(詳細情況請參照拙著《史記會注考證校補》)，異字大部分是因字形相似而誤，而脱字則多數是因刊刻時不謹慎而脱落了一字或一句。不過，也有例子可能是在重複同樣文字的情況下，有意地删去其中之一(注4)。從這些情況來看，本書就板本本身而言價值並不高。

然而，應當注意的是，此書獨與宋鄭樵的《通志》及宋呂東萊的《史記詳節》一致的例子非常多。這説明此書是南宋初期廣泛流通的《史記》文本，且可據此推斷此書是私刻本。

注1　根據大谷大學圖書館所藏元板彭寅翁本《史記》卷末的批注：「飛鳥井家《史記》。百三十卷，合裝十四册，首有裴駰大字《史記集解》序，目録亦冠大字二字，目録末題『邵武東鄉朱中奉宅刊行校勘即無訛脱紹興庚申八月朔記』二十四字。」可知此書是飛鳥井家的舊藏。

注2　賀次君在其著作《史記書録》中説：「日本内藤湖南及武田長兵衛均有藏本。」但是，正如神田氏在書評中所批評的，賀氏説法有誤。

注3　賀次君説：「北宋本及它本作『共賜死』。」但是，除《史記會注考證》作「共」外，它本皆作「其」。可能是賀氏調查未詳，故有此誤。

注4　除了上面所舉例子外，還有：「『長子更字長君長君母號爲衛媪』（《衛將軍驃騎列傳》）中的『長君』二字不重，與井井本、中統本合」；「『大將軍軍因隨其後』（《衛將軍驃騎列傳》）的『軍』字不重」；「『大將軍軍入塞』（《衛將軍驃騎列傳》）的『軍』字不重」等等。相似的例子隨處可見。

（五）《史記集解》一百三十卷（鈔配）

南宋紹興十四年（一一四四）刊，一九一九年劉氏嘉業堂景刊，傳蜀大字本。原本爲孫敬亭、吴氏兩罍軒、劉承幹舊藏，現藏北京圖書館。

此書是中華民國八年（一九一九）吴興劉承幹稱作「蜀大字本」而景刻的本子的原本。

此書的序文之前，有吴雲收藏時所寫的同治己巳年（一八六九）的題跋，其文如下：

蜀大字本《史記》，計《本紀》十二卷十册，《年表》十卷七册，八《書》八卷四册，《世家》三十卷十二册，《列傳》七十卷三十册，通計一百三十卷六十六册。惜鈔配及别本羼入者過半，舊爲孫敬亭藏，今歸兩罍軒。

又有景刻時劉承幹的跋文：

是本舊爲孫敬亭所藏，後歸吴氏兩罍軒，展轉而入於余。退樓觀察審定爲蜀大字本。每葉十八行，行十六字，注每行二十字至二十一字不等。與愛日精盧所藏宋大字本，《莫氏經眼録》所記上海郁氏藏宋蜀刻大字本同。惟兩家言北宋諱缺而慎字不缺，是本則慎字亦缺筆，是經南宋人修補矣。……惟中頗多鈔配，殊爲缺憾。而番禺潘君明訓得有蜀大字本，與是本板式相符，知出一手。有琅邪王敬美收藏印及毛晉秘篋、汲古閣世寶、隱湖毛表諸印，蓋本王氏世懋舊藏，後歸汲古毛氏者。假歸一校遇有鈔配，依是撫刻始成完衷。

也就是説，劉承幹得到孫敬亭、吴雲舊藏的傳蜀大字本，并用王敬美、毛晉舊藏的同板式的本子補替了鈔配及羼入别本之處。

今考此書，隨處可見板式和字體的差異，列舉其例如下。

1 《武帝本紀》末有《索隱述贊》，明顯是據别本補入。《五帝本紀》末也是據《索隱》本所補。

2 《孝景》、《孝武》兩《本紀》，《衛將軍驃騎》、《平津侯主父》、《南越》、《淮南衡山》、《循吏》、《汲鄭》和《儒林》七列傳的體裁爲每半葉九行，行十六字，注雙行，行二十字。白口，左右雙邊，板心記大小字數。

細魚尾，魚尾下題「本紀十一」等字樣。版心中央記葉數，下方記刻工名。板中，高宗的諱名「構」字缺筆，孝宗的諱名「慎」字不缺筆。由此推斷，此書的刊刻時間應在孝宗（一一六三年）之前、高宗在位期間（一一二七至一一六三）。晁公武《郡齋讀書志》云：「遭靖康丙午之變，中原淪陷，前曾鞏等校刻《宋》、《齊》、《陳》、《魏》、《北齊》、《周書》幾亡。紹興十四年，井憲孟爲四川漕，始檄諸州學官，求當日所頒。……於是七史遂全，因命眉山刊行。」錢基博《版本通義》云：「謂之（紹興十四年的七史）蜀山七史，而宋以來藏書家，稱爲蜀大字本。……蓋其書半葉九行，每行十七、八字也……」且從「宋蜀大字《漢書》殘卷」（《皕宋樓藏書志》）也與之板式相同這一點來看，《史記》、《漢書》可能是與蜀山七史幾乎同時刊行的（以下稱此書爲「蜀大字」）。

3　前述七卷之外，其餘一百二十三卷（注1）的板式爲每半葉九行，行十六七字，注雙行，行二十、二十一、二十二字不等。細黑口，左右雙邊。板心上方記葉數和大小字數。魚尾下記「史記一」等大題，板心下方記刻工名。字形稍小於前述蜀大字本。《李斯列傳》、《樊酈滕灌列傳》和《匈奴列傳》各卷卷末均有「左迪功郎充無爲軍學教授潘旦校封／右承直郎充淮南路轉司幹辦公事石蒙正開雕」這兩行結銜。宋洪邁《容齋隨筆》中有「紹興中命兩淮、江東轉運司刻三史版」的記載。從這兩點來看，此書應刊刻於南宋紹興年間（一一三一至一一六二）（注2）。如此，則此書應如《史記研究的資料和論文索引》所言，稱作「淮南路無爲州官本」較爲妥當。

淮南路無爲州官本，一直以來被稱作「蜀大字本」。即《錢大昕日記抄》中所記：「晤黃蕘圃，觀宋蜀本《史記》一百三十卷，每半葉九行，行十六字或十七字，有《集解》無《索隱》，卷末有『無爲軍學教授潘旦校正淮南轉運司幹辦公事石蒙正雕』寫，官銜分左右，蓋南渡初官本也。」明顯是將淮南路無爲州官本記作蜀本《史記》。又，毛晉《汲古閣秘本書目》、張金吾《愛日精廬藏書記》、莫友芝《宋元舊本經眼録》、黄丕烈《士禮居藏書志》中均有「蜀大字本」的記載，其中張氏、莫氏、黄氏所記，實際上就是淮南路無爲州官本。只是「毛氏汲古閣藏本（殘卷）」，因無詳細的記録，無法確認其爲何本。但果如劉承幹跋所言，有依據毛晉舊藏本補鈔配之處，那麼劉氏景刊本中應該也包含了毛晉舊藏本。前述蜀大字本或許正是指此本也未可知。歷來的藏書家，以此書半葉九行、行十六字的板式與《漢書》蜀大字本相同，故直接稱之爲「蜀大字本」。

根據賀次君《史記書録》的記載，現存的同板本子尚有南京圖書館藏全帙和某處藏一本。

從校勘學的角度看此書的特色。

下面從文字異同所體現的特色，來論述此書在校勘學上的價值。由於「蜀大字本」與「淮南路無爲州本」是兩個不同本子，故分而論之。

（1）蜀大字本

如前所述，蜀大字本現在僅存《孝景本紀》、《孝武本紀》、《衛將軍驃騎列傳》、《平津侯主父列傳》、《淮南衡山列傳》、《汲鄭列傳》和《儒林列傳》，下面就這九卷舉例。

（A）在校勘上，蜀大字本屬於宋板《集解》本中最優秀的文本。理由如下：

（a）對照他本或其他資料進行校定的地方隨處可見。例如：

「立皇子方乘爲清河王。」（《孝景本紀》）蜀大字本無「方」字，與古鈔本、古本合。其他板本皆有「方」

字。《漢興以來諸侯年表》記載：「清河哀王乘元年，景帝子。」又《五宗世家》有「清河哀王乘」的記載。《漢書·景帝紀》也無「方」字。據此，其他刊本中「方」字或爲衍入。

「以御史大夫綰爲丞相封爲建陵侯。」(《孝景本紀》)蜀大字本無「封爲建陵侯」五字。他本皆有這五字。關於此，梁玉繩已經指出過：「依史例當云御史大夫建陵侯綰爲丞相。」盧文弨也説：「封爲建陵侯五字衍。」今考《惠景侯年表》，衛綰被封爲建陵侯是在景帝前六年，成爲丞相是在這之後的元年。據此，似應以無「封爲建陵侯」五字爲是。

「以子死悲哀。」(《孝武本紀》)蜀大字本無「悲哀」二字，與《封禪書》合，又與《漢書·郊祀志》同。他本皆有此二字。

「常餘金錢帛衣食。」(《孝武本紀》)蜀大字本無「帛」字，與景祐監本同，也與《封禪書》、《漢書·郊祀志》合。他本皆有「帛」字。

「不宜以一二數。」(《孝武本紀》)《集解》注：「得黄龍鳳皇諸瑞以名年。」蜀大字本無「黄龍鳳皇」四字，與《漢書·郊祀志》蘇林注合。毛本同。他本皆有此四字。或據《漢書》改。

「佩天士將軍地士將軍大通將軍天道將軍印。」(《孝武本紀》)蜀大字本無「天道將軍」四字，與南化、楓山、三條本及景祐監本(後代補刻的部分)同。他本皆有此四字。與《封禪書》及《漢書·郊祀志》合。關於此，《殿本考證》已提及：「按《封禪書》無『天道將軍』四字，此有之。疑天道即大道，傳寫之誤，後人不知妄加，以此爲四金印耳。其實合五利將軍爲四世。下文云，天若遺朕士而天通馬，即天士地士大通之解也，下天道將軍則刻王印立白茅上受之。」如上所述，「天道將軍」四字似爲衍入。

「今年豐廡未有報。」(《孝武本紀》) 蜀大字本無「有」字，與《封禪書》、《漢書・郊祀志》合。他本皆有「有」字。

「其祠列火滿壇旁。」(《孝武本紀》) 蜀大字本無「旁」字。與景祐監本、凌本、金陵本同，也與《封禪書》、《漢書・郊祀志》合。他本均有「旁」字。按，可能是從下面「壇旁烹炊具」一句衍入的。

「使人先要邊。」(《衛將軍驃騎列傳》) 蜀大字本與《史記會注考證》合。南化、楓山、棭齋、三條本、《索隱》本同。景、井、紹、蜀刻、耿、慶、彭、毛、殿各本，「使人先要邊」五字作「使人先遣使向邊境要遮漢人令報天子要邊」十八字。關於此，王念孫(《讀書雜志》)説：「案自『使人』至『要邊』十八字，蕪累不成文理。蓋正文但有『使人先要邊』五字，其『遣使向邊境要遮漢人令報天子』十三字，乃《集解》之誤入正文者也。《索隱》本出『先要邊』三字，注曰謂先於邊境候漢人，言其欲降。《漢書》作『使人先要道邊』。此皆其明證矣。」應以古本、《索隱》本和蜀大字本爲是。

「起於黄腄琅邪負海郡。」(《平津侯主父列傳》) 與蜀大字本、《史記會注考證》合。《索隱》本同。他本「黄」皆作「東」。張文虎(《史記札記》)説：「《索隱》本與《漢書》合，各本作『東腄』誤。」應以「黄」字爲是。

(b) 與其他《集解》本相比誤衍脱字較少。試舉一例，《孝武本紀》中，紹興本獨有的錯誤是十四條，蜀大字本則是七條。而《汲鄭列傳》中，紹興本獨有的錯誤是六條，毛本爲八條，而蜀大字本一條也無。

(B) 蜀大字本雖有這樣優秀之處，但決非《集解》本羣組中特殊的存在。就板本整體的角度來看，蜀大字本依然具備《集解》本羣組的特徵。例如：

「封故相國蕭作孫係武陵侯。」（《孝景本紀》）《集解》注：「徐廣曰漢書亦作係，鄒誕生本作係。」景、井、蜀、紹各本中「誕生」二字作「説」字。

「天子爲誅晁錯。」（《孝景本紀》）景、井、蜀、紹、毛各本中「晁」作「鼂」。

「古者天子以春秋祭泰一東南郊。」（《孝武本紀》）景、井、蜀、紹各本中「泰」作「太」。

「則又作栢梁銅柱承露僊人掌之屬矣。」（《孝武本紀》）景、井、蜀、紹、毛、凌各本中「栢」作「柏」。

「爲麾下搏戰獲王。」（《衛將軍驃騎列傳》）景、井、蜀、紹、蜀刻各本中「搏」作「傳」。

「不亦可乎。」（《衛將軍驃騎列傳》）景、井、蜀、紹、蜀刻各本中「亦」作「乃」。

「以誅比車者。」（《衛將軍驃騎列傳》）景、井、蜀、蜀刻各本中「比」作「北」。

「故周失之弱秦失之彊。」（《平津侯主父列傳》）景、井、蜀、紹、刻、毛各本中「彊」作「强」。

「斯亦曩時版築飯牛之朋矣。」（《平津侯主父列傳》）景、井、蜀、蜀刻、中統、毛各本中「朋」作「明」。

「爲棺槨衣衾。」（《淮南衡山列傳》）景、井、蜀、紹、中統、毛、金陵各本中「槨」作「椁」。

「卒盡已渡河乃渡。」（《淮南衡山列傳》）景、井、蜀、紹、毛各本中兩個「渡」字均作「度」。

「河南大守獨有槨陽耳。」（《淮南衡山列傳》）景、井、蜀、毛各本中「槨」作「洛」。

「産五十萬以上者。」（《淮南衡山列傳》）景、井、蜀、紹、毛、殿各本中「産」字上有「家」字。

「被首爲王畫反謀。」（《淮南衡山列傳》）景、井、蜀、紹、中統、毛各本中「謀」作「計」。與古本合。

「殷曰序周曰庠。」（《儒林列傳》）景、井、蜀、紹各本中「序」、「庠」二字互易。古本又同。

「家無餘貲財。」（《汲鄭列傳》）景、井、蜀、紹各本中「貲」作「貨」。

「皆常爲漢禮官大夫。」(《儒林列傳》) 景、井、蜀、紹、毛、金陵各本中「常」作「嘗」。與古本合。

以上,從文字異同方面對蜀大字本進行了考察。綜合起來可得出如下結論: 蜀大字本中有相當多的地方與種種資料進行了校對及訂正; 刊刻時的訛舛、脱衍又比較少; 跟古鈔本、古本一致的例子與他本相比大致相同。此書雖不能説保存著更爲古老文本的形貌,但卻可以算作最優秀的《史記》板本之一了。

(2) 淮南路無爲州官本

如前所述,此書中補鈔的部分非常多。現在,從校勘學的角度討論此書的價值時,筆者姑且將補鈔的部分排除在外。

(A) 與蜀大字本相同,此書中也可見到通過校勘或其他方法做了校訂的地方。其例如下:

「以告成功于天下天下於是太平治。」(《夏本紀》) 淮南路無爲州官本(以下略稱爲「淮南路本」)「天下」二字不重。《尚書·禹貢》無「於天下」三字。《殿本考證》中説: 「一本無『天下』二字,臣照按,二本皆訛。應作『以告成功於天,天下於是太平治』。」淮南路本與《殿本考證》所言雖未必一致,但可能是意識到此句需要改正,故而依循了《尚書》。

「毋水行舟。」(《夏本紀》) 淮南路本與《史記會注考證》合。《尚書·皋陶謨》又同。古鈔本、古本和其他《集解》本中,「行舟」二字互倒。或爲淮南路本依據《尚書》所改。

「尹佚筴祝曰。」(《周本紀》) 淮南路本「尹」作「史」,與《周公世家》合。古鈔本、古本同。其他板本皆作「尹」。或依據《周公世家》改訂。

「膺更大命。」(《周本紀》) 淮南路本「更」作「受」。他本皆作「更」。關於此，張文虎説：「此文亦本《克殷解》。《文選·王元長曲水》注引用《書》云，膺受大命，革殷，受天明命。」但從只有淮南路本與《文選》引《克殷解》一致這一點來看，或許是淮南路本據《文選》引文所改。

「而卒車裂以徇秦國。」(《秦本紀》)《集解》注：「欲爲官者五千石。」淮南路本「五千」作「五十」。關於此，張文虎説：「『千』字疑誤，《韓非子·法定篇》作『五十石』。」似應以「五十」爲是。天養本、南監本亦作「五十」。他本均作「五千」。或爲淮南路本據《韓非子》所改。

「葬車里康景。」(《秦始皇本紀》) 淮南路本無「康景」二字。他本皆有此二字(古鈔本、古本，「康」作「秉」)。《殿本考證》中説：「凌稚隆曰，『康景』二字疑衍，或下有闕文。」又《史記札記》中説：「上文康公葬竘杜，景公葬丘南，疑車里在康景二墓間，脱間字。」諸本均無「間」字。

「齊伐鄭敗鄭軍於鐵。」(《鄭世家》) 淮南路本與瀧川本合。三注合刻本亦同。各《集解》單注本和二注合刻本中「齊」誤作「晉」。

「將軍太卜大僕解福等十人。」(《樊酈滕灌列傳》) 淮南路本無「大僕」二字，與《漢書》合。景祐監本、毛本亦同。《史記札記》説：「疑即下文太僕之誤衍。」或許是淮南路本據《漢書》删去。

「斬騎千人將一人。」(《傅靳蒯成列傳》) 淮南路本與毛本、《史記會注考證》合。《漢書》亦同。他本「千」皆作「十」。《史記志疑》説：「七字一句讀。如淳云，騎將軍號爲千人，各本訛十，遂誤以人字爲句。」或爲淮南路本據《漢書》所改。

如上所述，此書中有諸多加以校訂的地方。這也印證了結銜中所説的「無爲軍學教授潘旦校對」。

（B）從上述校訂的例子，可看出此書獨有的文字異同。此外，此書中還有不少魯魚之誤。其例如下。

「大費生子二人。」（《秦本紀》）　「子」誤作「十」。

「費昌當夏桀之時。」（《秦本紀》）　「當」誤作「常」。

「齊管仲。」（《秦本紀》）　「管」誤作「等」。

「三月。」（《秦本紀》）　「月」誤作「日」。

「子圉是爲懷公。」（《秦本紀》）　「懷」誤作「襄」。

「殺王弟帶。」（《秦本紀》）　「王」誤作「至」。

「三十三年春。」（《秦本紀》）　「春」誤作「秦」。

「滑晉之邊邑也。」（《秦本紀》）　「之」誤作「人」。

「十三年。」（《秦本紀》）　「三」誤作「一」。

「泱泱乎大風也哉。」（《吴太伯世家》）《集解》注：　「舒緩深遠。」「遠」誤作「達」。

「怨而不言。」（《吴太伯世家》）《集解》注：　「王肅曰。」「王」誤作「土」。

「敗之姑蘇。」（《吴太伯世家》）《集解》注：　「越絶書曰。」「曰」誤作「口」。

《集解》注：　「玉鳬之流。」「玉」誤作「五」。《集解》注：　「槃郢魚腸之劒在焉。」「焉」誤作「爲」。

「乃長晉定公。」（《吴太伯世家》）《集解》注：　「晉有信。」「信」誤作「言」。

「故其急則人習騎射。」（《匈奴列傳》）　「騎」誤作「錡」。

「各三萬騎。」(《匈奴列傳》)　「三」誤作「二」。
「越屯飛狐口。」(《匈奴列傳》)　「狐」誤作「孤」。
「葆此亭。」(《匈奴列傳》)　「葆」誤作「保」。
此外,還有許多脱誤。其例如下。
「即營邑之。」(《秦本紀》)　脱「即」字。
「使人與丕鄭歸。」(《秦本紀》)　脱「歸」字。
「日食。」(《秦本紀》)　脱「日食」二字。
「嫗曰人殺吾子。」(《高祖本紀》)　脱「嫗」字。
「嫗曰吾子白帝子也。」(《高祖本紀》)　「曰」字和「也」字並脱。
「雍齒雅不欲屬沛公。」(《高祖本紀》)　脱「雅」字。
「沛中子弟或聞之。」(《高祖本紀》)　脱「或」字。
「因殺魏豹。」(《高祖本紀》)《集解》注:「四年三月。」此注四字全脱。
「故殷人承之以敬。」(《高祖本紀》)　脱「故」字。
「於周室我爲長。」(《吴太伯世家》)《集解》注:「吴爲太伯後。」脱「爲」字。
(C)跟古鈔本、古本一致的例子幾乎都與其他《集解》單注本相同。又,與其他《集解》單注本一致的例子也没有什麼特别之處。

以上從校勘學的角度考察了淮南路本,就結論而言,很難特别説出淮南路本的特徵,還是將其視作

《集解》單注本羣組中的一本較爲妥當。

就蜀大字本和淮南路無爲州官本的關係而言，從缺筆來推測，蜀大字本的刊刻時間應該較早。就校勘而言，二者在校訂上雖然一致，但在刊刻時的訛舛脱衍上卻未必一致。賀次君在《史記書録》中論述二者的關係：「蓋淮南路本即據蜀大字本翻刻，故其行款相同。」但僅僅因爲行款相似就輕易下這樣的論斷是非常危險的。從一行字數的差異和刊刻時訛舛脱衍的差異來看，未必能斷言淮南路本是蜀大字本的翻刻。因此，筆者不欲就兩書的關係輕易下結論，以俟後究。

注1　根據《史記書録》，這一百二十三卷中有用明清鈔本補充的部分。遺憾的是，筆者未能看到原本，而是依據了景刊本，不敢冒險分辨其中鈔本的部分，姑且引用賀次君的説明如下：

一百二十三卷中，《六國年表》至《建元以來侯者年表》六卷缺，據清鈔補。《律書》、《封禪書》、《河渠書》三卷缺，據明鈔補。《齊太公世家》「西伯得以反國」至「莊公請獻遂邑」缺，據清鈔補。《燕召公世家》首葉缺，據清鈔補。《陳杞世家》至《晉世家》四卷缺，據明鈔補。《陳丞相世家》至《三王世家》五卷缺，據清鈔補。《伯夷列傳》至《仲尼弟子列傳》七卷、《穰公列傳》至《春申君列傳》七卷缺，皆據明鈔補。《酷吏列傳》至《太史公自序》九卷，據明鈔補。

注2　關於此書的刊年，趙澄在《史記板本考》（《史學年報》第三期所載）中斷定爲高宗紹興三年。其論據是《天禄琳瑯書目》關於某本書的記載，這本書中記有三行木記：「紹興三年四月十二日，右修職郎充提舉茶鹽可幹辦公事石公憲發刊，至四年十一月二十日畢工。」趙氏以此木記與此書的結銜相似，故而斷定此書爲紹興三年刊本。但筆者對《天禄琳瑯書目》中記載的書抱有疑問，故不敢貿然認同紹興三年是此書刊年的説法。

（六）《史記集解》一百三十卷

明崇禎十四年（一六四一）刊，常熟毛晉汲古閣刊本。

此書是毛氏汲古閣刊十七史之一。首有毛晉的《重鐫十三經十七史緣起》，末尾稱「順治丙申年、丙申月丙申日丙申時題于七星橋之汲古閣中」。次行題「編年重鐫經史目録」，下方小字注「隨遇宋版精本考校略無詮次」。以下記各經史的書名及刊刻年月。《史記》條云：「崇禎辛巳開雕司馬遷史記一百三十卷 裴駰集解/順治甲午補緝脱簡周本紀一卷禮樂律曆書儒林列傳五六七葉。」毛氏汲古閣所藏宋板書雖説非常豐富，卻没有《史記集解》單注本的完本，不得不隨時用其他宋版本補缺，故從崇禎辛巳（一六四一）至清順治甲午（一六五四），花費十三年纔完成了此書的刊刻。

此書的體裁，首有《史記總目》。第一葉正面題「司馬遷史記凡一百三十篇總一百三十卷/十二本紀一十二卷/十表一十卷/八書八卷/三十世家三十卷/七十列傳七十卷/裴駰注」，第一葉背面第一行記「皇明崇禎十有四年歲在昭陽大荒駱陬月上日琴川毛氏開雕」，次行下半部分附有「索隱曰昭陽辛也爾雅曰在辛曰重光在巳曰大荒落今從曆書天官書」的雙行注。次葉有《史記目録》。目録上方皆爲「史記一五帝本紀第一」等大題，下方記小題。目録後有裴駰的《史記集解序》。

序文後提行記「史記一」的大題，大題下附有「凡是徐氏義稱徐姓名以别，餘者悉是駰注解并集衆家義」的注。次行記「五帝本紀第一」的小題。從下一行開始爲正文。

每半葉十二行，行二十五字，注雙行，行三十六、七字不等。白口，左右雙邊。每卷首葉及末葉的板心魚尾下記「汲古閣」三字，且有「毛氏／正本」的四字方印。第二葉以下，魚尾下題「史記一」等字樣，板心下方記本卷的葉數。

毛晉刊刻本書時所據的原本，只在「編年重鐫經史目録」的題下記著「隨遇宋版精本考教略無詮次」，並未言明究竟依據的是宋板《集解》單注本的哪一板。關於毛本與何種版本有關係，存在種種推測。現舉例如下：

《四庫簡明目録標注》中説：「汲古閣刻單《集解》本，係翻北宋本，正文與各本多異。」（「史記集解」條下注）

武内義雄博士推斷毛本依據的是南宋板本：「汲古閣的單《索隱》本基於北宋秘省刊本，其卷數也與《唐書・藝文志》的記載一致，可知其爲《索隱》本的原貌，是最值得信賴的文本。然而，與之並行的單《集解》本則似乎是以南宋時相繼出現的《集解》兼《索隱》本、尤其是依據耿直之本刪去《索隱》後而形成的。單《索隱》本跋尾『遂訂裴駰《集解》而重新焉』的記載佐證了這一推測。又汲古閣本《史記集解》的行數字數恰與耿直本一致，更佐證了這一推測。」（東北大學所藏古鈔本《孝文本紀》解説）

賀次君又强調了此書與「南宋紹興初杭州覆北宋（注1）十二行二十五字《集解》、《索隱》合刻無述贊本」的關係。他在《史記書録》中説：「毛氏不言此本所自出，清代藏書家以其曾以北宋秘省大字《索隱》本覆刊，咸謂其所刻《集解》亦北宋舊本，錢泰吉、張文虎等均主此説。今考此本史文及注雖多同於北宋諸刊，但不盡相吻合。如……《秦本紀》一卷其不同者已如此，則毛氏非據北宋監本覆刻可知。按南宋紹興初杭州覆北宋十二行二十五字《集解》、《索隱》合刻無述贊本，其史文頗與此本同，如……凡此之類，當非偶然相合，雖不能認爲毛刻即從杭本出，但可推知杭本與毛氏所據自有淵源。」

以上舉出了具有代表性的前人學者的三種説法。歷來的諸説大致可分爲兩類，即（一）依據了北宋刊本的説法和（二）與南宋初刊的《集解》、《索隱》合刻本——耿秉本——相近的説法。

接下來，筆者將概觀前人學者的説法，加上筆者校對此書與他本之後的結果，對這一問題稍作考察。依據現有的資料，是不可能確定毛本是否依據了北宋刊本的。這裏，筆者僅就毛本依據的是《集解》單注本還是南宋初刻《集解》、《索隱》合刻本這一問題試作探析。

(a) 如前所述，武内義雄和賀次君都强調了毛本與「耿秉本」的關係，對此試加考察。

在文字異同方面，「耿秉本」獨與「毛本」相一致的例子雖然非常少，但仍然存在。其例如下。

「此細民之愚無知抵死。」（《孝文本紀》）耿秉本和毛本「抵」作「拒」。

「四誅頹入惠王。」（《十二諸侯年表》）耿秉本和毛本「入」字移在「惠王」下。

「子産攻之。」（《十一諸侯年表》）耿秉本和毛本「攻」作「救」。

「一。」（《高祖功臣侯者年表》）耿秉本和毛本「一」作「二」。

「中一國之幣爲三等。」（《平準書》）耿秉本和毛本「三」作「二」。他本皆作「三」。

「宦三年。」（《晉世家》）《集解》注：「宦學士也。」耿秉本和毛本「士」作「仕」。各宋板《集解》單注本及中統本作「事」。

「惠公馬鷙不行。」（《晉世家》）耿秉本和毛本「鷙」作「縶」。他本作「鷙」。

「而今妄誅。」（《趙世家》）耿秉本和毛本「今」作「後」。景、井、紹的各《集解》本及《通志》作「后」。三注合刻本作「今」。

「與齊韓共敗秦軍函谷。」(《魏世家》)《集解》注：「河渭絶一日。」耿秉本和毛本中此五字注作「一日河渭絶」。

「攻長社。」(《絳侯周勃世家》)耿秉本和毛本「社」作「杜」。他本皆作「杜」。

「君又南面而稱寡人。」(《商君列傳》)耿秉本和毛本「面」字下有「也」字。他本無「也」字。

「蒙怨咎歎舊友。」(《范睢蔡澤列傳》)耿秉本和毛本「怨咎」二字互倒。

「可以百全。」(《黥布列傳》)耿秉本和毛本「百」作「萬」。

「袁盎即跪説曰。」(《袁盎鼂錯列傳》)耿秉本和毛本「跪」作「詭」。

「以爲常。」(《萬石張叔列傳》)《集解》注：「音住。」耿秉本和毛本「住」作「注」。

「訟王取其財物百餘人。」(《田叔列傳》)耿秉本和毛本「財」作「錢」。

「失治一時。」(《扁鵲倉公列傳》)耿秉本和毛本「失」作「未」。中統本亦同。

「諸齊皆憚畏。」(《吴王濞列傳》)《集解》注：「分爲國者。」耿秉本和毛本「者」作「名」。

「盎時家居。」(《吴王濞列傳》)耿秉本和毛本「盎」字上有「袁」字。

「食客日數十百人。」(《魏其武安侯列傳》)耿秉本和毛本「十」作「千」。中統本亦同。

「何爲首鼠兩端。」(《魏其武安侯列傳》)《集解》注：「言嬰無官位板援世。」耿秉本和毛本「板」作「拔」。

「以功爲侯者。」(《李將軍列傳》)《集解》注：「本秦法。」耿秉本和毛本中此三字作「充本法」，與《漢書》合。

「則匈奴盡歸於漢矣。」(《匈奴列傳》)《集解》注：「言漢物十中之二入匈奴。」耿秉本和毛本「二」作「一」。

「討蒲泥。」(《衛將軍驃騎列傳》)耿秉本和毛本「討」作「封」。

「嘗與主爵都尉汲黯請閒。」(《平津侯主父列傳》)耿秉本和毛本「嘗」作「常」。

以上調查的九十九卷中，耿秉本獨與毛本一致的例子僅有二十四例。從「二十四」這個數字，可見耿秉本獨與毛本一致情況之少，甚至毛本獨與中統本一致的例子也比這個數字多。而且毛本與耿秉本不一致而與他本一致的情況屢屢可見。現在，就《孝景本紀》、《晉世家》和《匈奴列傳》三卷試作了調查，其例如下：

「天子爲誅晁錯。」(《孝景本紀》)毛本「晁」作「鼂」，與景、井、蜀、紹各本合。

「封長公主子蟜爲隆慮侯。」(《孝景本紀》)毛本無「主」字，與景、紹各本合。

「字子于。」(《晉世家》)毛本「于」作「干」，與南化、楓、三、梅、井等本一致。

「唐叔子燮。」(《晉世家》)毛本與《史記會注考證》一致。各《集解》單注本及中統本亦同。耿秉本「燮」作「爕」。

「曲沃莊伯聞晉鄂侯卒。」(《晉世家》)毛本與《史記會注考證》合。各《集解》單注本及中統本亦同。耿秉本脱「鄂」字。

「周惠王弟頽攻惠王。」(《晉世家》)毛本與《史記會注考證》合。《集解》單注本和中統本亦同。耿秉本「類」作「類」。
「而位以卿。」(《晉世家》)毛本與《史記會注考證》合。各本亦同。耿秉本脱「而」字。
「稟命則不威。」(《晉世家》)毛本與《史記會注考證》合。各本亦同。耿秉本「威」作「成」。
「奈何以賤妾之故。」(《晉世家》)毛本與《史記會注考證》合。各本亦同。耿秉本「奈」上有「以」字。
「齒亦老矣。」(《晉世家》)《集解》注:「以馬齒戲喻……」毛本「齒」作「歲」，與景、紹各本合。
「秦繆公乃發兵送夷吾於晉。」(《晉世家》)毛本與《史記會注考證》合。《集解》單注本亦同。耿、慶、彭、游各本「繆」作「穆」(《晉世家》中同樣的例子有四條)。
「子一國太子。」(《晉世家》)毛本與《會注考證》合。各本亦同。耿秉本無「一」字。
「是時介子推從在船中。」(《晉世家》)毛本與《史記會注考證》合。各《集解》單注本亦同。耿、慶、彭、游各本「船」作「舡」(同樣的例子有一、二條)。
「晉侯度河。」(《晉世家》)毛本「度」作「渡」。井、蜀、游各本亦同。耿秉本作「度」，而慶、彭本無「侯」字。毛本、各《集解》單注本與《史記會注考證》合。
「王狩河陽者。」(《晉世家》)毛本「者」作「著」。井、慶、彭、游各本亦同。耿秉本作「着」。
「土不能進。」(《晉世家》)毛本與《史記會注考證》合。景、蜀各本亦同。井、紹、耿、慶、彭、游各本「土」上有「伏」字。
「故爲殺易。」(《晉世家》)毛本與《史記會注考證》合。景、紹各本亦同。井、蜀、耿、慶、彭、游各本「殺」作「弑」(《晉世家》中同樣的例子有三條)。

以上列舉了《晉世家》中代表性的例子。毛本與他本一致而與耿秉本不一致的情況，在《晉世家》中，除了上述例子外，還另有二十五例之多。

「晉文公攘戎翟居于河西圁洛之間。」（《匈奴列傳》）《集解》注：「音銀。」毛本與《史記會注考證》合。各《集解》單注本亦同。耿、慶、彭各本「銀」作「張」。

「吾欲有之。」（《匈奴列傳》）毛本與《史記會注考證》合。各本同。耿秉本「吾」作「至」。

「於是冒頓詳敗走誘漢兵。」（《匈奴列傳》）毛本「詳」作「佯」。他本皆作「詳」。

「終孝景時。」（《匈奴列傳》）毛本「景」下有「帝」字。與蜀刻合。他本均無「帝」字。

「昔齊襄公復九世之讎。」（《匈奴列傳》）毛本與《史記會注考證》合。紹興本亦同。他本「九」作「百」。

《匈奴列傳》中，除了以上所舉例子外，同樣的例子還有九條。

以上隨意擇取了三卷，列舉了其中毛本與他本一致、而與耿秉本不一致的例子。很明顯，這樣的例子在數量上壓倒性地多於毛本獨與耿秉本一致的例子。

這些資料可以用來否定武内博士及賀次君所主張的毛本與《集解》、《索隱》合刻無述贊本的關係，而決不能用以肯定兩者之間的關係。尤其，武内博士以耿秉本與毛本的行數字數相同，就將毛本視作耿秉本刪除《索隱》注後而形成的文本，更是一大謬誤。

（b）接下來考察毛本與《四庫簡明目録標注》所云「北宋單集解本」的關係。

如前所述，《四庫簡明目録標注》中說：「汲古閣刻單集解本，係翻北宋本。」隨著版本研究的不斷發展，當時被認作北宋刊本的書籍有些已經被證明實際上屬於南宋初的刊本，因而《四庫簡明目録標注》所説的「北宋刊本」就顯得非常曖昧。因此，筆者姑且不區分北宋和南宋，對毛本和現存《集解》單注諸本間的關係進行考察。或許有研究者會對不區分北宋和南宋感到不安，但是，如《集解》單注本總論中所述，從校勘、即文字異同的角度來看，《集解》單注本明顯形成了一個羣組，因此不區分北宋和南宋展開論述。

毛本獨與各《集解》單注本一致的例子非常多見。這一點，只要參照毛本與耿秉本不一致的例子就會立刻明白。譬如，《列傳》七十卷中，毛本獨與《集解》單注本一致的例子就有一百二十餘條。下面是一些典型的例子。

「放驩兜於崇山。」（《五帝本紀》）　毛本「驩」作「讙」，與景、井、蜀、紹各《集解》本合。

「維徐州。」（《夏本紀》）　毛本「維」作「惟」，與景、井、蜀、紹各《集解》本合。

「來始滑。」（《夏本紀》）　毛本「始」作「治」，與高、景、井、紹、嵯各《集解》本合。

「皋陶拜手稽首。」（《夏本紀》）　毛本「手」作「首」，與景、井、蜀、紹各《集解》本合。

「武王亦醜。」（《周本紀》）　毛本重「王」字，與景、蜀、紹各《集解》本合。

「而周復都豐鎬。」（《周本紀》）　毛本「鎬」作「鄗」，與景、井、蜀、紹各《集解》本合。

「然後屬疏遠。」（《秦始皇本紀》）　毛本「後」作「后」，與景、井、紹各《集解》本合。

「別黑白而定一尊。」（《秦始皇本紀》）　毛本「黑白」二字互倒，與井、蜀各《集解》本合。

「制作政令。」（《秦始皇本紀》）　毛本「政」作「改」，與景、井各《集解》本合。

「不忍殺之。」（《項羽本紀》）　毛本「之」作「也」，與景、井、蜀、紹各《集解》本合。

「項羽召見諸侯將入轅門。」(《項羽本紀》)　毛本重「諸侯將」三字，與景、井、蜀、紹本及桃源《史記抄》引古本合。

「大司馬咎長史翳塞王欣。」(《項羽本紀》)　毛本無「翳」字，與景、蜀、紹各《集解》本及英房《史記抄》合。

「何興之暴也。」(《項羽本紀》)　毛本「興」字下有「其」字，與景、井、蜀、紹各《集解》本及《史記詳節》合。

「及趙高已殺二世。」(《高祖本紀》)　毛本「及」作「又」，與紹興本合。

「夜往見良。」(《高祖本紀》)　毛本無「往」字，與井、紹各《集解》本合。

「令御史大夫周苛魏豹樅公守滎陽。」(《高祖本紀》)　毛本「樅」作「從」，與景、井、蜀各《集解》本合。

「豈不繆乎。」(《高祖本紀》)　毛本「繆」作「謬」，與蜀大字本合。

「其廣增諸祀墠場珪幣。」(《孝文本紀》)　毛本「墠」作「壇」，與蜀大字本合。

「封長公主子蟜爲隆慮侯。」(《孝景本紀》)　毛本無「主」字，與景、紹各《集解》本合。

「不宜以一二數。」(《孝武本紀》)《集解》注：「得黃龍鳳皇諸瑞以名年。」毛本無「黃龍鳳皇」四字，與蜀大字本合。

「以二十太牢。」(《孝武本紀》)　毛本「太」作「大」，與井、紹各本合。

「爲之金輿錯衡。」(《禮書》)　毛本「錯」作「鍯」，與景、井、蜀、紹各《集解》本合。

「文貌情欲。」(《禮書》)　毛本「欲」作「用」，與景、井、蜀、紹各《集解》本合。

「安能惟始。」（《樂書》）　毛本「惟」作「維」，與景、井、紹等《集解》本合。
「識禮樂之文者能述。」（《樂書》）　毛本「述」作「術」，與景、井、蜀、紹各《集解》本合。
「以歌南風。」（《樂書》）注「南風之薰兮」　毛本「薰」作「熏」，與景、井、蜀各《集解》本合。
「則天地將爲昭焉。」（《樂書》）　毛本「昭」作「紹」，與景、井各《集解》本合。
「今未能銷距。」（《律書》）　毛本「銷」作「消」，與景、井、蜀各《集解》本合。
「耕植種萬物也。」（《律書》）　毛本「植」作「殖」，與景、井、蜀各《集解》本合。
「大吕者。」（《律書》）　毛本此句下有「徐廣曰此中闕不説大吕」的十字注文，與蜀大字本合。
「彊梧大荒落四年。」（《曆書》）　毛本「荒」作「芒」，與井、蜀、紹各《集解》本合。《索隱》本亦同。
「祝犁大芒落四年。」（《曆書》）　毛本「芒」作「荒」，與井、蜀、紹各《集解》本合。
「昭陽汁洽二年。」（《曆書》）　毛本「汁」作「協」，與井、紹各《集解》本合，而無此句下的「汁一作協」四字注文（同樣的例子有五條）。
「右五星曰天棓。」（《天官書》）　毛本「五」作「四」，與景、紹各《集解》本合。
「所謂旋璣玉衡。」（《天官書》）　毛本「旋」作「琁」，與景、井各《集解》本合。
「下有四星曰弧直狼。」（《天官書》）　毛本「弧」作「狐」，與景、井各《集解》本合。
「音曰黄鍾官。」（《天官書》）　毛本「音」作「者」，與景、蜀各《集解》本合。
「西北戎菽爲。」（《天官書》）注：　「戎菽胡豆也，爲成也。」毛本第二個「也」字作「者」，與景、井、蜀、紹各《集解》本合。

「薄山者衰山也。」(《封禪書》)注:「或字誤也。」毛本「也」字下有「伯莊曰」三字,與井、紹各《集解》本合。

「其大赦天下。」(《封禪書》) 毛本無「大」字,與井、蜀、紹各《集解》本合。

「東至滄海之郡。」(《平準書》) 毛本「至」作「置」,與景、井、紹各《集解》本合。

「賞賜五十萬舍。」(《平準書》) 毛本「十」作「千」,與景、井、紹各《集解》本合。

「自號句吳。」(《吳太伯世家》)注:「宋衷曰。」毛本「衷」作「忠」,與景、井、蜀、紹各《集解》本合。

「每朝乞驂乘。」(《齊太公世家》) 毛本「驂」作「參」,與景、井、蜀、紹各《集解》本合。

「在强葆之中。」(《魯周公世家》) 毛本「葆」作「褓」,與景祐監本合。

「揮使人弒隱公于蔿氏。」(《魯周公世家》) 毛本「蔿」作「寪」,與景、紹各《集解》本合。《札記》説:「毛本『蔿』作『寪』,注同,蓋依《左傳》改。」現從與景、紹二本一致來看,毛本未必是依《左傳》改的。

「而以啓人爲不足任乎天下。」(《燕召公世家》) 毛本無「人」字,與蜀、紹各《集解》本合。楓本、梅本亦同。

「入至臨淄。」(《燕召公世家》) 毛本「淄」作「菑」,與景、井、蜀各《集解》本合。

「嫁其弟。」(《管蔡世家》) 毛本「弟」作「妹」,與景、井、蜀各《集解》本合。

「子昭公班立。」(《管蔡世家》) 毛本「班」作「斑」,與景、井各《集解》本合,燉煌本亦同。

「自幕至于瞽瞍。」(《陳杞世家》) 毛本「瞍」作「叟」,與景、井、紹、蜀各《集解》本合。

「陳人使婦人飲之醇酒。」(《宋微子世家》) 毛本「醇」作「淳」,與井、蜀各《集解》本合。

「惟仁義爲本。」(《晉世家》) 毛本「惟」作「唯」,與井、蜀各《集解》本合。

「或曰聽齊。」(《楚世家》) 毛本「曰」作「言」,與蜀、紹各《集解》本合。

「齊伐鄭敗鄭軍於鐵。」(《鄭世家》) 毛本「齊」作「晉」,與景、井、紹各《集解》本合。

「而餓死沙丘宮。」(《趙世家》) 毛本無「宮」字,與景、紹各《集解》單注本合,《通志》亦同。

「煮棗將拔。」(《田敬世家》)注:「在濟陰宛朐。」 毛本「宛」作「寃」,與景、井、紹各《集解》本合。

「秦令少府章邯免酈山徒人。」(《陳涉世家》) 毛本「酈」作「驪」,景、井本亦作「驪」。

「執敲朴以鞭笞天下。」(《陳涉世家》) 毛本「朴」作「扑」,與景、井、蜀各《集解》本合。

「當用列侯尚主。」(《外戚世家》) 毛本「當」作「嘗」,與景、紹各《集解》本合。

「杜天侯反於衍氏。」(《蕭相國世家》) 毛本「杜天」二字互倒,與蜀大字本合。《索隱》本亦同。

「決勝千里外。」(《留侯世家》) 毛本「里」下有「之」字,與景、蜀、紹各《集解》本合。

「其嫂嫉平之不視家生産。」(《陳丞相世家》) 毛本「嫂」作「娗」,與景、井、紹各《集解》本合(同例有兩條)。

「亦食糠覈耳。」(《陳丞相世家》)注:「京師謂麄屑爲紇頭。」 毛本「謂」作「爲」,與景、井、蜀、紹各《集解》本合。

「續絳侯後。」(《絳侯周勃世家》) 毛本「侯」作「氏」,與景、井、紹各《集解》本合。

「此不足君所乎。」(《絳侯周勃世家》) 毛本「此」字下有「非」字,與蜀、紹各《集解》本合。南化本、伊佐早謙舊藏本校記亦同。

「而梁王聞其義出於袁盎諸大臣所。」(《梁孝王世家》)　毛本「義」作「議」,與景、井各《集解》本合。楓山本、三條本、伊佐早謙舊藏本校記亦同。

「使使即縣爲賈人榷會。」(《五宗世家》)　毛本「榷」作「搉」,與井、蜀各《集解》本合。

「以相傅爲輔。」(《三王世家》)　毛本「傅」作「傳」,與淮南路本合。

「臣青翟臣湯等竊伏孰計之。」(《三王世家》)　毛本「孰」作「熟」,與景、井、蜀各《集解》本合。

「不可勝數也。」(《伯夷列傳》)　毛本「勝」作「稱」,與景、井、蜀、紹各《集解》本合。

「語以池敗。」(《老子韓非列傳》)　毛本「語」作「而」,與蜀、紹各《集解》本合。《通志》亦同。

「彼見來之并禽。」(《伍子胥列傳》)　毛本「來」作「求」,與景、井、紹各《集解》本合。

「天下之賢王也。」(《蘇秦列傳》)　毛本「王」作「主」,與景、井、紹各《集解》本合。南化、楓、棭、三等古本及《通志》亦同。

「東與齊而不與趙。」(《張儀列傳》)　毛本無「而」字,與景、井、蜀、紹各《集解》本合。

「軍於澠池。」(《張儀列傳》)　毛本「澠」字下有「綿善切」的注,與景、井、蜀、紹各《集解》本合。

「奉祀之日新。」(《張儀列傳》)　毛本此五字作「奉祀祭日新」,與景、井、蜀、紹各《集解》本合。

「烈士徇名。」(《屈原賈生列傳》)　毛本「烈」作「列」,與景、井、蜀、紹各《集解》本合。

「太子逢仰。」(《刺客列傳》)　毛本「逢」作「進」,與景、蜀、紹各《集解》本合。

「將軍太卜太僕解福等十人。」(《樊酈滕灌列傳》)　毛本無「太卜」二字,與景、蜀各《集解》本合。

「及稍定漢諸儀法。」(《劉敬叔孫通列傳》)　毛本重「漢諸儀法」四字,與蜀、紹各《集解》本合。

「然猶如此。」(《萬石張叔列傳》)　毛本「然猶」二字互倒,與景、蜀、紹、蜀刻各《集解》本合。

「産五十萬以上者。」(《淮南衡山列傳》)　毛本「産」字上有「家」字,與景、井、蜀、紹各《集解》本合。

以上所舉是毛本獨與《集解》本一致的典型例子,雖然舉例似乎有些多,但爲了説明毛本與宋板《集解》本羣組之間的關係,有必要羅列於此。

又,毛本只與《集解》單注本及耿秉本一致的例子也屢屢可見,其典型例子如下。

「出宫中美女得百八十人。」(《孫子吴起列傳》)　毛本「女」作「人」,與景、井、紹各《集解》本及耿秉本合。楓山本、三條本、《詳節》及《通志》亦同。

「先生奈何而言若是。」(《范雎蔡澤列傳》)　毛本「而」作「有」,與蜀大字本及耿秉本合。

「漢元年二月。」(《張耳陳餘列傳》)　毛本「二月」作「十二月」,與井、紹各《集解》本及耿秉本合。

「何見之明也。」(《張丞相列傳》)　毛本「何」字上有「是」字,與景、井各《集解》本及耿秉本合。石山寺本亦同。

「故以反爲名。」(《吴王濞列傳》)　毛本「爲名」二字互倒,與景、蜀、蜀刻各《集解》本及耿秉本合。

「嘗自射之。」(《李將軍列傳》)　毛本「嘗」作「常」,與景、井、紹、蜀刻各《集解》本及耿秉本合。

在這種情況下,很難判斷毛本是依據的《集解》本還是耿秉本。但是,從毛本獨與《集解》本一致、和毛本獨與耿秉本一致的頻率來看,依據《集解》本的可能性要大數倍。此外,如果不考慮毛本與二注合刻本及三注合刻本的關係,而只考慮毛本與宋版《集解》本一致的情況,則不得不承認兩者一致的情況非常多。這樣,毛本與宋版《集解》本一致的情況非常多這一事實,表明毛本所依據的文本與現存宋版《集解》

本羣組系統的文本非常相近，極言之，很有可能就是現存《集解》單注本中的某一本。

若上述觀點正確，則毛本的底本是宋版《集解》單注本，而非如武内博士及賀次君所説的依據的是《集解》、《索隱》二注合刻本。

然而，需要注意的是，毛本與《集解》本羣組的文本雖然一致的比率非常高，但也存在不一致的情況。其例如下：

「汝第往。」（《張丞相列傳》）　毛本與《史記會注考證》合。景、井、紹、蜀刻等《集解》本「第」作「弟」。

「劾中尚書。」（《張丞相列傳》）　毛本與《史記會注考證》合。景、井、紹、蜀刻各《集解》本中，此四字作「劾中書」三字。

「從攻安陽杠里。」（《傅靳蒯成列傳》）　毛本與《史記會注考證》合。景、井、紹各《集解》本「杠」作「杜」。

「如職所奏。」（《萬石張叔列傳》）　毛本與《史記會注考證》合。景、蜀、紹、蜀刻各《集解》本「奏」作「奉」。

「漢七年。」（《田叔列傳》）　毛本與《史記會注考證》合。景、蜀、紹、蜀刻各《集解》本「七」作「十」。

「牡疝。」（《扁鵲倉公列傳》）　毛本與《史記會注考證》合。景、蜀、蜀刻、紹各《集解》本及中統本「牡」作「壯」。

「臣意所受師方適成。」（《扁鵲倉公列傳》）　毛本與《史記會注考證》合。景、蜀、紹、蜀刻各《集解》本及中統本「所」作「新」。

「夫前日吴楚齊趙七國反時。」(《韓長孺列傳》)　毛本與《史記會注考證》合。井、紹、衲各《集解》本「前日」二字互倒。

「臣以三萬人衆不敵。」(《韓長孺列傳》)　毛本與《史記會注考證》合。景、井、蜀、紹、衲各《集解》本「敵」作「適」。

「典屬國公孫昆邪爲上泣曰。」(《李將軍列傳》)　毛本與《史記會注考證》合。景、井、蜀、蜀刻、紹各《集解》本及中統本無「典」字。

「遼東郡以拒胡。」(《匈奴列傳》)　毛本與《史記會注考證》合。景、井、紹、蜀刻各《集解》本「拒」作「距」。

這種情況該怎樣理解呢?首先,毛本在刊刻時經過校勘改字。其次,詳細檢討這一情況,此類例子有集中於特定的某些卷的傾向。而且,在這些卷中,毛本與《集解》本的一致率非常低。筆者推斷,出現此類例子的卷,其所依據的原本並非《集解》本,而是二注合刻本或三注合刻本。這可能是因爲雖然汲古閣藏的宋板本非常豐富,卻没有完整的《集解》本,所以毛晉在刊刻十七史時,用宋板二注合刻本或三注合刻本補充了《集解》本所缺之處。這也可能是武内博士和賀次君强調毛本與耿秉本關係的原因之一。總而言之,毛本中雖有與《集解》本不一致之處,但這並不與毛本原則上是以《集解》本爲底本的推論相矛盾。

既然如此,毛本究竟是以《集解》本羣組中的哪個本子爲原本的呢?其所依據的原本又屬於現存《集解》本中的哪種系統呢?下面對這一問題加以探討。

如上述例子所示，毛本與《集解》本一致的情況中，並没有與哪一特定文本存在尤其高的一致率，而是與多種文本都相一致。因此，很難遽然確定毛本的原本。然而，值得注意的是，在某些卷中屢屢可見與蜀大字本（淮南路無爲州官本）一致的情況，而在另外一些卷中與紹興本一致的情況則比較顯著。這一現象暗示了毛本原本的一種可能性。即，可以推論毛本的原本並非某一册文本，而是諸種宋板《集解》本的集合。而且，以下資料可以極好地佐證這一推斷。孫從添的《藏書紀要》中有「毛氏汲古閣有『合錦』」的記載。所謂「合錦」，可推斷爲集諸種宋板《史記》爲一本，如「陶氏景印百衲本」之類。據錢遵王《讀書敏求記》，當時傳諸世的宋板《史記》已不多，宋板殘卷也非常受重視，而集各種殘卷以成一書已經成爲一種風習。如上所述，從毛本校勘學上的特色、毛氏《汲古閣秘本書目》及當時文獻的記載來推斷，毛本的原本是宋板《集解》本，且是集諸種板本爲一本，又用二注合刻本或三注合刻本補充了缺卷的文本。何況，毛氏汲古閣所藏宋板《史記》極多，在刊刻時又與諸刊本作了校對，這就愈發難以證明毛本所據原本究竟是何本了。

從校勘的角度看此書的特色

一直以來，毛本都有著較高的評價。尤其，由於其中的《集解》注少有後人的竄亂羼入，故在清代頗受重視，並作爲《集解》善本收録進了《四庫全書》。然而，筆者試將此書與其他各《集解》本詳細校對後，卻並没有發現特別優秀的地方。想來，在清代，行諸世的宋板《集解》本並不多，所以與二注合刻本、三注合刻本相比，毛本《集解》注可算作「集解善本」。

不僅如此，毛本中還有諸多錯誤。清代的丁晏已經指出過這一點，他在《史記毛本正誤》序中說：

「余少讀《史記》，初得汲古閣本，繼又得《評林》本，核其得失。……繼又得柯維熊刻，頗爲善本，因歎得書之難。毛本爲常有之書，柯、王本爲希有之書，爰據兩本校讎，正毛本之訛脱，以諗後之學者……。」

蓋丁晏以明陳仁錫的《評林》本及王延喆、柯維熊二本校對毛本，訂正了其中的疏舛和誤謬。然而，詳檢《史記毛本正誤》，丁晏所舉未必盡得正鵠。譬如，書中有如下例子：

「大司馬咎長史塞王欣。」（《項羽本紀》）　丁晏云：「王、柯本作『長史翳』，毛落一字。」按《英房抄》及景、蜀、紹諸本無「翳」字，《漢書》亦無。未必是毛本脱誤。

「何其興之暴也。」（《項羽本紀》）　丁晏云：「王本無『其』字，柯本同。」按景、井、蜀、紹各本又有「其」字，未必是毛本脱誤。

儘管如此，不可輕視的是，丁晏的確指出了毛本的缺點。毛本雖被稱爲「善本」，但確實存在著許多疏舛脱誤。又，根據筆者的調查，毛本中還存在許多丁晏没有注意到的脱誤。想來，這些脱誤大多數都與一般的板本一樣，是板刻時産生的魯魚之誤。舉其例如下：

「風從虎。」（《伯夷列傳》）注：「張璠曰。」「璠」誤作「蟠」。

「五伯不同法而霸。」（《商君列傳》）　「伯」誤作「霸」。

以上，從校勘學的角度對毛本作了一些評價。在臺灣「中研院」歷史語言研究所藏景祐監本和北京圖書館藏南宋紹興間刊本兩個本子都已影印出版且廣泛流行的現在，重新評價在清代被視爲「集解善本」的毛本的時期已經到來了，不是嗎？

毛本的原刻，已經比較少見。雖有清光緒年間掃葉山房覆刻十七史本和金陵書局二十四史本行於世，但這些翻刻本訛脱甚多，已失原刻的真貌。

注1　賀次君在此所説的「南宋紹興初杭州覆北宋十二行二十五字《集解》、《索隱》合刻無述贊本」，指的是劉燕庭的百衲宋版《史記》中所包含的《項羽》、《高祖》、《吕后》、《遊俠》、《佞幸》、《滑稽》、《日者》、《龜策》、《貨殖》和《太史公自序》十卷。賀氏又説同版的其他本子已不可見。然而，據筆者的調查，此書與黄蕘圃舊藏、静嘉堂文庫藏淳熙耿秉刊《集解》、《索隱》合刻本爲同一版本。因此，事實上，武内博士和賀次君都持毛本的原本近於耿秉本的立場。

第二節　《索隱》單注本

（一）緒論

此書是明崇禎十四年（一六四一），汲古閣主人毛晉在得到北宋刊《索隱》單注本後覆刻出版的。卷末的跋文記載：「讀史家多尚《索隱》，宋諸儒尤推小司馬《史記》與小顔氏《漢書》，如日月並炤……又遇一《索隱》單行本子，凡三十卷，《自序》綴於二十八卷之尾，後二卷爲《贊述》，爲《三皇本紀》，迺北宋秘省大字刊本……」

在此書被發現之前，關於《索隱》，一般是依據二注乃至三注合刻本中收録的内容。此書由毛晉覆刻出版之後，以其傳司馬貞之舊（注1），故受到了學界的矚目。

筆者認爲，此書的發現有四個方面的意義。即，書誌學方面，① 可據知單注本的附注形態；　文本批判（text critique）方面，② 此書所引正文存唐人之舊，可據以訂正今本《史記》的訛誤； 注文方面，③可據以指摘合刻本所引注文的删節和竄改；文本的歷史方面，④此書對金陵書局本和瀧川《史記會注考證》本有著極大的影響。

上述④一項，將在第五章合刻本的各節各項中論述，本節則試以①—③爲中心，探討毛晉刻《索隱》單注本。在此之前，先介紹一下《索隱》的撰者司馬貞。

注1　論定毛晉刻原本的北宋大字刊本傳《索隱》單注本之舊，並非全無問題。日本江户時代的儒者岡本保孝認爲，該宋本是從《集解》、《索隱》、《正義》的三注本中單抽出《索隱》而編的，所述如下：「單行本《索隱》，汲古閣毛晉獲宋本而重刊，詳於毛晉跋文。今讀之，竊疑是本蓋宋時拔於《集解》、《索隱》、《正義》合注本，作一書者。」並舉出如下例子爲證：

例1　高漸離。　漸音如字，王義之音哉廉反。（《刺客列傳第二十六》）

孝云，「王義之」是「正義曰」之誤，此誤引《正義》文也。

例2　木千章。　按，將作大匠掌材曰章曹椽。（《貨殖列傳第六十九》）

孝云，此全裴駰《集解》文，誤引爲《索隱》也。

例3　毛晉跋云，樂彦通本作樂産，未知何據。

孝云，全書中多作「樂産」，然今檢之，卷二十三《酈生陸賈傳》及《張釋之馮唐傳》並作「樂彦」，卷二十五《匈奴傳》三處。亦同。　按「産」、「彦」字形相近，蓋一處偶然誤作「産」，其他追其誤作「産」耳。　一犬吠於虚，十犬吠於聲，不足深考。

例4　毛晉跋云，附於裴駰《集解》之後。

孝云，據此則當時於汲古閣十七史《史記》之下附此《索隱》也必矣，十七史本《史記》乃裴駰《集解》也。

例1確實有問題。耿秉本、慶元本、彭寅翁本和游明本等「王義之音哉廉反」七字作「王義音子廉反」，凌稚隆本和武英殿本删去了這七字注。關於這條注，張文虎在《札記》中説：「案《隋志》有《小學篇》一卷晉下内史王義撰，《索隱》『王義』下『之』字疑衍，蔡本、王本並無『之』字，作『之廉反』，與此音同。柯本改『王』爲『正』，割入《正義》，斯爲訛矣。」如其所論，《索隱》單注本有誤，應以合刻本《索隱》爲是。然岡本保孝認爲「王義之」是「正義曰」之誤，進而認爲《索隱》單注本是三注合刻本的覆刻。然而，將這條注作爲《正義》引用的合刻本，只有慶元本的覆刻本，即柯維熊本。從這一點來看，岡本氏的見解不當。

例2，岡本保孝認爲，此處的《索隱》與《集解》的文字完全相同，是因爲從合刻本抽取《索隱》時誤將《集解》抽了出來，視之爲證明《索隱》單注本是合刻本之覆刻的證據，過於武斷。想來，在寫單注本時，援引先行的注釋並將之納入自己的注釋中，以至於出現像此例這樣《集解》與《索隱》相重複的情況，原是理所當然的事情。合刻本中的《集解》與《索隱》之所以没有重複，是因爲在合刻時嫌重複而删去了。這個例子反而可以作爲此書傳《索隱》單注本之舊的證據。又，像此例這樣，由於與《集解》相重複而在合刻本中删去《索隱》的例子，各卷中均有所見，而《仲尼弟子列傳》中尤爲顯著。

例3和例4，均無法作爲證明此書是從合刻本覆刻的積極性論據。例4中的「附於裴駰《集解》之後」具體指什麽，尚不清楚。或許是指十七史《集解》本的最後附有此書全部三十卷也未可知。

（二）司馬貞及其著作《索隱》

唐儒司馬貞所撰《索隱》，是《史記》三家注中最優秀的注釋，歷來爲讀史家所珍重。然而，關於著者司馬貞，不僅兩《唐書》中没有傳記，其生平事跡也不甚明瞭，只在《索隱序》、《唐書·藝文志》、《唐書·劉知幾傳》和《高祖本紀》的注中稍有記載。《索隱前序》有：「朝散大夫國子博士弘文館學士河内司馬貞。」《唐書·藝文志》中則記有：「司馬貞《史記索隱》三十卷。開元潤州別駕。」綜合這兩條記載可知，司馬貞在開元年間被任命爲弘文館學士（注1），終於潤州別駕。又，《索隱後序》中記載司馬貞曾師事崇文館學士張嘉會：「崇文館學士張嘉會獨善此書，而無注義，貞少從張學，晚更研尋。」這個張嘉會究竟是什麼人物，尚不明瞭。瀧川博士認爲張嘉會即《正義》撰者張守節曾師事過的「張先生」（注2），但這最多只能算是一種推測（注3）。

與這個問題相關聯、且在書誌學上有著重要意義的一個問題，是《索隱》與《正義》成書時期先後的問題。關於這個問題，錢大昕已經詳加考證，筆者也在第二章第三節「《史記正義》佚文」一項中談及，可參照。

此外，根據《唐書·劉知幾傳》，司馬貞在開元初期與劉知幾和宰相宋璟等人就《老子》和易學進行過議論。而根據《高祖本紀》的注，則可以推測司馬貞與徐彦伯、魏奉古等人曾親密來往。相關記載引述如下：

開元初嘗議《孝經》鄭氏學，非康成注，當以古文爲正。《易》無《子夏傳》，老子書無《河上公注》，請存王弼學。宰相宋璟等不然其論，奏與諸儒辨質。博士司馬貞等共黜其言，請二家兼行，唯《子夏

易傳》請罷。詔可。(《唐書·劉知幾傳》)

今近有人云「母温氏」。貞時打得班固《泗水亭長古碑》文，其字分明作「温」字，云「母温氏」。貞與賈膺福(注4)、徐彥伯、魏奉古等執對反覆，沈歎古人未聞。(《高祖本紀》「母曰劉媪」的注[注5])

根據上面兩段引文，很容易想象到，司馬貞雖在正史無傳，但在當時定是一位錚錚學者。然而，他留傳至今的著作卻只有《史記索隱》一書。這說明，司馬貞的著作，可能還有其他數本，但《索隱》傾注了他最多的心血，且對當時及後世的學者有著極大的裨益。

那麽，司馬貞撰述《索隱》的意圖究竟何在呢？他的書又是怎樣被接受的呢？

司馬貞撰述《索隱》的意圖，詳見於他自己的文章《補史記序》、《索隱前序》和《索隱後序》。引述《補史記序》一文如下。

……後褚少孫亦頗加補綴，然猶未能周備。貞業謝顓門，人非博古，而家傳是學，頗事討論，思欲續成。先志潤色舊史，輒黜陟階降，改定篇目，其有不備，並采諸典籍，以補闕遺。其百三十篇之贊，既非周悉，並更申而述之，附於衆篇之末。雖曰狂簡，必有可觀，其所改更，且條於後。至如徐廣，唯略出音訓，兼記異同，未能考覈，是非解釋文句。其裴駰實亦後進名家，博采羣書，專取經傳訓釋，以爲《集解》。然則時有冗長，至於盤根錯節殘缺紕繆，咸拱手而不言，斯未可謂通其學也。今輒采按今古，仍以裴爲本，兼自愚管伸爲之注，號曰小司馬《史記》。然前朝顏師古止注漢史，今並謂之顏氏《漢書》。貞雖位不逮顏，既補舊史，兼下新意，亦何讓焉。

據此可知，司馬貞之所以立意撰述《史記索隱》，是因爲以徐廣、裴駰爲代表的《史記》注家，對所謂殘文錯節的史文不下任何論斷，而僅僅是拱手而立。於是司馬貞涉獵諸書，精考深思，意圖尋找到解讀盤根錯節的《史記》正文的方法。另一方面，他撰《三皇本紀》以補正文之缺，又恨司馬遷的論贊不得肯綮，便嘗試著自己寫了一百三十篇論贊。他還把自己與注《漢書》的顏師古相比，自負地説「亦何讓焉」。司馬貞的這份自負並非是没有道理的，《索隱》面世之後，世人皆稱贊《索隱》，將之與顏師古的《漢書注》比爲「日月並炤」（注6）。如上引《補史記序》所述，當時較爲成熟的《史記》注釋只有徐廣的《史記音義》和裴駰的《集解》。但隨著時代的推移，音解、訓詁等各方面都迫切需要新注，而司馬貞的《索隱》恰好最能滿足這一時代的要求。事實上，《索隱》訓詁之嚴密與資料之豐富，與其研究態度一樣值得稱贊。

在宋代版刻印刷流行之後，《索隱》先是與裴駰的《集解》合刻爲「《集解》、《索隱》二注合刻本」，又與張守節的《正義》合刻爲「《集解》、《索隱》、《正義》三注合刻本」，至此，《索隱》作爲《史記》三家注之一固定了下來。這一現象，雖然確立了《索隱》作爲《史記》注釋的地位，但從書誌學的角度來看，卻造成了《索隱》單注本亡佚的嚴重缺陷。

衆所周知，在唐代，訓詁學和注釋學十分興盛，且多效仿陸德明的《經典釋文》，采取「經傳别行」爲體裁。在《史記》方面，以司馬貞的《索隱》爲首，劉伯莊的《史記音義》、張守節的《史記正義》等書，均是只抽出要加注解的部分正文，在下方施以注釋的。這就是所謂的單注本（注7）。然而，在宋代，隨著印刷技術的發展，爲了供讀者之便，許多注釋都被整理、編入相應的正文，而失去了原有的面貌。另一方面，讀者也傾向於閲讀方便的合刻本。於是，單注本亡佚已久。

《索隱》單注本也免不了這樣的命運。幸運的是，在明代，汲古閣主人毛晉發現了「北宋大字刊本」

《索隱》單注本，並將之覆刻出版。此書由於傳承了司馬貞《索隱》的原貌，而大爲讀史家所珍重。以王念孫爲首，梁玉繩、張文虎等學者，均在論述中頻繁引用《索隱》單注本。金陵書局也用毛晉刻《索隱》單注本取代舊有的合刻本《索隱》，刊印出了所謂「金陵本」。不僅如此，被視作今本《史記》的最優秀文本的瀧川龜太郎的「會注考證本」，也在很多地方依據了此書。毋庸置疑，此書的發現開闢了《史記》校勘學史的一個嶄新階段。

注1　錢大昕認爲，司馬貞任弘文館學士是在開元七年（七一九）以後。他在《十駕齋養新録》中說：「《補史記序目》題『國子博士弘文館學士』。唐制，弘文館皆以他官兼領，五品以上爲學士，六品以下曰直學士。國子博士，係正五品上，故得『學士』之稱。神龍以後，避孝敬皇帝諱，或稱昭文，或稱修文。開元七年，仍爲弘文。以題銜驗之，小司馬充學士，蓋在開元七年以後也。」

注2　張守節《正義》注中有如下兩條記載：

張先生舊本有「士」字，先生疑是衍文，又不敢除，故以朱大點其字中心……（《梁孝王世家》「郎中尹霸等士通辭」的注）

此卷或有本次平津侯後第五十二，今第五十者，先生舊本如此。（《匈奴列傳》卷首的注）

據此可知，張守節曾師事過與司馬貞的老師張嘉會同姓的「張先生」。

注3　瀧川博士在「司馬貞張守節事歷」（《史記會注考證》卷十《總論》）中說：「愚按《索隱後序》云，崇文館學士張嘉會獨善此書，而無注義，貞少從張學，晚更研尋，此小司馬師張嘉會也。《梁孝王世家》『郎中尹霸等士通辭』，《正義》云，張先生舊本有『士』字……《匈奴列傳》題下《正義》云，今第五十者，先生舊本如此，劉伯莊《音》亦然。張守節不名其師，筆迹

所存，一朱點且不敢忽之。其尊師重史，誠可尚也。所謂張先生，無乃《索隱》所謂張嘉會乎？則馬張二人同其師也。」然而，下面的事實卻在某種程度上否定了這一推論。即，在《匈奴列傳》、《衛將軍驃騎列傳》和《平津侯主父列傳》等三個列傳的順序上，張守節所説的「張先生舊本」與《索隱》單注本並不一致。如果司馬貞和張守節二人同師，則這三個列傳的順序應該一致纔對。

注4　據錢大昕考證，「賈膺復」應是「賈膺福」之誤。

注5　錢大昕利用這條注，考證司馬貞生活在張守節之前。「徐彦伯卒於開元二年，見《唐書》本傳，而司馬貞、張守節二人新舊兩《唐書》無傳。守節《正義序》，稱開元二十四年八月，殺青斯竟，而小司馬兩序則不載撰述年月。以此注驗之，其與賈徐諸人談議，當在中睿之世，計其年輩，似在張守節之前。」（《十駕齋養新録》卷六）

注6　毛晉刻《索隱》單注本的跋文中説：「讀史家多尚《索隱》，宋諸儒尤推小司馬《史記》與小顏氏《漢書》，如日月並炤。」

注7　《唐書・藝文志》、《宋史・藝文志》中有「劉伯莊《史記音義》二十卷」及「張守節《史記正義》三十卷」的記載，可知兩書與《索隱》一樣，均是單注本。

（三）書誌及附注形態

(a) 款式

每葉十四行有界，左右雙邊，正文行二十七字，注文雙行，行四十字。每卷第一葉及末葉，中縫魚尾下題「汲古閣」三字，其下有「毛氏正本」兩行小字。其他葉的板心魚尾下，只題「索隱幾卷」。白口，無刻工名。又，除卷三十外，每卷第一葉第一行和末葉末行，均有「琴川毛鳳苞氏審定宋本」的兩行篆文印記。

(b) 卷次

全書三十卷，與《索隱序》(注1)和《唐志》、《宋志》(注2)中記載的卷數相符。開頭有《史記集解序》，卷一至卷三十的內容如下。

卷一　《五帝本紀第一》—《周本紀第四》

卷二　《秦本紀第五》—《秦始皇本紀第六》

卷三　《項羽本紀第七》—《呂后本紀第九》

卷四　《孝文本紀第十》—《孝武本紀第十二》

卷五　《三代系表(注3)第一》—《秦楚之際月表第四》

卷六　《漢興以來諸侯王年表第五》—《惠景間侯者年表第七》

卷七　《建元以來侯者年表第八》—《漢興以來將相名臣年表第十》

卷八　《禮書第一》—《曆書第四》

卷九　《天官書第五》—《平準書第八》

卷十　《吳太伯系家第一》—《魯周公系家第三》

卷十一　《燕召公系家第四》—《宋微子系家第八》

卷十二　《晉系家第九》—《鄭系家第十二》

卷十三　《趙系家第十三》—《田敬仲完系家第十六》

卷十四　《孔子系家第十七》—《楚元王系家第二十》

卷十五　《荆燕系家第二十一》—《留侯系家第二十五》
卷十六　《陳丞相系家第二十六》—《三王系家第三十》
卷十七　《伯夷列傳第一》—《伍子胥列傳第六》
卷十八　《仲尼弟子列傳第七》—《張儀列傳第十》
卷十九　《樗里子甘茂列傳第十一》—《春申君列傳第十八》
卷二十　《范雎蔡澤列傳第十九》—《屈原賈生列傳第二十四》
卷二十一　《吕不韋列傳第二十五》—《蒙恬列傳第二十八》
卷二十二　《張耳列傳第二十九》—《樊酈滕灌列傳第三十五》
卷二十三　《張丞相列傳第三十六》—《田叔列傳第四十四》
卷二十四　《扁鵲倉公列傳第四十五》—《平津侯主父列傳第五十一》
卷二十五　《匈奴列傳第五十二》—《西南夷列傳第五十六》
卷二十六　《司馬相如列傳第五十七》—《淮南衡山列傳第五十八》
卷二十七　《循吏列傳第五十九》—《滑稽列傳第六十六》
卷二十八　《日者列傳第六十七》—《太史公自序傳第七十》
《史記索隱後序》
卷二十九　《十二本紀述贊》、《十表述贊》、《八書述贊》、《三十系家述贊》
卷三十　《七十列傳述贊》、《補史記序》、論《史記》的體制（注4）、作《索隱述贊》的理由（注5）、《三皇

本紀》并注，最後附有毛晉的跋文

以上是此書三十卷的內容。其中，需要注意的是，收於卷二十四至卷二十五的《衛將軍驃騎列傳》、《平津侯主父列傳》和《匈奴列傳》等三個列傳的篇次，與通行本不同。

在通行本中，這三個列傳的篇次與《太史公自序》中所説篇次(注6)一致，即《匈奴列傳》爲第五十，《衛將軍驃騎列傳》爲第五十一，《平津侯主父列傳》爲第五十二。然而，唯獨此書將《匈奴列傳》置於《平津侯主父列傳》之後，即第五十(注7)爲《衛將軍驃騎列傳》，第五十一爲《平津侯主父列傳》，第五十二爲《匈奴列傳》(注8)。這一現象，乍看上去似是錯簡，但《匈奴列傳》卷首的張守節《史記正義》注中記載説：「此卷或有本次平津侯後第五十二，今第五十者先生舊本如此，劉伯莊音亦然。」(《匈奴列傳第五十》正義)這證明，在唐代，存在著一個采用這種卷次的本子。

(c) 附注形態

此書的價值之一，在於能據以知單注本的附注形態。

如前所述，在唐代，以陸德明的《經典釋文》爲代表，多數注釋書籍都采用了經傳別行的古法。然而，宋元之世，隨著印刷技術的發展，爲供讀者之便，注釋被整理，編入相應的正文，單注本的面貌便消失了。所幸，此書提供了探討單注本原貌的好材料。下面簡單説明此書的附注形態。

首先，此書標出正文的方法，是只標出需要加注解的部分正文，而不是以往經典的注釋中所見「某字至某字」的提示方法。舉《五帝本紀第一》爲例：

弱而能言。弱謂幼弱時也。蓋未合能言之時，而黃帝即言所以爲神異也。潘岳有《哀弱子篇》，其子未七旬曰弱。(《五

帝本紀》）

淳化鳥獸蟲蛾。爲一句。蛾音牛綺反。一作豸豸，言淳化廣被及之。（同上）

其次，《索隱》中有不少爲《集解》作注之處。在這種情況下，冠「注」字而引《集解》的相應文字，在下方加以注解。例如：

注《皇覽》。書名也。記先代冢墓之處，宜皇王之省覽，故曰《皇覽》。是魏人王象、繆襲等所撰也。（《五帝本紀》）

注惟形之謚哉。案，古文作「恤哉」，且今文是伏生口誦，謚聲近，遂作「謚」也。（同上）

通閱全卷，大體都遵循以上原則，但也有若干例外。譬如，《秦始皇本紀》的最後部分，即「襄公立享國十二年初爲西畤葬西垂」以下至「吾讀秦紀至於子嬰車裂趙高未嘗不健其決憐其志嬰死生之義備矣」共三葉的内容，列舉出全文，隨處加入注解（注9）。《魯周公世家》的「楚伐我取徐州」一句，雖然標出了「徐州在魯東」的《集解》語，卻没有添上「注」字。

此外，標出的史文及《集解注》，並没有依據句讀，而是只適當摘出與注釋相關的部分，長短不一。而且，司馬貞在標出時有意識地進行了删節（注10），因此校對時必須十分留意。

順便一提，日本留存的古板本中批注的《史記正義》——即佚文《正義》中，隨處可見與上述《索隱》單注本的附注形態樣式相同的批注。可以推斷，這些批注來源於《正義》的單注本。這不僅證明《正義》單注本曾傳入日本（注11），也證明了佚文《正義》的可靠性（注12）。從這一方面來説，《索隱》單注本的發現，使世人能够具體瞭解單注本的附注形態，誠是十分有意義的事情。

注1　「凡三十卷，號曰《史記索隱》。」（《索隱前序》）「凡爲三十卷，號曰《史記索隱》。」（《索隱後序》）

注2　「司馬貞《史記索隱》三十卷。開元潤州別駕。」（《唐書・藝文志》）「司馬貞《史記索隱》三十卷。」（《宋史・藝文志》）

注3　即《三代世表》。避唐李世民的諱。後面的「系家」皆指「世家」。

注4　論述了如下事項：應降《秦本紀》、《項羽本紀》爲世家，應爲孝惠帝立本紀，應補曹叔振鐸、吴芮、吴濞、淮南等世家，應降《陳涉世家》爲列傳，應合蕭相國和曹相國爲一篇，應合五宗和三王爲一篇，應將國僑、羊舌肸附於《管晏列傳》，老子應與尹喜、莊周同傳，韓非應附在《商君傳》之末，魯仲連應附於《田單傳》，宋玉應附於《屈原傳》，鄒陽、枚乘應附於《賈生傳》，司馬相如和汲鄭兩列傳不應在《西南夷傳》之後，《大宛傳》應在《朝鮮傳》之後，等等。

注5　作《索隱述贊》的理由，彭寅翁本、金陵本、瀧川博士本等皆脱，故引述於下：

右《述贊》之體，深所不安，何者。夫敘事美功，合有首末，懲惡勸善，是稱褒貶。觀太史公贊論之中，或國有數君，或士兼百行，不能備論終始，自可略申梗概。遂乃頗取一事，偏引一奇，即爲一篇之贊，將爲龜鑑，誠所不取。斯亦明月之珠，不能無纇矣。今並重爲一百三十篇之贊云。

注6　《太史公自序》中説：「自三代以來，匈奴常爲中國患害，欲知彊弱之時，設備征討，作《匈奴列傳第五十》。直曲塞，廣河南，破祁連，通西國，靡北胡，作《衛將軍驃騎列傳第五十一》。大臣宗室，以侈靡相高，唯弘用節衣食，爲百吏先，作《平津侯列傳第五十二》。」

注7　此書中，《李將軍列傳第四十九》之後爲「衛將軍驃騎列傳第五十一」，但從下一篇作「平津侯主父列傳第五十一」來看，這裏的「第五十一」應爲「第五十」之誤。且此書卷三十《列傳述贊》的順序也是如此。

注8　賀次君在《史記書録》中解説此書：「《史記》自序匈奴傳第五十、平津侯主父偃傳第五十二，此本以平津侯主父偃傳爲五十，匈奴傳爲五十二，其《述贊》次第亦同。」有誤。

注9　未審何故僅此處列舉了全文。或許，毛晉發現的北宋原本缺這一處，故用《集解》本或合刻本作了補充。

注10　例如,《夏本紀》「常衛既從,大陸既爲」一處,此書只標出了「常衛大陸」四字;「淮沂其治,蒙羽其蓺」一處,只標出了「淮沂蒙羽」四字。可以認爲,司馬貞在標出時節略了與注解没有直接關係的部分。像這樣節略清晰的部分自然没有問題。但諸如《吴太伯世家》「太伯之犇荆蠻自號勾吴」一處標出「奔荆蠻號句吴」,「諸樊元年諸樊已除喪……季札棄其室而耕乃舍之」一處標出「諸樊元年已除喪至乃舍之」等例子,究竟是表明司馬貞所見的《史記》文本中没有「自」字和「諸樊」二字,還是表明司馬貞有意識地節略,卻是很大的問題。在校勘此書時,必須常常帶著這樣的問題意識來討論。

注11　以《日本國見在書目録》爲代表,並没有《正義》單注本傳入日本的記録。然而,日本殘存的古板本中能够看到似乎是來自《正義》單注本的標注,這從側面證明了如下推論:《幻雲抄》「吾邦有《索隱》本,有《正義》本,《索隱》與此注所載大同,《正義》者此注所不載者夥,故諸本之上書之」中的「《正義》本」,可能就是指《正義》單注本。

注12　正如第二章第三節所述,魯實先、賀次君和程金造等學者,對瀧川博士輯録的《正義》佚文的真僞持懷疑態度。

(四) 從校勘學的角度看此書的特性

如前所述,此書采用了所謂單注本的形態,在現存諸多《史記》版本中,是非常特殊的存在。將此書標出的正文及注文,與其他諸版本對校時,可以發現兩者之間的差異很大。因此,從文本批判的角度來看,此書也是極其特殊的存在。以王念孫的《讀書雜志》爲代表,梁玉繩的《史記志疑》、張文虎的《史記札記》等書籍,均在論述時頻繁引用了此書。瀧川氏也積極地參考此書。這些都説明了此書作爲文本的重要性。

此節,在闡明此書在校勘學上的性質和價值的同時,將對文本異同的原因進行考察。爲了方便論述,筆者將分開探析正文和注文。

(A) 此書標出的正文

此書標出的正文的特性，大致可以概括爲以下幾條。

(a) 避唐太宗李世民的「世」及「民」字諱。

(b) 此書獨有而與其他任何《史記》板本都不一致的文字異同頻頻出現。

(c) 與三注合刻本相比，更近於二注合刻本； 而與二注合刻本相比，又更近於《集解》單注本。

(d) 此書獨有的異同，與古鈔本和古本一致之處較多。

(e) 與今本《史記》相比，更接近於劉伯莊《史記音義》本、張守節《史記正義》本和唐宋類書引《史記》等。

(f) 有與作爲《史記》的原資料而傳至今日的文本，或以《史記》爲資料而形成並傳至今日的文本相一致的地方。

(g) 可據以正今本《史記》的訛脱。

(h) 今本《史記》中用有偏旁的文字，而此書中卻用没有偏旁的文字的傾向比較顯著。

(i) 今本《史記》與此書頻繁出現偏旁上的異同。

(j) 助詞性文字的用法極不穩定。

(k) 書中有後人的校改。

以上諸條，不僅反映了此書的文本特質，同時佐證了毛晉在其跋文中稱此書的原本「迺北宋秘省大字刊本」説法的可信，更反映了此書作爲文本的優秀。 下面逐條予以論述。

（a）避唐太宗李世民的「世」及「民」字諱

此書標出的正文避「世」及「民」字諱，説明毛晉所説的此書的原本「北宋秘省大字刊本」，是以唐太宗李世民年間鈔寫的古鈔本爲底本的。因此，不難想象，此書標出的正文在某些地方保存了唐時的舊貌。譬如，下面這些例子：

○避「世」字諱的例子

三代世表第一。（《三代世表》）

吴太伯世家第一。（以下至《世家第三十》）

國以不寧者十世。（《宋微子世家》）

而蒙世俗之温蠖乎。（《屈原賈生列傳》）

咸濟世而屈。（《司馬相如列傳》）

商瞿傳易六世。（《儒林列傳》）

久孤於世。（《遊俠列傳》）

司馬氏世典周史。（《太史公自序》）

故司馬氏世主天官。（《太史公自序》）

《索隱》本皆避「世」字諱而作「代」字。

○避「民」字諱的例子

甌越之民也。（《趙世家》）

且天非爲君生民也。(《三王世家》)

令民爲什伍。(《商君列傳》)

教之化民地。(《商君列傳》)

足以富民繕兵。(《張儀列傳》)

朕釋逃虜民。(《匈奴列傳》)

黎民懼焉。(《司馬相如列傳》)

豈唯民哉。(《司馬相如列傳》)

猾民佐吏爲治。(《酷吏列傳》)

民不能欺。(《滑稽列傳》)

而民雕捍少慮。(《貨殖列傳》)

《索隱》本皆避「民」字諱而作「人」字。

(b) 此書獨有而與其他任何《史記》板本都不一致的文字異同頻頻出現

這裏所説的「其他任何板本」,是指此書被發現以前形成的文本(注1),或以後形成但未參考此書的文本(注2)。積極參考此書而形成的金陵書局本和瀧川氏的《會注考證》本,並不包括在内。

今日留存的《史記》諸本,若依照所屬系統分類,大致可分爲三個羣組。一類是《集解》單注本羣組,一類是《集解》、《索隱》二注合刻本羣組,最後一類是《集解》、《索隱》、《正義》三注合刻本羣組。這些羣組,在各自的内部都有一定的共通之處,並與其他羣組相對峙。毋庸贅言,此書標出的史文不屬於上述任何一個羣組，且如前所述，其中頻頻出現與其他「任何《史記》板本」都不一致的獨有的異同。這種異同出現的頻率，要遠高於上述三個羣組相互間的異同頻率，或任何兩種板本之間的異同頻率。這一事實表明了此書作爲文本的特殊性，而究明此書獨有之異同具備什麼樣的特性，也就是究明此書作爲文本的特性。

在後文中，筆者將從兩三個方面探討這些異同的特性。在此之前，筆者想先考察另一個問題，即若排除此書獨有的異同，此書標出的正文，究竟更爲接近上述三個板本羣組中哪一個的羣組特性。這一問題，將有助於我們探討此書的文本特性問題。

(c) 與三注合刻本相比，更近於二注合刻本；而與二注合刻本相比，又更近於《集解》單注本

如上所述，此書不屬於《集解》單注本、二注合刻本和三注合刻本中的任何一個羣組。但是，相對而言，與三注合刻本相比，此書在性質上更接近於二注合刻本；而與二注合刻本相比，又更接近於《集解》單注本。總的來説，此書獨與三注合刻本一致的異同幾乎没有，獨與二注合刻本一致的異同多少可見，而獨與《集解》單注本一致的異同卻頗可觀。以下舉例爲證。

○獨與二注合刻本一致的例子

「命曰昆侖。」(《孝武本紀》)　只有中統本和游明本「昆侖」二字作「崑崙」，與此書合。

「大敗秦人李伯之下。」(《張儀列傳》)　只有中統本和游明本「人」作「入」，與此書合。

「魏文侯令樂羊將。」(《樗里子甘茂列傳》)　只有耿秉本「魏文侯」上有「以」字，與此書合。

「恬嘗書獄典文學。」(《蒙恬列傳》)　只有耿秉本和中統本無「典」字，與此書合。

〇與二注合刻本及《集解》單注本均一致的例子

「一黄金一斤。」(《平準書》)　景祐監本、井井本、蜀大字本、紹興本、毛晉刻諸《集解》本及耿秉本,無第一個「一」字,與此書合。

「信陵君列傳第十七。」(《信陵君列傳》)　景、井、蜀、紹、毛本、中統和游本,「信陵君」三字作「魏公子」,與此書合。

「按式正棊。」(《日者列傳》)　景、井、蜀、紹、毛本、中統和游本,「按」字作「旋」,與此書合。

「既臣大夏而居。」(《大宛列傳》)　景、井、蜀、毛本及中統本,「居」字下有「之」字,與此書合。

〇獨與《集解》單注本一致的例子

「子帝予立。」(《夏本紀》)　景祐監本、井井本和毛晉刻本,「予」字作「宁」,與此書合。

「彊梧大荒落四年。」(《曆書》)　井本、蜀大字本、紹興本、毛本,「荒」字作「芒」,與此書合。

「商横涒灘三年。」(《曆書》)「端蒙赤奮若四年。」(《曆書》)　蜀本和毛本,「涒灘」二字與「赤奮」二字互易,與此書合。

「公堅定字子中。」(《仲尼弟子列傳》)　景、井、蜀、紹和毛本,「堅」字作「肩」,與此書合。

「齎盗糧者也。」(《范雎蔡澤列傳》)　景、井、蜀、紹和毛本,「齎」字上有「而」字,與此書合。

「械繫敬廣武。」(《劉敬叔孫通列傳》)　紹和毛本,「繫」字作「擊」,與此書合。

「要之置。」(《張耳陳餘列傳》)　毛本「置」字下有「廁」字,與此書合。

「穹窮昌蒲。」(《司馬相如列傳》)　毛本「穹窮」二字作「芎藭」,與此書合。

「爲發導繹抵康居。」(《大宛列傳》)　景、井、蜀、紹和毛本,「繹」字作「驛」,與此書合。

以上例子依然説明,此書雖與今日留存的任何板本都不屬同一系統,但相對而言,與三注合刻本相比,此書更近於二注合刻本;　而與二注合刻本相比,又更近於《集解》單注本。這一事實,自不必説,一方面加强了此書作爲北宋本的可信性,另一方面,則有助於我們考察《集解》單注本、《索隱》單注本、二注合刻本和三注合刻本的形成時期和形成原委。

(d) 此書獨有的異同,與古鈔本和古本一致之處較多

與現存諸板本相對校,此書標出的正文中頻繁出現獨有的異同。這些異同,僅依據現存諸板本,很難闡明其特性。然而,若將這些異同與殘存於日本的古鈔本及古本(注3)相對校,會發現二者之間有許多一致的例子。這一現象極其值得注意。它不僅保證了此書作爲北宋刊本的可信性,同時,考慮到上述(a)及(c)中論述的事實,這一現象還説明,與現存諸板本相比,此書標出的正文保留了更古老的面貌。下面一一舉例予以説明。

○與古鈔本一致的例子

現存的古鈔本僅有十數卷,而此書標出的正文數量也有限,因此很難找到非常多一致的例子,但仍有如下例子。

「吕氏所之三王。」(《吕后本紀》)　今本《史記》皆脱「所」字。《索隱》本有,與毛利家藏延久古鈔本合。

「莫長焉。」(《孝文本紀》)　今本《史記》「長」字上有「不」字。《索隱》本無,與東北大學藏延久古鈔

本合。

「此其尤大彰明較著者也。」(《伯夷列傳》) 今本《史記》同。《索隱》本無「明」字及「著」字。《燉煌秘籍留真新編》所收古鈔本無「明」字。

「而終身逸樂富厚。」(《伯夷列傳》) 今本《史記》同。《索隱》本無「終」字，與《燉煌秘籍留真新編》所收古鈔本一致。

「附驥尾。」(《伯夷列傳》) 今本《史記》同。《索隱》本作「附驥之尾」，與《燉煌秘籍留真新編》所收古鈔本合。

「譬若馳韓盧而搏蹇免也。」(《范雎蔡澤列傳》) 今本《史記》同。《索隱》本「馳」字作「施」字，與宮内廳書陵部藏古鈔本合。

「貴而爲交者爲賤也。」(《范雎蔡澤列傳》) 今本《史記》各本「交」字作「友」字。《索隱》本作「交」，與宮内廳書陵部藏古鈔本合。

「王者以民人爲天。」(《酈生陸賈列傳》) 今本《史記》同。《索隱》本無「民」字，石山寺藏古鈔本合。

「而漢反郤自奪其便。」(《酈生陸賈列傳》) 今本《史記》同。《索隱》本無「其」字，與石山寺藏古鈔本合。

「酈食其子疥。」(《酈生陸賈列傳》) 《索隱》本同，與石山寺藏古鈔本合。今本《史記》「子」字下有「酈」字。

〇與古本一致的例子

此書獨有的異同與古本一致的例子，多達六十餘條，詳細情況可參考校勘記。這裏只列舉一些能正今本《史記》訛誤的例子如下：

「而娶於西陵氏之女。」（《五帝本紀》）《索隱》本同，與南化、楓山、棭齋、三條、梅仙、狩野諸古本（注4）合。今本《史記》均無「氏」字。《御覽》引《史記》及《大戴禮》亦有「氏」字。王念孫也已論述過這是今本《史記》的訛脱。

「及祖伊以周西伯之修德滅阢國。」（《宋微子世家》）《索隱》本同，與南化、楓山、棭齋、三條諸古本合。今本《史記》「滅」字下皆别有「阢」字。張文虎已指出：「各本重『阢』字，《考異》云，下『阢』衍。今依《索隱》本，删一『阢』字，『阢』當作『阢』。」如《殿本考證》將「阢國」二字當作衍字，這應是今本《史記》之誤。

「魏雖得阿衡之佐。」（《魏世家》）今本《史記》同。《索隱》本「佐」字作「徒」，與南化、梅、謙（注5）諸古本合。《史通·雜説》所引《史記》亦作「徒」字。

「公何不爲韓求質子於楚。」（《韓世家》）《索隱》本同，與謙本一致合。今本《史記》皆無「子」字。如張文虎所説：「《索隱》本有『子』字，與下爲『秦求質子』句法一例。《國策》亦有，各本並脱。」這應是今本《史記》訛脱。

「而其歸本於黄老。」（《老子韓非列傳》）今本《史記》同。《索隱》本「歸」字上有「大」字，與南化、楓、棭、三諸古本合。

「邦巽字子斂。」（《仲尼弟子列傳》）《索隱》本同，與南化本合。今本《史記》「邦」字皆作「邽」。如王念孫所説：「《廣韻》『邦』又姓，而『邽』下不云是姓。《索隱》謂《家語》『巽』作『選』，而不云『邦』作『邽』，則

《家語》亦作『邦』。今本作『邽』，皆後人所改。」這應是今本之誤。

「韓北有鞏成皋之固。」（《蘇秦列傳》）《索隱》本同，與南化本合。今本《史記》「鞏」字下均有「洛」字。《御覽》引《史記》無「洛」字，與《索隱》本合。

「夫項橐生七歲爲孔子師。」（《樗里子甘茂列傳》）今本《史記》同。《索隱》本「夫」字作「大」，與南化、楓、棭、三、梅諸古本合。南化本引《正義》本亦作「大」。

「故憂愁幽思而作離騷。」（《屈原賈生列傳》）今本《史記》同。《索隱》本「騷」作「慅」，與楓、三本合。如張文虎所説：「《索隱》本作『慅』，疑今本《史記》皆後人所改。」《索隱》本的「慅」字似是古字。

「莊襄王所母華陽后爲華陽太后。」（《吕不韋列傳》）《索隱》本同，與南化本合。今本《史記》「所」字下均有「養」字。如王念孫所説：「莊襄王乃夏姬所生，而華陽后爲夫人時，立以爲適嗣，故曰莊襄王所母華陽后，對下文真母夏姬而言。『養』字後人妄加。」今本《史記》應爲衍文。

「故嘗事范氏及中行氏。」（《刺客列傳》）《索隱》本同，與南化、楓、棭、三諸古本合。今本《史記》皆無「氏及」二字。張文虎引王念孫之説，考證道：「《索隱》本與《治要》引合。《雜志》云，今本無『氏及』二字，蓋依《趙策》删。」正文古或有「氏及」二字。

「不能無生得失。」（《刺客列傳》）今本《史記》同。《索隱》本無「失」字，與南化、楓、棭諸古本合。王念孫、張文虎和瀧川氏均以「失」字爲衍字。

「兩君羇旅而欲附趙難獨立趙後。」（《張耳陳餘列傳》）《索隱》本同，與南化本合。今本《史記》皆重「立」字。如瀧川氏所説：「各本獨下重『立』字，以『獨立』屬上，誤。今從《索隱》本、《漢書》。」這裏似是今本《史記》衍入。

「要之置廁。」(《張耳陳餘列傳》)《索隱》本同,與南化、楓、棭、三、梅諸古本合。《漢書》亦同。今本《史記》皆脱「廁」字。

「太史公曰深惟士之游宦。」(《張丞相列傳》)今本《史記》同。《索隱》本無「太史公曰」四字,與南化本、三條本合。

「與壯士往篡取之。」(《衛將軍驃騎列傳》)《索隱》本同,南化、楓、三本合。《漢書》亦同。今本《史記》皆脱「往」字。

「使人先遣使向邊境要遮漢人令報天子要邊。」(《衛將軍驃騎列傳》)今本《史記》同。南化、楓、棭、三諸古本删去「遣使向邊境要遮漢人令報天子」十三字。《索隱》本也只標出「先要邊」三字。如王念孫所説:「自『使人』至『要邊』十八字,蕪累不成文理。蓋正文唯有『使人先要邊』五字,其『遣使向邊境要遮漢人令報天子』十三字,乃《集解》之誤入正文者也。當在『使人先要邊』之下。」應是今本有誤。

「爲温陽侯。」(《朝鮮列傳》)今本《史記》同。《索隱》本「温」字作「涅」,與南化、楓、三諸古本合。《漢書・年表》亦作「涅」字。

(e)與今本《史記》相比,更接近於劉伯莊《史記音義》本、張守節《史記正義》本(注6)和唐宋類書引《史記》等

劉伯莊的《史記音義》本和張守節的《正義》單注本,現在均已亡佚不可見。然而,殘存於日本的古鈔本和古板本的標注中,存有與這兩本書的校記及與兩書的佚注相關的批注,據此可以多少想象兩書的原

貌。將《索隱》本所引正文與這些批注對校，會發現，與今本《史記》相比，《索隱》本所引正文更接近於這兩本書。同時，在《索隱》本中還發現了與《羣書治要》、《藝文類聚》、《太平御覽》等唐宋類書所引正文一致的例子，這證明此書標出的正文具有《史記》文本的古老面貌。

以下舉例進行說明。

○與劉伯莊《史記音義》本相合的例子

「欲咎之。」（《高祖本紀》）今本《史記》同。《索隱》本「咎」作「告」。據南化本標注引師説（注7），劉伯莊本亦作「告」，與《索隱》本合。關於此處，毛晉在其跋文中説：「《高祖本紀》中『人乃以嫗爲不誠欲笞之』，諸本皆然，《漢書》作『欲苦之』，兹本獨作『欲告之』。此類頗多，不敢妄改。」張文虎説：「《索隱》本作『告』，蓋所見舊本如此。今本作『笞』，並依注改。」然而，這並非《索隱》本獨有的異同，劉伯莊《史記音義》本也作「告」，唐時似乎一般作「告」。

「丞相箕肆將動。」（《絳侯周勃世家》）今本《史記》同。《索隱》本「肆」作「肄」。又據《索隱注》「劉氏肆音如字」（合刻本《索隱》，「肆」改作「肄」），可知，劉伯莊的《史記音義》本亦作「肆」。

「亦嘗有以夫卞莊子刺虎聞於王者乎。」（《張儀列傳》）《集解》本、二注本、凌、殿本同。慶元本、彭寅翁本「卞」作「辨」，《索隱》本作「館」。據南化本標注引師説「劉伯莊曰，館莊子掌官館之少吏」可知，劉伯莊本亦與《索隱》本同作「館」。

「譬若馳韓盧而搏蹇免也。」（《范雎蔡澤列傳》）今本《史記》同。《索隱》本「馳」作「施」。由宫内廳書陵部藏古鈔本標注「劉伯莊曰，施猶放也」可知，劉伯莊本亦與《索隱》本同作「施」。如前所述，這與古鈔本及《戰國策》也一致。

「何所不誅。」(《淮陰侯列傳》)今本《史記》同。《索隱》本無「所」字。據《索隱》注「劉伯莊曰，言何所不誅也」(合刻本删除了這條注)，可知劉伯莊本也無「所」字，故附上了這條注。下面的「何所不散」同此。

○與張守節《正義》本相合的例子

「荀躒言於晉侯曰。」(《趙世家》)今本《史記》同。《索隱》本「躒」作「櫟」。楓山本和三條本的批注中有「『礫』，《正義》作『櫟』」的校記，可知《正義》本與《索隱》本一樣，也作「櫟」。

「盜跖日殺不辜。」(《伯夷列傳》)今本《史記》同。《索隱》本「跖」作「蹠」。據《正義》注「按蹠者黄帝時大盗之名」，可知《正義》本也作「蹠」。

「南出者太上皇廟堧垣。」(《張丞相列傳》)今本《史記》同。《索隱》本「堧」作「壖」。據佚文《正義》注「壖廟内院外餘地」，可知《正義》本也作「壖」。

「公西葴字子上。」(《仲尼弟子列傳》)今本《史記》同。《索隱》本「葴」作「箴」。據南化本標注引佚文《正義》注「箴音針」，可知《正義》本也作「箴」。

「諸侯各發使送之甚衆擬於王者。」(《蘇秦列傳》)今本《史記》同。《索隱》本「擬」作「疑」。據南化本標注「『其衆擬於王者』，《正義》作『卒有疑於王者』」，可知《正義》本也作「疑」。

「夫項橐生七歲爲孔子師。」(《樗里子甘茂列傳》)今本《史記》同。《索隱》本「夫」作「大」。南化本標注說：「夫，《正義》本作大。」又，據佚文《正義》「尊其道德，故曰大」，可知《正義》本亦作「大」。

「貴而爲友者爲賤也。」(《范睢蔡澤列傳》)今本《史記》同。《索隱》本「友」作「交」。據南化本標注引佚文《正義》「言富貴而結交者，本爲貧賤之人也」，可知《正義》本也作「交」。

「坱軋無垠。」（《屈原賈生列傳》）今本《史記》同。《索隱》本「軋」作「圠」。據南化本校記「『軋』，《正義》本作『圠』」可知，《正義》本與《索隱》本相同，也作「圠」。

「養空而游。」（《屈原賈生列傳》）今本《史記》同。《索隱》本「游」作「浮」。據南化本標注引佚文《正義》「鄭氏云，道家養空虛若浮舟」，可知《正義》本似也作「浮」。《漢書》和《文選》亦作「浮」。

○與類書引《史記》相合的例子

「而娶於西陵之女。」（《五帝本紀》）今本《史記》同。《索隱》本「陵」字下有「氏」字，與《御覽》引《史記》合。南化、楓、棭等諸古本也有「氏」字。

「名曰三能。」（《天官書》）今本《史記》同。《索隱》本無「名」字，與《御覽》引《史記》合。如王念孫所説：「『名』字後人所加。此書稱星名，皆言『曰某』，無言『名曰某』。《索隱》本、《太平御覽》引《漢書・天文志》亦無『名』字。」此或爲今本《史記》的衍文。

「韓北有鞏洛成皋之固。」（《蘇秦列傳》）今本《史記》同。《索隱》本無「洛」字，與《御覽》百五十八引《史記》合。

「百日之内持國秉政。」（《范睢蔡澤列傳》）今本《史記》同。《索隱》本無「政」字，與《御覽・人事部》引《史記》合。

「故嘗事范中行氏。」（《刺客列傳》）今本《史記》同。《索隱》本「范」下有「氏及」二字，與《羣書治要》引《史記》合。南化、楓、棭、三諸古本亦有。

「年少時爲郡小吏。」(《李斯列傳》)今本《史記》同。《索隱》本「郡」作「鄉」,與《藝文類聚》引《史記》合。《御覽》卷一百八十八引《史記》也作「鄉」字。

「不搤其肮拊其背。」(《劉敬叔孫通列傳》)今本《史記》同。《索隱》本「肮」作「亢」,與《御覽》卷三百七十一及卷四百九十六引《史記》合。

「殺北地都尉昂。」(《張釋之馮唐列傳》)今本《史記》同。《索隱》本「昂」作「卬」,與《御覽》卷二百七十八引《史記》合。《孝文本紀》、《惠景間侯者年表》和《匈奴列傳》也作「卬」。

「賈椎髻之民。」(《貨殖列傳》)今本《史記》同。《索隱》本「髻」作「結」,與《御覽》引《史記》合。

(f) 有與作爲《史記》的原資料而傳至今日的文本,或以《史記》爲資料而形成並傳至今日的文本相一致的地方

這一小項,暫且離開《史記》文本間的對校,而試將此書與《戰國策》及《漢書》進行比較。自古以來,在論述《史記》文本的正誤時,《戰國策》和《漢書》屢屢被引作比較的對象。前者是《史記》的原資料傳至今日的文本的代表,而後者是以《史記》爲資料形成且傳至今日的文本的代表。

除了下面所引與《索隱》本一致的例子外,完全相反的情形——《戰國策》及《漢書》與今本《史記》一致而與《索隱》本不一致的例子,也甚可觀。因此,無法斷言,《索隱》本比今本《史記》更接近《戰國策》和《漢書》的文本。

○與《戰國策》相合的例子

「臣請論其故。」(《張儀列傳》)今本《史記》同。《索隱》本「論」字作「謁」,與《秦策》合。南化、楓、棭、

三、梅諸古本也作「謁」。

「足以校於秦。」(《春申君列傳》)今本《史記》同。《索隱》本「秦」下有「矣」字。《戰國策》也有「矣」字。

「譬若馳韓盧而搏蹇免也。」(《范雎蔡澤列傳》)今本《史記》同。《索隱》本「馳」作「施」,與《戰國策》合。

○與《漢書》相合的例子

「賽禱祠。」(《封禪書》)今本《史記》同。《索隱》本「賽」作「塞」,與《漢書・郊祀志》合。張文虎已考證説:「《索隱》本『塞』,各本作『賽』。《雜志》云,古無『賽』字,借『塞』爲之,《郊祀志》亦作『塞』。案補《孝武本紀》『塞南越禱祠泰一后土』,亦作『塞』字,類引彼文同。」

「二曰重差小方之。」(《平準書》)今本《史記》同。《索隱》本「曰」下有「以」字,與《漢書・食貨志》合。

「故吏通適令伐棘上林。」(《平準書》)今本《史記》同。《索隱》本無「通」字,與《漢書・食貨志》合。王念孫也據此説:「『通』即『適』字,誤衍,《索隱》本《食貨志》皆無。」

「又間令吴廣之次近所旁叢祠中。」(《陳涉世家》)今本《史記》同。《索隱》本無「近」字,與《漢書・陳勝項籍列傳》合。

「何乃洿王爲乎。」(《張耳陳餘列傳》)今本《史記》同。《索隱》本「洿」作「汙」,與《漢書・張耳陳餘列傳》合。

「身履典軍搴旗者數矣。」(《季布欒布列傳》)今本《史記》同。《索隱》本無「典」字,與《漢書・季布欒布田叔列傳》合。顔師古注曰:「流俗本加『典』字非。」梁玉繩也以此字爲衍字。

「郡國諸侯。」(《魏其武安侯列傳》)今本《史記》同。《索隱》本無「國」字，與《漢書·竇田灌韓列傳》合。

「接月氏氐羌。」(《匈奴列傳》)今本《史記》同。《索隱》本無「月氏」二字，與《漢書·匈奴列傳》合。

「且齊東有巨海。」(《司馬相如列傳》)今本《史記》同。《索隱》本「有」作「睹」，與《漢書·司馬相如列傳》合。《文選》也作「睹」。

「以大鳥卵及黎軒善眩人獻于漢。」(《大宛列傳》)今本《史記》同。《索隱》本無「善」字，與《漢書·張騫傳》合。王念孫已説：「後人以上文云『善眩』因加『善』字。」

(8)可據以正今本《史記》的訛脱

以上所論，此書獨有的與今日留存的任何《史記》板本都不一致的異同，或與古鈔本和古本一致，或與《戰國策》、《漢書》和《太平御覽》等書一致，由此可見此書標出的史文的優秀性、乃至作爲一個文本的可信性。不僅如此，即便没有客觀旁例可作參照，此書獨有的異同，不少也可以用來正今本《史記》的訛脱。下面，筆者將參考王念孫、張文虎等學者的説法，對這一方面進行考察。

「繆公任好元年。」(《秦本紀》)此處，《索隱》本並没有標出。但如張文虎所説：「案上節《索隱》云，宣公已上史失其名，今按系本古史考得繆公名『任好』，則此史文『任好』字，係後人據《索隱》增。」《史記》原本並無「任好」二字，乃今本《史記》依《索隱》注補。

「楚邀午之將皆争附君者。」(《項羽本紀》)《索隱》本同。今本《史記》「午」字皆作「起」。王念孫對此做過詳細的考證，應以《索隱》本爲是。

「長八寸十分一。」（《律書》）《索隱》本同。今本《史記》「十」作「七」。《索隱》注説：「舊本多作『七分』，蓋誤也。」張文虎也説：「『七』字誤，《索隱》本作『十』是。然之舊本多作『七分』，則承訛久矣。」如上，應是今本《史記》有誤。

「文帝出長門。」（《封禪書》）《索隱》本同。今本《史記》「長門」作「長安門」。如錢大昕所説：「『安』字衍，下文云『長門公主』，可證也。」應以無「安」字爲是。

「監止有寵焉。」（《齊太公世家》）《索隱》本同。今本《史記》「監」作「闞」。如張文虎所説：「官本『監』，與《索隱》合。各本作『闞』，蓋妄依《左傳》改，《考證》、《考異》、《志疑》説同。」今本《史記》有改易。

「獨唯聊莒即墨。」（《燕召公世家》）今本《史記》同。《索隱》本「獨唯」二字互倒。然而，從下方「唯獨大夫將渠」的句法來看，應以《索隱》本爲是。

「使人誘劫鄭大夫甫假。」（《鄭世家》）《索隱》本同。今本《史記》「假」字作「瑕」。如張文虎所説：「《索隱》本作『假』，故引《左傳》異文以證之。各本作『瑕』，蓋後人依《左》改。」似爲今本《史記》改易。

「後十五歲。」（《孫子吳起列傳》）今本《史記》同。《索隱》本「五」作「三」。如張文虎已説：「各本作『十五年』，今依《索隱》本。《考異》云，當作『十三』。」應以《索隱》本爲是。

「據衛取卷。」（《蘇秦列傳》）《索隱》本同。今本《史記》「取」下有「淇」字。如王念孫已説：「『淇』字後人加之。《史》作『取卷』，《策》作『取淇』，《索隱》本出『據衛取卷』，《正義》言『守衛得卷』，則《史》無『淇』字明矣。」似是今本《史記》以《戰國策》中「卷」作「淇」，故誤添入了「淇」。

「王誠能無羞從子母弟以爲質。」（《蘇秦列傳》）《索隱》本同，且有「《戰國策》『從』作『寵』」的注。今本

《史記》「從」字作「寵」，並删去了其上的《索隱注》。如張文虎亦説：「《索隱》本『從』，各本作『寵』，後人依《策》改。」今本《史記》有改易。

「至匈河水而還。」（《匈奴列傳》）《索隱》本同，與《衛青霍去病傳》合。今本《史記》「匈」字下有「奴」字。如梁玉繩已説：「匈河水名，故趙破奴爲匈河將軍，劉敞、劉攽並以『奴』爲衍字。」應以《索隱》本爲是。

「木器髤者千枚。」（《貨殖列傳》）今本《史記》同，與《漢書》合。《索隱》本無「枚」字，並有「千謂千枚」的《索隱注》。恐正文本無「枚」字，乃據《漢書》補，且合刻本删去了上記的《索隱注》。

（h）今本《史記》中用有偏旁的文字，而此書中卻用没有偏旁的文字的傾向比較顯著

下面，换一個視角，從現象的角度來考察此書獨有的異同。其中最顯著的現象，是今本《史記》中有偏旁的文字，在此書中卻没有偏旁。雖然不能因爲没有偏旁便認爲這些文字全都保留著古老的面貌。但至少可以認爲，與今本《史記》相比，此書標出的正文反映了古老的文本形態。舉例如下：

「猶有憾。」（《吴太伯世家》）《索隱》本「憾」作「感」。又，從「『感』讀爲『憾』字省耳」的《索隱注》來看，「感」與「憾」可能可以通用。

「諸侯各發使送之甚衆擬於王者。」（《蘇秦列傳》）《索隱》本「擬」字作「疑」。從「疑作擬讀」的《索隱注》來看，「疑」與「擬」可以通用。恐「擬」爲古字。南化本引《正義》本也作「疑」。

「見木偶人與土偶人相與語。」（《孟嘗君列傳》）《索隱》本「偶」作「禺」。如王念孫已在《讀書雜志》中説的：「《封禪書》『木禺龍後』，《漢書・劉表傳》『其猶木禺之於人也』，是『偶』古通作『禺』。」「禺」似爲古字。

「請對以臆。」(《屈原賈生列傳》)《索隱》本「臆」作「意」。且《索隱注》説：「協音憶也。」張守節的《正義注》中也有「協韻音憶也」這一與《索隱》相同的注，可以想象《正義》本也作「意」。或古本作「意」，今本《史記》改之。

「殺北地都尉昂。」(《張釋之馮唐列傳》)《索隱》本「昂」作「卬」。《孝文本紀》、《惠景間侯者年表》、《匈奴列傳》及《太平御覽》等也作「卬」，因此應是今本《史記》有誤。

除了上述例子外，僅舉文字的話，還有下面這些例子。

今本	《索隱》本	今本	《索隱》本
廢	發(《禮書》)	嘸	焦(《樂書》)
婺	務(《天官書》)	鬻	粥(《老子韓非列傳》)
嶺	領(《商君列傳》)	鄳	黽(《蘇秦列傳》)
阸	厄(《蘇秦列傳》)	饜	厭(《張儀列傳》)
誹	非(《屈原賈生列傳》)	瓴(瓴)	缶(《李斯列傳》)
逾	俞(《蒙恬列傳》)	噁	啞(《淮陰侯列傳》)
渡	度(《淮陰侯列傳》)	嚮	鄉(《韓信盧綰列傳》)
肮	亢(《劉敬叔孫通列傳》)	胷	匈(《魏其武安侯列傳》)
城	成(《韓長孺列傳》)	騱	奚(《匈奴列傳》)
谿	谷(《衛將軍驃騎列傳》)	像	象(《衛將軍驃騎列傳》)

酆　豐（《司馬相如列傳》）　枝　支（《司馬相如列傳》）

⿰舟渠　渠（《司馬相如列傳》）　抵　氏（《司馬相如列傳》）

崖　厓（《司馬相如列傳》）　榛　奈（《司馬相如列傳》）

榙　荅（《司馬相如列傳》）　珪　圭（《司馬相如列傳》）

網　罔（《酷吏列傳》）　抵　氏（《酷吏列傳》）

況　兄（《佞幸列傳》）　倣　放（《日者列傳》）

以上所舉，是一些今本《史記》中有偏旁的文字在此書中卻沒有偏旁的例子。當然，相反的情況也存在若干例。在判斷兩者的異同孰是孰非時，需要對每個異同都作綿密的考證，而不能一概而論。

（1）今本《史記》與此書頻繁出現偏旁上的異同

這一問題，與上一個問題有著密切的關係。本書獨有的異同與今本《史記》文字偏旁不同的傾向較爲顯著。

與前面一樣，每一個異同的正誤與否，都需要謹慎的考證。但，這些異同並非單純的傳寫之誤，而是作爲一個《史記》文本，反映了比今本《史記》更爲古老的文本的面貌。舉例如下：

「鎮撫國家親附百姓。」（《越王句踐世家》）索隱本「鎮」作「填」。而「母以填之」（《秦始皇本紀》）、「以填萬民之心」（《齊悼惠王世家》）、「不王無以填之」（《張耳陳餘列傳》）等處，今本《史記》反而作「填」。由此看來，「鎮」、「填」二字或可通用。

「荀躒言於晉侯曰。」（《趙世家》）《索隱》本「躒」作「櫟」。今考楓山本、三條本、梅仙本等的欄外標注，有「『躒』,《正義》作『櫟』」的校記,可知張守節所據文本也作「櫟」。或應以「櫟」字爲古。

「陳利兵而誰何。」(《陳涉世家》)《索隱》本「何」作「呵」。《索隱注》有「呵音何,亦何字」(合刻本中删去),可知當時存在一個作「呵」的文本。

「獨堙鬱兮其誰語。」(《屈原賈生列傳》)《索隱》本「堙」作「煙」,楓山本和三條本的校記也作「煙」。由此,似存在一本作「煙」。

「迺釋齊而歸。」(《田儋列傳》)《索隱》本「釋」作「醳」。《索隱注》説:「此豈亦以醳酒之義,並古『釋』字。」(合刻本中删去)又,「卒釋去之」(《刺客列傳》)處,「釋」也作「醳」,與南化本、楓山本、三條本等諸古本合。由此,「醳」字應是古字。

除此之外,今本《史記》與此書在偏旁上的異同,僅舉文字的話,還有下面這些例子。

今本《史記》	《索隱》本
瑕	假(《鄭世家》)
嗛	慊(《外戚世家》)
喝	猲(《蘇秦列傳》)
盤	槃(《平原君列傳》、《司馬相如列傳》)
髕	臏(《魯仲連鄒陽列傳》)
横	撗(《屈原賈生列傳》)
爐	鑪(《屈原賈生列傳》)

今本《史記》	《索隱》本
徐	除(《陳涉世家》)
沮	阻(《絳侯周勃世家》)
舫	枋(《張儀列傳》)
探	深(《魏公子列傳》)
惻	測(《屈原賈生列傳》)
軋	圠(《屈原賈生列傳》)
孳	孶(《吕不韋列傳》)

倨　踞（《張耳陳餘列傳》）　　𣩠　飡（《淮陰侯列傳》）
褕　榆（《淮陰侯列傳》）　　職　軄（《劉敬叔孫通列傳》）
韤　襪（《張釋之馮唐列傳》）　　裙　帬（《萬石張叔列傳》）
駞　他（《匈奴列傳》）　　酪　駱（《匈奴列傳》）
牂　牂（《西南夷列傳》）　　牁（柯）　牱（《西南夷列傳》）
浸　寢（《西南夷列傳》）　　雕　彫（《司馬相如列傳》）
豻　犴（《司馬相如列傳》）　　媻珊　盤狦（《司馬相如列傳》）
鄗　鎬（《司馬相如列傳》）　　踰　隃（《司馬相如列傳》）
欃　攙（《司馬相如列傳》）　　鸓　蠝（《司馬相如列傳》）
螹　獑（《司馬相如列傳》）　　側　惻（《司馬相如列傳》）
贍　澹（《司馬相如列傳》）　　提　禔（《司馬相如列傳》）
綢繆　蜩蟉（《司馬相如列傳》）　　轄　磍（《司馬相如列傳》）
葛　轕（《司馬相如列傳》）　　侵　浸（《司馬相如列傳》）
詆　抵（《酷吏列傳》）　　謫　適（《司馬相如列傳》）
陽　揚（《貨殖列傳》）　　闚　窺（《太史公自序傳》）

(j) 助詞性文字的用法極不穩定

在第一章《史記》古鈔本及第二章第二節《史記》古本中，筆者已經論述過，古鈔本和古本有一個相似的特性,即助詞性文字的用法非常不穩定。事實上,如下例所示,《索隱》本也具有這一特點。但是,需要注意的是,前面也已經提到過,此書標出的正文中,有部分經過司馬貞有意識的删節,因此下面所舉的、具有助詞作用的文字也可能是删節的一大對象。不過,考慮到此書中不單存在脱字的情況,也存在許多相反的情況,因而「助詞性文字極不穩定」這一特點,應該也有助於我們確定此書的文本特性。

侯獨見其星出如瓠。(《孝武本紀》)

不如殺以其屍與之。(《魯周公世家》)

或不能要其終。(《外戚世家》)

張敖齧其指出血曰。(《張耳陳餘列傳》)

而漢反卻自奪其便。(《酈生陸賈列傳》)

《索隱》本均無「其」字。

以殺楚使也。(《楚世家》)

《索隱》本「使」上有「其」字。

攻龍且留公旋於高密。(《樊酈滕灌列傳》)

而三國邊於匈奴。(《匈奴列傳》)

功名俱著於春秋。(《遊俠列傳》)

毒藥苦口利於病。(《留侯世家》)

《索隱》本均無「於」字。

《索隱》本「口」上有「於」字。

臧昭伯之弟會。（《魯周公世家》）

必大關天下之匈。（《張儀列傳》）

乃作懷沙之賦。（《屈原賈生列傳》）

《索隱》本均無「之」字。

而滅其所醜。（《老子韓非列傳》）

何所不誅。（《淮陰侯列傳》）

何所不散。（《淮陰侯列傳》）

《索隱》本均無「所」字。

兩兩相比者。（《天官書》）

不者且得罪。（《越王句踐世家》）

《索隱》本均無「者」字。

而曾子不入。（《魯仲連鄒陽列傳》）

《索隱》本無「而」字。

*遇敗於陽馬。（《蘇秦列傳》）

不如發重使*爲媾。（《平原君虞卿列傳》）

《索隱》本*的部分有「而」字。

薛人也。(《劉敬叔孫通列傳》)

《索隱》本無「也」字。

阿之吁子焉。(《孟子荀卿列傳》)

《索隱》本無「焉」字。

老婦恃輦而行。(《趙世家》)

《索隱》本「行」下有「耳」字。

足以校於秦。(《春申君列傳》)

《索隱》本「秦」下有「矣」字。

(k) 書中有後人校改之處

以上所述諸點,多多少少都從某種意義上證明,此書以北宋刊本爲原本,且保留著司馬貞原本的舊貌。最後,筆者想要討論一下此書的缺點,即其中存有後人改易司馬貞舊本的痕跡(注8)。一方面,此書標出的正文和注文間有相互牴牾之處; 另一方面,日本留存的古鈔本和古板本校記中的《索隱》本與此書的正文間,也存在著相互牴牾之處(注9)。以下舉例説明這兩點。

○此書標出的正文和注文間有相互牴牾之處

「齊人管至父連晉滅霍魏耿。」(《秦本紀》)今本《史記》及《索隱》本皆同此。然而,據《索隱注》「《春秋·魯閔公元年·左傳》云,晉滅耿、滅魏、滅霍,此不言魏,史闕文耳」,可知《索隱》本原無「魏」字。或是毛晉覆刻北宋本時據今本所補,又或是北宋原本已經如此。又,高山寺藏天養古鈔本也無「魏」字。

「而以木耦馬代駒焉。」（《孝武本紀》）今本《史記》及《索隱》本皆同此。然而，據《索隱注》「一音偶。孟云，寓寄龍形于木，又姚氏云，寓，假也」，可知司馬貞舊本中「耦」作「寓」。應是後人爲使其與今本《史記》合而改作了「耦」。

「衛石曼專逐其君起。」（《衛康叔世家》）今本《史記》同。《索隱》本「石曼專」作「石專曼」。然而，據《索隱注》「《左傳》作『石圃』，此作『塼』，音圃，又音徒和反。『塼』或作『專』，諸本或無『曼』字」（此處，合刻本《索隱》改動甚多），可知舊本作「石塼曼」。

「是爲杜敖。」（《楚世家》）今本《史記》和《索隱》本同。然而，從《索隱注》「上音側狀反」的反切推不出「杜」字的音。如張文虎已説：「《年表索隱》引《世家》作『莊敖』，此注音側狀反，是小司馬所見本作『莊』，而讀爲『壯』。今本作『杜』，蓋後人所改。」應是後人所改。

「大抵率寓言也。」（《老子韓非列傳》）今本《史記》和《索隱》本同。然而，據《索隱注》「其書十餘萬言，率皆立主客使之相對語，故云『偶言』，又音寓，寓寄也」，可知《索隱》本古作「偶言」，後人據今本《史記》改之。

「大忠無所拂辭悟言無所擊排。」（《老子韓非列傳》）今本《史記》和《索隱》本同。張文虎已考證説：「各本『悟』字與下句『辭』字互誤，《索隱》本亦然，而注意可尋，《正義》亦明白可證，今依盧氏《札記》及王氏《雜志》移正，警説同。又據《索隱》疑正文本作『拂悟』。」如其所述，據《正義注》「『佛悟』當爲『咈忤』，古字假借耳」及《索隱》注「……郎不拂悟於君也」（今本《史記》「悟」作「悟」），可知「辭悟」乃「悟辭」之誤，且司馬貞舊本中「悟」作「悟」，也可知毛晉刻本中有後人改易之處。

「槃散行汲。」(《平原君虞卿列傳》)今本《史記》和《索隱》本同。然而，據《索隱注》「跚音先寒反，亦作散同音」(合刻本《索隱注》改爲「散音先寒反，亦作珊，音同」)，可知司馬貞舊本作「槃跚」。

「水居千石魚陂。」(《貨殖列傳》)今本《史記》和《索隱》本同。然而，據《索隱注》「音陂。《漢書》作『皮』，音披」，可知司馬貞舊本使用與「魚陂」不同的文字。

○日本留存的古鈔本和古板本的校記中的《索隱》本與此書標出的正文間，存在著相互牴牾之處

日本留存的古鈔本及古板本中，散見著源於《索隱》單注本的批注(注10)，其中有幾條與《索隱》本的校記，與毛晉刻《索隱》單注本相牴牾。雖然何者更近於司馬貞的舊本尚有待考量，但這一事實，至少説明毛晉刻《索隱》單注本中存在著後人改易的痕跡。下面舉例説明。

「其封昌爲壯武侯。」(《孝文本紀》)今本《史記》和毛晉刻《索隱》單注本同。據東北大學藏延久鈔本的校記「貞作『杜』」(「貞」指司馬貞)，司馬貞舊本或作「杜武侯」。

「齊王舅父駟鈞爲清郭侯。」(《孝文本紀》)今本《史記》和毛晉刻本同。據延久鈔本的校記「劉作『清』，貞作『請』」(「劉」指劉伯莊)，司馬貞舊本或作「請郭侯」。

「於是天子始更爲元年。」(《孝文本紀》)今本《史記》和毛晉刻本同。然而，同據延久鈔本的校記「貞作『更元年』，無『爲』字」，司馬貞舊本似無「爲」字。

「楚有宋玉唐勒景差久徒者。」(《屈原賈生列傳》)今本《史記》和毛晉刻本同。然而，據南化本的標注「《索隱》本作『瑳』」，司馬貞舊本或作「景瑳」。

以上，筆者從數個層面考察此書標出的正文，試以此闡明其特性。通過以上論證，結論如下： 雖然

書中存在若干後人改易的痕跡，但此書的原本無疑是比任何今本《史記》都古老的北宋刊本。而且，與今本《史記》相比，此書標出的正文保留了更爲古老的面貌。所以，作爲《史記》文本，此書是極爲貴重的存在。

注1　此書校勘時使用了景祐監本、井井本、蜀大字本、紹興本的四種《集解》本；耿秉本、蔡夢弼本、中統本的三種《集解》、《索隱》二注合刻本；慶元本和彭寅翁本的二種《集解》、《索隱》、《正義》三注合刻本，凡九種板本。

注2　指明凌稚隆本、中統本的覆刻本游明本、清武英殿本、彭寅翁本的覆刻本、日本慶長古活字本等。

注3　指日本殘存的古板本的批注中關於異字異文的校記。在第二章第二節《史記》古本中，筆者已經論證過，這些批注來源於與今日殘存的《史記》古鈔本大致屬同一系統的文本。

注4　這些古本指下面諸本中出現的關於出入異同的批注。詳細論述可以參照第二章第一節「《史記》古板本標注資料」一項。

南化本：　上杉隆憲藏南宋慶元本欄外校記。

楓山本：　楓山文庫舊藏、宮内廳書陵部藏元板彭寅翁本欄外校記。

棭齋本：　狩谷棭齋舊藏、宮内廳書陵部藏元板彭寅翁本欄外校記。

三條本：　三條西實隆自筆、宮内廳書陵部藏元板彭寅翁本欄外校記。

梅仙本：　梅仙和尚自筆、建仁寺兩足院藏元板彭寅翁本欄外校記。

狩野本：　狩野亨吉舊藏、東北大學圖書館藏慶長古活字本欄外校記。

注5　謙本：　伊佐早謙舊藏、慶應大學圖書館藏元板彭寅翁本欄外校記。

注6　日本殘存的古鈔本和古板本的批注中，包含源於劉伯莊《史記音義》二十卷及張守節《史記正義》三十卷的單注

本的批注。詳細論述可參考第二章第一節「《史記》古板本標注資料」一項。

注 7　承續了日本博士家的說法。

注 8　據毛晉的跋文「迺北宋秘省大字刊本，晉亟正其訛謬重脱」可知，毛晉自己也對北宋刊原本加以校改。但是，這裏論述的兩個方面，未必就是經毛晉之手的改易，也可能是毛晉之前就存在的改易。

注 9　古鈔本，東北大學藏延久鈔本《孝文本紀》和宫内廳書陵部藏《范雎蔡澤列傳》二卷中，數量較多。古板本，只有上杉家藏慶元本標注中存在若干。

注 10　《日本國見在書目》中有「司馬貞《史記索隱》三十卷」的記載。《幻雲抄》中也記有幻雲的批語：「吾邦有《索隱》本、《正義》本，《索隱》與此注所載大同，《正義》者此注所不載者夥，故諸本之上書之。」根據這些記載，日本曾有《索隱》單注本，已是不争的事實。而且，很多跡象表明，古鈔本和古板本中所見關於《索隱》的標注，也多源於單注本。

(B) 注文

以上，筆者從數個層面論述了，與今本《史記》相比，此書標出的正文保留著《史記》文本更爲古老的面貌。同樣，與合刻本所收注文相比，此書所收注文更能代表司馬貞注文的舊貌。從以下三個方面對此進行論述。

(a) 合刻本，嫌與《集解》注文重複，而删除了一些《索隱注》。

(b) 當合刻本的正文與《索隱》本的正文相異時，爲與合刻本的正文一致，合刻時對《索隱注》作了删改。

(c) 與合刻本所收注文相比，此書的注文更近於日本殘存古鈔本批注中的注文。

(a) 合刻本，嫌與《集解》注文重複，而删除了一些《索隱注》

試比較二注乃至三注合刻本的《索隱》與此書的注文，首先會注意到，合刻本的《索隱》比此書注文少得多，而缺少的部分往往在某種意義上與《集解》重複。這是因爲，在將《索隱》與《集解》本合刻時，合刻者嫌重複而删去了一些《索隱》。因此，現存合刻本所收《索隱注》並非司馬貞原本的舊貌。從這一點來説，當然應以此書爲《索隱注》的善本。下面，筆者將指出合刻本中被删除的《索隱注》。

「晏温。」(《孝武本紀》)《索隱》如淳云，三輔俗謂日出清濟爲晏，晏而温，故曰晏温。

二注及三注合刻本，均無上述「如淳云」至「故曰晏温」的二十字《索隱注》。這是因爲《集解》同樣引用了如淳的説法，注曰：「如淳曰，三輔謂日出清濟爲晏，晏而温也。」合刻時，因嫌繁雜，删去了《索隱》。

「而樂有反。」(《樂書》)《集解》孫炎曰，反謂曲終還更始。《索隱》孫炎曰，反謂曲終還更始也。

合刻本删去了上面十一字《索隱注》。

「賈人緡錢皆有差。」(《平準書》)《集解》李斐曰，緡，絲也，以貫錢也。一貫千錢，出二十算也。《索隱》緡音旻，緡者，絲繩以貫錢者，千錢出二十算也。

合刻本删去了「緡者」以下的十五字《索隱注》。

「其在祖甲。」(《魯周公世家》)《集解》孔安國曰，王肅曰，祖甲湯孫太甲也。馬融曰，鄭玄曰，祖甲武丁子帝甲也。(按張文虎曰：孔安國、馬融下並衍「曰」字)《索隱》孔安國以爲湯孫太甲，馬融、鄭玄以爲武丁子帝甲，按《紀年》。

合刻本删去了「孔安國」至「武丁子帝甲」二十字。

「申生自殺於新城。」(《晉世家》)《索隱》韋昭云,曲沃也,新爲太子城,故曰新城。

合刻本删去了上面十五字注文,因爲這十五字注文與前面「太子聞之奔新城」的《集解注》「韋昭曰,新城曲沃也,新爲太子城」重複。

「是以齊稷下學士復盛。」(《田敬仲完世家》)《集解》劉向《别録》曰,齊有稷門,城門也。談説之士,期會於稷下也。《索隱》劉向《别録》曰,齊有稷門,齊城門也。談説之士,期會於其下。《齊地記》曰。

合刻本删去了上面「劉向《别録》曰」至「期會於其下」的二十二字《索隱注》。

「冉耕字伯牛。」(《仲尼弟子列傳》)《集解》鄭玄曰,魯人。《索隱》按《家語》云,魯人。

合刻本删去了這條《索隱注》。

此外,合刻本還删去了《仲尼弟子列傳》中數十條引用了《孔子家語》的《索隱注》。這可能是因爲,在當時,《孔子家語》極容易看到,没有必要特意附上此類《索隱注》。

「則置之鬼谷。」(《樗里子甘茂列傳》)《集解》徐廣曰,鬼谷在陽城。《索隱》案徐廣云,鬼谷在陽城。劉氏云,此鬼谷在關内雲陽是也。

二注合刻本的耿秉本,删去了與《集解》重複的「案徐廣云,鬼谷在陽城」九字。三注合刻本則删去了上面整條《索隱注》。這是因爲,《正義注》曰:「劉伯莊云,此鬼谷關内雲陽,非陽城者也。案陽城鬼谷,時屬韓,秦不得言置之。」比《索隱注》更爲詳細,故删去《索隱注》而保留了《正義注》。不過,整體來看,很少有删《索隱》而存《正義》的情況。

「廉頗復伐齊幾拔之。」(《廉頗藺相如列傳》)《集解》徐廣曰，幾，邑名也。案《趙世家》，惠文王二十三年，頗將攻魏之幾邑取之。而《齊世家》及《年表》，無伐齊幾拔之事。疑是邑名，而或屬齊或屬魏耳。田單在齊，不得至於拔也。

《索隱》，《世家》云，惠文王二十三年，頗將攻魏之幾邑取之，與此列傳合。《戰國策》云，秦敗閼與，及攻魏幾，幾亦屬魏。而裴駰引《齊世家》及《年表》，無伐齊幾拔之事。疑其幾是故邑，或屬齊魏故耳。

合刻本將上面的《索隱注》節略爲：「世家與此列傳合，而《戰國策》云，秦敗閼與，反功魏幾，是幾亦屬魏。故裴駰云，或屬齊屬魏也。」

(b) 當合刻本的正文與《索隱》本的正文相異時，爲與合刻本的正文一致，合刻時對《索隱注》作了刪改

這一事實直接表明，司馬貞所用的《史記》文本與今本《史記》甚不相同。同時，如果《索隱》單注本沒有傳下來，我們也絕不可能明白這一點。毋庸贅言，司馬貞所用的文本，自是司馬貞依照自己深廣的學識而選取的唐開元年間的最善文本。因此，弄清司馬貞所用的文本與今本之間的差異，是非常重要的。舉例如下：

「猶有感。」(《吴太伯世家》)今本《史記》「感」作「憾」。

《索隱》感讀爲憾，字省耳。

合刻本中，上面的《索隱注》作「『憾』或作『感』，字省爾，亦讀爲憾」。合刻本依據的文本，此處的正文作「猶有憾」，因此，爲使《索隱注》與之相符，合刻時改了《索隱注》。

「或封蓼六。」(《陳杞世家》)今本《史記》「蓼」作「英」。

《索隱》本或作英六。

合刻本的正文作「或封英六」，爲使《索隱注》與之相符，將上面的《索隱注》改成「本或作蓼六」。

「非以爲可用與。」(《晉世家》)今本《史記》「與」作「興」。

《索隱》與音余，諸本或爲興。

合刻本正文作「非以爲可用興」，故删去了上面的八字《索隱注》。

下面，列出一些類似的删改例子。

「其樂非特朝昔之樂也。」(《楚世家》)今本《史記》「昔」作「夕」。

單注本《索隱》昔，猶夕也。　合刻本《索隱》夕，猶昔也。

「宗胡之地。」(《越王句踐世家》)今本《史記》「宗」作「宋」。

單注本《索隱》宗，胡邑名。　合刻本《索隱》宋胡作宗胡。　宗，胡邑名。

「名耳字耼。」(《老子韓非列傳》)今本《史記》作「名耳，字伯陽，謚曰耼」。

單注本《索隱》有本字伯陽，非正也。　合刻本《索隱》今作字伯陽，非正也。

「始秦與周合合五百歲而離離七十歲而霸王者出焉。」(《老子韓非列傳》)今本《史記》，這二十一字正文作「始秦與周合而離離五百歲而復合合七十歲而霸王者出焉」二十四字。

單注本《索隱》按周秦二本紀並云，始周與秦國合而别，别五百載又合，合七十歲而霸王者出，然與此傳離合反。　合刻本《索隱》按周秦而本紀並云……然與此傳離合正同。(慶元本，正文改如上，

而《索隱》與單注本同，意思不通）

「亦嘗有以夫館莊子刺虎聞於王者乎。」（《張儀列傳》）今本《史記》「館」作「卞」，又作「辨」。

單注本《索隱》館莊子。謂逆旅舍其人字莊子者，或作卞莊子也。合刻本《索隱》《戰國策》作「館裝子」，謂逆旅舍其人字莊子，或作辨莊子也。

「大項橐生七歲爲孔子師。」（《樗里子甘茂列傳》）今本《史記》「大」作「夫」。

單注本《索隱》音託，尊其道德，故云大項橐。合刻本《索隱》音託，尊其道德，故云項橐。

「臣之客有能深得趙王陰事者。」（《魏公子列傳》）今本《史記》「深」字作「探」。

單注本《索隱》按，譙周作探得趙王陰事。合刻本《索隱》删去了上面這條《索隱注》。

「何不誅。」（《淮陰侯列傳》）今本《史記》作「何所不誅」。

《索隱》按劉氏云，言何所不誅也。合刻本《索隱》删去了上面這條《索隱注》。

(c) 與合刻本所收注文相比，此書的注文更近於日本殘存古鈔本批注中的注文

如前所述，日本曾存有《索隱》的單注本，已是不争的事實。古鈔本批注中的注文、此書的注文和合刻本所收注文之間的上述關係，不僅證明了此書作爲傳司馬貞原本之舊的單注本的可信性，並反過來證明古鈔本中的批注決不是源於合刻本，而是源於《索隱》單注本。可舉如下例子：

「新啑血京師。」（《孝文本紀》）《索隱》啑，《漢書》作喋，音跕，丁牒反。

東北大學藏延久古鈔本（延久本）中，有與上引《索隱》單注本相同的標注。然而，合刻本中「喋」字皆作「牒」。

「誹謗之木。」（《孝文本紀》）《索隱》今宫外橋梁頭四植木，是也。

延久鈔本標注同。合刻本中「植」皆作「柱」。

「故遣使者冠蓋相望結軼於道。」（《孝文本紀》）《索隱》鄒氏音逸，又音轍。

延久鈔本標注同。合刻本皆無「又音轍」三字。

「民得賣爵。」（《孝文本紀》）《索隱》故聽賣買也。

延久鈔本標注同。合刻本「賣買」二字互倒。

「先生待我於三亭之南。」（《范雎蔡澤列傳》）《索隱》與期三亭之南。

宫内廳書陵部藏古鈔本（秘閣本）中，有與上引單注本相同的標注。然而，合刻本中句首均增「如今」二字，作「如今與期三亭之南」。

以上，從合刻本所收《索隱注》中存在的删節和改易現象，可見合刻本所收《索隱注》大失司馬貞原本舊貌，而應以此書爲司馬貞《索隱》的善本。除了以上論述的問題外，還有注文内容正誤的探析、錯簡等若干需要討論的問題。爲避免文章失於繁雜，這些問題暫不予討論。

（五）東北大學藏延久鈔本《孝文本紀》所引《索隱》

據卷末的識語可知，此鈔本是延久五年（一〇七三）由大江家國鈔寫的，因此行間和欄外與正文筆跡相同的批注，也應該是同時寫入的。從文本批判的角度來看，此鈔本可以訂正今本的訛誤，且展現了《史記》的舊貌，因此非常珍貴。此外，行間和欄外寫入的許多標注，也具有各種各樣的價值，因此也十分珍貴。在前面的章節中，筆者已經從這些批注中摘録出鄒誕生《史記音》、劉伯莊《史記音義》和陸善經《史記注》的佚文，並論述了其價值。在此節中，筆者將要論述與這些佚注一同寫入的司馬貞的《索隱》。此鈔本的行間和欄外批注中的《索隱》，凡二十七條，且多數是標注作「貞」、「貞曰」寫入的，只有極少數標注作「索」、「司馬貞」。前面已經提到，這些《索隱注》可以認爲是從單注本移録的。將這些《索隱注》與毛晉覆刻《索隱》單注本及合刻本《索隱》對校，可以得出若干結論，爲解決以往只考慮毛晉覆刻單注本時所産生的疑問提供線索。

（1）論存在數本《索隱》單注本

賀次君曾經提出，可能存在數種《索隱》單注本。在其著作《史記書録》中，賀氏認爲，毛晉刻《索隱》單注本與合刻本所引《索隱》之間存在極大的差異，原因之一可能是《集解》、《索隱》二注合刻本的嚆矢蔡夢弼刊本及張杅刊本所收《索隱》，與毛晉刻單注本之間存在著差異。其論述如下：

……張杅據《索隱》單行本與《集解》合刻，則宜與此本（指毛晉刻單注本，下同——筆者注）吻合矣。但除《本紀》數卷外，大多異於此本而與蔡本相同之處反多。如《秦始皇本紀》「囊括四海」句下《集解》云：「張晏曰括，括囊也，言其能包天下。」蔡本、張本注「索隱注同」四字，而此本無此注。又如《六國年表》「初以君主妻河」，注云：「妻河，謂嫁之河伯。」張本「嫁之河伯」下有「使主祭河神，亦必況之」十字，此與蔡本無。……此例甚多（指與前面例子相似的例子——筆者注），皆合刻《索隱》不同於此本者，然張杅未見蔡本，何與之不謀而合耶？……疑《索隱》單行時亦有數本，故其間互有差異，非盡合刻有自所爲增減改易也。（旁點筆者所加）

在此之前，賀次君曾指出，同以單注本與《集解》合刻的蔡夢弼刊本和張杅刊本等合刻本，與毛晉覆刻的單注本之間存在著差異，原因之一在於合刻時有刪改。而在上引文中，他又提出疑問，是否因爲當時已經存在數本單注本，而各自依據的單注本之間存在差異，從而導致上述合刻本與毛晉刻單注本有所異同？這一疑問，僅僅通過現行毛晉覆刻單注本與合刻本《索隱》之間的對比，是無法明確解決的。但是，對校此鈔本批注中的《索隱》與前述兩種文本中的《索隱》，卻可以證明當時確實已經存在數種《索隱》單注本。

例1 「誹謗之木」下方的注，毛晉刻單注本、合刻本《索隱》和此鈔本批注中的《索隱》分別如下：

韋昭云：慮政有闕失，使書於此，堯時然。（毛晉刻單注本）

韋昭云：慮政有闕失，使書於木，此堯時然也。（合刻本《索隱》）

韋昭云：慮政有闕失，使書於此木，此堯時也。（此鈔本標注《索隱》）

上例乃十分細微的差異。三種文本均不相同，若單純認爲是後人改易，似乎難以令人信服。應該是存在數種《索隱》單注本，而各個文本所依據的祖本不同。

例2 「以全天下元元之民」下的注，諸本有如下兩種：

古者謂人云善人也。（毛晉刻單注本、慶元本、彭寅翁本）

古者謂人云善，言善人也。（此鈔本標注《索隱》、《桃源抄》引《索隱》、中統本、游明本）

上述例子顯示，雖然只限於此例，傳入日本的《索隱》單注本，與毛晉刻單注本屬於不同系統。引用前一系統文本的，是中統本、游明本等二注合刻本；引用後一系統文本的，是慶元本、彭寅翁本等三注合刻本。無論如何，這一例子説明，毫無疑問存在數種《索隱》單注本。

第三節　《正義》單注本

（一）緒論

《史記正義》失傳，宋人合《索隱》、《正義》兩書，散入正文之下，妄加删削，使後人不得見守節真面目，良可嘆也。（錢大昕《十駕齋養新録》卷六）

《正義》單行本失傳已久，無從考補矣。惜矣。（錢泰吉《甘泉鄉人稿》卷五）

正如前人所感歎的，《史記》三家注之一的張守節《史記正義》單注本已全部亡佚。此章所論「《正義》單注本」，不過是根據下述各種資料推測的文本。

(a) 三注合刻本，尤其是現存文本中最早刊行、且被認爲是《正義》最善文本的黄善夫刊本《史記》（慶元本）中所存《正義》的注文。

(b) 瀧川博士發現，而筆者搜求所得日本殘存《史記》古板本的批注中的《正義》佚文（參照正篇第二章第三節）。

(c) 批注有《正義》佚文的日本殘存《史記》古板本中偶見的「正義（本）某字作某」的校記（這裏，專用古板本中存有此類校記最多的「南化本」）。

以上所述，實是十分有限的資料。其中，(b)和(c)推測是源於「《正義》單注本」，同時也是此章論述所使用的主要資料。

筆者之所以用上述有限資料特意假想出一個今日已不存在的「《正義》單注本」並對之進行論述，主要有如下兩點用意：

(A)正如上引錢大昕和錢泰吉所言，今日所見三注合刻本中的「正義」，在合刻時經過相當程度的妄改和删削，存在不少的訛脱（黄善夫刊本也不例外）。因此，筆者試圖構想一個不完整的「《正義》單注本」，以訂正這些妄改、删削和訛脱。（這一點，使用前記資料中的[a]和[b]）

(B)張守節撰述《正義》時使用的《史記》文本（《正義》本），是當時（唐開元年間）他憑藉自己深厚的學養選定的、他所相信的最好文本。筆者試圖構想一個不完整的「《正義》單注本」，來部分地闡明他所使用的《史記》文本與今本《史記》之間的差異，以幫助文本批判的研究。（這一點，使用前記資料中的[c]）

以上解釋了論述「《正義》單注本」時所使用的資料和相關的問題點。此外，此章在性質上與正篇第二章第三節（《史記會注考證校補》所收）有著密切的關聯，可適當參照。

（二）張守節及《史記正義》

《史記正義》撰者張守節的傳記，新舊《唐書》中無任何記載。但，《史記正義序》中説：「……守節涉學三十餘年，六籍九流，地理蒼雅，鋭心觀采，評史漢，詮衆訓釋而作《正義》。郡國城邑委曲，申明古典幽微，竊探其美，索理允愜，次舊書之旨，兼音解注，引致旁通，凡成三十卷，名曰《史記正義》。發揮膏肓之辭，思濟滄溟之海，未敢侔諸秘府，冀訓詁而齊流。庶貽厥子孫，世疇茲史。于時歲次丙子開元二十四年八月，殺青斯竟。」據此可知，張氏鑽研三十餘年，窮盡畢生精力，廣涉諸書，詳究地理，深探司馬遷之意，施加音注，終於開元二十四年（七三六）完成了《史記正義》三十卷。換言之，張守節是憑藉著撰述《史記正義》三十卷，纔將自己的名字傳到了一千二百年後的今天。

張守節在《史記》學問上的師承，詳細情況固然不知，但《正義》注文中有如下記載：

> 張先生舊本有士字，先生疑是衍文，又不敢除，故以朱大點其字中心。今按食官（注1）長及郎中尹霸等，是士人，太后與通亂，其義亦通也。（《梁孝王世家》「李太后亦私與食長官（注2）及郎中尹霸等士通亂」的注）
>
> 此卷，或有本次平津侯後第五十二。今第五十者，先生舊本如此，劉伯莊音（注3）亦然，若先諸傳而次《四夷》，則《司馬》、《汲鄭》，不合在後也。（《匈奴列傳第五十》的《正義注》）

據這些記載推測，其師是同姓的「張先生」。瀧川博士將這一事實與同爲《史記》三家注之一的《索隱》的撰者司馬貞聯繫到一起。《索隱後序》說：「……崇文館學士張嘉會獨善此書，而無注義，貞少從張學，晚更研尋。」瀧川博士認爲，張守節和司馬貞二人的老師是同一人（注4）。但，這最多只能算作一種推測。以前述《匈奴列傳》的順序問題爲例，精查今日所能看到的毛晉覆刻《索隱》單注本（注5）、張守節所云「或本」及「先生舊本」（依前引《梁孝王世家》注的例子，應是張先生舊本之意［注6］），就《匈奴列傳》的前後順序試作比較，各本如下：

	《列傳第五十》	《列傳第五十一》	《列傳第五十二》
《正義》所云或本	衛將軍驃騎	平津侯主父	匈奴
《正義》所云先生舊本	匈奴	衛將軍驃騎	平津侯主父

（今本《史記》亦同）

《索隱》單注本　　衛將軍驃騎　　平津侯主父　　匈奴

顯然，師事張嘉會的司馬貞所撰「《索隱》單注本」，反而與《正義》所云「或本」一致，而不與《正義》所云「先生舊本」一致。從這一事實，很難作出《正義》所云張先生與司馬貞師事的「張嘉會」是同一人物的推論。

另一方面，關於其所著《史記正義》，《新唐書》和《宋史》均記作三十卷（注7）。由此推斷，其原本，應與今日我們所能看到的毛晉覆刻《史記索隱》三十卷（參照本章第二節）一樣，是單注本。然而，如前所述，這個原本及傳承其原本形態的文本，已經全部亡佚。一般認爲現在《正義》的最善本（注8），不過是《集解》、《索隱》、《正義》三注合刻本的南宋板「黃善夫刊本」。一般而言，在合刻本中，越晚被合刻進來的注文，删節和改易就越多。這一事實，只要對照合刻本的《索隱》與《索隱》單注本，就很容易想象到。而《正義》的合刻更晚於《索隱》，其受删削、改易之害更甚。此外，合刻於「黃善夫刊本」中的《正義》，明顯有不完整的部分。例如：

「徐福得平原廣澤，止王不來」的《正義》注：「《括地志》云，亶州在東海中……其土人有至會稽市易者，闕文。」

「陳定發南陽兵，守武關」的《正義》注：「故武關在商州商洛縣東九十里，春秋時，闕文。」（兩例均據《淮南衡山列傳》）

如此，探求《正義》善本，一直以來都被認爲極其困難。然而，如正篇已經詳細論述的，瀧川博士從日本殘存的《史記》古板本（狩野本）的欄外批注中，輯録了多達千餘條的《正義》佚文，極大地推進了這一問題的解決。

（三）構想的《正義》單注本

瀧川博士輯録的《正義》佚文，很有可能來源於傳至日本的「《正義》單注本」。這在正篇中已有詳細的論述，此處略過不論。然而，筆者在上杉氏藏「黄善夫刊本」（以下略稱南化本）中發現了比瀧川博士輯録佚文時使用的資料更爲可靠的（注9）《正義》相關「批注」，因此此節專用南化本來構想《正義》單注本。

（A）《正義》單注本的形態

我們今日所能見到的三注合刻本的《集解》、《索隱》和《正義》各注文的附注方式（注文所附的位置），在各個校本之間並無很大的差異（注10）。然而，《索隱》單注本則是只摘出需要附注的《史記》正文，因而注文往往附在與三注合刻本不同的位置。關於這一點，在《正義》單注本中，可以找出如下例子（如前所述，下文所舉的例子，全都采録自南化本欄外批注）。

（a）「北圍レ曲-沃ヲ徐廣曰……○正義曰，《括地志》……故楚圍之。於中ヨリシテ以至二無徐廣曰，無，一作西。假之關一ニ者……」（《越王句踐世家》）

關於此，可見「『正義』北圍曲沃於中，於中屬上，今此點屬下句，恐非歟」的批注。這條批注中，「北圍曲沃於中」的部分應是筆記者所持有的《正義》本所摘出的《史記》正文，推測其下附有「括地志」的《正義注》。又，這條筆記以此爲基礎，認爲《正義》解作「於中」屬上，並以「此點」將「於中」屬下爲非（注11）。

(b)「用兵如刺蜚。」(《蘇秦列傳》)

關於此，可見「《正義》曰，刺，七賜反，猶過惡之人有罪過，刺之則易也。言秦譴謫諸國，以兵伐之，若刺與有罪之人，言易之也。幻謂，《正義》所帖本文，用兵如刺而已，無蜚字」的批注。這條批注中，「《正義》曰，刺，七賜反……言易之也」的部分不見於三注合刻本，是《正義》佚文。據「幻謂」以下可知，筆記者(幻雲)所持有的《正義》本，摘出了「用兵如刺」的《史記》正文，其下附有上記《正義》注文。又，正文中「蜚」字的有無，是《正義》所依據的文本的問題，後文將有論述。

(c)「乃夜爲狗以入秦宮藏中。《正義》，藏，在浪反。」(《孟嘗君列傳》)

關於此，可見「幻按，《正義》帖『宮藏』二字，其下有『在浪反』三字，然則宮藏二字連讀可乎」的批注。據此，可知筆記者(幻雲)所持有的《正義》本，只摘出「宮藏」二字，其下附有三注合刻本中亦可見的「在浪反」的注文。施加音注時，《索隱》單注本等也以揭其字而於其下附注爲通例。很明顯，此例中，合刻者在將「在浪反」的《正義》注文移到「中」字之下時，補上了「藏」字。

(d)「嬰證之後獄覆。索隱曰……是獄辭翻覆也。嬰坐高祖……」

關於此，可見「《正義》作『獄覆嬰』，至『嬰』字絶句，注『獄辭覆嬰』」的批注。據此，這條批注的筆記者所持有的《正義》本，至少摘出了「獄覆嬰」三字正文，其下附有三注合刻本中亦可見的「獄辭覆嬰」的注文(瀧川博士未收)。值得注意的是，注文的位置與《索隱》附注的位置不同。估計合刻者因嫌與《索隱》重複，删除了這條短短的《正義》佚文。關於這一點，後文將另有詳述。

以上雖然只舉了四個例子，但從中可以看出，這些批注的筆記者([a]和[d]不明，[b]和[c]據筆跡推斷應是幻雲)所持有的《正義》本,很明顯與《索隱》單注本一樣,是只摘出需要注釋部分的《史記》正文,並在其下附上注文的。但是,由於解釋方法不同,如上例(d),一些摘出的部分也當然與《索隱》不同。

(B)《正義》删節的情況

爲了構想《正義》本,下面根據南化本欄外批注中的《正義》佚文,探討《正義》删節的具體情況。毋庸贅言,這數百上千條的《正義》佚文(其中約四百條是瀧川博士未收的),是合刻者嫌注釋繁雜或重複而删削掉的。當然,其中也可以分爲各種情況。

(1) 單純因《正義》注本身數量過多而删去的情況(當然,這一情況占大多數,没有必要特别舉例)。

(2) 某一部分的《正義》注過於繁雜(注12),故删去了其中一部分。例如:

「樗里子滑稽多智。○索隱曰……○正義曰,滑讀爲淈,水流自出。稽,計也,言其智計宣吐如泉,流出無盡,故楊雄《酒賦》云,鴟夷滑稽,腹大如壺,是也。顔師古云……」(《樗里子甘茂列傳》)

關於此,可見「《正義》曰,滑讀爲淈云云。崔浩云,滑稽方酒器,可轉注酒不已云云。故楊雄《酒賦》云云」(瀧川博士未收)的批注。據此可知,《正義》單注本比三注合刻本的《正義》注(以下稱今本《正義》)多了「崔浩」的説法。應是合刻者爲避免繁雜而删去的。又,上記批注中的「云云」,是指筆記者所持有的《正義》本與今本《正義》完全一致,故而節略了。

(3) 爲避免重複出注的繁雜而删削的情況。其中細分爲三種情況。

(a) 因與《集解》重複而删去。例如:

「井泄(注13)不食。向秀曰,泄者浚治去泥濁也。」(《屈原賈生列傳》)

關於此，可見「《正義》作『渫』，向秀云，渫者浚云云」的批注。據此可知，筆記者所持有的《正義》本中，「泄」作「渫」，且附有與「向秀云……」的與《集解》相同的注文。

(b) 因與《索隱》重複而刪去。這種情況例子非常多，舉一例如下：

「使使還請善徐廣曰，一作蓄。田者五輩。索隱曰，謂使者五度請也。」(《白起王翦列傳》)

關於此，可見「《正義》曰，按，王翦從霸上至關，請五輩，而五度使請之」(瀧川博士未收)的批注。這裏的《正義注》與《索隱注》幾乎相同，故而合刻者將之刪去。

(c) 與其他地方的《正義》注重複而刪去。這種情況的例子也很多，舉一例如下。

「而襲秦至藍田大戰。」(《張儀列傳》)

關於此，可見「《正義》云，藍田縣，在雍州東南八十里……」的批注。《曹相國世家》的「前攻秦軍藍田南」之下，今本《正義》已經有「雍州藍田縣，在州東南八十里……」的注文。今本《正義》中類似的重複例子也不少，但合刻者應該是盡量避免這種重複的。

(4) 刪去音注的情況非常多。舉一例如下：

「而秦舞陽奉地圖匣。」(《刺客列傳》)

關於此，可見「《正義》，奉地上，封奉反」(瀧川博士未收)的批注。音注多有重複作注的情形，應是合刻者爲避免繁複而刪去了。

(5) 刪去爲《集解》作注的「正義」的情況比較多。例如：

「武士二十萬。《漢書·刑法志》曰……中試則復其户……」(《蘇秦列傳》)

關於此，可見「中試，《正義》曰，中，竹仲反，謂壯健中試用」（瀧川博士未收）的批注。合刻者可能認爲爲《集解》作注的「正義」過於繁雜，不太重視故而删去了。

(C) 從構想的《正義》本看「正義」的性質

(1) 疏的性質較强

將三注合刻本的《史記正義》和《史記正義》佚文合看，首先可以說，《正義》有效仿唐人經疏，爲《史記》三家注之一且早於《正義》成書的劉宋裴駰所著《集解》作注的傾向。也就是說，一直以來，《正義》就被認爲不僅是爲《史記》正文作注，還包含爲《集解》作注的「疏」的要素（注14）。而將《正義》佚文考慮在内時，《正義》的「疏」的要素就更爲明顯了。這與諸如孔穎達的《五經正義》等經疏並非全無關係。下面舉一部分爲《集解》作注的《正義》佚文的例子。

「呂平爲扶柳侯。」《集解》：「字長姁。」（《呂后本紀》）

關於此，可見「《正義》云，長姁，上張丈反，下況羽反，又呼附反」的批注佚文。

「帝初幸甘泉宫。」《集解》：「賜食帛越巾……」（《孝文本紀》）

關於此，可見「《正義》云，越謂江東細綜布，爲手巾也」（瀧川博士未收）的批注佚文。

「乃說王使齊爲反間。」《集解》：「反間者因敵間……令吾間必索……」（《燕召公世家》）

關於此，可見「《正義》云，注反間、敵間、吾間，並音紀莧反」（瀧川博士未收）的批注佚文。十分有趣的是，現存三注合刻本在此處有「《正義》曰，使音所使反，間音紀莧反」的注文，變形爲仿若在爲正文作注。

「范蠡。」《集解》：「太史公曰，《素王妙論》曰，蠡本南陽人……」（《越王句踐世家》）

關於此，可見「《正義》云，《七略》云，《素王妙論》二卷，司馬遷撰也」的批注佚文。而且，這條「正義」佚文，與《困學紀聞》卷二十的「雜識」中引用的《史記正義》「《七略》云，《素王妙論》，司馬遷撰」大體一致。

「卒受惡名於秦有以也夫。」《集解》：「……國富兵彊，長雄諸侯……」（《商君列傳》）

關於此，可見「《正義》，注長雄丁丈反。」（瀧川博士未收）的批注佚文。

「越軍長平。」《集解》：「徐廣曰，在泫氏。」（《白起王翦列傳》）

關於此，可見「《正義》，泫，古玄反，今澤州高平縣是。因縣西北泫水爲名」（瀧川博士未收）的批注佚文。然而，有趣的是，與前面一個例子一樣，三注合刻本作「《正義》曰，長平故城，在澤州高平縣西二十一里也」，變形爲宛若在爲正文作注。

如前所述，這些《正義》佚文，由於是爲《集解》作注，在合刻時不受重視，被删去了。同樣的例子尚有四十多條。

（2）音注詳密

其次，值得注意的是，與(1)也有一些關聯，可以推想《正義》的音注非常詳密。舊《正義》中本就有不少音注，再加上《正義》佚文，可以認爲《正義》單注本中應該附有大量的音注。這一特點也十分符合張守節在《正義序》中自倡的「次舊書之旨，兼音解注」的標準。這不僅反映了那個時代對「音」的高度重視，同時也承續了鄒誕生的《史記音》、劉伯莊的《史記音義》等張守節之前的《史記》注家的傳統。或許與陸德明的《經典釋文》也並非全無關係。下面舉一部分音注的佚文。

會之橐皋。（《伍子胥列傳》）

關於此，可見「《正義》，橐音柘」（瀧川博士未收）的批注。

東復侵地。（《商君列傳》）

關於此，可見「《正義》，復音伏」（瀧川博士未收）的批注。

皭然泥而不滓者也。（《屈原賈生列傳》）

關於此，可見「皭（此字依照引文）然，《正義》，上，自若反，又子笑反，疏靜之皃」（瀧川博士未收）的「批注」佚文。

而桓發用之富。（《貨殖列傳》）

關於此，可見「《正義》，桓，工爰反」（瀧川博士未收）的批注佚文。

這些《正義》的音注佚文，即使去掉(1)中舉出的爲《集解》所注的音注，尚多達三百餘條（當然，包括與今本《正義》重複的音注）。

(3) 與《索隱》相同的注文

再次，值得注意的是，《正義》佚文中不僅存在與《集解》重複的例子，與《索隱》重複的例子也非常多。這些注文在合刻時被删節了。僅從其作爲注釋的價值來看，此類《正義》佚文確實没有什麽意義。然而，在考慮一直以來被廣泛討論的《索隱》與《正義》之間有無關聯（注15）的問題（注16）時，這類《正義》注文仍然值得注意。即，將《正義》佚文考慮在内，《索隱》和《正義》在《史記》的同一位置附上完全相同的注，已是明確的事實。基於此，如何理解兩者的關係問題？在現階段，筆者越是觀察到兩者附有完全相同的注這一現象，就越是覺得兩者是毫無關係地分别成書的。如果一方曾參考過另一方的注，那麽，兩者之間或是會有更爲直接的關係，或是會下意識地附上更加不同的注釋。當然，這只是一種基於常識的判斷。下面舉一部分《正義》佚文與《索隱》重複的例子。

「其大夫正考父美之。」《索隱》：「……又考父佐戴武宣，則在襄公前且百許歲，安得述而美之，斯謬説耳。」（《宋微子世家》）

關於此，可見「《正義》云，正考父佐戴武宣公，見著於《孔子世家》。按《年表》等，在襄公前百年間，豈得正考父追道述而美之。斯太史公疏誤矣」（瀧川博士未收）的批注佚文。

「冀闕。」《索隱》：「魏闕也。冀，記也。出列教令，當記於此門闕。」（《商君列傳》）

關於此，可見「《正義》，冀，記也。闕，門也。前象魏也，記列令門闕」（瀧川博士未收）的批注。

「於天下乃八十二分居其一耳。」《索隱》：「桓寬、王充以衍之，所言迂怪虚妄，熒惑六國之君，因納其異説，所謂匹夫而熒惑諸侯者，是也。」（《孟子荀卿列傳》）

關於此，可見「《正義》云，《鹽鐵論》及《論衡》並以衍之，所言迂怪虚妄以下與《索隱》同。」的批注佚文。

「新垣。」《索隱》：「新垣姓，衍名也，爲梁將，故漢有新垣平。」（《魯仲連鄒陽列傳》）

關於此，可見「《正義》云，新垣姓，衍名，漢有新垣平」的批注佚文。這條批注的右上角，又有幻雲所寫的「見《索隱》，可削」。

如最後一例，連幻雲都認爲「可削」。可見，應該有更多的「正義」在合刻時，因與《索隱》重複而被删節了，今日已無由得見。幸運的是，通過《正義》佚文的輯録，以上所舉之外，明確的例子達到了相當的數量。

(D)《正義》單注本作爲《史記》文本的性質

在當時，張守節應該是憑藉自己在《史記》方面的深厚學識，選擇了自己所相信的《史記》最善本，并爲之作了注釋的。因此，《正義》單注本理應在《史記》的文本批判領域占據重要的地位（注17）。具體而言，《正義》單注本所依據的《史記》正文，與今本《史記》存在差異，而與古鈔本（注18）和古本（注19）一致的例子，部分如下。

（1）與古鈔本一致的例子

紂因西伯羑里。（《殷本紀》）

其下《正義》作「牖，一作羑云云」，可知《正義》本「羑」作「牖」。現在，只有高山寺藏古鈔本作「牖」。

爲泗水亭長。（《高祖本紀》）

其下《正義》作「……高祖爲泗水亭長也」，可知，《正義》本的正文不作「泗水」。現今，宮内廳書陵部藏古鈔本作「泗上」。王念孫已説：「泗水當依《漢書》作『泗上』，此涉《正義》泗水而誤也。案正文作『泗上』，故《正義》釋之曰『高祖爲泗水亭長也』。若本作『泗水』，則無庸更爲釋。」（《讀書雜志》）

足下起糾合之衆。（《酈生陸賈列傳》）

關於此，可見「《正義》云，如瓦合聚而蓋屋」的批注佚文。據之，《正義》本正文「糾」作「瓦」。只有石山寺藏古鈔本與此一致。

（2）與古本一致的例子

西齊于流沙。（《五帝本紀》）

其下《正義》作「濟，渡也」，可知《正義》本「齊」作「濟」。現在，與此一致的只有《史記》古本。

孟嘗君待客坐語。（《孟嘗君列傳》）

關於此，可見「《正義》云，侍猶當也」的批注佚文。據之，《正義》本的正文「待」作「侍」。與此一致的只有《史記》古本。

益鑄錢。（《吴王濞列傳》）

其下《正義》作「按既盜鑄錢」，可知《正義》本「益」作「盜」。與此一致的只有《史記》古本。王念孫說：「當依《正義》作『盜鑄錢』，字之誤也。」

廣家世世受射。（《李將軍列傳》）

關於此，可見「《正義》云，愛，好也，習也」的批注佚文。可知，《正義》本的正文「受」作「愛」。與此一致的只有《史記》古本。

如上述例子所示，從文本的特性來看，《正義》本不屬於今本系統，而屬於鈔本系統。除上記例子外，南化本中還散見「《正義》本某字作某」之類記有與《正義》本異同的批注（注20）。其中，比較顯著的有如下例子：

《仲尼弟子列傳》第一葉背面，以「其四十有二人，無年及不見《書》、《傳》者，紀于左方」列舉了「冉季」以下四十二人的姓名。其上欄有「以下位次，《正義》相違，《正義》位次如朱書，與本相違」的批注，每個姓名的右上角用朱筆標出了《正義》本的順序。現將四十二人的姓名依照通行本排序，在括弧内標出朱書的《正義》本順序。

冉季(1)、公祖句兹(2)、秦祖(10)、漆雕哆(28)、顏高(7)、漆雕徒父(13)、壤駟赤(34)、商澤(11)、石作蜀(23)、任不齊(40)、公良孺(20)、后處(6)、秦冉(42)、公夏首(22)、奚容箴(32)、公肩定(12)、顏祖(30)、鄡單(38)、句井疆(15)、罕父黑(36)、秦商(4)、申黨(25)、顏之僕(27)、榮旂(14)、縣成(29)、左人郢(9)、燕伋(17)、鄭國(35)、秦非(16)、施之常(18)、顏噲(41)、步叔乘(21)、原亢籍(8)、樂欬(26)、廉絜(33)、叔仲會(19)、顏何(31)、狄黑(39)、邽巽(24)、孔忠(37)、公西輿如(3)、公西蒧(5)

這一差異究竟具有什麼意義，筆者無法想象。但是，這一事實已經足以令人想象，與今日的通行刊本相比，《正義》本的文本相當不同。

注1　慶元本、彭寅翁本和《評林》本誤作「侯宮」。

注2　蜀大字本、慶元本和彭寅翁本誤作「宮」。

注3　景印慶元本中「音」改作「云」。

注4　參見《史記會注考證》第十册所收《史記總論》中的「司馬貞、張守節事歷」一條。

注5　參照第二章。

注6　錢泰吉也説：「疑即《梁孝王世家正義》所云張先生舊本者。」

注7　據《四庫全書提要》引晁公武和陳振孫所録，亦作二十卷。

注8　衆所周知，明監本中《正義》删節較多。事實上，據説「全删八百三十七條，節删一百五十七條」(《校史隨筆》)。對此，《四庫全書提要》也指出，若與「王本」(「黃善夫刊本」的覆刻)相比校，便會明瞭這一事實，而若比較「殿本」《正義》與「王本」，又可知「全脱者尚有五十二條，不全者四十二條」(《校史隨筆》)。又，若比較「王本」與「黃善夫刊本」，尚能發現九

條《正義》的脱落(《校史隨筆》)。此外,「《評林》本」不僅整體上算不上善本,就《正義》而言,如《孝武本紀》也有大部分的删節。

注 9　如此判斷有以下幾點理由:

(1) 寫有「批注」的板本,此處即指黄善夫刊本,在刊行後不久,便於鎌倉時代初期傳入了日本。其中的《正義》佚文,大部分可以推測是在此書歸其舊藏者之一的幻雲(一四六〇至一五三三)所有前寫入的。换言之,此板本中《正義》佚文的鈔寫年代,上限是一二〇〇年加上渡來所需的年月,下限則是幻雲的卒年一五三三年。這比其他任何古板本中的「批注」的寫入年代都要早。

(2) 此板本中的《正義》佚文,是舊藏者之一的幻雲依據自己所有的文本(可能是《正義》單注本)鈔寫的(但只有《列傳一》至《列傳二十六》)。

(3) 整體而言,與其他板本相比,此板本中《正義》佚文的「批注」分佈更爲平均,且數量更多,鈔寫時的訛脱也較少。

(4) 在現存板本中,這個板本是《正義》的最善本。

注 10　只有《史記會注考證》有意作了改變。

注 11　在其他情況下,附注的位置是否斷句是一個很大的問題。但,在這個例子中,筆記者的想法是正確的。

注 12　概觀之,《正義》有駁雜之嫌。例如,《留侯世家》的「天下有四人」下的《正義》佚文,共引用了《高士傳》、《漢書外傳》、《陳留志》、《陳留風俗傳》、《周樹洞曆》、《周氏世譜》、《會稽典録》、《輿地志》、《崔氏譜》等九種書籍,注文多達三百數十字。

注 13　《索隱》本、殿本、金陵本和《史記會注考證》作「渫」。

注 14　同爲《史記》三家注之一的李唐的司馬貞所撰《索隱》,也含有「疏」的要素。

注 15　司馬貞的《索隱》和張守節的《正義》,幾乎成書於同一時代(開元年間)。錢大昕認爲前者成書稍早,似已成爲定説（參見《十駕齋養新録》卷六）。

注16　例如，幻雲在南化本的《列傳第一》的卷頭記到：「幻謂，小司馬、張守節，皆唐明皇時人也。而《索隱》不知《正義》，《正義》不知《索隱》，各出己意而注正之……」錢大昕在《廿二史考異・史記五》中記下：「二書不相稱引。」與之相對，認爲兩書之間有關聯的學者，有現代的中國學者程金造（他的説法，參見載於一九五七年九月號《文史哲》的《從史記三家注商榷司馬遷的生年》）。當然，這一問題要想得出正確的結論，必須用兩書的單注本來比較。然而，以往《索隱》單注本雖有殘存，但《正義》單注本的面貌則根本無法想象。

注17　例如，王念孫在《讀書雜志》中說：「主父開之，《索隱》曰，『開』謂開門而納之，俗本亦作『聞』字者，非也。譙周及孔衍皆作『閉之』，『閉』謂藏之也。《正義》本作『閉之』，云謂容其入宮閉藏之也。念孫案，此閉誤爲開，開又誤爲聞也。不言開門納之，而但言『開之』，則文義不明，當從《正義》本作『閉之』爲是。《列女傳・孽嬖傳》亦作『閉之』。」（《趙世家》項）

注18　參照正篇第一章。

注19　參照正篇第二章第二節。

注20　參照《史記會注考證校補》及《補遺》。

第五章　合刻本

第一節　《集解》、《索隱》二注合刻本

（一）總論

現存的二注合刻本

南宋以後，隨著出版技術的進步和對更多注釋的需求，自唐鈔本以來長期保持《集解》單注本形式的《史記》，迎來了《集解》、《索隱》二注合刻本的登場。當然，司馬貞的《索隱注》憑藉自身的優秀，在唐至北宋期間逐漸確立作爲《史記》注釋一大權威的地位，也是其中的一個重要原因。

下面，依照刊行年月的前後順序，列舉現存的《集解》、《索隱》二注合刻本如下。

(A) 南宋乾道七年（一一七一）蔡夢弼刊本（簡稱「蔡本」）。

(B) 南宋淳熙三年（一一七六）張杅刊本（簡稱「張本」）。

(C) 南宋淳熙八年（一一八一）耿秉重修張本刊行本（簡稱「耿本」）。

(D) 蒙古中統二年（一二六一）段子成刊本（簡稱「中統本」）。

(E) 明天順七年(一四六三)游明重刊中統本(簡稱「游明本」)。

(F) 明正德九年(一五一四)慎獨齋重刊中統本(簡稱「慎獨齋本」)。

不過,這些刊本中,(A)蔡本的大部分藏於北京圖書館,在日本只能看到劉世珩影印的百衲本《史記》中所收的二十五卷,因此本稿主要在這一範圍内進行討論,至於其他部分,則參考賀次君《史記書録》中的記載。(B)張本也只藏於北京圖書館,但幸運的是,它的重修刊本(C)耿本存於静嘉堂。因此本稿專論耿本,實在需要論及張本的時候,則與蔡本一樣,參考賀氏《史記書録》中的記載。(D)中統本,依據静嘉堂文庫藏本。(E)游明本,依據内閣文庫藏本。 最後,(F)慎獨齋本藏於東洋文庫和京都府立圖書館,但這個版本是中統本的重刊,多有坊刻本中常見的錯誤和脱落,因此本稿割愛不論。

二 注合刻本共通的文本性質

與《集解》單注本相比,二注合刻本共通的《史記》文本性質,並没有特別突出的地方。 換言之,現在通行的三注合刻本,就是在二注合刻本中加入《正義》單注本的《正義》注而成的。 然而,細檢則會發現,在正文及《索隱注》中存在僅爲二注合刻本所共有的異同。 例如:

「上自東往擊之。」(《高祖本紀》)只有耿、中統和游明各本中「東往」二字互倒(此卷蔡本缺)。

「故聖人萬舉萬全。」(《淮南衡山列傳》)蔡、中統兩本,「全」作「全」(此卷耿本缺)。

「高祖微時妃也。」《索隱注》: 「諱雉。」(《吕后本紀》)只有耿、中統和游明各本無此注二字(此卷蔡本缺)。

「立太子母爲皇后。」《索隱注》: 「故立太子母也。」(《孝文本紀》)耿、中統和游明各本中,「母」字下有「爲皇后」三字(此卷蔡本缺)。

「授魯大授。」(《建元以來侯者年表》)耿、中統和游明等本重「魯」字(此卷蔡本缺)。

這一現象部分説明了二注合刻本皆發於一源。其次值得注意的是,特别是《索隱注》的部分,二注合刻本比現存三注合刻本的《索隱注》更忠實於毛晉覆刻《索隱》單注本中的注文。例如:

「造白金焉」的《索隱注》:「案《食貨志》,白金三品各有差也。」(《孝武本紀》)這條《索隱注》只見於依據了毛晉覆刻《索隱》單注本的金陵本,而不見於其他三注合刻本。然而,耿、中統和游明各本中存有除「案」字外的全部十一字注文(此卷蔡本缺)。

「令徒隸衣七緵布」的《索隱注》:「七緵,蓋今七升布,言粗故令衣之也。」(《孝景本紀》)這條《索隱注》也只見於依據了毛晉覆刻《索隱》單注本的金陵本,而不見於其他三注合刻本。然而,耿、中統和游明各本中存有這條《索隱注》的全文,只是「粗」字作異體字。

「立其弟懷公」的《索隱注》:「生昭太子未立而卒,太子之子是爲靈公。」(《秦本紀》)這十六字注文不見於《索隱》單注本及中統、游明兩本,張文虎認爲這條注「蓋合刻所增」(此卷蔡、耿本缺)。

同樣的例子還有相當多。想來,這是因爲二注合刻本是在《集解》單注本的基礎上,合刻入《索隱》單注本,當時雖然以與《集解》重複爲理由,删節了不少《索隱注》,但與後來的三注合刻本相比,處理《索隱注》的方式卻更加慎重。而且,三注合刻本在將《正義》附加到二注合刻本中時又删節了一部分《索隱》。從上面所舉例子,我們可以猜測,這些二注合刻本在某個《集解》單注本基礎上,依據我們現在能够看到的毛晉覆刻《索隱》單注本,合刻入《索隱注》。然而,下面的例子卻不支持這一猜測。

「宋辟公元年」的《索隱注》：「辟兵，其名也。猶剔成然也。」（《六國年表》）。這一部分注文，只有耿、中統兩本作「兵，誤爲公也，所以然者，按剔成而知」。

還存在其他類似的例子。由此看來，二注合刻本在合刻時所使用的《索隱》單注本，雖然與毛晉的《索隱》單注本相近，但並不能認爲就是毛晉覆刻本。

以上例子，是筆者特別就二注合刻本共通的文本性質進行調查後的結果。總體來説，二注合刻本的正文和注文，大部分與三注合刻本一致。就《索隱注》而言，這一傾向尤爲顯著。如前所述，這一事實證明，現存的三注合刻本正是在這些二注合刻本的基礎上附加《正義注》而形成的。因此，二注合刻本是連接《集解》單注本和三注合刻本的橋梁，在《史記》文本的流傳中占據至關重要的地位。又，關於正文，偶爾可以看到如下例子：

「則可謂能督責矣。」（《李斯列傳》）「則」字，僅蜀、紹兩《集解》本和耿、游明本無，他本皆有（此卷中統本缺）。

「壽爲樂昌侯。」（《張耳陳餘列傳》）僅景、井、蜀、紹、毛等《集解》本和蔡、耿、中統等二注合刻本中無「壽」字。

雖然大部分與三注合刻本一致，但仍然存在這類的異同。乍看上去，似乎有所矛盾，但與《索隱注》的情況相同，這一現象説明二注合刻本是連接《集解》單注本和三注合刻本的橋梁。

（二）《史記集解索隱》殘卷（蔡夢弼刊本）

南宋乾道七年（一一七一）蔡夢弼刊本。

每半葉十二行，行二十一字及二十二字。注雙行二十八字。白口，左右雙邊。

現存最古老的《集解》、《索隱》二注合刻本，就是這個南宋乾道七年建谿蔡夢弼刊行的板本（以下簡稱「蔡本」）。原本殘卷有九十卷（注1），原爲季振宜家藏，現藏北京圖書館。又，貴池劉世珩景印的百衲本《史記》（清劉燕庭集宋殘卷，宣統三年［一九一一］貴池劉世珩玉海堂影刻本，相當於上海涵芬樓影印原集本）中，收録了《秦楚之際月表》、《漢興以來諸侯王年表》、《高祖功臣年表》、《漢興以來將相名臣年表》等四卷，燕召公、管蔡、陳杞、衛康叔、宋微子等《世家》五卷，伯夷、廉頗藺相如、田單、魯仲連鄒陽、吕不韋、刺客、李斯、蒙恬、張耳陳餘、司馬相如、淮南衡山、循吏、汲鄭、儒林、酷吏、大宛等《列傳》十七卷，合計二十六卷。與賀次君《史記書録》記載的北京圖書館藏本（參照注1）相比較，可據景印百衲本補《秦楚之際月表》、《漢興以來諸侯王年表》、《高祖功臣年表》、《漢興以來將相名臣年表》和《司馬相如列傳》五卷，因此實際殘存有九十五卷。

由於筆者現在只能見到上海商務印書館影印的百衲本《史記》所收的部分，其卷首的情况，依照《史記書録》所記：首有司馬貞的《補史記序》、《索隱序》、《目録》和《三皇本紀》，其次是《五帝本紀》。《三皇本紀》後有「建谿蔡夢弼傅卿新校刊梓於東塾／時歲乾道七年（注2）春王上日書」的兩行刊記（注3）。又，《秦楚之際月表》及《漢興以來諸侯年表》的末尾有「建谿蔡夢弼傅卿謹案京蜀諸本校理寘梓於東塾」的兩行刊記。並且，根據《史記書録》，原本《補史記序》、《樂書》和《曆書》後，也有同樣的刊記，且目録後有「三峯樵隱蔡夢弼傅卿校正」的一行刊記。又，《五帝本紀》、《周本紀》後有「建谿三峯蔡夢弼親校謹刊於望道亭」的兩行題記，《殷本紀》後有「建谿三峯蔡夢弼傅卿親校謹刊梓於東塾」的兩行題記，《禮書》後有「建谿蔡夢弼校正刊於東塾」的一行題記。

各卷均是小題在上，大題在下。板心魚尾下記「史表四」、「史四」、「表五」、「史世四」、「史記列傳一」、「史列二十三」、「史傳五十三」等，下端記有葉數，未記刻工名和每葉的大小字數。款式與黄善夫本大致相同，但是《田單列傳》末尾自「初淖齒之殺湣王」至「求諸子立爲襄王」的二百五十三字及其注，放在《索隱述贊》後面。想來，這些文字是後人據《戰國策・齊策》增入的。除蔡夢弼本、中統和游本之外，其他本子皆放在《述贊》前面，與正文連書。蔡夢弼所依據的文本可能已經將這段文字與史文分開，置於《述贊》之後。然闕筆較多，有「殷」、「匡」、「讓」、「桓」、「慎」等，但影印本中不統一之處也很多。

單從蔡本的正文及注文中，幾乎找不出與今本間的異同。這一傾向，即使僅就二注合刻本而言，也屬蔡本最爲顯著。這可能是因爲，蔡本或與之相近的文本是今本三注合刻本的源頭。特别突出的異同的例子有：

「萬民戴主。」（《李斯列傳》）只有毛本（《集解》單注本）和蔡本「主」作「王」。

「況以兩賢王左提右挈。」（《張耳陳餘列傳》）只有毛本和蔡本「左」、「右」位置互易。

但不能一概視爲有誤，可供參考。蔡本與毛本的一致，並不能斷言蔡本定然依據了毛本所依據的《集解》單注本，因爲毛本尚有許多未解決的疑問。

不過，蔡本明顯有誤的例子有：

「數有功。」（《大宛列傳》）只有蔡本「有」作「月」。

這很有可能是影印時的錯誤。

(三)《史記集解索隱》殘卷(耿秉刊本)

南宋淳熙八年(一一八一)耿秉刊本。

每半葉十二行,行二十五字。注雙行二十五字。白口,左右雙邊。

耿秉刊本是二注合刻本中第三古老的刊本,是在早它五年的淳熙三年由張杅刊行的文本的基礎上,增補張氏删去的篇目後刊成的板本。卷首有淳熙八年澄江耿秉的序,曰:

> 淳熙丙申,郡守張介仲刊太史公書於郡齋,凡褚少孫所續悉删去,尊正史也。學者謂非全書,懷不滿意,且病其訛舛。越二年,趙山甫守郡,取所削别刊爲一帙,示不敢專,而觀者復以卷第不相入,覽究非便,置而弗印,殆成棄物,信乎流俗染人之深,奪而正之,如是其難。然暫之於月,其不侔亦昭矣。屏之使不得並,熟若附之其旁,則小大較然,不其愈尊乎。别以所續從其卷第而附入之,兩存其板,俾學者自擇焉。其訛謬重脱,因爲是正,凡一千九百九字,以辛丑仲秋望日畢工。澄江耿秉直之謹書。

也就是説,張杅刊本遵從了《漢書·司馬遷傳注》中張晏的説法:「遷没之後,亡《景紀》、《武紀》、《禮書》、《樂書》、《兵書》、《漢興以來將相年表》、《日者列傳》、《三王世家》、《龜策列傳》、《傅靳蒯成列傳》。元、成之間,褚先生補缺,作《武帝紀》、《三王世家》、《龜策》、《日者列傳》,言辭鄙陋,非遷本意也。」削去了《孝景本紀》、《孝武本紀》、《樂書》、《律書》、《漢興以來將相年表》、《三王世家》、《傅靳蒯成列傳》和《龜策列傳》等九篇,並將《日者列傳》改作雙行注收入。與此相對,趙山甫將張杅删去未刊的部分别刊爲一帙,耿秉以傳覽不便,將之與其他部分合刊爲一。因此,耿本補入了《孝景本紀》、《孝武本紀》等九篇,將《日者列傳》復歸原貌，並改正了張本的訛謬，此外的部分則與張本完全相同。

關於桐川郡張杅、趙山甫和耿秉的三個刊本，毛晉刻《索隱》單注本跋尾論述説：「讀史家多尚《索隱》，宋諸儒尤推小司馬《史記》與小顔氏《漢書》，如日月並炤，故淳熙、咸淳間官本頗多。廣漢張介仲削去褚少孫續補諸篇，以《索隱》爲附庸，尊正史也。趙山甫病非全書，取所削者别刊一帙。澄江耿直之又病其未便流覽，以少孫所續循其卷第而附入之。雖桐川郡有三刻，惟耿秉本最精。」這裏所説桐川三刻，實際上並不是三種不同的文本，相互間只有完整與不完整的差别。

下面，根據《史記書録》的記載，概述張杅的桐川郡齋本。張杅，四川廣漢人，他的刊本於孝宗淳熙三年刻於常州。原爲徐乾學所藏，現有六十三卷藏於北京圖書館。六十三卷的内容是《五帝本紀》至《孝武本紀》十二卷，《三代世表》至《高祖功臣表》六卷，《魏世家》至《三王世家》十七卷，《伯夷列傳》至《蒙恬列傳》二十八卷。

首有《史記目録》，其次是裴駰《集解序》，其次是司馬貞《索隱序》。小題在前，題「五帝本紀第一」，下有司馬貞《索隱注》「紀者，記也」。次行有大題，題「史記 一」，下有裴駰《集解注》「凡是徐氏義稱徐氏」。每半葉十二行（注4），行二十五字。注雙行，行二十五字。白口，左右雙邊。板心魚尾下題「史記 一」，下記刻工姓名。

篇首目録後有淳熙三年張杅的跋文，其文曰：「右太史公《史記》，采録先秦古書及秦漢間事。其文雅奥簡古，至有難句者，讀之當紬繹，再四玩味深思，方見其義趣。不然則直以爲淡薄無味，如魏文侯之聽古樂，意欲坐睡耳。是以讀之者殊鮮解訓釋。世有其人，第皆疏略，未能詳盡，惟唐小司馬氏用新意撰

《索隱》，所得爲多，至有不可解者，引援開釋明白。每恨其書單行，於披閲殊未便。比得蜀本，并與其本書集而刊之，意欲垂模與南方學者，其未暇也。竭來桐川踰季，郡事頗暇，因搜笥中書，蜀所刊小字者偶隨來，逐令中字書刊之。用功凡七十輩，越肇始四月望，迄六月終告成。」跋文之後，還有門人沈椿的識語。

静嘉堂藏耿秉本係黄堯圃舊藏，存九十九卷。殘卷的内容是《高祖本紀第八》至《孝武本紀第十二》、《三代世表第一》至《六國年表第三》、《高祖功臣侯者年表第六》至《漢興以來將相名臣年表第十》、《禮書第一》至《曆書第四》、《封禪書第六》至《平準書第八》、《宋世家第八》至《三王世家第三十》、《伯夷列傳第一》至《西南夷列傳第五十六》，合計九十九卷。

板心記字數及刻工姓名。「殷」、「慎」、「貞」、「恒」等字皆缺末筆。耿秉序早缺，黄堯圃手鈔以補之。據説耿本尚有毛晉舊藏本，現存北京圖書館。另外，劉世珩影印的百衲本《史記》中，没有二注合刻本《索隱述贊》的卷，即此耿本。不知爲何，耿本中全無《索隱述贊》。

這個刊本的文本有如下三點特徵：(a) 正文頗有僅與古本和宋板《集解》單注本（或其覆刻本）一致的例子。(b)《索隱注》，如（一）所述，比三注合刻本的《索隱注》更接近《索隱》單注本的注文，且有些地方比《索隱》單注本的《索隱注》更爲優秀。(c) 根據其他資料對部分《史記》正文和注文作了訂正。這三個特點有力而鮮明地説明了耿本的珍貴。下面舉兩三個能够展現特徵(a)和(b)的例子。

(a)的例子

「恬嘗書獄典文學。」（《蒙恬列傳》）只在南化、楓、三、梅等《史記》古本，耿、中統等二注合刻本，以及

《索隱》單注本中，無「典」字。從與《索隱》單注本一致這一點來看，這個例子當然也與(b)有關聯。

「漢元年二月。」(《張耳陳餘列傳》)只在井、紹、毛等《集解》單注本和耿本中，「二」字上有「十」字。

「破齊魏軍。」(《田儋列傳》)只在楓、三條兩個《史記》古本，景、井、蜀、蜀刻、毛等《集解》本，以及耿、中統等二注合刻本中，「魏」字作「楚」字。

(b)的例子

「有利」的《索隱注》：　「表在東海。」(《建元以來王子侯者年表》)這條注在耿本中作「表在東海志闕」，在《索隱》單注本中作「表志闕」。

「高京」的《索隱注》：　「漢志闕。」(《高祖功臣侯者年表》)這條注見於《索隱》單注本及依據《索隱》單注本的金陵本和《史記會注考證》，而不見於其他三注合刻本。然而，耿、中統本中存有此注。同樣的例子很多。

「子辟公辟兵立」的《索隱注》：　「故爲狂也。」(《宋微子世家》)這條注只在耿本中作「故爲狂者也，狂者止之也」。這也有相當多同樣的例子。

(c)的例子

「周堅。」(《建元以來王子侯者年表》)只有耿本中「堅」作「望」。正如梁玉繩指出的「漢表，望」，《漢書》作「望」。

「五年六月壬子靖侯劉狗彘元年。」《索隱注》：　「漢表名將燕。」(《建元以來王子侯者年表》)只有耿本中「將」作「狩」。正如梁玉繩指出的「漢表，名狩燕」，《漢書》作「狩」。

不過，耿本的文本不單有優秀的一面，也難免有一些錯誤。如前所述，此書乃重刊張本，故影印、影刻時易誤的字有較爲明顯的訛謬。例如：

「項羽已破走彭越。」（《項羽本紀》）只有耿本「越」誤作「城」。

「築甬道。」（《高祖本紀》）只有耿本「築」誤作「集」。

「起於山東。」（《李斯列傳》）只有耿本「東」誤作「更」。

此係較爲明顯的錯誤。當然，正因爲此類錯誤的存在，我們才不能一味誇贊耿本作爲《史記》文本的珍貴性。

（四）《史記集解索隱》一百三十卷（段子成刊本）

蒙古中統二年（一二六一）段子成刊本。

每半葉十四行，行二十五字。注雙行，行二十五字。黑口，四周雙邊。

中統本，我們現在所能看到的是静嘉堂藏本。此外，拜經樓舊藏和袁寒雲舊藏的兩部，現藏於北京圖書館。

此書，卷首有中統二年董浦的序，其文曰：「太史公之紀事與《左氏傳》相亞，蓋史學之原委也。左氏則據例發義以定褒貶，司馬氏則據事録實，録實則褒貶亦見矣。故《史記》自黄帝終於天漢，年世緜遠，傳聞異辭，其論上古唐虞之道德，三代秦漢之隆替，其事悉，其辭文，學者取據以引用，不可不務也。《索隱史記》，近代號爲奇書，比之杭本多《述贊》一百三十篇，注字幾十五萬言，小司馬氏之學亦勤矣。盧習者未究，目爲贅辭，宜其熟讀《左氏》、《系本》、《國語》、《戰國策》、諸子之説，然後知《索隱》之學不妄也。姑以三十《世家》明之，諸家注説有所不通，皆没而不論。《索隱》必以《左氏》表襮證據，四出搜抉無隱，如冰之釋，如泉之達，深於《左氏》者其知之矣。今國家方鄉文學，縉紳之士，猶無是書以備觀覽，況其下乎。平陽道參幕段君子成喜儲書，懇求到《索隱》善本，募工刊行，將令學者證其違而治其闕，習其舊而知其新。」

據此可知，段氏重視《索隱注》，四處搜求「索隱善本」並得到「索隱史記」這一文本。將之與「杭本」對校後發現，「索隱史記」多出「索隱述贊一百三十篇」和將近「十五萬字」的《索隱注》，由此刊行了中統本。無需多言，序中所言「杭本」正是中統本的原本。但這個「杭本」究竟相當於現存的哪個《史記》文本、或者圖書目録中記載的哪一個文本，纔是討論的焦點。從序中的描述來看，「杭本」是二注合刻本，且無《索隱述贊》，符合這一標準的只有前面提到的耿本今日尚存。因此筆者試調查耿本和中統本的關係，發現了許多下類例子：

「酒讎數倍。」《索隱注》：「今亦依字讀。」（《高祖本紀》）只有耿、中統、游明等本作「今以讎亦依字讀」。

「王淮東。」《索隱注》：「乃王吴地。」（《高祖本紀》）只有耿、中統、游明等本，「王吴」二字互倒。

「王伐舒以恐吴。」（《十二諸侯年表》）只有耿、中統和據《世家》作了改訂的殿本，「舒」作「徐」。

因此，至少可以認爲，中統本的底本「杭本」是與耿本極爲相近的文本。不過，「杭本」中還存在與耿本不一致而與其他宋板《集解》本一致的例子。例如：

「皆將相諸君與籍之力也。」(《項羽本紀》)只有紹本、中統和游明本中「君」字作「軍」。
「當道庶衛將軍車。」(《滑稽列傳》)只有井、紹各本和中統本重「軍」字。
「取之以暴彊。」(《龜策列傳》)只有景、井、紹、毛各本和中統等本無「之」字。

因此，不能遽然認定「杭本」就是耿本。就結論而言，在現階段，尚無法弄清中統本的底本「杭本」究竟是哪個文本。但是，筆者注意到《索隱注》部分耿本與中統本一致的例子非常多，由此對中統本的形成作出了如下推測，即：「中統本以與耿本形制極爲相近的二注合刻本杭本爲底本，其中正文和《集解注》，用當時殘存的《集解》單注本作了部分改訂，同時還單獨對正文作了大量改訂（這一點，後文詳述）；至於《索隱》，則據《索隱》單注本補充了《索隱述贊》，且增補了一部分底本的《索隱注》（這一點，後文詳述）。」

中統本的文本特色在於，在正文部分可以發現許多獨有的異同。例如：

「治禮次治掌故。」(《儒林列傳》)只有中統和游明本「次」作「以」，與《漢書·儒林傳》合。
「項伯常肩蔽之。」(《樊酈滕灌列傳》)只有中統本作「項伯常肩蔽沛公」。
「以爲大寶。」(《龜策列傳》)只有中統本「以」字作「出」。

這些究竟是源於「杭本」的異文，還是中統本刊行時由改訂造成的異文，很難判斷。不過，考慮到二注合刻本「杭本」在正文部分不太可能有太多獨有的異文，因此後者的可能性更高。

又，從序中所記述的刊行原委來看，此書的部分《索隱注》更忠實於《索隱》單注本。例如：

「誹謗之木。」《索隱注》：「今宮外橋梁頭四柱。」(《孝文本紀》)只有中統本和《索隱》單注本「柱」作

「植」。但是，參考了《索隱》單注本的金陵本和《史記會注考證》也作「植」。

「孝武皇帝者。」（《孝武本紀》）其下，只有中統、游明本、《索隱》單注本以及參考了《索隱》單注本的金陵本和《史記會注考證》中有「裴駰云，《太史公自序》云，作今上《本紀》，又序事皆云今上、今天子，今或言孝武皇帝者，後人所定也」的《索隱注》。

此外，還有與毛晉覆刻《索隱》單注本不同的例子。當然，這些是二注合刻本共通的特色。另外，遺憾的是，中統本中的錯誤也非常多。例如：

「湯治論殺文。」（《酷吏列傳》）只有中統本「治」誤作「始」。

「與楚王遂西敗棘壁。」（《吴王濞列傳》）只有中統本「壁」誤作「璧」。

又，中統本中有些地方的印刷十分惡劣，也是其缺點之一。不過，正如前述，中統本正文獨有的異同有不少值得特别注意的地方，因此十分重要。後來的游明本和慎獨齋本都是覆刻的中統本，由此可見中統本在當時對二注合刻本的流傳有著很大的貢獻。

（五）《史記集解索隱》一百三十卷（游明刊本）

明天順七年（一四六三）游明刊本。

每半葉十二行，行二十五字。注雙行，行二十五字。黑口，四周雙邊。

游明本，藏於日本内閣文庫，北京圖書館亦有藏本。此書是前述中統本的覆刻，卷首也附有中統二年董浦的序。但是，此書增添了中統本所没有的司馬貞的《三皇本紀》和張守節的《正義序》、《正義論例諡法解》。尤其，此書作爲二注合刻本卻附有《正義序》，實在令人感到很奇妙。這有可能是受到了當時流通的多種三注合刻本的影響。此外，此書款式雖與中統本完全相同，但《史記》各卷卷首的第二行有「豐城游明大昇校正新增」一行字，因此很容易與中統本區分開來。

此書的文本特色在於，雖然是中統本的覆刻，卻訂正了相當多中統本的錯誤。例如：

「四夷皆洽驩。」(《孝文本紀》)只有中統本「洽」誤作「治」。游明本不誤。

「其令列侯之國。」(《孝文本紀》)只有中統本「其」誤作「有」。游明本不誤。

「殺北地都尉卬。」(《孝文本紀》)只有中統本「卬」誤作「卯」。游明本不誤。

在這個意義上，游氏的「校正新增」所言不虛。

遺憾的是，此書中也有相當數量的錯誤，影印、影刻時易誤的字尤甚，説明此書未能避免重刊本之弊。例如：

「母曰劉媪。」(《高祖本紀》)只有游明本「曰」字誤作「由」。

「而徙故逐故主。」(《高祖本紀》)只有游明本「主」誤作「王」。

「常從王媪武負貰酒。」(《高祖本紀》)只有游明本「王」誤作「主」。

以上是比較明顯的例子。

注1　《史記書録》説：「今見者存九十一卷，計《本紀》存《五帝本紀》至《項羽本紀》七卷，《表》存《三代世表》及《十二諸侯年表》二卷，《書》存《禮書》至《平準書》八卷，《世家》存《吴太伯世家》至《楚世家》、《留侯世家》至《三王世家》十六卷，内《燕召公世家》殘，《列傳》存《伯夷列傳》至《商君列傳》、《孟子荀卿列傳》至《衛將軍列傳》、《淮南衡山列傳》至《遊俠列傳》、

《滑稽列傳》至《太史公自序》，共九十一卷。其中《張釋之馮唐列傳》一卷缺，後人以紹興初杭州刊十二行二十七字《集解》本配補，實存九十卷。」然而，《史記研究的資料和論文索引》卻記載説：「存《本紀》七卷，《表》二卷，《書》八卷，《世家》二十一卷，《列傳》五十四卷，計九十二卷」。兩種記載在《世家》、《列傳》的殘卷數及總殘卷數上相齟齬。

注2　原刻「年」誤作「月」。

注3　所藏的影印本中有，但手邊的商務印書館的影印本中卻無《三皇本紀》及此木記。或是誤脱。

注4　影印百衲本所收的《表四》和《表五》的末尾，「建谿」作「建安」，有誤。

注5　賀次君以爲「十行」，有誤。據《史記研究的資料和論文索引》的書前圖版，數得十二行。

第二節　慶元本系統《集解》《索隱》《正義》三注合刻本

（一）《史記集解索隱正義》一百三十卷　南宋慶元黄善夫刊本及其覆刻

（1）《史記集解索隱正義》一百三十卷　南宋慶元（一一九五至一二〇〇）黄善夫刊本

上杉隆憲氏所藏。關於黄善夫本，張元濟説「此本未見我國著録」（《校史隨筆》），印證了近藤正齋已指出的：「乾隆《天禄琳瑯書目》ニ天下ノ佳本を蒐羅シテ宋版慶元本元版至元本ニ及バズ。豈西土佚亡ニ屬スルカ。（乾隆《天禄琳瑯書目》，蒐羅天下佳本，不及宋版慶元本元版至本。豈屬西土亡佚者哉？）」甚至有人懷疑此書是僞作，如趙澄説：「此種板本款式，與明震澤王氏板絲毫不差。又按《天禄琳瑯書目》於震澤王氏本下注説：『書賈常將此三處（指前後兩王氏木記及王延喆跋語）割去以僞宋版。』《毛本正誤序》説：『王氏本於宋諱皆避。』以此斷之，日本此種宋板，恐怕是王本僞造的，況黄善夫的家塾『之敬室』尤有可疑之點。《四庫簡明目録標注》在《前漢書》本下注説：至元兩《漢書》乃建安劉之問元起所刻。半葉行十八九字，注二十四字。前有之問識語。……目録後有自題云『建安劉元起刊於家塾之敬室』……然此書劉氏所刻，而書中又有黄某刻於某所之長方木記，亦奇矣！可知黄善夫刻《史記》於家塾之敬室，也不十分可靠。《史記通論》載有王善夫本，與此行數字數相同。但把黄善夫誤錯爲王善夫尤爲可笑。」（趙澄《史記板本考》，《史學年報》第三期，民國二十年八月）也就是説，趙氏認爲此書是根據王延喆校本僞造的。其爲妄説，自不待言。但是，由此也可知，此書實是稀世之逸品。

中世以來，由中國傳至日本且促進了日本文運發展的典籍，今日尚存不少。然而，如此書，不僅是宋版《史記》足本、絶世之逸品，而且存有精密且豐富的批注，稱之爲日本《史記》研究資料的寶庫也不爲過。

關於黄善夫本的刊年，除了「建安黄善夫刊於家塾之敬室」（《集解序》末）和「建安黄氏刻梓」（《目録》末）兩條木記外，再無其他線索。不過，同爲上杉氏所藏的《漢書》，版式等與此書完全相同，其中有如下兩條識語：「建安黄善夫刊於家塾之敬室」（《列傳》末），「比因刻梓，集諸儒校本三十餘家，暨五六友澄思静慮，讐對異同，是正舛訛。始甲寅（光宗紹熙五年，一一九四）之春，畢丙辰（寧宗慶元二年，一一九六）之夏，其用心勤矣。然識見凡陋，慮未審於是非，□四方學古君子，視其遺誤，能以尺紙示誨，敬即鐫改，亦麗澤之美意也。建安黄宗仁善夫謹啓」（《目録》末）。又，同樣在《後漢書》中也有「慶元戊午（四年）良月劉元起父謹識」（《補史序》）的識語。從這些識語來推測，黄善夫本也大致刊行於慶元前後。不過，長澤規矩也氏考證認爲黄善夫本應刊行於慶元元年以前、光宗紹熙年間（一一九〇至一一九五）。而《史記書録》則依據上引《漢書》的識語，將此書的刊年斷定爲慶元二年。不管怎樣，將此書視作慶元年間的刊本應無大誤。

上杉家藏本，全九十册，分裝成《目録》一册（《目録》的八、九葉有錯簡）、《序》一册、《本紀》十四册、《年表》十一册、《書》九册、《世家》十九册、《列傳》三十五册。

第二册《序》的順序爲：裴駰《史記集解序》、司馬貞《補史記序》《史記索隱序》、張守節《史記正義論例謚法解》；第三册《目録》則是《三皇本紀》、《五帝本紀》。《目録》的「帝紀」題有「集解宋中郎外兵曹參軍裴駰／補史唐朝散大夫國子博士弘文館學士河内司馬貞／索隱唐朝散大夫國士博士弘文館學士河内司馬貞／正義唐諸王侍讀宣義郎守右清道率府長史張守節」。

《集解序》後有前述「建安黄善夫刊於家塾之敬室」的兩行木記。《目録》末葉（補鈔）有「安成郡彭寅翁栞于崇道精舍」的兩行木記，説明是據元板彭寅翁本補鈔的。據《校史隨筆》記載，應該還有一枚「建安黄氏刻梓」的木記。

版式上，《目録》和《序》爲每半葉九行，行十五字，注雙行，行二十字；正文爲每半葉十行，行十八字，注雙行，行二十三字。匡郭内天地十九點八釐米，左右十三釐米，左右雙邊，板心細黑口，雙魚尾，上記「史記五帝紀」等，下記葉數。每葉末行欄外有耳題，標有各卷書名。卷末隔三行記每卷的大小字數，有些卷没有。《五帝本紀》第一行上半有小題「五帝本紀第一」，下有大題「史記一」，第二行低兩格記三家注，然後進入正文。

宋諱「玄」、「貞」、「讓」、「慎」、「殷」、「徵」、「弘」等字闕筆。

《三皇本紀》在《五帝本紀》之前，《老》、《莊》二傳在《伯夷列傳》之前（注曰，據《正義》本），但《目録》卻没有改動。

全書共有二十餘葉的補鈔，字體統一，均依據黄善夫本。這些補鈔包含了《正義》佚文和師説的批注，卷六十七首葉的補鈔和卷七十首葉的補鈔部分均有幻雲的藏書印，説明這些補鈔至少是在幻雲（一四六〇至一五三三）之前鈔寫的。

經過兩次改裝，由藏書印可知兩次改裝都發生在幻雲之前。

黄善夫本，在中國本土早已亡佚，但很早就流傳至日本，且至少有兩部。這一點，從上杉氏藏本的補鈔鈔於幻雲之前、且同樣依據了黄善夫本的事實可知。近藤正齋在《右文故事》卷一中記載説：「求古樓マタ缺本宋版《史記》アリ，紙墨研好字體圓活十行十八字、卷尾ニ史幾字注幾字ト舉グ、板式下ニ出ス、前後漢書と全ク同ジ、蓋シ慶元版ナリ。最モ珍奇トスベシ。（求古樓又有缺本宋版《史記》，紙墨研好，字體圓活，十行十八字，卷尾舉史幾字、注幾字，下出板式，前後全同《漢書》，蓋慶元版也。最爲珍奇。）」據此可知當時傳來的情況。筆者今尋訪這個狩谷棭齋舊藏殘本的去向，得到以下結果：

一、東京大學東洋文化研究所藏殘本

《本紀》二、三，《索隱後序》。有妙覺寺常住日典的朱印。

二、廣東南海潘宗周藏殘本

《書》八，《列傳》廿六。

廣東南海潘宗周編《寶禮堂宋本書録解題》中記有：

《史記集解》附《索隱》、《正義》殘本二册此爲《史記集解》附《索隱》、《正義》三注合刻本，即明嘉靖震澤王氏覆本之所自出。舊藏日本妙覺寺及淺野源氏(長祚)、島田氏，淺野源氏曰「五萬卷樓」，島田氏曰「雙桂堂」，皆東國藏書家也。卷首有「黄善夫刊於家塾之敬室」木記，見《經籍訪古志》。原書不全，清末有鄂人田氏購得之，攜以歸國，不久散出。余友張菊生得六十餘卷，以歸涵芬樓。余所得者僅此《平準書》、《刺客列傳》二卷而已。

從上面引文中「日本妙覺寺舊藏」的記載來看，此殘本與東洋文化研究所的藏本爲同一種。又「張菊生得六十餘卷，以歸涵芬樓」，蓋指《涵芬樓善本書目》中記載的「《史記》宋刊本廿五册史字一一八六號」，也就是下面要論述的北京圖書館藏本。

三、北京圖書館藏殘本

《本紀》一、四至十二，《表》七至十，《書》一至七，《世家》九至三十，《列傳》一至七、十三至廿五、廿七至三十、七十，計六十八卷。《史記研究的資料和論文索引》中記載説：「原爲涵芬樓藏，現歸北京圖書館，涵芬樓百衲本廿四史《史記》即據此影印。宋刊《史記》三家注全者當推此本爲第一，明代廖鎧、柯維熊、王延喆、朱維焯四本，均爲黄本三化身，但俱不如原本之善。」

根據這段引文，涵芬樓百衲本廿四史《史記》即據此本影印。這個影印本第一册(《集解序》、《補史記序》、《索隱序》、《索隱後序》、《正義序》、同《論例》、《謚法解》、《史記目録》、《三皇本紀》、《五帝本紀》)的《集解序》首葉的右邊，有「篁邨島田家藏圖書」、「島田重禮敬甫氏」、(陰刻)「島田禮讀書」、「雙桂書樓」等藏書印，末葉的末尾有「錢胤卿賞識」印。《史記目録》的首葉，有「淺野源氏五萬卷樓藏書之記」、「島田重禮（陰刻）敬甫」、「篁邨島田氏家藏圖書」等印。因此，這些島田氏舊藏本與前述東洋文化研究所本及《寶禮堂宋本書録》本，可看作同一種黄本。此外，《雙鑑樓善本書目》中記載有《河渠書》一卷（宋黄善夫刊本，十行十八字，黑口，雙欄，左欄外有耳），所在不明。

（二）《史記集解索隱正義》一百三十卷　元至元二十五年安福彭寅翁崇道精舍刊本

南宋慶元二年（一一九六），建安黄善夫首次刊行了《集解》、《索隱》、《正義》的三注合刻本。九十二年後，元至元二十五年（一二八八），安福彭寅翁再次刊行了三注合刻本，這就是所謂「彭寅翁本」。

(A) 此書的體裁

此書在體裁上大致因襲了慶元本。卷首所揭示的《序》的順序爲《史記目録》、《史記集解序》、《補史記序》、《史記索隱序》、《索隱後序》、《史記正義序》、《正義論例謚法解》，最後是《三皇本紀（補史記）》。澀江抽齋和森枳園共同編著的《經籍訪古志》中記載：「《補史記序》、《集解序》、《索隱序》、《正義論例謚法解》、《目録》，卷首體例與前本同。」順序稍有不同。然而，這些序的葉數，是各序單獨刻的，因此無法得知各序的順序本來是怎樣的。《集解序》、《索隱序》和《正義序》均是每半葉九行，行十八字；《正義論例謚法解》是每半葉十行，行二十一字；《補史記》的《三皇本紀》和《五帝本紀》以下是每半葉十行，行二十一字。注雙行，行二十一字。《史記書録》引清王詠霓《函雅堂集》卷二十九「跋宋本史記」説：「光緒丁亥余自歐州西渡，過日本之東京，聞米澤上杉藏有宋本三史，介宫島粟往觀其《史記》。百三十卷分爲九十册，每頁十行，行二十字，注二十至二十三字，有『讓興館藏書』印，目録後有『安成郡彭寅翁刊于崇道精舍」十二字。」賀次君據其每行字數疑爲黄善夫本，又依據目録後的題識推測説「或即黄本補以彭本目録者」。正如賀次君所推測的，這本書是黄善夫本，目録後的題識是後來寫入的。上杉氏所藏黄善夫本中有許多批注，其中不僅有從古本之類直接轉寫的，還有從板本中既存的批注轉寫的。在轉寫彭寅翁本的批注時，可能連木記一並轉寫了過來。「讓興館」明顯是「興讓館」之誤。這本書，在論述慶元本時已經有過詳細論述。

又，《經籍訪古志》的「元至元戊子刊本　求古樓藏」一條中有「每半板十行，行十六字至十七八字」的記載，但不知何故。賀次君説：「或爲日本仿刻，非原刊矣。」然而，只存在一種彭寅翁的板，日本從未有過覆刻，因此不知《經籍訪古志》爲何會有這樣錯誤的記載。此書左右雙邊，板心魚尾下記如「史卷一」，下刻葉數。《史記書録》中有「板心上端記每頁大小數字」的記載，但全書只有大約一半的書頁中記有此類數字，有些還記在板心的下端。書中不記刻工姓名。

此書中有數處刻有木記。首先，目録末尾有如下兩行木記：

安成郡彭寅翁／栞于崇道精舍。

《十二諸侯年表》的末尾有如下木記：

安成郡彭寅／翁鼎新刊行。

《列傳第十二》的末尾：

時至元戊子安／成彭寅翁新栞。

《列傳第七十》的最後：

至元戊子菖節吉/州安福　彭寅翁/新刊于崇道精舍。

正如這些木記所記，此書刊行於至元戊子年，即元世祖二十五年，距中統二年（一二六一）段子成刊行《集解索隱》本、即所謂中統本有二十七年。這個時期，元朝已經統一中國，奬勵文學，刻書的種類也多。

《經籍訪古志》記載説：「首有中統二年董浦序，補史記序。」然而，只有楓齋舊藏本中有董浦序。董浦序原是中統本的序，彭寅翁刊本作爲三注合刻本，並没有必要襲用這篇序。事實上，楓山本和其他彭寅翁本中就没有這篇序。想來，爲了誇示楓齋本是元刻本，纔在卷首添上了中統本的序文。《史記書録》不加分辨地襲用《經籍訪古志》的記載，故有此誤。《史記書録》關於木記的記載也有錯誤。譬如，賀氏引用《經籍訪古志》關於目録末尾木記的記載：「日本《經籍訪古志》云……目録末題『安成郡彭寅翁刊於崇道精舍』」，緊接著又説：「《列傳》十二卷又題『時至元戊子菖節，吉州安福彭寅翁鼎新刊於崇道精舍』，今存者無《目録》及《穰侯列傳》，故不見此兩題識。而《十二諸侯年表》後有『安成郡彭寅翁鼎新刊行』木記，與《經籍訪古志》所記者同，而爲《經籍訪古志》所未見者。」然而，現存彭寅翁本的《目録》末及《列傳十二》卷末的木記，與此稍有不同。而且，《經籍訪古志》記載説：「《目録》末雙邊筐中，題『安成郡彭寅翁栞于崇道精舍』。《列傳第十三》卷末又題『時至元戊子安成彭寅翁新栞』，《年表第二》卷末題『安成郡彭寅翁鼎新刊行』，《正義序》後有『□同』、『寅翁』、『翠峯彭氏』三印。每卷有『定房』鼎印，卷一褾背題云。」這與我們實際看到的彭寅翁本一致。由此可見，《史記書録》中的記載是賀次君誤引了《經籍訪古志》。又，《經籍訪古志》中「列傳第十三卷末」的記載，顯然是「列傳第十二」之誤。關於《列傳第七十・太史公自序》末的木記，《經籍訪古志》和《史記書録》均没有言及，不知何故。

(B) 從文字的出入異同看彭寅翁本

(1) 慶元本與彭寅翁本的一致

此書是承襲了南宋慶元本，因此兩者自然有一致之處。事實上，此類例子不勝枚舉，筆者從中選出彭寅翁本蹈襲慶元本誤字的幾個例子，列舉如下：

「乃告于秦曰。」（《楚世家》）慶元本、彭寅翁本和《評林》本中「秦」作「齊」，南化本和楓山本的校記作「秦」。又，景印慶元本改成了「秦」。

《正義》：「齊宋在前三十餘年，恐文誤矣。」（《蘇秦列傳》）慶元本和彭寅翁本中「三」訛作「王」，南化本和高木家舊藏本中有校記作「三」。景印慶元本改成了「三」。

「王又舉甲而攻魏。」（《春申君列傳》）紹興本、慶元本和彭寅翁本中「甲」作「申」，楓山本和三條本的校記作「甲」。景印慶元本改成了「甲」。

「獨不重任臣者之無反復於王邪。」（《范雎蔡澤列傳》）慶元本和彭寅翁本重「者」字，景印慶元本刪去。

「宮中虛無人。」（《范雎蔡澤列傳》）慶元本、彭寅翁本和游明本中「宮」訛作「官」，南化本、楓山本、棭齋本、三條本和梅仙本的校記作「宮」。景印慶元本改成了「宮」。

(2) 慶元本與彭寅翁本的出入

如上面諸例所示，原則上彭寅翁本與慶元本之間是沒有異文的。但是，彭寅翁本在翻刻時發生的錯誤也處處可見。

「今日之事何如。」（《項羽本紀》）彭寅翁本中「日」作「曰」，伊佐早謙舊藏本校記作「日」。

「醉因卧。」(《高祖本紀》)彭寅翁本「卧」下有「高祖」二字。

「徑者則不直矣。」(《楚世家》)彭寅翁本「直」誤作「真」。

「安能邑邑待數十百年以成帝王乎。」(《商君列傳》)彭寅翁本「王」誤作「業」,楓山本、椳齋舊藏本和三條本校記作「王」。

「皆死秦之孤也。」(《蘇秦列傳》)彭寅翁本「孤」訛作「狐」,楓山本、椳齋舊藏本和梅仙本校記作「孤」。

「而使趙重於九鼎大吕。」(《平原君虞卿列傳》)彭寅翁本「趙」作「楚」。

「數聞公子賢。」(《魏公子列傳》)彭寅翁本「聞」誤作「間」,楓山本、椳齋舊藏本和三條本校記作「聞」。

「令楚太子之傅先往問楚王之疾。」(《春申君列傳》)彭寅翁本「傅」作「傳」,楓山本、椳齋舊藏本、三條本和梅仙本校記作「傅」。

《集解》:「爲罷癃。」(《項羽本紀》)彭寅翁本「癃」訛作「癃」。

《正義》:「自廬江尋陽分爲九江。」(《項羽本紀》)慶元本、《評林》本和武英殿本「九」誤作「北」,彭寅翁本以慶元本爲底本,又誤作「比」。

《索隱》:「鷄未鳴。」(《高祖本紀》)彭寅翁本「鳴」訛作「明」。

《索隱》:「謂六國之軍。」(《蘇秦列傳》)彭寅翁本「軍」訛作「君」,高木家舊藏本校記作「軍」。

(3)彭寅翁本訂正慶元本的錯誤之處

如前所述,慶元本與彭寅翁本不一致的地方,大部分是彭寅翁本的誤刻造成的。但是,也存在少量慶元本有誤而彭寅翁本改刻的例子。

「楚又追擊至靈壁東睢水上。」(《項羽本紀》)慶元本「壁」誤刻作「璧」,《評林》本亦襲此誤。
「此三者皆人傑也。」(《高祖本紀》)彭寅翁本「三」字下補有「人」字。慶元本與他本一樣。而南化本校補了「人」。

《索隱》:「北海有營陵。」(《陳杞世家》)慶元本「北」誤作「此」,南化本校記作「北」。又,景印慶元本也改刻作「北」。

《正義》:「楚人與齊韓和。」(《楚世家》)慶元本「齊」誤作「十」,南化本校記作「齊」。

此外,還有慶元本和彭寅翁本不一致,卻無法斷定孰是孰非的例子。

「於是因東游以厭之。」(《高祖本紀》)《桃源抄》所引古本和彭寅翁本「厭」字下均有「當」字。張文虎《札記》説:「《御覽》八十七引『厭』下有『當』字,與《漢書》合,《漢紀》無。」

《集解》:「杜預曰。」(《陳杞世家》)彭寅翁本「杜預」二字作「正義」。慶元本無「杜預」二字,南化本校補作「正義」。又,景印慶元本補了「杜預」二字。

從這些例子可以看出,彭寅翁本在以慶元本爲底本的同時,還參校了他本。然而,究竟是什麼文本卻不得而知。不過,彭寅翁本與《桃源抄》或南化本所引古本在文字的異同上多有一致這一事實,卻似乎給出了某種暗示。

(C) 彭寅翁本中注文的出入異同

(1) 注文文字的異同

校對慶元本和彭寅翁本中的三家注,會發現二者一致之處非常多。其中,一兩個字的異同,已在前一小節論述正文的異同時舉過例子。因此，這一小節只論述注文之間較長的異同，並探討彭寅翁本中注文的傾向。

首先，慶元本和彭寅翁本一致，卻與他本不同的注文，舉二三例如下：

《集解》：「徐廣曰，項伯名纏，字伯。」（《項羽本紀》）慶元本、彭寅翁本、《評林》本和金陵本中無此注。

《正義》：「壻之父爲姻，婦之父爲婚，婦之父母、壻之父母相謂爲婚姻。兩壻相謂爲婭。」（《楚世家》）慶元本和彭寅翁本中，這二十九字注文作「妻父曰十年，父曰姻，重姻曰王，兩壻相謂曰婭」十八字。

《集解》：「黔中，徐康曰，今之武陵也。」（《蘇秦列傳》）慶元本和彭寅翁本中，這十字注文作「巫郡者，南郡之西界」八字。楓山本和三條本校記作「黔中，徐廣曰，今之武陵」。景印慶元本則改與他本同。

其次，慶元本與彭寅翁本不一致的例子：

《正義》：「濮陽縣在濮州西八十六里。」（《項羽本紀》）彭寅翁本無「西八十六里」五字。

《正義》：「《括地志》云。」（《楚世家》）彭寅翁本、柯維熊本和《評林》本闕此四字。

《正義》：「蠹音妬，石柱蝨。」（《范雎蔡澤列傳》）彭寅翁本闕此六字注文。梅仙本校補了這六個字。

（2）注文的脱落

此書有《集解》、《索隱》和《正義》三家注，然而試將之與慶元本等對校後會發現，有些注脱落了全文，而有些注則增加了一部分文字。

首先，彭寅翁本中缺失了注的全文或注的一部分文字，其例如下：

《索隱》：「下音如字。按以兵威伏之曰下，胡嫁反。彼自歸伏曰下，如字讀。他皆放此。東陽，縣名，屬廣陵也。」（《項羽本紀》）彭寅翁本無「如字讀」以下十五字注文。

《正義》：「《括地志》云，故薛城，古薛侯國也。在徐州滕縣界，黃帝之所封。《左傳》曰，定公元年薛宰云，薛之祖奚仲，居薛爲夏車正，後爲孟嘗君田文封邑也。」（《項羽本紀》）彭寅翁本闕「《左傳》曰」以下的注文。

《索隱》：「徐廣云，楚人善言陰陽者，見《天文志》也。」（《項羽本紀》）彭寅翁本闕此注全文。

《正義》：「雍丘，今汴州縣也。《地理志》云，古杞國。武王封禹後於杞，號東樓公。二十一世簡公，爲楚所滅。即此城也。」（《項羽本紀》）彭寅翁本闕「武王封」以下的注文。

《正義》：「言豐年也。」（《孝文本紀》）彭寅翁本闕此注。

《集解》：「徐廣曰，《表》云五年薨。」（《孝景本紀》）彭寅翁本闕此注。

《正義》：「乂，音魚廢反。」（《孝武本紀》）彭寅翁本闕此注。

《索隱》：「服虔曰，古之真人。案《列仙傳》云，安期生，琅邪人，賣藥東海邊，時人皆言千歲也。」（《孝武本紀》）彭寅翁本闕「案《列仙傳》云」以下的注文。

《集解》：「晉灼曰，遂，往之意也。」（《孝武本紀》）彭寅翁本闕此注。

《集解》：「服虔曰，王家人。」（《孝武本紀》）彭寅翁本闕此注。

如上所示，彭寅翁本中注文的删節較多。尤其當三家注在內容上相同時，傾向於省略其中一種注。而且，在這種情況下，有些地方會注明與其他注文相重複，其例如下：

《索隱》：「《漢書》『亦』作『係』，鄒誕生本作『傒』。又按《漢書·功臣表》及《蕭何傳》皆云，封何孫嘉，疑其人有二名也。」(《孝景本紀》)彭寅翁本闕此條注文，但有「索隱注同」四字。這條《索隱注》與該處的《集解》幾乎全文相同，作：「徐廣曰，《漢書》『亦』作『係』，鄒誕生本『傒』，音奚，又按《漢書·功臣表》……」

《索隱》：「按《三輔黄圖》云，東出北第一門曰宣平門，外曰東都門。」(《孝景本紀》)這條《索隱注》也與《集解》幾乎完全相同，彭寅翁本省略作「索隱注同」。

《索隱》：「瓠子，決河名。蘇林曰，在甄城南濮陽北，廣百步，深五丈。」(《孝武本紀》)此注也與《集解》相似，彭寅翁本作「索隱注同」。

又，彭寅翁本的注文，有些地方反比他本有所增加。例如：

「號曰周子南君」(《周本紀》)下方的《集解》：「瓚曰，《汲冢古文》謂，衛將軍文子爲子南彌牟，其後有子南勁，朝于魏。」上面有「徐廣曰自周」的五字《集解注》。這五字注文爲此書獨有。

又，「隳壞城郭」(《秦始皇本紀》)下的《正義》：「夫自頹曰壞，音户怪反。」下面有「自頹也」三字。這三字注文也是此書所獨有的。

此外，僅一部分的文字有出入異同的注文尚散見於書中。前一條「注文文字的異同」中已對此作過討論，此處略過不述。

(D) 現存的彭寅翁本

現存彭寅翁本數量極少，據《史記書録》，在中國僅殘存有：《本紀》存有《周本紀》、《秦本紀》、《秦始皇本紀》三卷；《表》存有《三代世表》、《十二諸侯年表》、《六國年表》、《秦楚之際月表》、《惠景間侯者年表》、《建元以來侯者年表》、《建元以來王子侯表》、《漢興以來將相名臣年表》八卷；《書》存有全八卷；《世家》存有《宋微子世家》、《晉世家》、《楚世家》、《越王勾踐世家》、《鄭世家》五卷；《列傳》存有《張耳陳餘列傳》至《太史公自序》的四十二卷，合計六十六卷。這些屬於愛日精廬和鐵琴銅劍樓的舊藏，現存於北京圖書館。但是，《鐵琴銅劍樓藏書目録》記載説：「元刊殘本《史記》七十六卷。」《四庫簡明目録》也記載説：「程容伯有安成郡彭寅翁崇道精舍刊本《史記正義》存七十六卷。」這可能是將《夏本紀》、《殷本紀》、《田敬仲完世家》、《孔子世家》、《曹參世家》、《曹相國世家》、《齊悼惠王世家》、《荆燕世家》、《楚元王世家》、《伍子胥列傳》、《仲尼弟子列傳》等據明人寫本補充的十一卷也包括在内了。然而，若如此則應有七十七卷，「七十六卷」的記載仍有誤。

然而在日本，幸存有數部全帙。這些本子現藏於宫内廳書陵部、慶應大學圖書館、大谷大學圖書館和天理大學圖書館，它們不僅是卷帙完備的刊本，而且其欄外還保存了許多源於古本的批注，因此是《史記》研究的珍貴資料。其中，宫内廳書陵部藏本，包括曾爲紅葉山文庫舊藏的所謂楓山本和曾爲狩谷棭齋舊藏的所謂棭齋本兩部，後者有部分殘缺。慶應大學圖書館藏本是伊佐早謙的舊藏，而天理大學圖書館藏本則是崇蘭館的舊藏。又，宫内廳書陵部還藏有永正年間（一五〇四至一五二一）三條西實隆鈔寫的所謂三條本，建仁寺兩足院則藏有梅仙和尚的自筆本。《史記書録》中記載説：「其楓山、三條鈔本與銅活字本三種俱據彭本鈔印。」然而，將楓山本視作寫本卻是賀次君的誤解。這裏所説的三種銅活字本是指慶長古活字本，在下一節中將有詳述。至於各個彭寅翁本，在本書第二章「《史記》古板本標注」的第一節「《史記》古板本標注資料」中，筆者已詳細論述。

（三）《史記集解索隱正義》一百三十卷　慶長古活字本

（A）日本的古活字印刷

日本印刷術的產生，可以上溯至奈良時代，但那時的印刷完全依存於佛教文化。本來，中國的印刷文化也是發軔於佛教文化，直到宋代，各方面典籍的官刻本纔開始繁盛。在日本，佛教以外的書籍、即所謂「外典」，要到鎌倉末期纔開始付諸印刷。這個時期，隨著日本與中國之間的商船往來變得頻繁，有些中國刻工也來到日本，極大地促進了日本印刷術的發展。另一方面，五山創立於鎌倉和京都，學僧輩出，禪家也與當時的武家階級保持著密切的聯繫，結果，作爲武家的師表，他們教學所必需的若干外典也得以開板。這樣，詩文集等書籍雖開板印刷，卻仍在當時的佛教庇護之下。這個時代的印刷，都只雕一塊板、即所謂的「整板」，因此一種書籍的開板實際上需要龐大的費用。

然而，以豐臣秀吉出兵朝鮮爲契機，高麗朝以來在朝鮮異常發達的活字印刷術輸入日本。這種嶄新而簡便的印刷術，解決了一直以來困擾印刷術的經濟問題，因而日本的印刷術終於從佛教文化中獨立出來，開始快速發展。而一直處在從屬地位的外典的開板事業，也在短短幾十年間迅猛發展。尤其，漢籍的翻刻受到當權者的獎勵，呈現蓬勃的態勢，不過，其內容以翻刻已有書籍爲主。

這種活字印刷，在朝鮮使用的是銅活字，而在日本則大多使用木活字。當時，這種木活字印刷術風靡一世，慶長（一五九六至一六一五）、元和（一六一五至一六二四）年間的整板印刷極少。然而，隨著出版事業的發展逐漸穩定，活字印刷反被認爲不便利。因此，寬永末年以後，活字印刷顯著減少，印刷事業再次進入整板印刷的時代。這也是日本的古活字印刷本被特别稱爲慶長古活字本的緣由。

(B) 古活字本《史記》

古活字本《史記》有八行有界本、八行無界本和九行無界本三種。

(1) 八行有界本

此書有界，每半葉八行，行十七字，唯《年表》是每半葉九行，行十七字。

成簣堂文庫舊藏、主婦之友社御茶水圖書館藏本中，有「慶長十一丁未秋八月以東福善惠軒之本新加朱墨倭點者也」的識語。據此可知，此書刊行於慶長十一年(1606)以前。此書藏於御茶水圖書館和内閣文庫，其中有不少保存了原裝。例如，蓬左文庫所藏本就保存了貼有雲母花紋的原書衣，其題簽文字的書法是本阿彌光悦的風格，這也是此書被稱爲「嵯峨本」的原因。

「嵯峨本」這一名稱，在室町時代就已經行用，當時是指京都北部的諸禪寺、尤其是天龍寺開板的刊本。到了江户時代，嵯峨本是指混有平假名的印本中某一種。這是因爲，本阿彌光悦、吉田素庵等人被推定參與了這些書籍的開板，故依其居住地冠以此名稱。這些板本又被稱作「光悦本」，這是基於這些板本的裝幀和書法風格的特點，以這一風格的中心人物本阿彌光悦來命名的。從上述事實來看，被稱作嵯峨本的刊本應該是日本人著述的書籍。但是，有些刊本的裝幀經過充分的美術加工，使用了貼有雲母花紋的、或厚或薄的紙，又或者使用了無雲母花紋的變色紙，除日本人的著書之外，這樣的刊本也被稱作嵯峨本。古活字本《史記》的八行有界本即屬此類刊本，它以貼有雲母花紋的紙爲書衣，題簽文字又是本阿彌光悦的風格，因此有嵯峨本之稱。如前引識語所示，此書刊於慶長十一年以前。然而，所謂嵯峨本刊行於慶長後半期，目前最早只能追溯到慶長十三年（1608）刊行的《伊勢物語》。因此，此書是否可算作嚴格意義上的嵯峨本，尚存疑。

不過，現存某些資料暗示，此書與嵯峨本的刊行者並非毫無關係。可以舉出的第一個資料是《鵞峰林學士文集》卷九十八中題作「書授島周《史記》後」的一段文字：「余家藏遷《史》數部，其中吉田氏所刊嵯峨板大本有訓點，未遑加朱……」「吉田氏」指吉田（角倉）素庵。如果此書確實是由吉田素庵刊行的，那麽此書的書衣使用了「光悦本」的裝幀這一事實，就説明此時本阿彌光悦已經參與到刊行事業中了。也就是説，本阿彌光悦雖然從慶長十四年（1609）纔開始積極地參與刊行事業，但在此之前已經幫助過角倉素庵的工作。然而，角倉素庵是否真的出版過《史記》，尚存有若干疑點。

例如，静嘉堂文庫所藏本中有題作「古活字版『史記』の研究（古活字版《史記》研究）」的一段批注，其文如下：

角倉素庵カ『史記』ヲ出版シタルヤ否ヤ、其事實ヲ知ラント欲シ極力調查シタレ共確證ヲ得ス。舊書ニ散見スル記事ハ反テ其存在ヲ疑ハシムルノ資料トナレリ。『鵞峰林學士文集』ニ載セタル嵯峨本ノ『史記』ニ關スル記事ハ、寛文六年ニ起草セシモノナリトノコトナルモ「訓点アル史記」ヲ嵯峨本ノ史記ナリト稱ス。然ルニ世人カ一般ニ嵯峨本ノ『史記』ト唱フルモノハ活字版ニシテ、八行十七字本ナリ。予ガ存在ヲ疑フモ是等ノ事實ニ依ルナリ。此頃古活字版『史記』ノ零本ヲ蒐メ之ヲ研究セシニ、版式ノ異ナルモノ五種アリ、即チ（一）八行十七字本、（二）九行十七字本、(三) 九行十七字本若クハ十八字本、(四) 九行十七字本、(五) 八行十七字無罫本是ナリ。而シテ全部完全ニ現存スル物ハ第四ノ九行十七字有罫本ナリ。又最モ稀ナルハ第五ノ八行十七字無罫本ナリトス。而シテ第一、第二、第三ノ三種ハ其表紙皆同一ニシテ裏張ノ反古紙ニ慶長活字ノ節用集ヲ用ヒタルモノナリ。此三種ハ周邊ノ輪廓同大ニシテ字體、摺亦同ジ、恐クハ同一本ナルベシ。之ヲ嵯峨本ノ『史記』ナリト唱フル者アリ。

譯文：　角倉素庵是否出版《史記》，欲知其事實，雖極力調查，未得確證。舊書中散見之記事資料，反使人懷疑其是否存在。《鵞峰林學士文集》所載關於嵯峨本《史記》的記事，起草於寬文六年，稱「有訓點的史記」爲嵯峨本《史記》。然世人一般所稱嵯峨本《史記》，乃活字版，八行十七字本。予疑其存在亦依是等事實。近來蒐集古活字版《史記》零本並加以研究，版式異者有五種。即(一)八行十七字本；(二)九行十七字本；(三)九行十七字或十八字本；(四)九行十七字本；(五)八行十七字無界本是也。然而現存全本者僅有第四之九行十七字有界本。其中最稀有者爲第五之八行十七字無界欄本。第一、第二、第三之三種，其書衣皆同，而書衣背面的襯紙用的是慶長活字《節用集》的廢紙。此三種，周邊輪廓大小相同，印刷字體亦同，當是同一本。有稱之爲嵯峨本《史記》者。

這裏所説的五種古活字本之中，前三種是八行有界本的零本。這段批注的書寫者，拘泥於林鵞峰文章中「訓點アル『史記』(有訓點的《史記》)」的記載，然而，將「有訓點而未遑加朱」理解爲古活字印刷本中施有訓點，也没有任何問題。而且，批注中「寬文六年ニ起草セシモノナリトノコト(起草於寬文六年)」的記

載也明顯有誤。《鷲峰文集》原文作「戊申八月朔」，乃寬文八年。

從上述事實來看，這段批注的内容並不值得信賴。林鷲峰的文章寫於寬文八年（一六六八），此時林鷲峰五十二歲，而八行有界本則刊行於慶長十一年（一六〇六）以前。其間雖有六十年的間隔，但林羅山和林鷲峰（春齋）是當時兩代相承的碩學，其言論值得信任。隨便一提，慶長十一年時，羅山已經二十餘歲。

證明此書是嵯峨本的第二個資料，是此書書衣背面的襯紙。從内閣文庫和静嘉堂文庫藏本的書衣背面襯紙中，可以找到混寫了平假名的古活字本的謡本和舞本（「謡本」意爲「能樂」的歌本，「舞本」意爲「幸若舞」的歌本——譯者注）。這一事實也説明，此書與混寫了假名的活字印本是經同一人之手形成的。

又，此書所用的木活字，也用於慶長十四年（一六〇九）木室新七所刊行的《古文真寶後集》和《春秋經傳集解》。

現存慶長古活字八行有界本《史記》，主要有如下幾本：

1　内閣文庫藏本

原裝朱色書衣，附有原題簽。菅得庵依據林道春（羅山）本加了朱墨點。有慶長十二年的識語。淺草文庫舊藏。有古本的批注。

2　東北大學藏本

經過改裝。狩野亨吉舊藏。有古本的批注。

3　大東急記念文庫藏本

森立之舊藏。有批注。缺第一册，以他本八行無界本零册補。

4　東洋文庫藏本

有兩個藏本，一種附有原題簽、有五十册，另一種經過改裝、有四十册。後者有許多古本的批注。

5　主婦之友社御茶水圖書館藏本

九卷四册的零本，存有前引慶長十一年（一六〇六）的識語。成簣堂文庫舊藏。有古本的批注。

6　天理大學藏本

黄色書衣，五十册，尾陽文庫舊藏。有批注。

7　蓬左文庫藏本

存有雲母花紋的原書衣。

8　静嘉堂文庫藏本

零本二册。

存有批注的本子，在第二章第一節「《史記》古板本標注資料」一項中已經詳述。除了上述本子外，京都府立圖書館、大阪府立圖書館等處也有藏本。

（2）八行無界本

無界，每半葉八行，行十七字。僅《年表》有界，每半葉九行，行十七字，應是仿的有界八行本。活字的樣式也類似有界本，但較小。現存八行無界本中，某些本子的書衣上的題簽與前述八行有界本相同，可能襲用了有界本。再考慮到行款植字的相似，八行無界本與有界本似乎有著密切的關聯。刊行年代可推斷在慶長、元和年間，但具體年份不可得知。

現存八行無界本，有如下幾本：

1　內閣文庫藏本

二册十三卷，和學講談所舊藏。有許多古本的批注。

2　主婦之友社御茶水圖書館藏本

二十九册，成簣堂文庫舊藏。批注較多。

3　天理大學藏本

五十册，但卷二十五、二十六、三十八、四十三、六十一和六十二等六卷，是據八尾《評林》本補寫的。高木文庫舊藏。古本的批注較多。

4　東洋文庫藏本

五十册，存原裝丹色書衣。

（3）九行無界本

無界，每半葉九行，行十七字。《年表》同樣是九行，行十七字。現存如下幾本：

1　東北大學藏本

十三册，狩野亨吉舊藏。有古本的批注。

2　東京大學藏本

有兩部。一部是五十册，包含據《史記評林》補寫的部分。青洲文庫舊藏本。另一部只剩《秦本紀》一册，榊原家舊藏。兩部均有古本的批注。

3　東洋文庫藏本

原裝丹色書衣，五十册，有批注。本書的刊行年代也只能推測在慶長、元和年間。像《史記》這樣大部頭的書籍，在短期内竟然三次上梓，由此可知，當時《史記》受到了多麽廣泛的閲讀。

（4）從文字的異同看古活字本《史記》

對校古活字本與其他本子，會發現古活字本《史記》最顯著的特色，在於與朝鮮刊本一致之處頗多。考慮到古活字本的刊行肇始於朝鮮之役，這也是理所當然的傾向。又由於朝鮮刊本與彭寅翁本屬於同一系統的文本，彭寅翁本、朝鮮刊本和古活字本一致的例子隨處可見。例如：

「金木輪環。」（《三皇本紀》）彭寅翁本、朝鮮刊本和古活字本中「環」字皆作「還」。

「諸侯悉至。」（《周本紀》）彭寅翁本、朝鮮刊本和古活字本中「悉」字皆作「即」。

「醫入見。」（《高祖本紀》）三本中「醫」字上都有「者」字。

「高帝八男。」（《高祖本紀》）三本中「帝」字皆作「祖」。伊佐早謙舊藏彭寅翁本、東洋文庫藏八行有界古活字本和《博士家本史記異字》所引中韓本校記作「帝」。

「以客禮禮之。」（《孝武本紀》）三本中第二個「禮」字都作「待」。

「文成言曰。」（《孝武本紀》）三本中「文成言」三字均做「少翁曰」三字。

以上所引，是三個本子相一致的例子。此外，其他諸本與此三本相一致的例子也頗多。例如：

「諸侯益亦不至。」（《周本紀》）高山寺所藏古鈔本及彭寅翁本、朝鮮刊本、古活字本中，都無「亦」字。

「以太后制天下事也。」（《吕后本紀》）慶元本及彭寅翁本、朝鮮刊本、古活字本中，「制」字作「稱」。伊佐早謙舊藏彭寅翁本中有「制」的校記。

「上帝神明弗歆亨。」(《孝文本紀》)彭寅翁本、朝鮮刊本、古活字本三本及瀧川本,與此同。其他各本「弗」字作「未」。

不過,彭寅翁本和朝鮮刊本並非總是一致。在這種情況下,古活字本有時與彭寅翁本一致,有時則與朝鮮刊本一致。以下是前者的例子:

《正義》:「故蒲坂城。」(《五帝本紀》)彭寅翁本和古活字本中「坂」字作「板」。棭齋舊藏及梅仙自筆的彭寅翁本中有「坂」的校記。

《正義》:「如人家鼠而短尾。」(《夏本紀》)彭寅翁本和古活字本無「而」字,且「短尾」二字互倒。

「王自至於東郊。」(《殷本紀》)彭寅翁本和古活字本無「自」字。

《正義》:「崇國蓋在豐鎬之間,《詩》云『既伐于崇,作邑于豐』,是國之地也。」(《周本紀》)彭寅翁本和古活字本,「間」字下有「也」字,且無「詩云『既伐于崇,作邑于豐』,是國之地也」十五字。

此類例子,在與彭寅翁本屬同一系統的他本中,也能頻頻發現與這些異同一致之處。例如:

《索隱》:「亦以其母吞乙子而生。」(《五帝本紀》)彭寅翁本、南監本、《評林》本、武英殿本和古活字本,「乙」字作「鳦」。

《索隱》:「一物謂嫠氏之美女也。」(《周本紀》)英房《史記鈔》、彭寅翁本和古活字本,「謂」字下有「有」字。

「吾以布衣提三尺劍取天下。」(《高祖本紀》)慶元本、彭寅翁本、《評林》本和古活字本,「提」字作「持」。伊佐早謙舊藏彭寅翁本校記作「提」。

《索隱》：「燕王通也。」（《吕后本紀》）慶元本、彭寅翁本和古活字本，「燕」字作「趙」。伊佐早謙舊藏彭寅翁本和高木家舊藏古活字本，校記作「燕」。

與上述情況相反，朝鮮刊本與彭寅翁本不一致而與古活字本一致的情況。其例如下：

《集解》：「酈食其音歷異基。」（《高祖本紀》）朝鮮刊本和古活字本，「基」字作「箕」。彭寅翁本中，這個字作「箕」。

從上述諸例來推測，古活字本的底本直接依據的是朝鮮刊本，而間接參考了彭寅翁本等與朝鮮刊本屬同一系統的板本。

當然，系統相同，或被視爲底本，並不意味著兩者之間總是一致。古活字本，由於是活字印刷，反而有許多誤字和錯誤。以下是只有古活字本錯誤的例子。

「堯知子丹朱之不肖，不足授天下。」（《五帝本紀》）古活字本「知」作「如」，「授」作「援」。高木家舊藏古活字本中有「知」及「授」校記。

「乃出。」（《周本紀》）古活字本「乃」作「及」。高木家舊藏古活字本中有「乃」的校記。

「鄭與虢君伐殺王積。」（《周本紀》）古活字本「與」字誤作「興」。

「書諱曰，天王狩于河陽。」（《周本紀》）古活字本「諱」作「韓」。高木家舊藏古活字本校記作「諱」。

「所謂周公葬我畢。」（《周本紀》）古活字本「謂」字誤作「諸」。

「更命酈邑曰新豐。」（《高祖本紀》）古活字本「新」字作「所」。高木家舊藏古活字本校記作「新」。

「令誰代之。」（《高祖本紀》）古活字本「令誰」二字互倒。

「秉德以陪朕。」(《孝文本紀》)古活字本「陪」字作「掊」。高木家舊藏古活字本校記作「陪」。像這樣,就文字的出入異同而言,古活字本犯了許多錯誤,但也有少數訂正了其底本朝鮮刊本或彭寅翁本的錯誤的例子。這意味著,古活字本在開板之際參校了數種板本。以下,是古活字本與彭寅翁本及朝鮮刊本均不一致的例子。

《正義》:「合三百三十三鍰二兩也。」(《周本紀》)彭寅翁本和朝鮮刊本「三十三」作「三十」。

「襄王乃賜晉文公珪鬯弓矢爲伯。」(《周本紀》)英房《史記鈔》、彭寅翁本和朝鮮刊本,無「晉」字。

《正義》:「在平津大河之南也。」(《周本紀》)彭寅翁本和朝鮮刊本,「津」字作「江」。

《正義》:「自灑躍八梓宫。」(《高祖本紀》)慶元本、彭寅翁本、武英殿本和朝鮮刊本,「灑」字作「洒」。

《正義》:「蓋無取焉。」(《高祖本紀》)彭寅翁本、《評林》本和朝鮮刊本,「取」字作「及」。

當然,此類例子中,有一些未必能斷定古活字本就是正確的。但是,它們至少證明了古活字本曾參校過數種板本。

(四)《史記評林》本一百三十卷　明吴興凌稚隆輯校萬曆四年刊本

(A)《史記評林》概觀

(1)此書的特色

對《史記》的文章進行批評或解説的注釋性研究,在明代最爲興盛。嘉靖年間,楊愼和李元陽輯校的《史記題評》刊行。這是第一個將評論與正文和三家舊注並刻的刊本,《史記評林》亦效仿此書。明代以

《史記》評釋爲目的的板本，多數是摘録本，只選刻文筆出色的文字，注也多有删節。張文麟在正德十三年建寧官刊本的序中説：「近時刻《史記》者，篇章錯亂，字句差訛，甚且妄議古典，黜《孔子世家》爲《列傳》。」如之所述，當時的刊本，多數過度重視評論，以至於損壞了正文的原貌。而在這些刊本中，《史記評林》不僅正文保存完好，連三家注也一如其舊（注1）。而且，文字的校勘也比較精確（參照下文[B]從文字的出入異同看《史記評林》），作爲三注合刻本有不少值得關注之處。這是此書的第一個特色。

另一方面，如果從評論書的角度來看這本書，正如凌稚隆在識語中所説：「隆自弱冠讀先大夫《史記》抄，旦旦夕焉而悵其未備也。嘗博蒐羣籍，凡發明馬史者，輒標識於別額，積草青箱，非一日矣。」此書的寫作目的在於評論。事實上，這本書以在《評林姓氏》中留名的許多論者的説法爲主，網羅引用百氏諸書之説，使人有諸家評論盡備於此之感（參照後文[C]作爲注釋書的《史記評林》）。這是這本書的第二個特色。不過，凌稚隆的輯注，雖然多數都甚可貴，但仍有不辨是非、雜引諸説之弊。這也是此書留予後世的功過之一。

（2）板本的種類

萬曆四年凌稚隆輯校刊行的《史記評林》，有温陵李光縉增補了注釋的板本，即所謂的「增補史記評林本」。因此，明板《評林》本有「凌稚隆輯校本」和「李光縉增補本」兩種。後者尤爲廣行於世，日本刊行的《史記評林》也全都依據這個板本。順便一提，和刻《史記評林》的板本，有承襲了明板的八尾初刻本及其再刻本和三刻本。此外，還有與八尾再刻本幾乎同時刊行的紅屋板初刻本。紅屋板也有再刻本。江户時代刊行的就只有這兩個系統的板本。到了明治時代，鶴牧脩萊館、修道館和鳳文館等都陸續出過刊本。這些刻本的情況，後文將另作詳述。

（3）此書對後世的影響及後世對此書的評價

如前所述，《史記評林》的第一個特色，在於既是評釋書，又采用了三注合刻本的體裁。這一特點，對明代末期的《史記》研究有著莫大的影響。例如，天啓五年刊「鍾伯敬輯評本」、崇禎元年刊「陳仁錫評本」、崇禎十三年刊「鄒德沛本」、崇禎年間刊「錢塘朱東觀輯校本」等，都效仿了《評林》本的體裁。在下一節中，筆者將分别詳述這些書籍。

此外，此書在評論方面的影響也極大。如前所述，《評林》本中輯録的評論數量極多，諸家評論幾乎盡備於此。因此後世的評釋諸刻大都從此書取材，新加入自評的本子也很少有能開拓新境地的，流俗不足觀者反倒不少。

如上，凌稚隆的《史記評林》對後世有著非常大的影響。那麽，後世對此書評價如何呢？清代的學者，以此書未能擺脱明代評論的舊習而輕視之。在日本，近藤正齋也在《正齋書籍考》卷三中説：

明末評林本出ニ及ンデ，古本ノ壞亂極トナフベシ。此際古本少トセズ、然ルニ今行本徒ニ評林本ヲ加點翻刻スルノミ。世ノ安者何ゾ古ニ稽ヘズシテ、徒ニ簡捷ニ趨ルヤ、澆漓ノ弊慨歎スベシ。

譯文：及明末評林本出，可謂古本壞亂至極也。而今古本不少，然今行本徒加點翻刻評林本而已。世人何不稽古而徒趨簡捷者邪？澆漓之弊，可爲之慨歎。

正齋在其他文章中也慨歎了《評林》本的流傳之廣。不過，錢泰吉在《校史記雜識》中評論了《評林》本。他説，明板中三注合刻本的善本，一般包括震澤的「王延喆本」和莆田的「柯維熊本」，而吳興「凌稚隆刻《評林》本」卻不被藏書家稱揚。可是，將之與乾隆四年的殿本校勘後，卻發現《評林》本勝過明監本之處頗多。據此可知，《評林》本在中國的評價並不好，但錢泰吉指出，逐一校對的結果是《評林》本更勝監本。又，清代的周中孚在《鄭堂讀書記》卷十五中説：「余因取柯校本互相核對，卻無刊落之處，而柯本之脱文誤字，此本俱添入改正。然則就正文及注而論，較之柯本，殊爲勝之，而其輯評之得當與否，儘可存而不論。」

注1　《史記題評》中無《索隱述贊》。

(B) 從文字的出入異同看《史記評林》

我們習慣將《史記評林》看作「《史記》的注釋書」，而容易忽略凌稚隆在正文的校訂上所下的大量工夫。然而，若從「文本批評」的立場出發，《史記評林》與同時代的諸刊本相比較時，其可信度之高令人感到驚訝。

凌稚隆在凡例中説：「《史記》刻本自宋元迄今不下數十家，但近時見行者，杭本無《索隱述贊》，白鹿本無《正義》，陝西本缺《封禪》、《河渠》、《平準》三《書》，惟金臺汪本、蒲田柯氏所校頗少差謬。兹刻以宋本與汪本字字詳對。間有不合者，又以他善本參之反覆讐校。」如其所言，此書以那個時代刊行的三注合刻本中堪稱善本的明嘉靖四年（一五二五）莆田柯維熊校「金臺汪諒刊本」爲底本，並參校了宋本。這個「柯維熊本」與明嘉靖四年刊「震澤王延喆本」和嘉靖十三年刊「秦藩本」一樣，屬於三注合刻本中堪稱出類拔萃的南宋「黄善夫本（慶元本）」的文本系統。因此，從文字異同的角度來看，《史記評林》屬於慶元本系列。然而，柯維熊本雖基本上屬於慶元本系統，但若字字詳校，會發現二者之間存在許多差異。凌稚隆在以柯本爲底本的同時，還用其他善本、尤其是宋本進行了校訂。用作校勘的數種板本的文字相互牴牾，難以決斷時，凌本便在正文旁用小字注記。這些正文中的旁注，將在下一小節「作爲注釋書的《史記評林》」的旁注一條中舉例説明。事實上，比此書早一年刊行的、投時所好且廣泛流傳的「南京國子監祭酒余有丁」的三注合刻本，不僅校勘不備，而且删節甚多。與《評林》本相較，判若雲泥。下面，舉數例來討論《評林》本中的文字異同。

（1）與慶元本、柯維熊本一致之處

《評林》本與其底本柯維熊本文字一致，是理所當然之事。而慶元本原是柯維熊本的底本，又用於校訂《評林》本，因此慶元本、柯維熊本和《評林》本三者相一致，也是理所當然，其例不勝枚舉。以下是部分例子。

《索隱》：「劉向撰爲三十三篇。」（《集解序》）慶元本、中統本、柯維熊本、秦藩本和《評林》本中，「三十三」作「三十」。

《集解》：「難在魯昭公八年。」（《吴太伯世家》）慶元本、彭寅翁本、王延喆本、柯維熊本、《評林》本和武英殿本，脱此注七字。可能是爲了避免與《正義》重複。

《集解》：「管仲曰，衛公子開方去其千乘之太子，而臣事君也。」（《齊太公世家》）慶元本、彭寅翁本、王延喆本、柯維熊本和《評林》本，將這條《集解》誤作《正義》。

「乃告于秦曰。」（《楚世家》）慶元本、彭寅翁本、王延喆本、柯維熊本和《評林》本中，「秦」誤作「齊」。南化本和楓山本校記作「秦」。

「悉五千人觸戰。」（《越王句踐世家》）慶元本、彭寅翁本、王延喆本、柯維熊本和《評林》本，脱「悉」字。南化本作了校補。

「於是秦昭王悟。」（《穰侯列傳》）慶元本、彭寅翁本、王延喆本、柯維熊本和《評林》本，脱「昭」字。南化本、楓山本、棭齋本和梅仙本校補了此字。

「魏公子列傳第十七。」慶元本、彭寅翁本、《評林》本和武英殿本中，「魏公子」三字作「信陵君」。張文虎在《札記》中説：「合刻本作『信陵君列傳』，疑本《正義》。」

（2）只與柯維熊本一致之處

此書中存在與其他板本不同、而只與柯維熊本一致之處。這類例子也相當多，其中大部分沿襲了對柯維熊本的錯誤。例如：

《正義》：「又音頻移反。」（《集解序》）王延喆本、柯維熊本和《評林》本中，「移」作「異」。張文虎在《札記》中説：「柯、凌作『頻異反』，誤。」

《正義》：「犯前請卒戍周。」（《周本紀》）柯維熊本和《評林》本中，「戍」作「伐」。

《正義》：「鄢鄧二城並在襄州。」（《秦本紀》）柯維熊本和《評林》本中無此注。

《索隱》：「《吳地記》曰，仲雍冢在吳鄉常孰縣西海虞山上，與言偃冢並列。」（《吳太伯世家》）柯維熊本和《評林》本脱此注二十四字。

「乃矐其目。」（《刺客列傳》）柯維熊本和《評林》本中，「矐」作「臛」。

又，此類異同中，有一些很難斷定其是否是柯維熊本及《評林》本的錯誤。例如：

《索隱》：「固撰《漢書》。」（《集解序》）王延喆本、柯維熊和《評林》本中，「撰」作「作」。

《索隱》：「上起周穆王。」（《集解序》）王延喆本、柯維熊本和《評林》本中，此五字作「上起于周之穆王」七字。

「鉏麑退歎曰。」（《晉世家》）柯維熊本和《評林》本無「退」字。又，《評林》本中有「一本，『麑』下有『退』字」的旁注。

在很多異同中，柯維熊本訂正了他本的錯誤，而《評林》本襲用了柯本的訂正。例如：

《正義》：「壻之父爲姻，婦之父爲婚，婦之父母、壻之父母相謂爲婚姻，兩壻相謂爲婭。」（《楚世家》）柯維熊本和《評林》本同，但慶元本和彭寅翁本中，這條注二十九字作「妻父曰十年，父曰姻，重姻曰王，兩壻相謂曰婭」十八字。《札記》説：「王本此注訛脱，今依柯、凌。」

（3）與柯維熊本不同而與慶元本一致之處

與前一小節中的例子相反，在有些地方，《評林》本依從了其底本柯維熊本以外的板本。首先，下面列舉慶元本和柯維熊本不一致、而依從了慶元本的例子。

「成公元年冬。」（《陳杞世家》）王延喆本和柯維熊本中，「元」誤作「九」。《評林》本則與慶元本同作「元」。

「立留爲太子。」(《陳杞世家》)柯維熊本中，「立」字誤作「亡」。《評林》本與慶元本同作「立」。

「秦使張儀與楚、齊、魏相會，盟齧桑。」(《楚世家》)柯維熊本脱「盟」字。《評林》本與慶元本同有「盟」字。

「楚下宜敢取儀。」(《楚世家》)柯維熊本，「儀」誤作「秦」。《評林》本與慶元本同作「儀」。

「負海内而處。」(《楚世家》)柯維熊本脱「而處」二字。《評林》本從慶元本。

「詘楚之名。」(《楚世家》)柯維熊本「楚」誤作「子」。《評林》本與慶元本同作「楚」。

(4) 與慶元本及柯維熊本均不一致，且《評林》本更優的例子

「異音微義。」(《索隱序》)慶元本、彭寅翁本、王延喆本、柯維熊本、秦藩本、武英殿本和《詳節》本中，「音」皆作「旨」。《評林》本作「音」。《殿本考證》中也説：「『旨』，監本訛作『音』，今改正。」

「衆皆言於堯曰。」(《五帝本紀》)慶元本、彭寅翁本、王延喆本、柯維熊本、秦藩本和嵯峨本，脱「言」字。南化本、楓山本、棭齋本、三條本、伊佐早謙舊藏本、狩野亨吉舊藏本二種、成簣堂文庫舊藏本、高木家舊藏本、和學講談所舊藏本、中彭本和中韓本，皆校補了「言」字。《評林》本有「言」字。

「還過陳。」(《陳杞世家》)慶元本、彭寅翁本、王延喆本和柯維熊本中，「還」皆作「遠」。《評林》本與南化本、楓山本、三條本的校記同作「還」。

「或欲還。」(《鄭世家》)慶元本、彭寅翁本、游明本、王延喆本和柯維熊本中，「欲」皆誤作「從」。南化本、楓山本和三條本校記作「欲」。《評林》本作「欲」。

《正義》：「有函谷、蒲津、龍門、合河等關。」(《蘇秦列傳》)慶元本、彭寅翁本、王延喆本和柯維熊本

中，「函」誤作「幽」。《評林》本作「函」。

《正義》：「盾，自關東謂之瞂。」（《蘇秦列傳》）慶元本、彭寅翁本、王延喆本和柯維熊本中，「瞂」訛作「𢧵」。《評林》本作「瞂」。

「亦嘗有以夫卞莊子，刺虎聞於王者乎。」（《張儀列傳》）慶元本、彭寅翁本、王延喆本和柯維熊本中，「卞」作「辨」。南化本、楓山本、棭齋本、三條本和高木本校記作「卞」。《評林》本亦作「卞」。

「立須之。」（《張儀列傳》）耿秉本、慶元本、彭寅翁本、中統本、游明本、王延喆本和柯維熊本中，「須」皆作「頃」。南化本校記作「須」。《評林》本亦作「須」。

《正義》：「一日山陵崩。」（《呂不韋列傳》）慶元本、彭寅翁本、王延喆本、柯維熊本和武英殿本無「崩」字。南化本和棭齋本校補了此字。《評林》本有「崩」字。

與上舉諸例性質相似，不僅與慶元本和柯維熊本不同，而且與其他板本也不一致，卻與後世出版的武英殿本或金陵書局本一致的例子，在《評林》本中也常常能够見到。以下舉部分例子説明。首先，與武英殿本一致的例子。

「弟無行。」（《齊太公世家》）《評林》本和武英殿本中，「弟」作「第」。

《索隱》：「凡、蔣、邢、茅、胙、祭也。」（《魯周公世家》）《評林》本和武英殿本中，「凡」作「樊」。

《索隱》：「非也。」（《晉世家》）《評林》本和武英殿本，「非」上有「殆」字。

其次，與金陵本一致的例子。

《正義》：「案，陽周，隋改爲羅川。」（《五帝本紀》）《評林》本和金陵本同。其他諸本「羅」字皆作「罷」。

《正義》：「城外有舜宅及二妃壇。」（《五帝本紀》）《評林》本和金陵本同。其他諸本「及」字誤作「入」。東洋文庫藏古活字本（八行有界）中有「及」的校記。

《正義》：「城北有歷山。」（《五帝本紀》）《評林》本和金陵本同。其他諸本重「城」字。

「潍淄其道。」（《夏本紀》）《評林》本和金陵本同。其他諸本「其」作「既」。

此外，還有僅與《評林》本、武英殿本和金陵本三個板本一致的例子。

《正義》：「言己畏忌有利口讒説之人。」（《五帝本紀》）《評林》本、武英殿本和金陵本同。其他諸本中無「己」字。

（5）《評林》本獨有的錯誤

前面幾個小節中，筆者著重論述了《評林》本文字校訂有成的例子。然而，總體而言，《評林》本的文字有較多誤字和訛脱，且多數是《評林》本獨有的錯誤。也就是説，從文字異同的角度來看，凌稚隆對校訂的熱情和態度值得肯定，這些校訂也産生了一定的效果，但書中誤刻較多，大大降低了《評林》本的價值。並且，這些錯誤原封不動地由日本八尾初刻本所承襲。

《正義》：「笄頭山，一名崆峒山。」（《五帝本紀》）只有《評林》本將「頭」誤作「頂」。

《正義》：「至于衡雍。」（《周本紀》）《評林》本將「衡」誤作「衛」。

《正義》：「割其血以塗足。」（《高祖本紀》）只有《評林》本將「足」誤作「是」。

《正義》：「在滄州長蘆縣東北十七里。」（《燕召公世家》）只有《評林》本將「滄」誤作「倉」。

《索隱》：「下失節。」（《管蔡世家》）只有《評林》本將「失」誤作「夫」。

「孫文子子數侍公飲。」（《衛康叔世家》）只有《評林》本將「侍」誤作「待」。

《正義》：「然三家分晉。」（《蘇秦列傳》）只有《評林》本將「三」誤作「二」。

《正義》：「齊從貝州過河而西。」（《蘇秦列傳》）只有《評林》本無「貝」字。

（C）作爲注釋書的《史記評林》

在好尚評論的明代，多數《史記》刻本都將重心放在評論上，《史記評林》也以匯集諸家注釋爲目標。但與明代的其他《史記》刻本不同，此書的《史記》正文及三家注皆刊刻如舊。在前文中，筆者已經論述了正文及三家注的文字異同，接下來將從評論的角度對《史記評林》作若干考察。

《史記評林》刊刻的首要目的是評論正文，依照其內容和記載形式可分如下四類：

1　卷首序中記載的評論及評論資料

2　在各卷首尾，與正文並刻的注

3　上欄的注文

4　正文行間的旁注

以下，依次予以説明。

（1）卷首序中記載的評論及評論資料

這類資料包括三皇五帝、夏、商、周、秦、漢世《系譜》，五帝、夏、商、周、秦、六國、漢《國都地圖》，《評林姓氏》，《史記評林引用書目》，《讀史總評》等。這些都是淩稚隆首創而記載下來的。這裏的系譜、地圖等，都爲後來的諸本——例如，明萬曆年間由錢塘鍾人傑刊行的《史記》、崇禎年間陳仁錫刊行的《史記》、陳子龍和徐孚遠撰寫的《史記測議》等——所襲用。《評林姓氏》和《引用書目》中，列舉了各卷上欄裏的注和下欄裏與正文並刻的注中引用的評論的論者姓名及出典，但並不全備。評論者的姓名，列在後節的表格中。序中記載的評論，值得一讀的是《讀史總評》，其中匯集了宋代鄭樵、晁無咎等，明代王維楨、何孟春、凌約言、茅坤等三十三位學者對《史記》整體的評論，可一覽無遺。這些評論的主旨，如吕祖謙、黄震、馬子才等人所論，最多的是對太史公文章之傑出的稱贊，特别是鄭樵、葉盛、陳傅良、黄佐等人，甚至認爲太史公的文章可比肩《春秋經》和《春秋左氏傳》。此外，蘇轍認爲太史公文章的魅力源於其周遊各地的旅行體驗和博學，蘇洵、林駉、王鏊等則稱贊了《本紀》、《世家》和《列傳》的結構之巧妙。特别是晁無咎否定了班固對司馬遷「論大道，則先黄老而後大經；序《遊俠》，則退處上而進姦雄；述《貨殖》，則崇勢利而差賤貧」的非難，并指出「遷特感當世之所失，憤其身之所遭，寓之于書，有所激而爲此言耳。非其心之誠然也」，進而對班固的説法一一予以了反駁。秦觀、林駉、王鏊等人則論及司馬遷認知事物的方式，尤其是其人生觀之宏闊。如上所述，《讀史總評》是對《史記》整體的評論，因此是探討宋明諸家《史記》觀的好資料。

（2）各卷首尾與正文並刻的注

諸家評論中，總説一篇之主旨者，録在各卷的首尾，也就是接續在《集解》、《索隱》和《正義》三家注之後，與之並刻。這種形式源於嘉靖年間楊慎、李元陽輯訂的《史記題評》。例如，《五帝本紀》的卷首録有柯維騏之説，卷尾則有吴澄之説，《夏本紀》、《殷本紀》、《周本紀》和《秦本紀》的卷尾引用了蘇轍的《古史》。又如，《秦始皇本紀》的卷尾引用了王世貞之説，《孝景本紀》的卷尾引用了董份和茅坤之説等。這些論説主要集中在卷尾，極少部分録在卷首，也有許多卷的首尾不載任何注説。這些注説，在内容上與卷末的《集解》或《索隱述贊》類似，或是對它們的補充。

（3）上欄的注文

《史記評林》中的大部分評論，都是放在上欄。即，在相應正文字句的上方標注注文，以便對照正文和注文。其中，在引用唐、宋和明代諸家之説時，往往以如「王世貞曰」、「余有丁曰」的方式明示評論者的姓名。而且，所引用的諸家的姓名，大部分都録在序的《評林姓氏》一欄里，典故的出處也多録在序的《引用書目》一項中。現依照時代和卷次，列舉《本紀》上欄注文中的姓名如下，以爲一例。

（a）上欄注文中所舉的《評林姓氏》及其出現頻度

（表中的數字，表示該卷中注文的數量）

	汉代	六朝	
卷 ＼ 姓氏	王充	沈約	劉勰
三皇			
五帝			
夏			
殷		1	
周		1	
秦			
秦始皇			1
项羽			
高祖	1		
吕后			
孝文			
孝景			
孝武			

續表

	唐代					宋代				
卷＼姓氏	高参	陳越石	李德裕	柳宗元	劉知幾	王安石	王應麟	王楙	歐陽脩	倪思
三皇										
五帝						1			1	
夏										
殷		1								
周				1			1			
秦							2			
秦始皇							2			
项羽								1		3
高祖	1		1		1		1			
吕后							1			
孝文										
孝景										
孝武										

續表

	宋代									
卷＼姓氏	胡一桂	黃震	洪邁	蔡沈	司馬光	朱熹	真德秀	蘇洵	蘇轍	舒雅
三皇										
五帝		1								
夏		2								
殷		1								
周	1			1						
秦			1						1	
秦始皇							2			1
项羽		1	1							
高祖						1	3	1		
吕后					1	1	1			
孝文		2					4			
孝景										
孝武										

續表

姓氏／卷	宋代									
	宋無	孫明復	陳桱	陳騤	陳仁子	陳長方	陳傅長	鄭樵	費衮	鮑彪
三皇										
五帝		1								
夏				1					1	
殷			1							
周			1							
秦	1									1
秦始皇										
项羽						1				
高祖										
吕后								1		
孝文					6		1			
孝景										
孝武										

續表

姓氏／卷	宋代						元代		明代	
	羅大經	李塗	劉辰翁	劉攽	林之奇	呂祖謙	金履祥	吴澄	王維楨	王韋
三皇										
五帝									3	
夏		1					1		1	
殷			1				2		1	
周						2	1	2	4	
秦							1		12	3
秦始皇		1				1			6	
项羽		1	5					1	10	
高祖			8	1		3			3	1
呂后									4	
孝文	1				1	2			1	
孝景										
孝武	2									

續表

卷＼姓氏	明代									
	王九思	王世貞	王直	王鏊	夏寅	何大復	何孟春	何良俊	柯維騏	霍韜
三皇		1								
五帝		6		3			2	1	3	
夏		1		1						
殷		1								
周		2	1	8						
秦				1		1	1		1	
秦始皇		3		3		1	4		1	
项羽		3		2	1		2		1	
高祖	2	2		5			1			2
吕后									1	
孝文	1						1			1
孝景										
孝武										

續表

姓氏／卷	明代									
	許應元	許相卿	歸有光	丘濬	敖英	康海	高儀	黃省曾	黃份	吴寬
三皇										
五帝										
夏										
殷								1		
周		1	1					2		
秦	2					1			1	
秦始皇				12	1				6	1
项羽			1			1	1		8	
高祖		2		1		1		1	5	
吕后			1						1	
孝文						1			3	
孝景										
孝武										

續表

卷＼姓氏	明代									
	周洪謨	徐禎卿	邵經邦	邵寶	錢起	宗濂	張之象	陳沂	陳霆	程一枝
三皇										
五帝	1		1				1			
夏	1		1	1			1	2		
殷									1	1
周	2			1			2	1		
秦							1		1	
秦始皇				1			3	2		
项羽					1		4	1		
高祖			1				2	1		
吕后			1			1				
孝文		1	1				1			
孝景										
孝武										

續表

姓氏／卷	明代									
	田汝成	唐順之	閔如霖	方孝孺	尤瑛	楊維禎	楊慎	楊循吉	余有丁	陸深
三皇										1
五帝		1					7	1	3	
夏		1					4		2	
殷							4		1	
周				2			6	3	1	
秦							2		3	
秦始皇		2					10	2	8	
项羽	2	8	1		1	3	9		1	
高祖		2					5	3	2	
吕后					1	2		1	1	
孝文					1				3	
孝景										
孝武										

續表

姓氏／卷	明代				
	李東陽	李夢陽	凌約言	林希元	林有望
三皇					
五帝			1		
夏	1				
殷					
周					2
秦			1		
秦始皇		1	4	4	
项羽			6		
高祖			12		
吕后			3		
孝文					
孝景					
孝武					

(b) 上欄注文的內容

1　關於字句異同和文章結構的評論

○楊慎曰，「魯」當從《尚書》作「旅」。（《周本紀》）

○王維禎曰，犬戎氏一句應上有力。（《周本紀》）

○王鏊曰，存亡國宜告，此句疑有誤，不可解。（《周本紀》）

○唐順之曰，此奏宜入《李斯傳》中。（《秦本紀》）

○茅坤曰，以下附項羽之慘作《秦紀》尾。（《秦始皇本紀》）

2　對正文内容的解説

蔡沈曰，此篇嚴肅而温厚，與《湯誓誥》相表裏，真聖人之言也。《泰誓》、《武成》一篇之中，似非盍出一人之口，豈獨此篇爲全書乎。（《周本紀》）

劉辰翁曰，高祖始終得關中之力，關中人心所以不忘者，秋毫無犯約法三章之效也。（《高祖本紀》）

康海曰，此《紀》逐年敘由亭長而公、而王、而帝、而終，作四大節錯綜變化，不可提摸。（《高祖本紀》）

茅坤曰，此奇計與長公主取獻上林之地同。（《吕后本紀》）

吕祖謙曰，存吕后爲有功臣，存功臣爲有吕后，此高祖深意也。（《孝文本紀》）

真德秀曰，文帝過則自歸，福則衆共，古帝王用心也。（《孝文本紀》）

3　文章批評

王世貞曰，大風三言氣篭宇宙，千古帝王高帝哉。（《高祖本紀》）

茅坤曰，此歌可以擬屈宋。（《吕后本紀》）

王鏊曰，此段文奇。（《周本紀》）

真德秀曰，太史公論七國事，以一言斷之曰，以諸侯太盛，而錯爲之不以漸也。則其初封建之過制，後之當抑損，而爲之不善，皆見于一言，非後世史筆可及。（《孝景本紀》）

劉辰翁曰，兩言大破之，又言逐破之，又如破竹。（《高祖本紀》）

歸有光曰，寫人心事情收拾殆盡。（《呂后本紀》）

司馬遷在執筆《史記》之際，雖然引用了《詩》、《書》、《左傳》、《國語》、《世本》、《戰國策》、《呂氏春秋》、《楚漢春秋》等書，但有些引用太過簡約、不够詳細。此類引用，則低一格引出相關書籍相應部分的全文，並冠以「按」字。例如：

按，《竹書紀年》云，三代之世惟不降實有聖德。（《夏本紀》）

按，《吴越春秋》云，古公去邠處岐周，居三月成城郭，一年成邑，二年成都，而民五倍其初。（《周本紀》）

同樣的，諸如《風俗通》、《白虎通》、《越絶書》、《説苑》、《新序》、《論衡》等含有與《史記》相似内容的書籍，因其可與《史記》相互發明，故冠以「按」字加以引用。例如：

按，《風俗通》云，舜者推也。言其推行道德，循堯之緒也。（《五帝本紀》）

按，《白虎通》云，殷道尚質。故直以生日名子。（《殷本紀》）

按，《論衡》云，紂力能索鐵伸鉤，撫梁易柱，言其多力也。（《殷本紀》）

按，《風俗通》云，俗説狗別賓客善守禦，故着四門以辟盗賊，今人殺曰犬，以血題門户辟除不祥，取法于此。（《秦本紀》）

按，《漢書》，「三歲」下有「祖」字。（《孝文本紀》）

以上均是凌稚隆引用的諸家之説。此外，諸家評論所不及之處，或凌稚隆自己對篇中綱領和章節的看法，也冠以「按」字來作標記。

按，自「堯曰誰可順此事」至「漫天不可」爲一段。（《五帝本紀》）

按，「成湯」二字疑衍。（《夏本紀》）

按，節節以書名敘。（《殷本紀》）

按，此下俱詳見《國語》。（《周本紀》）

按，「夷三族」與上「初有三族之罪」相呼應。（《秦本紀》）

按，「小國十餘」謂魯、宋、邾、滕等國。（《秦本紀》）

按，太史公連下「宜」字、「計」字，則諸大臣之慎重、代王之謙讓，其見之矣。（《孝文本紀》）

（4）正文行間的旁注

部分性的評論大都揭示在上欄。只有内容無法寫入上欄的注文，纔在正文旁用小字注記。這類評論有關於文章的主客、分合、根枝等文章結構的，也有關於文字異同等内容的。

（a）關於文章結構的注文

1　指出敘述的前後照應關係的注文

有關文章結構的注文中，首先有很多言及敘事的前後照應關係的例子。例如，「生昌有聖瑞」的正文旁注有「伏後西伯蓋受命之君案」，而「西伯蓋受命之君」的正文旁又注有「應前生昌有聖瑞」（《周本紀》）。同樣的例子還有《吕后本紀》高祖之死條，「太后哭泣不下」的正文旁注有「伏後哭乃哀案」，而在張良等人的謀劃之下，重用吕氏一族而使吕太后心安的敘述後，「丞相迺如辟彊計。太后説，其哭乃哀」的正文旁注有「應前泣不可」。此外，還有同樣指出文章的前後照應關係、但措辭稍有不同的例子，如「故物賤之徵貴，貴之徵賤」的正文旁注有「此二句即下文貴上極則反賤二句」，在兩葉之後，「貴上極則反賤，賤下極則反貴」的正文旁注有「此即上賤之徵貴之説」（《貨殖列傳》）。

像這樣指出敘事的照應關係的例子很多，在各卷中都有相當之數。其内容簡單或具有概括性、易爲讀者所理解時，就如下文所示，省略「伏後」或「應前」的注記。首先，省略後文的注文的情況，諸如「請往謂項伯言，沛公不敢背項王也」（《項羽本紀》）、「富者得勢益彰」（《貨殖列傳》）等只注「伏後案」三字，所注記的部分並不是與後文的某一特定部分相呼應，而是對應著比較寬泛的敘述内容。在這種情況下，只簡單地注記「伏後案」三字，而不注記具體與後文的哪些文字相呼應。同樣地，也有只在後文作注的情況，此類例子屢屢可見。例如，「山東郡縣少年苦秦吏」（《秦始皇本紀》）、「初宋義所遇齊使者」、「長史欣者故爲櫟陽獄掾」（《項羽本紀》），以及同是《項羽本紀》中鴻門宴上項羽言辭的「此沛公左司馬曹無傷言之」等正文，只注「應前」二字，省略了與這些正文相呼應之前文的相關注記。又，在論述項羽死後、魯最後投降漢軍時，在提醒此事緣起的正文「始楚懷王初封項籍爲魯公」（《項羽本紀》）旁，只注有「大照應」三字。又「既以此命能和集其民」（《衛康叔世家》）處，有注「反應上」。與以上例子相似，「是少與我俱見苦爲生難」（《越世家》）的注文「應前天子治産」，將相應前文的内容歸納爲「天子治産」四字；「巨萬者乃與王者同樂，豈所謂素封者邪，非也」（《貨殖列傳》）的注文「結應前」，不僅指出了與前文的照應，還指出這句正文正是《貨殖列傳》一卷的結論。

與以上諸例同類、但措辭不同的注文，有「爲後……張本」。例如，「是爲平王，以奉周祀」（《周本紀》）

處，注「爲後周既不祀張本」；「寡人欲容車通三川窺周室，死不恨矣」（《秦本紀》）處，注「爲後攻西周張本」；「乃請蘄獄掾曹咎書，抵櫟陽獄掾司馬欣」（《項羽本紀》）處，注「後項王信任張本」。

2 指出文章結構中主從、發展等關係的注文

説明敘述的前後關係的注文中，除上述例子外，還有使用「根枝」、「綱目」等詞彙，從文章結構的層面進行説明的注文。例如，《秦本紀》的正文「大費拜受，佐舜調訓鳥獸，鳥獸多馴服，是爲伯翳」處注「根」，後文「昔伯翳爲舜主畜多息」處則注「枝」，且緊接著注記「應前大費佐舜調訓鳥獸，多馴服，是爲伯翳」。

與此同類，且更加强調對文章結構之解釋的，是標注作「綱目」的注文。《秦本紀》正文「繆公傷，於是岐下食善馬者三百人」處注「綱」，而回憶往昔以説明事情原委的正文「初繆公亡善馬，岐下野人共得食之者三百餘人」處則注記「目」。同樣，「是歲誅衛鞅」處注「綱」，而回憶部分的「鞅之初爲秦施法」處則注「目」。《項羽本紀》「西，聞陳嬰已下東陽」處注「綱」，説明部分的「陳嬰者，故東陽令史」處則注「目」。《齊太公世家》「桓公好内，多内寵，如夫人者六人，長衛姬，生無詭」處注「綱」，而説明事件經過的「桓公與管仲屬孝公於宋襄公，以爲太子」的正文處則注記「目」。此外，説明文章結構的注文，還有如下寫法。

首先，在《史記》正文中途轉變敘事内容處，注「接」。以趙造父爲中心的記述之後，「惡來革者，蜚廉子也」（《秦本紀》）一句處，注有「接」。立楚懷王之孫心爲懷王一文後面的「陳嬰爲楚上柱國」（《項羽本紀》），以及項梁之死一文後面的「沛公、項羽去外黄攻陳留」（《項羽本紀》），也都注有「接」。與「接」非常相似的注文還有「提」。與「接」同樣地，「提」也是記在話題轉變處，但更强調新提起的話題。因此，除了單單注「提」之外，有時也注如「提前」等語。在有關項羽取關中的「尊懷王爲義帝。項王欲自王」一句中，

「項王欲自王」處注有「提」，其後接著敘述項羽自己比擬王者的各種行爲。「當是之時，趙歇爲」、「當是時，秦兵彊」（《高祖本紀》）等處，也注有「提」等語，均表示一段新敘述的展開。「趙高欲爲亂」（《秦始皇本紀》）的注「提始叛」，提示了內容。「趙王因立陳餘爲代王。是時，漢還定三秦」（《項羽本紀》）一句中，「是時，漢還定三秦」處的注「又提且總前」，提示了前文的總結與新敘述的開始。又有如「大司馬咎、長史翳、塞王欣，皆自到汜水上。大司馬咎者，故蘄獄掾」（《項羽本紀》）一句中，「大司馬咎者，故蘄獄掾」處的注「又提前案」這樣，提及了卷首「蘄獄掾曹咎」之文的例子。

3　關於文章段落的論述

在敘述上，可看作一段敘述的結語的文句旁，注有「結」、「總結」、「總」等語，指明此節大意。此類注文非常多。例如，「天下明德，皆自虞帝始」（《五帝本紀》）、「聞古公仁亦多歸之」（《周本紀》）、「造父族由此爲趙氏」（《秦本紀》）、「八月乃葬齊桓公」（《齊太公世家》）等，在總結敘事的句子處附注「結」字。「自關以東，大氐盡畔秦吏應諸侯」（《秦始皇本紀》）處所注的「總」字，亦屬此類。與上述例子相同，但內容略爲詳細的注文，如「於是秦使將軍摎攻西周」（《秦本紀》）處注有「結上秦武王欲窺周室」，采用了帶有解説性內容的寫法。又，當總結的內容範圍較廣時，則使用「總結」等注語。「自從窮蟬以至帝舜，皆微爲庶人」（《五帝本紀》）和「於是九州攸同」（《夏本紀》）處所注的「總結」，「凡六十七歲，而卒代晉爲諸侯」（《晉世家》）處所注的「總上」等語，即屬此類。

關於文章段落的劃分，也有相應的注文。例如，「秦孝公據殽函之固，擁雍州之地」處所注的「第一篇起」，約三葉後的「秦并海內，兼諸侯，南面稱帝」處所注的「第二篇起」等，就是這類注語（《秦始皇本紀》）。

張良勸誡沛公入關爲時尚早的話「沛公雖欲急入關，秦兵尚衆」處所注的「此入關之一着」；以及此後不久，趙高弑殺二世皇帝、勸誘沛公平分關中爲王的一段描述中，「沛公以爲詐，乃用張良計」處所注的「入關第二着」，也是同樣的例子。

在以上的文意解説之外，還有更進一步，總結文意的注文。例如，《五帝本紀》「太史公曰」的文段中，論述五帝之德的一段文字「余嘗西至……至長老皆各往往稱黄帝、堯、舜之處，風教固殊焉」的末尾，注有「以上四節著其事」，而「太史公曰」文段的最後部分「固難爲淺見寡聞道也……」，則注有「以上四節斷其文」。同樣地，「孝文帝從代來，即位二十三年」旁，注有「此下總叙文帝諸善政」；接著，記述文帝德政的一段文章的結語「是以海内殷富，興於禮義」旁，則注有「此二句結盡其功效」（《孝文本紀》）。

(b) 屬於史文的解説、短評和讀後感的注文

1 正文内容的解説

旁注的内容大致可分爲三類，第二類是正文的解説、短評和讀後感。首先，帶有解説性内容的注文有如下例子。

對陣項羽的秦將章邯，受到二世皇帝和趙高等人的懷疑，「章邯恐，使長史欣請事，至咸陽，留司馬門三日」一句處，注有「自古大將軍在外危疑必如此」（《項羽本紀》）。同樣，《項羽本紀》的鴻門會上，沛公自我辯解的一句「然不自意，能先入關破秦，得復見將軍於此」，注有「破羽所忌」。又，「左袒」的故事裏非常有名的丞相、太尉舉兵一條，在「太尉令朱虚侯監軍門……毋入相國産殿門」處，注有「恐其從中矯制爲

亂」，在「迺遣朱虚侯謂曰，急入宮衛帝」旁，注有「須安宮中，而後可制外亂」（《吕后本紀》）。「太公至國，脩政，因其俗，簡其禮」（《齊太公世家》）處，注有「此是齊治根本」。

此類帶有解説性内容的注文，其數量在各卷間差異極大。例如，記敘秦末漢初、楚漢興亡之際的各卷中，此類注文層出；與之相反，《孝文》、《孝景本紀》等卷，則幾乎没有。

解説正文的注文之中，有一些還論及正文内容的虚實。「是時蜚廉爲紂石北方」處注有「紀異」，「合七十七歲」處注有「《周紀》正云十七歲」，都論及記述的異同（《秦本紀》）。又，雖無法斷定正文有誤，但對敘事内容抱有懷疑的情況，有如「孟軻謂齊王曰，今伐燕，此文、武之時，不可失也」（《燕世家》）處注「太史公此言何所本」的例子。不過，這類注文的數量非常少。

2　修辭手法的解説和批評

正文短評類的注文中，有許多是從修辭手法的角度點評或解説正文的。例如，「東圍陜城，西靳戎之獂主」（《秦本紀》）和「内務耕稼，外勸戰死之賞罰」（《秦本紀》）處，注有「短長句爲偶」，指出對偶句的使用。又如，「孝公善之。甘龍、杜摯等弗然，相與争之」和「百姓苦之。居三年，百姓便之」兩句，正文使用了對偶的手法，對此，前者注有「善之、争之語，相唤應」，後者注有「苦之、便之語，相唤應」，注釋也采用了對偶句式（《秦本紀》）。又，「六合之内，皇帝之土，西涉流沙，南盡」一段，首句注有「倒句」（《秦始皇本紀》）。使用了同樣敘事手法的文段處，有些注有「倒敘法」（《高祖本紀》、《齊太公世家》）。又，還有解釋敘述詳略的注文。例如，「國人皆怨，石父爲人佞巧善諛」（《周本紀》）旁，注有「先略後詳」；「乃臨于海。皇帝之功，勤勞本事。上農」（《秦始皇本紀》）處，注有「細敘」的。同樣，對於詳細的敘述，例如「齊人茅焦説秦王曰，秦方以天下爲事，而大王有遷母太后之名」(《秦始皇本紀》)處，還注有「此大事，故詳之」之類。另一方面，如「如始皇計」、「語具在《李斯傳》中」(《秦始皇本紀》)和「楚左尹項伯者，項羽季父也，素善留侯張良」(《項羽本紀》)等，在内容上省略了詳細説明的文句，則附有「省文」、「省」、「略」等注語。又，如「項王軍在鴻門下，沛公軍在霸上」(《項羽本紀》)、「總之，楚越之地，地廣人希」(《貨殖列傳》)等，已在前文中出現過的文句，則有「重説」的注語。

修辭手法的解説中，還有一種指出了疊字的注文。根據疊字的數量不同，會相應地注有「連用蓋字」、「四用莫幹字」、「五用明年二字」等。此類注文並不多，舉一二例子如下：「諸將黥布皆屬，破秦將王離軍，降章邯，諸侯皆附」(《項羽本紀》)旁，注有「兩用皆字」；「士以此多歸之……益往歸之……皆往歸之」(《周本紀》)處，有「三段疊用歸之二字」注記。

3　含有讀後感的注文

此類注文數量不多。正文的批評中，讀後感的要素較强的，有如下數例：「是故爲水者決之使導」、「民之有口也，猶土之有山川也」處，注有「引譬喻入正意」(《周本紀》)；子嬰以組繫頸，白馬素車降服的一條，注有「敘得悲壯」(《秦始皇本紀》)。同樣，《秦始皇本紀》卷末「吾讀《秦紀》至於子嬰車裂趙高，未嘗不健其決，憐其志。嬰死生之義備矣」處，注有「末句矯健」。又，描述項羽學習兵法的「略知其意，又不肯竟學」一條，注評作「如在目前」。

與上述例子同類，但稍帶解説性質的批評注文，有如下諸例：「君子曰，秦繆公廣地益圖……然不爲諸侯盟主，亦宜哉。死而棄民……」處，注有「君子數語斷繆公得失，甚當理」(《秦本紀》)；「仁義不施」處，注有「自首至尾，只結任此二句」（《秦始皇本紀》）；沛公在鴻門會上的言辭，「吾入關，秋豪不敢有所近……」處，注有「所爲謝項羽之言卻好」的評語（《項羽本紀》）。不過，這類注文數量也不多見。

4　與上欄注文在内容上相近的注文

原則上，旁注與上欄注文的内容在性質上有所差異，但也偶有與上欄注文近似的例子。

衆所周知，《史記》正文引用了《詩》、《書》、《左傳》、《國語》等書。上欄注文常常提及這種引用，並多會補充引用不足之處。與之相對，旁注雖然不能説經常提及《史記》的引用書目，但有時會提及《國語》等書。又，雖然正文中没有引用他書，但該文與《史記》中其他卷里有相同敘述的時候，旁注會指出這一點。例如，「先王耀德不觀兵」的旁注作「《國語》文」；「宣王不聽，卒料民」的旁注作「詳見《國語》」；「楚兵乃去」的旁注作「詳《楚世家》」；「何不與周高都」、「秦與天下弊，則令不行矣」、「勸周君入秦者，必有罪矣」的旁注作「詳見《國策》」（以上均《周本紀》）。又，「趙高爲丞相，竟案李斯殺之」（《秦始皇本紀》）的旁注作「悉《李斯傳》」；「吾欲封泰山」（《齊太公世家》）的旁注作「悉《封禪書》」；「春，晉使郤克於齊」（《齊太公世家》）的旁注作「悉《晉世家》」；「齊桓公大會諸侯於葵丘」（《晉世家》）的旁注作「見《齊世家》」；「乃説秦繆公曰」（《晉世家》）的旁注作「見《秦本紀》」；「吴延陵季子來使」（《晉世家》）的旁注作「見《吴世家》」；「吴兵遂入郢，辱平王之墓」（《楚世家》）的旁注作「詳見《子胥傳》」；「闔閭聞之，引兵去楚，歸擊夫概」（《楚世家》）的旁注作「詳見《吴世家》」等，均是此類。

關於文字讀音的注釋，也不常見於旁注。本來，《集解》、《索隱》和《正義》三家注已經提供了許多音注，上欄注文有時也記有一些關於字音的解釋，因此，旁注並無必要再解釋讀音。《本紀》中只能找到如下兩個音注的例子：「遇女鳩，女房」的旁注作「女讀曰汝」(《殷本紀》)，「中衍」的旁注作「中，讀曰仲」(《秦本紀》)。

解釋字句意思的注文，也大多標注在上欄，但有時也見於行間旁注。例如，「封殽中尸」(《秦本紀》)的旁注作「敗陣亡者」，「項羽至，盡走險阻」(《高祖本紀》)的旁注作「亦深溝高壘，以相拒之意」。

(c) 關於文字異同的注文

第三類旁注，是關於文字異同的注文。如前面「從文字的出入異同看《史記評林》」一小節所述，《史記評林》以柯維熊本爲底本，參校了南宋黄善夫本，並參用了其他善本。校訂之際，難以斷定諸本孰是孰非時，便在旁注中列出異本所使用的文字。這類注文非常多，下面只舉一部分例子。

標示文字異同的旁注，最常使用的是「一本 A 作 B」的形式。例如：「葉陽悝出之國」(《秦本紀》)旁，注有「一本葉陽下有君字」。現存板本中，武英殿本和金陵書局本有「君」字，其他諸本與《評林》本相同。但伊佐早謙舊藏本校補了「君」字，説明曾有某個古本有「君」字。

「昌平君徙於郢。」(《秦始皇本紀》)的「君」字旁，注有「一本作軍」。景祐監本、蜀大字本、井井舊藏本、慶元本、彭寅翁本、毛晉刻本等，皆作「軍」。而南化本、楓山本、三條本、伊佐早謙舊藏本和高木家舊藏本中，有「君」字校記。

「當此之世。」(《秦始皇本紀》)旁，注有「一本『世』作『時』」。南化本、楓山本、椷齋本、三條本和中彭本，校記作「時」。

「南饗軍小脩武南。」(《高祖本紀》)旁，注有「饗作鄉」。古鈔本(秘閣本)中，「饗」亦作「鄉」。

「使人微得趙綰等姦利事。」（《孝武本紀》）旁，注有「一本『微』字下有『伺』字」。南化本、楓山本、三條本等校補「伺」字。

「是時有李少君亦以祠竈、穀道、卻老方見上。」（《孝武本紀》）旁，注作「一本有作『而』字」。中統本、柯維熊本、游明本和《評林》本作「有」，他本皆作「而」。《評林》本依從了柯維熊本。然而，「我何愛乎」（《孝武本紀》）一句，旁注作「一本『愛』作『憂』」。中統本、柯維熊本和游明本皆作「憂」。也就是説，《評林》本捨棄柯維熊本，而依從了慶元本。

「王祭不具。」（《齊太公世家》）旁，注有「一本『具』作『共』」。慶元本、彭寅翁本系統的諸版本和武英殿本皆作「具」，瀧川本亦從此。他本作「共」。

「至于武子文子。」（《魯周公世家》）旁，注有「一本作『文子武子』」。景祐監本、中統本和彭寅翁本，與《評林》本同。他本皆與旁注所言相同。

「鶴可令擊翟，於是遂入，殺懿公。」（《衛康叔世家》）旁，注有「一本翟下有『翟』字」。蔡夢弼本、慶元本、彭寅翁本和《評林》本，均不重「翟」字，但南化本、楓山本和三條本校補了「翟」字。張文虎在《札記》中説：

「官本有『翟』字，與凌引一本合。」

此外，還有采用「宋本作某」形式的注文。

「大逆無道。」（《項羽本紀》）旁，注有「宋本『逆』上有『大』字」。除《評林》本外，各板本均無「大」字。不知旁注中所言宋本指何本。不過，《漢書》有「大」字。瀧川本也據此校補了「大」字。

「分其地爲五。」（《項羽本紀》）旁，注有「宋本『分』字上有『故』字」。慶元本、彭寅翁本和武英殿本，與

《評林》本一樣，均無「故」字。其他板本皆如旁注所言，有「故」字。「上自東往擊之。」（《高祖本紀》）旁，注有「宋本作『往東』」。耿秉本、中統本和游明本，亦作「往東」。「臣謹議曰。」（《孝文本紀》）旁，注有「宋本作『臣謹議世』」。南監本及《評林》本以外的板本，均作「世」。關於此，張文虎在《札記》中説：「『世』字各本皆同，《漢書》亦作『世』，惟凌本作『曰』，蓋校者所改。」

根據以上例子，我們無法弄清所謂「宋本」究竟指何本，而且難以斷定「宋本」是否是指某一特定的板本。但是，慶元本往往與《評林》本一致、而與旁注不合，因此至少可以斷言「宋本」是指慶元本之外的宋板。

另外，有些旁注中還記載了校對《史記》板本以外的文獻所得的異字及其出處。例如：「百里采」（《夏本紀》）旁，注有「《書傳》作『采地』」；「殺之無罪」（《秦始皇本紀》）旁，注有「碑文作『無辜』」；「古之有天下者，莫不長焉」（《孝文本紀》）旁，注有「《漢書》無『不』字」；「親與朕俱弃細過」（《孝文本紀》）旁，注有「《漢書》『親』作『新』」等，即是此類。

不過，許多旁注中還有與現存任何板本都不一致的異字。這類例子極多，下面只列舉其中一部分。「立石刻，頌秦德，明得意」（《秦始皇本紀》）旁，注有「一本無『刻』字」；「自桓叔初封曲澤」（《晉世家》）旁，注有「一本『初』作『始』」；「人誰內我」（《晉世家》）旁，注有「一本『內』作『人』」等，即屬此類。

又，有極少數旁注中所説的異同，令人懷疑其是否是精密校對的結果。例如：「表地分民」（《秦始皇本紀》）旁，注有「本作『裂』」。然而，現存板本中，只有《評林》本作「表」，其他諸本皆作「裂」。因此，這條旁注有些令人費解。

然而，這類旁注完全是例外，大多數旁注都與堪稱善本的板本或古本的標注一致。這一現象證明，爲了校訂《評林》本的文字，凌稚隆曾廣泛搜求並參校過各種善本。

以上，是對正文行間所見旁注的内容的説明。最後，雖稍有重複之嫌，筆者還是將上面的論述分類概括如下。

1　關於文章結構的注文

(1) 指出敘述上前後呼應的關係，使用了「伏後」、「應前」、「張本」等語。

(2) 指出敘述上主體部分與説明部分的關係、或提示新内容的展開，使用了「根枝」、「綱目」、「接」、「提」等語。

(3) 總結文章段落或章節的大意，使用了「結」、「總」等文字。

2　屬於史文的解説、短評和讀後感的注文

(1) 對正文内容的解説。

(2) 從修辭的角度點評正文，指出了對偶、例句、敘述的詳略、疊字等要素。

(3) 接近讀後感性質的内容。

(4) 在内容上與上欄注文相近，包括引用書名、字音及字義等内容。

3　關於文字異同的注文

在結束對旁注的論述之前，附記下面一個現象：各卷中旁注的數量有極大的差異。由於注文的内容有所不同，故而不能一概而論。但是，除卻關於文字異同的旁注，其他旁注大多集中在《本紀》，尤其是《呂后本紀》及其之前的《本紀》中。這一傾向也見於《史記評林》的上欄注文，是傳至日本的古板本的上欄批注都共通的傾向。

(D)《史記評林》一百三十卷　明吳興凌稚隆輯校萬曆四年刊本

(1) 此書的體裁

首有王世貞、茅坤和徐中行的《史記評林序》。每半葉七行，行十六字。茅坤序的最後記載了年號：「萬曆丙子年季冬月朔日，歸安茅坤書。」徐中行序的最後也記載了年號：「萬曆五年歲丁丑八月之吉。」其後是《索隱序》、《索隱後序》、《補史記序》、《正義序》和《集解敘》，這些篇章連續記葉數。賀次君的《史記書録》沒有記載徐中行《序》和《集解敘》。其次是《正義論例》及《謚法解》，均單獨記葉數(注1)。再次是《列國分野》、《譜系》和《地圖》，《譜系》只有三皇五帝、夏、商、周、秦和漢，不像李光縉增補本有諸世家《譜系》。

緊接著有《凡例》、《評林姓氏》、《引用書目》(注2)、《讀史總評》、《三皇本紀》和《目録》。《評林姓氏》首舉「魏陸機字士衡，吳興人。」，並將其他板本開首所舉的「晉葛洪字容父，東陽人。」放在宋朝的秦觀之後，這一點與後述諸板本均不相同，應是此書有誤，後世其他刊本加以訂正。

正文，板分上下欄，下欄有界，首行題「史記評林　卷之一」，其下題「吳興　凌稚隆輯校」。又提行低一格題「五帝本紀第一」，次行爲《集解》、《索隱》和《正義》三家注，較其低一格有柯維騏的注，緊接著便是正文。

正文，每半葉十行，行十九字，注雙行，行十九字。此書雖題作「評林」，但與其他《史記》注釋書不同，合刻了《史記》正文及三家注的全文。三家注以外的注釋刻在板的上欄和下欄，在下欄，各卷前後及行間附有注。上欄注文每半葉二十行，行七字，凌稚隆的按語低一格記録，行六字。

板心白口，上魚尾的上方記「史記卷一」，下方記「五帝本紀」。下部，下魚尾的上方記葉數，下方記刻工名。

刻工有數十人，其記載方式，有只記姓或者名的，有姓名全記的，還有許多葉不記刻工姓名，並無一定。除了刻工外，有時還能發現似爲板下寫者之姓名的名字。例如：

長州　顧檈寫（《集解敘》）

古吳　錢世傑寫（《正義論例》）

顧檈寫　戴文刻（《三皇本紀》）

長洲顧檈寫　同邑沈玄易刊（《五帝本紀》）

（2）句讀

《史記》的文章，既有數十字的長句，也有一兩個字的短句，並無一定。因此，其他板本也嘗試施加句讀，以便閱讀。例如，南京國子監祭酒余有丁刊行的所謂「余有丁本」的句讀，便與此書的句讀多有一致。整體而言，兩個本子的斷句方式並無差別，但《評林》本的句讀稍少，可以認爲《評林》本遵循了余有丁本的句讀。句讀的寫法爲，句中停頓圈在文字下方的中央，句點則圈在文字的右下側。例如：

武王已克殷紂。平天下。（《管蔡世家》）

出公十二年。卒。子簡公春立。(《陳杞世家》)

又三家注的批注方式,歷來的許多板本都是將正文從中分開,將注文插在句子中間。此書則與之相反,將注文附在相關句子的下方,以便通讀正文。

注1 《史記書録》記載的《史記評林》、《論例》和《謚法解》的葉數是連續的。

注2 《史記書録》記載的《史記評林》,順序是《評林姓氏》、《書目》、《凡例》。

(E)《史記評林》(異刻本) 百三十卷

(1) 此書的體裁

此書(注1)的紙質極厚,在體裁上與其他明板多有不同。板心白口,幾乎不記刻工姓名。《史記評林序》、《凡例》、《引用書目》和《評林姓氏》,與萬曆四年刊行的《史記評林》凌稚隆輯校本行數和字數相同,字體也酷似。其他部分的行數和字數則與之不同。又只有此書,在《評林序》後緊接著《集解序》。且《集解序》(他本中「序」字作「敘」)只有正文,删去了《索隱》和《正義》的注。其後是《索隱序》、《索隱後序》、《補史記序》和《正義序》(注2),從《集解序》至此,葉數是連續的。緊接著是《凡例》、《引用書目》、《評林姓氏》、《目録》、《譜系》和《地圖》。《評林姓氏》的開首作「晉葛洪字容父,東陽人。」,萬曆四年刊本將葛洪誤作宋人,此本予以了訂正。無「魏陸機字士衡,吴興人。」的記載。又,在宋部中,秦觀之後是「鮑彪縉雲人。」(注3),鄭樵之後則是空白(注4)。《評林姓氏》的這一部分,後述李光縉增補本與此本同。《譜系》與《地圖》的葉數是連續的,《譜系》記載吴、齊、魯、燕、蔡、曹、陳、杞、衛、宋、晉各《世家》。接下來的《正義論例》、

《謚法解》和《列國分野》不另起葉數、連續而記，與《史記書録》的記載形式一致。其後的《讀史總評》中，黄履翁與馬子才的評論之間，增加了曾鞏、范祖禹、王應麟、馬端臨和劉因之説；黄佐和王維禎之間，增加了王褘和何喬新之説；最後的王世貞之説，在萬曆四年刊本記載的内容之後，增加了「又曰」等十一行。

從《三皇本紀》、《五帝本紀》開始，每半葉十一行，行二十四字，有界。上欄注文，每半葉二十八行，行五字，正文中無旁注。首行僅記「五帝本紀第一」，不記凌稚隆之名。

（2）此書的缺點

此書最大的缺點，是注文的脱落很嚴重。《本紀》中的三家注與他本差别不大，但《列傳》中的注文則有明顯脱落。下面舉《伍子胥傳》爲例。

據《史記會注考證》，《伍子胥傳》存有《集解》二十五條、《索隱》三十七條、《正義》二十三條。但在《史記評林》中，《集解》與《索隱》的内容重複時，删掉其中之一的情況較多，在《伍子胥傳》中就有三條（《集解》一條、《索隱》兩條）。除此之外，剩餘的注文，此書只記載了十一條《集解》、十條《索隱》和五條《正義》（其中三條有部分闕文），且有些地方脱落了「索隱」、「正義」等文字，以至於難以辨别哪一條是哪家的注。

現試將脱落的注文記載如下：

「天定亦能破人。」《正義》：「申包胥言，聞人衆者雖一時凶暴勝天，及天降其凶，亦破於彊暴之人。」

「敗吴兵於稷。」《索隱》：「按《左傳》作稷丘。杜預云，稷丘，地名，在郊外。」

「爲堂谿氏。」《集解》：「徐廣曰，在慎縣。駰案《地理志》，汝南有吴房縣。應劭曰，夫概奔楚封於堂谿，本房子國，以封吴，故曰吴房，然則不得在慎縣也。」《正義》：「案，今豫州吴房縣，在州西北九十里。」

「傷闔廬指。」《正義》：「姑蘇當作檇李，乃文誤也。《左傳》云，戰檇李，傷將指，卒於陘，是也。」（其下續有「解在吴世家」五字。）

「求委國爲臣妾。」《索隱》：「劉氏云，大夫姓，種名，非也。按，今吴南有文種埭，則種，姓文，爲大夫官也。」《正義》：「高誘云，大夫種，姓文氏，字子禽，楚之郢人。」

「令可以爲器。」《正義》：「器謂棺也，以吴必亡也。」（其下續有「左傳云」以下十五字。）

「而抉吾眼，縣吴東門之上。」《索隱》：「抉，烏穴反，抉亦決也。」《正義》：「越軍開示浦，子胥濤盪羅城，開北門，有鱔鮃隨濤入，故以名門。顧野王云，鱔魚，一名江豚，欲風則湧之也。」（其上有「東門鱔門」至「鮃音覆浮反」的二十二字。）

「爲立祠於江上。」《正義》：「《吴地記》曰，越軍於蘇州東南三十里三江口，又向下三里，臨江北岸立壇，殺白馬祭子胥，杯動酒盡，後因立廟於此江上。今其側有浦，名上壇浦。至晉會稽太守麋豹，移廟吴郭東門内道南，今廟見在。」

除了許多此類脱落之外，此書中還插入了其他板本所没有的注文。其例如下：

「以直諫事楚莊王有顯」的下方：「按《左傳》，伍舉當康王靈王時，其父伍參乃事莊王，奢其孫也。」

「亡奔吴」的下方：「按《左傳》，郤宛爲楚左尹，杜注不訓伯氏。太史曰，宗姓或别有見。徐廣曰，州犁子必誤也。」

「遂威鄒魯之君以歸」的下方：「按《左傳》，無此事。」

「而求惠王復立之」的下方：「按，附此一段見勝建顛末。」

（3）此書的性質

將此書與其他板本對校後會發現，此書與明萬曆三年（一五七五）南京國子監祭酒余有丁刊行的三注合刻本相一致。正文和三家注皆依據余有丁本，但行數不同，似乎並没有將余有丁本用作底版（注5）。但是，句讀的方式相同，亂删三家注並將他説混入注文這一點也完全相同。

不過，此書並不是在所有方面都與余有丁本一致。余有丁本的卷尾缺《索隱述贊》，而此書有，且《述贊》後面還記載了一部分《史記評林》所記載的卷末注文。又，上欄記有與其他《評林》本一樣的注文，但誤字、略字極多，並删除了余有丁、董份、鮑彪等人之説。這是因爲此書將余有丁等人之説作爲正文的注，混入三家注之間，爲避免重複而將之從上欄删去了。前引《伍子胥傳》中混入的三家注之外的注文，也是余有丁之説。

這是因爲，余有丁本在與此書同樣的位置附有同樣的注文，且在其他《史記評林》中這些注文被冠以「余有丁曰」記在上欄里。想來，此書乃是乘著《史記評林》廣行於世之機，在當時最常使用的余有丁本的基礎上，添加上《評林》本的部分注文和包括《評林序》在内的部分序文，專以盈利爲目的而刊行的板本。就連凌稚隆的姓名，也僅見於《凡例》的識語，而不見於各卷的首行。此書的刊行年月不明，但從《評林姓氏》、《讀史總評》及上欄注文的内容來看，應該是在明板凌稚隆輯校本和李光縉增補本之間。

注1　筆者在宮内廳書陵部見到的本子。

注2　此書的《索隱序》至《正義序》是每半葉九行、行十六字，而凌稚隆及校本則是每半葉九行、行十九字。

注3　凌稚隆輯校本中此處記「葛洪」。

注4　凌稚隆輯校本中此處記「鄭玉」。

注5　余有丁本是每半葉十行、行二十一字，而此書則是每半葉十一行、行二十四字。

(F)《史記評林》一百三十卷　明吳興凌稚隆輯校　温陵李光縉增補

(1) 此書的體裁

卷首的《史記評林序》，每半葉七行，行十八字，附連續的葉數，文末年月的寫法頗有特色。凌稚隆輯校本中，茅坤序文的年月記作「萬曆四年丙子冬十二月朔」，而此書則記作「萬曆丙子年季冬月朔日」。又徐中行序文中的年月，前者記作「萬曆五年歲丁丑八月之吉」，此書則記作「萬曆丁丑歲仲秋月之吉日」，又改行書「序畢」二字。其後是《索隱序》、《索隱後序》、《補史記序》、《正義序》、《集解敘》、《正義論例》、《謚法解》、《列國分野》、《譜系》、《地圖》、《凡例》、《評林姓氏》、《引用書目》、《讀史總評》和《增史記短長説》，均連續記葉數，字體酷似凌稚隆輯校本。《正義序》的最後有木記：

雲濱熊體忠
建陽後學　　仝梓
獻蕘劉朝箴

與前一節的「評林異刻本」一樣，《譜系》中，在《漢譜系》之後有諸侯世家的譜系。《凡例》的結尾，在凌稚隆的識語後有李光縉的識語。

《評林姓氏》與前述《評林》異刻本一樣，首記晉葛洪，宋秦觀後爲鮑彪，鄭樵之後是空白。《評林姓氏》的最後，增補了吴國倫等九人的名字。這九個人，都是與李光縉增補的注文有關聯的論者。

《讀史總評》，也與異刻本一樣，增加了曾鞏、范祖禹、王應麟、馬端臨、劉因、王褘和何喬新之説，而在最後王世貞之説的後面，又增加了陳文燭和盧舜治之説。又《史記短長説》，僅李光縉增補本見有附加，清道光年間的《海山僊館叢書》（番禺孟鴻光校）中也收有全文。其後便是《目録》、《三皇本紀》和正文。

正文首行題「史記評林卷之一」，其下兩行並記「吴興　凌稚隆輯校／温陵　李光縉增補」。後面的正文、注文和板心的行數、字數及字體，均與凌稚隆輯校本相同，句讀比之稍少。《太史公自序》卅三葉的左方有十字兩行木記：

種德堂熊氏／增補繡梓行。

板心原則上不記刻工姓名，偶爾記載的也與凌稚隆輯校本所記的姓名一致，據此推斷，此書應是以凌稚隆本爲底版的。不過，李光縉增補本不止有一種，内閣文庫藏本中的刻工姓名就多於宫内廳書陵部藏本（注1）。八尾初刻本是日本最早刊行的《評林》本，其中的刻工姓名比内閣文庫本還要多。也就是説，八尾本用作底版的明板，與前面提到的兩種板本不同。根據岡本保孝《史記傳本考》的記載，他收藏的明板没有前述「種德堂……」的校記（注2）。由此可知，明板《評林》本似不止一種。書陵部藏本、内閣文庫藏本和八尾初刻本中的刻工姓名，全與明板凌稚隆輯校本一致，但有著數量多寡的差别，這反映了李光縉增補本翻刻時期的先後順序。八尾板襲用的明板，可能是原刻或與之相近的刻本。

(2) 李光縉增補的注文

李光縉增補的注文，如其在《凡例》結尾的識語中所説，冠有「增」字。例如，《項羽本紀》的《索隱述贊》後，有「增：　王世貞贊曰，力拔山，氣蓋世……」的一百二十字補注；《高祖本紀》末也有「增：　朱熹曰，浙間學者……」的八十八字補注。這些均是對相應卷的内容的概括性評論。然而，像這樣論述一篇主旨的補注，在正文中並不多見，李光縉的大部分補注都附在上欄。各卷補注的數量有差異，《本紀》中補注最多的是《夏本紀》，共三十五條（注3）。例如：

關於正文「其草惟夭，其木惟喬」，有「增：　王炎曰，南方地暖，故草木皆少長，而木多上竦。河朔地寒，雖合抱之木，不能高也……」的八十字補注。

關於正文「貢璆鐵銀鏤砮磬」，有「增：　蔡沈曰，言鐵而先於銀者，鐵之利多於銀也。後世蜀之卓氏、程氏以鐵冶富，擬封君……」的八十一字補注。

此類補注最多。説明字句或地理的補注，則有：

關於正文「其包橘柚錫貢」，有「增：　蘇軾曰，包褁也……」的五十四字補注。

關於正文「其篚玄纁璣組」，有「增：　鄭元琁曰，染纁者，三入而成，又再染以黑……」的補注。

關於「被明都」，有「增：　曾鞏曰，被覆也……」的二十五字補注。

關於「弱水至於合黎」，有「增：　朱熹曰，流沙在合黎之西，自導弱水至導雒。凡九條……」的六十六字補注，等等。

此外，李光縉自己的按語則冠以「光縉曰」三字，與凌稚隆的按語一樣，低一格記，每行六字。《夏本紀》中有六條此類補注。例如：關於「鳥夷皮服」，有「光緒曰，北地寒，故服用皮……」的四十八字補注；關於「其土白墳，海濱廣潟，厥田斥鹵」，有「光緒曰，此州土有二種乎。地之土色白而性墳……」的三十六字補注，等等。

增補注中的《引用姓氏》和《引用書目》，按時代來看，引用了先秦的《尚書》、《淮南子》等書，三國六朝的葛洪、荀明等人之説。至於宋代，則引用了王炎、蔡沈、司馬光、朱熹、徐中行、曾鞏、孫覺、陳樫、陳大猷、熊禾、劉子翬、林之奇、馬端臨等人之説。元代則有王希旦和陳櫟，而引用明代學者的説法最多，主要有王世貞、王鏊、許應元、許相卿、歸有光、丘濬、盧舜治、吳國倫、焦竑、趙恒、陳懿典、陳雅言、楊慎、李廷機、劉黄裳、凌約言、陸深等人。

（3）文字的異同

與凌稚隆輯校本對校，此書中的文字異同與凌稚隆本幾乎完全一致，這足以證明此書是以凌稚隆本爲底版的了。此外，有極少數的誤刻，其例如下：

《索隱》：「宰我問孔子曰。」（《五帝本紀》）李光縉增補本將「問」誤作「間」。

《正義》：「埋少牢於大昭。」（《五帝本紀》）李光縉增補本將「埋」誤作「理」。

此類錯誤多被八尾初刻本所沿襲。

此書的刊行年月不明。此書順應《評林》本的流行，更在其上增加注文，這一方式爲後世的《史記評林》所承襲。和刻本也襲用此本，因此此書對日本的影響極大。

注1　宫内廳書陵部存有兩部藏本。一部的刻工姓名較少，《封禪書》和《平準書》中更完全没有。另一部有部分殘

缺，經過補寫，因此難以下論斷。但筆者推測其與内閣文庫藏本爲同一板本。

注2　書陵部所藏的兩部明板李光縉增補本中，與内閣文庫藏本同板的一部中有此木記，另一部及内閣文庫藏本的這一部分被削去，因此無法斷定是否有此木記。八尾初刻本中有此木記。

注3　《夏本紀》中還有多達四十四條凌稚隆的按語，注則有二十四條。

(G) 八尾板《史記評林》

(1)初刻本

日本最早的《史記評林》翻刻本，是寬永十三年（一六三六）九月刊的八尾初刻本。這個刻本，在一衆和刻本中被稱作佳品，存世數量很少，堪稱珍本。

其卷末記有：

于時寬永十三丙子年九月上旬／洛陽三條寺町本能寺前八尾助左衛門尉開板。

又《太史公自序》卌三葉右邊有「種德堂熊氏／增補繡梓行」的十字兩行木記。正如岡本保孝在《史記傳本考》中所言，此書是原本翻刻了明板《史記評林》李光縉增補本，因此這十字木記與宮内廳書陵部所藏明板卌三葉左邊的木記相同（注1）。事實上，此書之承襲明板李光縉翻刻本，也體現在此書序文的行數（注2）、字數及葉數的記載方式（注3）與明板李光縉增補本完全一致。不過，明板是有界本，而此書是無界本。正文也與明板一樣，每半葉十行，行十九字。對校兩者，幾乎不見文字上的異同。此書原則上，板心不記刻工姓名，但有些地方可以發現付機、沈玄易、趙其、徐光祖、徐文台、國子父、錢英等姓名，說明此書是以明板爲底版的。板心下方線的有無也與明板一致。但是，這些刻工姓名並不見於日本現存的明板李光緍增補本，反而與明板凌稚隆輯校本一致。正如前述明板《史記評林》本一節所言，八尾本所襲用的明板，比日本現存的明刻本更爲古老，可能是明板原刻本或與之相近的板本。

又，八尾初刻本有「有點本」和「無點本」兩種。有點本的正文附有訓讀「返點」和「送假名」，但上欄注文不附訓點。無點本卷末的刊記與有點本相同，這説明，無點本可能是削去有點本的訓點部分后刊行的。

（2）再刻本

再刻本刊行於延寶二年（一六七四）和天明六年（一七八六）。延寶再刻本題作「新版考正 史記評林」，卷末題「延寶甲寅曆仲夏吉辰，洛陽寺町通本能寺前八尾甚四郎友春重刊」。又板心上部有「寬文壬子年刊」，下部有陰文的「八尾友春」。「寬文壬子」是寬文十二年（一六七二），是在實際刊行年的兩年前。當然，這只是板刻開始日期和完成日期的差别。據岡本保孝的《史記傳本考》，皆川淇園的《史記助字法》就是以此書爲底本。《史記評林序》是每半葉九行、行十七字，從《索隱序》至《集解敘》是每半葉十一行、行十九字，《正義論例》以下是每半葉十二行、行二十三字。正文則是每半葉十二行、行十九字，有訓點，上欄注文也附有返點和送假名，與初刻本的體裁完全不同。另外，茅坤序、徐中行序和《正義序》的年號書寫方式，與明板李光緍增補本不一致，而與明板凌稚隆輯校本完全相同。但是，《評林姓氏》、《讀史總評》和《史記短長説》等内容，與增補本相同。從這些情況來看，再刻本並没有單純地蹈襲初刻本，而是重新檢討諸版本而後翻刻的。這不僅反映在此書的體裁上，也可以從後面將要提到的正文文字的異同方面得到證明。

同爲再刻本的天明刊本題作「新刻校正 史記評林」，卷末在《太史公自序》後記有「八尾甚四郎友春梓行」，無年號。封底記有「書林 江户日本橋通壹丁目 須原屋茂兵衛」以下五位刊行者的姓名。板心與延寶再刻本一樣有陰文，上部作「天明丙午再刊」，下部作「八尾友春」。由此可以推測，天明再刻本完全蹈襲了延寶再刻本。兩書中茅坤序、徐中行序和《正義序》的體裁相同，字數、行數、字體和訓點的附注方式也一致，只有一部分序的順序和葉數的記載方式不同（注4）。據岡本保孝的《史記傳本考》，此書在當時最爲流行。

（3）三刻本

三刻本題作「明治三刻 史記評林 八尾板」，刊行於明治十二年（一八七九）。與再刻本一樣，板心下部有「八尾友春」的四字陰文，卷末也在《太史公自序》後記有「八尾甚四郎友春」，封底出版人的姓名前面記載如下：

明治十二年十二月十九日　出版御届

明　十三年　四月　　三刻出版

同　十三年　九月十五日　別製本御届

此書在行數、字數等方面與再刻本完全相同，字體多與之酷似，訓點也相同。除了時有「于」訛作「壬」（《秦始皇本紀》）之類的例子外，整體與再刻本没有什麽差别。而且序文葉數的刻法，也與天明六年刊行的再刻本相同，這表明此書是以天明再刻本爲底版的（注5）。

注1　八尾板卅三葉左邊有刊記，因此將木記移到《太史公自序》後卅三葉的右邊。

注2　王世貞、茅坤和徐中行的《史記評林序》是每半葉七行、行十八字，《索隱序》、《索引後序》、《補史記序》、《正義序》和《集解敘》是每半葉九行、行十九字，《正義論例》、《謚法解》和《列國分野》是每半葉十行、行二十三字。

注3　《史記評林序》爲第一組，《索隱序》至《史記短長説》爲第二組，《目録》爲第三組，《序文》可以分爲以上三組，每組各自記葉數。

注4　延寶再刻本中，《評林序》之後是《目録》，然後是《索隱序》。《評林序》至《引用書目》連續記葉數，《讀史總評》及《史記短長説》也連續葉數。與之相對，天明再刻本中，《目録》在《引用書目》之後；葉數的記法則分爲：《評林序》；《索隱序》至《引用書目》；《目録》；《總評》；《長短説》的五組，每一組各自連續記葉數。

注5　《史記書録》記載：「日本永寬十三年（一六三八）、延寶二年（一六七四）、寬文十三年（一六七三）、明和七年（一七七〇）、明治二年（一八六九），均有李補刊本。」「永寬十三年（一六三八）」顯然是賀次君之誤，應是指寬永十三年（一六三六），即八尾初刻本。延寶二年指八尾再刻本，寬文十三年和明和七年分別指紅屋板初刻本和再刻本，最後的明治二年指鶴牧藩刊本。

（エ）紅屋板《史記評林》

八尾板之外，江户時代翻刻的《評林》本還有所謂「紅屋板」。初刻本題作「新刊校正　史記評林」，寬文十三年（一六七三）刊行。再刻本題作「校正再板　史記評林」，據卷末木記可知，刊行於明和七年（一七七〇）及天明九年（一七八九）。前者卷末的木記作：

寬文十三年癸丑二月元刻／明和七年庚寅三月再刻／京都　書肆　世裕堂藏版。

後者卷末的木記作：

寬文十三年癸丑二月元刻／明和七年庚寅三月再刻／天明九年己酉正月求版／浪華書林。

明和七年板和天明九年板的表題均作「校正再板 史記評林」。據岡本保孝的《史記傳本考》，板心有「紅屋」字樣，但現存初刻和再刻本都只記有「史記卷一 五帝本紀一」。而且，前述初刻本卷末無木記(注1)，而再刻本由世裕堂和浪華書林共同刊行，不知爲何稱之爲「紅屋板」。不過，確實存在稱作「紅屋板」的板本。在明治十四年刊行的「脩道館本 史記評林」的序中，重野安繹説：「坊本《評林》有紅屋、八尾諸版，大抵疏謬難讀，而八尾版較佳。今此本依仿之。」又，岡本保孝也在《史記傳本考》中説：「寬文十三年元刻ノ本今アリヤ。亡友内山孝之助此本ヲ藏ス。『評林』ニハ點ナシ。五七年以前祝融氏ノ災ニカヽリテ烏有トナル。明和再刊本人間ニ流布多シ。其ノ元刻ノ本ハ『評林』ノ文字甚ダ小ニシテ大抵本文ノ事跡ト相照シテ甚便ナリシナリ。(今有寬文十三年元刻板乎？亡友内山孝之助藏此本。《評林》本無點。五七年前遭祝融氏之災，化爲烏有。明和再刊本流布人間者多。其元刻本的『評林』部分文字小甚，大抵與正文事跡相對照，甚便。)」岡本保孝所説的「元刻」，似與今日坊間流傳的紅屋初刻本不同(注2)。將我們視爲初刻本的本子與明和、天明年間的再刻本相比較，序、正文和上欄注文等的體裁全都相同，字體也酷似，也幾乎不存在文字的異同。只是初刻本無界，而再刻本有界。且從旁注的有無及訓讀的附注方式這兩點差異來看，所謂的初刻本也不太可能是再刻本的異本，這一點將在後文詳述。

此書首有黄洪憲的《史記評林首敘》。接著的《評林序》中，徐中行序及茅坤序的體裁，同八尾再刻本的情況相似，與明板凌稚隆輯校本一致。但《評林姓氏》、《讀史總評》和《史記短長説》，則與李光縉增補本一致。正文中，《秦始皇本紀》爲止是每半葉十二行、行二十二字，《項羽本紀》以下則是每半葉十二行、行二十四字(注3)。上欄及正文中的注文附有返點和送假名。正文中的旁注，初刻本尚存，再刻本則全部删去了。

此書最大的特色，是訓讀的附注方式。初刻本的訓讀以振假名爲之，這一點與八尾板非常相似，再刻本則省略了這些振假名，采用比較簡單的方式。並且這種附注方式，似乎從再刻本開始變得普遍。明治年間刊行的諸本，除八尾三刻本外，均采取了紅屋再刻本的附注方式。舉數例如下：

(八尾初刻、再刻、三刻本，紅屋初刻本)	(紅屋再刻本，明治年間刊行本)	
大最(ニアツメテ)	大最	
縣(カケテ)レ肉(シシムラヲ)	縣(テ)レ肉	
好(カホヨキ)女(ムスメ)	好女	
自(リ)二太戊一以下(シモツカタ)中衍之(カ)後	自二太戊一以下中衍之(カ)後	(以上《殷本紀》)
大索(ニモトメテ)逐(ヲイウツ)レ客(ヲ)	大索(ニ)逐(テ)レ客(ヲ)	(《秦本紀》)
自(リ)二上古一已來(コノカタ)未(タ)ス二嘗(ムカシヨリ)有(アラ)一	自二上古一已來未二嘗有一	(以上《秦始皇本紀》)

注1　初板的卷末没有記載刊行年月等的木記。因此，初板刊行的年月只能根據再板和三板的木記得知。

注2　已故松雲堂書店主野田翁所説的，現在稀見的紅屋初刻本。筆者所藏。

注3　岡本保孝所説「十二行本八尾卜同ジカラズ（與十二行本八尾不同）」（《史記傳本考》）。

二　江户刊本中的文字異同

江户時代刊行的和刻《評林》本的刊行年月、體裁等問題，已經分别在各個板本的小節中予以説明。接下來，總括這些板本中的文字異同，加以比較，來探析各個板本的傾向。

江户刊本，依照出版者的不同，可以分爲八尾板和紅屋板兩個系統。以刊行年代來看，寬永十三年刊行的八尾初刻本爲最早，其次則是寬文十三年刊行的紅屋初刻本及翌年延寶二年刊行的八尾再刻本。這兩本書，不僅刊行年代幾乎相同，在内容上也和《評林序》的體裁和文字異同等極其相近。也就是説，八尾再刻本在内容方面，比八尾初刻本更接近於紅屋初刻本。而且，天明六年刊行的八尾再刻本蹈襲了延寶板，而紅屋再刻本也原樣蹈襲了紅屋初刻本，因此二者並無明顯差異。因此，就内容而言，江户刊本大致可以分成八尾初刻本和其他諸刊本兩個系統，後者又可以分爲八尾板和紅屋板兩類。換言之，這也説明了八尾初刻本在和刻《評林》本中占有何等獨特的地位。

(1) 從文字異同的角度看八尾初刻本

八尾初刻本的文字之所以獨具特色，是因爲它以明萬曆板爲底版。兩書的文字之間幾乎不存在出入異同，翻刻八尾板時犯的錯誤也非常少，僅能舉出如下諸例：

《正義》：「笄頭山，一名崆峒山。」八尾初刻本將「頭」誤作「頂」。

《正義》：「舉任用四人，皆帝臣也。」八尾初刻本將「任」誤作「住」。（以上《五帝本紀》）

《正義》：「齊從貝州過河而西。」八尾初刻本誤脱「貝」字。（《蘇秦列傳》）

以上均爲八尾板的誤刻。此外，還有極少八尾板有意改動的例子，如：

《索隱》：「則湯谷亦有他證明矣。」彭寅翁本、游明本、秦藩本、朝鮮刊《評林》本、慶長古活字本和八尾初刻本中，「他」作「池」。（《五帝本紀》）

但這是一個特例，總體而言，八尾初刻本十分忠實於明板，連其誤字也沿刻了下來。如明板《評林》本一節所述，《評林》本中的誤字相當多，這也是導致《評林》本價值不高的原因之一。對於八尾初刻本沿刻的這些誤字，之後的各種和刻本據其他板本多有訂正。在《史記會注考證校補》中，《評林》本使用八尾初刻本進行校對。因此，凌本使用了獨特的文字且這些文字可推斷爲誤字之處，使用八尾再刻本及其之後的《評林》本加以訂正。這些訂正的文字，多與其他板本一致。其例如下。

(a) 八尾初刻本獨與其他《評林》本及《史記評林》以外的各種板本不同的例子

「文信侯且仰藥。」八尾初刻本誤脱「文」字。（《短長説》）

「大小之神。」紹興本、中統本、毛晉刻《集解》本、游明本和金陵本都作「大小」，其他板本則作「小大」。南化本、楓山本、三條本、梅仙本和狩野本的校記作「大小」。但《評林》本中，明板及八尾初刻本作「小大」，八尾再刻、三刻本及紅屋板均作「大小」。

《索隱》：「宰我問孔子曰。」八尾初刻本「問」作「間」。

《正義》：「埋少牢於大昭。」八尾初刻本「埋」作「理」。

《正義》：「禮比大社。」八尾初刻本「比」作「立」。（以上《五帝本紀》）

《正義》：「至于衡雍。」八尾初刻本「衡」作「衛」。（《周本紀》）

「夫搏牛之蝱。」八尾初刻本「搏」作「持」。（《項羽本紀》）

《正義》：「割其血以塗足。」八尾初刻本「足」作「是」。（《高祖本紀》）

(b) 八尾初刻本與《評林》本以外的某些板本一致，且與其他《評林》本不一致的例子

《正義》：「言順四時之所宜。」只有慶元本及八尾初刻本「宜」作「置」。（《五帝本紀》）

(2) 八尾初刻本與之後的和刻本之間的關係

如前所述，後來的刊本訂正了八尾初刻本之誤字的例子很多。前一小節中所揭示的，是八尾再刻本、三刻本和紅屋初刻本、再刻本等刊本都作了訂正的例子。此外，還有許多只有部分刊本作了訂正的例子。其例如下。

(a) 八尾再刻、三刻本作了訂正的例子

《索隱》：「則湯谷亦有他證明矣。」彭寅翁本、秦藩本、游明本、明板《評林》本、朝鮮刊《評林》本、慶長古活字本、八尾初刻本和紅屋本中，「他」作「池」。八尾再刻、三刻本改作「他」。

《正義》：「孔文祥云。」明板《評林》本、八尾初刻本和紅屋本中，「祥」誤作「詳」。八尾再刻、三刻本改作「祥」。（以上《五帝本紀》）

《正義》：「共伯使諸侯奉王子靖爲宣王。」毛晉刻《集解》本、柯維熊本、游明本、南監本、北監本、明板《評林》本、八尾初刻本和紅屋本中，「靖」作「清」。八尾再刻、三刻本改作「靖」。（《周本紀》）

《索隱》：「俗，一作浴。」明板《評林》本、八尾初刻本、紅屋本和金陵本同。其他板本中「浴」作「洛」。八尾再刻、三刻本改作「洛」。(《秦本紀》)

《正義》：「孤獨母有犬鵠蒼。」慶元本、明板《評林》本、八尾初刻本和紅屋本中，「母」作「無」。張文虎在《札記》中亦説：「各本作『無』，因『母』訛爲『毋』，而再誤也。」八尾再刻、三刻本改作「母」。(《秦本紀》)

(b) 紅屋板作了訂正的例子

《索隱》：「並后匹嫡。」慶元本、中統本、游明本、明板《評林》本和八尾初刻、再刻、三刻本中，「匹」作「疋」。紅屋初刻、再刻本改作「匹」。

《索隱》：「兩政耦國。」明板《評林》本和八尾初刻、再刻、三刻本中「耦」作「偶」。紅屋初刻、再刻本改作「耦」。

從以上事實可得出以下推論：首先，八尾初刻本是以明板李光縉增補本爲底版，忠實地翻刻的。然而，八尾初刻本與日本現存的明板之間存在一些差異，推定的明板底版今日已不可得見。其次，紅屋初刻本又以八尾初刻本爲底本，並參考其他板本作了校訂而後刊行。同一時期，八尾再刻本也是在初刻本的基礎上作了校訂後刊行的。紅屋初刻本刊行於寬文十三年(一六七三)，八尾再刻本則刊行於一年後的延寶二年(一六七四)。又根據八尾再刻本板心「寬文壬子年刊」(一六七二)的記載，可知兩書的翻刻幾乎在同一時期進行，應當没有相互參考的機會。因此，兩書之間並未相互影響，但由於皆以八尾初刻本爲底本，因此各自校訂的結果也多有一致之處。當然，無論是紅屋板，還是八尾板，都存在未能訂正底本誤字的情況。另外，明治年間的和刻本多以八尾再刻本或紅屋板等爲底本，因此，就結果而言，多數刻本都訂正了八尾初刻本的誤字。舉數例如下：

《正義》：「至于衡雍。」八尾初刻本「衡」作「衛」。八尾再刻、三刻本和紅屋板自不必説，鶴牧本（詳見後文）以下的明治諸刊本也都作「衡」。（《周本紀》）

《正義》：「十六國春秋云。」八尾初刻本無「十」字。其他的江户刊本和明治刊本均有「十」字。

《正義》：「孤獨母有犬鵲蒼。」八尾初刻本和紅屋本「母」作「無」。其他的江户刊本和明治刊本皆作「母」。（以上《秦本紀》）

以上所述，乃八尾再刻本及其以後的刊本訂正了八尾初刻本蹈襲的明板誤字的情況。另一方面，實際上，這些和刻本中也新出現了許多誤刻的文字，整體而言，其數量甚至遠遠超過八尾初刻本中的誤字。

（c）八尾再刻本誤刻的例子

《正義》：「以從大風雨。」八尾再刻本中「從」作「縱」。（《五帝本紀》）

《正義》：「姞，其吉反。」「吉」作「古」。（《五帝本紀》）

「百里傒讓曰。」「傒」作「奚」。

「公孫支言。」「孫」作「豯」（以上《秦本紀》）

「卿李斯。」「李」作「季」（《秦始皇本紀》）

《索隱》：「吾聽子計。」「計」作「討」。（《劉敬叔孫通列傳》）

「萬石張叔列傳。」「叔」作「毋」。

（d）紅屋初刻本誤刻的例子

《集解》：「何休曰。」「休」作「体」。（《齊太公世家》）

「昭侯私許。」「昭」作「招」。（《管蔡世家》）

《索隱》：「在蒲坂，非也。」「坂」作「坂」。（《晉世家》）

「天開之矣。」「天」作「夫」。（《晉世家》）

《索隱》：「三十三年遷于吳。」「于」作「手」。（《越世家》）

「以分與知友鄉黨。」「友」作「反」。（《越世家》）

這樣單純的誤字非常多，尤其紅屋板的校訂簡直是杜撰。

（3）紅屋初刻本與再刻本的關係

紅屋板再刻本以初刻本爲底版，因此没有像八尾板那樣出現很大的差異，但紅屋再刻本也犯了一些單純的錯誤。

「搏心揖志。」紅屋初刻本「搏」字作「博」，紅屋再刻本則作「慱」。（《秦始皇本紀》）

「而孺子少。」紅屋再刻本「孺」作「儒」。（《齊太公世家》）

「今子將以欲誅殘天下之共主。」紅屋再刻本「今」作「人」。（《楚世家》）

除了以上例子外，還可以看到紅屋再刻本有意地改正了紅屋初刻本錯誤的例子，如：

《正義》：「案，北方幽州，陰聚之地。」慶元本、秦藩本和明板《評林》本「地」作「也」，八尾初刻本和紅屋初刻本從之作「也」。紅屋再刻本則改作「地也」二字。（《五帝本紀》）

《集解》：「公羊傳曰，葵丘之會。」紅屋初刻本「丘」誤作「在」。再刻本作「立」。（《齊太公世家》）

「昭侯私許。」如前所述，紅屋初刻本「昭」字誤作「招」。再刻本改作「蔡」。（《管蔡世家》）

如上述例子所示，再刻本在體裁、文字等方面都蹈襲了紅屋初刻本，但偶爾發現誤字時也試圖進行訂正。然而，意圖雖好，所作的校訂卻是誤上加誤。這一事實説明，再刻者没能參校好的板本。

(ㄈ) 明治年間刊行的《史記評林》的概況

(1) 明治年間刊行的《評林》本的性質

以明治二年「鶴牧修來館本」的刊行爲開端，《史記評林》的刊行變得非常盛行。然而，有趣的是，如後文表格所示，這些刊行集中在明治十二年至十六年之間。

探索這些刊本的刊行動機及作爲板本的共通性質，會發現明治刊本的第一個特點在於文字的校訂。明治十二年刊行的八尾三刻本用天明再刻本作底版。明治十三年刊行的奥田遵校正本同樣用八尾再刻本作底版。而在明治十四年刊行的「脩道館本」的序文中，重野安繹回顧了少年時代爲得到八尾板所下的工夫。這些事實都説明八尾板在當時受到怎樣的珍視。從這些事實可以推測，明治諸刊本的校訂目標也放在八尾板上。事實上，將這些明治刊本與八尾板對校後會發現，明治諸刊本有著與八尾初刻本或再刻本一致的顯著傾向。不過，意外的是，在明治刊本中，八尾初刻本及八尾再刻本的誤字多得到了改正（在江户刊行本一節中已經舉過一部分此類例子），可以推測有些地方還依據《評林》本以外的板本作了校訂。例如：

「相國吕不韋、嫪毐免」(《秦始皇本紀》)，各板本均作「嫪」，但在《評林》本中，不管是明板還是江户刊本，「嫪」皆作「繆」。然而，《評林》本正文的旁注記載著「一本嫪作譽」，且所有《評林》本中這條注文的文字都作「嫪」。這一事實説明，寫入旁注時，底本的正文作「嫪」。和刻《評林》本中，江户刊本都作「繆」，明治刊本中，自「鶴牧本」以下的「八尾三刻本」及其他刊本則均改作「嫪」。除此例外，還有一些《評林》本共通的誤刻得到訂正的例子。因此，可以認爲，明治和刻本在文字校訂方面收到了不錯的效果。

第二個特點在於訓點，各位加訓點者在訓點上可謂是頗費苦心。如前所述，明治刊本在文字異同方面接近於八尾板，但訓點卻没有像八尾板那樣采取以振假名表示和訓的方法(八尾三刻本例外)，而是采用了與紅屋再刻本相似的方法。

第三個特點在於，有些刊本中附加了《評林》以外的校語，例如奥田遵、藤澤南岳、有井進齋等的訓點本。這一特點反映了江户刊本所没有的新傾向，值得特别論述。

(2) 鶴牧藩刻《增訂史記評林》全五十册

薄黄色封面，明治二年由東京玉山堂發行，是最早發行的明治刊本。版藏於鶴牧修來館，故世稱鶴牧本。

卷首有大藏種樹的《新刊史記序》，其次是王世貞的《史記評林序》。茅坤序和徐中行序的末尾記載年號的體裁，與明板李光縉增補本相同。正文每半葉十一行，行十九字，有界，注及上欄《評林》只附有返點。板心魚尾的上方記「增訂史記評林」字樣，下方記「修來館藏」字樣。

此書是田中篤實、豐田一貫、本多政辰、關利器、大多和堯則、直井義方等人受鶴牧藩主水野忠順之命校訂的。文字的異同多與八尾再刻本一致，但以其相似程度尚不足斷言八尾再刻本就是其底本。

（3）奥田遵校正《校字史記評林》全五十册

小豆色封面，明治十三年十二月刊行。出版人爲别所平七，封面的内頁記有「同人有志梓」字樣。序分爲二，卷首和卷尾各置一册。序文的排列順序也與其他板本不同。卷首一册，第一篇是島田重禮的《新刊史記序》，其次是《史記評林序》。《史記評林序》記載年號的體裁與明板凌稚隆本相同。其後是《索隱序》、《索隱後序》、《補史記序》、《正義序》、《集解敘》和《正義論例》，最後是《引用書目》和《凡例目録》。卷尾一册是《讀史總評》、《短長説》，其次是《正義謚法解》、《列國分野》、《譜系》、《地圖》和《評林姓氏》。此書以八尾再刻本爲底版，因此字體自然也酷似，但板心陰文的「八尾友春」部分用墨塗成黑口。序文部分，只有《評林序》、《凡例》、《讀書總評》和《短長説》並未襲用八尾板（注1）。又訓點、尤其假名的附注方法不加訓讀，與八尾板完全不同。卷首，與「凌稚隆輯校」、「李光縉增補」兩條並刻著「日本 奥田遵校正」字樣。

《凡例》的末尾有如下記載：

《史記》世乏善本，《索隱》、《正義》等文字頗多誤謬。今據皆川淇園先生《捩柁》，中井履軒先生《雕題》，以訂其訛，附鄙見於其間，並揭之欄上。但以紙幅有限，不復一一識别。他日當作一書以審之。

明治十二年十二月 長尾後學 瀧淑奥田遵識。

如其所述，《評林》之上更設有一欄，摘録了中井履軒的《史記雕題》，並記有奥田遵的校語。

（4）藤澤南岳訓點《校訂史記評林》全五十册

明治十四年五月，浪華同盟書樓刊行，黄色封面，爲縱十八點五釐米、横十三釐米的小型本。首有重野安繹、南摩綱紀和龜谷省軒的序，其次有藤澤南岳的自序。卷末有清朝葉松石的跋文，記作「光緒七年夏」。

茅坤和徐中行的《評林序》，均仿明板李光縉增補本。《地圖》爲三色印刷，最後附有《清全國地圖》。正文每半葉十一行，行二十字，有界，附有返點和送假名。上欄的《評林》只附有返點。除了《評林》外，上欄還附有藤澤南岳的校語，可以説是此書的特色。每卷存校語十至四十條不等，《太史公自序》最多，有一百六十一條。其内容折衷采擇了諸家注釋，摘録了許多藤澤南岳的父親藤澤東畡的友人森田節齋所著《太史公序贊蠡測》中的説法。此外，還有少數關於文字異同的意見。此書正文的文字異同，多與八尾三刻本類似。

（5）脩道館刊行《增訂史記評林》全二十七册

二十七册中，乾、坤二册爲序，正文有二十五册。明治十四年十月，大阪脩道館刊行。爲青色封面的鉛印本，附有大鄉穆和伊地知貞馨的訓點。首有重野安繹的序，其次是王世貞等人的《評林序》，其中茅坤序和徐中行序中記載年號的體裁都與明板李光縉增補本相同。《目録》在《讀史總評》前。乾卷和坤卷的葉數，各自連續記葉數。正文每半葉十四行，行二十二字，正文和注文均附有返點和送假名，但上欄《評林》不附送假名。正文中的旁注全被删去。重野安繹在序中說：「山田榮造與同志胥謀，以聚珍印行諸書……而八尾板較佳。今此本依份之，訂文字，正訓點，非復舊版之比……」據之可知，此書效仿了八尾板。事實上，檢書中文字的異同，多與八尾再刻本及三刻本相近，或與鶴牧本相似。又，假名的附法没有像八尾板那樣的訓讀，而與紅屋板及其他明治諸刊本相似。

（6）鈴木義宗訓點《明治新刻史記評林》全三十九册

明治十四年刊行，黄色封面，縱十八點五釐米、横十三釐米的小型本。體裁與藤澤南岳訓點本類似。訓點和出版均由鈴木義宗完成。正文每半葉十二行，行十八字，正文和注文均附有訓點，但上欄《評林》只附有返點。

（7）《補標 史記評林》全二十五册

黄色封面，鉛印本。明治十六年六月（注2），由東京報告社刊行。

卷首有島田重禮的《新刊史記序》和岡本監輔的《史記補標序》，其次有《史記評林序》，與明板李光縉增補本體裁相同。正文每半葉十三行，行二十四字，有界。附有訓點，注文只附有返點，上欄《評林》無訓點。

此書由德島藩柴碧海門下的岩本贅庵的弟子進齋有井範平（與《補標序》的作者岡本監輔是同門之友）作了文字的校訂和《補標》。《補標》折衷了古今諸家之説，間或補以私見，記於欄外；而在板心之上，相當於欄外的地方記有「補標」二字。引用之説，以陳仁錫、吴齊賢、陳子龍、鍾惺、鄧以讃、徐孚遠等人之説爲主，其中陳仁錫和吴齊賢二者尤多，其間以「範按」添加了注者自己的説法。又正文的行間有時會加入短注。文字的異同與八尾再刻本和三刻本十分接近。可見，此書應該是以八尾再刻本爲底本刊刻的。

（8）鳳文館刊行《增補史記評林》全二十五册

明治十六年九月刊行，黑色封面，縱二十三釐米、横十五釐米的較小型本。序的特徵在於，徐中行《評林》序的最後没有印和「序畢」二字。正文每半葉十三行，行二十八字，附有返點和送假名。注文和《評林》只有返點。此書由石川鴻齋、巖谷修和岡千仞輯校。但是，正文的開頭，「吴興 凌稚隆輯校」和「温陵 李光縉增補」的文字之後添加了「崑山 歸震川評點」和「桐城 方苞增評」兩行。如其所述，此書增加了歸震川（歸有光）和方望溪（方苞）的評語，在上欄《評林》中以「補： 方苞曰」和「補： 歸有光曰」的方式記載。這些增補的注文，各卷數量有異。以《本紀》爲例，歸震川的評語，在《夏本紀》、《周本紀》、《秦始皇本紀》和《高祖本紀》中各有一條，《秦本紀》中有三條，《項羽本紀》中則有七條； 方苞的評語，在《五帝本紀》和《周本紀》中各有一條，《項羽本紀》和《吕后本紀》中各有兩條，《秦本紀》、《高祖本紀》和《孝文本紀》中各有三條，《秦始皇本紀》中有六條。另外，《史記會注考證》的著者瀧川龜太郎氏，是最早以此書爲底本來研究《史記》的。

注1　《評林序》出於樵山小室正之手，王世貞序是每半葉九行、行十八字，茅坤序是每半葉九行、行十七字，徐中行序是每半葉十行、行十九字。與之相對，八尾板是每半葉九行、行十七字。《凡例》、《讀史總説》和《短長説》，不知出於何人手筆，字數及字體均與八尾板不同。

注2　封面的背面記有「明治十六年六月新刊」，卷末則記有「明治十六年四月廿日版權免許，同十七年七月六日出版」。

（附）《史記評林》資料一覽

	（發行年月日）	（書名·通稱）	（輯校者·發行者）
1576	明·万曆四年	「史記評林」凌稚隆輯校本（万曆初刻本）	明　吴興　凌稚隆（輯校）
	明	「史記評林」（異刻本）	不明
	明	「史記評林」李光縉增補本	明　温陵　李光縉（增補）
1636	日本·寛永十三年九月	「史記評林」（八尾初刻本）	八尾助左衛門（發行）
1673	寛文十三年二月	「新刊校正　史記評林」（紅屋初刻本）	不明
1674	延寶二年夏	「新版考正　史記評林」（八尾再刻·延寶本）	八尾友春（發行）
1770	明和七年三月	「校正再版　史記評林」（紅屋再刻·明和本）	世裕堂（發行）
1786	元明六年	「新刻校正　史記評林」（八尾再刻·天明本）	須原屋茂兵衛以下五名（發行）

續表

	（發行年月日）	（書名・通稱）	（輯校者・發行者）
1789	天明九年一月	「校正再板　史記評林」（紅屋再刻・天明本）	浪華書林（發行）
1869	明治二年	「增訂　史記評林」（鶴牧本）	鶴牧藩士田中篤実他数名（校訂） 玉山堂（發行）
1879	明治十二年	「明治三刻　史記評林」（八尾三刻本）	豊田字左衛門他四名（發行）
1880	明治十三年十二月	「校字　史記評林」（奥田遵校正本）	奥田　遵（校訂） 別所平七（發行）
1881	明治十四年五月	「校訂　史記評林」（藤沢南岳訓點本）	藤沢南岳（校訂） 浪華同盟書樓（發行）
1881	明治十四年十月	「增訂　史記評林」（脩道館本）	大郷穆・伊地知貞馨（校訂） 脩道館（發行）
1881	明治十四年	「明治新刻　史記評林」（鈴木本）	鈴木義宗（校訂・發行）

續表

（發行年月日）		（書名・通稱）	（輯校者・發行者）
1883	明治十六年六月	「補標　史記評林」（有井本）	有井範平（校訂） 報告社（發行）
1883	明治十六年九月	「增補　史記評林」（鳳文館本）	石川鴻斎他二名（校訂） 鳳文館（發行）

（五）《史記集解索隱正義》一百三十卷，清乾隆四年武英殿校刊本

清乾隆四年（一七三九）武英殿校刊本。

每半葉十行，行二十一字。注雙行，行二十一字。白口，左右雙邊。

這個文本，世稱「殿本」，收在清朝官刊二十四史中。卷首序的順序是《史記集解序》、《索隱序》、《索隱後序》、《正義序》和《正義論例》、《謚法解》，其後爲《目録》。《目録》之後附有《史記目録考證》，陳述了改正其底本北監本中序文等的排列順序的理由。其後便是《史記》的正文《五帝本紀》，卷末附有司馬貞的《補三皇本紀》及《補史記序》。又，每卷的末尾均附有《考證》，包含了張照、陳浩、齊召南、孫人龍和杭世駿等人的説法，這是這個文本的一大特徵。張照《考證》的跋語中記載説：「（前略）謹就所聞諸師反

見諸傳記者爲之考證，以附卷末。其注有三，曰《集解》，曰《索隱》，曰《正義》。世固皆無全本，就世所傳本博考而詳校，蓋比明監本增十之六，然猶未全也。其於已刊之後，復搜得之者則又見於《考證》中，以補其遺。顧三注文字益多舛訛，雖據所聞稍加駁正入《考證》，然不能無罣漏也。要之較明監本則不可同年矣。」稱贊了這個文本勝過明代監本之處。

這個文本是以明代監本爲底本的。以下例子清楚地反映了這一點。

「九載功用不成」的《正義注》：「爾雅釋天云。」（《五帝本紀》）南北監本及殿本中「天」作「文」。

「堯大祖也」的《正義注》：「黄曰神斗。注云。」（《五帝本紀》）南北監本及殿本無此六字注文。

「民不堪命矣」的《集解注》：「召康公之後。」（《周本紀》）南北監本及殿本中「公」作「王」。

但是，正如前引張照的跋文所示，此書並非原封不動地蹈襲了監本。尤其，監本中《正義注》的删節甚爲嚴重，而此書基本上都作了補正。例如：

「子帶立爲王」的《正義注》：「左傳云，周與鄭人蘇忿生十二邑，温其一也。」（《周本紀》）南北監本無此注，殿本則有。

「伐馳道樹，殖蘭池」的《正義注》：「案，馳道，天子道，秦始皇作之，丈而樹。」（《孝景本紀》）南北監本無此注，殿本則有。

「段出奔鄢」的《正義注》：「音偃。」（《鄭世家》）南北監本無此注，而殿本有。

此類例子不勝枚舉。至於這些補正依據了哪種文本，《四庫全書提要》記載説：「（前略）其他一兩字之出入，殆千有餘條，尤不可毛舉。苟非震澤王氏刊本具存，無知監本之妄删也。」如其所述，這些補正依據的是前文提到的黃善夫刊本的覆刻本「王本」。然而，奇怪的是，殿本的《正義》並不與王本完全一致，王本覆刻黃善夫刊本時無故脱落的《正義注》有些也存於殿本，而王本中所存的《正義》卻有不少不見於殿本。例如：

「此之三凶」的《正義注》：「此以上四處，皆《左傳》文，或本有，並文次相類四凶，故書之，恐本錯脱耳。」(《五帝本紀》)王本有此注，而殿本無。可能是殿本以此《正義注》有訛脱，故有意識地删去了。

「遂殺幽王驪山下」的《正義注》：「在雍州新豐縣南十六里。」(《周本紀》)王本中存此注，而殿本無。

「其北治大池漸臺」的《正義注》：「顏師古云，漸，浸也，臺在池中，爲水所浸，故曰漸臺。按，王莽死此臺也。」(《孝武本紀》)殿本存此注，只是脱落了「漸臺」的「臺」字。王本中無。

張元濟早就注意到這一點，尤其對殿本中《正義》的脱落不少這一點，他表示「殊不可解」(《校史隨筆》)。以上主要論述了《正義注》的情況。其他方面，如監本中正文的錯誤和《集解》、《索隱》的脱落等，殿本也基本作了補正。例如：

「舜乃在璿璣玉衡。」(《五帝本紀》)監本中「在」字誤作「作」字。殿本作了訂正。

「於是乃權授舜。」(《五帝本紀》)監本中，這六字注文和隨附的《索隱》、《正義》注文全部脱落，殿本則補正了全文。

此類例子也不勝枚舉。

以上所論幾點，大致體現了殿本可算作善本的一面。但這幾點，都是與明代監本比較所得的結果，只能算是殿本作爲善本的消極面。殿本作爲善本的積極面，則在於運用所謂考證學的方法，對《史記》正文和注文的錯誤作了大量訂正。這些方法，包括將類書所引《史記》、《左傳》、《國語》、《戰國策》和《漢書》等書籍的正文及注文中與《史記》有關的部分同現行《史記》的正文及注文進行對校，或將現行《史記》中不同地方對同一事件或人名等的記載進行比較，等等。不過，原則上，這些訂正的理由應該記載在各卷末的《殿本考證》中，但奇怪的是，很多訂正的理由並不見於此。殿本通過考證學的方法所作的訂正，數量很多，不勝枚舉。下面只列舉一部分例子。

「九載功用不成。」（《五帝本紀》）只有殿本、金陵本及參考了這兩個本子的《史記會注考證》作「載」，其他本子都作「年」。卷末《考證》中說：「『載』，監本作『歲』，《正義》詳釋『載』字義，則本文不得歲也。今改正。」據此可知，殿本據《正義注》作了改正。

「百獸率舞。」《正義注》：「服不服之獸。」（《五帝本紀》）只有殿本、金陵本及參考了這兩個本子的《史記會注考證》記如上。他本皆無第一個「服」字。可能是據《周禮注》所補。

「既齔而遭之。」《集解注》：「女七歲而毀齒。」（《周本紀》）只有殿本、金陵本及參考了這兩個本子的《史記會注考證》記如上。他本均無「齒」字。可能是據《國語注》所補。

「殺其將景快。」（《秦本紀》）只有殿本「快」作「缺」。可能是依據《六國年表》及《楚世家》作了改正。

這些校訂增補，雖然有些地方並不恰當，但總體上使《史記》的正文和注文變得更易理解。下面這些例子就顯著地反映了這一點。

「猶日怵惕。」（《周本紀》）只有高山寺藏古鈔本、殿本、金陵本及參考了這些本子的《史記會注考證》記如上。他本中「日」都誤作「曰」。殿本應是依據《羣書治要》引《史記》作的改正。

「斟氏戈氏。」（《夏本紀》）只有高山寺藏古鈔本和殿本無第一個「氏」字。應是依據上文的《索隱注》「又下云斟戈氏」，削去了第一個「氏」字。如錢大昕所説：「《索隱》本，『斟氏戈氏』作『斟伐氏』，即斟灌也。戈、灌相近。上『氏』字衍。」（《廿二史考異》），應以古鈔本及殿本爲是。

「後十年而崩。」（《周本紀》）只有高山寺藏古鈔本和南化、楓山、三條等古本及殿本中，「十」作「七」。《殿本考證》引用《毛詩・文王疏》和《尚書・武成疏》，説：「監本七字皆訛作十字，今具改正。」如梁玉繩所説：「……因考此云『後十年』，乃『後七年』之訛……」（《史記志疑》）應以古鈔本、古本和殿本爲是。

以上例子中，特别需要注意的是，殿本獨有的異同與日本流傳的古鈔本或古本一致。殿本的校訂者，並非完全不可能親眼看到這些古鈔本或古本，但至少就這些例子而言，我們不能不驚歎其考證之精確。而這一點恰好正是殿本的文本特質。

這一文本，流行甚廣。以同治八年（一八六九）廣東葄古堂刊行的覆刻本爲首，翻刻本及以此本爲底本排印的本子，數量非常多。但乾隆四年（一七三九）的原刻本今日卻幾乎不存，近來僅静嘉堂文庫存有一本。

（六）《史記集解索隱正義》一百三十卷，金陵書局刊本

清同治九年（一八七〇）金陵書局刊。清唐仁壽、張文虎校本。

此書是《史記會注考證校補》用作校勘的《史記》文本中最晚的本子，也是現在所能看到的《史記》板本中最晚的本子。

全書二十册。第一册第一葉表面有「史記集解索隱正義合刻本」的大圖記，背面有「同治五年首夏金陵書局校刊，九年仲秋畢工」的小圖記。從第二葉開始是《史記索隱序》，其後依次是《索隱後序》、《史記正義序》、《史記正義論例謚法解》、《史記集解序》和《史記目録》(注1)。正文始於《五帝本紀》，不載《補史記序》和《三皇本紀》(注2)。

黑口，四周雙邊。板心魚尾的下方記卷數爲「史記幾」，下邊魚尾的上方記各卷的葉數。每卷開首改葉，第一葉的第一行，上記小題，下記大題。各卷末葉末行的下半部分記大題。每半葉十一行，行二十二字，注雙行，行二十二字。

此書不是擇一善本而後忠實覆刻的文本，而是校對當時所能見到的各種板本，參考先前考證學者的學説，對正文及注文作了適當改動的文本，即所謂的校本。文字異同及其取捨的根據，集爲《史記集解索隱正義札記》，附刊於此書之後。參與校勘的有張文虎、周學濬、唐仁壽等人。至於此書發刊的始末，則詳於《史記札記》卷末所收同治十一年的張文虎跋文(注3)。其文曰：

> 《史記》自漢已殘缺竄亂，迄今又千數百年，展轉傳寫，積非成是，蓋有明知其誤而不能改者矣。裴氏《集解序》稱采經傳百家并先儒之説，豫是有益，悉皆抄納，今史文之下，著注寥寥，大非完帙。惟《索隱》有汲古閣單刻，所出史文，每勝通行之本，然其注改宋本大字爲小字，頗有混淆，又或依俗本改竄，反失小司馬之真。張氏《正義》僅存於南宋以來之合刻本，删削既多，舛誤彌甚。三家注又有互相重複錯亂者，先是嘉興錢警石學博泰吉，嘗彙校各本，歷三十餘年，點畫小殊，必詳記之。烏程周縵雲侍御學濬，借其本過録，擇善而從。同治五年春，請於署江督肅毅伯今相國合肥李公，以屬

學博高弟海寧唐端甫文學仁壽覆校付刊。及明年春，相侯湘鄉曾文正公自淮北回金陵，命文虎同校。文虎與侍御及唐君議，以新刊史文及注皆不主一本，恐滋讀者疑，請於刊竣之後，附記各本同異及所以去取意。文正頷之。

又：

所記異同，大半取資於錢校本，其外兼采諸家緒論。則梁氏《志疑》、王氏《雜志》爲多，間附文虎與唐君管見所及，不復識别。其有偶與前賢暗合者，悉歸之前賢，以避攘善之譏。

想來，正文的殘缺錯亂，自徐廣以來已久被論及，而《集解》、《索隱》和《正義》三家注的錯亂又更甚於正文，必須加以校訂。另一方面，自明末至清初，以毛晉汲古閣爲代表的許多《史記》板本付梓刊行，校勘宋刻殘本的風氣也越來越盛行，而嘗試對這些刊本進行綜合校對的是錢泰吉。然其書不成，周學濬繼其業。又張文虎受曾國藩之命，與李鴻章的幕友唐仁壽一起，以錢泰吉校本爲基礎，新參數種板本及校本，並援引先前考證學者的學説而完成的校本，就是此書。

如上述引文所示，此書在校勘上的基本方針是「新刊史文及注，皆不主一本」和「擇善而從」。這一方針不僅在校對每個具體的異同時被嚴格遵守，而且整體而言，明顯地表現爲如下兩個方面：

(1) 校訂正文時，尊重宋本及《索隱》單注本；

(2)《集解》以毛晉刻本爲底本，《索隱》以《索隱》單注本爲底本，《正義》以王延喆本爲底本。

也就是説，北宋和南宋諸刻本以及覆刻了北宋大字刊本的《索隱》單注本，比元明諸刻更得正文之舊。至於《集解注》和《索隱注》，與合刻本相比，被認爲覆刻了宋本的毛晉刻本更得《集解》之舊，而《索隱》單注本又更得《索隱》之舊。《正義》不存在單注本，故基本上以當時所能見到的最早的三注合刻本王延喆本中所收的《正義》爲依據。因此，三家注的底本各不相同。金陵書局本的這一立場，未曾見於以往的任何合刻本。正如筆者在總論中所言，覆刻了黄善夫本的彭寅翁本、王延喆本和柯維熊本自不待言，凌稚隆《評林》本、武英殿本等刊本，雖然各具特色，但基本上都蹈襲了先行板本，未能出於三注合刻本的範疇之外。

如此，此書没有拘泥於特定的某個刊本，而是以極爲自由的立場選擇正文及注文的底本，並加以校訂。根據《札記》，用於校訂此書的《史記》板本和校本，有如下諸本：

（1）依據錢泰吉校録本的文本

北宋本。諸城劉燕庭方伯喜海所藏集宋殘本之一，桓字不避，知爲北宋刊本。

宋本。集宋殘本之二，但有《集解》，桓字、慎字不避，蓋亦南宋以前刊本，今統稱「宋本」以爲别。

南宋本。集宋殘本之三，有《集解》、《索隱》，桓字、慎字避缺。

南宋建安蔡夢弼刻本。

元中統本。

明南雍本。有《集解》、《索隱》、《正義》，多删削。

明秦藩刻本。莫大令藏本，有《集解》、《索隱》、《正義》，首有嘉靖十三年秦藩鑑抑道人序，大致同王本。

（2）張文虎、唐仁壽新參校的文本

常熟毛晉刻《集解》本。

毛刻單行本《索隱》。
明震澤王延喆翻宋《集解》、《索隱》、《正義》合刻本。
舊刻本，上海郁氏藏本。字形古樸，雜采《集解》、《索隱》頗略，似元明間刊本，無序跋年月，卷尾多缺壞，蓋書估去之，以充宋本，今不敢定，只稱舊刻本。
明豐城游明刻本。
明金臺汪諒刻本、柯維熊校本。
明吴興凌稚隆刻本。
錢唐汪小米舍人遠孫校宋本。
海寧吴子撰春照校柯本。
乾隆四年經史館校刊本。
值得注意的是，除了上述《史記》諸本外，此書還援用了《漢書》以及《藝文類聚》、《羣書治要》、《册府元龜》、《太平御覽》等類書，並參考王念孫、梁玉繩、錢大昕和《四庫全書考證》等前人學説以資校訂。
以上是此書的成書經過及内容的概況。下面，筆者將詳細考察正文及注文，揭示此書在校勘學上的特點。
(a) 正文
如前所述，此書在校訂時使用了多種板本和校本。需要注意的是，此書依據毛晉刻《索隱》單注本和宋殘本、毛晉刻本等《集解》本，大幅度校改了今本《史記》的正文。此類例子各卷均有，詳細可參照校勘記。在此僅舉如下例子。

依從毛晉刻《索隱》單注本的例子：

「莫長焉。」(《孝文本紀》)金陵本、《索隱》本同。各本「莫」下有「不」字。《札記》中說：「各本『莫』下衍『不』字，《索隱》本無，與《漢書》合。《考證》據删，《志疑》説同。」另外，延久鈔本、楓山、三條和狩野諸古本也無「不」字。

「三侑之弗食也。」(《禮書》)金陵本、《索隱》本同。各本「侑」作「宥」。《札記》中說：「《索隱》本『侑』，與《荀子》合，各本作『宥』。」

「大而寬。」(《吴太伯世家》)金陵本、《索隱》本同。各本「寬」作「婉」。《札記》中說：「《索隱》本『寬』，與注合(注4)。各本作『婉』，蓋依《左傳》改。《拾遺》、《志疑》説同。」

「猶有感。」(《吴太伯世家》)金陵本、《索隱》本同。各本「感」作「憾」。《札記》中說：「《索隱》本『感』，各本作『憾』，蓋依今本《左傳》改。《雜志》云，襄二十九年《左傳》釋文作『感』(注5)。」

「崔杼毋歸。」(《齊太公世家》)金陵本、索隱本同。各本無「毋」字。《札記》説：「《索隱》本有『毋』字，各本脱，並删《索隱》(注6)。宋本徑作『無』，亦與《索隱》不合。蓋《史記》古本『無』字多作『毋』，故小司馬音『無』也。《雜志》云，《左傳》『至，則無歸矣』，《吕氏春秋・慎行篇》『崔杼歸，無歸』(注7)。」今按，井井本中「毋」作「無」，殿本補「毋」字。

「遇孟武伯於街。」(《魯周公世家》)金陵本、《索隱》本同。各本「街」作「衢」。《札記》説：「《索隱》本『街』，各本作『衢』，辨見《雜志》。」

「與大梁鄴。」(《魏世家》)金陵本、《索隱》本同。各本「鄴」作「鄰」。《札記》說：「《索隱》本『鄴』，蓋所見史本如此。今本並作『鄰』，後人依《策》改，又改《索隱》文以就之（注8）（注9）。」

「字冊。」(《老子韓非列傳》)金陵本、《索隱》本同。各本中此二字作「字伯陽，謚曰冊」。《札記》說：「據《索隱》本，各本作『字伯陽，謚曰冊』。《雜志》云，《經典釋文·序録》、《文選·征西官屬送於陟陽候詩注》、《游天台山賦注》、《反招隱詩注》、《後漢書·桓紀注》並引《史記》『字冊』。」

「後十三歲。」(《孫子吴起列傳》)金陵本、《索隱》本同。各本「三」作「五」。《札記》說：「各本作『十五年』，今依《索隱》本。《考異》云，當作『十三』。」又瀧川氏《考證》：「桂陵役齊威二十六年、魏惠十八年，馬陵役齊宣二年、魏惠三十年，相去正十三年。」認爲《索隱》本是正確的。

「據衛取卷。」(《蘇秦列傳》)金陵本、《索隱》本同。各本「取」下有「淇」(毛本「湖」)字。《札記》說：「《索隱》本出此四字，各本作『取淇卷』，毛本作『取湖卷』。《雜志》云，『淇』字後人加之，《史》作『取卷』，《策》作『取淇』，《正義》但言『守衛得卷』，則無『淇』字明矣。」依從了《雜志》的說法。

「莊襄王所母華陽后爲華陽太后。」(《吕不韋列傳》)金陵本、《索隱》本同。各本「所」字下有「養」。《札記》說：「各本『所』下有『養』字，《索隱》本無。《雜志》云，後人妄加。」《雜志》考證說：「莊襄王乃夏姬所生，而華陽后爲夫人時，立以爲適嗣，故曰莊襄王所母華陽后，對下文真母夏姬而言，『養』字後人妄加。」

依從北宋本、宋本、毛本等《集解》本的例子：

「至於岱宗祡。」(《五帝本紀》)從宋本和毛本。各本「祡」作「柴」。

「蒙羽其蓺。」（《夏本紀》）從毛本。他本「蓺」作「藝」。今按，景、井、蜀、紹等《集解》本又作「蓺」。

「維箘簬楛。」（《夏本紀》）從毛本。各本「簬」作「簵」。

「不可遂。」（《樂書》）從宋本和毛本。各本「遂」作「聽」。

「長四丈，末兑。」（《天官書》）從北宋本。各本「丈」作「尺」。《札記》曰：「北宋本與《晉志》及上《正義》（注10）合，各本誤『尺』。」

「前方而後高者，兑。後兑而卑者，卻。」（《天官書》）從北宋本。各本中這十三字作：「前方而後高，凌、殿本「後高」互倒。兑而卑者卻。」《札記》曰：「北宋本與《漢志》同，凌本作『前方而高後兑而卑者卻』，則《晉志》同。中統、游、王、柯、毛無『者兑後』三字。」

「圜以靜靜。」（《天官書》）從毛本。各本「圜」作「國」。《札記》曰：「毛本『圜』，與《漢志》合，各本誤『國』。」

「所墮及，望之如火光。」（《天官書》）從毛本。各本「及」下有「炎火」二字。《札記》曰：「各本『及』字下衍『炎火』二字，毛本無，《索隱》單注本出『炎火星』三字亦誤，《漢志》並無『及』字。」

「湯奏當異九卿。」（《平準書》）從北宋本。各本「當異」二字互倒。《札記》曰：「北宋本與《食貨志》合，各本誤倒。」又後文的「諸官益雜置多」（各本「雜」作「新」）、「欲留留處」（各本第二個「留」作「之」）、「以除告緡」（各本「告」作「占」）。以上三例均出自《平準書》）等，都依從了與《漢書·食貨志》一致的北宋本。

「平王幼，抱其上而拜，壓紐。」（《楚世家》）從宋本。各本中這十字作「平王幼，抱而入再拜，壓紐」。《札記》曰：「宋本如此，各本『抱其上而拜』五字作『抱而入再拜』。」

「今孔丘述三五之法。」(《孔子世家》)從宋本。各本「五」作「王」。《札記》曰：「宋本『五』，各本誤『王』。《志疑》云，《文選·東都賦》、劉琨《勸進表》、王融《曲水詩序》、袁宏《三國志·名臣贊》、李景《運命論》李善注引皆作『五』。」又南化、楓、梅等古本也作「五」。

「傳中稱三王世家。」(《三王世家》)從宋本和毛本。各本「傳」上有「列」字。

「馳三軍法何。」(《司馬穰苴列傳》)從北宋本。各本中這五字作「軍中不馳，今使者馳云何」。

「取六與灊。」(《伍子胥列傳》)從北宋本。各本「灊」作「潛」。

「有報人之志。」(《仲尼弟子列傳》)從北宋本。各本「志」作「意」。

「趙涉河漳、博關。」(《蘇秦列傳》)從北宋本。各本無「漳」字。又南化、楓、棭、三等古本也有「漳」字。

「馬陵道陝。」(《孫子吳起列傳》)從北宋本。各本「陝」作「狹」。

「有若少孔子四十三歲。」(《仲尼弟子列傳》)從北宋本和毛本。各本無「四」字。《札記》曰：「各本脱『四』字，今依北宋本毛本，《索隱注》引作『四十二』，未知孰誤。」又南化、楓、三等古本及殿本補了「四」字。

「是故當反。」(《黥布列傳》)從宋本和毛本。各本「故」作「固」。

「闕卿相之位。」(《淮陰侯列傳》)從宋本和毛本。各本「闕」作「鬭」。又武英殿本和影印慶元本改作「闕」。

「與司馬𡰥戰碭東。」(《樊酈滕灌列傳》)從宋本。《札記》曰：「宋本『𡰥』，舊刻毛本訛『𡰤』，餘本訛『尼』。」南化、楓、棭、三等古本也作「𡰥」。

「適所以失尊卑矣。」(《袁盎鼂錯列傳》)從宋本。各本無此七字。

「養喜陽處者逆死。」(《扁鵲倉公列傳》)從宋本和毛本。各本「養喜」二字互倒。《札記》曰:「宋本、毛本與上句一例,它本『養喜』倒。」

如上例所示,此書雖是三注合刻本,卻並未蹈襲先前的合刻本,而是從毛晉刻《索隱》單注本及宋殘本、毛晉刻本等《集解》本中,尋求《史記》正文的舊貌,由此嘗試作了大幅校訂。這正是此書的一大特點。

除了用上述諸種板本作校訂外,此書還頻繁援用唐宋類書中引用的《史記》,並參考先前考證學者的學説。如前所述,類書主要包括《藝文類聚》、《羣書治要》、《册府元龜》、《太平御覽》等,前人的學説以王念孫的《讀書雜志》爲首,還有許多來自梁玉繩的《史記志疑》、錢大昕的《史記考異》和《四庫全書考證》等。此書的校勘者對待這些資料的基本態度是,如果在前列《史記》諸刊本中找不到客觀的例證,就絶不會僅僅依據這些資料來改動正文。換言之,在斟酌《史記》諸刊本校對的結果時,會參考前人的説法和類書引用的《史記》,隨時改訂《史記》正文,但《史記》諸刊本的校對中没有出現的異同,則只是在《札記》中記載這些異同或前人的説法。不過,有些正文明顯有誤的地方,有若干處或遵從前人的學説、或依據自己的見解作了改正。也就是校勘記中記載的此書獨有的異同。這也是此書的特點之一,可舉以下例子爲證。

「大冣樂戲於沙丘。」(《殷本紀》)從《史記考異》的説法。各本「冣」作「最」。《札記》曰:「冣,《泰誓疏》引作『聚』,各本訛『最』,依《考異》改。」《考異》曰:「『最』當作『冣』,《説文》『冣,積也』,音與『聚』同。」

「丑。」(《律書》)各本「丑」字下有「丑者,紐也。言陽氣在上,未降萬物厄紐未敢出也」十九字。金陵本的校勘者依據自己的見解删除了這十九字。《札記》曰：「各本此下有『丑者云云』十九字，蓋依《正義》增入（注11）。」

「大章。」（《樂書》）從《考證》。各本「大」作「泰」。《札記》曰：「各本『大』作『泰』，《考證》據《正義》改（注12）。」瀧川氏也考證説：「愚按，《禮記》亦作『大』。又按，帝堯爲大章以祭上帝，詳於《呂氏春秋・古樂篇》。」

「子景侯固立。」（《管蔡世家》）金陵本同。各本「固」作「同」。《札記》曰：「各本『固』訛『同』，今改。」可能是據《年表》改。

「二十三年，何坐略人妻。」（《陳丞相世家》）從《史記志疑》的説法。今本或作「三十一年」，或作「三十三年」。《札記》曰：「宋本『三十一年』，毛本『二十一年』，它本作『三十三年』，並誤。今依《志疑》改，與《表》合。」

「趣舍有時。」（《伯夷列傳》）各本「趣」作「趨」。金陵本據《正義注》改。《札記》曰：「案，《正義》『音趨』，則正文『趣』明矣，各本作『趨』，非，今正。」

「始秦與周合，合五百歲而離，離七十歲而霸王者出焉。」（《老子韓非列傳》）從《讀書雜志》之説。《札記》曰：「各本作『始秦與周合而離，離五百歲而復合，合七十歲而霸王者出焉』。毛本『七』下有『餘』字。《雜志》云，此後人依《周本紀》改。《索隱》曰『紀與此傳離合正反』，若此則何反之有。案，今依《雜志》從所引宋本改，《索隱》本『出始秦與周合，五百歲而離』，則較宋本同少一『合』字。」

「大忠無所拂悟，辭言無所擊排。」（《老子韓非列傳》）從盧氏《札記》、王氏《雜志》和錢大昕之説。各本「悟」與「辭」互易。《札記》曰：「各本『悟』字與下句『辭』字互誤，《索隱》本亦然，而注意可尋，《正義》亦明白可證。今依盧氏《札記》、王氏《雜志》移正，《警說》同。」

「夫破人與破於人也，臣人之與臣於人也。」（《蘇秦列傳》）從《讀書雜志》之說。各本兩個「於」字上均有「見」字。《札記》曰：「各本兩『於』字上並有『見』字，《越策》無，《索隱》本出『臣人』句，亦無。案，《正義》解此甚明（注13），今依《雜志》刪。」

「已得講於魏。」（《蘇秦列傳》）從《考證》、《雜志》之說。各本「已」字作「趙」。《札記》曰：「『已』訛『趙』，《考證》據《策》改，《雜志》說同（注14）。」又南化、楓、棭、三、梅等古本也作「已」。

「夫趙王之很戾無親。」（《張儀列傳》）各本「很」作「狼」。金陵本改作「很」。

(b) 注文

此書校訂注文的態度，與前述校訂正文的態度大體一致，但較之正文校訂，采取了更加自由的立場對注文作適當的校訂。這一方面是由注文的性質決定的，另一方面也是由於注文改竄錯節的情況要遠比正文嚴重。正如張文虎在跋文中所說：「裴氏《集解序》稱采經傳百家并先儒之說，豫是有益，悉皆抄納，今史文之下，著注寥寥，大非完帙。惟《索隱》有汲古閣單刻，所出史文，每勝通行之本，然其注改宋本大字爲小字，頗有混淆，又或依俗本改竄，反失小司馬之真。張氏《正義》僅存於南宋以來之合刻本，删削既多，舛誤彌甚，三家注又有互相重複錯亂者。」下面，筆者將就《集解》、《索隱》和《正義》各項，來對此書的校訂立場作若干說明。

根據《札記》卷頭「常熟毛晉刻《集解》本云，據宋板今刊《集解》多據此。」的記載，此書中的《集解》是以毛晉刻十七史《史記集解》本爲底本的。例如：

「怒則色青。」（《天官書》「其怒青黑」的注）各本無「則」字。《札記》云：「毛本與《漢志注》合，各本脱『則』。」

反映了校勘者積極參考毛本的態度。但毛本雖然覆刻了宋板，卻有極多錯誤。因此《札記》在很多地方指出了毛本的錯誤，例如：「朱弦而疏越」（《樂書》），《札記》云：「毛脱此句并《集解》。」

《集解》撰成於南齊，至版本印刷術普遍推行的宋朝，其内容已經基本定型，因此注文中的錯誤比其他二家注要少。然而，此書的《集解》雖然以毛本爲底本，但同正文一樣，使用了多種板本來作校勘，因此其内容也極富多樣性。例如：

「實百一十九年。」（《老子韓非列傳》「自孔子死之後百二十九年」的注。各本無「百」字）據北宋本補「百」字。

「密安也。」（《魯周公世家》「不敢荒寧，密靖殷國」的注。各本「密」作「寧」）從與《詩・公劉傳》一致的宋本。

「直弘農華陰縣。」（《伯夷列傳》「竟以壽終」的注。各本「縣」作「山」）從舊刻本。

「一名神荼。」（《五帝本紀》「東至于蟠木」的注。各本無此四字注）據汪遠孫校宋本補。

「以金飾諸末。」（《禮書》「以繁其飾」的注。各本「末」作「木」）據與《周禮注》合的吴春照校柯本改。

「内敗曰殨。」（《樂書》「而卵生者不殈」的注。各本「内」作「肉」）從與《禮記注》合的凌稚隆《評林》本。

「自設於隱括之中。」（《仲尼弟子列傳》「於衛蘧伯玉」的注。各本「設」作「娱」）從據《大戴禮》改訂了的武英殿本。

如上述例子所示，此書中的《集解》並不拘泥於某一特定的文本，而是根據具體的情況，參照其他書中引用的注文等，極爲自由地進行了校訂。

關於《索隱》，則與《集解》的情況稍有不同。一直以來，司馬貞的《索隱注》都是以宋元以來的二注乃至三注合刻本爲依據的。但自從明朝毛晉在汲古閣中發現了「北宋秘省大字刊本」的《索隱》單注本並覆刻出版後，《索隱》單注本便作爲傳司馬貞原本之舊的本子，受到了讀史家的重視。王念孫、梁玉繩等清朝考證學者，都積極地引用毛晉刻《索隱》單注本來論説。不過，鑒於《索隱》單注本的正文和注文的重要性，試圖將其全面收入的刊本，卻以金陵本爲始(注 15)。此書的正文前面已經論述過，下面再簡單地討論一下此書的注文。

二注及三注合刻本，或脱《索隱注》或删去了與《集解》重複的《索隱》。此書則依據毛晉刻《索隱》單注本補充了這些部分(注 16)。合刻本所依據的文本與《索隱》本不同，因此屢屢出現改易注文的情況，此書又根據毛晉刻《索隱》單注本恢復了改易部分的原貌(注 17)。又，當合刻本所收《索隱》與毛晉刻單注本的《索隱》出現矛盾時，此書基本上依從了毛晉刻單注本。如此看來，此書的校勘者似乎對毛晉刻《索隱》單注本没有作任何批判。事實上，此書《札記》中隨處可見對《索隱》單注本錯誤的指摘。例如：「該閡於亥。」(《律書》「亥者該也」的注)《札記》云：「中統、游、王、柯、毛同，單本作『該閡也，於亥反』，謬甚。」

此外，還有下類例子：

「而《水經》以瀘水。」(《夏本紀》「灃水」的注。《索隱》單注本中「瀘」作「盧」。各本作「沮」)從中統本。

「其水停居。」(《夏本紀》「道河積石」的注。《索隱》本及各本均無「居」字)從與《漢書·西域傳》合的游明本。

「冄由鄭姬。」(《管蔡世家》「次日季冄載」的注,各本「由」作「季」)從與《國語》合的汪遠孫校宋本。

「東北至離狐分爲二。」(《衛康叔世家》「因殺州吁于濮」的注。《索隱》單注本中「狐」作「派」,他本作「孤」)從與《漢書·地理志》及《水經注》合的凌本的注文。

「三澨,地名,在南郡邔縣北。」(《夏本紀》「入于大别」的注。各本「邔」作「郥」)從與《漢志》及《水經·禹貢山水澤地所在》合的殿本。

這些例子都表明,此書校勘不失「擇善而從」的基本立場。

最後,對《正義》作若干考察。根據《札記》卷首「明震澤王延喆翻宋合刻《集解》、《索隱》、《正義》本今刊《正義》多據此。」的記載,此書所收的《正義》是以明王延喆本爲底本的。但是,正如張文虎所言「《正義》僅存於南宋以來之合刻本,删削既多,舛誤彌甚」,《正義》的單注本早已亡佚不傳,僅存南宋的黄善夫本及其覆刻本王延喆本、柯維熊本等三注合刻本。一般而言,單刻本與合刻本所收注文多有牴牾之處,合刻本所收的注文通常會很大程度地扭曲單刻本的原貌。這一點,只要比較《索隱》單注本與合刻本所收的《索隱》,就會一目了然。

《正義》當然也是如此。而今《正義》單注本失傳,只能從他書及其注文中尋求校勘的資料。瀧川氏的《史記會注考證》出現之前,在校訂《正義》的删削竄改方面做得最優秀的刊本是武英殿本,金陵本在《正義》的校勘上也大致依據了武英殿本。例如:

「合龠爲合。」「本起於黃鍾之重。」（《五帝本紀》「同律度量衡」的注，從殿本，與《漢書・律曆志》合。各本第一個「合」字作「十」，且無「黃鐘之重」的「重」字。

「胄長也。」「以歌詩蹈之舞之。」（《五帝本紀》「以夔爲典樂，教稺子」的注）從殿本，與《尚書孔傳》合。各本「也」作「子」，「以」作「也」。

「摯、疇二國，任姓。奚仲，仲虺之後。」（《周本紀》「季歷娶太任」的注）從殿本，與《國語》合。各本「疇」作「時」，「奚」作「虞」。

「此於《別録》屬《樂記》。」（《樂書》卷首的注）從據《樂記》的疏作了改正的殿本。

「在屏東，主溷也。」（《天官書》「曰天廁」的注）從殿本，與《宋史・天文志》及《占經》引石氏合。各本無「東」字。

「酈元云，磻磎中有泉。」（《齊太公世家》「以漁釣奸周西伯」的注）據《水經・渭水注》改，從殿本。

以上均是金陵本依從了武英殿本的例子。此類例子不勝枚舉。

殿本之外，還有很多地方援引了汪遠孫校宋本、吴春照校柯本的《正義》及《考證》説法的例子。這些援引的共通點在於，幾乎所有的援引都能在他書或其注文中找到客觀的旁證。

依據汪遠孫校宋本的例子：

「在原州平高縣西百里。」（《五帝本紀》「登雞頭」的注）汪遠孫校本同。與《元和郡縣志》合。各本「高」作「陽」。

「子囊之孫。」（《吴太伯世家》「楚使子囊瓦伐吴」的注）汪校本同。與《左傳・杜注》合。各本無

「子」字。

「思媚太姜、太任。」（《管蔡世家》「母曰太姒」的注）汪校本同。與《列女傳》合。各本無「媚太姜太」四字。

依據吴春照校柯本的例子：

「圓周二丈五尺而强也。」（《五帝本紀》「璿璣」的注）吴春照校柯本同。與《尚書》的疏合。各本「二丈五尺」四字作「二尺五寸」。

「澤在蘇州西南四十五里。」（《夏本紀》「震澤致定」的注）吴校本同。與德清胡氏《禹貢錐指》所引合。各本無「南」字。

「凡事不强則枉。」（《周本紀》「生昌有聖瑞」的注）吴校本同。與《大戴記》合。各本「枉」字上有「不」字。

「珠璣鏤飾。」（《秦本紀》「樂而忘歸」的注）吴校本同。與《御覽》引《十六國春秋》合。各本「鏤」作「樓」，下衍「嚴」字。

此外，依從《四庫全書考證》的説法的例子：

「孤執皮帛。」（《五帝本紀》「爲摯」的注）各本無「孤執」二字。《四庫全書考證》據《國語》注補此二字。

「今名小積石。」（《夏本紀》「至于龍門西河」的注）《四庫全書考證》同。與《郡縣志》合。各本「石」作「山」。

「即漢漆縣。」（《周本紀》「國於豳」的注）各本「漆」字下有「沮」。《四庫全書考證》據《漢書·地理志》删。

「爲棠谿氏。」(《項羽本紀》「封楊武爲吳防侯」的注)各本「棠」作「唐」。《四庫全書考證》據吳楚兩《世家》及其《正義》改。

此類例子亦不勝枚舉。

除了上述依據前人説法的例子外,還有不少校勘者參校諸書,或依據自己的見解而改訂的例子。爲避免文章過於繁瑣,此類例子省略不舉。

以上,筆者關注此書在校訂上的態度,從正文和注文兩方面揭示了此書的文本特性。要言之,此書是《史記》文本史上極爲特殊的存在,也堪稱集當時《史記》校勘學之大成。此書在校勘上的立場,爲瀧川氏的《史記會注考證》所繼承。這一點,在下一小節中將更有詳論。在此,筆者只想指出,張文虎和唐仁壽的校勘成果以及此書出版的功績應該得到高度的評價。

注1　光緒年間的覆刻中,《史記集解序》錯在《史記正義論例》的第四葉(也許只有筆者看到的本子有誤)。

注2　關於這一點,張文虎在附刊於此書的《史記札記》中説:「案,中統、游本及合刻各本並録補《史記序》及《三皇本紀》,此在《索隱》之外,今删。」

注3　如前文的圖記所示,金陵本刊行於同治五年至同治九年,但校勘記中的《史記札記》卻刊行於同治十一年。

注4　《索隱》本中有「《左傳》作『大而婉』,杜預曰『婉,約也,大而約則儉節易行』」,「『寬』字宜讀爲『婉』也」的注文。合刻本以之與正文相牴牾,故删去了「左傳作大而婉杜預曰」九字和「寬字宜讀爲婉也」七字。

注5　《索隱》本中有「『感』讀爲『憾』,字省耳,胡暗反」的注文,今本合刻本將之改作「『憾』或作『感』,字省耳,亦讀爲

『憾』，又胡暗反」。

注6　《索隱》本中有「『毋』音『無』也」的四字注文，合刻本將之刪去。

注7　南化、楓、棭、三等古本作「崔杼歸毋歸」（參照《史記會注考證校補》卷四）。

注8　《索隱》本中有「《戰國策》『鄚』作『鄰』字爲得」的注文，合刻本將之改成「《戰國策》『亦』作『鄰』，有俗本或作『鄚』，非」，附於正文。

注9　賀次君在《史記書録》中將這個例子作爲金陵本蹈襲了《索隱》本錯誤的例子舉出，並説：「考《戰國策》亦作『鄰』字，下文無忌説魏王，亦以『與秦鄰大梁爲禍』，則『鄰』字不可易，作『鄚』者誤也。」但《史記》古文本（至少是司馬貞所看到的文本）確實作「鄰」。

注10　《正義》作「天棓者，一名覺星，本類星，而末鋭，長四丈」。

注11　這一判斷是基於《正義》中「按，此下闕文。或一本云『丑者，紐也』，言陽氣在上未降，萬物厄紐爲敢出也」的注文。但《集解》本、二注合刻本等版本中已經有此十九字，因此認爲此乃依《正義》增入的想法或有誤。

注12　《正義》中有「大章，堯樂也。章，明也。民樂堯德大明，故名樂曰大章」的注文。

注13　《正義》中有「臣人，謂己得人爲臣，臣於人，謂己事他人」的注文。

注14　《雜志》云：「言秦兵困於魏之林中，恐燕趙來擊，則以膠東委於燕，以濟西委於趙。已得講於魏，則又移兵而攻趙也。下文可證。」

注15　毛晉刻《索隱》單注本出現之後、金陵本出現之前，刊行有武英殿本，但武英殿本完全沒有將毛晉刻本用作校訂的資料。

注16　譬如下面這些例子：「『諸樊元年已除喪』至『乃舍之』皆襄十四年《左氏傳》文」（《吳太伯世家》「乃舍之」的注。合刻本脱此注）；「《儒林傳》及系本」至「橋疵楚人也」七十九字（《仲尼弟子列傳》「弘傳江東人，矯子庸疵」的注。合

刻本脱此注）；「『士卒食疏菜，以菽半雜之』，則芋菽義亦通」（《項羽本紀》「士卒食芋菽」的注。《集解》中有與此幾乎相同的注文，故合刻本删去了此注）；「今人間有上下二篇」至「過於太史公所記也」三十七字（《老子韓非列傳》「號曰申子」的注。合刻本因與《集解》重複而删去此注）。以上四條注文，均是此書據《索隱》單注本所補。

注 17　譬如下面兩個例子，均是此書依據《索隱》單注本而恢復《索隱注》舊貌的：「『感』讀爲『憾』字省耳。」（《吴太伯世家》「猶有感」的注）合刻本中，正文的「感」作「憾」，爲使《索隱》與正文一致，將注文改成了「『憾』或作『感』字省爾，亦讀『憾』」。「『噩』音『鄂』，亦作咢。」（《楚世家》「子熊噩立」的注）合刻本中，正文的「噩」作「咢」，故將注文改成了「『咢』音『鄂』，亦作『噩』」。

（七）《史記會注考證》一百三十卷

瀧川龜太郎著。初版，昭和九年（一九三四）至昭和十一年（一九三六）東方文化學院刊。再版，昭和三十一年（一九五六）至昭和三十五年（一九六〇）史記會注考證校補刊行會刊。排印本。一葉十行，行二十三字。注雙行，行三十四字。卷首有《史記會注考證目録》，其後收有《史記索隱序》、《索隱後序》、《三皇本紀》、《史記正義序》、《正義論例謚法解》、《史記集解序》，其後是《五帝本紀第一》。全書分十册，第一、二册收十二《本紀》，第三册收十《表》，第四册收八《書》，第五、六册收三十《世家》，第七至十册收六十《列傳》。第十册《太史公自序》後，以「史記總論」爲題，收有《太史公事歷》、《太史公年譜》、《史記資材》、《史記名稱》、《史記記事》、《史記體製》、《史記文章》、《史記附益》、《史記流傳》、《史記鈔本刊本》、《史記集解索隱正義》、《史記正義佚存》、《司馬貞張守節事歷》、《史記考證引用書目舉要》

等文章，卷末是題作「書史記會注考證後」的簡單跋文。根據跋文，瀧川博士是在大正二年（一九一三）發現了東北大學藏慶長古活字本的欄外批注中的《史記正義》佚文後，纔萌生了纂述之志，其後歷時二十餘年完成了此書，並付梓刊行。其時，瀧川博士已是七十多歲的高齡。承蒙博士遺族的厚意，筆者曾經拜讀過博士擬寫此書草稿時使用的小型和刻《評林》本（鳳文館刊本），不僅全書一百三十卷的欄外和行間密密麻麻地寫滿小注，甚至增貼的紙張和上欄的背面都寫有注釋。不得不令人驚歎瀧川博士在這本著作上所傾注的心血。

（二）《史記會注考證》的底本

關於此書的底本，瀧川博士自己在《史記鈔本刊本》中説：「同治十一年金陵書局校刊《史記集解索隱正義》，附張文虎《札記》。《集解》、《索隱》，多據毛晉本，《正義》多據王延喆本，校訂頗精。愚著《史記會注考證》，以金陵本爲底本……」可確知，此書是以金陵書局刊行的張文虎校本（以下簡稱「金陵本」）爲底本的。但是，由於博士最初擬寫草稿時所用的文本是鳳文館刊行的《評林》本，書中有些地方蹈襲了《評林》本或鳳文館刊《評林》本獨有的錯誤。例如：

「臣謹議曰。」（《孝文本紀》）只有《評林》本同此。以金陵本爲代表的其他文本中，「曰」均作「世」。

「病已。」《索隱注》：「謂以藥熏之。」（《扁鵲倉公列傳》）只有鳳文館刊《評林》本同此。以金陵本爲代表的其他文本中，「藥」均作「熏」。

「烋田乎青丘。」（《司馬相如列傳》）除《評林》本和《史記會注考證》外的各本中，這一句下方都有「郭璞曰，青丘，山名。亦有田，出九尾狐，在海外矣」的十七字《集解注》。

(2)《史記會注考證》的文本特徵

在本書的序言中，筆者已經强調過此書作爲《史記》文本之優秀，在正文的相關地方，只要有機會，筆者也反復作了論述。因此，這裏似乎没有再贅言的必要。下面只列舉前文未能提到的一些特點。

(A)使用日本舊藏的《史記》古鈔本和《史記》古本，並參照清朝考證學者的成果，對《史記》正文作了適當的校訂。

此類例子極多。例如：

「乃脩從代來功臣。」(《孝文本紀》)只有此書中的正文如上記，他本「脩」字皆作「循」。瀧川博士在日本舊藏的延久古鈔本、楓山本和三條本中發現了「脩」字，並參考何焯、張照和梁玉繩的説法，作了改正。

「又非吾辯之能明吾意之難也。」(《老子韓非列傳》)只有此書中的正文如上記，他本第一個「之」字下均又有一「難」字。瀧川博士發現楓山、三條等《史記》古本中無此「難」字，又參考《韓非子》及梁玉繩的説法，删去了此「難」字。

「此三者子皆出吾下。」(《孫子吴起列傳》)只有此書及金陵本的正文如上記，他本皆作「此子三者皆出吾下」。瀧川博士發現楓山本的正文作「此三者子皆出吾下」，又參考王念孫和張文虎的説法，作了改正。

詳細的例子，可以參照《史記會注考證校補》。

(B)從日本舊藏的古板本的欄外及行間批注中，輯録出《正義注》佚文一千數百條，補充了《史記正義注》的不足。

這一點正是問題所在，但在第二章第三節「《史記正義》佚文」中已經作過專門論述，可以參考前文的相應部分。

(C) 網羅蒐集了關於《史記》的考證、正訛和注解等資料。

自古以來,《史記》的研究不僅在中國本土非常興盛,在日本也蔚爲大觀。想要一一涉獵這些研究,是一件非常困難的事情。然而,此書遍收唐劉知幾以下八十多位中國學者及二十多名日本學者的著作,集諸家學説於一體,爲解讀《史記》提供了極大的便利。當然,這一點也受到不少批評,後文將更加詳述。

(D) 附有《史記總論》,總結了前人對《史記》各種問題的研究成果。

《史記總論》,將《漢書》的《司馬遷傳》、高似孫的《史略》、《古今圖書集成·經籍典》、王鳴盛的《十七史商榷》、王國維的《太史公行年考》、朱筠的《與賈雲臣論史記書》、梁玉繩的《史記志疑》、鄭樵的《通志》、洪邁的《容齋隨筆》等分門別類,時而加以博士自身的思考,巧妙地進行總結,乃《史記》研究的適當資料。

(E) 《史記》的正文及注文全都施加了句讀。

此書一百三十卷的正文和注文全都加了句讀。尤其,正文區分使用了「、」「。」「·」等符號,便於閱讀理解。但是,這些句讀受到了許多學者的批評。

以上就是此書的主要特徵。正是由於這些特徵,無論在中國還是日本,此書都已經成爲研究者的必備參考書,且受到了高度評價。不過,一如大部分的排印本,此書也不免存在一些誤植,詳細情況可以參看《史記會注考證校補》。

(3) 對《史記會注考證》的評價

此書刊行之後,各方反響極大。較有代表性的文章,有如下幾篇:

(a)魯實先《寧卿魯實先致〈史記會注考證〉作者日本瀧川龜太郎書》(一九三六年左右)

(b)程金造《論瀧川資言的〈史記會注考證〉》(《文史哲》一九五八年第一期)、《〈史記會注考證〉新增正義的來源和真僞》(《新建設》一九六〇年第二期)

(c)賀次君《史記書録》(一九五八年六月,商務印書館)

其中,魯氏的文章言辭最爲激烈,長達一萬數千字,排印之後分送給瀧川博士和東方文化研究所(後者略長)。這篇文章是對《史記會注考證》的徹底非難,主要指出了《史記會注考證》的如下七個缺點:

一、体例未精。二、校刊未精。三、采輯未備。四、無所發明。五、立説疵謬。六、多所剿竊。七、去取不明。

其中第一、第二兩點,批評的是瀧川博士個人努力的界限。第三至七則是對瀧川博士《考證》的研究方法的非難,作者似乎誤解了博士撰述《史記會注考證》的意圖。

程氏的第一篇論文,大致對筆者前面提到的此書的特徵表示認同,同時指出了如下缺點:

第一類,句讀有不當之處。第二類,《考證》的注解有不當之處。第三類,《考證》對三家注所加解釋,部分反而使其變得難解。第四類,《考證》誤解了某些正文的意思。

以下直到第七類,討論到了非常細緻的地方,但有吹毛求疵之嫌。程氏的第二篇論文是對《正義》佚文的質疑,筆者在第二章第三節已經介紹並予以反駁,此處略而不論。

最後,賀氏對此書的評價中關於「《正義》佚文」的部分,筆者在介紹程氏的第一篇論文時,一并介紹並予以反駁,此處不再論。至於其他方面,賀氏似乎最好地理解了瀧川博士著作的意圖,也大致認同前述的此書特徵，但他同時指出博士的著作存在魯氏提出的第三個缺點，並對《史記會注考證》所收録注文質量的良莠不齊感到遺憾。此外，賀氏還認爲《考證》依據梁玉繩或張文虎的説法改正《史記》正文及注文的做法過於武斷，並對此感到遺憾。此外，賀氏還指出了排印時的誤植。

無論如何，在初版刊行已經過了三十餘年的今天，瀧川博士的《史記會注考證》依然被人們廣泛議論著。這已經足以證明此書在中日學界都受到了高度的評價，以瑕掩瑜的做法是不可取的。不久前，一九五五年，在中華人民共和國，爲紀念司馬遷誕辰二千一百年，覆刻出版了一百三十卷的《史記會注考證》。這次覆刻以昭和初年的東京刊本爲底本，由文學古籍出版社覆刻照相版，B6版，共十册。根據覆刻本卷首的出版説明，即使在中國也尚未出現比瀧川氏的《史記會注考證》更優秀的《史記》研究著作（注1）。現在，我們與其指摘此書存在的瑣細缺點，不如嘗試改正這些缺點，盡力蒐集各種注釋，以期編成一部更好的《史記》文本。

注1　京都大學教授吉川幸次郎博士，曾在《文藝春秋》發文記述過這一情況。這篇文章已轉載在《史記會注考證校補彙報・第二號》上。

第三節　明板評釋本

與清代考證學的興盛相對，明代則盛行評論。這種愛好評論的風氣反映在《史記》研究上，便是明代的《史記》刻本多以評釋本爲主。對於《史記》的評論，明代以前已有許多，但第一個將評論與正文及注文並刻的刊本，是嘉靖年間刊行的楊慎、李元陽的《史記題評》。萬曆初期，凌稚隆的《史記評林》效仿《史記題評》而刊刻。《史記題評》和凌氏《評林》，也成爲萬曆至崇禎年間刊行的諸多評釋本的先驅。

明代多數以評釋爲目的的《史記》刻本，都是摘録本。也就是説，以《史記》的評論爲目的，捨十《表》不顧，只選刻文字出色的段落，而多數刻本又遵循張晏的主張，删去《孝景》、《孝武》等十篇及楊惲、褚少孫補入的部分。三家注也多有删節，甚或全然不刻。這種做法乃是廢夾注以便通讀文章，顯然因其書以文章評釋爲主。因此，明代評釋諸本中，正文刊刻如舊的尤有《史記題評》、陳仁錫《評閲史記》、陳子龍和徐孚遠的《史記測議》、葛鼎和金蟠的《史記彙評》等刊本，而正文及三家注均刊刻如舊的就只有凌稚隆的《評林》。

諸家的評論幾乎盡備於凌氏《評林》及李光縉增補的《評林》，後來的評釋諸刻也多從這兩書取材。雖有新增自評，然少有創見，反多流俗，可看者寥寥。

筆者在此專設明代評釋本一節，主要是出於如下考慮，即這些刻本屢屢改動正文，對三家注也多有删削，將它們歸入《集解》本、二注合刻本和三注合刻本三個文本系統中的任何一個都不妥當，考慮到這些刻本均以評釋爲主要目的，放在一節中論述似乎更爲合適。只是凌稚隆的《評林》，雖然也偏重評釋，但其正文和注文皆依三注合刻本刊刻，因此筆者將之放在第五章第二節「三注合刻本的系統」中論述。雖然清代也有康熙年間的《史記論文》、道光年間的《史記菁華録》等評釋本，但這些刻本現在很容易看到，其内容也没有特別值得論説之處，因此本書割愛不述。

以下論述的明板評釋本，均是内閣文庫所藏。

（一）《史記題評》一百三十卷（六十册）

內閣文庫藏，缺卷一、《五帝本紀》。卷二十七，缺《天官》、《封禪》、《河渠》、《平準》四書，在卷二十七錯入了《衛康叔世家》。楊慎、李元陽輯訂，高世魁校（注1），嘉靖十六年（一五三七）胡有恒、胡瑞敦刊本。

這是楊慎、李元陽輯訂，高世魁校正的版本。卷末刊記作「嘉靖十六年丁酉福州府知府胡有恒，同知胡瑞敦雕」。卷首依次有《集解序》、《索隱序》、《索隱後序》、《正義序》、《正義論例謚法解》和《列國分野》，其後是《目録》。《目録》中「帝紀」的總題下，有「《索隱》云：紀者，記也。本其事而記之，故曰《本紀》——」的《索隱注》，《表》、《書》、《世家》、《列傳》的總題下也有類似的《索隱注》。《目録》後，以「史記卷一　諸儒名氏」爲題，著録了歷代《史記》評論諸家的姓名，自孔安國、戴德、焦延壽至楊慎，有一百十六人。《史記書録》説：「五帝本紀前有司馬貞《補三皇本紀》，惟不見裴駰《集解序》，《善本書室藏書志》載此本亦不言有《集解序》，蓋非今見本失之。而此本爲三家注，既有《索隱》、《正義序》，獨不取《集解序》，未知何故？」內閣文庫藏本有《集解序》，或是賀次君看到的本子亡佚了《集解序》。

正文第一行作「史記題評卷一」，第二行下半部分作「李元陽輯訂　高世魁校正」。但有些卷無「李元陽輯訂　高世魁校正」的文字（注2），有些卷則在李元陽上加了楊慎的姓名。正文每半葉九行，行二十字，注雙行，行二十字。板心題「史記卷二」，魚尾下方題「五帝本紀」，其下記葉數和刻工姓名。《史記書録》記載：「三家注全，惟無《索隱贊》。」但三家注有不少删節。諸家的《史評》、《弁論》、《發微》及楊慎的《注解》標注在上欄外眉端，其中不記姓名的是李元陽的説法。關於李元陽，《史記書録》中有如下記載：

李元陽，字中谿，太和人，與吴縣高士魁俱爲楊慎門人。楊慎在滇時，從遊者甚衆。張愈光、楊士雲、王廷表、胡廷禄、李元陽、唐錡等六人，號稱楊門六學士，又合高士魁爲楊門七子。楊慎所謂「七子文藻，皆在滇南，一時盛時」，指此七人也。此本爲楊慎與其門弟子講學《史記》時所輯，李元陽又增益之以付刊，故云「李元陽輯訂」，而又增題其師名也。

《史記題評》的底本不詳。賀次君認爲，其目録中《本紀》、《表》、《書》、《世家》和《列傳》的總題下各有《索隱》一條，這與中統本相似，則其底本或爲中統本。但此刊本收有三家注，又不像是以二注合刻本系統的中統、游明本爲底本。又中統本有《述贊》，而此刊本無。《史記書録》雖然舉出了將此刊本與中統、游明本作文字校勘的兩三個例子，但不能成爲其以中統本爲底本的決定性證據（注3）。

明代刊行了許多《史記》評釋本，此刊本正是其先驅，將評釋與正文及注文並列也始於此刊本。凌稚隆的《史記評林》就是對《史記題評》的效仿。

（二）《荆川先生精選批點史記》（四册）

唐順之評，嘉靖四十一年（一五六二）刊。

内閣文庫藏本的封面題箋作「荆川批點《漢書》」，内容卻是《史記》。卷首有山陰龍溪王畿的《荆川批點精選史記漢書序》，次有《荆川先生精選批點史記目録》，其後進入正文。内閣文庫藏本有四册，第一册末有題作「七月十二日觀兵于唐棲爲大保大司馬總督胡公作」的二十八句五言詩，詩後有「嘉靖壬戌特進光禄大夫柱國少師兼太子太師吏部尚書華蓋殿大學士詔賜歸田八十三翁嚴嵩書」的題款。或是嘉靖壬戌四十一年（一五六二）的刊本。

王畿序曰：「予友荆川子，嘗讀《史》、《漢書》，取其體裁之精且變者數十篇，批抹點截以爲藝文之則。」又曰：「荆川子是編，自謂深得班馬之髓，而於《漢書》尤精。」内閣文庫藏的四册全是《史記》，根據序的記載，應該還有《漢書》。

目録如下：始皇、項籍、吕后、田儋、張耳、盧綰、管晏、蕭何、公孫弘、萬石君、魏其、孟嘗君、信陵君、平原君、觸龍、商君、范雎、李斯、張良、陳平、劉敬、叔孫通、袁盎、韓長孺、汲黯、季布、酷吏、田單、韓信、曹參、衛青、李廣、匈奴、大宛、西南夷、南越、封禪、平準、河渠、貨殖、吴王濞、淮南王、外戚、孔子、伯夷、屈原、老子、孟子、扁鵲、日者、龜策、游俠、刺客、自序。

正文每半葉九行，行二十一字，注雙行，行二十一字。第一行題「秦始皇」，後接正文。版心題「史記秦始皇」，下端記葉數。《集解》、《索隱》、《正義》三家注並刻，但删節頗多。《評論》標注在上欄，短評則附在文旁。没有句讀，但正文附有旁點。

唐順之的評釋，多爲凌稚隆的《史記評林》及後來的明板評釋諸刻所采録。雖然唐順之的《史記説》對後世有著不小的影響，但除此書外，他的《史記》著作僅有《史記選要》見載於《史記評林》的「引用書目」。如前所述，此書中評論訓釋極少，寥寥可數。從這一點來考慮，唐順之應該還有其他關於《史記》的著作。

（三）《史記鈔》九十一卷（二四册）

萬曆三年茅坤刊，隆父增補刊（泰昌、天啓年間）。

卷首有萬曆乙亥年茅坤的《刻史記鈔引》，其後是西吴後學閔振業、士隆父的《輯史記鈔小引》，其後是《凡例》、《續凡例》，其後是《附讀史記法》，其後是《諸家總評》，其後是《史記鈔批評姓氏》，其後是《目録》。此刊本是隆父增訂再刻的萬曆三年茅坤刊《史記鈔》。關於再刻，《輯史記鈔小引》中有如下記載：

第原板日久紕剥，翻亦無善本。且無句讀音切，未便初學。而諸名家評品未備，則音韻不諧，大旨未了，諸名家意見異同從印證。是渡迷津者，詎能棄寶筏，而覓金針者，庸得舍鴛繡耶。于是編搜諸名家所録者，無慮數種，手披目閲，參互校讐。庚臘伏手腕幾脱而輯始成。

正文第一行題有「史記鈔卷之一」，次行每卷引《太史公自序》的著述意圖入正文。正文每半葉九行，行十九字。文内無注。板心上端題「本紀」，其下題卷次，再下則題「五帝」，下端記葉數。朱墨套印，評語、旁注、圈點、旁線等皆爲朱刷。

此書是《史記》的摘録本。例如，《五帝本紀》只刻黄帝條和論贊，《日者》、《龜策》等只録贊，將《史記》一百三十篇縮減成九十一卷。非司馬遷原文的文字、如褚少孫補充的文字等，只録連接情節的内容，但存再刻時補入的《論贊》。

《凡例》是茅坤刊行時所記，《續凡例》則是隆父再刻時所記。一事之概略、起因和結果等附注在正文旁，文章的緊要處則附有旁線，旁線多達數十字者則標在欄外。文筆優秀處附有圓圈、長圈和點。官爵、國名地名、攻城邑、災異、年月或關鍵文字標記以短抹。《太史公自序》中記述一篇之本末主旨的文字，茅坤刻在本題之下，再刻時則移至每篇之前一葉。茅坤在刊行時幾乎不載諸家的評釋，可見此書以茅坤的評釋爲中心。《凡例》曰：「按近代諸名家批點，如楊升庵，特句字與情事奇異者耳。推荆川鐫注處似得其解，故不忍遺，特加一小圈于其上以別之。今合斷舊諸名家評，名移置于上。」（「今合」以下文字，是字跡稍小的朱刻，是隆父所記）《續凡例》云：「評品出自先生者，不另揭，凡唐荆川、鄧定宇、凌以棟、鍾瑞先諸刻中所載者，無慮十餘家，各書字以別之。獨王文恪、鄧文潔二公書謚。」又云：「鄧文潔公輯評，劖去陳筌，獨據新得。篇中每每翻出窠臼，大旨躍如，一着眼間直如標指見月，得已忘弓。故采録之，較諸家稍如詳云。」將諸家評論輯録進此書的是隆父。因此，茅坤刊刻本時亦無《史記鈔批評姓氏》。這一點，從此書載録鄧以讚的批評也可知。因爲，鄧以讚的《史記輯評》刊行於萬曆四十六年（一六一八）。《史記鈔批評姓氏》舉有茅坤的批評，參評者則列舉了唐柳宗元至明鍾仁傑三十四家。句讀是再刻時襲用的凌稚隆《評林》本的句讀。文旁的音注和字義，也是再刻時增入的。

這一《史記鈔》輯評再刻的刊行年代不明。但從書中采録了鄧以讚的《史記輯評》來看，再刻本的刊行肯定不早於萬曆四十六年。又從書中未言及崇禎元年的《陳仁錫評閲史記》來看，刊行年代應在泰昌、天啓年間（一六二〇至一六二七）。

（四）《史記神駒》四卷（四册）

梅之煥訂選，萬曆三十四年喬木山房刊。

封面大字書寫「長公梅太史訂選史記神駒」。卷末木記記作「萬曆丙午歲孟冬月三建喬木山房藏板」。卷首有衷純子的《史記神駒小敘》。其次是《史記神駒紀目》，分爲卷之一《仁集》、卷之二《義集》、卷之三《禮集》和卷之四《智集》。正文第一行題「梅太史訂選史記神駒卷之一仁集」，第二、三、四行的下半欄分別題「麻城梅之煥彬甫父編次」、「直隸孫承宗椎繩父校閲」、「書林龍田劉大易繡梓」的字樣，第五行低兩格題「五帝本紀」。正文每半葉十行，行二十字。注雙行，行二十字。板心題「訂選史記神駒」，其下題「仁集一」，最下記葉數。

正文是從《史記》一百三十篇中摘録的文字，多數只録《論贊》。文中有《集解》、《索隱》二家注，欄外亦有注。

梅之煥及諸家的評釋標注在欄外，而諸家的評論出自李光縉增補的凌稚隆《評林》。文章的照應提掇也標注在欄外。篇末有關於一篇之概要與主旨的論述。卷末附録了《報任安書》。有些評釋采録自他書而不記姓名。例如，《五帝本紀》末的評釋不記姓名，實際上只是將吴澄評語的字句稍稍作了改動。不附句讀。

正如「史記神駒」這一書名所示，此書的編輯意在如御神駒，一躍而驅馳天空，使讀者一讀《史記》之巨著便能俯瞰且把握其内容。但此書欄外注文多襲用凌稚隆《評林》本的内容，未能避免俗本的弊病。

（五）《史記纂》二十四卷（二十册）

凌稚隆編，萬曆己卯四三年（一六一五）序刊。

卷首有王世貞寫於萬曆己卯年的《史記纂序》，其後是凌稚隆的《史記纂序》，序末記有「吴興凌稚隆序，凌森美重校并書」。其後是《史記纂目》，接著便是正文。正文每半葉九行，行十九字。注雙行，行十九字。正文第一行題「史記纂卷一」，次行低兩格題「五帝本紀論。」、「周本紀周興始末。」等。板心題「史記纂卷一」，其下記卷數，最下記葉數。

只有正文，删去了三家舊注。正文爲摘録。例如，《五帝本紀》只録《論贊》，《夏》、《殷本紀》不録，《周本紀》只録「周興始末」。又《三代世表》、《十二諸侯年表》等只録序，《禮》、《樂》、《律書》等只録前面一段，《世家》和《列傳》也是摘録。但諸如《項羽本紀》、《封禪書》、《河渠書》和《平準書》等篇章則載録了全文。卷末采録了《報任少卿書》。

此書載録的欄外標注及文旁評釋，多不見於凌稚隆《評林》。正文的句讀，依據了凌氏《評林》。又文旁附有圓圈、長圈、點、旁綫等記號，用以指示文章的緊要處。此書是朱墨套印，標注、旁注、圈點、旁綫等均是朱刷。有些卷的卷末刻有評論，有些表題下方還録有關於一篇主旨的論述。

（六）《史記輯評》二十四卷（二十四册）

鄧以讚輯評，陳祖苞參補，朱日燦校閲，萬曆四十六年（一六一八）序刊本。

卷首有萬曆四十六年韓敬的序，其後有同年陳祖苞的《刻史記序》，其後是陳祖苞的《凡例》，其後是《目録》。《史記》一百三十篇分編成二十四卷。以《集解序》爲首的《補史記序》、《索隱序》、《三皇本紀》、《正義序》、《正義論例謚法解》、《列國分野》等，因舊本已多有收録，此書不刻。正文第一行作「史記卷之一」，次行下半部分題「漢龍門司馬遷撰述」。《凡例》對「撰述」一詞作了如下説明：「述而不作，孔子猶然，況下此者乎。太史公成一家言，而於六經、《左》、《國》、《世本》、《國策》、《楚漢春秋》及諸家雜説，蓋協而整齊之，所自道也。故稱選述。」

之後各行分別作「明豫章鄧以讚輯評」、「虎林陳祖苞參補」、「鹿城朱日燦校閲」。其後一行低一格題「五帝本紀第一」，之後便是正文。每半葉九行，行十八字。板心題「史記卷一」，魚尾下方題「五帝本紀」，其下記葉數。各册葉數連續記。《史記書録》云：「版心隔水下題『史記卷一』四字，下記本卷頁數。」有誤。關於此書的成書經過，韓敬在序中説：「鄧文潔公在館時，與同籍名家分卷品騭，有會心者裒而采之，以成是書。」（《史記書録》引用了此序，但「騭」作「隙」，「有會心者」作「各標獨見」）

正文爲白文，舊注全不存。《凡例》云：「注疏人有出入，《索隱》一書，膠柱鑿竅，厥繆夥頤，欲爲纂訓未逮，止鏤正文。雖評中時及注語，亦不讀存，以開同異。」不刻三家注。但對於難解的語句，在行間用小字作了注。旁注中記有校勘出的異字。正文所據的文本，難以遽然斷定（注4）。

此書不附句讀。《凡例》曰：「評意高簡，非便初學。故不復點句，以愿原批。且嘗有一句，可以兩讀，而如《貨殖傳》云『勢能之榮使俗之漸民久矣』，使字屬上屬下皆礙，諸如此類。又當闕疑，讀者當自詳之。」正文旁加圈點，欄外眉端標注出文章的大意及評語。評語並非鄧以讚一人的評語，而是諸家評語的彙輯，但出處不明。

由於以評釋爲主要目的，十《表》以「無英可咀」（《凡例》）爲由删去，但存司馬遷的序、贊。《漢興以來將相名臣年表》等本無序、贊，因此只記「大事記、相位、將位、御史大夫」十二字（十一字）。又小司馬《補三皇本紀》，褚先生補《外戚世家》、《張丞相列傳》、《田叔列傳》、《滑稽列傳》等，以「添足」（《凡例》）爲由全部删去。

此刊本雖以《史記》的評論爲目的，但在校勘上也頗爲留意，刊刻精確，字畫齊整，比明代其他以評論爲中心的刻本要優秀。然而，由於重視評論，以致於捨棄全部十《表》而不顧，這是未能關注《史記》優秀的另一面的結果。

（七）《史記綜芬評林》三卷（三册）

焦竑選輯，李廷機注釋，李光縉彙評，萬曆年間魏畏所刊。

封面題「鍥大魁堂闈意注釋史記綜芬 建興書軒刊行」。卷首有霍林湯賓尹的《題史記綜芬》，其後是《史記綜芬目録》。卷末木記作「萬曆季夏穀旦建興書軒林上集」，第二、三、四行均低一格，題「殿試第一焦竑選輯」、「會試第一李廷機注釋」和「鄉試第一李光縉彙評」，其後題「五帝本紀贊」。板心魚尾上方題「史記 評林」，魚尾下方題「上卷」，下端記葉數。正文每半葉十一行，行二十字。文内無注，分上中下三卷，卷末載録《報任安書》。

三家舊注有些標在欄外。字義、音切注在文旁。正文附有句讀，文旁附有圈點、雙重圈點、點等符號，以指出文章的緊要處。諸家及自家的評釋載在欄外，提示文章的照應提掇的評釋録在文傍。關於一篇之主旨的評釋録在篇末。

此刊本也是《史記》的摘録。例如，只録各篇的贊，又摘録「敘李斯議焚書」、「商君變法」、「賈誼書屈原賦」、「儒林傳序」等文段。

上欄、篇末的評論以及文旁的評語和注釋，全與《李光縉增補凌稚隆評林》相同，此外無他。

(八)《史記》一百三十卷(二十册)

錢唐鍾人傑刊本(明萬曆年間刊)。

封面背面題「鍾伯敬先生鑒定，合諸名家注解評林 史記 尊古堂藏」(注5)。卷首有《重刻史記序》。内閣文庫藏本缺此序的末尾(估計有一葉)，故不知此序出自何人之手。若據《史記書録》所引，則是李維禎的序。但《史記書録》稱此序爲「史記新序」，引文也有脱誤。其後有鍾人傑的《校刻史記序》，其後依次是《萬曆丙申黄汝良監本史記序》、《史記凡例》、《評史諸家姓氏》、《讀史諸家總評》、《補史記序》、《三皇本紀》、《索隱序》、《索隱後序》、《集解序》、《正義序》、《正義謚法解》、《正義論例》、《正義列國分野》、《史記世系圖》、《史記地圖》。《世系圖》和《地理圖》原樣蹈襲了凌氏《評林》本原文。

李維禎在序中說：「江陵陳元植，貧而好學，經史百家，靡不丹鉛。與武林張卿子、鄧林宗、鍾瑞先、莆中黄元幹結社西湖之上，揚扢今古，不喜見俗子，時誤相逢即舍去。嘗校《世説新語》與《蘇長公集》，簡帙不多，最先傳。《史記書録》的引文，無自「不喜見」至「最先傳」的三十字。而所研精在司馬子長《史記》，無爲行者《史記書録》的引文中無「無爲行者」，會病没。卿子輩乃竟其緒，而屬不佞序之。」據此可知，此書由陳元植發端，後由鍾人傑增補刊行。鍾人傑在序中說：「昭代如楊太史之詞藻，董尚書之考核，唐中丞之提掇，茅□察之情事，皆信乎。其能讀史而各具一體者也。」十分看重楊慎、董份、唐順之和茅坤的評論，予以載録。此外，還添加了陳元植的說法。不著姓氏的評論則是鍾人傑的評語。

從書中收録了監本和凌稚隆《評林》本的序可以看出，鍾人傑以監本和《評林》爲善刻。他在《凡例》中說：「《史記》刻本稱良者，近代唯凌氏《評林》，馮氏監本。《評林》蒐評極侈而不無病贅，監本正文《史記書録》將「文」誤作「義」。爽浄而頗多訛。予因重授剞劂氏，加《評林》以點而略删其贅，益監本於《史記書録》中「於」字作「以」。評而更正其訛也。」鍾人傑本以馮夢禎南監本爲底本。

目録之後是正文。正文第一行題「史記本紀卷一」，《史記書録》將「卷」誤作「第」。第二行下半欄題「漢龍門司馬遷撰」，第三、四、五行下半欄題「宋河東裴駰，唐河内司馬貞，唐張守節注」，第六行題「明錢塘鍾人傑校」，第七行低兩格題「五帝本紀」，從下一行開始便是正文。每半葉九行，行二十字。注雙行，行二十字。板心魚尾上方題「史記本紀」，魚尾下方題「卷一」，其下記葉數。評論標注在上欄外，關於一篇之主旨的評論録在篇末。提掇照應及單辭賸語，以小字注在行間。正文没有句讀，但附有評點。由於有司馬遷的《論贊》，以「贅而陋」(《凡例》)爲由删去了《索隱述贊》。至於三家舊注，底本雖爲南監本，但注文删削甚多，還删去了《集解》、《索隱》和《正義》的名稱，完全没有注明注文的出處。

由於以監本而不是《評林》作爲底本，書中有些地方承襲了監本的錯誤，有些地方則是校訂時犯的錯誤。凌稚隆《評林》廣泛流行於市井巷間，反而有不受重視的傾向，但就文本而言，卻是比訛脱較多的監本更好的刊本。儘管如此，此書仍選擇監本作爲底本，可能是想要避免流爲《評林》的附屬。評論方面，雖然載録了許多評語，但仍不出凌氏《評林》之右。

（九）《史記旁訓便讀》八卷（四册）

鄭維嶽旁訓，楊九經訂梓（萬曆刊本）。

首有鄭維嶽（孩如）的《刻史記旁訓序》，其後是《史記旁訓便讀目録》，接著便進入正文。正文第一行題「新鍥鄭孩如先生精選史記旁訓便讀卷之一」，第二、三行分别題「温陵 孩如子鄭維嶽旁訓」「鞭垓子楊九經訂梓」，第四行低兩格題「五帝本紀贊」，第五行爲正文。正文每半葉七行，各行旁邊有細行七行，共計十四行，各行二十字。文内無注。板心魚尾上方題「史記旁訓便讀」，下方題「五帝本紀贊」，最下端記葉數。

此書也是摘録。例如，《五帝》、《高祖》、《吕后本紀》等只摘録了贊，《六國年表》、《秦楚之際月表》、《高祖功臣年表》等只摘録了序，《項羽本紀》則摘録了「羽斬宋義始末」、「漢滅楚始末」和贊。三家舊注及諸家評論全不載録，僅鄭孩如的評釋以細行附於文旁。正如書名「旁訓便讀」所示，此書是爲便於初學者閲讀而編著的。正文附有句讀，但不像其他許多評釋本那樣，在文旁標有圈點以指出文章的緊要處。鄭孩如的評釋以語句的解釋爲重點，並没有特别值得稱道的地方。

（十）《史記玉壺冰》八卷（四册）

湯賓尹評選，萬曆刊本。

内閣文庫藏本第一卷卷首破損，僅存《孝文本紀》的後半、《伯夷傳》《管晏傳》和《老莊申韓列傳》。因此，此書的序、凡例、目録等不明。

正文首行題「新刻霍林湯先生評選史記玉壺冰卷之二」，次行低兩格題「孔子世家計十段。」記正文。正文每半葉十行，行二十字，注雙行，行二十字。板心魚尾上方題「史記」，下記卷數，最下記葉數。

正文爲摘録。篇次也與一百三十篇的原順序不同。例如，第二卷的順序是「項羽贊」、「二世責李斯」、「李斯對二世書」、「李斯諫逐客書」、「范睢傳」、「蔡澤傳」、「范睢蔡澤贊」(後略)，第八卷的順序是《禮書》、《樂書》、《律書》、《平準書》、《封禪書》、《太史公自序》，附《報任少卿書》。注文不標注「集解」或「索隱」，且删節甚多。

上欄標注的諸家評釋，疑似出自李光縉增補凌稚隆《評林》，但數量要少得多，未必取自《評林》本。屢屢可見《評林》本中没有的評論。文旁附雙重圈點、圈點和點，又注有音切，有些地方還與他本作了校勘。正文不附句讀。各篇篇末載録了孫譙、李廷機、舒雅、黄震、柯維騏、李蕭遠、劉辰翁、王世貞等學者的總評。

此刊本是《史記》的摘録，收録的諸家評釋不比凌稚隆《評林》本多，印刻也不鮮明，不免流於俗本。但如書名的「玉壺冰」所示，編者的意圖在於蒐集《史記》文章最菁華的部分。此書在摘録方法上也頗爲用心，爲了唤起讀者的閱讀興趣，摘録的篇章段落都按照事情的發展順序排列。這纔是此書的特徵所在。

(十一)《史記奇鈔》十四卷(十三册)

陳仁錫彙纂，鍾惺編定，劉肇慶較閲，天啓六年(一六二六)序刊本。

封面題「鍾伯敬先生評史記奇鈔天繪閣藏」。首有陳仁錫的《史記奇鈔序》，其次是沈國元的《述語》。據此《述語》，此書刊行於天啓六年(一六二六)。其後是《集解序》、《索隱序》、《凡例》、《集諸名公序史記略》、《目録》，其後便是正文。正文第一行題「史記奇鈔卷之一」，第二、三、四行下半欄題「史官陳仁錫彙纂」、「楚黃鍾惺編定」、「後學劉肇慶較閲」，第五行低兩格題「五帝本紀」，其下有一條「紀者，記也」的雙行《索隱》注，其後是《史記》正文。正文每半葉九行，行二十字，注雙行，行二十字。板心題「史記奇鈔」，其下題「五帝本紀」，下記葉數。雖有三家注，但不明示《集解》、《索隱》或《正義》，删節亦多。

關於此書所采録的諸家評釋，《凡例》列舉如下：「太史公《史記》批評，古今已刻者，惟倪文節《史漢異同》、楊升菴《史記題評》、唐荆川《史記批選》、柯希齋《史記考要》。其抄録流傳者，何燕泉、王槐野、董潯陽、茅鹿門數家，若楊鐵崖、王守溪、陳石亭、茅見滄、田豫陽、歸震川數十家，則又蒐羅而出之，悉選録入。」《凡例》此條，與凌稚隆《評林》本的《凡例》相同。采録的其他書籍，也與凌氏《評林》本相同。即《凡例》所云：「百氏之書，如《風俗通》、《白虎通》、《越絶書》、《説苑》、《新序》、《論衡》、《韓詩外傳》等類，與《史記》互相發明。兹擇其切要者録之，以備考證。」此條也與凌稚隆《評林》的《凡例》完全相同。又，《太史公贊》之後，並刻蘇子由的《古史贊》、吕東萊的《十七史詳節》與《索隱述贊》。正文的句讀則以監本爲本。《凡例》云：「《史記》文法，有連數十字不斷句而不句者，則圈于中爲讀。有止一二字當斷不句而句者，則圈于側爲句。一以宋本今監本爲則。」（這條《凡例》也與凌氏《評林》相同，也與陳仁錫《評閲史記》的《凡例》大致相同）

文章主旨所在，或深意所存之處，在文旁附上了圈點或點。

此書也與其他明板評釋諸刻本一樣，是《史記》的摘録。例如，《年表》只録序，《荆燕世家》删劉賈一條，《仲尼弟子列傳》只録子貢一段，《酷吏列傳》只録序、贊。卷末附録了「附報任少卿書七十一」。

此書的底本是宋板黃善夫本的翻刻本、嘉靖四年的柯維熊本。《凡例》云：「《史記》刻本，自宋元迄今，不下數十家，惟金臺汪本，莆田柯氏所較頗少差謬。近時兹合取而益損之，付諸剞劂，永稱善云。」

（十二）《陳仁錫評閱史記》一三〇卷（二十四册）

陳仁錫評，崇禎元年（一六二八）刊本。

封面題「陳太史評閱史記」。首有崇禎元年陳仁錫的《史記序》，其次是《集解序》、《索隱序》、《索隱後序》、《補史記序》、《正義序》（《史記書録》的記載中無《正義序》）、夏章誠的《凡例》、《三皇本紀》、《帝王世系圖》、《地理圖》、《難字直音》（爲了讀者之便，「稍涉可疑者悉爲直音」[《凡例》]）《目録》（《史記書録》中《難字直音》和《目録》的順序顛倒），其後進入正文。正文第一行題「史記卷之一」，次行低一格題「漢掌天官太史令龍門司馬遷撰」，次行題「皇明翰林院日講官長洲陳仁錫評」，再次行低兩格題「五帝本紀第一」。《史記書録》説：「正文首行題『五帝本紀第一』六字，下題『史記一』三字；次行之半題『漢掌天官太史令龍門司馬遷』，又行題『皇明翰林院日講官陳仁錫評』。」有誤。其後每卷卷首第一行題「史記卷之六」等字樣，第二行低兩格題「秦始皇本紀第六」，其後爲《史記》正文。正文每半葉十行，行二十字。注雙行，行二十字。板心魚尾上方題「史記」，下方題「五帝本紀」，其下記葉數。三家注删節較多。《凡例》云：「《史記》注釋無慮數百種，其略者發明不足，繁者紛錯無定。兹擇其古本至當，以便後學。」三家注中相互重複的注文全被删去。但《凡例》又説：「凡注有牴牾涉兩是者，亦兩存之，以俟博古者焉。」也就是説，内容相異的注文没有删去。

明代的《史記》刻本多以評論爲主，亂改《史記》一百三十卷的篇章次序，删削《史記》正文，不録褚少孫的補著，或是從張晏之説《武帝本紀》等卷多所不載。但陳仁錫本卻承襲《史記》篇章如舊，《凡例》後的識語（《凡例》終於第三葉，下引文字在第四葉，但版心題作「凡例」，葉數也記作「四」）曰：「《世家》凡七節。《吴世家》至《鄭世家》，成周春秋事也，故首列之。趙至田氏則戰國也，即次之。孔子，周之至聖也，故敘《史記書録》的引文中無「敘」字。于周《史記書録》的引文中「周」字下衍「後」字。列國之次。《史記書録》的引文脱「次」字。陳涉爲漢先驅，故列于漢《世家》之先。外戚爲漢之外家，故先之。楚元至齊悼則高帝之宗藩也。鄭侯至絳侯，高帝之佐命也。梁孝至三王則文景武之宗藩也。《列傳》亦分七節。伯夷，殷之忠臣也，屬之周不可。管晏至仲尼弟子，俱春秋人矣。商君至屈原，俱戰國矣。吕不韋至蒙恬，暴秦之輔也。張耳至淮南、衡山，高惠文景武世之人也。匈奴、南越、東越、朝鮮、西南夷、大宛，四夷事也。刺客、循吏、儒林、酷吏、遊俠、佞、幸字脱。滑稽、日者、龜策、貨殖十篇，則雜傳也。先後井然，而目次或紊，則後人之倒置也。」陳仁錫否定了當時《史記》刻本多是摘録，且改變篇章次序的風潮，並特地説明他的刊本依照《史記》舊本，不作删節，也不改變篇章次序。

至於文章的句讀，《凡例》曰：「《史記》文法有連數十字不斷，句而不句者，則點于中爲讀。有止一二字當斷，不句而句者，則圈于側爲句。一以監本爲則，其有未當，則詳之于考。」也就是説，句讀依據馮夢禎的南監本，但也不完全依照南監本，有些地方的句讀作了改動，故而此書的句讀優於南監本和凌氏《評林》。每卷卷末所附的「考」也論及句讀。

陳仁錫的評論後來全部收在葛鼎、金蟠的《史記彙評》中。此書的評論只載陳仁錫的評論，其他一概不録。一篇之主旨評論在每篇篇末的「考」中，也有較出彩者。一句一段的評釋標注在上欄外，行間亦有旁評。

正文以凌稚隆《評林》本爲底本，但凌本的誤字脱字多有改正。每卷卷末的「考」，稱爲「湖本、舊本、今本、古本、宋本、監本、一本」等，作了校勘考證。《凡例》云：「舊史諸本，其間字畫互有異同，乖舛無當。即文理不謬而意義古質今姸，自有差别。間有引述與他書乖違者，均考之于後，以俟學者擇焉。名曰史考。」但誤字脱文也不少。

（十三）《陳明卿史記考》（五册）

陳仁錫考，寬文十二年（一六七二）刊，享保二年（一七一七）印。

此書原樣覆刻了陳仁錫《評閲史記》各卷卷末所附陳仁錫「考」。分爲「仁、義、禮、智、信」五册。第一行題「陳明卿五帝本紀考」，以下是考證。每半葉十二行，行十九字，無界。板心上端題「寬文壬子年刊」，其下題「史記卷之一」，其次是魚尾，其下題「五帝紀考」，下方記葉數，下端題「八尾友春」。第五册「信」的末尾有「享保貳丁酉霜月吉日　京堀川通本國寺前　金屋半右衛門板」的三行記載。

（十四）《孫月峰先生批評史記》一百三十卷（十四册）

馮元仲參定，陳繼儒、馮眉等校閲，崇禎九年序刊。

首有崇禎丙子馮元仲的《孫月峰先生批評史記序》。根據這篇序文，馮元仲得到孫月峰（文融）的評點本後，參定刊行了此書。其後是《凡例》，其後是《孫月峯先生批評史記目》，然後是正文。正文第一行題「孫月峯先生批評史記一本紀第一」，正文第二、三、四行下半欄題「馮元仲次牧參定」、「陳繼儒眉公」、

「馮眉山麋較閲」，第五行低兩格題「五帝本紀」，其次是評語和正文。第三行「陳繼儒眉公」的部分每卷各異，還有諸如「秦舜昌虞卿」（卷二）、「馮元飇言仲」（卷三）、「黄道周幼玄」（卷四）等題法。《凡例》説：「較閲之下，列諸名人姓氏，或交友同郡，或仰止天壤，姑以耳目所及，隨手登録，託重玄晏，特志異時鄉往之意云爾。」正文每半葉九行，行二十字。版心上端題「史記」，其次是卷數，其下是葉數，下端題「本紀」。

三家注全部删去。段落用「」」表示，附有句讀。批評用稍小的字在文中寫成一行注，批評文附有圈點，每條批評的完結處附以大圈點。文旁插入文章的提掇照應及短評，文章關鍵處加以旁點。一篇之批評在各卷卷首。

此書雖是一百三十卷，但内容有删削。《凡例》曰：「《三皇本紀》，及附後《三代世表》四十二行，《建元以來侯者》十三行，及後《四十五國》，《陳涉贊》三行，俱删去者，以文不足取也。」褚少孫補修的部分，以方便讀者及漢人文章傳者較少爲由，題作「褚先生附餘」，總結在太史公自序之後。《凡例》云：「余兒時取褚先生所補史記，別寫一帙，題曰附餘，裁章分句，妍精評閲。（後略）」但褚少孫補寫的部分，有些也見於各卷。《凡例》曰：「《孝文紀》、《武本紀》、《漢興以來將相名臣年表》、《禮》、《樂》、《律曆書》、《傳靳蒯成列傳》、《龜策傳》，雖褚先生所補，而亦刻于記内者，以文自佳爲全史補亡也。」

此刊本，完全不録諸家評釋，而只載孫月峰的批評，其評語不無徒弄言辭者。

（十五）《史記測議》一百三十卷（三十二册）

明華亭陳子龍、徐孚遠撰，崇禎十三年（一六四〇）刊本。

封面題「評林原本 陳臥子先生測議 史記」。《四庫簡明目録》中記載的「陳臥子本」就是此刊本。首有崇禎庚辰陳子龍的《史記序》，其次是徐孚遠的《序》，其次是《凡例》，其次是《索隱序》、《集解敘》、《索隱後序》、《系譜》、《地理圖》、《正義序》、《正義列國分野》、《正義論例》、《謚法解》、《史記目録》、《史記補》(《三皇本紀》)。《史記書録》著録：「首有陳子龍崇禎庚辰序，次徐孚遠序，次司馬貞《索隱後序》，次《補史記序》，次張守節《正義序》，次《史記正義列國分野》，次《正義論例謚法解》，次《目録》——(中略)——次司馬貞《補三皇本紀》，次《世系圖》，次《地理圖》，次爲《五帝本紀》。」與内閣文庫藏本有異。其中某一本或有錯脱。《目録》首有「總目」，題「帝紀十二卷」，次行記曰：「《索隱》曰，紀帝王之事，故法天之歲，是太歲皆十二年一周天也。」以下是「《年表》十卷」、「八《書》八卷」、「《世家》三十卷」、「《列傳》七十卷」，均附有注。這一體裁和注文，與凌稚隆《評林》完全相同。

正文第一行題「史記卷之一」，第二行、第三行下半欄題「華亭徐孚遠、陳子龍測議」，第四行低一格題「五帝本紀第一」，第五行低兩格記裴駰注，第六行低三格記柯維騏的評論，其次是《正義注》。正文每半葉十行，行二十字，注雙行，行二十字。板心魚尾上題「史記」，魚尾下題「卷之一」、「五帝本紀」，下端記葉數。《史記書録》記載説，此書的正文依據了南監本，但應是依據的凌稚隆《評林》本(注6)。正文附有句讀。三家注多有删削，《凡例》曰：「《史記》諸家注釋義取該備，前卷已載，後卷疊書，今略删其繁査，以省實費。」但陳子龍和徐孚遠每以私意作注，並以圈點附在舊注之後。諸家評論標注在上欄外，是精選凌稚隆《評林》中載録的諸家評論後録入的。對此，《凡例》記載説：「前賢評語，備於凌以棟本，亦多互見，所當裁省，其有立論雖高不合情實者，兼爲汰之。」陳子龍序亦曰：「太史公之文，學者多能言之，每《史記書録》的引文脱「每」字。欒其駿爽横軼，謂可以一覽而得。若其鴻衍之義，奥質之辭，錯節斷章，雖大雅之家，未能盡詳也。隱括經緯，創立厥體，殘缺既多，規模不一。又春秋以前摭采百家，以《左傳》未顯，誠多抵梧。楚漢之後，有出於傳聞，有出於親見，其文益奇逸振厲，然多方言瑣語。及漢家掌故，有非可以憶解者，徐廣、韋昭、鄒誕生、劉伯莊之流，感爲之考釋。而莫備於裴駰之《集解》、司馬貞之《索隱》、張守節之《正義》，第其説不能無異同，使學者罔所適從。子龍與徐子《史記書録》的引文脱「徐子」的「徐」字。孚遠，以暇日共爲討論，而存其理長者。又時以己意互相發明，庶幾爲好古者談助云。」又，徐孚遠序云：「夫構文之家重神簡，向，徵實之家采事跡，此二者所爲折衷也。余童而習太史公書，恒以意屬讀，不尋訓故之言。時有難通，則置之。歲在戊寅，乃與陳子《史記書録》的引文脱「陳子」。子龍頗《史記書録》的引文脱「頗」字。采諸家之説，删其繁重。時有愚管，亦附綴焉。」

由此可知，此書乃删三家注之繁，補入陳子龍、徐孚遠的注釋，並刻諸家評林與自説而成的刊本。其主體仍是《史記》評論，亦有勝於其他以《史記》評論爲目的的明代諸刻本之處。羅振常在《善本書所見録》中説：「至書之優劣，雖不免明季習氣，然亦賢於《評林》多矣。」清代武英殿本《史記》的卷末《考證》中，有些地方載録了此刊本中的注解。

（十六）《史記彙評》一百三十卷（十六册）

明葛鼎、金蟠評，崇禎十年丁丑（一六三七）序刊，金閶葛氏刊本。

卷首有顧錫疇的《史記序》，其次是葛鼎的《史記彙評序》，次《史記總目》，次《裴駰集解序》，次《正義序》，次《索隱序》，次《索隱後序》，次《補史記序》，次《史記補》（《三皇本紀》），次《世系圖》，次《地理圖》，次《凡例》，次《史記目録》，次正文。內閣文庫藏本如上記，但賀次君在《史記書録》中著録説：「首有顧錫疇序，次葛鼎《史記彙評序》，次裴駰《集解序》，次司馬貞《索隱序》、《索隱後序》、《補史記序》，次司馬貞《補三皇本紀》，次《凡例》，次《世系圖》、《地理圖》，次《史記總目》，次《史記目録》。」其中某一本或有錯亂。

葛鼎序記在崇禎丁丑，因此此書應是崇禎十年（一六三七）的刊本。《史記書録》記作崇禎十六年，有誤。

正文每半葉九行，行二十五字。《史記書録》記作「每半頁十行，行二十字」，有誤。板心無魚尾，上題「史記」，其下記卷數，中間題「五帝本紀」，下記葉數。正文第一行題「史記卷一」，次行低四格題「漢太史令龍門司馬遷撰」，次行低兩格題「五帝本紀第一」。關於此書的底本，顧錫疇的序曰「全帙悉遵監本」。又，《凡例》云：「《史記》刻本，舊唯馮氏監板、《史記書録》的引文中「板」作「本」。凌氏《評林》稱善，行世既久，守多漫滅，改削增修，浸成亥豕。茲刻一遵古本，嚴加校讐，即前本間有之誤，必爲訂改，翻閱之工，特慎且竅。」《凡例》所謂「古本」，應是指監本。也就是説，此書以萬曆十三年刊行的馮夢禎的南監本爲底本，並參考凌稚隆《評林》本加以考訂。但襲有監本的錯誤，亦有據凌氏《評林》改錯之處。

文內無注。正文附有句讀，但均襲用監本句讀。載録的評論，取自凌氏《評林》，又增加了鄧定宇、鍾伯敬、陳明卿、陳眉公等人的評論。《凡例》曰：「點定《史記》不下數十家，若須溪升菴、鹿門、荆川，以棟諸家，舊本載之詳矣。近刻鄧定宇、鍾伯敬、陳明卿、陳眉公本，皆鑑賞絶殊，爲史公開生面。茲特廣搜輯入，備閲者未睹云。」關於一篇之主旨的評論載在各篇篇末，關於一節一段的評論記載於上欄外，文章的提掇照應、隻言片語則附在文旁。爲方便閱讀，難字作了注音，標注在上欄外。文旁的評語爲自説，上欄只記諸家評語而不載自説。三家注删去了重複的注文，總成一百三十卷附於卷末。《凡例》説明曰：「嵌注於本文之下，文氣索矣。然則注可廢乎。使快讀者便於一往，而考疑者便於折衷，另輯注一百三十卷附於後。」

此書也重在評論，但依監本之舊刊刻了十《表》、《孝景》、《孝武》諸篇及褚少孫補寫的部分，一百三十篇皆備。這一點要優於其他以評論爲主並不顧十《表》等篇目的刻本。但書中評論只是諸家評釋的彙集，文旁所附自家評語也無可看之處。《史記書録》説：「此本傳世已少，余藏缺《伯夷》至《孟嘗君列傳》十五卷，輯注《魏豹》至《太史公自序》四十卷。」内閣文庫藏本是完本。

（十七）《史記鍾伯敬删定史記正文》（十五册）

文久壬戌二年（一八六二）刊。

封面題簽作「史記鍾伯敬删定」，封面中央題「史記正文全部一百三十卷 合本十五卷」，右行題「明鍾伯敬先生删定」，左行題「浪華書林 積玉園製本」。首有寬政庚申春三月朔大津郡陸可彦的《刻史記序》，其次是《補史記序》、《史記目録》。正文首葉第一行題「史記卷一」，次行下半欄題「長門陸可彦删定」，次行低兩格題「五帝紀一」。正文每半葉十二行，行二十字。板心魚尾上方題「史記」，其下記卷次，其下題「五帝」，其下記葉數。

三家舊注全删去。正文附有句讀、返點和送假名，正文人名附有旁線。無旁注和圈點，評釋全部標注在上欄外。欄外標注的内容包括諸家及鍾伯敬的評語、文字解釋、音切、校勘記等。删去了評釋。一百三十卷並不全存，卷十二《孝武紀》、卷二十三《禮書》、卷五十九《五宗世家》、卷九十八《三王世家》等成篇過程有争議的篇目，多删去不載。陸可彦在《刻史記序》中提出了《史記》的「三厄」，即「缺於孝武之忌諱也，亂於褚先生補也，擾於注評之言也」，並説千載之下而不得察得失、觀遺則。又云：「鍾氏伯敬慨焉乎此，遂刊鄙陋芟穴區，以脱其二厄矣。不亦司馬氏之忠臣乎。」與許多其他明版評釋本相似，十《表》只録序文而删去正文。

此刊本，可能是翻刻了《史記書録》中記載的「《史記集解索隱正義》一百三十卷、明鍾伯敬輯評、天啓五年（一六二五）刊本」（注7）。翻刻之際，删去了卷首的序、三家注、文旁評釋等，並附上了訓點。關於這一點，陸可彦的序中有明確的記載：「更研核於宋明之諸本，校異同記音訓，以資後進。」

注1　《史記書録》作「高士魁」，有誤。

注2　《史記書録》説：「史文第一行題『史記題評卷一』，如行之半題『明李元陽輯訂』，又行題『高士魁校正』，其中亦有不題者，又有數卷李元陽上增題楊慎名。」但内閣文庫藏本只有「李元陽輯訂　高士魁校正」一行。

注3　《史記書録》説：「且史文及注與中統、游明本多同，《司馬相如傳》『相如乃與馳歸成都』，與中統、游本同，南宋諸刻及明刻俱無『成都』二字；又『常稱病間居』，與中統、游本同，它本均無『常』字；『猋風』，此與中統本『猋』俱訛『焱』，然則李元陽據中統、游本寫之耶？」但這不能作爲依據了中統、游本的證據（參照《史記會注考證校補》）。下面列舉一些中統、游本與《題評》不一致的例子。《秦本紀》「丕豹説繆公勿與」，中統、游本「勿」作「弗」，《題評》作「勿」。《秦本紀》「惠公三年」，中統、游本同，《題評》「三」作「元」。《呂后本紀》「齊王聞之」，中統、游本「王」作「人」，《題評》作「王」。《呂后本紀》「曲

周侯酈商老病」，中統、游本無「病」字，《題評》有。《孝文本紀》「壬子」，中統本「子」作「午」，《題評》作「子」。《題評》依據的文本，並非賀次君所推論的中統、游本，而是三注合刻本中某一種。

注4　《史記書録》説：「此本史文蓋就南監本翻刻，偶以它本異字易原刊，雖所從非能盡善，所改未皆允當，但亦勉盡校勘之力矣。」但監本也有不少不同之處。以下列舉兩三個例子。《高祖本紀》「已而吕后問」，南監本「問」字下有「曰」字，而《輯評》無。《吕后本紀》「吕后最怨戚夫人」，監本「后」作「氏」，而《輯評》作「后」。《輯評》所依據的究竟是什麽文本，尚有待今後的詳細調查，但可知正如賀次君所言其書盡校勘之力，改訂文字。據《凡例》記載，《輯評》在校勘時使用了宋刻善本。「評中每舉宋板云何，蓋先生手批猶近刻也。今悉從宋鐫善本入梓纖忽無舛，用快大觀。」（《凡例》）

注5　説明文字雖然不同，但均指鍾人傑刊本。

注6　《史記書録》説：「史文與南監本同，有句讀。」但下面這些例子都與南監本不一致，而與凌本一致。《秦始皇本紀》「十年，相國吕不韋坐嫪毐免」，凌本及《測議》均將「嫪」誤作「繆」。《高祖本紀》「項羽卒聞漢軍楚歌」，凌本和《測議》「軍」字下都衍「之」。《高祖本紀》「因説高祖曰，甚善」，凌本和《測議》均無「甚善」二字。因此，《史記測議》所依據的文本當是凌稚隆《評林》無誤。

注7　《史記書録》曰：「首有陳仁錫序，次鍾伯敬自序，次《史記集解序》，次《史記索隱序》，次張守節《正義序》，次《正義論例謚法解》。諸家評語及鍾氏自評，各視本文標揭於欄外眉端，觀於文章之綱領、關鍵、提掇、照應諸説，則羅列史文之旁。裴駰、司馬貞、張守節三家之注，率以己意删節，僅存一二而已。此本即從凌稚隆《評林》本出，所載《世系圖》、《地理圖》等，悉依凌本，但以《史記》十《表》無關文章大體，删除不載，又自爲年表圖説，而錯誤零亂，毫無體例，讀之將不知其所云。」

猿投神社藏《史記》古鈔本

經過各種努力，慶應大學斯道文庫的成員在猿投神社（愛知縣）發現了新的《史記》古鈔本。承蒙斯道文庫阿部隆一先生的厚意，筆者有幸閲覽了此書。其殘存部分如下：

（1）《吴太伯世家第一》推定卷首缺一紙，存自「是爲虞仲，列爲諸侯」的「諸侯」（瀧本五頁四行）至卷末小題。

（2）《魯周公世家第三》推定卷首缺一紙，存自「未可以戚我先生」《集解注》的「廟卜」（瀧本四頁三行）至「我之所以弗辟」（瀧本八頁一行），其後闕葉甚多，再後又存自「十八年二月，文公卒」的「公卒」（瀧本三七頁五行）至卷末小題。

（3）《燕召公世家第四》推定卷首缺一紙，存自「在祖乙時，則有若巫賢」的「巫賢」（瀧本四頁一行）至卷末大題。

（4）《管蔡世家第五》推定卷首缺一紙，存自「封叔武於成」的「於成」（瀧本三頁十行）至「繆公三年卒」的「繆」（瀧本一五頁六行），其後稍有闕葉，再後又存自「子宣公彊立」的「宣公彊立」（瀧本十七頁四行）至卷末大題。

(5)《陳杞世家第六》存自卷首小題至卷末大題。首尾無缺損。

(6)《衛康叔世家第七》推定卷首缺一紙，存自「爲梓材亦(示)君子可法則」的「亦君子可法則」(瀧本三頁七行)至卷末小題。

(7)《宋微子世家第八》存自卷首小題至卷末大題。首尾無缺損，但每葉下半部分的缺落比較明顯。

(8)《楚世家第十》推定卷首缺三紙，存自「乃自立爲武王」的「立爲武王」(瀧本十頁九行)至卷末小題。

此殘卷的原本應是卷子本的體裁，但現在平均每十七行斷開，順序也不同。鈔寫樣式方面，與其他《史記》古鈔本幾乎無差別。紙高二十八點五釐米，界高二十一點九釐米，界幅二點五釐米，一行十四字，注雙行，只鈔有劉宋裴駰的《集解》。紙張爲雁皮紙。一部分紙張的欄外及紙背，鈔寫有司馬貞(《史記索隱》)、劉伯莊(《史記音義》)、鄒誕生(《史記音》)、陸善經(決疑)等人的注釋，以及博士家説(藤原、大江、菅原)和師説。鈔寫時期不明(完全不見識語之類的記載)，但從猿投神社藏的其他鈔本來推測，應是鎌倉時代末期至南北朝時期的寫本(阿部先生的指教)。但是，其原本或可上溯至唐鈔本。若將下文揭示的校勘記中的《管蔡世家》部分與敦煌出土的唐鈔本對比，這一點就極爲明顯。此外，關於筆者在前文中提出的《史記》古本引自古鈔本系統的觀點，此殘卷又新提供了非常多更明確地支持這一觀點的例子，筆者不勝欣喜。現將這些與古本一致的例子，將與前述與敦煌本一致的例子一起，逐一注記在下文的校勘記中。

校勘記以《史記會注考證》爲底本，新發現的古鈔本則以[猿投]的記號標示。其他凡例，均以《史記會注考證校補》爲標準。可斷定爲古鈔本錯誤的異同，以及注文末尾「也」、「者也」等語詞的異同，割愛不録。

此鈔本本來應該列在「第一章《史記》古鈔本 第一節總論（二）現存《史記》古鈔本（16）殘《酈生陸賈列傳第三十七》石山寺藏」一項之後，並在「第二節 分論（一）敦煌出土鈔本組（3）《史記集解・伯夷列傳》殘卷」之後，另辟「（4）猿投神社藏《史記》古鈔本」一小節詳細論説的。

《吴太伯世家第一》

〔而夷蠻之吴興〕 瀧六、九。 ○猿投「夷蠻」互倒。

〔願附於子臧之義〕 瀧一〇、二。 ○猿投願附於子臧之義以無失節。按，南化、楓、棭、三本亦有此四字。

〔欲傳以次必致國於季札而止〕 瀧一〇、八。 ○止，猿投上。按，南化、棭、三、梅、野、本亦作「上」。

〔泱泱乎大風也哉〕 瀧一三、四。

集 舒緩深遠 ○舒，猿投等。

〔國未可量也〕 瀧一三、六。

集 短可量也 ○短，猿投未。

〔大而寬〕 瀧一四、四。 ○寬，猿投婉。

〔其有陶唐氏之遺風乎〕 瀧一四、九。 ○風，猿投民。按，景、蜀本亦作「民」。

〔猶有感〕　瀧一七、一。　○感，猿投憾。

〔晉國其萃於三家乎〕　瀧一九、一〇。　○猿投晉國其萃在於三家乎。按，南化本亦有「在」字。

〔必思自免於難〕　瀧二〇、六。　○免，猿投勉。按，鈔本誤歟。

〔公子光伐楚〕　瀧二二、九。

集　夷昧生光　○猿投夷昧生光吳越春秋曰王僚夷昧子與史記同。

〔季子即不受國〕　瀧二三、八。　○受，猿投及。

〔楚發兵絕吳兵後〕　瀧二六、一。　○猿投無「絕吳兵」三字。

〔光伏甲士於窟室〕　瀧二七、一。　○士，猿投兵。

〔楚使子常囊瓦伐吳迎而擊之〕　瀧三〇、二。　○猿投重「吳」字　按：南化、楓、棭、三本亦重「吳」字。

〔尚何待焉〕　瀧三〇、一〇。　○猿投尚何復待焉。按：南化、楓、棭、三本有「以復」二字。

〔越王句踐迎擊之檇李〕　瀧三三、二。　○猿投——迎擊之敗檇李。按：南化、楓、棭、三本亦有「敗」字。

〔有過又欲殺少康〕　瀧三六、三。　○猿投有過氏又欲殺少康。

〔今越在腹心疾〕　瀧三七、七。　○猿投今越與吳譬猶在腹心疾。按：南化、楓、棭、三本「在」字作「猶」。

〔是弃吴也〕　瀧三八、一〇。　〇猿投是天弃吴也。按：南化、楓、棭、三本立有「天」字。

〔諫曰〕瀧三九、一。　〇猿投而諫曰。

〔猶石田無所用〕　瀧三九、一。　〇猿投——無所用也。

〔商之以與〕　瀧三九、四。　〇與，猿投興。按：蜀、紹本亦「與」字作「興」。

集　有顛之越之商之以興　〇猿投「顛之」互倒，而無中「之」字。　按：《札記》云：「舊刻「顛之」字倒，無中「之」字無。」

〔於是乃使厚幣以與越平〕　瀧四三、三。　〇猿投於是乃使人厚幣——。按：瀧川《考證》云：中井積德曰，「使」下似脱一「使」字。

〔越王句踐欲遷吴王夫差於甬東〕　瀧四三、九。

集　句章東海口外州也　〇海，猿投浹。按：景、井、蜀、紹本亦作「浹」。

〔逐自剄死〕　瀧四四、一。

集　在猶亭西卑猶位　〇猿投——卑猶之位。

〔又何其閎覽博物君子也〕　瀧四五、二。

集　至今吏民皆祀之　〇之，猿投事。

《魯周公世家第三》

〔史策祝曰〕　瀧四、七。

集　祝者讀此簡書　○者，猿投史。

〔旦巧能多材多蓺〕　瀧五、二。　○蓺，猿投藝。下同。

〔周公喜〕　瀧六、四。　○喜，猿投憙。

〔周公乃踐阼〕　瀧七、七。　○阼，猿投祚。

〔襄仲殺子惡〕　瀧三七、一〇。　○惡，猿投蕜。

〔或諫乃止〕　瀧三九、三。　○止，猿投否。

〔齊景公與晏子狩竟〕　瀧四四、三。　○竟，猿投境。按：南化、梅本亦作「境」。

〔昭公九月戊戌〕　瀧四五、六。　○戌，猿投辰。

〔弗許〕　瀧四五、七。

集　至下邳入泗水　○猿投無「至下邳」三字。

〔爲徒者衆衆將合謀〕　瀧四五、九。　○猿投上「衆」字至「合」字之間缺四字。按：南化、楓、棭、三、梅本上「衆」字下有「爲徒者」三字。

〔居昭公乾侯〕　瀧四七、九。

集　晉竟内邑　○竟，猿投境。按：殿本亦作「境」。

〔怒而去乾侯〕　瀧四八、五。○猿投怒而去之復乾侯。按：南化、楓、棭、三、梅本亦有「之復」二字。

〔齊田常弑其君簡公於徐州〕　瀧五二、一。○俆，猿投徐。下同。

〔遇孟武伯於街〕　瀧五二、九。○街，猿投衢。

〔頃公亡遷於下邑〕　瀧五五、八。○頃，猿投傾。下同。

〔至其揖讓之禮則從矣〕　瀧五七、一。○其，猿投千。

《燕召公世家第四》

〔哥詠之〕　瀧四、六。○哥，猿投歌。

〔爲犬戎所弑〕　瀧五、五。○弑，猿投殺。按：敦煌本亦作「致」。

〔桓公因割燕所至地予燕〕　瀧七、三。○猿投桓公因割燕君所至地予燕。

〔獻公十二年〕　瀧九、七。○猿投無「二」。

〔欲以亂齊〕　瀧一一、四。

集　故反間可得用也　○猿投——得而用也。

〔今王以國讓於子之〕　瀧一二、八。　○於，猿投相。

〔而以啓人爲不足任乎天下〕　瀧一三、二。　○猿投無「人」字。按：楓、梅、蜀、紹、殿本亦無「人」字。

〔然誠得賢士以共國〕　瀧一七、九。　○國，猿投圖。按：景、蜀本亦作「圖」。

〔先生視可者〕　瀧一八、三。　○猿投願先生視可者。

〔齊田單伐我拔中陽〕　瀧二〇、一。　○猿投「我拔」互倒。

〔四十餘萬〕　瀧二〇、一。　○猿投四十餘萬人。

〔與人通關約交〕　瀧二一、八。　○關，猿投闕。按：鈔本之誤歟。

〔自將偏軍隨之〕　瀧二一、九。　○猿投王自將——。

〔趙使李牧攻燕〕　瀧二三、一。　○猿投趙使李牧將攻燕。

〔欲因趙獘攻之〕　瀧二三、三。　○猿投燕欲因越獘攻之。

〔辛曰〕　瀧二三、四。　○猿投劇辛曰。

〔秦攻拔我薊〕　瀧二四、五。　○猿投無「攻」字。

《管蔡世家第五》

〔封季載於冄〕　瀧四、九。　○冄，猿投䣙。

〔息夫人將歸過蔡〕瀧六、一〇。　○猿投——蔡侯。

〔嫁其弟〕　瀧七、六。　○弟，猿投妹。　按：　景、井、蜀、毛本亦作「妹」。

〔楚復醳之〕　瀧八、四。　○醳，猿投釋。　按：　敦煌本亦作「釋」。

〔二十年文侯卒〕　瀧八、四。　○猿投二十八年文侯卒。　按：　敦煌本亦有「八」。

〔子景侯固立〕　瀧八、四。　○固，猿投同。

〔而景侯通焉〕　瀧八、六。　○猿投而好景侯——。　按：　敦煌本、南化、楓、棭、三、梅本亦有「好」字。

〔太子弑景侯而自立〕　瀧八、六。　○猿投太子般弑景侯——。　按：　敦煌本有「斑」字。

〔代立爲平王〕　瀧九、四。　○猿投代立是爲平王。

〔弟昭侯甲立〕　○甲，猿投申。　按：　敦煌本并景、蜀、慶、中統、殿、金陵本亦作「申」。

〔爲晉滅沈〕　瀧一一、三。

集　汝南平輿縣北有邥亭　○猿投無「北」字。

〔乃令賊利殺昭侯〕　瀧一二、三。　○猿投乃令賊利刺殺照侯。

〔後陳滅〕 瀧一二、九。 ○猿投後陳滅也。

〔三十三年〕 瀧一二、九。 ○猿投「三十三」作「三十一」。按：景本亦作「三十一」。梁玉繩曰：案，「三十三年」當作「三十一年」。

〔曹叔振鐸者〕 瀧一四、三。 ○猿投曹叔振鐸世家曹叔振鐸者。按：敦煌本亦有此六字。

〔夷伯二十三年〕 瀧一四、八。 ○三，猿投二。

〔三十年卒〕 瀧一四、九。 ○猿投三十三年卒。

〔子惠伯兕立〕 瀧一五、一。

集 或復名弟兕也 ○猿投或復名兕雉或弟兕也。按：敦煌本亦有此三字。

〔子石甫立〕 瀧一五、五。 ○石，猿投碩。按：敦煌本、南化、楓、棭、三、梅本亦作「碩」。

〔子平公頃立〕 瀧一八、二。 ○頃，猿投須。按：敦煌本、南化、楓、棭、三、梅、景本亦作「須」。梁玉繩云：「平公名須，此訛。」

〔悼公朝于宋〕 瀧一八、四。 ○于，猿投於。按：敦煌本亦作「於」。

〔無離曹禍〕 瀧一九、二。 ○離，猿投罹。

《陳杞世家第六》

〔慎公當周厲王時〕　瀧三、六。　○猿投慎公立當周厲王時。按：景、井、蜀本亦有「立」字。

〔夷公三年卒〕　瀧三、一〇。　○猿投夷公十三年卒。

〔長子桓公鮑立〕　瀧四、四。　○猿投此下有「年表曰生桓公鮑及厲公佗厲公佗母蔡女也」十八字雙行注。

〔桓公鮑卒〕　瀧四、七。　○猿投陳桓公鮑卒。

〔與蔡人共殺厲公〕　瀧七、一。　○猿投——厲公也。

〔二十一年〕　瀧八、五。　○二，猿投三。

〔乃奔齊〕　瀧八、七。　○猿投乃奔于齊。

〔齊懿仲欲妻陳敬仲〕　瀧八、九。　○猿投無「陳」字。

〔齊桓公伐蔡蔡敗〕　瀧九、八。　○猿投此七字作「齊桓公伐敗蔡」六字。

〔哀其衣以戲於朝〕

集　衷其衵服　○衵，猿投祖。按：景、紹、凌本亦作「祖」。

〔舒之母也〕　瀧一一、九。　○猿投徵舒之母也。

〔則後何以令於天下〕瀧一二、四。○猿投無「於」字。按：鈔本誤脱歟。

〔留有寵哀公〕瀧一三、七。○猿投留有寵於哀公。

〔哀公屬之其弟司徒招〕瀧一三、八。○猿投無「之」字。

〔哀公自經殺〕瀧一三、八。○經，猿投縊。

〔自幕至于瞽瞍〕瀧一四、七。○瞍，猿投叟。按：景、井、紹、蜀、毛本亦作「叟」。下注同。

〔夏后禹之後苗裔也〕瀧一八、七。○猿投夏后帝禹之——。

〔楚惠王之四十四年〕瀧二一、四。○猿投楚惠王殺之四十四年。按：南化、楓、棭、三本亦有「殺」字。

〔右十一人者〕瀧二三、六。○猿投此右十一人者。按：南化、楓、棭、三、梅本亦有「此」字。

〔諸侯力攻相并〕瀧二四、五。○攻，猿投政。按：南化、楓、棭、三、梅、蜀、井本亦作「政」。

《衛康叔世家第七》

〔爲梓材示君子可法則〕瀧三、七。○示，猿投亦。按：南化、楓、梅本亦作「亦」。

〔子莊公揚立〕瀧六、七。○揚，猿投楊。按：殿本亦作「楊」。張文虎曰：《表》「揚」作「楊」，與《詩譜疏》引合。

〔因殺州吁于濮〕瀧八、三。

集　陳地（詩譜疏）　○猿投陳地名也。

〔宋督弑其君殤公及孔父〕　瀧八、八。　○猿投宋華督弑其君殤公及孔父嘉。按：南化、楓、三、梅本亦有「華」字及「嘉」字。

〔未入室〕　瀧九、三。　○猿投「室」字旁有「至」字。按：南化、楓、棭、三、梅本「室」字作「至」。

〔而宣公見所欲爲太子婦者好〕　瀧九、三。　○猿投——爲太子入婦者好。按：南化、楓、棭、三、梅本亦有「入」字。

〔即殺之〕　瀧一〇、五。　○猿投「之」字旁有「子」字。按：南化、楓、棭、三、梅本「之」字作「子」。

〔凡十三年矣〕　瀧一、七。　○三，猿投二。按：陳仁錫曰：「三」當作「二」。

〔三十一年〕　瀧一一、二。　○一，猿投三。按：景本亦作「三」。張文虎曰：《詩譜疏》引作「三十三年」。

〔初翟殺懿公也〕　瀧一三、三。　○猿投初翟殺衛懿公也。

〔黔牟嘗代惠公爲君八年〕　瀧一三、七。　○代，猿投伐。按：楓、棭、三、景、紹本亦作「伐」。

〔共立定公弟秋〕　瀧一七、八。　○猿投「秋」字之右有「焱」字，而左有「剽」字。按：南化、楓、棭、三本「秋」字作「焱」，亦作「剽」。

〔而復入衛獻公〕　瀧一八、四。　○猿投而復入立衛獻公。按：南化、楓、棭、三、梅本亦有「立」字。

〔襄公夫人無子〕　瀧一九、八。　○猿投襄公嫡夫人無子。

〔乃令陽虎詐命衛〕　瀧二一、五。　○令，猿投命。按：旁有「令」字。

〔十二年〕　瀧二二、三。　○二，猿投三。按：梁玉繩曰：此「十三年」之誤。

〔與猳從之〕　瀧二三、四。

集　欲以盟故也　○猿投無「故也」二字。

〔下石乞盂黶敵子路〕　○猿投「盂」字旁有「壺」字。按：楓本「盂」字作「壺」。

〔結纓而死〕　瀧二五、七。

集　不使冠在地　○猿投服虔曰不使——。

〔柴也其來乎〕　瀧二五、八。　○猿投無此五字。

〔衛人立公子斑師爲衛君〕　瀧二七、三。　○斑，猿投班。按：凌本及《通志》亦作「班」。

〔子成侯遬立〕　瀧二八、八。　○遬，猿投速。

〔而并濮陽爲東郡〕　瀧二九、八。　○猿投此下有「李斐曰衛地稍減也」八字雙行注。

《宋微子世家第八》

〔滅阢國〕 瀧二、六。 ○猿投重「阢」字。

〔殷既小大好草竊姦宄〕 瀧三、六。 ○既，猿投無。按：楓、三本亦作「無」。

〔維時其庶民于女極〕 瀧一二、五。 ○猿投——于女保極。按：南化本亦有「保」字。

〔有猶有爲有守〕 瀧一二、九。 ○猿投「猶」字旁有「欲」字。按：南化、楓、棭、三本「猷」字作「欲」。

〔而安而色〕 瀧一三、一。 ○猿投人而安而色。按：景、井本亦有「人」字。

〔平康正直〕 瀧一五、一。

集 世平安 ○安，猿投康。

〔日陽〕 瀧一八、二。 ○陽，猿投暘。按：景、毛、游、殿、《通志》亦作「暘」。

〔常雨若〕 瀧一九、二。

集 則常雨順之 ○常，猿投時。按：景本亦作「時」。

〔畯民用微〕 瀧二〇、一。 ○微，猿投徵。按：南化、楓、三、梅本亦作「徵」。

〔禾黍油油〕 瀧二一、五。 ○猿投禾黍油油兮。

〔召大司馬孔父謂曰〕 瀧二四、二。 ○猿投——孔父嘉謂曰。

〔孔父曰〕　瀧二四、三。　○猿投孔父嘉曰。

〔使告於宋曰〕　瀧二四、八。　○猿投無「使」字，而「告」字旁有「謂」字。

〔九年〕　瀧二五、一。　○猿投「九」字旁有「八」。

〔皆孔父爲之〕　瀧二五、六。　○猿投皆孔父所爲之。按：南化、楓、梜、三本亦有「所」字。

〔陳人使婦人飲之醇酒〕　瀧二八、一。　○醇，猿投淳。按：井、蜀、毛本及《通志》亦作「淳」。

〔襄公往會〕　瀧二八、九。　○猿投襄公往會之。

〔以馬二十乘〕　瀧三一、八。　○猿投以馬二十乘送之。按：南化、梜本亦有「送之」二字。瀧川《考證》云：僖廿三年《左傳》古鈔本「乘」下有「遺之」二字。

〔我軍亦有二日糧〕　瀧三六、一。　○二，猿投三。按：南化、梜、景、井、蜀、紹、耿、毛、殿本亦作「三」。

〔楚共王拔宋之彭城〕　瀧三七、四。　○拔，猿投伐。按：景、井、蜀、紹本及《通志》亦作「伐」。

〔元公毋信〕　瀧三八、一。　○猿投無「公」字。

〔司星子韋曰〕　瀧四〇、四。　○星，猿投馬。按：南化、楓、梜、三本亦作「馬」。

〔果徙三度〕　瀧四〇、七。　○猿投紙背有「師説此「三度」二字，異本對上事而此言三度耳」十八字注。按：南化、楓、三、梜本無「三度」二字。

〔縣而射之〕　瀧四二、八。　○縣，猿投懸。

〔淫於酒婦人〕　瀧四二、九。　○猿投淫於酒及婦人。　按：　楓、三本亦有「及」字。

〔殷有三仁焉〕　瀧四三、八。

集　箕子比干智之窮也　○智，猿投志。

集　皆其極也　○皆，猿投見。

〔修行仁義〕　瀧四四、六。　○猿投「行仁」互倒。　按：　南化、楓、三、井、耿、毛、游本及《詳節》亦互倒。

《楚世家第十》

〔而兵罷〕　瀧一一、三。

集　葛陂鄉城東北　○陂，猿投陵。

集　而銘曰楚武王由是知楚武王之冢　○猿投此注作「而銘曰楚元武王之冢」。

〔鄧人曰〕　瀧一一、一〇。　○猿投無「鄧」字。

〔是爲莊敖〕　瀧一三、一。　○莊，猿投壯。

〔與隨襲弑莊敖代立〕　瀧一三、三。　○莊，猿投杜。

〔晉公子重耳過楚〕　瀧一四、九。　○[猿投]無「楚」字。

〔請兵以伐齊〕　瀧一四、一〇。　○[猿投]請楚兵——。

〔卒得反國〕　瀧一五、六。　○[猿投]卒復復得反國。按：鈔本複衍。

〔不可立也〕　瀧一六、七。　○也，[猿投]之。

〔而勿敬也〕　瀧一六、九。　○[猿投]無「也」字。

〔皋陶之後〕　瀧一七、七。　○[猿投]——之後也。

〔聽政〕　瀧一八、七。　○[猿投]聽國政。

〔君王其忘之乎〕　瀧一九、九。　○其，[猿投]有。

〔桀有亂德〕　瀧二〇、二。　○[猿投]夏桀有亂德。

〔若君不忘厲宣桓武〕　瀧二一、一〇。

集　鄭桓公武公　○[猿投]「桓」、「武」互易。

〔遂許之平〕　瀧二二、四。

集　退一舍而禮鄭　○而，[猿投]以。

〔與晉兵戰鄢陵〕　瀧二三、三。　○[猿投]——戰於鄢陵。

〔共王之子圍爲長〕　瀧二四、五。

集　使從禮告　○猿投重使從禮也告。

〔篳露藍蔞〕　瀧二六、九。

集　素木輅也　○木，猿投大。

〔跋涉山林〕　瀧二七、一。　○猿投跋涉山川林。按：南化、楓、三、梅本「林」字作「川」。《集解》云：服虔曰，草行曰跋，水行曰涉。然則「川」字可矣。猿投本「林」字可疑。

〔周今與四國服事君王〕　瀧二七、四。　○猿投周今周與四國——。按：鈔本衍入歟。

〔將惟命是從〕　瀧二七、五。　○惟，猿投唯。

〔豈敢愛鼎〕　瀧二七、六。　○猿投豈其敢愛鼎。

〔今吾大城陳蔡不羹〕　瀧二七、九。

集　二國　○二，猿投三。按：三，二之誤。

〔以聽大國之慮〕　瀧二九、一○。　○猿投——之慮王。按：鈔本衍入歟。

〔平王以詐弑兩王〕　瀧三二、一。　○猿投平王以詐弑兩君王。

〔請神決之〕　瀧三三、六。　○猿投無「請神」二字。

〔召五公子〕　瀧三二、八。　○猿投無「公」字。

〔抱而入〕　瀧三二、一〇。　○猿投抱其上而入。按：南化、楓、三、井、蜀、金陵本亦有「其上」二字。

〔如市賈焉〕　瀧三三、六。

集　如市賈之人求利也　○猿投如市賈之人求其利也。

〔今不制〕　瀧三七、一〇。　○猿投王今不制。

〔知也〕　瀧三九、一。　○知，猿投智。

〔楚人遂殺伍奢及尚〕　瀧三九、三。　○猿投——伍奢及伍尚。

〔取太子建母而去〕　瀧三九、五。　○猿投取楚太子——。

〔及子胥皆奔吴〕　瀧四一、三。　○猿投及伍子胥——。

〔吴三公子奔楚〕　瀧四一、五。

索　「昭三十年」至「非也」二十九字　○猿投此「索隱」作「集解」。按：各本作「集解」。瀧川本從《索隱》單注本。

〔即進擊隨〕　瀧四三、一。　○猿投即進兵集擊隨。按：鈔本之「集」字衍入歟。

〔見吴王兵傷敗〕　瀧四三、九。　○猿投見吴兵王兵——。按：「兵」衍入歟。

〔滅胡〕　瀧四四、一〇。

集　汝南縣西　○南，[猿投]陰。按：蜀本亦作「陰」。

〔越王句踐射傷吴王遂死〕　瀧四五、二。　○[猿投]重「吴王」二字。

〔孤之股肱也〕　瀧四五、九。　○[猿投]於孤之——。

〔是時越已滅吴〕　瀧四九、二。　○[猿投]無「已」字。

〔夫秦又何重孤國哉〕　瀧五六、二。　○[猿投]夫秦又有何重——。按：南化、楓、三、梅本又作「有」。

〔西起秦患北絶齊交〕　瀧五六、五。　○[猿投]重「起秦患」三字。

〔斬甲士八萬〕　瀧五七、一〇。　○[猿投]斬楚甲士八萬。

〔請之楚〕　瀧五八、八。　○之，[猿投]至。

〔願大王孰計之〕　瀧六一、八。　○[猿投]願大王集无孰計之。按：鈔本旁注混入。

〔楚王業已欲和於秦〕　瀧六一、八。　○[猿投]秦王業已欲和親於秦。

〔或曰聽齊〕　瀧六一、九。　○曰，[猿投]言。按：蜀、紹、毛本亦作「言」。

〔而後足以刷恥於諸侯〕　瀧六一、一〇。　○後，[猿投]后。按：毛本亦作「后」。

〔殺將軍景缺〕　瀧六四、五。　○缺，[猿投]鈌。

〔始寡人與王約爲弟兄〕　瀧六四、七。　○猿投「弟兄」互倒。

〔楚懷王見秦王書患之〕　瀧六五、五。　○猿投無「楚」字。

〔秦歸其喪于楚〕　瀧六八、二。　○于，猿投於。

〔秦旦率諸侯伐楚〕　瀧六八、五。　○猿投秦旦一率——。

〔爭一旦之命願王之飭士卒〕　瀧六八、五。　○猿投重「命」字。

〔則魏之東外弃〕　瀧七〇、七。　○猿投——東之外弃。

〔則從不待約〕　瀧七二、六。　○待，猿投徒。

〔右臂傳楚鄢郢〕　瀧七三、五。　○猿投——楚之鄢郢。

〔不可以致名實名實不得〕　瀧七五、一。　○猿投不重「名實」二字。

〔詘楚之名〕　瀧七七、三。　○詘，猿投謳。

〔太子熊元代立〕　瀧七八、一〇。　○元，猿投完。

〔名爲楚郡云〕　瀧八〇、九。

集　以楚地爲三郡　〇三，猿投秦。按：景、蜀、紹、耿本亦作「秦」。